Ludwig Binswanger – Ausgewählte Werke Band 3
Vorträge und Aufsätze

Ludwig Binswanger
Ausgewählte Werke in vier Bänden

Herausgegeben von

H.-J. Braun, Zürich
G. Fichtner, Tübingen
M. Herzog, Berlin
A. Holzhey-Kunz, Zürich
H. Holzhey, Zürich
G. Jüttemann, Berlin

Ludwig Binswanger (2. v. l.)
am psychoanalytischen Kongreß
im September 1911 in Weimar.

Ludwig Binswanger
Ausgewählte Werke

Band 3
Vorträge und Aufsätze

Herausgegeben und bearbeitet
von Max Herzog

Roland Asanger Verlag Heidelberg 1994

Der Herausgeber dieses Bandes:
Max Herzog, Dr. phil. habil., ist Privatdozent für Psychologie an der Technischen Universität Berlin.

Die Deutsche Bibliothek – CIP-Einheitsaufnahme

Binswanger, Ludwig:
Ausgewählte Werke : in vier Bänden / Ludwig Binswanger.
Hrsg. von H.-J. Braun ... – Heidelberg : Asanger

NE: Braun, Hans-Jürg [Hrsg.]; Binswanger, Ludwig: [Sammlung]

Bd. 3. Vorträge und Aufsätze / hrsg. und bearb. von Max
   Herzog. – 1994
   ISBN 3-89334-204-4 kart.
   ISBN 3-89334-208-7 Pp.
NE: Herzog, Max [Hrsg.]

Abbildungen:
Alle Rechte beim Universitätsarchiv Tübingen. Abdruck erfolgt mit freundlicher Genehmigung.

Alle Rechte an den in diesem Band wiedergegebenen Texten bei Dr. D. Binswanger, Zürich. Alle Rechte an den mit Sign. bezeichneten Nachlaßschriften beim Universitätsarchiv Tübingen. Abdruck erfolgt mit freundlicher Genehmigung.

Das Werk einschließlich aller seiner Teile ist urheberrechtlich geschützt. Jede Verwertung außerhalb der engen Grenzen des Urheberrechtsgesetzes ist ohne Zustimmung des Verlags unzulässig und strafbar. Das gilt insbesondere für Vervielfältigungen, Übersetzungen, Mikroverfilmungen und die Einspeicherung und Verarbeitung in elektronischen Systemen.

© 1994 Roland Asanger Verlag Heidelberg

Umschlaggestaltung: Ingrid Decher
Printed in Germany
ISBN 3-89334-204-4

Dank

Die Herausgeber danken Herrn Dr. R. Holzach, Zürich, für ihre Mithilfe bei der Finanzierung vorliegenden Bandes. Die Drucklegung wurde ermöglicht durch eine schweizerischen Stiftung. Ihr sei an dieser Stelle sehr herzlich gedankt.

Besonderer Dank gilt auch für diesen Band wiederum Herrn Dr. D. Binswanger, Zürich, und Herrn Dr. J.-C. Wenger, Zürich. Sie haben die Realisierung der Ludwig Binswanger-Werkausgabe entscheidend gefördert. Die Vorarbeiten im Ludwig Binswanger-Archiv der Universität Tübingen wurden von der Fritz Thyssen-Stiftung, Köln, ermöglicht. Neuerlicher Dank ist Herrn Peter Birenheide, Berlin, für seinen Einsatz beim Korrekturlesen geschuldet.

Inhaltsverzeichnis

Einleitung des Herausgebers XI

Vorträge und Aufsätze   1
    Erfahren, Verstehen, Deuten in der Psychoanalyse 3
    Mein Weg zu Freud 17
    Über Phänomenologie 35
    Lebensfunktion und innere Lebensgeschichte 71
    Traum und Existenz 95
    Wandlungen in der Auffassung und Deutung des Traumes (Autoreferat) 121
    Das Raumproblem in der Psychopathologie 123
    Geschehnis und Erlebnis 179
    Über Psychotherapie 205
    Über die daseinsanalytische Forschungsrichtung in der Psychiatrie 231
    Daseinsanalyse und Psychotherapie 259
    Über den Satz von Hofmannsthal: „Was Geist ist, erfaßt nur der Bedrängte" 265
    Über Sprache und Denken 275

Anhang   293
    Besuch bei Prof. Heidegger auf dem Rötebuck am 28. 1. 1955. . . 293
    Über „Schicksals-Logik" 295
    Leitfaden zum Übergang zur eidos-Bildung 298
    Briefe und Briefstellen 301
    Zur Druckgeschichte 357
    Bibliographie 359
    Personenindex 375

Einleitung des Herausgebers

Der vorliegende Band umfaßt eine Reihe von Vorträgen und Aufsätzen, die Ludwig Binswanger in verschiedenen Zeitschriften publiziert hatte. Ergänzt werden diese Arbeiten durch einige bislang unveröffentlichte Texte aus dem Nachlaß und mehrere thematisch geordnete Ausschnitte aus dem umfangreichen Briefwechsel Binswangers.

Die wichtigsten Vorträge und Aufsätze wurden vom Autor selbst in zwei Bänden zusammengefaßt. Der erste, 1947 erschienene Band dokumentiert die Beteiligung Ludwig Binswangers an der psychiatrischen Forschung von 1922 bis 1945. Binswanger schrieb zu den damals gesammelten Arbeiten im Vorwort:

> Ihre Methode ist, abgesehen von den geisteswissenschaftlichen oder naturwissenschaftlichen Exkursen, eine Frucht der Beschäftigung mit der Phänomenologie HUSSERLs, ihr Thema ist bedingt durch die Sicht auf die wesenhaften Grundverhältnisse oder Grundstrukturen des Menschseins, und zwar diesseits der Scheidung von Gesundheit und Krankheit. Sowohl Methode als Thema rechtfertigen also die Zusammenfassung dieser Arbeiten unter dem Titel von Beiträgen *zur phänomenologischen Anthropologie*.

In dem 1955 erschienenen Vorwort zum zweiten Sammelband, betonte Ludwig Binswanger:

> Trotz [der im ersten Band] immer deutlicher zutage tretenden Ausrichtung des Interesses auf eine sozusagen vorpsychiatrische – weil nicht vom geisteskranken Menschen, sondern vom Menschsein überhaupt ausgehende – wissenschaftliche Thematik kam schon in den Beiträgen zum ersten Band auch die Problematik der *psychiatrischen* Forschung zur Sprache; es sei nur erinnert an die Gegenüberstellung von Phänomenologie, Psychopathologie und Naturwissenschaft, von Lebensgeschichte und Lebensfunktion, von daseinsanalytischer Forschung und klinischer Psychiatrie u.a. Der Titel, den wir dem *zweiten* Band dieser Sammlung gegeben haben[1], soll zum Ausdruck bringen, daß die Problematik der *psychiatrischen* Forschung und das *Problem der Psychiatrie als Wissenschaft* hier noch ausgiebiger zu Worte kommen, sowohl durch die Einbeziehung der Psychoanalyse und der Psychologie, als auch durch immer mehr

---

[1] „Zur Problematik der psychiatrischen Forschung und zum Problem der Psychiatrie".

zum Durchbruch gelangende, jetzt durchwegs *Daseinsanalyse* genannte, phänomenologische Anthropologie.

Binswanger selbst gab dann im zweiten Band einen Rückblick auf die innere Entwicklung seines Denkens, wie sie in den beiden Bänden zum Ausdruck kommt. Dieser Rückblick soll hier ausschnittsweise wiedergegeben werden:

> *Blicken wir [...] auf den in den beiden Bänden dieser Sammlung zurückgelegten Weg zum Verständnis und zur Lösung des Problems der Psychiatrie zurück!* Mit der [...] geäußerten Aufforderung, es müsse eingesehen und ernst gemacht werden damit, daß das Ganze des psychiatrischen Problems nicht mehr allein innerhalb des „Problemzusammenhangs der objektivierenden Erkenntnis" [Binsw. 1955a, S. 281] verstanden, geschweige denn gelöst werden könne [...], ist die Entscheidung darüber getroffen, ob die Psychiatrie [...] „noch eine angewandte Wissenschaft bleiben will, ein durch ihre praktische Aufgabe zusammengehaltenes Konglomerat von Psychopathologie, Neurologie und Biologie, oder ob sie eine einheitliche psychiatrische Wissenschaft werden will".
>
> Wenn diese Entscheidung schließlich positiv ausgefallen ist, so doch keineswegs in der Weise, wie sie noch im Haager Referat [Binsw. 1920] und auch noch in dem Aufsatz „Welche Aufgaben ergeben sich für die Psychiatrie aus den Fortschritten der neueren Psychologie?" [Binsw. 1924a] erhofft worden ist. Denn die noch aus unserer neukantianistischen Befangenheit stammende Hoffnung, daß mit theoretischer Forschung und methodologischer Besinnung oder aus den Fortschritten der neueren Psychologie eine psychiatrische *Grundwissenschaft*, „eine systematische, einheitliche psychiatrische Erkenntnis" sich zu entwickeln vermöge, hat sich gleichermaßen und aus demselben Grunde als trügerisch erwiesen [...].

Doch Binswanger sieht das Desiderat einer *objektiven* psychiatrischen Systemeinheit mit den Mitteln objektivierender Erkenntnis nicht zu erfüllen. Dabei begnügt er sich unter keinen Umständen damit, einfach Philosophie in die Psychiatrie als Wissenschaft hineinzutragen. Wohl aber bemüht er sich, die

> *transzendentalen Funktionen* sichtbar zu machen, die den *Grundlagen* der psychiatrisch-*wissenschaftlichen Forschung* ih-

Einleitung des Herausgebers

> *ren transzendentalen Grund geben*, m. a. W., sie als eigenständige Wissenschaft legitimieren. Erst hiermit ist die Einheit hergestellt zwischen dem Psychiatersein und der Psychiatrie als Wissenschaft, m. a. W., zwischen *unserem* alltäglichen „praktischen" *Umgang* mit unseren Kranken in Wort, Tat und Eingriff in ihre seelische oder leibliche Existenz und *unserer* Wissenschaft als nur aus diesem Umgang zu verstehendem und sich auf ihm aufbauenden „theoretischen" System *unseres* Wissens und Könnens.

Auch die Gliederung vorliegender Auswahl folgt der in Binswangers Vorwort skizzierten Entwicklungslinie. Allerdings wird die bei Binswanger gewahrte chronologische Reihenfolge durchbrochen zugunsten einer thematischen Ordnung, die freilich ihrerseits den geistigen Werdegang des Autors auch in zeitlicher Hinsicht sichtbar werden läßt. Die Arbeiten wurden unter folgenden Gesichtspunkten ausgewählt: Psychoanalyse, Frühe Phänomenologie, Weltlichkeit der Existenz, Daseinsanalyse.

Psychoanalyse

In seinem Aufsatz aus dem Jahre 1926 über „Erfahren, Verstehen, Deuten in der Psychoanalyse" versuchte Binswanger die Erfahrungsgrundlage der Psychoanalyse kritisch zu reflektieren und ihren innovativen Ansatz gegenüber dem Vorurteil der Unwissenschaftlichkeit zu verteidigen. Hintergrund dieser Schrift bildet die Kritik insbesondere von Alfred E. Hoche und von Eugen Bleuler am wissenschaftlichen Status der Psychoanalyse Freuds.

Mit diesem Aufsatz wird der Beginn einer veränderten Einstellung gegenüber der Psychoanalyse dokumentiert. War doch der junge Binswanger, wie er rückblickend selbst gesteht, unkritisch-enthusiastischer Anhänger der neuen Lehre Freuds. In einem Brief an Eugen Bleulers Sohn, Manfred Bleuler, schreibt Binswanger:

> [...] ich glaubte, man könne jeden Fall mit Psychoanalyse heilen, vorausgesetzt daß man genügend Zeit für die Behandlung hätte. Ich brauchte fast zehn Jahre, um mich von diesem Irrtum zu befreien (25. 1. 1954; Sign. 443/2).

In den Zwanzigerjahren verstärkten sich Binswangers Zweifel auch an der theoretischen Reife der psychoanalytischen Lehre. Sie kommen in einem Brief an Hoche deutlich zum Ausdruck, wo Binswanger schreibt, die Zeit für die Behandlung des Begriffs „Neurose" in einem Handbuch sei noch nicht reif, „da sowohl die psychologische als die physiologische Seite des Problems noch zu sehr im Fluß ist. Mein Onkel [Otto Binswanger in Jena] sowohl als Bleuler haben mir den letzten Rest von Zweifel noch recht gründlich genommen" (10. 12. 1925; Sign. 443/15).

Zum Aufsatz selbst schrieb Binswanger im Vorwort des zweiten Sammelbandes:

> Der Aufsatz *Erfahren, Verstehen, Deuten in der Psychoanalyse* ist erschienen in Imago, Bd. XII (1926), Heft 2/3 und im Imago-Almanach vom Jahre 1927[2]. Wenn wir [...] von dem naturwissenschaftlich-hypothetischen Wege der Psychoanalyse sprachen, so war damit der biologisch-physikalische Unterbau ihrer Lehre gemeint, aber keineswegs ihr Deutungsverfahren. Der Aufsatz will gerade durch den Hinweis auf den Anteil der Erfahrung im Deutungsverfahren dazu beitragen, die mannigfachen Vorurteile gegen dieses Verfahren zu beseitigen, ja er will zeigen, daß die Psychoanalyse das „eigentliche Studium der Menschheit" tatsächlich erstmals auf Erfahrung *gegründet* hat (S. 3)[3]. Der Aufsatz will ferner zeigen, wie recht FREUD hatte, wenn er bei der Besprechung eines Detailproblems erklärte: „Die Psychiater haben hier viel zu früh auf die Festigkeit des psychischen Gefüges verzichtet" (*Traumdeutung*, Ges. W. II, 449). Dieser zu frühzeitige Verzicht gilt aber für die Psychiatrie als ganze, so daß wir das „hier" ruhig weglassen können. In seinem Vertrauen auf die „Festigkeit des psychischen Gefüges" hat FREUD der Psychiatrie eine ungeheure Erweiterung und Vertiefung ihres Verstehenshorizontes verschafft und sie gezwungen, nicht gleich bei der ersten besten Schwierigkeit eine Metabasis eis allo genos zu begehen und in die Gehirnanatomie und -physiologie zurückzufallen[4]. FREUDs Vertrauen in die „psychische Kontinuität" basierte auf den mit seinem sogenannten Deutungsverfahren gewonnenen *Erfahrungen*, wie umgekehrt diese Erfahrungen

---

[2] Zur Druckgeschichte aller hier versammelten Arbeiten vgl. S. 357 f.

[3] Es wird doch wohl kaum nötig sein, darauf hinzuweisen, daß die üblichen Testverfahren, mit Ausnahme etwa des Rorschach-Testes, mit dem „eigentlichen Studium der Menschheit" nur wenig zu tun haben.

[4] Vgl. hierzu schon in dem nicht in diese Sammlung aufgenommenen Vortrag des Verf. vom Jahre 1914, betitelt *Psychologische Tagesfragen innerhalb der klinischen Psychiatrie*, Z. Neur. XXVI, S. 580 [Binsw. 1914b].

jenes Vertrauen immer mehr befestigten. Von der damaligen und zum Teil auch noch von der heutigen Psychiatrie soll mit der Rede von der „Verkehrtheit des letzten Zieles all dieser (psychoanalytischen Erkenntnisbestrebungen" gerade das psychoanalytische Deutungsverfahren getroffen werden.

Was den in diesem Aufsatz vertretenen Begriff der *Erfahrung* betrifft, so scheint er dem Verfasser heute in zweifacher Hinsicht zu eng, einmal in Hinsicht auf seine Beschränkung auf die Akte der *Wahrnehmung*, was seit HEIDEGGERs Werk „Sein und Zeit" nicht mehr angängig ist, zum andern in Hinsicht auf die mit dieser Beschränkung einhergehende Einengung der Erfahrung auf das leibhaftige Gegenüber von Mensch und Mensch. Im Gegensatz zu der in diesem Aufsatz vertretenen Meinung glaube ich heute doch sagen zu dürfen, daß auch hier ein durch Lesen oder Hören übermitteltes, ausführliches Protokoll einer Traumdeutung für mich Erfahrungscharakter annehmen kann.

Die hier zur Sprache kommenden Begriffe des *Verstehens* und ihr Verhältnis zur Erfahrung (vgl. S. 8 ff.) müßten ebenfalls durch das als Existential aufgefaßte Verstehen HEIDEGGERs und durch seine Erhellung des Verhältnisses von Verstehen und Auslegung vertieft, ja korrigiert werden. Aus demselben Grunde wurde auch auf des Verfassers Referat über *Verstehen und Erklären in der Psychologie* auf dem Internat. Psychologenkongreß in Groningen 1926 verzichtet. (Wer sich für die damalige Lage des Problems interessiert, sei auf den Kongreßbericht (8th International Congress of Psychology, Groningen 1927) und vor allem auf die Erläuterungen zu dem Referat verwiesen [Binsw. 1927b; 1927c].) Das Referat zeigt (vgl. S. 9), daß ich an der in meiner *Einführung in die Probleme der allgemeinen Psychologie* vom Jahre 1922 (S. 288-306) [Binsw. 1922] geübten Kritik an der JASPERSschen Lehre vom idealtypischen Verstehen festhielt, wie ich auch heute noch unbedingt daran festhalte.

Was die Analyse des *Deutens* betrifft, so scheint mir heute das rationale Moment dabei *über*schätzt, wiederum in zweifacher Hinsicht, erstens in Hinsicht auf die ([Heinz] GRAUMANNsche) Postulierung einer apriorischen *Vernunft*gesetzlichkeit als Bedingung der Möglichkeit des Verstehens von sinnvollen Motivationszusammenhängen, zweitens in Hinsicht auf die *Praxis* des Deutungsverfahrens selbst. Gewiß warnen wir mit JASPERS vor einem oberflächlichen, ja spielerischen, „rationalen Eindenken" in seelische Zusammenhänge anstelle echten, erfahrungsmäßigen Deutens, hingegen bestreiten wir, daß das Deutungsverfahren als solches auf einem rationalen Denken *beruht*. [...] Es gibt sogar eine phänomenologische Evidenz hinsichtlich des Deutens. Sie ist, soweit ich sehe noch kaum beschrieben, obwohl ein jeder sie an sich selbst konstatieren kann, und zwar in den Augenblicken des Erwachens. Hier kommt es nicht selten vor, daß wir *gleichzeitig noch* im Trauminhalt *und schon* in dessen Bedeutung im wachen Bewußtsein leben, m. a. W. mit *Evidenz erleben*, daß ein bestimmtes Traumfragment nur eine andere (geträumte) Version eines Wunsches, Vorwurfes, Bedauerns, Trauerns usw. aus unserer wachen Existenz darstellt. Hier handelt es sich um keine nachträgliche „Symboldeutung", sondern um ein unmittelbar erlebtes Wissen um das „Zusammenfallen" von Symbolisiertem und Symbolisierendem.

Binswangers lebenslange Auseinandersetzung mit Freud und der Psychoanalyse wird vom Autor immer wieder reflektiert, der eigene Standort gegenüber dem großen Wiener Kollegen überprüft. Davon legt der späte und in gewisser Weise abschließende Aufsatz „Mein Weg zu Freud" aus dem Jahre 1957 Zeugnis ab. In fünf Etappen fand Binswanger seinen Weg zum Gehalt der Lehre Freuds. Über das Lernen (1) und Erproben (2) ergab sich die Notwendigkeit methodologischer Durchdringung (3) und Kritik (4) der Psychoanalyse, um so schließlich den von Freud intendierten Naturbegriff zu verstehen (5).

Frühe Phänomenologie

Die Phänomenologie Husserls hinderte schon den ganz jungen Binswanger daran, in der Psychologie einen naturwissenschaftlichen Weg zu gehen. Die Konzeption einer phänomenologischen Psychologie versuchte Binswanger 1922 noch ganz auf dem Boden eines vom Geist (und der Kritik) der Neukantianer beeinflussten Rezeption Brentanos und Husserls.

Der Vortrag von 1922 „Über Phänomenologie" spiegelt ganz zeitgemäß die platonisierende Phase der Phänomenologie, so wenn der Autor von Wesenszusammenhängen spricht, die durch die Methode der Ideation wahrgenommen werden (S. 38). Die Psychologie muß eine reine *Bewußtseins*psychologie sein. Das Grundprinzip phänomenologischer Methode lautet demnach in Binswangers Formulierung: „Dies ist das *Grundprinzip der phänomenologischen Methode: die Beschränkung der Analyse auf das im Bewußtsein wirklich Vorfindbare* oder, mit einem anderen Ausdruck, *auf das dem Bewußtsein Immanente*" (S. 46).

Daß Binswanger allerdings schon sehr bald die idealistische Spielart der Phänomenologie verließ, deutet sich noch im selben frühen Aufsatz an, wenn er auf die (realistische) Ontologie von Hedwig Conrad-Martius verweist und zwar im Zusammenhang mit dem Problem des *Autismus* (S. 61). Die Phänomenologie des Autismus zwang den Empiriker Binswanger nach dem objektiven Korrelat von Wahrnehmungsakten zu fragen. Dabei kommt zwangsläufig das ontologische Moment der Selbständigkeit der wahrgenommenen Welt mit ins Spiel. Deshalb erhob Binswanger die durchaus programmatisch zu nehmende und mit der idealistischen Tendenz Husserls konstrastierende Forderung: „Eine genaue Kenntnis des Autismus hat zur Voraussetzung: 1. eine Phänomenologie des Erlebnisses der realen Außenwelt beim Schizophrenen; 2. eine Phänomenologie der halluzinatorischen und wahnhaften Erlebnisse der Schizophrenen" (S. 68).

Diese Forderung verdeutlicht, wie die klinische Empirie Binswanger immer wieder als Korrektiv gegenüber rein theoretisch konzipierten Positionen dient. Ganz in diesem Sinne spricht Binswanger Husserls „kategorialer Anschauung" in der Psychopathologie eine doppelte Funktion zu: Der Forscher faßt ein Objekt auf, das seinerseits auffaßt (S. 63). Wenn es sich aber bei letzterem z. B. um einen schizophrenen Kranken handelt, so kann die Alteration seines Auffassungsaktes nur über einen Vergleich der beiden Welten, derjenigen des Forschers und derjenigen des Kranken, erfolgen. Das damit aufgeworfene ontologische Problem wurde Binswanger erst nach dem Auftreten Martin Heideggers ganz deutlich.

Binswanger schrieb zu seinem Vortrag „Über Phänomenologie":

> Da es die intensive Beschäftigung mit BRENTANO, den „Logischen Untersuchungen" HUSSERLs und dessen Phänomenologie war, wodurch dem Verfasser ein- für allemal der „naturwissenschaftliche Star" gestochen und so der Weg für diese Arbeiten erst freigelegt wurde (vgl. die seither vergriffene Einführung in die Probleme der Allgemeinen Psychologie. 1922) [Binsw. 1922], muß dem Leser zunächst die Möglichkeit gegeben werden, sich einen Einblick in die

Phänomenologie HUSSERLs und ihren Gegensatz zur gegenständlichen und insbesondere zur naturwissenschaftlichen Denkmethode zu verschaffen. Diesem Zweck mag auch heute noch das Referat „Über Phänomenologie", das auf Wunsch der Schweiz. Gesellschaft für Psychiatrie im Jahre 1922 in Zürich erstattet wurde [Binsw. 1923a], genügen. Das Augenmerk des Lesers sei nur noch ausdrücklicher, als es in jenem Vortrag geschah, auf die *Intentionalität* als das „*Eigenwesentliche des Bewußtseinslebens*" gelenkt; denn der von HUSSERL der Psychologie gemachte Vorwurf, daß „ihr Erbteil die Blindheit für die Intentionalität" sei, besteht auch heute noch zu Recht. Um Intentionalität = Gerichtetsein auf etwas = intentionale Leistung handelt es sich in diesem Vortrag überall da, wo (auch ohne das Beiwort intentional) von Akten, Erlebnissen, Bewußtseinsgestaltungen usw. die Rede ist. Nur von der Intentionalität aus sind die HUSSERLschen und später HEIDEGGERschen Begriffe der Mundanisierung oder Weltlichung, der Transzendenz überhaupt und der Welt als eines „Universums konstituierter Transzendenzen" zu verstehen. Um den Weg von HUSSERL zu HEIDEGGER, m. a. W. von der Phänomenologie zur Ontologie, zu verstehen, bedarf es vor allem der Kenntnis von HUSSERLs „Vorlesungen zur Phänomenologie des inneren Zeitbewußtseins" (Jahrb. f. Philosophie und phänomenolog. Forschung IX, 1928[5]), in denen der intentionale Charakter des Zeitbewußtseins in umfassender Weise methodisch herausgearbeitet wird, sowie von HEIDEGGERs epochemachender Schrift „Sein und Zeit" vom Jahre 1929 [Binswanger verweist hier auf die 2. Aufl., die erste erschien 1927; jetzt in GA Bd. 2]. Ich erwähne diese Schriften schon hier, weil von der Weiterentwicklung der Phänomenologie zur Ontologie HEIDEGGERs ein entscheidender Anstoß auf die späteren Vorträge und Aufsätze ausgegangen ist.

1927, im Erscheinungsjahr von Heideggers „Sein und Zeit", publizierte Binswanger seinen Vortrag über „Lebensfunktion und innere Lebensgeschichte". Diese Arbeit markiert das Ende der ersten Schaffensphase Binswangers. Der Versuch, Lebensfunktion und Lebensgeschichte zu vereinigen, war aporetisch, der eingeschlagene wissenschaftstheoretische Weg zu sehr vom naturwissenschaftlich-phänomenologischen

---

[5] Jetzt in den Husserliana, Bd. X.

Einleitung des Herausgebers

Dualismus geprägt. Heideggers epochemachende Schrift wies dann eine ganz andere Richtung. Dennoch ist diese Arbeit Binswanger zentral, weil sie zeigt, wie der Empiriker Binswanger jetzt der „reinen Wesensforschung" der Phänomenologie einen neuen Inhalt gibt und sie so modifiziert. Das innere Wesen oder die geistige Person wird nicht mehr in Akten des Bewußtseins gesucht, sondern in der *Lebensgeschichte* (S. 85).

Binswanger sieht den angesprochenen Dualismus im späteren Vorwort zum Sammelband als eine Zuspitzung des Gegensatzes zwischen naturwissenschaftlicher Erforschung des körperlichen und seelischen menschlichen Organismus und der phänomenologischen Anthropologie zu dem Gegensatz:

> „*Lebensfunktion und innere Lebensgeschichte*". Hier stehen sich gegenüber die Auffassung und Betrachtung des Menschen als körperlich-seelischer Organismus, nämlich als Inbegriff naturgesetzlich geregelten Ablaufs organologischer Funktionen, also als eines *„Geschehensablaufs in der Zeit"*, und die Auffassung und Betrachtung des Menschen nicht nur als lebender, sondern als *erlebender* und in der Kontinuität ihres Erlebens sich geschichtlich entfaltender Person. Anstelle des naturgesetzlichen Zusammenhangs tritt hier als leitendes Denkprinzip der Sinnzusammenhang, die „Einheit innerlich sich fordernder Momente eines Sinnes" oder die „Einheit eines Sichgestaltens nach innerer Motivation". Aber so wenig das bloße Denkprinzip der Naturkausalität schon naturwissenschaftliche *Forschung* ist, so wenig ist das bloße Denkprinzip des Sinnzusammenhangs schon lebensgeschichtliche *Forschung*. Dort bedarf es des naturwissenschaftlichen Experimentes, hier der Erforschung der faktischen Abfolge der Erlebnisinhalte der sich gerade so und nicht anders geschichtlich entfaltenden individuellen Person. Aber auch hier handelt es sich für den Phänomenologen nicht nur um eine bloße Aufzeichnung von faktischen Erlebnisdaten und Erlebniszusammenhängen nach dem Denkprinzip der „Motivation", hier also des „psychologischen Motivzusammenhangs", vielmehr müssen sowohl die einzelnen Erlebnisinhalte als ihre „Zusammenhänge" auf ihren wesenhaften Gehalt, auf ihr „Wesen" hin durchsichtig und von diesem Wesen wiederum erhellt, begrenzt und verstanden werden. Aus dem phänomenologischen „Grundgesetz" der Angewiesenheit des Faktums oder der Tatsache auf das

Eidos oder Wesen und umgekehrt des Wesens auf die jeweilige Tatsache folgt, daß phänomenologische Anthropologie nur wissenschaftliche Forschung sein kann als *lebensgeschichtliche* Forschung. Der Ausdruck „innere Lebensgeschichte" ist seither in der Psychiatrie heimisch geworden.

Weltlichkeit der Existenz

Die methodische Konkretisierung der Lebensgeschichte zum Zwecke psychiatrischer Forschung gelang Binswanger erstmals mit seinem bahnbrechenden Aufsatz „Traum und Existenz" von 1930. Er stellt das erste Zeugnis der Heidegger-Rezeption dar und wurde insbesondere durch die später von Michel Foucault der französischen Übersetzung vorangestellte Einleitung über den deutschen Sprachraum hinaus berühmt.

Binswanger reagierte auf Foucaults Manuskript mit Brief vom 10. 5. 1954 mit Freude, weil er sich von dem jungen Franzosen voll und ganz verstanden fühlte:

> Ihr Aufsatz ist deswegen für mich ein lebensgeschichtliches Ereignis, weil ich doch noch die Zeit erlebt habe, wo der Traum die größte Mühe hatte, um sein Recht auf wissenschaftliche Erforschung zu erkämpfen, während er jetzt geradezu triumphiert und die Existenz im Sinne des wachen Erlebens nun schon bereits fast zu kurz kommt (Sign. 443/57).

Freuds Traumdeutung war nicht am Aufweis der *Einheit* wachender *und* träumender Existenz im Modus des Bewußtseins interessiert. Solcher Anspruch lag jenseits der Psychoanalyse, verlangte er doch ein weiterführendes Verständnis des Zusammenhangs zwischen der *Funktion* des Traumes und seiner (bildlichen und stimmungsmäßigen) *Morphologie*.

Unter dem Einfluß Freuds war jedoch die Bedeutung des manifesten Traumes so auf seine Funktion der Kompromißbildung reduziert und hinter seinen latenten Sinn zurückgedrängt worden, daß die Psychoanalyse, so Foucault, immer „nur zum Eventuellen" gelangt. „Das Darstellungsgeschehen selber in seiner Notwendigkeit wird nie erreicht" (Foucault in Binsw. 1992c, S. 17).

Daß Binswanger den Traum schon sehr früh in einen viel weiteren Horizont stellte als die Psychoanalyse belegt seine Analyse von 1928 über „Wandlungen in der Auffassung und Deutung des Traumes von den Griechen bis zur Gegenwart", in dem der Autor insbesondere auch die von Freud *nicht* benützte Literatur beizieht. Vorliegender Band enthält Binswangers ebenfalls 1928 geschriebenes Autoreferat zu diesem Traumbuch.

Über den Aufsatz „Traum und Existenz" selbst schrieb Binswanger im Vorwort zum Band 1 seiner Sammlung:

> In dem Aufsatz *Traum und Existenz* [...] wurde erstmals der phänomenologisch-anthropologische Wesenszug des *Steigens und Fallens* und der diesen beiden Daseinsrichtungen entsprechenden Weltstrukturen beschrieben und zwar in erster Linie innerhalb des „gestimmten Raumes", des Raumes der Lebensstimmung (sowohl im Wachen als im Traum), sodann aber auch innerhalb des „kultischen Raumes" der Griechen. Seither hat Gaston BACHELARD diesen Wesenszug, und zwar ohne unsern Aufsatz zu kennen, unter besonderer Berücksichtigung des „Willens" und der „valorisation", der Räumlichkeit der „Werte", mit sehr reicher Dokumentation herausgearbeitet. (Vgl. *L'Air et les Songes. Essai sur l'imagination du mouvement*. Paris. Librairie José Corti. 1943). Der Einfluß des inzwischen erschienenen Werkes von HEIDEGGER über Sein und Zeit zeigt sich in diesem Aufsatz schon deutlich. Im übrigen scheint mir gerade hier die Fruchtbarkeit der phänomenologischen, faktisch-eidetischen Betrachtungsweise zutage zu treten. Dabei sind wir uns bewußt, nirgends den Anforderungen der reinen phänomenologischen Eidetik im Sinne HUSSERLs zu genügen. Worauf es uns überall ankommt, ist lediglich die *Sicht* vom Einzelfaktum auf das Wesen, hier also etwa vom Einzelfaktum des Bildes des herabfallenden Vogels auf das Fallen als anthropologischen Wesenszug. Des weiteren zeigt sich der Einfluß HEIDEGGERs in dem hier gewagten Versuch einer existenziellen lebensgeschichtlichen Interpretation des Traums unter Anknüpfung an HERAKLITs Unterscheidung zwischen Träumen und Wachen im Sinne einer Unterscheidung zwischen dem Aufgehen in der Eigen*welt* und in der gemeinschaftlichen *Welt*.

Die in diesem Aufsatz angesprochenen Weltstrukturen werden in dem 1932 gehaltenen Referat „Das Raumproblem in der Psychopathologie" noch weiter analysiert. Weltlichkeit wird als konkreter gelebter, *leiblicher* Raum, als *Räumlichung des Daseins* verstanden und für die

Psychopathologie fruchtbar gemacht; die Lebensgeschichte solcherart zum *lebensgeschichtlichen Raum* erweitert.

Zugleich stellt dieses Referat die jetzt definitiv vollzogene Wende von der (Wesens-)Phänomenologie zur Ontologie dar. Binswanger interpretierte seine Arbeit folgendermaßen:

> Das Referat stellt in der Hauptsache den *orientierten* und den *gestimmten Raum* einander gegenüber, *beide* „Raumformen" aber bereits als verschiedene Abwandlungen der Räumlichung des Daseins überhaupt verstehend. Wie sehr am „Aufbau" und der Gestaltung dieser Raumformen das Dasein als „Leib" beteiligt ist, geht insbesondere aus dem Abschnitt über den orientierten Raum hervor, gilt aber natürlich auch vom gestimmten Raum, da auch die Gestimmtheit oder Befindlichkeit, wie der Psychiater zur Genüge weiß, ebenfalls in hohem Maße, wenn auch in ganz anderer Hinsicht, das Dasein in seiner Leibhaftigkeit betrifft. Die Ausführungen über den orientierten Raum gipfeln in der Diskussion über die *Desorientierung* im Raum im Sinne der damaligen Lehren der *Apraxie*. Gegenüber KLEIST wird betont, daß hier den Raum*vorstellungen* aufgebürdet werde, was Sache und Aufgabe des ganzen Menschen, „Ausfluß der gesamten Art des jeweiligen In-der-Welt-Seins", sei (S. 139). Bekämpft wird die Lehre von einem „*Raumsinn*", da sie gar zu leicht zu einer Hypostasierung „des Raumes" selbst führe (142), betont wird, daß wir bei der Apraxie mit GOLDSTEIN u. a. nicht an das Minus oder den Ausfall an Leistung denken, sondern an die Veränderung der Gesamtstruktur des Organismus, an seine neue Daseinsweise. Im übrigen werden Leibraum und Umraum hier als ein „funktionelles Ganzes" betrachtet, der Begriff des Eigenraums wird, mit GRÜNBAUM, erweitert durch den Begriff des Eigenraums (als Gegensatz zum Fremdraum), „der recht eigentlich zeigt, wie ‚labil' (selbst) der orientierte Raum hinsichtlich seiner Zuordnung zum Ich und zur Welt ist" (S. 133). Ferner sei auf die Bemerkung (S. 143) hingewiesen, daß es für den Psychopathologen eine Kluft zwischen „nur neurologisch" relevantem und psychiatrisch relevantem Hirngeschehen „nicht geben darf und kann". Im übrigen muß gerade hier auf das Referat selbst verwiesen werden.

Was die von uns als gestimmten Raum bezeichnete Weise der Räumlichung des Daseins und ihre Gegenüberstellung zum orientierten Raum und zu früheren Darstellungen und Auffassungen der Lehre von dem Gestimmtsein überhaupt betrifft, so ist beides in dem Referat (aber auch in meinen Studien *Über Ideenflucht*, Zürich 1933 [Binsw. 1933a; jetzt in Bd. 1 dieser Ausgabe]) so deutlich und ausführlich dargestellt, daß auch hier ein Kommentar überflüssig zu sein scheint. Es sei nur bemerkt, daß auch hier schon, gegenüber der Lehre der „Induzierung" von Erwin STRAUS (S. 151) die Einsicht herrscht, daß die faktisch-historischen, hier als ontisch-genetisch bezeichneten Zusammenhänge zwischen Veränderungen auf der Weltseite nur *möglich* sind auf Grund des phänomenologischen *Wesensverhältnisses*, das hier als gestimmter Raum bezeichnet wird (S. 150). Hinsichtlich der Rede vom *Leib* – alle Substantive sind für die daseinsanalytische Betrachtung gefährlich und daher soweit als möglich zu vermeiden – sei darauf hingewiesen, daß z. B. der Ich-Leib, wie er in der Lehre vom präsentischen Raum und der präsentischen Bewegung fungiert, ein ganz anderer „Leib" ist, als wenn es sich um den orientierten Raum handelt (S. 153). Wieder eine ganz andere „Rolle" spielt „der Leib", um nur noch hieran zu erinnern, in der daseinsanalytischen Lehre vom Vergessen und Verdrängen und damit vom „*Unbewußten*". Ein großer Teil dieser Lehre läßt sich phänomenologisch nur vom „Leibbewußtsein" und der *Leibsprache* aus verstehen (vgl. *Über Psychotherapie* [in diesem Band], insbes. S. 216 ff., 225 ff.). – Besonders hingewiesen sei ferner auf die Lehre vom Raum der inneren Lebensgeschichte, dem *innerlebensgeschichtlichen historischen* Raum mit seiner Fülle oder Leere, seinen Hin- und Rückwegen, seiner Näherung und Entfernung, seinem Ankommen und Weggehen, usw. (S. 160), einem „Raum", von dem schon der Aufsatz über Traum und Existenz im ersten Band handelte, und von dem der Aufsatz über HOFMANNSTHAL in diesem Bande noch ausführlich Kunde geben wird. Ausdrücklich verwiesen sei noch auf die Folgerungen der Lehre von den verschiedenen Raumformen auf den *klinischen* Gebieten der sogenannten „Gefühle", der Altersstufen u. a. Die Ausführungen über den *ästhetischen* Raum stellen zwar nur ein Arbeitsprogramm auf, von dessen Ausführung uns aber ein eigentliches Verständnis der schizophrenen Bildnerei abhängig zu sein scheint. [...]

Für den Fortgang der psychiatrischen Forschung und ihrer Problematik ist auch aus diesem Referat festzuhalten, wie „grundlegend" für sie die Wandlung von der Phänomenologie zur Ontologie und damit vom Neukantianismus zur Daseinsanalytik HEIDEGGERs in *Sein und Zeit* ist. Das Referat steht noch mit einem Bein auf dem Boden der Lehre von der *Sinnordnung* CASSIRERs (vgl. S. 124), mit dem anderen aber schon auf dem Boden der Lehre HEIDEGGERs. Auch hier muß, wie es hinsichtlich des Problems von Geschehnis und Erlebnis ausgeführt wurde, die Lehre vom Sinn, vom Sinnganzen und von der Sinnordnung (von der aus „der Raum" nach CASSIRER erst seinen bestimmten Halt und seine eigentümliche Fügung erhält) in die Lehre vom *Sein* als Da-*sein* zurückverwandelt werden, um nicht „in der Luft zu hängen". Mit all dem nähert sich das Problem der Psychiatrie immer mehr seiner Aufhellung, ja seiner Fundierung in der Lehre vom *Da-sein*.

In der Auseinandersetzung mit der Arbeit von Erwin Straus über „Geschehnis und Erlebnis" von 1930 nahm Binswanger eine Position ein, die er zeitlebens nicht preisgab: Gegenstand phänomenologischer Untersuchungen können immer nur die *sinnhaften,* aus der Lebensgeschichte zu verstehenden Motive des Individuums in seiner Welt sein. Historische Geschehnisse im Sinne von Straus und sinnhafte Erlebnisse bilden für das *weltliche* Dasein eine Einheit. Phänomenologisch-ontologisch ist also immer zu untersuchen, warum und inwieweit Geschehnisse aus der Lebensgeschichte überhaupt zu wirksamen Motiven werden konnten. Binswanger richtet sich dezidiert gegen die Auffassung von Straus, wonach die Welt der Ereignisse letztlich sinnfrei ist. Nach Straus kann ein Ereignis nur dadurch zum Erlebnis werden, daß ihm ein spezifischer Sinn entnommen wird (Straus sricht vom „Zwang zur Sinnentnahme"). Eine solche Trennung aber würde im Spiegel der Kritik Binswangers für das Dasein bedeuten, daß seine Lebensgeschichte zunächst sinnfreier, historischer Ablauf (Geschehen) ist und ihm durch das Individuum erst sekundär (im Erleben) ein Sinn entnommen wird. Binswanger mußte diesen Dualismus schon deshalb verwerfen, weil sonst auch die Einheit von Subjekt und Welt zerrissen worden wäre.

Diese Einheit ist eine *ontologische* und der Grund dafür, daß Binswanger jetzt den Husserlschen Sinnbegriff mit Heidegger ontologisch

Einleitung des Herausgebers XXV

unterbaut. Weltlichkeit bedeutet für Binswanger jene von Heidegger herausgestellte existenziale Erschlossenheit *von Welt im Dasein* und Entschlossenheit *von Dasein in der Welt.* Dieses Aufeinanderangewiesensein stellt Binswanger als ontologisches Fundament vor die Trennung von (sinnfreiem) Geschehen und (sinnhaftem) Erleben. Er schrieb zu seinem Aufsatz im Vorwort zum zweiten Sammelband von 1955:

> Der Aufsatz *Geschehnis und Erlebnis* [...] bildet insofern einen Eckpfeiler in der Sammlung unserer Ausgewählten Vorträge und Aufsätze, als er einerseits an den Vortrag über Lebensfunktion und innere Lebensgeschichte vom Jahre 1926 [...] anknüpft und dessen Problematik vertieft, andererseits bereits eine durchaus daseinsanalytische Sprache spricht und damit auf den Vortrag über *Die daseinsanalytische Forschungsrichtung in der Psychiatrie* (1945) [...] vorausweist.
>
> Die Diskussion mit meinem Freunde Erwin STRAUS dreht sich in der Hauptsache um zwei Fragen; erstens um die Frage, ob und inwiefern das *lebensgeschichtliche Werden* Gegenstand phänomenologischer oder ontologischer Untersuchung werden könne; zweitens um die Frage ob und wie weit Geschehnis und Erlebnis voneinander zu trennen seien oder ob sie eine unlösbare – daseinsanalytische – Einheit bilden. Beide Fragen hängen aufs engste zusammen, bilden sie doch, wie der Aufsatz zeigt, einen einzigen Fragenkomplex. Die erstere Frage wird in dem Aufsatz noch dahin beantwortet, daß das lebensgeschichtliche Werden, das Werden der geistigen Individualität, zwar tatsächlich nicht phänomenologisch oder ontologisch untersucht werden könne, daß der Begriff der inneren Lebensgeschichte aber gar kein phänomenologischer Begriff sei, wie STRAUS ihn mißverstand, sondern ein historischer, etwa im Sinne von DILTHEYs Begriff der „Biographie". Mit Recht wird hier unterschieden zwischen dem rein idealen Sinnganzen, für das die Zeitspanne, über das es sich erstreckt, irrelevant ist, und den einzelnen Erlebniskomplexen, in die es sich historisch-zeitlich, d. h. im Verlauf der inneren Lebensgeschichte, gliedert, m. a. W. zwischen dem rein „idealen" Motivationszusammenhang im Sinne des Sich-auseinander-Ergebens und dem faktischen historischen, d. h. individuell einmaligen, die jeweilige innere Lebensgeschichte gestalten-

den *Gang* des Zusammenhangs der „Motive", des Zusammenhangs der jeweiligen „Beweggründe" oder individuellen Entscheidungen also. Seither haben wir erkennen müssen, daß auch die jeweiligen tatsächlichen lebensgeschichtlichen Motive für die Daseinsanalyse nichts letztes sind, daß das Problem für sie vielmehr dahin lautet, zu verstehen, inwiefern die betreffenden Motive zu *Motiven* werden konnten (Vgl. den Fall Ellen West [Binsw. 1944/45; jetzt auch in Bd. 4 vorliegender Ausgabe]). Mit diesem Problem vertieft und verschiebt sich die Frage, ob die innere Lebensgeschichte phänomenologisch-ontologisch untersucht werden könne oder nicht, sehr wesentlich. Zwar bleibt die Untersuchung der zeitlichen Aufeinanderfolge der die innere Lebensgeschichte ausmachenden Motivationen, Beweggründe oder Entscheidungen eine historische Untersuchung im Sinne der psychiatrischen *Anamnese*, jedoch können und müssen wir heute die Wandlungen der *Daseinsstruktur*, den *Daseinsgang* oder *-verlauf* untersuchen, auf Grund dessen die faktischen Motive überhaupt „zu Motiven werden konnten". *Diese* Untersuchung aber ist durchaus *phänomenologische* Untersuchung. Unsere Analyse des Falles Suzanne Urban [Binsw. 1952; jetzt auch in Bd. 4 vorl. Ausgabe] dient nichts anderem als der Durchführung dieser Aufgabe. Hier wurde das reine Wesen oder Eidos des „Schrecklichen" als *Daseins*möglichkeit herausgearbeitet, um *aus ihr* zu verstehen und aufzuzeigen, daß und wie die *historische* Folge der schrecklichen Ereignisse und Erlebnisse, die Motivationszusammenhänge der inneren Lebensgeschichte dieser Individualität also, erst „*zu Motiven werden* konnten". Am Fortgang der Beschäftigung mit dem Problem des „Verhältnisses" zwischen reiner phänomenologischer Wesenserfassung und historischem Zusammenhang der inneren Lebensgeschichte, mit *einem* Wort zwischen Eidos und Faktum, ließ sich im übrigen zeigen, daß der HUSSERLsche Begriff des *Sinnganzen* gleichsam in der Luft schwebte, solange er nicht ontologisch „unterbaut", d. h. aus der jeweiligen Daseinsform und der Abwandlung des Daseinsverlaufs als *Seins-Möglichkeit* verstanden werden konnte.

Die zweite Frage, die Frage also, ob und inwieweit Geschehnis und Erlebnis voneinander getrennt werden können, oder ob sie eine unlösbare, daseinsanalytische Einheit bilden, ist in dem Aufsatz m. E. so eindeutig in letzterer Hinsicht entschieden, daß sie kaum eines Kommentars in diesem Vorwort bedarf. Die Entscheidung gipfelt in der Verwerfung des „Zwangs zur Sinnentnahme" und zwar auf Grund der Einheit von Ich und Welt, schon gemäß dem HEGELschen Satz, daß die Individualität ist, was die Welt *als die ihre* ist, aber auch gemäß der Aufeinanderangewiesenheit von *Er*schlossenheit der Welt „im" Dasein und *Ent*schlossenheit des Daseins „in der Welt". Dieses Aufeinander-Angewiesensein ist von HEIDEGGER in *Sein und Zeit* tatsächlich *ontologisch* verstanden worden. Besonders hingewiesen sei noch auf die Kontroversen über das Verhältnis von Bedeutungsbewußtsein und Zeiterlebnis und von Bedeutung und Triebhaftigkeit (über Traum und Sichfallenlassen, über Rentenneurotiker, posttraumatische Phobiker, über Perversionen und ihre psychoanalytische Auffassung usw.) sowie vor allem auf die den Schluß des Aufsatzes bildende Phänomenologie des *Geizes* (im Gegensatz zu einer Psychologie und zur Psychoanalyse des Geizigen). Auch hier handelt es sich nicht um die Untersuchung der psychologischen *Motive* oder, was schon tiefer führt, der Triebstruktur des Geizhalses im Sinne der psychoanalytischen Auffassung, sondern um den Aufweis der *Daseinsstruktur* des Geizes als einer menschlichen Seinsmöglichkeit.

Schon aus diesem Aufsatz wird ersichtlich, wie sehr nicht nur die psychiatrische Problematik, sondern auch das Problem der Psychiatrie selbst sich erweitert und vertieft, wenn beide auf dem Hintergrund des Daseins und seiner Abwandlungsmöglichkeiten nicht nur gesehen sondern als auf ihm, als ihrem *Grund* ruhend, verstanden werden. Aus diesem Verständnis ergibt sich aber auch erst das Verständnis für die *Psychotherapie als Begegnung* im Sinne Martin BUBERs und Hans TRÜBs, im Sinne der Tatsache nämlich, daß „echt personhafte Begegnungen sich im Abgrund des Menschseins begeben" (Martin BUBER in Hans TRÜB, *Heilung aus der Begegnung*, Stuttgart 1951, S. 11). Auf dieses Problem geht der Aufsatz jedoch nicht mehr ein. Vgl. hingegen den Vortrag *Über Psychotherapie* [...].

Daseinsanalyse

Der zuletzt angesprochene Vortrag „Über Psychotherapie" von 1934 entfaltete die an Heideggers Daseinsanalytik angelehnte Methode der *Daseinsanalyse* aus der Perspektive der Psychotherapie. Doch bereits in diesem Vortrag kündigte sich auch die Sprengung des Heideggerschen Weltbegriffs durch das Problem der Kommunikation an.

Binswanger ist zur Zeit der Abfassung dieses Vortrags mit Vorarbeiten zu seinem philosophischen Hauptwerk „Grundformen und Erkenntnis menschlichen Daseins" befaßt. Über Heidegger hinaus entwickelte dieses Buch (vgl. Bd. 2 vorl. Ausgabe) die Ontologie zur *Sozialontologie* weiter. Zum Vortrag selbst heißt es im Vorwort von 1947:

> Der Vortrag *Über Psychotherapie*, gehalten 1934 bei den Medizinstudenten in Amsterdam und Groningen [...] enthält Ansätze zu einer Phänomenologie der „psychotherapeutischen Situation" überhaupt und der konkreten psychotherapeutischen Situation in einem Falle von Hysterie im Speziellen. Im Mittelpunkt stehen Untersuchungen zur Phänomenologie der Leiblichkeit und ihrer „Sprache", des Lebens „im Leib" und „als Leib", des Vergessens und Verdrängens als Formen der Leiblichkeit überhaupt und im Speziellen der hysterischen Aphonie als Ausdruck des existenziellen Rückzugs *aus* der Kommunikation und *in* den idios kosmos der Leiblichkeit. Zum Schluß wird auf die Bedeutung des Verständnisses und der Kenntnis der verschiedenen Bildsprachen unserer Kranken (der leibbildlichen, seelen-bildlichen und kosmisch-bildlichen), ihres Neben- und Nacheinanders und der therapeutischen Notwendigkeit der Rückgewinnung der Existenz aus der „Verbildlichung" aufmerksam gemacht.

Den sich aus dem Psychotherapie-Vortrag ergebenden thematischem Zusammenhang führte das Referat von 1945 „Über die daseinsanalytische Forschungsrichtung in der Psychiatrie" mit den neu gewonnenen sozialontologischen Mitteln weiter. Mit dem Abdruck dieses Vortrags schloß Binswanger seinen ersten Sammelband ab.

> In dem letzten Vortrag wird noch einmal die phänomenologische Anthropologie, im Anschluß an HEIDEGGERs Daseinsanalytik jetzt Daseinsanalyse genannt, als phänomenologische Erfahrungswissenschaft der naturwissenschaftlichen, funktions-theoretisch-konstruierenden Erfahrungs-

wissenschaft gegenübergestellt. Im Mittelpunkt steht jetzt die Struktur des Daseins als In-der-Welt-sein oder Transzendenz und die Auffassung der Psychosen als *Abwandlungen* des In-der-Welt-Seins oder Transzendierens, welche Auffassung schon meine Studien Über Ideenflucht [jetzt in Bd. 1 vorl. Ausgabe] und die Studie über den „Fall Ellen West" [jetzt in Bd. 4 vorl. Ausgabe] beherrscht hatte. Die Intentionalität, die HUSSERLs Phänomenologie zugrunde lag, wird hier mit HEIDEGGER nur als *eine Weise* des Transzendierens erkannt. Transzendenz ist also ein weiterer Begriff als Intentionalität oder Mundanisierung im Sinne HUSSERLs. Dem In-der-Welt-Sein oder Transzendieren im Sinne der Sorge HEIDEGGERs habe ich selbst dann das Über-die-Welt-hinaus-Sein als Liebe gegenübergestellt (Grundformen und Erkenntnis menschlichen Dasein. 1942 [jetzt in Bd. 2 vorl. Ausgabe]), woraus die Forderung an die Anthropologie ergeht, den Menschen *auch* aus dieser „überweltlichen" Struktur heraus zu verstehen und zu beschreiben. Auf die Schilderung des Unterschieds zwischen der Umwelt der Tiere und der Welt im daseinsanalytischen Sinne folgt die Analyse einiger „Weltentwürfe" anhand klinischer Beispiele, die phänomenologisch zu beschreiben und auszulegen Aufgabe der Psychopathologie sein muß. Es muß gezeigt werden können, daß und wie die Welt und das gesamte In-der-Welt-sein strukturiert und in der Struktur eingeengt sein müssen, damit es überhaupt zu so etwas wie zu einem „psychopathologischen Symptom" zu kommen vermag, und damit der lebensgeschichtliche Zusammenhang zwischen Symptom und „Erlebnis" erst verständlich werden kann. Infolgedessen ist z. B. streng zu unterscheiden zwischen der daseinsmässigen Quelle der Angst und ihrer lebensgeschichtlich bedingten Durchbruchstelle. Auch hier zeigt sich wieder die wesensmässige Angewiesenheit der phänomenologischen Anthropologie auf die lebensgeschichtliche Forschung und der letzteren auf die erstere. Die lebensgeschichtliche Forschung bedarf phänomenologischer Wesensbegriffe, damit ihr Sinn und Sinnzusammenhang als solcher verständlich wird, und diese Wesensbegriffe müssen ihrerseits wieder aus der lebensgeschichtlichen Erfahrung schöpfen. – Zum Schluß folgen Beispiele für die Anwendung der Daseinsanalyse auf den Gebieten der Psychologie und Charakterologie.

Im Vortrag über „Daseinsanalyse und Psychotherapie" stellte Binswanger 1954 seine nunmehr voll entwickelte und gereifte Forschungsrichtung und ihre Fruchtbarkeit für die psychotherapeutische Praxis einem grösseren Kreis von Fachleuten vor.

> Der Vortrag *Daseinsanalyse und Psychotherapie* wurde am 25. VII. 1954 vor den Teilnehmern am 2. Internationalen Kongreß für Psychotherapie anläßlich ihres Besuches im Sanatorium Bellevue in Kreuzlingen gehalten. Er will noch eingehender und präziser zeigen, wie sich Psychotherapie unter daseinsanalytischem Aspekt gestaltet und fruchtbar erweisen kann. Damit ist der Kreis dessen, was die Daseinsanalytik Martin HEIDEGGERs für die Psychiatrie bedeutet, geschlossen.

Es gehört zweifellos zu den Vorzügen von Binswangers Arbeiten, daß er seine psychologischen Einsichten nicht nur mit Hilfe der psychiatrischen Kasuistik illustriert, sondern immer auch die Zeugnisse der großen Literatur beizieht.

Binswanger war, im Gegensatz zu Freud, nie bereit, das Geistige des Menschen genetisch herzuleiten. Geist blieb für ihn zeitlebens eine Kategorie sui generis. Ähnliches gilt für die Sprache.

Diesen Problemhorizont stecken die beiden letzten in die vorliegende Auswahl aufgenommenen Arbeiten ab. Bei dem Aufsatz „Über dem Satz von Hofmannsthal: ‚Was Geist ist, erfaßt nur der Bedrängte'" handelt es sich um einen Beitrag von 1948 zu der (ungedruckten) Festschrift zum 70. Geburtstag des Dichters R. A. SCHRÖDER.

> Auch hier wird das Problem, das Bedrängtsein, als eine Weise unseres *gesamten* Daseins ins Auge gefaßt und vorab auf seine räumliche *und* zeitliche Struktur hin untersucht, wiederum im Verein mit Vertrauen und Angst, mit Liebe und Heimat, mit dem Umgang mit Menschen und Dingen und dem eigenen Leib als „unausdeutbaren Deutbarkeiten" sowie erst recht im Verein mit dem der „geistigen Reifung". Auch hier ist die Rede von der Überschreibung eines *vertrauten Maßes*, einer *Entsprechung* („Symmetrie"), und zwar der Entsprechung von „Selbst und Welt". „Geist" wird hier mit HOFMANNSTHAL aufgefaßt als die Möglichkeit des Auf- und Ausbrechens aus der *Befangenheit* der Seele und des Leibes als einer Möglichkeit der *Freiheit* der *Distanzierung* oder *Entfernung* unter der Führung („Lockung")

Einleitung des Herausgebers

des Eros, der Sehnsucht nach immer neuen Fernen und „Aufenthalten". Die psychiatrische und psychotherapeutische Problematik wird hier demnach in Berührung gebracht mit dem Problem des *Leidens* und seiner Überwindung in der Wiedergewinnung unserer „geistigen" *Freiheit*, ferner mit dem nur einen bestimmten Ausschnitt aus dem Problem der Bedrängnis bildenden Begriff des *Drangs*, mit dem Problem der Ekstase als *Entrückung* und vor allem mit dem Problem der *Angst* der *Nähe* und der Angst der *Ferne*, der Angst also im Sinne des „Uns-auf-den-Leib-Rückens" der Welt einerseits, der von HOFMANNSTHAL so tief verstandenen und erlittenen *Verflüchtigung* der „Welt" andererseits, wobei unter Welt hier wie sonst nicht das Seiende im ganzen, sondern die Möglichkeit des Welt*entwerfens* verstanden wird, als die Bewältigung des Seienden im ganzen durch das Entwerfen der *Welt*. Auch hier zeigt sich, wie tief das Problem der Psychiatrie in der Daseinsanalytik *gründet* und in der Daseinsanalyse seine phänomenologische, d. h. die „Sache selbst" zur Erschließung und damit „zur Sprache bringende" Grundlage hat.

Den Vortrag *Über Sprache und Denken* hielt Binswanger am 5. Juni 1946 vor der Gymnasiallehrer-Vereinigung des Kantons Bern in Münchenbuchsee. Auch hier zeigt Binswanger an einem Spezialproblem, wie er das doppeldeutige Phänomen von Denken und Sprechen vom Dasein aus durchaus als einheitlichen Grundzug des Menschseins auffassen kann.

Der Vortrag zeigt deutlich, daß und inwiefern es sich hinsichtlich unserer Auffassung des Verhältnisses von „Gedanke" und „Wort" nicht um eine unio mystica handelt [...], sondern um eine „unio naturalis", nämlich um einer der „Natur" des Menschenwesens entsprechende und aus ihr „entspringende" Einheit.

Im Anhang finden sich drei Texte aus den Nachlaßmaterialien Binswangers. Der heute im Universitätsarchiv von Tübingen aufbewahrte Binswanger-Nachlaß umfaßt kaum Texte, die Binswanger nicht schon zu Lebzeiten publiziert hätte. Meistens handelt es sich um Aufsatz-Manuskripte, Druckvorlagen usw.

Die in vorliegendem Band abgedruckten kürzeren Texte sind bisher unveröffentlicht. An den Anfang gestellt wurde eine Notiz Binswangers über eine Begegnung mit Martin Heidegger.

Der Text „Über ‚Schicksals-Logik'" ist die ergänzende Fortschreibung des letzten Kapitels aus dem letzten von Binswanger selbst veröffentlichten Buch „Wahn" von 1965 (jetzt in Bd. 4 vorliegender Ausgabe). Der Text ergänzt die Passagen aus dem Wahn-Buch durch eine Analyse der Schicksalsbegriffe bei Strindberg. Binswanger hatte noch in den letzten Sätzen seines Wahn-Buches für die weitere Wahnforschung die Aufgabe einer fundamentalen „Existentialanalyse" des Wahnschicksals vorgesehen. Vorliegender Text dürfte demnach Binswangers letztes angefangenes Forschungsmanuskript überhaupt sein.

Der dritte im Anhang wiedergegebene Text ist Binswangers „Leitfaden zum Übergang zur eidos-Bildung". Dieser Leitfaden ist direkt durch Binswangers engen philosophischen Freund, Wilhelm Szilasi, beeinflußt. Binswanger hat in seiner letzten Schaffensphase, als er Husserls Spätwerk zu rezipieren begann, einen intensiven philosophischen Austausch mit Szilasi gepflegt. Das Wahn-Buch trägt bis ins Detail die Züge der Szilasi-Interpretation von Husserl. Der umfangreiche Briefwechsel belegt, daß sich Binswanger teilweise die schwierigen Fragen nach der transzendentalen Konstitution der Erfahrung und ihrer Aberration bei Wahnkranken direkt von Szilasi beantworten ließ. Vor diesem Hintergrund entstand auch der hier abgedruckte Text. Er ist deshalb besonders interessant, weil er einen Blick in die Werkstatt des (späten) Autors Binswanger gestattet. Die gegenseitige Verflechtung von empirischen Tatbeständen (schizophrene Alteration der Wahrnehmung) und philosophischer Durchdringung (phänomenologische Konstitutionsproblematik), die für Binswangers Spätwerk charakteristisch ist, wird hier in statu nascendi vorgeführt. Der Text ist undatiert, wurde wahrscheinlich im Oktober 1963 geschrieben als Reaktion auf einen Brief Szilasis. In diesem Brief schreibt Szilasi:

> Verlieren Sie nur den Mut nicht. Ihre Abhandlung [das Wahn-Buch] ist großartig angelegt und Sie sind gut auf dem Weg. Sie brauchen nur einige philosophische, methodische Fingerzeige (5. 10. 1963; Sign. 443/26).

Der Brief geht dann auf den Fall „Aline" ein und empfiehlt zu seiner Analyse die konsequente Anwendung des Erfahrungsschemas Aisthesis –

Einleitung des Herausgebers

Mneme – Phantasia. Die eidos-Bildung wird insbesondere an diesem Fall exemplifiziert (vgl. Bd. 4 vorl. Ausgabe), den Binswanger auch in anderen Briefen ausgiebig mit Szilasi durchgeht.

Binswanger hatte seine Dankbarkeit gegenüber Szilasi für dessen philosophische „Fingerzeige" schon in der Widmung des zweiten Bandes seiner Sammlung von Vorträgen und Aufsätzen[6] zum Ausdruck gebracht. Im Dankesschreiben vom 29. April 1955 schreibt Szilasi:

> Es ist ein eigenartiges Gefühl, es [das neue Buch] in den Händen zu halten, mit der Widmung, die reiche zehn Jahre blitzartig erleuchtet, zehn Jahre, die unsere Intimität und Zusammengehörigkeit immer mehr vertieft haben. Ach, Sie haben mir in diesen Jahren unendlich viel geschenkt, neben dem Geschenk des Gefühls, das an u. für sich schon ein sehr grosses ist: daß ich Ihnen etwas zu bieten habe, – allerdings nur das, was meinem Metier seit Jahrtausenden zugehört: Hebammen-Dienste bei der Geburt von großen Gedanken (Sign. 443/26).

Weiter wurden im Anhang eine Reihe von Briefen und Briefausschnitten aufgenommen. Im Gegensatz zu den sonstigen Nachlaßmaterialien ist der Briefwechsel Binswangers außerordentlich umfangreich (39 Stehordner mit dem chronologisch abgelegten Schriftverkehr und 33 Briefmappen für die Korrespondenz mit besonders berühmten Persönlichkeiten). Die Dokumente umfassen die Jahre 1908 bis 1967 (einschl. der nach Binswangers Tod eingegangenen Schreiben). Die für vorliegenden Band getroffene kleine Auswahl richtet sich nach den entscheidenden Themen in Binswangers geistigem Werdegang, wie er sich in vorliegender Ausgabe spiegelt.

Eine erste Gruppe umfaßt eine Sequenz aus dem Briefwechsel zwischen Binswanger und Erich Rothacker. Daraus geht hervor, wie Rothacker Binswangers Werke kontinuierlich durcharbeitete. Besonders die in vorliegendem Band abgedruckten Aufsätze und das in den Band 2 vorliegender Ausgabe aufgenommene Hauptwerk Binswangers werden von Rothacker kritisch reflektiert. Zu Themen aus dem Hauptwerk äußert sich auch Richard Hönigswald.

Die nächsten Briefe zeigen die kritische Grenzziehung gegenüber dem psychologischen Ansatz von *Karl Jaspers*. Die beiden angesprochenen hauptsächlichen Themen betreffen das Problem des Verstehens (vgl. dazu schon oben, S. XV) und der Blindheit von Jaspers gegenüber den Errungenschaften der Psychoanalyse.

---

[6] Der erste Band ist dem Zürcher Literarhistoriker Emil Staiger gewidmet.

Von großem Einfluß auf das Denken von Binswanger war der Basler Phänomenologe *Hans Kunz*. Aus den zahlreichen Briefen wurde hier eine kleine Gruppe ausgewählt mit charakteristischen Themen, die beide Autoren verbinden. Beide waren sich einig in der Kritik am Widerstandsargument der Psychoanalyse. An Diltheys Psychologie erschien beiden die geisteswissenschaftliche Engführung ungenügend zum Erfassen des ganzen Menschseins. Die Darstellung der Triebhaftigkeit des Menschen konnte beide nicht befriedigen, wenn sie im Sinne der Metapsychologie Freuds naturalisiert, d. h. aus ihrer Einheit mit den geistigen Persönlichkeitsanteilen gelöst wird. Das wird vor allem an der Perversionstheorie verdeutlicht, in der beide Autoren eine Position einnehmen, von der aus sie die Psychoanalyse phänomenologisch kritisieren. Schließlich wird auch das von Binswanger immer wieder neu angegangene Problem des Vergegenständlichens von Psychischem berührt.

Exemplarisch zeigen die anschließenden Briefe aus der Mappe des Schriftverkehrs mit dem *Freiherrn v. Gebsattel* die daseinsanalytische Behandlung psychotherapeutischer Probleme, wie sie sich auf der Grundlage des Vortrages „Über Psychotherapie" ergaben.

Die Gruppe von Briefen an und von *Martin Heidegger* soll noch einmal die Dimension gegenseitigen geistigen Austausches verdeutlichen. So sehr Binswanger lebenslang Heideggers Werk verehrte, so sehr lehnte er doch die bloße Übernahme von Heideggers Denkansatz durch Adepten ab. Das wird deutlich in den Briefen an *Medard Boss*, welche die zunehmend kritischer werdende Distanz Binswangers gegenüber seinem ehemaligen Schüler dokumentieren. Binswangers sonst stets gewahrte ruhige Sachlichkeit bekommt in den Briefen an Boss einen immer gereizteren Ton, und die Antworten werden immer kürzer. In einem Brief an Kunz wird die zuletzt vollständige Ablehnung des Schülers durch den Lehrer deutlich.

Bereits den Charakter der Wissenschaftsgeschichtsschreibung hat der Briefwechsel mit *Rudolf Boehm*. Interessant ist die Abgrenzung des späten Binswanger zu einigen Fragen der Husserl-Exegese.

***

Zur Druckgeschichte der in diesem Band versammelten Arbeiten Binswangers vgl. S. 357. Korrekturen und Beifügungen des Herausgebers stehen durchwegs in eckigen Klammern. Wo Binswanger selbst eckige Klammern verwendet, wurden diese in geschweifte umgewandelt. Verweise auf die Werke Binswangers folgen der Bibliographie S. 359. Signaturen (Sign.) beziehen sich auf den Katalog des Binswanger-Archivs der Universität Tübingen.

Einleitung des Herausgebers XXXV

Binswangers Schreibweise und die Hervorhebungen wurden beibehalten, (Druck-)Fehler und Zitationsversehen stillschweigend bereinigt.

Berlin, im August 1994
Max Herzog

Vorträge und Aufsätze

Erfahren, Verstehen, Deuten in der Psychoanalyse

GOETHE spricht einmal aus, daß dem Einzelnen zwar die Freiheit bleiben solle, sich mit dem zu beschäftigen, was ihn anzieht, was ihm Freude macht, was ihn nützlich deucht, daß aber das eigentliche Studium der Menschheit der *Mensch* sei. Suchen wir nach einer näheren Bestimmung dieses Studiums, so bietet sich uns dafür ein Ausdruck dar, der gerade seit GOETHE, wenn auch nicht durch ihn, in der deutschen Geistesgeschichte heimisch geworden ist. Philosophen wie SCHLEIERMACHER, DILTHEY, SIMMEL, RICKERT, Philologen wie BÖCKH, Historiker wie DROYSEN, Soziologen wie Max WEBER haben das mit diesem Ausdruck Gemeinte von den verschiedensten Seiten, zu den verschiedensten Zwecken und mit den verschiedensten Methoden untersucht. Sie alle sprechen vom „*Verstehen*" als einem Grundproblem des Studiums des Menschen und seiner Werke. Erst spät ist dieser Ausdruck und sein Problemgehalt in diejenige Wissenschaft eingedrungen, die, so sollte man meinen, sich seiner zuerst hätte bemächtigen müssen, in die Psychologie. Auch heute noch untersuchen die wenigsten das Verstehen rein im Hinblick auf die empirische Psychologie; jedoch haben nach dem ersten epochemachenden Anstoß von DILTHEY Forscher wie SPRANGER, JASPERS, SCHELER, Edith STEIN, HÄBERLIN und ich selbst sich darum bemüht, die Rolle des Verstehens in der Psychologie näher zu bestimmen, ohne jedoch zu übereinstimmenden Meinungen und Resultaten zu gelangen.

Es ist nicht nur das „Medium" der Wissenschaft, in welchem „der Mensch" verstanden werden kann, ja es ist noch eine offene Frage, ob sich auf dem Verstehen Wissenschaft, zumal Erfahrungswissenschaft, überhaupt aufbauen kann, oder ob das Verstehen letztlich immer nur Sache des Einzelnen bleibt, der es jeweils vollzieht. Empirische Wissenschaft wenigstens hätte dann nur das „Material" herbeizuschaffen und zu bearbeiten (Heuristik, DROYSEN), das die psychologischen (wir reden nur noch von diesen) Grundlagen des Verstehens zu erweitern, zu vertiefen und systematisch zu ordnen erlaubt. Psychologie als Erfahrungswissenschaft hätte es dann nur mit den realen *Bedingungen* des Verstehens zu tun. Jedenfalls war es bisher nicht die wissenschaftliche Geisteshaltung, auf deren Boden das psychologische Verstehen Triumphe gefeiert hat, sondern eine Reihe ganz anderer geistiger „Medien": Ich erinnere nur an AUGUSTINs und KIERKEGAARDs leidenschaftlich religiöses Pathos, an SHAKESPEAREs geniale „dichterische Einbildungskraft", an NIETZSCHEs philosophisches Prophetentum, aber auch an die skeptische, nüchtern beobachtende und erzählende „Seelenstimmung" eines MONTAIGNE, vieler seiner antiken Vorbilder und seiner Nachfolger. Kein Zweifel: Religiöses Ringen mit Gott, philosophische Wertung und Umwertung, künstlerischer Gestaltungswille und einfache Beobachter- und Erzählerfreude hatten die Menschheit in ihrem „eigentlichen Studium" bis vor kurzem mehr gefördert als die Wissenschaft. Aber als vor- und außerwissenschaftlichen Geisteshaltungen fehlte ihnen doch noch gerade das, was Wissenschaft allein zu leisten vermag: die Ausarbeitung, Vermittlung und Verbreitung der wissenschaftlichen *Methode*, die Gliederung und Ordnung der gewonnenen Erkenntnisse in einem theoretischen *Bedeutungszusammenhang* und, damit verbunden, die Reflexion auf das *Erkenntnisverfahren*.

Bestimmte soziale, individuelle und geistesgeschichtliche Faktoren mußten zusammenwirken, um das Studium des Menschen im Sinne des Verstehens in die Bahn der empirischen Wissenschaft zu leiten. Zu den ersten gehört das soziale Verhältnis zwischen Arzt und Patient, wie es sich mit der Entstehung der medizinischen Psychotherapie überhaupt herausgebildet hat, zu den zweiten die Persönlichkeit FREUDs, zu den dritten der nachhegelianische Naturalismus, Evolutionismus und Positivismus. Allen drei so verschiedenartigen Faktoren zusammen ist es zu verdanken, daß jenes Studium des Menschen auf den Boden *der wissenschaftlichen Erfahrung* gestellt werden konnte. Demgemäß haften ihm jetzt auch ganz spezifische soziale, individuelle und geistesgeschichtliche Einschränkungen und Eigenarten an, die in einer „allgemeinen" Lehre vom „Studium des Menschen" noch zu überwinden wären; aber das ändert nichts an dem historischen Faktum, daß die Psychoanalyse FREUDs das „eigentliche Studium der Menschheit" erstmals systematisch auf Erfahrung *gegründet* hat.

Diese Tatsache wird auch von ernsten „Kritikern" der Psychologie FREUDs in der Regel übersehen oder nicht ins richtige Licht gestellt. Entsprechend der Neuheit seines Verfahrens innerhalb der *medizinischen* Wissenschaft blickte man vor allem auf das, was FREUD Deuten nannte, nicht ahnend oder vergessend, daß sich dieses Deuten, eben als „Deuten", schon in den verschiedensten Wissenschaften einen Namen verschafft und ein Heimatsrecht erworben hatte. Unter dem Namen der *Hermeneutik* oder des hermeneutischen Verfahrens im Sinne einer „Kunst der Auslegung" und der Aufweisung der Regeln dieser Kunst finden wir das Deuten in der Rhetorik und Philologie von den Griechen bis auf die neueste Zeit, in der Theologie der Kirchenväter (AUGUSTIN, ORIGINES) und der Nachreformation (FLACCIUS), in der ganzen neueren *Geschichte*, zum mindesten seit SCHLEIERMACHER, aber auch im Hinblick auf die Psychologie näher untersucht und zum wissenschaftlichen Bewußtsein gebracht. Insofern als der spezielle Inhalt und der spezielle Zweck eines wissenschaftlichen Verfahrens nichts mit diesem Verfahren als solchem zu tun haben, gelänge es leicht, FREUDs Deutungsverfahren als einen Spezialfall der Hermeneutik der Geisteswissenschaften (Philologie, Theologie, Geschichte in allen ihren Zweigen) aufzuweisen, und zwar im Sinne einer speziellen empirischen Ausgestaltung und Vertiefung derselben nach ihrer psychologischen oder individuellen (BÖCKH) Seite hin. Und so gilt auch hier wie beim Verstehen der Satz, daß FREUD die Hermeneutik erstmals auf Erfahrung (im Sinne der *Erfahrungswissenschaft*) gegründet hat.

So drängt denn alles darauf hin, näher zu bestimmen, in welchem Verhältnis bei FREUD gerade die *Erfahrung* zum Verstehen sowohl als auch zum Deuten steht.

Es handelt sich hier also um ein Stück „Reflexion auf das Erkenntnisverfahren" der Psychoanalyse, das auf dem zu Gebote stehenden Raum aber nur äußerst skizzenhaft umrissen werden kann, da seine gründliche, viele Beispiele erfordernde Behandlung ein ganzes Buch beanspruchen würde. Da ferner die in Betracht kommenden Termini mit vielfachen und sehr gefährlichen Äquivokationen behaftet sind, die nur höchst unvollständig zur Sprache gebracht werden können, mögen die folgenden Ausführungen mehr als ein Programm denn als eine Abhandlung betrachtet werden.

I

Wie auf naturwissenschaftlichem Gebiet, so baut sich auch auf psychologischem die Erfahrung zunächst auf auf Akten der *Wahrnehmung*. Infolge einer verhängnisvollen theoretischen Überbelastung des Problems der Fremdwahrnehmung (Analogieschluß-, Einfühlungstheorie) herrschte hier aber lange Zeit eine allzu prinzipiell einschneidende Trennung zwischen Akten der Selbst- und Fremdwahrnehmung. Dank genauer phänomenologischer Untersuchungen (SCHELER u. a.) wissen wir heute, daß es zum mindesten eine der psychologischen Selbst- und Fremdwahrnehmung gemeinsame Aktrichtung gibt, die sich wesensmäßig von den Akten äußerer Wahrnehmung unterscheidet und in der wir nicht nur eigenes, sondern auch fremdes Seelenleben (d. h. nicht auf dem Umweg über die körperliche Wahrnehmung als solche) erfassen[1]. Und zwar erfassen wir das letztere am „Du", an der anschaulichen psychophysisch-neutralen Einheit der fremden Person, an ihrem gesamten *Verhalten* oder *Benehmen*, sofern es sich uns als ihre Ausdrucksphäre darbietet, an ihrer Gestalt und Mimik, an ihren Gesten und Gebärden und an ihren sprachlichen „Ausdrücken". Die letzteren führen nun aber zu einer zweiten Art psychologischer Erfahrung hinüber. Zwar können wir auch auf Grund des sprachlichen Gesamtausdrucks Seeli-

---

[1] Ob man von Stufen der Fremdwahrnehmung reden kann, von denen die eine einer Art „Einfühlung" gleichkommt, wie Edith STEIN es will, und inwiefern es sich hier um „originär gebende" Akte im Sinne HUSSERLs handeln kann (vgl. auch BUYTENDIJK und PLESSNER), bleibe hier offen.

sches unmittelbar wahrnehmen (so z. B. auf Grund des Tonfalls und Tempos des Sprechens die Trauer oder Angst), aber außerdem erfahren wir auf Grund des sprachlichen Ausdrucks auch indirekt etwas vom Seelenleben der fremden Person, nämlich auf dem Umweg über die (rationalen) Wort- und Satzbedeutungen, d. h. über das, was die Person uns in ihren sprachlichen Äußerungen über sich kundgibt. Auch hier sprechen wir von einem Verstehen, aber das Verstehen der sprachlichen Ausdrücke als solches hat mit dem psychologischen Verstehen noch nichts zu tun, da wir hier zunächst nur verstehen, was gesprochen wird, aber keineswegs auch den Sprecher als Person ins Auge fassen müssen, worauf schon SIMMEL aufmerksam gemacht hat. Auf dem Umweg über das Gesprochene können wir dann zwar auch sehr viel von der Person erfahren, aber keineswegs handelt es sich hier noch um wahrnehmende, präsentierende oder unmittelbar erfassende Akte, vielmehr um ein aus der Kundnahme erwachsendes rationales *Wissen.* Dieses Wissen steht hinter dem Wahrnehmen insofern zurück, als es niemals ein direktes Erfassen von fremden Erlebnissen darstellt, indem es entweder ein bloßes unanschauliches Wissen von ihrem Vorhandensein bleibt oder sich zwar sekundär in Anschauung umsetzt, dabei aber nur repräsentierende, *vergegenwärtigende* oder imaginierende Akte ermöglicht. Hingegen ragt dieses Wissen über die direkte Wahrnehmung insofern wiederum hinaus, als es uns nicht nur von dem Vorhandensein von Erlebnissen, ihrem Hier und Jetzt und eventuell der Art ihres *Erlebtwerdens* Kunde gibt, sondern auch von ihrem *Sinn* oder *Gehalt,* der prinzipiell nicht wahrnehmbar, sondern nur sprachlich ausdrückbar oder sonstwie bekundbar ist. Daß beide Erfahrungsarten verschieden sind, geht auch daraus hervor, daß auf dem Gebiet der psychologischen Wahrnehmung, sowohl der Selbst- als der Fremdwahrnehmung, eigentliche Täuschungen vorkommen können, auf dem der Feststellung vermittels der Kundgabe oder Mitteilung aber Irrtümer.

Während nun sonst die wissenschaftliche Psychologie, insbesondere aber die experimentelle, sich auf die zweite Art der psychologischen Erfahrung stützt, abzielend auf eine möglichst genaue und eindeutige sprachliche Fixierung des Erlebten und seines Gehalts von seiten der Versuchsperson, zeigt die psychoanalytische Verfahrensweise schon hier sehr deutlich ihre Eigenart insofern, als sie entschieden die erstere Art bevorzugt. Nicht als ob sie die sprachliche Verständigung gering achtete – man denke nur an die sprachliche Wiedergabe der Träume und der Lebensgeschichte –, jedoch nimmt die direkte Wahrnehmung in der Rangordnung beider Erfahrungsarten insofern den ersten Platz ein, als sie die sprachlich-rationale Verständigung stets begleitet und, was das Wichtigste ist, bei einer Inkongruenz der beiderseitigen Erfahrungsresultate den Ausschlag gibt.

Auch bei der Kenntnisnahme vom Inhalt eines Traumes oder eines Stückes Lebensgeschichte achten wir in der Psychoanalyse ja nicht nur auf den rationalen Bedeutungsgehalt des Gesprochenen, sondern immer auch auf den psychologischen Ausdrucksgehalt des Sprechenden. Und wenn wir dann Traum- und Leidensgeschichte hermeneutisch auslegen, leitet uns das, was wir an der Person während des Berichtes direkt wahrnehmen, in erster und letzter Linie; denn nur die direkte Wahrnehmung ermöglicht uns zu erkennen, welche von den hermeneutisch möglichen Auslegungen im vorliegenden Falle wirklich zutreffen. Schon insofern können wir von einer weiter unten näher auszuführenden, hermeneutischen *Erfahrung* sprechen. Traumdeutung lediglich auf Grund eines Traumprotokolles oder seines rein rationalen Bedeutungsgehaltes bleibt immer nur Mutmaßung, so virtuos sie auch geübt sein mag. Erst die Auslegung am lebendigen Objekt stützt sich auf Erfahrung, im Gegensatz zur Auslegung in den Geisteswissenschaften, die zwar ein ungeheures Wissen voraussetzt, aber nicht im empirischen Sinne sich betätigen und bekräftigen kann. – Unter den Arbeiten FREUDs gibt es eine, an der die Bedeutung der direkten Wahrnehmung direkt demonstriert werden kann, da es sich hier um die Auslegung eines jedermann zugänglichen Kunstwerkes handelt, nämlich die Arbeit über den Moses des Michelangelo.

Die direkte Wahrnehmung seelischen Erlebens bleibt nun aber nicht auf den gleichsam ruhenden Erlebnisbestand beschränkt, vielmehr nehmen wir auch das Hinübergehen eines Erlebnisses in das andere auf Grund vielfacher Nuancen der Ausdrucksgestalten wahr. Und indem FREUD die Wahrnehmung der Erlebnisse über weite Strecken hinaus methodisch geübt, in stundenlang anhaltendem optischem oder akustischem „Hinstarren" auf die Nuancierung, den Ablauf und die Verflechtung der Ausdrucksgestalten der Person, hat er die *Erfahrungsgrundlage* geschaffen für ein System theoretischer Überzeugungen, das, mag es noch so sehr *über* Erfahrung hinausgehen, niemals sein Herauswachsen *aus* jener Erfahrungsgrundlage verleugnet. Wenn es auch ein weiter Weg ist, etwa von der Ausdrucksgestalt des „Stockens der Rede" bis zur Theorie des Widerstandes, so liegt doch dieser Weg offen vor uns, für jeden gangbar und prüfbar.

Auf Grund der „Ausdrucksgrammatik" (SCHELER) gewinnen wir so einen tiefen Einblick in das Seelenleben der fremden Person, in die allgemeine Art, das Tempo, den Rhythmus, die Intensität ihres Erlebens, in ihre Beherrschtheit oder Unbeherrschtheit, ihre mehr zentralgeistige oder exzentrisch-triebhafte Stellung im und Einstellung zum Leben (HÄBERLIN), in ihre mehr naive oder mehr „bewußte", in ihre echte oder unechte Erlebnisweise, dann aber auch in ihre Gesinnungen, Gefühle, Leidenschaften usw. Man hat auch diese Wahrnehmung von Seelischem Verstehen genannt, verstehendes Wahrnehmen (HÄBERLIN), einfühlendes oder nacherlebendes Verstehen (DILTHEY, JASPERS u. v. a.), Ausdrucksverstehen u. ä., jedoch darf man nicht deswegen, weil Wahrnehmung und Nacherleben von

Seelischem und Verstehen sehr häufig zusammen vorkommen, beide Akte miteinander verquicken oder gar verwechseln.

II

Man kann nämlich sehr viel an einer Person wahrgenommen und auf Grund sprachlicher Kundgabe „nacherlebend" oder „vergegenwärtigend" über sie festgestellt haben, man kann also mit anderen Worten ein großes Erfahrungsmaterial von ihr besitzen und braucht prinzipiell doch noch nichts an ihr psychologisch *verstanden* zu haben. Umgekehrt bereichert unser psychologisches Verständnis keineswegs unsere Erfahrung von der Person, sie läßt uns vielmehr das Erfahrungsmaterial in einem besonderen Licht erscheinen, hebt es in eine besondere Sphäre, nämlich in die geistige Sphäre der „psychologischen" Verständlichkeit. Oder anders ausgedrückt: Der Akt des (psychologischen) Verstehens hat zum Gegenstand nicht ein reales Sein, wenn er auch auf Erfassensakte von solchem fundiert sein kann (und, soweit empirische Psychologie in Frage kommt, fundiert sein muß), sondern sein Korrelat ist ein Sinn oder Sinnzusammenhang, und zwar in Gestalt eines *„verständlichen" Motivationszusammenhanges.* Denn nicht *jeder* Motivationszusammenhang ist, wenn auch prinzipiell verstehbar, so tatsächlich mit seiner Erfassung oder Feststellung zugleich auch verstanden. Verstanden ist er erst dann, wenn mir seine „Verständnisqualität" aufblitzt, seine *a priori* einsichtige Evidenz oder Bündigkeit. Eine solche apriorische Evidenz gibt es natürlich innerhalb der Erfahrung nicht, sie kann daher auch nicht induktiv gewonnen werden; sie gibt es nur auf dem Boden einer gewissen Sinn- oder Vernunftgesetzlichkeit. Auch die Motivationszusammenhänge sind von einer solchen Sinngesetzlichkeit „beherrscht", insofern, als der *Gehalt* der Erlebnisse von sich aus a priori gültige oder evidente *Anweisung* gibt auf ihr Verbundensein mit anderen Erlebnisgehalten (SIMMEL). Man sieht also, daß es sich hier nicht um einen realen Zusammenhang seelisch-realer Erlebnisse, also überhaupt nicht um das *Erlebtwerden* oder die Verwirklichung von Erlebnissen handelt, sondern nur um den Sinnzusammenhang, in welchem die (intentionalen) Erlebnisse auf Grund ihres (intentionalen) Gehaltes stehen. Auf dieser Trennung baut sich die ganze moderne Personpsychologie auf, und sie ist auch grundlegend für die Darstellung und das wissenschaftliche Verständnis des Erkenntnisverfahrens in der Psychoanalyse. Jedoch darf man, wie aus dem Gesagten hervorgeht, auf Grund der großen aktmäßigen und intentionalen Verschiedenheit, welche zwischen den kategorial-anschaulichen Akten des Verstehens und den „sinnlich"-anschaulichen des unmittelbaren Erfassens oder Vergegenwärtigens seelischer Erlebnisse besteht, nicht schließen, daß das psychologische Verstehen nun nicht an die Erfahrung heranreiche, nur Typen (SPRANGER), Idealtypen (JASPERS) zum Gegenstand haben könne und daß infolgedessen alles Verstehen wirklicher Vorgänge ein mehr oder weniger unvollständiges Deuten bleibe (JASPERS). Ohne natürlich die Möglichkeit des Verstehens von Typen und dessen große theoretische und praktische Rolle zu bestreiten, muß doch entschieden betont werden, daß es ein Verstehen gibt, das sich gerade *an wirklichen* Erlebnissen *wirklicher, individueller* Personen vollzieht, und dies, *ohne* auf einem Typenverstehen zu beruhen und *ohne* ein solches zum Kriterium seiner Verständlichkeit zu machen. (Ich beziehe mich hier auf eine demnächst im Druck erscheinende, bedeutsame Arbeit über das Verstehen von Heinz GRAUMANN, dem ich auch für sonstige mündliche und schriftliche Anregungen zu Dank verpflichtet bin.)

Hieraus geht schon hervor, was über das Verhältnis von Verstehen und Erfahren in der Psychoanalyse zu sagen ist. Prinzipiell ist es natürlich dasselbe wie im Alltagsleben und in der Psychologie; denn es handelt sich hier ja um wesensmäßige Beziehungen, die, wo immer Verstehen und Erfahrung zueinander treten oder wo das erstere sich auf das letztere „aufbaut", in Erscheinung treten müssen. Wenn wir daher die Überzeugung hegen, daß FREUD das „eigentliche Studium der Menschheit" im Sinne des Verstehens des Menschen gewaltig gefördert hat, so heißt das nicht, daß er „eine neue Art des Verstehens" oder irgend etwas Neues am Verstehen selbst eingeführt hätte, denn dieses bleibt immer dasselbe, ob ein SHAKESPEARE, MONTAIGNE oder FREUD versteht. Achten wir daher darauf, daß wir dort von einem „genialen", „intuitiven" oder „divinatorischen" (SCHLEIERMACHER) und von einem unsystematischen oder zufälligen Verstehen zu sprechen gewohnt sind, dem wir FREUDs wissenschaftlich-systematisches oder -empirisches Verstehen gegenüberstellen, so brauchen wir nur die Lässigkeit des Sprachgebrauches zu durchschauen, um zu wissen, daß nicht das Verstehen als solches mehr oder weniger genial oder intuitiv oder divinatorisch ist – geniale Versteher sind alle die Genannten, und was das heißt, das wäre noch besonders zu untersuchen –, sondern daß die erfahrungsmäßigen *Grundlagen* des Verstehens mehr oder weniger systematisch oder wissenschaftlich angelegt sind. Das kann also niemals heißen, daß FREUD das Verstehen auf Erfahrung „zurückgeführt" hätte, was, wie wir sahen, unmöglich ist, da aus purer, noch so sehr gehäufter Erfahrung nicht ein Verstehen wird; es kann nur heißen, daß FREUD die *Erfahrungsgrundlagen* des Verstehens statt durch *sporadische* durch *systematische* Beobachtung in ungeahnter Weise erweitert und geordnet hat, so daß uns heute ein Verstehen des Menschen noch möglich ist „in Tiefen", in die früher keine Erfahrung, zum mindesten keine wissenschaftliche Erfahrung, geleuchtet hat.

Inwieweit diese Erfahrung wieder gefördert worden ist durch seine theoretischen Überzeugungen, die ihm gestattet haben, das Erfahrungsmaterial zu ordnen, zu ergänzen und einem theoretischen Bedeutungszusammenhang unterzuordnen, steht hier, wo es sich nicht um die Sphäre des wissenschaftlich-theoretischen Erklärens handelt, nicht zur Diskussion. Infolge der innigen Beziehungen jedoch, die zwischen der sinnhaften Gegenstandswelt des psychologischen Verstehens und der realen des psychologischen Erklärens herrschen, hat FREUD aber auch durch seine Theorienwelt indirekt das Verstehen gefördert. Denn da seine Psychologie keinen zufälligen Zusammenhang „geistreicher Aperçus", keine zufällige Häufung besonders interessanter oder abnormer Einzelheiten darstellt, sondern einen theoretischen Bedeutungszusammenhang, der die Totalität der Person in Vergangenheit und Gegenwart zu umfassen beansprucht, ist hier auch das Erfahrungsmaterial schon so geformt und geordnet, daß das Verstehen nun bereits ein System von Stützpunkten vorfindet, wie es vordem nicht bestand. – Wir kommen darauf zurück.

III

Was man von BUFFON sagt, nämlich daß er aus den zerstreuten Elementen einer bisher esoterischen Wissenschaft ein System der Erde, eine Theorie der Natur, ein Kunstwerk der Epoche zu gestalten vermochte, daß er den Wert und die Überlegenheit des schöpferischen Genies auch in den Wissenschaften bewies, seine große Beredsamkeit auf einen Gegenstand übertrug, dem sie bisher ganz fremd geblieben war, das Talent besaß, anderen seinen Enthusiasmus einzuflößen, und daß er die Naturgeschichte zur populärsten Wissenschaft von ganz Europa machte (CUVIER, CONDORCET, JUSTI), das kann man *mutatis mutandis* auch von FREUD und seiner Lehre sagen. Das Instrument aber, mit dem er diese Lehre schuf, und das er selbst erst erschaffen mußte, ist sein *Deutungsverfahren*, dem wir uns nun zum Schlusse zuwenden.

Während die Geschichtswissenschaft schon längst eine besondere Methodik des historischen Forschens besitzt, die man etwa mit DROYSEN in Heuristik, Kritik und Interpretation (Auslegung) einteilen kann, und ebenso die Philologie ihre Methodik des philologischen Forschens (vgl. etwa BÖCKHs Theorie der Hermeneutik in seiner Enzyklopädie und Methodologie), so wartet die Personpsychologie noch auf eine derartige Besinnung auf ihre Methode, ja noch auf deren Ausarbeitung im einzelnen. Was wir davon besitzen, verdanken wir größtenteils FREUD. Und zwar ist es die psychologische Heuristik und Interpretation oder Hermeneutik im engeren Sinne, die er, gerade mit seinem Deutungsverfahren, am meisten gefördert hat, jedoch besitzen wir von ihm auch Ansätze zur Kritik. Die Heuristik schafft die Materialien herbei, sie ist die „Arbeit unter der Erden" (NIEBUHR), die „Bergmannskunst, zu finden und ans Licht zu holen" (DROYSEN), die Herbeischaffung des um Traum oder Krankheitssymptom gruppierten Erlebnismaterials (Tagesreste, Lebensgeschichte, Phantasien, Träumen, FREUD). Die Interpretation oder hermeneutische Auslegung ist auch in der Psychologie nicht lediglich eine psychologische Auslegung, ein Deuten der „Motive und Absichten", vielmehr gibt es auch hier eine sachliche und pragmatische (DROYSEN), grammatische und generische (BÖCKH) Seite der Hermeneutik; man denke nur etwa an das Studium der Traumsprache als solcher, an das Aufzeigen der physiologischen und psychologisch-kausalen normalen und pathologischen Bedingungen und Grundlagen des Erlebens, an die Untersuchung der geistigen Strömungen der Nation und der Familie, in der die Person steht, um zu erkennen, wieviel Nichtpersonpsychologisches auch hier zu berücksichtigen ist, wenn die Deutung wissenschaftlichen Ansprüchen genügen soll.

Was FREUD nun Deuten nennt, enthält Bestandteile sowohl *aus Erfahrungsakten, als aus Akten rationalen Schließens, als auch endlich aus eigentlichen Akten des psychologischen Verstehens.* Zu den ersteren gehört alles, was wir durch Erfahrung im bisher geschilderten Sinn, also durch direkte Wahrnehmung und sprachliche Kundnahme und deren Kritik über das Erleben der Person *feststellen* oder *wissen.* Hieran schließt sich nun aber eine bisher noch nicht erwähnte Art der Erfahrung an, die man als die psychoanalytische Heuristik bezeichnen kann, und die zwar auch auf sprachlicher Kundgabe und Kundnahme beruht, sich jedoch wesentlich von der sonstigen psychologischen Erfahrung unterscheidet. Es handelt sich jetzt um die „*Einfälle*" der Person, in denen dieselbe wohl etwas ausdrückt, nämlich den (rationalen) Sinn oder die Bedeutung von Worten oder auch Sätzen, mit deren Bedeutung sie aber nichts über sich selbst, über ihr eigenes Erleben kundgibt oder, wenn ja, so doch außer sinnvollem Zusammenhang mit dem Ausgangserlebnis, im Anschluß an welches der Einfall erfolgt ist. Wir meinen die sogenannten „freien Assoziationen", von deren praktischer Bedeutung jedoch der Nichtanalytiker sich in der Regel eine übertriebene Vorstellung macht, da sie fast immer von eigentlichen sprachlichen Kundgaben durchbrochen und abgelöst werden.

So gehen also bei der psychoanalytischen Heuristik im weiteren Sinn „gewöhnliche" psychologische Erfahrungsakte mit solchen der spezifischen psychoanalytischen Heuristik Hand in Hand. Alle zusammen aber liefern uns das noch „gleichsam unparteiische" (FREUD) Material, das zwar schon *Hinweise* für die Deutung enthält und in das sich schon Akte des Deutens eingeschlichen haben mögen (weswegen es noch einer besonderen Kritik zu unterwerfen ist), das aber doch erst die *Grundlage* für die psychologisch-hermeneutische *Deutung, Auslegung* oder *Interpretation* abgibt.

Selbstverständlich bauen sich nun auch bei dem psychoanalytischen Vorgehen schon auf den gewöhnlichen Erfahrungsakten Akte des psychologischen *Verstehens* auf; und wird unter Umständen auch auf Grund der spezifisch-psychoanalytischen Erfahrung und im Zusammenhang mit der gewöhnlichen einmal ein neues Verstehen aufblitzen, die Regel aber ist, daß jenes gesamte Erfahrungsmaterial erst *gedeutet* werden muß, um *verstanden* werden zu können.

Damit gelangen wir zu den zweiten Bestandteilen (vgl. oben S. 11) des FREUDschen Deutungsverfahrens, nämlich zu den „rationalen" oder „theoretischen" Akten des Deutens oder Auslegens.

Das Deuten oder Auslegen beginnt bereits mit der wissenschaftlich-systematischen Ordnung und Gruppierung des Erfahrungsmaterials nach rationalen Themen oder Sinnzusammenhängen (nach Traumthemen, Symptomgehalten, objektiven Bedeutungsgehalten einer Handlung usw.), einer Ordnung, welche die Person zum Teil schon selbst begonnen hat, zum Teil aber dem Ausleger überlassen muß; das letztere gilt insbesondere hinsichtlich des spezifisch-psychoanalytisch-heuristischen Materials; nämlich der Einfälle. Diese Vorstufe der Deutung ist noch keine eigentlich psychologische Betätigung oder muß wenigstens keine sein, da sie (vorwiegend) mit rationalen Sinn- oder Bedeutungszusammenhängen zu tun hat. Die psychologische Auslegung beginnt erst da, wo wir in das so geordnete Material (seelisches) *Leben hineinbringen*, es nach *seelischen* (d. h. hier soviel wie nacherlebbaren) *Möglichkeiten* gruppieren. Zu dieser Gruppierung genügt aber das Erfahrungsmaterial allein nicht, wir bedürfen jetzt einer *„Ergänzung der Erfahrung"* (aber immer unter weiterer Fortsetzung der Erfahrung mittels direkter Beobachtung der Person) durch Schlüsse, auf Grund von Analogien, Vergleichen, hypothetischen Vermutungen und eigentlichen Theorien, auf Grund also eines durch *andere* Erfahrungen gewonnenen *Wissens* und von Theorien über dieses Wissen. So entsteht der FREUD zu Unrecht vorgeworfene, weil *jeder* Auslegung *als solcher* innewohnende *„hermeneutische Zirkel"*, d. h. wir deuten, ganz allgemein gesprochen, das einzelne auf Grund eines schon vorausgesetzten Ganzen, welch letzteres wir wieder aus einzelnem erst gewinnen. (Daher die Wechselbeziehungen zwischen Analyse und Synthese und zwischen Induktion und Deduktion bei jeder Deutung oder Auslegung.) Doch hievon sei jetzt nicht die Rede. Auf Grund des vorliegenden Erfahrungsmaterials und all jenes Wissens vermuten oder schließen wir nun, was etwa „zwischen" oder „hinter" jenem Erfahrungsmaterial vorgegangen sein mag, wie es „zustande kam", was alles noch einer näheren Darlegung bedürfte. Wir befinden uns hier in der Phase des „sekundären Deutens" im Sinne HÄBERLINs, d. h. der sekundären wissenschaftlichen Bearbeitung psychologischen Forschungsmaterials[2].

---

[2] Den (früheren) Sprachgebrauch HÄBERLINs von einer primären *Deutung* (im Sinne der psychologischen Erfahrung) und desgleichen den Sprachgebrauch von ELSENHANS und SPRANGER (Erkennung und Wiedergabe eines Geistigen aus sinnlich gegebenen Zeichen), welche dabei an DILTHEY anknüpfen (Erkennung eines Inneren aus Zeichen,

An das festgestellte, nacherlebbare und zum Teil auch schon verstandene Erfahrungsmaterial reihen wir so schließend oder deutend neues Wissensmaterial, das wir in Akten imaginierender oder phantasierender Vergegenwärtigung wiederum in „konkretes" seelisches Erleben einer konkreten Person „umsetzen". So tritt z. B. ein Stück des manifesten Trauminhaltes in Relation zu Themen des wachen Erlebens, der Gehalt einer Symptomgruppe zu Inhalten der Lebensgeschichte, und zwischen beide Pole der Relation wird so ein Drittes eingeschoben, ein möglicher „unbewußter" Gedankengang. So erschließen oder deuten wir zwischen dem manifesten Inhalt von FREUDs Traum von Irmas Injektion einerseits, dem darum gruppierten Material der Tagesreste anderseits einen „unbewußten Gedankengang", etwa im Sinne eines „Plädoyers", erschließen oder deuten wir zwischen den Personen des Traums, ihren Reden und Situationen und denjenigen der sachlich „zugehörigen" Tagesreste seelische Regungen im Sinne von Racheimpulsen, Selbstverteidigungen, Sorgen und Wünschen, erschließen oder deuten wir zwischen der Angst meiner Patientin Gerda (Jahrbuch III [Binsw. 1911a]) vor dem Abreißen des Absatzes einerseits und den zeitlich und sachlich damit zusammenhängenden Stücken ihrer Lebensgeschichte anderseits auf das Fortbestehen einer (unbewußten) Angst, von der Mutter losgerissen zu werden, auf eine Angst vor dem Geborenwerden, Gebären usw. Nun mögen auch hier schon Akte des Verstehens mitgespielt haben – es handelt sich für uns ja nicht um Fragen des *psychologischen* Prius oder Posterius realer Erlebnisse des Auslegers, sondern um Fragen des *phänomenologischen* Wesenszusammenhanges intentionaler Akte –, das eigentliche psychologische Verständnis aber, das dem ganzen hermeneutischen Verfahren oder der hermeneutischen Operation (SCHLEIERMACHER) die Krone aufsetzt, und um dessentwillen der ganze Apparat in Bewegung gesetzt worden ist, tritt erst da auf, wo ein „*sinnvoller*[3] *Motivationszusammenhang*" hergestellt ist, wo das eine Glied der Relation, der Gehalt des Traumstückes oder Symptoms *nach einer apriorischen Vernunftgesetzlichkeit*, d. h. eben *sinnvoll, als hervorgehend* aus dem Gehalt des anderen Gliedes, also etwa eines Racheimpulses, Wunsches, angstvollen Erlebens od. dgl. erfaßt wird.

---

die von außen gegeben sind), diesen ganzen Sprachgebrauch lehnen wir aus sachlichen und terminologischen Gründen ab.

[3] Was FREUD sinnvoll („Sinn", „Bedeutung") nennt, bezieht sich zunächst nur auf nacherlebbare Motivationszusammenhänge. Ein psychisches Erlebnis ist für ihn *eo ipso*, d. h. *ex definitione* sinnvoll; sein Sinn ist erfaßt, wenn sein Motivationszusammenhang nacherlebbar erfahren oder gedeutet ist. Den Unterschied zwischen Nacherleben und Verstehen und den damit zusammenhängenden zwischen realem Erlebniszusammenhang und ideellem Sinnzusammenhang kennt FREUD nicht. Was wir hier Sinn nennen, muß streng geschieden werden von jedem teleologischen oder finalen Sinn, d. h. von jedem, sei es von der Person selbst, sei es von dem Ausleger „eingelegten" Zweck, und somit von jeder „prospektiven Tendenz", „Leitlinie" usw.!

Dabei dürfen wir aber nie vergessen, daß es sich hier keineswegs um gleichsam isolierte oder für sich bestehende „verständliche Zusammenhänge" im Sinne von JASPERS handelt, die ja nur Hilfskonstruktionen darstellen, sondern wesensmäßig immer auch um die Intention auf ein Ich, das, um mit PFÄNDER zu reden, die von dem motivierenden Erlebnisgehalt ausgehende „Forderung" vernimmt oder „sich einverleibt", sich auf diese Forderung stützt und den geforderten Akt in Übereinstimmung mit der ideellen Forderung tatsächlich *vollzieht*. Wir sehen, das Verstehen als Verstehen ist durchaus kein anderes, ob es sich nur auf reine Erfahrungsakte oder auf ein „Gemisch" von Erfahrungs- und Deutungsakten oder eventuell auch auf reine Deutungsakte (was praktisch aber kaum vorkommt) aufbaut oder von ihnen fundiert ist. GRAUMANN, der einzige, der das Verstehen phänomenologisch genau untersucht hat, hat meines Erachtens einwandfrei nachgewiesen, was ja auch bei streng phänomenologischer Einstellung *a priori* einsichtig ist, daß sich am Akt des Verstehens nichts ändert, von welchen Akten es auch immer fundiert sein mag. Das psychologische Verstehen kann sich also, muß sich aber nicht an tatsächlich erfahrenem, „realem", seelischem Material vollziehen, es sagt aber auch dann nichts aus über die Wirklichkeit seelischen Geschehens oder Erlebens, sondern, wie wir sahen, über den ideellen Sinn, in welchem die Gehalte der von einer Person vollzogenen seelischen Erlebnisse zueinander stehen. Ist das Material, auf dem sich das Verstehen aufbaut, nicht erfahren, sondern nur gedeutet, ja auch nur phantasiert, so bleibt auch hier das Verstehen immer ein Verstehen in dem eben erwähnten, streng präzisierten Sinne.

Damit ist das Verhältnis zwischen Erfahren, Deuten und Verstehen in der Psychoanalyse klargeworden. Es zeigt sich dabei, daß es, streng genommen, nicht richtig ist, das ganze hermeneutische Verfahren als Deutung zu bezeichnen, da es Akte des Erfahrens, Deutens und Verstehens enthält; aber noch weniger richtig scheint es uns zu sein, das hermeneutische Verfahren als solches ein *Verstehen zu* nennen, wie es SCHLEIERMACHER, BÖCKH, DILTHEY getan haben (die hier aber auch oft von einem Deuten sprechen), und wie es heute noch SPRANGER tut, dessen „Verstehen" einzelne Denkakte und Schlüsse „enthält"[4]! Wir sehen ferner, daß es nach unserer Auffassung nicht richtig ist, das Deuten als ein unvollständiges Verstehen zu bezeichnen (JASPERS), und verstehen vollends nicht, wenn wir neuerdings hören, Deuten heiße, „die im Akte des Verstehens erfaßten Zusammenhänge in die Sprache des Begriffes kleiden" (ALLERS). Gera-

---

[4] Nur bei DROYSEN finde ich die Trennung zwischen einem Verstehen als „logischem Mechanismus", womit er die hermeneutische Operation als Ganzes meint, und einem Verstehen als Verständnisakt: „Dieser erfolgt unter den dargelegten Bedingungen als unmittelbare Intuition, als tauche sich Seele in Seele, schöpferisch wie die Empfängnis in der Begattung." (Historik, Paragraph 11.)

de dieses Beispiel zeigt, wie wichtig, ja unerläßlich es heute ist, bei solchen Untersuchungen stets den phänomenologischen Tatbestand im Auge zu behalten[5].

Zum Schlusse müssen wir uns nur noch einige Beziehungen klarmachen, wie sie zwischen den Gegenstandswelten des Erfahrens, Deutens und Verstehens bestehen. Die Krönung des ganzen Verfahrens ist, so sahen wir, das Auftreten des psychologischen Verstehens, also die Erfassung der ideellen Sinnbeziehungen zwischen den Gehalten realer psychischer Erlebnisse einer diese Erlebnisse vollziehenden realen Person. Dieses Verstehen kann ebensowenig wie durch Erfahrung begründet, in Erfahrung umgesetzt werden oder sich durch Erfahrung bestätigen; denn ideelle Sinnzusammenhänge „existieren" im Reiche des Geistes und sonst nirgends. Hingegen kann das Resultat der *Deutung* in Erfahrung umgesetzt werden und wird es in jeder praktischen psychoanalytischen Operation mehr oder weniger umgesetzt (vgl. auch jenes „Das habe ich immer gewußt" unserer Kranken). Jedoch existieren auch hier Grenzen. Während aber zwischen der Welt des Verstehens und derjenigen der Erfahrung (im Sinne der Erfahrungswissenschaft) prinzipielle, im Wesen der betreffenden Akte gründende Grenzen herrschen, sind die Grenzen zwischen den Gegenständen der Deutung und denjenigen der Erfahrung verschieblich. Das „psychologische" Deuten, im Gegensatz zum naturmythologischen, religiösen usw., meint ja einen faktisch möglichen Erfahrungsinhalt, richtet sich ja auf etwas als Inhalt einer möglichen Erfahrung, es hat also eine positive Beziehung zum möglichen Erfahren. Die Grenzen liegen hier nicht im apriorischen Gebiete der Aktgesetze, sondern in dem empirischen der realen Sachwelt, die in den Akten aufgefaßt werden soll. Der reale psychologische Sachverhalt, „reale" psychologische Gesetzmäßigkeiten sind es, die hier Schranken setzen. Diese Schranken sind vom Deuten zum Erfahren hin verschieblich, und es hängt von der jeweiligen wissenschaftlichen Persönlichkeit des Forschers ab, wie weit er die Grenzen der Deutung über die mögliche Erfahrung hinaus verschieben will. „Aber gerade auf diesem Gebiete gilt", um mit SCHLEIERMACHER zu reden, „das sonst ziemlich paradoxe Wort..., daß Behaupten weit mehr ist als Beweisen", womit gesagt sein soll, daß das „divinatorische" Verfahren hier nicht zu sehr zugunsten des „demonstrativen" eingeschränkt werden darf. Jedenfalls begreifen wir jetzt sehr gut, wie man das Deuten in der Psychoanalyse als ein „Als-ob-Erfahren" (GRAUMANN) bezeichnen kann, vielleicht auch als ein „Noch-zu-Erfahren", wir sehen aber deutlich, daß man es auf Grund unserer Auffassung *nicht* bezeichnen kann als ein „Als-ob-Verstehen" (JASPERS).

---

[5] Es ist aber zugegeben, daß dieser Tatbestand, gerade soweit er den Akt des Deutens überhaupt und des Deutens der Personpsychologie im Speziellen betrifft, noch wenig aufgehellt ist. Die besten Hinweise finden sich wiederum bei GRAUMANN.

Bedenken wir, daß Erfahren, Deuten, Verstehen nur die personpsychologische Seite der Forschungen FREUDs betreffen, also nur dasjenige Studium des Menschen, dessen Endziel es ist, ihn zu verstehen, und dessen Methode, die Wege zu diesem Verstehen aufzuweisen, und bedenken wir, daß wir alles ausgeschlossen haben, was sich auf das naturwissenschaftliche, also dynamische, psychologisch-genetische, physiologische, biologische und entwicklungsgeschichtliche *Erklären* in seinem Lebenswerk bezieht, so bewundern wir den Mut, der so Großes gewollt, den Geist, der es gedacht, die Kraft des Willens, die es ausgeführt.

Mein Weg zu Freud

Wer durch ein halbes Jahrhundert mit *Freuds* Forschungsweise, Forschungsergebnissen und Forschergestalt gerungen hat und nun am Ende seines Lebensweges aufgerufen ist, zur Feier von *Freuds* 100. Geburtsjahr das Wort zu ergreifen, dem liegt es nahe, vor seinen Hörern und vor sich selbst über den Gang dieses Ringens Rechenschaft abzulegen. Unter Rechenschaft ablegen verstehe ich aber nicht nur die historische Aufreihung der einzelnen Etappen meines Weges zu *Freud,* sondern die Bemühung, Einsicht zu gewinnen in den notwendigen Gang der *Erfahrungsweisen überhaupt,* die in bezug auf die Psychoanalyse *möglich* sind. Erst damit weist ein solcher Rechenschaftsbericht über die eigene Existenz hinaus in den Gang der Geschichte überhaupt, den die Psychoanalyse hinsichtlich ihrer Forschungsweise und Forschungsergebnisse, ihrer wissenschaftlichen Struktur und der ihr zugrunde liegenden anthropologischen und ontologischen Voraussetzungen bereits durchlief und in Zukunft noch zu durchlaufen hat. Vielleicht wird man in 50-100 Jahren zu einem allgemeinen Urteil darüber gelangt sein, was es für eine wissenschaftliche Bewandtnis mit der Psychoanalyse *Freuds* hat.

Die *erste Etappe* meiner Auseinandersetzung mit der Psychoanalyse war naturgemäß eine Auseinandersetzung im Sinne des *Lernens,* der lernenden Erfahrung ihrer Lehren durch Schrift und Wort ihres Begründers. Daß ich zu ihrem Begründer seit unserer ersten Begegnung im Winter 1907 von tiefer Bewunderung und Liebe erfüllt war, hat diese lernende Erfahrung erleichtert, aber ohne ihr je den Charakter dogmatischer Erfahrung aufzudrücken. Bedeutete doch unsere bis zu *Freuds* Tod während Freundschaft, um mit Florens Christian RANG zu sprechen, den „Seelengrund, auf dem Freie sich lassen zur Rechenschaft ziehen".

An das Lernen durch Wort und Schrift des Meisters schloß sich als *zweite Etappe* die *Erprobung* des Gelernten am lebendigen Menschen, am anderen sowohl als an mir selbst, also das, was man die „eigene Erfahrung" nennt. Hier sollte also „in Erfahrung gebracht" und in Wort und Schrift[1] gezeigt werden, ob und inwieweit, populär ausgedrückt, „Freud recht hat", m. a. W. ob und wie weit seine Sicht auf das Menschenwesen und das, was er in dieser Sicht feststellt, „das Richtige treffen". Es war eine Erfahrung im Sinne des technischen Nachprüfens seiner *wissenschaftlichen* Technik und der Resultate dieser Technik „auf das Richtige". Das Ergebnis dieser Erfahrung

---

[1] Aus der ersten Zeit dieser Etappe stammen „Versuch einer Hysterieanalyse" und „Analyse einer hysterischen Phobie" im 1. und 3. Band des Bleuler-Freudschen Jahrbuchs [Binsw. 1909; Binsw. 1911a], mein Haager Referat (1920) über „Psychoanalyse und klinische Psychiatrie" [Binsw. 1920], sowie der letzte Abschnitt der zeitlich schon weit in die dritte Etappe reichenden Schrift „Wandlungen in der Auffassung und Deutung des Traums von den Griechen bis zur Gegenwart" (Springer-Verlag, Berlin 1928 [Binsw. 1928b; vgl. das Autoreferat in d. Bd., S. 121]).

war, daß meine anfängliche Skepsis immer mehr der Überzeugung von der Richtigkeit seiner „Feststellungen" wich.

Auf dieser Etappe des Weges zu *Freud* machen viele halt, sei es, daß sie die wissenschaftliche Technik der Psychoanalyse und ihre Resultate „auf Grund eigener Erfahrung" einfach übernehmen, oder glauben, sachliche oder theoretische Korrekturen anbringen zu müssen, seien es Erweiterungen, Einschränkungen oder Verwerfungen.

Bevor wir uns der dritten Etappe zuwenden, sei ausdrücklich bemerkt, daß die Rede von Etappen eines solchen Weges keineswegs bedeutet, daß mit jeder neuen Etappe die vorausgegangenen „verschwinden". Vielmehr ist das Gegenteil der Fall: Hat sich eine bestimmte Erfahrungsweise erst einmal auf den Weg gemacht, so *bleibt* sie auch auf dem Weg. Das gilt, wie vom Lernen aus Wort und Schrift des Meisters und von der eigenen Erfahrung, so auch von den folgenden Erfahrungsweisen. Jede von ihnen ist strengstens auf jede andere angewiesen Darin bekundet sich die innere *Notwendigkeit* des Ganges der Erfahrungsweisen, die hinsichtlich der Psychoanalyse möglich sind. Diese Notwendigkeit wiederum liegt wie überall in der „Natur der Sache", um deren Erfahrung es sich handelt, hier also in der wissenschaftlichen Natur der Psychoanalyse.

Was nun die *dritte Etappe* meines Weges zu *Freud* betrifft, so führte sie notwendigerweise über die rein technische Erfahrung – technisch im weitesten, *HEIDEGGERschen* Sinne – zu einer Untersuchung des *Instrumentes* dieser Technik und insofern zum Kern der Sache selbst. Da es sich hier um ein geistiges, nämlich wissenschaftliches, Erkenntnisinstrument handelt, war jetzt in Erfahrung zu bringen, wie dieses Instrument als solches beschaffen sei. Die Erfahrungsweise dieser dritten Etappe war also eine *methodologische* oder *erkenntniskritische.* Diese dritte Etappe hatte einen bestimmten historischen Anlaß, und zwar das Referat des großen WERNICKE-Schülers Max LIEPMANN vom Jahre 1911 über „Wernickes Einfluß auf die klinische Psychiatrie"[2]. Beim Anhören dieses in jeder Hinsicht vorbildlichen Referates reifte in mir der Entschluß, ihm ein Pendant gegenüberzustellen, betitelt: „Freuds Einfluß auf die klinische Psychiatrie". Sehr bald mußte ich aber zur Einsicht kommen, daß mir zu einer wissenschafts-theoretischen Darstellung und Würdigung der Psychoanalyse alle, aber auch alle Voraussetzungen fehlten. War die Aufgabe LIEPMANNs relativ leicht und lag ihre Lösung einigermaßen auf der Hand, die Feststellung nämlich, daß WERNICKE die Psychiatrie in der Neuropathologie der Hirnrinde aufgehen ließ, so war die Aufgabe *Freud* gegenüber ungleich schwieriger und komplizierter. Bedenken Sie, daß sich die Lehren WERNICKEs und die damalige klinische Psychiatrie überhaupt, um *Freuds* Ausdruck zu gebrauchen, auf

---

[2] Mon.schr. Psych. u. Neur. Bd. 30, 1911.

voneinander völlig verschiedenen „Grenzbegriffen des Somatischen gegen das Seelische" aufbauen, auf dem Begriff der „Hirnrinde" dort, auf dem Begriff der Triebhaftigkeit hier. Die hieraus resultierenden Schwierigkeiten veranlaßten mich, nach Kriterien Ausschau zu halten, auf Grund derer sie zu überwinden seien. Dies führte mich immer tiefer in die Probleme der allgemeinen Psychologie und beschäftigte mich so sehr, daß ich im Jahre 1922 eine große, BLEULER und *Freud* gewidmete Schrift, die „Einführung in die Probleme der allgemeinen Psychologie", veröffentlichen konnte. Ihr sollte als zweiter Band die Bearbeitung der Psychoanalyse selbst folgen Bei dieser Aufgabe hielt ich mich streng an die Disposition der „Einführung", d. h. ich frug zunächst nach der *Definition* des Psychischen bei *Freud*, sodann nach dessen *Darstellung* und in Zusammenhang damit nach *Freuds Aufbau* und *Zerlegung der Person*.

Ich beginne mit der *Definition des Psychischen* bei *Freud*. Sie wissen, daß „einen Traum deuten" für *Freud* heißt, „seinen Sinn angeben, ihn durch etwas ersetzen, was sich als vollwichtiges, gleichwertiges Glied in die Verkettung unserer seelischen Aktionen einfügt" (Traumdeutung 1900, II^3, 100). Aber erst viel später, 1916, anläßlich der Feststellung, daß viele *Fehlleistungen* einen Sinn haben, sinnreiche oder „psychische Akte", psychologische Vorgänge, Erscheinungen oder Phänomene sind, tritt *Freud* der Frage nach der Sinnhaftigkeit unserer „seelischen Aktionen" näher. Er frägt sich, ob die Behauptung, die Fehlleistungen seien psychische Akte, mehr enthalte als seine sonstige Aussage, sie hätten einen Sinn. Er glaube es nicht. Die Rede von psychischen Akten sei eher „unbestimmter und mißverständlicher". Was aber heißt es, eine seelische Erscheinung hat einen Sinn? „Unter Sinn", so lautet die Antwort, „*verstehen wir Bedeutung, Absicht, Tendenz und Stellung in einer Reihe psychischer Zusammenhänge*"[4] (IV. Vorlesung zur Einführung in die Psychoanalyse. VII, 55). Hätten seine Gegner von Anfang an berücksichtigt, was *Freud* unter Sinn versteht, so hätten sie ihn nicht als Rationalisten verschrien, der hinter den verschiedensten seelischen Phänomenen einen *„logischen"* Sinn supponiere, weswegen seine Schriften für viele so unlesbar, ja barbarisch erschienen. In der Tat könne nichts „abstoßender" sein als ein solches Unterfangen. So urteilt sogar noch MITTENZWEY, der sich ernstlich um ein Verständnis der Psychoanalyse bemüht zu haben glaubte.

In dieser dritten, methodologisch orientierten Etappe untersuchte ich jeden einzelnen der in *Freuds* Definition der seelischen Erscheinungen genannten Ausdrücke auf seine psychologische Sachhaltigkeit und auf deren Verschiedenheiten untereinander. Das geschah durchweg im Hinblick auf

---

[3] Ich zitiere durchwegs nach der im Internationalen psychoanalytischen Verlag erschienenen Ausgabe der Gesammelten Schriften.

[4] Hervorhebung von mir.

die Bedeutung, die diese Ausdrücke in anderen psychologischen Lehren und Auffassungen gefunden hatten, so in erster Linie im Hinblick auf die heute besonders aktuellen Beziehungen der *Freudschen* Begriffe der Tendenz, sowie der Absicht oder intentio zu der ganz anders orientierten Lehre *Brentanos* und HUSSERLs von der Intentionalität, zu LEIBNIZens Lehre von der Tendenz im Sinne des Strebens oder Begehrens, des Triebes und Willens, SIGWARTs vom Wollen und vom Zweck, zu *Natorps* Lehre von der Psychologie als Rekonstruktion, wie er sie in seiner Allgemeinen Psychologie vom Jahre 1912 entwickelt hat, und von deren Grundgedanken sich tatsächlich Beziehungen zu *Freuds* Auffassung des Seelischen und insbesondere des Unbewußten herstellen lassen.

Um zu *Freuds* einzigartiger, seiner psychoanalytischen *Erfahrung* abgerungener und sie in einem einzigen Satz zusammenfassender Definition der Sinnhaftigkeit der psychischen Phänomene zurückzukehren, so ist manchem von Ihnen vielleicht aufgefallen, daß in der Wortfolge „Bedeutung, Absicht, Tendenz und Stellung in einer Reihe psychischer Zusammenhänge" das Wort „unbewußt" nicht vorkommt, an das man bei dem Wort Psychoanalyse doch in erster Linie zu denken pflegt. Nun, wenn auch das *Wort* „unbewußt" in der Definition nicht vorkommt, so ist doch das, was *Freud* darunter versteht, durchaus in ihr enthalten, ja deutlich umschrieben. Wir haben nur daran zu denken, daß die Psychoanalyse sich, um *Freuds* eigene Worte zu gebrauchen, nicht, wie andere empirische Wissenschaften, in erster Linie auf *wahrgenommene* Phänomene stützt, sondern auf *angenommene* Strebungen, Absichten oder Tendenzen. „Wir bemühen uns", sagt *Freud* in der IV. Vorlesung zur Einführung in die Psychoanalyse, „um eine dynamische Auffassung der seelischen Erscheinungen. Die wahrgenommenen Phänomene müssen gegen die nur angenommenen Strebungen zurücktreten" (VII, 62). Insofern haben also „Absicht und Tendenz" hier keineswegs nur als „Phänomene", sondern in erster Linie, um *Freuds* eigene Worte zusammenzustellen, als „angenommene", „erschlossene", „erratene", „vermutete", „postulierte", „supponierte", kurz als *gedeutete* Strebungen zu gelten, die, als „unbewußte", auf Grund ihrer „Wirkungen", „Folgen" oder „Erfolge" in den bewußten psychischen Zusammenhang „interpoliert" werden müssen. Das Unbewußte ist nach *Freuds* eigenen Worten als solches ja „nicht erfahrbar". Es verbirgt sich, wie Sie wissen, hinter einer Maske, wie *Freud* es besonders drastisch im Hinblick auf gewisse Fehlhandlungen ausgedrückt hat, in dem Satz: „*Das Tun versteht es so häufig, sich als ein passives Erleben zu maskieren*" (VII, 53). Gleichwohl bleibt es ein Tun, eine Aktivität, Aktion oder Strebung, ein psychischer Akt oder Vorgang, und gleichwohl bleibt es, wenn auch nur auf Umwegen, doch „erfahrbar". Gerade hier zeigt sich aber, wie recht *Freud* hat, wenn er sagt, daß es „so schwer ist, dem, der nicht Psychoanalytiker ist, einen Einblick in die Psychoanalyse zu geben" (XII, 224). Das psychoanalytische Deutungsverfahren und die ganze Lehre vom Unbewußten beruhen ja keineswegs nur auf wissenschaftlicher Spekulation, sondern in erster Linie auf Erfahrung, einer Erfahrung, der ich heute am ehesten mit dem Ausdruck *„konstruierende Erfahrung"* gerecht werden zu können glaube[5]. Darin liegt das völlig Neue und anfangs so Mißverstandene der Psychoanalyse als empirischer Wissenschaft. Empirisch ist dieses Konstruieren, weil es nach von *Freud* entdeckten *Erfahrungsmerkmalen* und *Erfahrungsregeln* erfolgt und sich in jeder psychoanalytischen Operation durch *Erfahrung* bestätigen läßt. Im Gegensatz zu den Psychiatern seiner Zeit, die nach seinen Worten den psychischen Zusammenhang „zu rasch unterbrochen" haben, hält *Freud* auf Grund dieser seiner Erfahrung am psychischen Zusammenhang à outrance fest, ja anerkennt er prinzipiell keine Unterbrechung desselben. Hier stehen wir noch vor dem Unbewußten als psychischem *Phänomen* im Sinne *Freuds*. Als solches „zeigt es sich" also nur an seiner „Wirkung" *auf* den oder seinen Folgen oder Erfolgen *in* dem bewußten psychischen Zusammenhang, seien es nun freie Assoziationen, Krankheitssymptome, Träume, Fehlleistungen usw. Der späte *Freud* warnt deswegen einmal ausdrücklich davor, das Kriterium der Bewußtheit, obwohl es sich als „so unzuverlässig" erwiesen habe, herabzusetzen: „Es ist damit, wie mit unserem Leben; es ist nicht viel wert, aber es ist alles, was wir haben. Ohne die Leuchte der Bewußtseinsqualität wären wir im Dunkel der Tiefenpsychologie verloren, aber wir dürfen versuchen, uns neu zu orientieren" (XII, 224).

Wie aber geschah diese Orientierung? Darauf kam nun alles an. Denn das Land, das *Freud* mit seiner Methode für die Wissenschaft entdeckt hatte, war kein völlig unbetretenes Land. SCHOPENHAUER, GRIESINGER u. a. mit der Einsicht in die Bedeutung der Gemütsinteressen für die Genese des Wahns, Schopenhauer und NIETZSCHE mit ihrem Wissen um die Möglichkeit der Verdrängung und der Maskierung, LICHTENBERG, SCHERNER, GOTTHELF, DOSTOJEWSKI mit ihrer profunden Einsicht in das Wesen und die Arbeitsweise des Traums, LICHTENBERGs Vertrautheit mit gewissen Fehlleistungen, LEIBNIZ mit seiner Lehre von den petites perceptions, SCHOPENHAUER mit seiner Lehre vom Willen sie alle und manche andere hatten das neue Land schon betreten. Sie hatten sich aber noch nicht in ihm *orientiert*. Sie hatten noch nicht versucht, es, um *Freuds* eigene Ausdrücke zu gebrauchen, in einzelne „Provinzen", „Reiche" oder „Gebiete" zu gliedern, deren Grenzen abzustecken, deren Verkehr untereinander aus der Verschiedenheit ihrer „Topographie", ihrer „Höhe" und „Tiefe", ihres Kräftehaushalts usw. zu studieren. Wie hat sich *Freud*

---

[5] Diese *empirisch-konstruierende* Erfahrung ist ja nicht zu verwechseln mit der *metaphysisch-konstruierenden* Erfahrung SCHELLINGs.

bei dem Versuch, sich in diesem, trotz aller „Vorgänger" noch so dunklen Land mit Hilfe der „Leuchte der Bewußtseinsqualität" zu orientieren, zu helfen gewußt? Mit der Beantwortung dieser Frage überschreiten wir das Gebiet der Definition des Psychischen bei *Freud* und befinden uns bereits bei dem Problem der *Darstellung* des Psychischen und des aufs engste damit zusammenhängenden wissenschaftlichen Problems des „Aufbaus" und der „Zerlegung" der menschlichen *Person*.

Diesem Problemkreis galt das Hauptinteresse der dritten Etappe meines Weges zu *Freud*. Und zwar geschah das wiederum in Abhebung von ganz anderen wissenschaftlichen Weisen der Darstellung des Psychischen und des Aufbaues und der Zerlegung der Person oder der Persönlichkeit, wie sie z. B. an die Namen HERBART, LIPPS, DILTHEY, BERGSON und deren Kontroversen geknüpft sind. Dabei wurde das Hauptgewicht der Untersuchung auf das Verhältnis der Person als einer Einheit zu der Vielheit ihrer „Aktionen", Vorstellungen, Vermögen, Kräfte oder Triebe gelegt. Gibt es doch für den Historiker der Psychologie kein fesselnderes wissenschaftliches Schauspiel als das der Entpersonifizierung der einmaligen geschichtlichen Person und der *Re*-personifizierung ihrer Vorstellungen, Vermögen, Triebe usw. Die Differenzen in der Verarbeitung dieses Problems in den verschiedenen Psychologien sind geradezu grotesk. Ist doch z. B. für HERBART das Ich ein „Unbegriff" und wird statt dessen zwar nicht mehr jedes „Vermögen", wie es bei seinen Vorgängern der Fall war, wohl aber jede einzelne Vorstellung sozusagen zu einem kämpfenden und leidenden Ich, während für BERGSON und die Phänomenologen in jedem „psychischen Akt" das ganze Ich „enthalten" ist. Je mehr Einsicht in die Art der Verarbeitung dieses Problems in den verschiedenen Psychologien besteht, um so leichter läßt sich seine Darstellung bei *Freud* in ihrer Einzigartigkeit und Geschlossenheit verstehen.

In der Art nun, wie *Freud* sich bei der wissenschaftlichen Bewältigung des Problems von Entpersönlichung und Repersönlichung zu helfen wußte, tritt sein Genie ins hellste Licht. Die wissenschaftliche Systematik *Freuds* gipfelt, wie Sie wissen, in der Konstruktion seines *psychischen Apparates*. Dieser stellt ein überaus vielseitiges, nach topischen, dynamischen und ökonomischen oder quantitativen Gesichtspunkten aufgebautes System dar, in dem das Menschenwesen sowohl als ein von Motiven motiviertes als auch von Trieben getriebenes und in seinem Kräftehaushalt genau reguliertes Wesen über-, ja durchschaut werden kann, und in dem auch das Unbewußte als ein bestimmtes System oder eine „Instanz" fungiert. Während das Unbewußte als *Phänomen*, wie wir sahen, ein Begriff *konstruierender Erfahrung* ist, ist das Unbewußte als System nun aber ein Begriff *wissenschaftlicher Konstruktion*, und zwar *auf Grund* jener Erfahrung. Auch das Ich, das Es und das Über-Ich sind bekanntlich Systeme oder Instanzen im seelischen Apparat, wenn sie auch keineswegs mit den Systemen Bewußt und Unbewußt identifiziert werden dürfen.

Mit den durchaus entpersönlichten „Provinzen", Reichen oder Systemen des Ich, des Es und des Über-Ich – bezeichnenderweise gibt es hier kein System Du oder Wir – hat es in der Lehre *Freuds* nun aber keineswegs sein Bewenden. Das Ich, das Es, das Über-Ich sind und bleiben für *Freud* zwar in erster und letzter Linie „Provinzen", Systeme oder Instanzen im seelischen Apparat. Im Hantieren mit diesen substantivierten Teilsystemen des psychischen Apparates bewegen sich ja auch heute noch weithin die psychoanalytischen Diskussionen und Kontroversen. Dabei wird aber übersehen, daß *Freud* um das eigentliche, unmittelbare Leben der Persönlichkeit zu wahren, sich immer wieder gezwungen sieht, die aus der Persönlichkeit herauskonstruierten, entpersönlichten Systeme nachträglich doch wieder zu personifizieren. Und zwar geschieht dies mittels eines besonderen Kunstgriffs, des *Gleichnisses* nämlich oder des *Vergleichs.* Das zeigt sich am ausgesprochensten natürlich am System Ich. Man „kann nicht bereuen", sagt *Freud* einmal (XII, 232) ausdrücklich, „dieses Ich personifiziert, es als ein besonderes Wesen hingestellt zu haben". Sie sehen, zuerst wird das Ich oder, was hier auf dasselbe hinauskommt, die Person im Sinne eines Systems entpersönlicht, um dann nachträglich wieder zu einem „besonderen Wesen" personifiziert zu werden. Von diesem Ichwesen lesen wir dann, daß es sich „dem Es als Liebesobjekt aufzudrängen sucht" (VI, 391) oder „empfiehlt" (VI, 402), daß es nicht nur „der Helfer des Es" ist, sondern auch „sein unterwürfiger Knecht, der um die Liebe seines Herrn wirbt" (ebd.), oder daß es, dieses Ich nämlich, der Versuchung unterliegt, „liebedienerisch, opportunistisch und lügnerisch zu werden" (ebd.), alles Beschreibungen, die dem personhaften oder „persönlichen" Umgang oder Verkehr entnommen sind. Aber auch das *Über-Ich* wird personhaft oder „persönlich" dargestellt, es „benimmt sich", verfolgt seine „Vernichtungsabsichten mit Ernst und Strenge", ist der – seinerseits aber dann wieder unpersönlich gewordene – Vater (XI, 68) es „weiß" oft mehr vom unbewußten Es als das Ich (VI, 396). Aber sogar *das Es,* von dem es heißt, daß es sich nur als „Gegensatz zum Ich" beschreiben ließe (XII, 228), etwa als ein „Chaos", ein „Kessel brodelnder Erregungen" (ebd.) oder als ein „Triebreservoir", auch das Es kann sich wie eine Person oder ein besonderes Wesen gebärden, z. B. als „Herr" gegenüber dem Ich als Knecht, wie Sie schon gehört haben, oder als starr und unnachgiebig.

Bei all dem handelt es sich also um den schon von PLATO geübten Kunstgriff, auf mehrere Wesen, Personen oder Parteien zu verteilen, was in einer einzigen vorgeht. Sowohl PLATO als Freud sind sich darüber klar, daß es sich hier um Gleichnisse oder um bloße Vergleiche handelt. Denken Sie nur an das unübertreffliche Gleichnis PLATOs vom Seelenwagen im Phaidros und auch an *Freuds* so überaus „sprechendes" Gleichnis in dem Märchen von der gütigen Fee und dem armen Menschenpaar in der XIV. Vorlesung. In all diesen Gleichnissen enthüllt sich das Menschenwesen ebenso, wie es sich in ihnen verhüllt. Trotzdem kommt *Freud* damit der Wahrheit des Menschenwesens näher als eine rein diskursiv verfahrende, das Geheimnis der menschlichen Person lediglich umkreisende, aber erst recht nicht enthüllende „Psychologie der Person".

Wie wir sahen, werden von *Freud* aber auch *psychische* Einzelfunktionen oder „Vorgänge" personifiziert, was ihrer Darstellung eine besondere Anschaulichkeit und Eindringlichkeit verleiht. Ich erinnere an den so inhalts- und bezugsreichen Satz: „Das Tun versteht es so häufig, sich als passives Erleben zu maskieren" (oben S. 42). *Das* Tun kann an und für sich weder etwas verstehen, noch sich maskieren. Das kann nur das Menschenwesen als Ganzes, das kann nur Ich, Du oder Er, also, um mit *Löwith* zu sprechen, „das Individuum" in einer seiner mitmenschlichen oder personhaften Rollen, kurz als Person. Und doch tritt in dem Satz *Freuds* eine tiefe, aus der psychoanalytischen *Erfahrung* stammende Wahrheit zutage, ja eine der Grundwahrheiten seiner Lehre vom Menschen. Das zeigt, daß *Freud* immer und überall vom Menschenwesen und seinen Erfahrungen am Menschenwesen spricht und am unmittelbarsten gerade da, wo es nur gleichnishaft und sozusagen mittelbar zu geschehen scheint.

Fragen wir uns, wie *Freud* nun aber die Person oder die Persönlichkeit als *ganze* darstellt, so konstatieren wir, daß er sie überall in ihrer lebensgeschichtlichen Einheit und Einmaligkeit einfach voraussetzt. Die Bezeichnungen für das Ganze dieser lebensgeschichtlichen Einheit lauten kurzweg „die Person", „die Persönlichkeit", „das Ich", „das Individuum", „der Patient", „der Träumer" (der bekanntlich wieder als eine „Summe" von zwei Personen oder von mehreren „Stücken" aufgefaßt werden kann) oder auch „Jeder der" (ein Gewissen hat z. B.). Aus all dem geht hervor, daß *Freud*, im Gegensatz z. B. zu PLATO, sehr viel mehr Wert auf die *Zerlegung* der Person als auf ihren *Aufbau* legt. Trotzdem dürfen wir gerade hier den synthetischen oder, vorsichtiger gesagt, den synoptischen Zug in seinem Denken nicht übersehen. Er kommt am deutlichsten zum Ausdruck in einem, immerhin sehr vereinzelt dastehenden Ausspruch, den ich mir 1910 in Wien notiert habe: *„Keiner von uns hat die Gewöhnung erworben, die Ich- und Bewußtseinsvorgänge mit denjenigen des Verdrängten und des Sexualtriebes zugleich zu denken."* In der in dieser negativen Feststellung enthaltenen Aufforderung, sich dieses Zugleichdenken „anzugewöhnen", erblicke ich den viel zu wenig gewürdigten „ganzheitlichen" Zug in *Freuds* Sicht auf das Menschenwesen.

Freuds Vereinigung von lebensfunktional-unpersönlicher oder systematischer und lebensgeschichtlich-persönlicher gleichnishafter Darstellungsweise (insbesondere in der Lehre vom *Psychischen Konflikt)* hat mich wie gesagt in der dritten Etappe intensiv beschäftigt, aber ohne daß ich darüber hinausgekommen wäre. Die einzige Möglichkeit, darüber hinauszukommen, liegt, wie erst viel später zutage trat, auf einer ganz anderen Ebene, auf der Ebene der apriorischen Freilegung des Daseins, wie sie seither in der Daseinsanalytik Martin HEIDEGGERs geschehen und neuerdings für die moderne Philosophie und Psychologie des Wollens von Wilhelm KELLER maßgebend geworden ist.

Der einzige literarische Niederschlag, den meine Bemühungen in der dritten Etappe meines Weges zu *Freud* gefunden haben, ist die kleine Abhandlung über „Erfahren, Verstehen, Deuten in der Psychoanalyse"[6]. Der Aufsatz ist eine Frucht meiner Versuche, das Deutungsverfahren *Freuds* mit dem hermeneutischen Verfahren in den Geisteswissenschaften zu konfrontieren, so vor allem mit der „hermeneutischen Operation" SCHLEIERMACHERs, aber auch DROYSENs, BOECKHs und DILTHEYs. Ich gelangte hier zu dem Schluß, daß *Freud* die „hermeneutische Operation" erstmals auf Erfahrung gegründet habe, insofern das, was er deuten nenne, nicht nur Akte des Schließens und des psychologischen Verstehens, sondern auch Erfahrungsakte enthalte, ganz abgesehen natürlich davon, daß das *Resultat* der Deutung, wie schon oben bemerkt, in jeder praktischen psychoanalytischen Operation auf weite Strecken in Erfahrung umgesetzt werden könne.

Damit nehmen wir Abschied von der dritten Etappe meines Weges zu *Freud*. Wenn ich auf die Hunderte von Seiten blicke, die ich aus dieser Zeit in meiner Schreibtischschublade liegen habe und die das Licht der Öffentlichkeit nie erblicken werden, so bedaure ich doch keineswegs die große Mühe und Arbeit, die ich darauf verwendet habe; denn auch diese Etappe *ist* trotz allem eine *notwendige* Erfahrungsweise innerhalb des Ganges des Ganzen der Erfahrungsweisen, die hinsichtlich der Psychoanalyse möglich sind. Wenn diese Erfahrungsweise damals zum Scheitern verurteilt war, so einerseits wegen der Mangelhaftigkeit der wissenschaftlichen und philosophischen Mittel, über die ich zu jener Zeit verfügte, anderseits wegen meiner damals noch keineswegs gefestigten Einsicht in die völlige Einzigartigkeit und Geschlossenheit der wissenschaftlichen Struktur der Psychoanalyse. Deswegen hat mich auch diese Erfahrungsweise hinsichtlich der Psychoanalyse zeitlebens beschäftigen müssen. „Notwendig" ist auch sie, weil es wiederum in der „Natur der Sache", der Natur der Psychoanalyse als Wissenschaft, wie jeder Einzelwissenschaft, liegt, daß sie sich, unbeschadet ihrer Eigenständigkeit, ja gerade zu deren Wahrung und Festigung, nur als Welle weiß in einem nie zur Ruhe gelangenden geschichtlichen Strom, in einem Strom, den sie gleicherweise fortbewegt wie sie von ihm getra-

---

[6] Imago, Bd. XII, 1926 und „Almanach" 1927 [jetzt in d. Bd.].

gen wird. Auch die Psychoanalyse darf sich nicht absondern vom Gang der Geschichte des menschlichen Geistes.

Den äußeren Anlaß, mich von neuem auf den Weg zu machen, boten zwei Aufforderungen zu Beiträgen zur Feier von *Freuds* 80.Geburtstag im Mai 1936. Ich komme damit zur *vierten Etappe,* gekennzeichnet durch meinen Aufsatz über „Freud und die Verfassung der klinischen Psychiatrie"[7], sowie durch meine Wiener Festrede über „Freuds Auffassung des Menschen im Lichte der Anthropologie"[8]. Der Aufsatz ging aus von unserem unvergeßlichen Gespräch auf dem Semmering, in dessen Verlauf *Freud* die Bemerkung fallen ließ: „Die Menschheit hat ja gewußt, daß sie Geist hat; ich mußte ihr zeigen, daß es auch Triebe gibt." Was *Freuds* wissenschaftliches Verfahren mit demjenigen der klinischen Psychiatrie verbindet, ist aber gerade, daß beide das Menschenwesen auf ein naturwissenschaftliches Schema oder System „reduzieren". Das ist hinsichtlich *Freuds* um so erstaunlicher, als die Psychoanalyse die einzige Forschungsrichtung auf psychiatrischem Gebiete darstellt, die, um mit DILTHEY zu reden, „den tatsächlichen Inhalt des menschlichen Seelenlebens in seinem ganzen Reichtum" umgreift. In dieser Hinsicht hat die Psychoanalyse nicht nur eine empfindliche Lücke in der „Verfassung der klinischen Psychiatrie" ausgefüllt, sondern auch deren eigenen „Gedanken" wesentlich vertieft. Dazu kommt, daß sie die psychiatrische Untersuchungstechnik erst zum Range einer im vollen Sinne des Wortes ärztlichen Technik erhoben hat. Ich muß es mir wiederum versagen, auf die Beziehungen der Psychoanalyse zu dann Vater der psychiatrischen Verfassung, zu GRIESINGER, sowie zu dem weit in *Freuds* Lehre vom psychischen Apparat und von den Neurosen hinein wirkenden Lehren von HERBART, FECHNER, HERING, BREUER und insbesondere von Hughling JACKSON hinzuweisen. Hingegen sei kurz erwähnt, daß am Schluß des genannten Aufsatzes bereits darauf hingewiesen wird, daß, im Gegensatz zu *Freuds* Auffassung, Menschsein nicht nur bedeute, eine in das lebend-absterbende *Leben hineingeworfene* und von ihm umhergetriebene, *gestimmte* und *verstimmte, Kreatur* sein, sondern auch ein *entschlossenes,* seinen *eigenen Stand* habendes oder *selbständiges* Sein.

Mit diesem Schlußpassus hatte der Aufsatz über „Freud und die Verfassung der klinischen Psychiatrie" die *vierte Etappe* meines Weges zu *Freud* bereits beschritten. Sie sollte noch präziser und eindringlicher gekennzeichnet werden in dem Wiener Festvortrag. Schon der Titel „Freuds Auffassung des Menschen im Lichte der Anthropologie" zeigt, daß jetzt an Stelle der methodologischen Auseinandersetzung mit der Psychoanalyse und ihrer Grundbegrifflichkeit die Auseinandersetzung mit dem dieser Methode und

---

[7] Schweiz. Archiv f. Psych. u. Neur. Bd. 37, H. 2, 1936 und Bd. II meiner Ausgew.. Vorträge und Aufsätze [Binsw. 1936b].

[8] Bd. I jener Auswahl [Binsw. 1936c].

dieser Begrifflichkeit zugrunde liegenden *Verstehenshorizont* des Menschen im Sinne des *homo natura,* des Menschen als reinem Naturwesen, trat, aus welchem Verstehenshorizont die naturwissenschaftliche Konstruktion des psychischen Apparates in seiner ebenso imponierenden methodologischen Vielseitigkeit und Geschlossenheit wie anthropologischen Einseitigkeit verständlich wird. Damit war *Freuds* Naturalismus ins rechte Licht gestellt, seine Herleitung also auch des geistigen Lebens aus der Triebhaftigkeit. Der Anstoß, den ich von Anfang an am menschlichen Verstehensentwurf der Psychoanalyse genommen hatte, fand jetzt seine philosophisch-anthropologische Begründung und Formulierung. Sie konnte sich nicht nur auf HUSSERLs Lehre von den verschiedenen Gegenstands- oder Sachregionen und den ihnen entsprechenden Grundarten der „Ausweisung" stützen, sondern auch auf HEIDEGGERs Lehre vom Dasein als In-der-Welt-sein, in welcher das Ins-Leben-geworfensein und das Gestimmtsein zwar grundlegende, aber keineswegs ausschließliche „Existenzialien" bedeuten.

Daß ich mit all dem bei dem großen Freund keinen Erfolg haben würde, war mir im voraus klar. Ich kann es mir nicht versagen, Ihnen einen Passus aus seiner Antwort auf meinen Vortrag vorzulesen, aus dem seine Überzeugung von der unumstößlichen Wahrheit und unbedingten Gültigkeit seiner Auffassung des Menschen im Sinne des homo natura besonders klar hervorgeht. Sie werden gleich sehen, daß *Freud* nicht zugeben kann, daß der Gegensatz zwischen seiner und meiner Auffassung prinzipieller Art ist, d. h. die Frage des transzendentalen Verstehenshorizontes betrifft, sondern daß er der Meinung ist, daß dieser Gegensatz im Fortgang *empirischer* Forschung überwunden werden könne. Nachdem er an meinem Vortrag zunächst allerhand zu loben fand, fuhr er fort:

„Natürlich glaube ich Ihnen doch nicht. Ich habe mich immer nur im Parterre und Souterrain des Gebäudes aufgehalten. – Sie behaupten, wenn man den Gesichtspunkt wechselt, sieht man auch ein oberes Stockwerk, in dem so distinguierte Gäste wie Religion, Kunst u. a. hausen. Sie sind nicht der einzige darin, die meisten Kulturexemplare des homo natura denken so. Sie sind darin konservativ, ich revolutionär. Hätte ich noch ein Arbeitsleben vor mir, so getraute ich mich auch jenen Hochgeborenen eine Wohnstatt in meinem niedrigen Häuschen anzuweisen. Für die Religion habe ich es schon gefunden, seitdem ich auf die Kategorie ‚Menschheitsneurose' gestoßen bin. Aber wahrscheinlich reden wir doch aneinander vorbei und unser Zwist wird erst nach Jahrhunderten zum Ausgleich kommen." Derart schloß die vierte Etappe meines Weges zu *Freud* ab. Ihr sollte aber noch eine *fünfte* folgen. Wenn ich in der vierten Etappe die methodologischen Untersuchungen der Psychoanalyse in den Hintergrund stellte, um zu einem Verständnis ihres anthropologischen Verstehenshorizontes vorzudringen – einsehend, daß die rein methodologischen Bedenken erst von da aus auf ihren Grund zurückgeführt werden können –, so habe ich in den letzten Jahren noch einmal eine neue Erfahrung gemacht, die Erfahrung nämlich, daß hinsichtlich *Freuds* schöpferischem Genie und seiner weltgeschichtlichen Bedeutung auch die anthropologische Kritik seines homo natura nicht das letzte Wort behalten kann, sondern durch eine ontologische Besinnung, eine Besinnung auf *Freuds* Verständnis des *Seins als Natur* erweitert und vertieft werden muß.

In der Idee des homo natura vereinigen sich die Sicht auf den Menschen und die Sicht auf die Natur. Welche Sicht ist für *Freud* die ursprünglichere, diejenige auf die Natur oder die auf den Menschen, präziser und psychoanalytischer ausgedrückt, diejenige auf die *Absichten* der Natur oder diejenige auf die *Absichten* des Menschen? Um von einem einzigen Beispiel auszugehen: Welche Sicht ist für *Freuds* Forschen und Denken ursprünglicher, die Sicht auf den *psychischen Konflikt* als eine „menschliche" *Gewissensfrage,* oder die Sicht auf den psychischen Konflikt als einen *Naturvorgang* im Sinne der *„automatischen* Regulierung durch das Lustprinzip"? Je tiefer ich in die wissenschaftliche Welt und die Persönlichkeit *Freuds* einzudringen vermochte, um so mehr habe ich die Erfahrung machen müssen, daß das *letztere* der Fall ist. Erst wenn wir dies im Auge behalten, enthüllt sich uns das *Wahre* an *Freuds* Lehre und Wesen[9].

Nun muß aber weiter gefragt werden: Was versteht *Freud* unter Natur? Sicherlich nicht oder nur annähernd das, was die Griechen unter Physis verstanden, aber auch sicherlich nicht nur, was der Positivismus darunter versteht. Die Übereinstimmungen mit Naturalismus, Positivismus und Materialismus treffen nicht das Ganze der Lehre *Freuds.* Sie wissen, daß ARISTOTELES im Menschenwesen verschiedene animae aufwies, von denen der

---

[9] Wir stehen hier vor einer ähnlichen Tatsache wie bei HEIDEGGER. Bei beiden so grundverschiedenen Forschern und Denkern *scheint* zunächst das Interesse für das Menschenwesen, für die „menschlichen Verhältnisse", wie *Freud* in seiner Selbstdarstellung sagt (XI, 120), im Vordergrund zu stehen, bei beiden *ist* es aber nicht so: Wie bei *Freud* das Interesse für die *Natur* im Vordergrund stand, und nicht dasjenige für den Menschen, so steht bei HEIDEGGER im Vordergrund das Interesse nicht für den Menschen, sondern für das *Dasein* als der Weise desjenigen Seins, dem Seinsverständnis zukommt. Und doch ist es eine Tatsache, daß beide, *Freud* und HEIDEGGER, wenn auch auf ganz verschiedenen Wegen, uns tiefer und systematischer in das Verständnis des Menschenwesens geführt haben als sonst irgend jemand seit PLATON oder ARISTOTELES. – In diesem Zusammenhang fällt unser Blick unwillkürlich auf einen Autor, der ausdrücklich erklärt, der Gegenstand seines ganzen Denkens und Forschens sei *der Mensch* und *nur* der Mensch, und der uns tatsächlich auch sehr vieles über „den Menschen" zu sagen weiß, aber eingestandenermaßen *ohne* jegliche Systematik. Dieser Autor ist MONTAIGNE. Es scheint in der Tat, daß *systematisches,* also wissenschaftliches und philosophisches, Menschenverständnis und Ausgerichtetsein auf den Menschen rein als Menschenwesen sich ausschließen. Zeugen für diese Behauptung sind einerseits die großen „Moralisten", und unter ihnen in erster Linie MONTAIGNE, anderseits die großen *Historiker* und vor allem die großen *Dichter* aller Zeiten.

Mensch die anima vegetativa nicht nur mit den Tieren, sondern schon mit den Pflanzen gemein hat. Alle Weisen der anima sind Weisen des *Lebens*, in das der Geist gleichsam von außen (ϑύραϑεν) eindringt. Für *Freud*, der nach seinen eigenen Worten (wie bereits erwähnt), „der Menschheit zeigen mußte, daß es auch Triebe gibt", für *Freud* gibt es von den untersten Lebewesen bis zum Menschen nur *ein* Leben, beherrscht von den „lärmenden", nur „Umwege zum Tod" (VI, 229) darstellenden Lebens- oder Sexualtrieben, mit einem Wort, dem Eros, und dem „geräuschlos arbeitenden" Todes- oder Destruktionstrieb, als dem „allgemeinsten Streben alles Lebendigen, zur Ruhe der anorganischen Welt zurückzukehren" (VI, 256). Hier berührt sich *Freud* aufs nächste, aber sicherlich ohne sein Wissen, mit LEIBNIZ. „Was wir Zeugungen nennen", so hatte schon LEIBNIZ – in der Monadologie (Nr. 73) – erklärt, „das sind Entwicklungen und Steigerungen, wie das, was wir Tod nennen, Rückentwicklungen und Verminderungen sind". Wie von LEIBNIZ, so wird auch von *Freud* der Mensch in den stetigen Zusammenhang, in die *Kontinuität* aller Lebensformen eingeordnet. Auch für *Freud ist* der Mensch ein Naturwesen, darin wesend, daß in ihm (wie in jedem anderen Naturwesen) „Lebenstriebe" und „Todestrieb" sich mischen und entmischen. Die Natur oder das Leben wird bestritten *von* und zeigt sich *in* diesen Trieben, Strebungen, „Absichten" oder „Tendenzen". Das ist etwas, das wir bei ARISTOTELES noch nicht finden. Als Grundweisen des Seins als Natur, als aufsteigendes und absteigendes *Leben*, übersteigen die Triebe bei *Freud* bereits die Auffassung des Seins als Natur im *naturwissenschaftlichen* Sinne; denn „uns hat immer", wie der späte *Freud* einmal sagt, „die Ahnung gerührt, daß hinter diesen vielen kleinen ausgeliehenen (offenbar von der Natur ausgeliehenen) Trieben sich etwas Ernsthaftes und Gewaltiges verbirgt, dem wir uns vorsichtig annähern möchten". Die Trieblehre nennt er, wie Sie wissen, unsere *Mythologie*, die Triebe sind ihm *mythische Wesen*, „großartig in ihrer Unbestimmtheit. Wir können keinen Augenblick von ihnen absehen und sind daher auch nie sicher, sie scharf zu sehen" (XII, 249 f.). Unwillkürlich müssen wir hier daran denken, daß es der von *Freud* kurz vor seiner Reifeprüfung angehörte Vortrag des seinerzeit noch GOETHE zugeschriebenen[10], hymnischen „Fragmentes über die Natur" war, der darüber entschied, daß *Freud* Medizin studierte (XI, 120). Wir sind der Meinung, daß *Freud* dem Naturmythos, den dieses Fragment darstellt, der Huldigung der Natur als einem mythischen Wesen, zeitlebens treu geblieben ist. Die von *Freud* betonte Ernsthaftigkeit, Großartigkeit, geheimnisvolle Unnahbarkeit und Unbestimmbarkeit der Natur, trotz ständiger Angewiesenheit auf sie, finden wir schon in jenem Fragment: „Wir

---

[10] Wie wir seit langem wissen, stammt das Fragment von dem jungen Schweizer Theologen TOBLER, es ist aber wohl von GOETHE inspiriert.

leben mitten in ihr und sind ihr Fremde. Sie spricht unaufhörlich mit uns und verrät uns ihr Geheimnis nicht. Wir wirken ständig auf sie und haben doch keine Gewalt über sie." „Leben ist ihre schönste Erfindung und der Tod ihr Kunstgriff, viel Leben zu haben." „Sie verbirgt sich in tausend Namen und Formen und ist immer dieselbe." „Sie gibt Bedürfnisse, weil sie Bewegung liebt. Wunder, daß sie alle diese Bewegung mit so wenigem erreicht. Jedes Bedürfnis ist Wohltat. Schnell befriedigt, schnell wieder erwachsend. Gibt sie eines mehr, so ist's ein neuer Quell der Lust, aber sie kommt bald ins Gleichgewicht."[11] Das ist keine Naturphilosophie, sondern romantisch-poetischer Mythus. Wir finden ihn bei *Freud* noch in späteren Jahren angedeutet, so in „Eine Kindheitserinnerung des Leonardo da Vinci" vom Jahre 1910: „Wir zeigen alle noch zu wenig Respekt vor der Natur, die nach Leonardos dunklen, an Hamlets Rede gemahnenden Worten ‚voll ist zahlloser Ursachen, die niemals in Erfahrung traten' (La natura è piena d'infinite ragioni che non furono mai in isperienza). Jeder von uns Menschenwesen entspricht einem der ungezählten Experimente, in denen diese ragioni der Natur sich in die Erfahrung drängen" (XI, 453 f.).

In *Freuds* „Respekt" und scheuer Ahnung angesichts der Natur liegt etwas von der griechischen Scheu und Ehrfurcht, der $αἰδῶς$, wie von der wiedererwachenden, begeisterten Bewunderung der Natur in der Renaissance und von der poetischen Personifizierung der Natur in der Romantik und im Faust I. Die Entdeckungen, die *Freud* an der Menschennatur, an der Natur in der Gestalt des Menschen, gemacht hat, entstammen dieser Scheu, Bewunderung und Begeisterung, wie sie ihrerseits auf sie zurückwirkten. Hieraus erklärt sich auch, daß *Freud* keinerlei Anlaß sehen konnte, vor der Untersuchung und Betonung der *Sexualität* zurückzuweichen, sondern ganz im Gegenteil einen Anlaß, sie in den Vordergrund seines Menschenverständnisses zu stellen. Was seine Gegner als strafwürdige Schamlosigkeit brandmarken zu müssen glaubten, entstammte im Gegenteil der Scham und Scheu eines makellosen, großen männlichen Herzens.

In der Begeisterung für das „Fragment über die Natur" zeigt sich die eine, versteckter Seite *Freuds*. Ihr gegenüber steht die andere, die ihn ebenfalls zum Studium der Medizin bestimmte, die streng naturwissenschaftliche, damals repräsentiert durch die ihn „mächtig anziehende", ein „neues Weltverständnis versprechende" Lehre DARWINs (ebd.). Diese Seite, der „aufgeklärte" Glaube an die Allmacht der wissenschaftlichen, und vor allem der naturwissenschaftlichen, *Vernunft* ist allgemein bekannt und gewürdigt, jene andere, die poetische oder künstlerische, kommt meistens zu kurz (eine rühmliche Ausnahme macht die Schrift von MUSCHG: Freud als Schriftsteller. Die psychoanalytische Bewegung, II. Jg., H. 5, 1930). Sie zeigt sich nicht

---

[11] *Goethes* Sämtl. Werke, Jub.Ausg. Bd. 39, S. 3 ff.

nur in *Freuds* Sinn und tiefem Verständnis für die schöne Literatur und die bildende Kunst, sondern auch in seiner, ein Kunstwerk seiner Epoche hervorbringenden Sprache und Beredsamkeit. In diesem Zusammenhang bleibt es denkwürdig, daß die Kunst in seinem Werk insofern – meistens – eine Ausnahmestellung einnimmt, als die Psychoanalyse, zum mindesten „dem Dichter gegenüber", im Gegensatz zu Religion und Sittlichkeit, um *Freuds* eigene Worte zu gebrauchen, „die Waffen strecken muß" (XII, 7).

Die Natur als das geheimnisvoll Verhüllte und Sichverhüllende, mit einem Wort als das Unergründliche, tritt uns bei *Freud* aber auch noch von einer ganz anderen Seite entgegen, von seiner Auffassung nicht nur der psychologischen, sondern auch der physiologischen und chemischen „Sprache" als einer *„Bildersprache"*. In der in vielfacher Hinsicht eine Sonderstellung in *Freuds* Schriften einnehmenden Arbeit „Jenseits des Lustprinzips" legt *Freud* sich die Frage vor (VI, 253), woher es komme, daß in seiner „Spekulation über die Lebens- und Todestriebe" „so viel befremdende und unanschauliche Vorgänge" vorkommen. Seine Antwort lautet, es rühre daher, „daß wir genötigt sind, mit den wissenschaftlichen Terminis, das heißt mit der eigenen Bildersprache der Psychologie (richtig: der Tiefenpsychologie) zu arbeiten. Sonst könnten wir die entsprechenden Vorgänge überhaupt nicht beschreiben, ja, würden sie gar nicht wahrgenommen haben. Die Mängel unserer Beschreibung würden wahrscheinlich verschwinden, wenn wir anstatt der psychologischen Termini schon {!} die physiologischen oder chemischen einsetzen könnten. Diese gehören zwar auch nur einer Bildersprache an, aber einer uns seit längerer Zeit vertrauten und vielleicht auch einfacheren".

In diesen höchst bedeutsamen Ausführungen interessiert uns weniger die tiefe, schon bei *Herder* zu findende Einsicht, daß der Mensch nur „wahrnehmen" kann, was er sprachlich zu nennen gelernt hat oder besser, wozu ihm die Worte zugewachsen sind, als die hiermit durchaus zusammenhängende Frage, *von was* jene Bildersprachen (nur) in Bildern sprechen. *Freud* gibt nirgends eine Antwort auf diese Frage. Wir können sie aber an seiner Statt selbst geben. Es ist wiederum die an sich unergründliche und keiner unmittelbaren Sprache zugängliche „Natur", von der die einfachere Sprache der Physiologie und Chemie, erst recht aber die „kompliziertere" Sprache der Psychologie „in Bildern" sprechen. Diese Bilder *enthüllen* demnach die Natur zwar bildlich, ihr eigentliches Wesen bleibt aber auch in ihnen *verhüllt*.

Und nun noch ein Drittes, das in *Freuds* Lehre ans Unbekannte, Unerkennbare und Unergründliche der Natur rührt. Es wurde schon früher in der Rede von der prinzipiellen Kontinuierlichkeit oder Ununterbrechbarkeit des psychischen Zusammenhangs gestreift. Eine Anmerkung in der Traumdeutung, an die Roland KUHN mich in diesem Zusammenhang erinnert, macht den hier gemeinten Sachverhalt deutlich: *„Jeder Traum hat mindestens eine*

Stelle, an welcher er unergründlich ist, gleichsam einen Nabel, durch den er mit dem Unerkannten zusammenhängt" (II, 114). Die prinzipielle Unergründlichkeit des Traums in seinen letzten psychischen Zusammenhängen, Absichten oder Tendenzen zeigt uns das Unergründliche der „Mutter Natur" von einer neuen Seite, von der Seite also des *„Unbewußten".*

Wie können die drei Wege dieser Annäherung und ihr gemeinsames Ziel verstanden werden?, der Weg der Ahnung in der Weise der Mythisierung, der Weg der Ahnung über jede wissenschaftliche Bildersprache hinaus, und der wiederum nur geahnte Weg in die letzten Tiefen des Unbewußten, Unerkennbaren, nicht zu Betretenden, ins Reich der Mütter, mit dem jeder Traum gleichsam wie mit seiner Nabelschnur „zusammenhängt"? Wenn wir uns daran erinnern, daß hinter dem Traum ein vollwertiger psychischer Akt oder, was für *Freud* also dasselbe bedeutet, ein vollwertiger psychischer Sinnzusammenhang steht, und wenn dieser Sinnzusammenhang nur „weitgehend" als „unbewußt" rekonstruierbar ist, sich zum mindesten aber „an einer Stelle" ins Unerkennbare verliert, so geht daraus hervor, daß der homo natura bis in die unauslotbaren Tiefen seines Wesens ein „sinnvolles", d. h. also „Absichten und Tendenzen" hegendes Wesen sein muß. Daß diese Absichten und Tendenzen aber nicht nur im Wesen des Einzelmenschen liegen, sondern in dem der Natur, geht daraus hervor, daß „jeder von uns Menschenwesen" einem der ungezählten „Experimente" entspricht, in denen die „ragioni der Natur sich in die Erfahrung drängen". Dazu kommt, daß es (sowohl nach dem frühen als nach dem späten *Freud*) gar nicht sicher ist, ob jene Absichten und Tendenzen im unbewußten oder latenten Zustand „noch etwas Psychisches sind" (XII, 225). Wenn sie aber nichts Psychisches sind, so müssen sie zwar als eine „uns vertrauteren Bildersprache" zugängliche, *im Grunde* aber doch *unzugängliche* Naturvorgänge bezeichnet werden. Da die Natur an sich als etwas geahnt wird, das jenseits *beider* Bildersprachen liegt, tritt bei *Freud* an Stelle des psychophysischen Problems das Problem der Sprache und der nur mittels ihrer möglichen „Wahrnehmung".

Wir kommen zum Schluß. Wir hoffen, gezeigt oder wenigstens angedeutet zu haben, daß das Wesen der Psychoanalyse, ihre *Wahrheit,* nicht zu suchen ist, um mit HEIDEGGER zu sprechen, im „Wissenwollen der modernen Wissenschaft", von dem „unsere heutige Welt durchherrscht ist", also nicht von der *„das Wirkliche"* eigens auf seine *Gegenständlichkeit* hin „herausfordernden" und lediglich als *Bestand* „entbergenden"[12] wissenschaftlichen Theorie und Technik. Dabei wird durchaus nicht übersehen, daß hinter der Psychoanalyse ein ungeheurer, lebenslanger Wille zum Wissen und Be-

---

[12] Vgl. HEIDEGGER: „Die Frage nach der Technik" und „Wissenschaft und Besinnung" in Vorträge und Aufsätze 1954. – Es sei ausdrücklich darauf hingewiesen, daß, wie es schon geschehen ist, das ontologische „Entbergen der Wahrheit" nicht verwechselt werden darf mit dem psychologischen „Entlarven der Person".

herrschen des Wirklichen steht. *Freud* ist ja nie glücklicher, als wenn er glaubt, der Welt „ein Stück Realität" abgerungen zu haben. Das Wesen der Psychoanalyse, nicht nur ihre Richtigkeit, sondern ihre Wahrheit, ist aber gerade zu suchen im Wesen dessen, was diesem Wissen- und Beherrschen-Wollen als Bedingung seiner Möglichkeit zugrunde liegt, ein ehrfürchtiger Respekt nämlich vor der Unergründlichkeit des *Seins* als Natur und eine unbeugsame Größe und ungetrübte Reinheit des „Herzens". Auf diese Wahrheit fällt ein helles Licht von dem „Schicksal" her, das dem Schöpfer der Psychoanalyse nach seinen eigenen Worten geworden, das Schicksal nämlich, „den Frieden dieser Welt zu stören" (Brief an mich vom 10. Sept. 1911 [Binsw. 1992a, S. 85]). *Freud* hat den Frieden dieser Welt nicht, wie die moderne Technik, durch das „herausfordernde" Entbergen des Wirklichen (im Sinne HEIDEGGERs) in den Bestand gestört, sondern dadurch, daß er nicht nur eine neue Wissenschaft, sondern eine die Zeit- und Fachgenossen aufs höchste erregende, ja empörende neue Art von Erfahrungsmöglichkeit und Wissenschaftlichkeit entdeckt hat. Damit hat er keineswegs nur „Die Welt der Seele" in ungeahnter Weise erweitert und vertieft, sondern ineins damit ihre „Bezüge zur Welt". *Freud* hat mit seiner Lehre vom Unbewußten, von der „unbewußten Intentionalität", den Menschen *der Welt* und die Welt dem *Menschen nähergebracht*. Er hat gezeigt, daß wir nicht nur mit unserem Bewußtsein, sondern auch „unbewußt" *in der Welt sind, Welt haben* und *über Welt verfügen*. Vor *Freud* lebten wir in einer sicher umgrenzten Welt des Bewußtseins, er aber hat den Frieden dieser Welt gestört, indem er uns zeigte, wie beschränkt diese Welt ist und wie wenig Macht wir über sie haben. All das war, wie wir gezeigt zu haben hoffen, wiederum nur möglich dadurch, daß er die Psyche so tief ineins mit der Natur gesehen hat wie ARISTOTELES, anders ausgedrückt, daß er, wie LEIBNIZ, den Naturbegriff durch den Seelenbegriff erweitert hat und so zu einem für unsere Zeit ganz neuen Naturbegriff gelangt ist. Er hat, um ein Wort von Wilhelm SZILASI auf ihn anzuwenden, dem ich hier auch sonst zu Dank verpflichtet bin, das Subjektsein „als einen Naturvorgang in Verbindung mit anderen Naturvorgängen" nicht nur gedacht, sondern bis ins einzelne *erfahren* und *dargestellt*. Diese Erfahrung *Freuds* ist es, der wir die Umwandlung unserer Erkenntnis vom Menschenwesen und unserer Idee von Wissenschaftlichkeit verdanken.

Über Phänomenologie

Von unserem Vorstand aufgefordert, Ihnen ein Referat über Phänomenologie zu erstatten, hatte ich zu prüfen, welche Art von Referat im Hinblick auf den beabsichtigten Zweck, Sie mit der Phänomenologie bekanntzumachen, zu wählen sei. Die häufigste Art, das Übersichts- oder Sammelreferat, schied von vornherein aus, da es dem mit den Problemen nicht näher Vertrauten keine Anschauung zu vermitteln vermag und für den mündlichen Vortrag völlig ungeeignet ist. Aus demselben Grunde mußte ich auch einen Versuch, Ihnen die historische Entwicklung der phänomenologischen Forschungsrichtung auf dem Gebiete der Psychopathologie von JASPERS' ersten Arbeiten an bis heute vor Augen zu führen, als gescheitert betrachten. Ein lehrreiches Sammelreferat über die wichtigsten psychopathologisch-phänomenologischen Arbeiten der letzten Jahre und die in ihnen zutage tretenden Grundanschauungen und Ausblicke finden Sie im übrigen aus der Feder KRONFELDs im ersten Maiheft des Zentralblattes für die gesamte Neurologie und Psychiatrie 1922. Solche Übersichtsreferate wollen von einem bestimmten Gebiet gegenwärtigen wissenschaftlichen Lebens in einem Extrakt eine allgemeine Kenntnis, ein allgemeines Wissen, vermitteln. Ihnen gegenüber können wir dann noch in ganz roher Einteilung von abschließenden und einführenden Referaten sprechen, von denen die ersteren an Stelle eines allgemeinen Wissens, das sie bereits voraussetzen, zu einem abschließenden Urteil gelangen wollen, das mit wissenschaftlicher Sicherheit meist nur im Hinblick auf zeitlich zurückliegende wissenschaftliche Epochen, Persönlichkeiten oder Schulen zu erreichen ist. Als Beispiel eines solchen abschließenden Referates erwähne ich das klassische Referat LIEPMANNs über WERNICKEs Einfluß auf die klinische Psychiatrie (1911). Auch diese Art von Referat schied logischerweise aus. Im Gegensatz zu den beiden genannten Arten soll nun das einführende Referat *vorläufige* Bekanntschaft vermitteln, weder zu einem allumfassenden Wissen von etwas noch zu einem abschließenden Urteil über etwas verhelfen. Seine Aufgabe ist vielmehr, den Gegenstand der Betrachtung möglichst anschaulich aufleuchten zu lassen, möglichst nahe und möglichst hell vor das geistige Auge zu bringen. Der Anspruch auf Vollständigkeit, den man gegenüber dem Vortrag, an das Referat zu stellen pflegt, soll hier erfüllt werden durch möglichste Vollständigkeit der Anschaulichkeit. Wie schwer diesem Anspruch gerade auf dem Gebiet der Phänomenologie zu genügen ist, weiß jeder, der sich mit der Materie näher befaßt hat. Da unser Referat sich im übrigen an Psychiater wendet, wird es am ehesten an Anschaulichkeit gewinnen, wenn es die Beziehungen der Phänomenologie, die eine eidetische oder Wesenswissenschaft darstellt, zur Psychologie und Psychopathologie, als empirischen Wissenschaften, in den Vordergrund stellt; Beziehungen, denen die Phänomenologie ja auch einzig und allein das Interesse verdankt, das die Psychiater ihr in den letzten zwölf Jahren in steigendem Maße entgegenbringen.

I. Naturwissenschaft und Phänomenologie

Der Naturforscher sieht sich wie der gewöhnliche Mensch hineingestellt in eine Welt von Dingen und Vorgängen, in deren Getriebe er auch sich selbst als wirkenden und leidenden „Gegenstand" weiß. Von alters her wird diese Welt eingeteilt in eine Welt körperlicher und seelischer Tatsachen, die zusammen aber eine einzige Natur ausmachen, einer einzigen Natur angehören. Die Kenntnis, die wir von diesen beiden Welten haben, erfolgt allein vermittels der sinnlichen (äußern und innern) Wahrnehmung. Von einer anderen Art direkter oder primärer Kenntnisnahme weiß die Naturwissenschaft nichts. Der weitere Weg der Erkenntnis oder, mit *einem* Wort, die Erkenntnismethode geht hier dann so vor sich, daß das wahrgenommene körperliche oder seelische Ding, der wahrgenommene Vorgang, begrifflich in seine Eigenschaften, Elemente oder Funktionen zerlegt wird, und man hält ein Objekt dann für naturwissenschaftlich erfaßt, wenn es aus der Summe seiner Eigenschaften, Elemente oder Funktionen begriffen oder erklärt werden kann. Dabei wird aber verlangt, daß womöglich jeder zerlegende oder abstrahierende Schritt des Verstandes durch neue Wahrnehmungen belegt, beglaubigt werde, und jene Erklärung wird erst dann als eine naturwissenschaftlich ideale betrachtet, wenn der zu erklärende Vorgang oder Gegenstand beim Vorhandensein seiner Teilfunktionen oder Elemente auch wirklich (real) in die Anschauung tritt, das heißt wiederum: wahrgenommen wird. Ein Objekt ist demnach naturwissenschaftlich erklärt, wenn, wie man nun auch sagen kann, die Bedingungen seiner Entstehung aufgezeigt sind.

Nun gibt es aber Menschen, die wissen, daß es außer der sinnlichen Wahrnehmung noch eine andere Art unmittelbarer, direkter Kenntnisnahme oder Erfahrung von etwas gibt, und außer der begrifflichen Zerlegung in einzelne Elemente noch ein anderes, ursprünglicheres und totaleres geistiges Erfassen. Zu solchen Menschen gehören u. a. die echten Künstler. FLAUBERT z. B. kennt diese Art geistigen Erfassens, wenn er, das Grundprinzip jeglicher Phänomenologie mit kurzen Worten aussprechend, erklärt: A force de regarder un caillou, un animal, un tableau, je me suis senti y entrer (Correspondance). Also Betrachten, Schauen und nochmals Schauen, und als Resultat ein Hineinversetztwerden in den angeschauten (unbelebten oder belebten Natur- oder Kunst-) Gegenstand. Das klingt noch recht vage. Ich mache aber weiter auf folgenden Sachverhalt aufmerksam: Wenn der geniale Maler Franz MARC blaue Pferde malt, so stellt er damit eine

Eigenschaft des Pferdes dar, die in der Natur nie anzutreffen ist, nie wahrgenommen werden kann. Er schlägt damit, wie man zu sagen pflegt, der Natur ins Gesicht, und trotzdem hat er etwas geschaut und zum Ausdruck gebracht, was gerade die treueste Nachahmung der in die Sinne fallenden Natur nicht zum Ausdruck zu bringen vermöchte, nämlich das eigentliche „Wesen" des Pferdes, das Pferd in seiner Allgemeinheit, Abstraktheit, im Gegensatz zum einzelnen, so und so beschaffenen Pferd. MARC hat nicht einzelne Pferde gemalt, wie sie sinnfällig in der Natur herumlaufen, sondern das (hier nicht näher zu beschreibende) *Wesen* des Pferdartigen, Pferdhaften; so hat er auch nicht einzelne Rehe in ihrer einmaligen, einzigartigen Beschaffenheit gemalt, sondern das Rehartige, das Wesen Reh schlechthin, das wir gar nicht nur bei der zoologischen Spezies Reh antreffen, sondern auch etwa bei einem jungen Mädchen, dem wir im Blick oder Gang etwas Rehhaftes zuerkennen. Auch VAN GOGH, wenn er einen vom Wind gepeitschten Baum, ein Kornfeld malt, sieht, wie er selber einmal schreibt, in dem Baum nicht den einzelnen so und so beschaffenen Baum, sondern ein Drama; in dem jungen Korn nicht die einzelnen Halme, sondern „etwas unaussprechlich Reines und Sanftes", „das eine ähnliche Rührung erweckt wie z. B. der Ausdruck eines schlafenden Kindchens" (Briefe an seinen Bruder). Er sieht also dasselbe Phänomen in dem mit dem Wind kämpfenden Baum wie in dem Menschenschicksal (Drama), dasselbe Phänomen (des Reinen und Sanften) im jungen Korn wie im schlafenden Kind. Er sieht es, obwohl er es nicht sinnlich wahrnimmt. Es ist kein Sehen mit dem Auge und doch eine unmittelbare Kenntnisnahme, ein Schauen oder Erschauen, das dem sinnlichen an Überzeugungskraft nichts nachgibt, ja es an unmittelbarer Sicherheit vielleicht übertrifft, und dessen Schau er jedem zu vermitteln vermag, der ein „Organ", der die geistige Fähigkeit hat, es zu sehen. Oder auf dem Gebiet der erzählenden Kunst! DOSTOJEWSKI hat in seinem Doppelgänger eine beginnende Psychose beschrieben, wie sie klinisch derart gar nicht vorkommt; er hat sie im klinischen oder naturwissenschaftlichen Sinn durchaus „verzeichnet". Und doch hat er hier etwas gesehen und zum Ausdruck gebracht, was uns (im Beginn einer Psychose oder rückschauend nach der Genesung) zwar ebenso eindringlich von manchen Kranken geschildert wird, was aber nirgends in der psychiatrischen Literatur mit ähnlicher Adäquatheit wiedergegeben ist: das Phänomen des Verrücktwerdens im vollen Sinne des Wortes, der Verrückung des Ich von seinem bisherigen Standort, des Erfaßtwerdens von einer neuartigen, unentrinnbaren, unbekannten und unheimlichen „Gesetzmässigkeit" (um den Ausdruck eines meiner Kranken zu gebrauchen). Den Musikern unter Ihnen kann ich noch ein weiteres Beispiel geben für ein Sehen und Darstellen, das kein sinnliches Sehen und Aufzeigen ist. Wer hat z. B. besser das Wesen der Pagode, das Pagodenhafte, erfaßt als DEBUSSY oder gar das Wesen einer bloßen Vision, einer auf dem Meeresgrunde versunkenen Kathedrale? Und hat er nicht das Wesen des auf hellem Buchenlaub spielenden Sonnenlichts ebenso adäquat in der Musik erfaßt wie etwa FLAUBERT an einer bekannten Stelle seiner Madame Bovary?

Ich habe Ihnen diese Beispiele aus dem Gebiete der Kunst vor Augen geführt, in der Meinung, Ihnen damit am leichtesten einen vorläufigen Einblick zu verschaffen in das weite Gebiet, das die Phänomenologie zu erobern am Werke ist; nicht aber, weil ich die Auffassung vertrete, Phänomenologie sei Kunst, phänomenologische Analyse eine Art künstlerischer, rein subjektiver Intuition und Betätigung, ein Irrtum, welcher noch vor kurzem in dem offenen Brief BIRNBAUMs an JASPERS (Zeitschr. f. d. ges. Neurol. u. Psychiatr. 77, 509) so deutlichen Ausdruck fand. Nein, das, worauf ich Sie hinlenken möchte und was ein für allemal ausgemacht sein muß, bevor wir an Detailfragen gehen, ist das, daß unsere anschauliche oder unmittelbare Kenntnisnahme unendlich weit über die Funktion und das Gebiet der sinnlichen Wahrnehmung hinausreicht. Es gibt weite, sehr weite Gegenstandsgebiete, die der sinnlichen Wahrnehmung unzugänglich sind, und von denen wir doch anschauliche Kenntnis bekommen und verarbeiten; ja wir dürfen sagen, daß sich *für jedes Gegenstandsgebiet ein entsprechender Akt anschaulicher Kenntnisnahme finden läßt.* Diese Einsicht, die auch für unsere Spezialwissenschaft von großer Bedeutung werden kann, verdanken wir dem Freiburger Philosophen Edmund HUSSERL, der damit nur an uralte philosophische Lehren, insbesondere an diejenige PLATONs, angeknüpft hat. Dabei bedeutet hier Anschauung, wie immer wieder hervorzuheben ist, gerade nicht sinnliche, etwa visuelle Anschauung, betrifft sie nicht die unmittelbaren Wahrnehmungsinhalte der äußeren Sinne, auch nicht diejenigen des inneren Sinns, eine Begrenzung, über die bekanntlich schon WUNDT weit hinausgekommen war, sondern Anschaulichkeit steht hier vor allem im Gegensatz zur *Mittelbarkeit,* zur Indirektheit des unanschaulichen oder anschauungsleeren *Denkens.* Der Terminus technicus HUSSERLs heißt, im Gegensatz zur sinnlichen Anschauung, *kategoriale Anschauung,* vor allem aber *Wesensschau* oder (phänomenologische) Intuition. In den Logischen Untersuchungen ist auch gern die Rede von „immanenter Ideation" und „Ideierung", vollzogen „auf Grund der Intuition". Gemeinsam ist den Akten *dieser* Art von Anschauung mit denen der sinnlichen Wahrnehmung, daß in ihnen irgend etwas „wirklich", direkt oder selbst gegeben ist, kurz, daß wir mit diesen Akten gleichfalls etwas, wenn auch nicht sinnlich, *wahrnehmen.* Ich kann hier nicht näher auf die grundlegende Bedeutung dieser Lehre eingehen und verweise auf die Logischen Untersuchungen HUSSERLs, insbesondere Bd. II, zweiter Teil (3. Aufl. 1922) 6. Kapitel: Sinnliche und kategoriale Anschauungen. Ein Einblick in dieses Kapitel würde Ihnen zeigen, daß es sich bei diesen kategorialen Anschauungen um nichts Metaphysisches oder Mystisches handelt. Wollen wir sie im Gegensatz zur sinnlichen Wahrnehmung eine übersinnliche nennen, so ist das nur in dem Sinne erlaubt, daß sich die kategoriale Anschauung, wie der Ausdruck „kategorial"[1] sagt, „über Sinnlichkeit" aufbaut! An unseren Beispielen aus der Welt der Kunst läßt sich das leicht klarmachen: Der Maler bedarf der Augen, um Pferde und Rehe, Korn und Bäume zu sehen, der Musiker des Gehörs, um Töne und Melodien zu hören, der Dichter beider Sinne, um Menschen wahrzunehmen; und sie alle bedürfen wiederum sehr verschiedener körperlicher und seelischer „Organe" oder Fähigkeiten, um das mit den Sinnen Wahrgenommene wieder sinnfällig darzustellen. Aber dasselbe erreicht die Photographie und Phonographie auch. Was den Künstler zum Künstler macht, ist die Fähigkeit, auf dem Grund dieser sinnlichen Wahrnehmungsinhalte neuartige, nichtsinnliche Wahrnehmungsinhalte aufzubauen und diese auf dem Grunde und mit dem Werkzeug sinnlicher Daten weiter zu vermitteln. Wir waren bisher geneigt, diese neuartigen kategorialen Wahrnehmungen auf Assoziationen, Synästhesien oder irgendwelche mehr oder weniger vage Gefühle zurückzuführen und sie hierdurch zu erklären. So hätte man etwa zu dem Phänomen des „Reinen, Sanften, Rührenden" in unserem VAN GOGH-Beispiel bemerkt, daß man hier, sehr gut mit dem Vorgang der Assoziation auskommend, keiner übersinnlichen Anschauung bedürfe: In VAN GOGH sei beim Anblick des jungen, frischen Korns die Assoziation „schlafendes Kind" aufgestiegen, und auf Grund dieser Assoziation sei ihm das Korn rein, sanft, rührend vorgekommen. Man hätte hier also von dem Vorgang der mittelbaren Assoziation Gebrauch gemacht. Der Assoziations-

---

[1] KANT unterscheidet bekanntlich „apriorische Formen" sowohl auf dem Gebiete der Sinnlichkeit als auf dem des „über der Sinnlichkeit sich aufbauenden" Verstandes. Die ersten sind die reinen Anschauungsformen Raum und Zeit, die letzteren die reinen Denk- oder Verstandeskategorien. Hierzu gehören die Kategorien der Kausalität, der Realität, der Notwendigkeit usw. Reine *Anschauungsformen* in bezug auf die Verstandesobjekte kennt KANT nicht. Hier tritt nun das Neue an der Lehre HUSSERLs zutage. Nach ihr können auch Verstandes- oder Denkgegenstände *angeschaut* werden, also Gegenstände, die sich „über Sinnlichkeit aufbauen"; daher der Ausdruck kategoriale Anschauung. Die Akte der kategorialen Anschauung richten sich also auf *Verstandesobjekte*, sie sind aber nicht selbst Akte des Verstandes, sondern einer sich im System KANTs nicht findenden (erweiterten) Anschauung. Der Kenner HUSSERLs sei hier nur an das Folgende erinnert: „Wenn aber die neben den stofflichen Momenten vorhandenen „kategorialen Formen" des Ausdrucks nicht in der Wahrnehmung, sofern sie als bloße *sinnliche* Wahrnehmung verstanden wird, terminieren, so muß der Rede vom Ausdruck der Wahrnehmung hier ein anderer Sinn zugrunde liegen, es muß jedenfalls *ein Akt da sein*, welcher den *kategorialen Bedeutungselementen dieselben Dienste leistet wie die bloße sinnliche Wahrnehmung den stofflichen*. Die wesentliche Gleichartigkeit der Erfüllungsfunktion und aller mit ihr gesetzlich zusammenhängenden idealen Beziehungen macht es eben unvermeidlich, jeden in der Weise der bestätigenden Selbstdarstellung erfüllenden Akt als *Wahrnehmung*, jeden *erfüllenden Akt* überhaupt als *Anschauung* und sein intentionales Korrelat als *Gegenstand zu bezeichnen*" (a. a. O. S. 142).

psychologe würde hier aber wie so oft das, was er erklären will, bereits voraussetzen. Zuerst muß das Phänomen des „Reinen, Sanften, Rührenden" erschaut sein, bevor die Assoziation „schlafendes Kind" erfolgen kann; erst auf Grund dieses Phänomens wird ja die Assoziation „gestiftet". Oder zu unserem DEBUSSY-Beispiel! Hier wäre man geneigt zu erklären, daß der Komponist bei der Vision einer versunkenen Kathedrale die und die Melodien in sich erklingen hörte, auf Grund des bekannten Vorganges der Synästhesie, in diesem Fall des Farben- und Formenhörens, und daß der musikalische Hörer auf Grund wiederum der Synästhesie, in diesem Fall von Synopsien oder Chromatismen (audition colorée), entsprechende visuelle Vorstellungen in sich auftauchen sähe. Aber auch hier muß gesagt werden, daß das Phänomen des Kathedralischen oder Kathedralhaften „auf Grund der" oder „über" den Tönen, Farben und Formen erbaut und erschaut werden muß, damit der Komponist es in seiner Musik darstellen, der Hörer es aus ihr heraus-„sehen", heraus-„lesen" kann. Der Funktion der Assoziation, die man ja auch in der Synästhesie als wirksam annehmen kann (BLEULER), wird hier überall mehr aufgebürdet, als sie auch bei weitester Ausdehnung ihres Begriffs tragen kann, ein Vorgang, der im Laufe der letzten Jahrzehnte überaus häufig zu beobachten war, so daß wir mit der Assoziation heute fast alles und damit fast nichts mehr erklären können.

Wir kommen nun einen Schritt weiter, wenn wir uns den Wirklichkeitscharakter jener in kategorialer Anschauung gegebenen „Gegenstände" näher betrachten. Wir sprechen in unseren Beispielen von dem Phänomen des „Reinen, Sanften, Rührenden", des Kathedralischen, des Pferd- oder Rehartigen, des Verrücktwerdens, und davon, daß man sich in alle diese Phänomene „hineinversetzt" fühlen kann. Da nun, wie leicht einzusehen ist, jenen Phänomenen (eben als kategorial geschauten Phänomenen) keine Wirklichkeit im *naturwissenschaftlich-wahrnehmungsmäßigen Sinne* zukommt, und da man sich nicht naturwirklich in sie hineinversetzen kann, da sie uns aber anderseits doch auch unmittelbar oder direkt gegeben sind, bedürfen wir für diese Art der Wirklichkeit eines anderen Begriffs. HUSSERL spricht hier im Gegensatz zum naturwirklichen Dasein oder zur realen *Existenz* vom Wesensein oder von *Essenz*. Die Phänomene oder Gegenstände, die wir in kategorialer Anschauung wahrnehmen, nennt er *Wesen*, im ursprünglichsten und einfachsten Sinne von „Washeiten" (Gattungen) und natürlich in direktem Gegensatz zu dem populärpsychologischen und biologischen Sinn des Wortes. Diese phänomenologischen Wesen haben also keine reale Existenz, wie wir sehen; es wäre aber auch falsch, sie für rein ideale Gebilde oder Ideen zu halten etwa im Sinne KANTs oder PLATONs. Nein, die Wesen stehen jenseits des erkenntnistheoretischen Gegensatzes real-ideal. HUSSERLs Phänomenologie hat als solche durchaus nichts zu tun mit Erkenntnistheorie, noch weniger stellt sie eine spezielle erkenntnistheoretische Richtung dar, zu welcher Annahme der Name ja leicht verführen kann: Sie ist streng zu unterscheiden von dem erkenntnistheoretischen Phänomenalismus oder Idealismus KANTs, wo Phänomene die erkennbaren Erscheinungen bedeuten im Gegensatz zum unerkennbaren Ding an sich. Diese Frage läßt die Phänomenologie, die *allen* Theorien, auch den erkenntnistheoretischen, grundsätzlich abhold ist, völlig offen. Sie nimmt hierzu weder bejahend noch verneinend Stellung. Sie macht keinen anderen Anspruch, als eine Wissenschaft von den *Phänomenen des Bewußtseins zu* sein, und zwar von den in kategorialer Anschauung oder Wesensschau gegebenen reinen Phänomenen oder Wesen desselben. Zum Unterschied von den Erfahrungs- oder Tatsachenwissenschaften einerseits, der Erkenntnistheorie anderseits wird die Phänomenologie in dem letzten Werk HUSSERLs, den *Ideen zu einer reinen Phänomenologie und phänomenologischen Philosophie* (1913), auch bezeichnet als eine *eidetische* Wissenschaft. Dieser Ausdruck besagt aber nichts Neues. Er ist abgeleitet von dem griechischen Wort εἶδος[2] (das in die Augen Fallende, die Beschaffenheit, Art, Spezies), das HUSSERL zum Terminus technicus für Wesen gewählt hat. Eidetische Wissenschaften sind solche, in denen, wie z. B. in der reinen Geometrie und reinen Arithmetik, ganz unabhängig von der Erfahrung und also apriorisch, Aussagen gemacht, Begriffe gebildet, Urteile, Schlüsse vollzogen werden. Reine Wesen oder Eidē (Plur. von Eidos) sind also z. B. die rein mathematischen Begriffe Zahl, Gerade, Dreieck, Kreis usw. Damit haben wir uns aber schon weit von den Beispielen entfernt, von denen wir ausgingen, und wir müssen daher, um den Zusammenhang nicht zu verlieren, noch einmal auf sie zurückkommen.

Was wir aus unseren vorläufigen Beispielen gelernt haben, war lediglich das Problem der kategorialen Anschauung als solches, wobei wir auf der Aktseite die Akte der kategorialen Anschauung, der Intuition oder Wesensschau unterschieden, auf der Gegenstandsseite aber die Wesen oder Eide. Zugleich wiesen wir aber schon darauf hin, daß wir es bei unseren Beispielen, so verschiedenartig sie im einzelnen auch sein mochten, im wesentlichen mit ästhetischen „Wesen" zu tun hatten und mit Akten ästhetischer kategorialer Anschauung. Daneben gibt es natürlich auch Akte, in denen wir sittliche oder ethische Wesen unmittelbar erfassen; wir sprechen hier

---

[2] Dieses Wort, das außer Beschaffenheit auch Bild bedeutet, findet sich in einem unserer Nachbargebiete noch in ganz anderem Zusammenhang. In der experimentellen Psychologie spricht man seit einigen Jahren viel von *eidetischen Bildern,* worunter man die von PURKINJÉ, Johannes MÜLLER, URBANTSCHITSCH, GOETHE, TIECK, Otto LUDWIG und vielen anderen her bekannten subjektiven optischen Anschauungsbilder versteht, die *zwischen* den *physiologischen* Nachbildern und den bloßen Vorstellungen zu stehen kommen. Menschen mit der Fähigkeit zu solchen eidetischen Bildern nennt man Eidetiker (E. R. JAENSCH, W. JAENSCH und ihre Schüler. Vgl. die letzten Jahrgänge der Zeitschr. f. Psychol. u. Physiol. d. Sinnesorg., Abt. I).

mit Vorliebe von sittlichen oder ethischen *Werten* oder *Normen,* von einem ursprünglichen Wertfühlen, Wertsehen, Wertnehmen (SCHELER, v. HILDEBRAND). Im praktischen Leben und in der Psychopathologie reden wir hier ja gern von einer (angeborenen oder erworbenen) „Wertblindheit", worunter wir verstehen, daß z. B. der moralische Idiot ethische Werte oder Verpflichtungen nicht „sieht", wo der normale sie wahrnimmt. Nun behauptet die Phänomenologie aber, daß es auch auf rein intellektuellem oder theoretischem Gebiet allgemeine Wesen und dementsprechend Akte der allgemeinen oder *reinen* phänomenologischen Wesensschau gibt, mit anderen Worten eine rein intellektuelle Intuition. Einzig mit *diesen* Akten operiert die *wissenschaftliche* Phänomenologie. Hier werden nun die Schwierigkeiten für unser Verständnis am größten. Ich will nur kurz erwähnen, daß als solche „intellektuelle" erschaubare Wesen nicht nur mathematische Gebilde gelten wie die soeben genannten (Zahl, Gerade, Dreieck, Kreis), sondern auch alle anderen reinen „Denkobjekte": Begriffe, Kollektiva, Prädikate, Sachverhalte usw. Die Phänomenologie als eidetische Wissenschaft erhebt den Anspruch, gegenüber *allen* Wissenschaften, sowohl Natur- als Geisteswissenschaften, die grundlegenden apriorischen oder reinen Erlebnisse herauszustellen und rein, d. h. nicht-realisierend und nicht theoretisch substruierend, zu beschreiben, so wie die reine Mathematik es unternimmt Gegenüber der Physik. Um dies zu verstehen, müssen wir uns nun aber dem zuwenden, was man die phänomenologische Methode nennt, dem Weg nämlich, auf dem man schrittweise von der empirischen individuellen Einzeltatsache zu übererempirischen allgemeinen oder reinen Wesen vorschreitet. Hier beginnt erst das praktische Interesse der Psychiatrie an der Phänomenologie.

II. Die phänomenologische Methode

Bisher haben wir zwei große Reiche einander gegenübergestellt, das Reich der Naturwissenschaft und dasjenige der Phänomenologie, und wir haben den Unterschied zwischen beiden vorläufig auf die Formel gebracht, daß in der Naturwissenschaft alles ausgeht von und sich aufbaut auf der sinnlichen, äußeren oder inneren Wahrnehmung, in der letzteren hingegen auf der kategorialen Anschauung oder Wesensschau; ferner, daß die Naturwissenschaft es zu tun hat mit wirklich daseienden, mit real existierenden Dingen oder Vorgängen der Natur, die Phänomenologie hingegen mit Phänomenen, Arten oder Gestalten des Bewußtseins, die keiner Natur angehören, dafür aber ein in unmittelbarer Schau erfaßbares Wesen haben. An den Beispielen aus der Welt der Kunst haben wir einige derartige Bewußtseinsphänomene und ihre Selbständigkeit gegenüber der Sinnenwelt kennengelernt, aber auch gesehen, inwiefern sie sich auf der letzteren aufbauen. Was wir jedoch noch nicht näher ins Auge gefaßt haben, das ist der Weg, die Methode, wie der

Mensch zu solchen Intuitionen oder kategorialen Anschauungen gelangt. Hat er sie ganz unvorbereitet, fliegen sie ihm ganz unvermittelt zu, wie der Ausdruck Intuition vermuten ließe, oder bedarf es hierzu der Übung und Anstrengung, kurz der Methode, und welcher? Nun wissen wir aus dem Leben der echten Künstler, daß sie, ganz abgesehen von der technischen Übung und Ausbildung, sich ganz enormen Anstrengungen und geistigen Mühsalen unterziehen, um das Künstlerisch-Wesenhafte immer reiner und klarer zu sehen und darzustellen. Gerade FLAUBERT, VAN GOGH, Franz MARC sind Beispiele hierfür. Soviel Methode auch in diesen Anstrengungen der großen Künstler liegt, so haben wir hier doch keine wissenschaftliche, keine exakte Methode vor uns, über die rein objektiv Schritt für Schritt Rechenschaft abgelegt werden kann. Vieles kommt hier tatsächlich ungerufen, ungewollt, verdankt seine Entstehung einem trotz vorausgegangener harter Arbeit zuletzt doch uneinsichtigen Geschenk der Inspiration. Anders in der wissenschaftlichen Phänomenologie. Hier herrscht, wie bereits erwähnt, ein schritt- oder stufenweises Vorgehen, das ebenfalls mühsam erlernt werden muß und wozu es wie in jeder Wissenschaft auch einer gewissen Begabung bedarf; wo andrerseits aber jedem Schritt sein Sinn und seine Bedeutung im Ganzen der wissenschaftlichen Aufgabe zukommt und der zurückgelegte Weg von Anfang bis ans Ende klar übersehbar ist, klar wissenschaftlich beglaubigt werden kann.

Da wir uns nun auf dem Gebiet der wissenschaftlichen Phänomenologie befinden, bedürfen wir auch eines Beispiels aus der Wissenschaft, und da wir Erforscher des Seelenlebens sind, wählen wir eines aus der Wissenschaft der Seele. Als Beispiel diene diesmal die *Wahrnehmung,* und zwar die äußere Wahrnehmung, ein seelischer Vorgang also, wir können hier auch, ohne Berücksichtigung der tiefliegenden Unterschiede sagen, eine seelische Funktion oder ein seelischer Akt. Wir stellen hier wieder die Methode des Naturforschers und diejenige des Phänomenologen einander gegenüber, uns an das erinnernd, was eingangs (S. 36) über die naturwissenschaftliche Erkenntnis gesagt worden ist.

Wir sind alle darüber einig, daß wir den Akt der äußeren Wahrnehmung nicht wieder in äußerer Wahrnehmung erfassen, sondern in innerer, im inneren Sinn, in der inneren Erfahrung, Selbstbeobachtung oder Introspektion. Auch diese Ausdrücke wollen wir als gleichbedeutend hinnehmen, ohne auf ihre gerade von den Phänomenologen gewissenhaft untersuchten Verschiedenheiten einzugehen. Was nun dem Naturforscher und Phänomenologen hier gemeinsam ist, das ist nicht viel mehr als das Wort, als der Wortlaut und die allerprimitivste Wortbedeutung, so wie sie auch im vorwissenschaftlichen Bewußtsein gemeint ist. Äußere Wahrnehmung, das ist eben das direkte geistige Erfassen der Gegenstände „außer uns" und vielleicht auch noch unseres eigenen Körpers. Schon hier aber trennen sich die

Wege. Der Naturforscher betrachtet den Akt der äußeren Wahrnehmung als einen Naturvorgang, als ein reales Vorkommnis, eine reale Funktion im seelischen Organismus; auch er geht, ohne sich bei dieser Funktion als Ganzem lange aufzuhalten, sofort über zu ihrer begrifflichen und womöglich experimentellen Zerlegung. Dabei wissen wir aber, wie wenig im Vergleich zu den Naturwissenschaften von den Körpern eine experimentelle Zerlegung derart, daß die einzelnen „Teile" auch wahrnehmbar sind, auf seelischem Gebiet gelingt. Trotzdem hat diese Zerlegung auch hier ihren guten wissenschaftlichen Sinn und ihre Berechtigung. Das eine aber müssen wir uns von Anfang an vor Augen halten, daß diese Zerlegung in Teilfunktionen, ja daß schon die einfachste naturwissenschaftliche Beschreibung der Eigenschaften uns „in Unendlichkeiten der Erfahrung hineinzieht"; das heißt, daß sich schon in die einfachste Beschreibung der naturwissenschaftliche Erfahrungszusammenhang und damit die naturwissenschaftliche Erklärung, Konstruktion und Theorie eindrängt. Wenn z. B. BLEULER die Wahrnehmung mit vielen anderen auffasst als eine Bearbeitung der Sinnesempfindungen, so hat damit die Zerlegung, die Sektion des lebendigen Wahrnehmungsvorgangs in einzelne, konstruierte Begriffselemente bereits begonnen. Sie schreitet weiter, wenn man in der äußeren Wahrnehmung dann noch die Vorgänge der Erinnerung und der Assoziation entdeckt, erklärend, „daß die Empfindungen oder Empfindungsgruppen Erinnerungsbilder früherer Empfindungsgruppen ekphorieren, so daß ein Komplex von Empfindungserinnerungen in uns auftaucht, dessen Elemente durch das Zusammenvorkommen in früheren Erfahrungen einen besonders festen Zusammenhang und eine Abgrenzung von anderen Empfindungsgruppen erhalten haben" (BLEULER, *Lehrbuch der Psychiatrie*). RORSCHACH *(Psychodiagnostik)* hat diese Erklärung der Wahrnehmung gut zusammengefaßt, indem er die Wahrnehmung bezeichnet als „assoziative Angleichung vorhandener Engramme oder Erinnerungsbilder an rezente Empfindungskomplexe". Was wir hier vor uns haben, ist sicherlich nicht das seelische Erlebnis oder der seelische Akt der Wahrnehmung, sondern eine naturwissenschaftliche *Theorie* der Wahrnehmung, die sich aus psychologischen, hirnphysiologischen, psychophysischen, allgemein-biologischen und metaphysischen Elementen zusammensetzt: Denn sie wäre nicht denkbar ohne die Grundauffassungen BLEULERs von der Psyche „als eines nervösen einheitlichen Apparates zur Erhaltung von Gattung und Art" und ihrer „Identität mit einem Funktionskomplex der Hirnrinde". Für BLEULER, der sich seit 30 Jahren um eine naturwissenschaftliche Betrachtung der psychologischen Grundbegriffe bemüht, sind die allgemeinen Denkkategorien und Grundauffassungen der Naturwissenschaft auch maßgebend für die wissenschaftliche Erfassung und Darstellung des Seelenlebens. So hat er emsig mitgearbeitet an einer Wissenschaft, die ich persönlich nicht Psychologie nenne, da sie den Logos der

Psyche verfehlt, indem sie ihm denjenigen der Natur substituiert, die sich aber als Naturwissenschaft von der Seele oder dem Seelenleben natürlich längst über ihre Leistungen und ihre Stellung im System der Wissenschaften ausgewiesen hat. Wir sehen auch an dem Beispiel der Wahrnehmung, daß es hier in erster Linie auf die *Entstehung* des Wahrnehmungsvorgangs aus seinen Elementen oder Funktionen abgesehen ist, auf die Entstehung des Einzelvorgangs zunächst, woran sich dann aber noch hier nicht erwähnte Reflexionen über die onto- und phylogenetische Entstehung der Wahrnehmungsfähigkeit überhaupt anschließen. Daß im übrigen gerade hier von einer in die Wahrnehmung fallenden Isolierung der einzelnen Grundfunktionen – Empfindung, Erinnerung, Assoziation – und damit von einer experimentellen Nachprüfung der Theorie im einzelnen nicht gesprochen werden kann, sei nur kurz erwähnt. Das Ideal der Naturwissenschaft, die einzelnen Teilfunktionen gesondert zur Wahrnehmung zu bringen, muß hier, auf psychologischem Gebiet, notwendigerweise aufgegeben werden.

Daß eine gewisse Theorienmüdigkeit jetzt in der wissenschaftlichen Welt herrscht, mit Ausnahme etwa der streng mathematisch-physikalischen und -chemischen Welt, das dürfte vielen von Ihnen aufgefallen sein. Sehr deutlich sehen wir das z. B. auf einem Nachbargebiet der Psychiatrie, in der Biologie. Rückkehr zur Anschauung, Beiseiteschiebung der Theorien ist hier die Losung. Die Phänomenologie nun, zwar selbst ein wissenschaftliches Lehrgebäude, hat das Gute, daß sie uns mit größter Energie zurückführt auf die schlichte einfache Betrachtung der Phänomene, uns lehrt, nur das gelten zu lassen, was wir wirklich gesehen haben, in sinnlicher oder kategorialer Anschauung, und uns zu hüten vor der Vermengung des Geschauten mit jedweder noch so gut fundierten Theorie. Das wird ihr Verdienst bleiben, auch wenn sie selbst sich in ihren letzten philosophischen Konsequenzen nicht durchzusetzen vermöchte.

Am Beispiel der Wahrnehmung nun geht der phänomenologisch eingestellte Untersucher folgendermaßen vor: Auch er geht aus vom faktischen, realen, einzelnen seelischen Akt der äußeren Wahrnehmung, auch er erfaßt oder fixiert ihn zunächst während des Wahrnehmens (wobei wir die Kontroversen über die Beschaffenheit dieser Beobachtung hier ganz beiseite lassen) oder alsbald darauf in der Erinnerung oder, was der Phänomenologe sogar vorzieht, er erzeugt in der Imagination alle möglichen Arten von Wahrnehmungsakten. Ebenso wie ich mir z. B. den Kölner Dom vorstellen kann, ebenso kann ich mir ferner z. B. vorstellen, daß ich einen Kentauer wahrnehme, also etwas, das ich nie tatsächlich wahrgenommen habe. Die Erfahrung hat gezeigt, daß gerade die Berücksichtigung solcher in freier Imagination „fingierter" Bewußtseinsphänomene uns in der Erforschung der Arten und Gattungen des Bewußtseins fördert. Da wir ja untersuchen wollen, was Wahrnehmung an sich, dieses Identische beliebig vieler einzelner Wahrnehmungsakte, sei, können wir nicht frei genug mit diesen Akten schalten und walten, um nicht an Zufälligkeiten und Einzelheiten hängenzubleiben. Sie sehen daher schon jetzt, daß der Phänomenologe von Anfang an anders eingestellt ist als der Naturforscher. Wenn er untersucht, was Wahrnehmung sei, so vertieft er sich in das an verschiedenen Wahrnehmungsakten Wesentliche, er *schaut,* der phänomenologischen Grundforderung getreu, in das zu untersuchende seelische Phänomen hinein, sucht sich in die Bedeutung, welche die Sprache mit dem Wort Wahrnehmung in ihm anregt, einzuleben, hineinzuversetzen, anstatt, wie der Naturforscher, *Urteile* aus dem *Wortbegriff* „Wahrnehmung" zu ziehen. So vermeidet er von vornherein alle *Urteile,* die sich auf den Zusammenhang der Wahrnehmung mit dem Gehirn, ja überhaupt mit dem psychophysischen Organismus beziehen, vermeidet er derart alle *indirekten* sprachlichen und begrifflichen Fixierungen und Zerlegungen seines Untersuchungsobjektes. Infolgedessen vermag er auch noch nichts auszusagen über die Beziehung zwischen Wahrnehmung und Empfindung, denn, so seltsam Ihnen dies auf den ersten Blick erscheinen wird, er findet ja gar keine Empfindungen oder Empfindungsgruppen, aber auch kein assoziatives oder Gedächtnis-Element, wie sehr er sich auch in das Phänomen der Wahrnehmung schauend vertieft. Wenn er dasselbe, den leichtesten Weg einschlagend, auf die Weise näher vor sich hinstellen will, daß er auf den „Inhalt" der Wahrnehmung achtet, so bemerkt er sofort, daß er nicht etwa Empfindungen wahrnimmt, sondern Gegenstände (in dem psychologischen Sinn des Wortes, unter den alles „Entgegenstehende" fällt, Menschen, Tiere, Abbildungen, Farben, Töne, Räume usw.). Ich nehme jetzt ja nicht Gesichtsempfindungen wahr, sondern meine Kollegen *vor mir,* einen so und so gestalteten Raum, einen Hintergrund, einen Stuhl, ein Fenster usw. Auch wenn eine Lokomotive pfeift, nehme ich nicht eine Gehörsempfindung wahr, sondern den Pfiff, den so und so gearteten Ton dort in der Ferne.

Wenn wir von Empfindungen in ihrer Beziehung zur Wahrnehmung reden, dann *reflektieren* wir *über* Wahrnehmung, wir stellen aber nicht die Wahrnehmung selbst phänomenologisch vor uns hin. Daßelbe gilt von den Vorgängen der Assoziation, der Erinnerung, der Ekphorierung von Engrammen usw. Das allein Maßgebende, um die Bedeutung des Wortes Wahrnehmung zu erfüllen und die Wahrheit unserer Behauptungen zu prüfen, ist, den Zugang zu der seelischen Tatsache selbst, den Zugang also zur Wahrnehmung als solcher zu gewinnen. Das heißt aber nichts anderes, als daß wir nur solche Bestimmtheiten oder Beschaffenheiten aufsuchen dürfen, die dem Erlebnis „Wahrnehmung" selbst anhaften, an ihm selbst auffindbar sind. Dies ist das *Grundprinzip der phänomenologischen Methode: die Beschränkung der Analyse auf das im Bewußtsein wirklich Vorfindbare* oder, mit einem anderen Ausdruck, *auf das dem Bewußtsein Immanente.* Was finden wir nun an dem seelischen Akt oder Erlebnis der Wahrnehmung selbst weiter vor? Wenn wir sagen, daß wir nicht Empfindungen, sondern Gegenstände wahrnehmen, so kommen wir vielleicht weiter, indem wir das Verhältnis des Wahrnehmens zu den Gegenständen uns vergegenwärtigen. Wir sehen dann leicht, daß die Wahrnehmung den Gegenstand nicht in sich selbst hat, sondern außerhalb ihrer. Dieses „außerhalb ihrer" ist aber nicht räumlich zu nehmen: Denn wo das Erlebnis Wahrnehmung sich abspielt, sich befindet, darüber kann die phänomenologische Analyse nichts aussagen. Der Naturforscher sagt, sie findet statt im Gehirn, der Psychologe, in der Seele. Der erstere verdinglicht den Akt der Wahrnehmung und kann sagen, wo sich dieses Ding befindet, der letztere verobjektiviert ihn gleichfalls, nur macht er aus ihm kein körperlich-physiologisches, sondern ein seelisches Ding, dem er ebenfalls einen „Ort" im seelischen Zusammenhang oder Organismus anzuweisen vermag. Der Phänomenologe, der sich vor allen Verquickungen der Bewußtseinsphänomene mit der Natur hütet, weiß mit Sicherheit nur das eine, daß er selbst oder daß sein Ich den Akt der Wahrnehmung vollzieht, daß dieser Akt ein Phänomen seines Bewußtseins ist. Wo dieses Bewußtsein sich aber befindet, das ist für ihn eine müßige, ja widersinnige Frage, denn die Räumlichkeit ist ja ein Merkmal der Natur, aber nicht des die Natur allererst aufbauenden oder konstituierenden Bewußtseins. Immerhin hat uns die Frage nach dem Wo der Wahrnehmung einen Schritt weiter gebracht: Wir wissen von jeder unserer Wahrnehmungen, wenn wir sie klar ins Auge fassen, daß sie *unsere* Wahrnehmung ist, von einem bestimmten Ich vollzogen wird, und wir hörten schon vorher, daß die Gegenstände der Wahrnehmung außerhalb „ihrer" sich befinden, nämlich in der Räumlichkeit, an bestimmten Stellen des Raumes überhaupt. Die Räumlichkeit selbst ist also „außerhalb" der Wahrnehmung.

Da nun die Wahrnehmung ihre Gegenstände nicht in sich hat, und da *wir,* mein, dein, sein Ich, Wahrnehmungen vollziehen, und da ferner Wahrnehmung ohne ein solches sie vollziehendes Subjekt uns nirgends unmittelbar gegeben ist, so sagt der Phänomenologe nicht: In der Wahrnehmung ist ein Gegenstand oder Objekt enthalten, sondern: Ich bin wahrnehmend auf ein Objekt oder Gegenstand *gerichtet,* ich *beziehe* mich wahrnehmend auf ihn. In der phänomenologischen Schulsprache spricht man im Anschluss an BRENTANOs Definition der psychischen Phänomene (1874) von einer wahrnehmenden *Intention;* den wahrgenommenen Gegenstand nennt man den wahrnehmend intendierten, in der Wahrnehmung gemeinten oder vermeinten Gegenstand. Die Welt der vom Bewußtsein überhaupt irgendwie erfaßten oder erfaßbaren Gegenstände nennt – man die *intentionale* Welt, die Welt der intentionalen Gegenstände. Dabei muß man sich klar sein, daß Intentio und alle Ableitungen davon nichts zu tun haben mit Attentio, mit Aufmerksamkeit, Aktivität, Streben oder dergleichen. Das Intendieren besagt nur das Gerichtetsein oder Sichbeziehen des Bewußtseins auf Etwas (das seinerseits wieder mit oder ohne „Aufmerksamkeit" erfolgen kann), das Intentionale besagt das, worauf wir uns seelisch richten. Damit haben wir den Grundcharakter alles Bewußtseins erfaßt, nämlich, daß ein Subjekt auf ein Objekt gerichtet ist. Auch in der Wahrnehmung, wenn wir uns in sie selbst einleben, finden wir diesen Grundzug. Die Hauptsache ist aber noch unerledigt. Daß wir als Subjekt auf ein Objekt gerichtet sind, das finden wir auch, wenn wir die Vorstellung, das bloße Wissen von etwas, das Begehren, Zweifeln usw. phänomenologisch analysieren. Es gilt, die spezielle Art und Weise zu erfassen, in der wir gerade in der Wahrnehmung auf ein Objekt gerichtet sind! Die Wahrnehmung als besondere „Weise des Bewußtseins" (BRENTANO) haben wir uns zu vergegenwärtigen. Wie in allen anderen Wissenschaften würden wir uns hierzu neben der bloßen Vergegenwärtigung des in Frage stehenden Phänomens noch eines anderen Hilfsmittels bedienen, nämlich desjenigen des Vergleichs und der Unterscheidung. Wir werden vor allem die bloße Vorstellung von etwas und das anschauungsleere Wissen um etwas zum Vergleich heranziehen und das Unterscheidbare aus diesen verschiedenen Phänomenen herauszusehen versuchen. So werden wir gewahr, daß wir in der Wahrnehmung den intentionalen Gegenstand mit einem Schlag leibhaftig, direkt oder unmittelbar geistig zu erfassen vermeinen, völlig unverhüllt oder unverdeckt, im Gegensatz zu einer gewissen Mittelbarkeit, Bildhaftigkeit oder Verdecktheit der vorstellenden Intention (HUSSERL, JASPERS, H. CONRAD-MARTIUS). In dem unverhüllten Selbsthervortreten, der „Selbstkundgabe" des wahrgenommenen Gegenstandes erfahren wir die *anschauliche Gewähr* vom tatsächlichen Selbstdasein und Sosein des Gegenstandes, die uns keine Vorstellung zu ersetzen vermag (H. CONRAD-MARTIUS). Und dem Wahrnehmen und Vorstellen zusammen steht dann das Wissen von etwas als *unanschauliches* Gerichtetsein, als unanschauliche Intention auf ein Objekt gegenüber. Auf weitere Einzelheiten kann ich hier natürlich nicht eingehen. Nur *eine,* im Phänomen der Wahrnehmung selbst auffindbare Bestimmtheit mag noch erwähnt werden. Wenn wir uns phänomenologisch experimentierend mit den Wahrnehmungsakten beschäftigen, so bemerken wir die höchst merkwürdige Tatsache, daß wir in beliebig vielen Wahrnehmungsakten immer ein und denselben Gegenstand wahrnehmen. Ich kann meinen Abteilungsschlüssel von vorn und von der Seite, von oben und von unten wahrnehmen, immer aber nehme ich denselben Schlüssel wahr. Das ist wieder ein phänomenologisches Problem, dem die Assoziationspsychologie verständnislos gegenübersteht, richtiger ausgedrückt, das sie nicht sieht, nicht sehen kann. Das erwähnte Faktum führt uns nun auf eine Unterscheidung, die nicht nur für die Phänomenologie, sondern auch für die Psychologie von grundlegender Bedeutung ist. Wir formulieren den Tatbestand so, daß wir verschiedene Bewußtseinsinhalte haben können und doch denselben intentionalen Gegenstand wahrnehmen. Ich habe jedesmal einen anderen Bewußtseinsinhalt, ob ich den Schlüssel in horizontaler, schräger oder vertikaler Lage sehe, aber ich gewahre immer ein und denselben Schlüssel, und zwar denselben nicht im bloß physikalischen Sinne, sondern nach der Meinung (Intention) der einzelnen Wahrnehmungen selbst. Das ist die Unterscheidung, für die Th. LIPPS die Formel: Inhalt und Gegenstand geprägt hat, und auf der sich ein riesiges Gebiet phänomenologischer Wesenseinsichten hat aufbauen lassen. Insbesondere gewinnen wir von hier aus auch Einsichten in das Verhältnis der Empfindungsinhalte oder Sinnesinhalte zur Wahrnehmung; denn die jeweiligen Bewußtseinsinhalte, von denen wir soeben sprachen, sind ja nichts anderes als verschiedene sinnliche Daten. So gewinnen wir aus einem am Bewußtsein selbst vorfindbaren (ihm immanenten) Befund – „gleichbleibender Wahrnehmungsgegenstand trotz verschiedenartiger Sinnesinhalte" – phänomenologische Erkenntnisse, die uns das eigentümliche Wesen des Bewußtseins (jenes „Springen über seinen Schatten", LIPPS) ungleich eindringlicher aufleuchten lassen als irgendeine naturwissenschaftliche Verdinglichung und Zerlegung desselben.

Sie werden jetzt vielleicht die Definition HUSSERLs verstehen, laut welcher die Phänomenologie sein soll eine *„rein deskriptive Wesenslehre der immanenten Bewußtseinsgestaltungen"*. Was eine immanente Bewußtseinsgestaltung ist, haben wir am Beispiel der Wahrnehmung gesehen. Wir hätten statt ihrer ebensogut das Beispiel des Vorstellens, des Wollens, Begehrens, Zweifelns, Liebens oder Hassens usw. wählen können. Was man unter rein deskriptiver Wesenslehre versteht, haben wir ebenfalls bis zu einem gewissen Grad gesehen: Es ist die Lehre von den in kategorialer Anschauung erfaßten Wesen und den auf der Beschreibung dieser Wesen aufgebauten Wesenserkenntnissen. Noch nicht ins rechte Licht gerückt ist nun aber eine Frage, die im Mittelpunkt des psychiatrisch-psychopathologischen Interesses steht, nämlich die Frage nach der Beziehung zwischen der psychologischen Deskription und der *reinen* Wesensschau, mit einem Wort das Verhältnis zwischen psychologischer und philosophischer Phänomenologie. HUSSERL macht uns die Sache hier nicht leicht, da er einerseits eine, man kann wohl sagen, unüberbrückbare Kluft zwischen Tatsachen- und Wesenserkenntnis gräbt, ja graben muß, wenn er das erfüllen will, was er mit der Wesenserkenntnis anstrebt, anderseits aber auch von dem „innigen Zusammenhang" zwischen Psychologie und Phänomenologie spricht (Ideen, S. 158) und immer wieder das „schrittweise Vorgehen" der phänomenologischen Methode von der in der Erfahrung gegebenen Einzeltatsache zur reinen Wesensschau betont.

Lassen Sie mich Ihnen nun die Kriterien vorführen, auf Grund derer HUSSERL rein phänomenologische Wesensschau von psychologisch-phänomenologischer Tatsachenschau unterscheidet. Es sind im wesentlichen zwei: Das erste Kriterium ist das schon erwähnte, daß der psychologisch eingestellte Phänomenologe sein Untersuchungsobjekt, z. B. den Wahrnehmungsakt, trotz aller Beschränkung auf das im Bewußtsein Immanente oder am Bewußtsein allein Vorfindbare, doch immer noch betrachtet als realen, tatsächlich ablaufenden seelischen Akt, den er nicht denken kann ohne Beziehung zu einem realen Menschen, zu einem realen Naturgeschöpf. In der reinen, eidetischen oder transzendentalen Phänomenologie fällt aber auch diese letzte Naturschranke dahin, indem Begriffe wie Natur, Realität, reales Naturgeschöpf usw. völlig „ausgeschaltet", „eingeklammert", „außer Aktion gesetzt" werden, d. h. das Urteil darüber völlig in der Schwebe bleibt. Was dann noch übrig bleibt, ist das „rein phänomenologische Residuum", das reine oder transzendentale Bewußtsein im Sinne der reinen Wesen und Wesenszusammenhänge, des Reiches der eidetischen Wissenschaft.

Das zweite Kriterium ist das, daß der psychologisch eingestellte Phänomenologe nur individuelle Einzelheiten, Einzelakte oder Einzelvorgänge ins Auge faßt, der reine Phänomenologe aber von diesen fortschreitet zu Allheiten, zu allgemeinen Wesen. Auf die Art schreitet er vom einzelnen Akt äußerer Wahrnehmung zum allgemeinen Wesen „äußere Wahrnehmung", mit anderen Worten von der Erfassung eines Aktes im inneren Sinn, in innerer Wahrnehmung, zur Erfassung eines Wesens in kategorialer oder Wesensanschauung[3].

Wenden Sie diese beiden Kriterien, die zusammen die „Methode der phänomenologischen Reduktionen" darstellen, auf unser Beispiel der äußeren Wahrnehmung an, so werden Sie sehen, daß wir in der Hauptsache noch innerhalb der Sphäre der psychologischen Phänomenologie geblieben sind, daß aber doch schon allgemeine Wesenserkenntnisse, wie das Wesen Wahrnehmung selbst, das Wesen Bewußtsein, das Wesen intentionaler Gegenstand, von ferne sichtbar werden. Sobald Sie das, was in der Theorie scharf getrennt ist, auf ein praktisches Beispiel anwenden, finden Sie, daß hier durchweg Übergänge, Zusammenhänge, Vor- und Rückblicke von der einen Sphäre, der der Tatsachen, zu der anderen, der der Wesen, ins Spiel treten. Deswegen rede ich auch, im Anschluß an PFÄNDER, nicht von phänomenologischer Psychologie, sondern, um die (auch in der *historischen* Entwicklung der Lehre HUSSERLs zutage tretende) Tatsache der Zusam-

---

[3] „Wir vollziehen also exemplarisch irgendwelche singuläre Bewußtseinserlebnisse, genommen, wie sie sich in der natürlichen Einstellung geben, als reale menschliche Fakta, oder wir vergegenwärtigen uns solche in der Erinnerung oder in der frei fingierenden Phantasie. Auf solchem exemplarischen Grunde, der als vollkommen klarer vorausgesetzt sei, erfassen und fixieren wir in adäquater Ideation die reinen Wesen, die uns interessieren. Die singulären Fakta, die Faktizität der natürlichen Welt überhaupt, entschwinden dabei unserem theoretischen Blicke – wie überall, wo wir rein eidetische Forschung vollziehen." (Ideen, S. 60. Vgl. auch *Log. Untersuchungen* II, I. 2. Aufl., S. 440.)

menhänge, der *einen* stufenweise sich erhellenden Methode in den Vordergrund zu stellen, von psychologischer und psychopathologischer Phänomenologie. Freilich traten die in unserem Beispiel gemeinten Wesen noch recht unklar, vage und dunkel in die Anschauung, da wir sie noch in einer gewissen Ferne lassen mußten. Aufgabe der reinen Phänomenologie wäre es, diese Wesen zu klarer, möglichst deutlicher und möglichst naher Vergegenwärtigung, mit einem Wort auf eine höhere Klarheitsstufe zu bringen. Dazu bedarf es der *rein* phänomenologischen Schulung, die zu besitzen ich mir nicht anmaße.

Ich bitte Sie nun, von hier noch einmal einen Blick auf unsere Beispiele aus der Kunst zurückzuwerfen. Sie werden jetzt leichter gewahr werden, wo das Gemeinsame liegt. Franz MARC hat es, sicherlich ohne von der wissenschaftlichen Phänomenologie Kenntnis zu haben, aus seiner eigenen tiefkünstlerischen Persönlichkeit heraus ausgesprochen, indem er „den tiefen Hang der modernen Sucher, durch das Abstrakte allgemein Gültiges, Einigendes auszudrücken", in Gegensatz bringt zu der Tendenz derjenigen, „die stets bisher den persönlichen Einzelfall in der Kunst zu suchen gewohnt waren"[4] *(Briefe, Aufzeichnungen und Aphorismen).*

Damit Sie aber wiederum nicht dem Irrtum verfallen, wissenschaftliche Phänomenologie mit künstlerischer zu verwechseln (trotz der zweifellos nahen Beziehungen, die jenseits der Gegensätze von Wissenschaft und Kunst hier vorhanden sind), möchte ich Ihnen noch ein Beispiel aus einem Gebiet, das dem Naturforscher besonders naheliegt, vor Augen führen. Es soll Ihnen die Beziehungen zwischen eidetischer und Tatsachenwissenschaft klarer demonstrieren, als es an Hand eines psychologischen Beispiels möglich ist. Ein Sondergebiet eidetischer Wissenschaft ist die reine Mathematik, die reine Geometrie und Arithmetik. Hier werden reine Wesen geschaut, Aussagen über sie gemacht und in reiner Schau Zusammenhänge zwischen ihnen festgestellt. Solche reine mathematisch-eidetische Wesen sind, wie erwähnt, z. B. das Dreieck, der Kreis, die Gerade, im Gegensatz zu den einzelnen, hier und dort auf die Tafel gezeichneten, in der Natur oder Technik verwirklichten realen Dreiecken, Kreisen oder Geraden, ja auch im Gegensatz zu den von einzelnen Individuen in einzelnen Akten vorgestellten mathematischen Figuren (man vergleiche das über die Wahrnehmung Gesagte). An dem Wesen Dreieck kann der Geometer Einsichten gewinnen, ob er es nun realiter

---

[4] Vgl. auch: „Jedes Ding auf der Welt hat *seine* Formen, seine Formel, die nicht wir erfinden, die wir nicht mit unseren plumpen Händen abtasten können, sondern die wir intuitiv in dem Grade fassen, als wir künstlerisch begabt sind." Ferner: „Wenn ich einen Kubus darstellen will, so kann ich ihn darstellen, wie man gelehrt wird, eine Zigarrenkiste oder dgl. zu zeichnen. Damit gebe ich seine äußere Form, wie sie mir optisch erscheint, das Objekt, nichts weiter, und kann es gut oder schlecht machen. Ich kann aber auch den Kubus darstellen, nicht wie ich ihn sehe, sondern was der Kubus ist, sein Prädikat."

auf die Tafel oder aufs Papier zeichnet, es sich als ein reales in der Phantasie vorstellt oder nicht, ob er es groß oder klein, mit roter oder weißer Kreide zeichnet, aus Holz oder Eisen etwa verfertigt. Während es sich für den Naturforscher hier um fundamentale Unterschiede handelt (z. B. ob ein Dreieck bloss vorgestellt ist, auf die Tafel gezeichnet oder aus Holz konstruiert ist, ob es sich um die Wahrnehmung rot oder weiß, Holz oder Eisen, um Größenunterschiede usw. handelt), schaut der Geometer hier überall und immer dasselbe Wesen Dreieck, auch wenn er ein einzelnes Dreieck überhaupt weder sich vorstellt noch vor sich sieht. Und ebenso vermag er über die geometrischen Wesen Dreieck, Kreis, Punkt, Gerade, Ebene usw., über das arithmetische Wesen Zahl Einsichten zu gewinnen und Aussagen zu machen, ohne sie aus der *Erfahrung an* wirklichen Dreiecken oder Zahlen zu schöpfen[5]. Seine Einsichten sind, wie man sagt, apriorisch, nicht aus der Erfahrung geschöpft oder durch sie begründet. Andrerseits können, wie wir zur Genüge wissen, mathematische Wesenserkenntnisse auf die reale Welt *angewendet* werden; ist doch reine Mathematik das Fundament jeder exakten Naturwissenschaft. Der Herrschaftsbereich der reinen Phänomenologie strebt nun aber weit über das Gebiet der Mathematik hinaus, die nur *eine* Region eidetischer oder Wesenswissenschaft darstellt. HUSSERL erklärt, daß reine Phänomenologie, wie sie das Fundament der reinen Logik sein will, so auch, wenn auch in ganz anderer Funktion, den Anspruch erhebt, das Fundament jeder Psychologie zu sein, die sich mit vollem Recht streng wissenschaftlich nennen will. „Wesenseinsichten über Wahrnehmungen und sonstige Erlebnisse gelten auch für entsprechende empirische Erlebnisse animalischer Wesen, ebenso wie geometrische Einsichten für Raumgestalten der Natur" *(Log. Unters.* II, I, S. 18 f.). Ja, es gibt keine vollentwickelte Tatsachenwissenschaft, die rein sein könnte von eidetischen Erkenntnissen und somit unabhängig von den eidetischen Wissenschaften. Aus dieser Sachlage heraus verstehen Sie, wenn HUSSERL in der reinen Phänomenologie eine Normwissenschaft des Seelischen erblickt, worin ihm von Psychopathologen z. B. SCHILDER folgt und auch wir selbst. Jedenfalls geht es durchaus nicht an, ja beruht es auf einer oberflächlichen Kenntnis der Dinge, wenn man erklärt (BUMKE), die psychologisch-phänomenologische Tatsachenforschung und die rein phänomenologische Wesensforschung hätten nur noch den Namen gemein. Unsere Darstellung muß das Gegenteil, muß den schrittweisen Aufbau der einen auf der anderen demonstriert haben. Auch NATORP, der

---

[5] Es ist immer zu beachten, daß idealisierende oder ideierende Abstraktion nicht Induktion ist! Vgl. auch NATORP, *Die logischen Grundlagen der exakten Wissenschaften*, S. 317. Andrerseits bedarf auch die reine Bewußtseinslehre, wie jede Wissenschaft, der Induktion zu ihrer *Bewährung*. Hierüber vgl. NATORPs Kritik der HUSSERLschen Ideen, Logos VII, S. 240 ff. [jetzt auch in: Noack H. (Hrsg.), Husserl, S. 36-60, Darmstadt 1973]

sich, wie kaum ein zweiter, seit langer Zeit mit HUSSERLs Lehre auseinandergesetzt hat, nimmt an, daß HUSSERL noch in seinem letzten Hauptwerk, den *Ideen zu einer reinen Phänomenologie* (1913), einen gewissen „inneren Zusammenhang der Phänomenologie mit der psychologischen Empirie nicht leugnen will" (*Husserls Ideen zu einer reinen Phänomenologie*, Logos VII). Ob dieser Zusammenhang dann so zu denken ist, daß die reine Phänomenologie mit ihrer so überaus subtilen Methode lediglich die abgeklärteren, reineren und umfassenderen Begriffe herauszuarbeiten und dem Psychologen als Normen, als Musterbegriffe anzubieten hat, oder ob die reine Phänomenologie tatsächlich apriorische, absolut letzte Wesenserkenntnis zu liefern imstande ist, nach der der Psychologe sich zu richten gezwungen ist, so wie der Naturforscher im Hinblick auf die reine Mathematik, das ist die große Streitfrage der gegenwärtigen philosophischen Situation. Ich persönlich schließe mich hier der Meinung NATORPs an, der HUSSERL in gewisser Hinsicht am nächsten kommt, ihn am besten verstanden hat, und der doch gewichtige Bedenken erhebt gegen die *philosophische* Grundvoraussetzung der reinen Phänomenologie, nämlich gegen *die absolute Gegebenheit* des reinen Bewußtseins, mit anderen Worten gegen den absoluten *Intuitionscharakter* der phänomenologischen Einsicht (a. a. O. S. 236 ff., S. 241 ff.). Die Entscheidung dieser Frage spielt sich aber in einer Region ab, die hoch über dem Gebiet der praktischen Forschung des Psychologen und Psychopathologen gelegen ist. *Wesentlich* für uns ist die Anerkennung der Akte der kategorialen Anschauung oder Wesensschau an und für sich und des riesigen Gegenstandsgebietes, das sich hier vor uns eröffnet, unbeschadet der Frage, ob wir damit philosophisch-letzte, transzendental-apriorische Erkenntnis gewinnen oder nicht. Wir haben an dieser Erkenntnis praktisch mitzuarbeiten, diesen Anspruch erhebt unsere Wissenschaft heute an uns, wir haben aber nicht über ihre Dignität, über das Maß ihrer objektiven Geltung *zu entscheiden*. Anderer Meinung ist KRONFELD, der zwar die Exaktheit und Bedeutung der Forschungen HUSSERLs im einzelnen durchaus anerkennt, die Lehre von der transzendentalen, reinen Phänomenologie und ihren Anspruch auf *apriorische* Wesenserkenntnis jedoch rundweg für einen Irrweg erklärt (vgl. sein erwähntes Referat S. 445). Hier steht philosophischer Standpunkt gegen philosophischen Standpunkt. Ich selbst bin aber der Meinung, daß die Psychiatrie sich nach wie vor in die Entscheidung philosophischer Streitfragen nicht einzumischen hat. Daß und inwiefern sie an der Phänomenologie als wissenschaftlicher Methode trotzdem das größte Interesse hat, hoffe ich, Ihnen mindestens von weitem gezeigt zu haben und im folgenden noch etwas näher zeigen zu können.

III. Phänomenologie und Psychopathologie

Wenn wir uns nun dem Verhältnis zwischen Phänomenologie und Psychopathologie zuwenden, das den Psychiater am meisten interessiert, so haben wir nur die Konsequenzen aus den bisherigen Ausführungen zu ziehen, um zu wissen, welcher Art dies Verhältnis ist. Da Psychopathologie immer Erfahrungs- oder Tatsachenwissenschaft ist und bleibt, so wird sie sich nie zur Anschauung von *reinen* Wesen in absoluter Allgemeinheit erheben wollen und können. Sie kann aber auch nichts dagegen einwenden, wenn die reine Phänomenologie sich auch ihres Gebietes bemächtigt, und sie wird von der rein-phänomenologischen Klärung ihrer Grundbegriffe nur eine Förderung und Klärung ihrer eigenen Forschung erwarten. Jede Wissenschaft wird diesen Namen um so mehr verdienen, je reiner und geklärter die Begriffe sind, mit denen sie arbeitet, und je anschaulicher das Material herausgestellt ist, auf das die Begriffe sich beziehen. Andrerseits verstehen wir doch auch jetzt schon, daß es einen guten Sinn hat, trotz jenes tiefgreifenden Unterschieds zwischen psychopathologischer Tatsachen- und phänomenologischer Wesensforschung, von einer *psychopathologischen Phänomenologie* zu reden. Es wird sich hier um eine Phänomenologie handeln, die zwar nicht zu den Höhen reiner Wesen zu gelangen vermag, die aber andrerseits auch nicht zu identifizieren ist mit dem, was man im Anschluß an die deskriptive Psychologie als deskriptive oder subjektive Psychopathologie zu bezeichnen pflegt. In dieser Weise wird die psychopathologische Phänomenologie ja fast durchweg mißverstanden. Aber, so müssen wir fragen, wozu bedarf es des komplizierten wissenschaftlichen Apparates der Phänomenologie, wenn wir damit nichts anderes erreichen, als was wir mit unserer subjektiven oder deskriptiven Psychopathologie bereits zu erreichen auf dem Wege waren? Auch bisher bestand ein Zweig der Psychopathologie darin, das krankhafte seelische Geschehen so zu beschreiben, wie die Kranken es uns schildern, oder wie wir es, möglichst theorienfrei, auf Grund ihrer Angaben zu schildern vermögen. BLEULERs *Gruppe der Schizophrenien* in ihren deskriptiven Partien ist das glänzendste Beispiel hierfür. Aber abgesehen davon, daß die Forderung „möglichst theorienfrei" vor der phänomenologischen Ära kaum irgendwo methodisch rein durchgeführt wurde, besteht zwischen der bisherigen deskriptiven Psychopathologie und der phänomenologischen Psychopathologie doch ein tiefgreifender Unterschied, der es rechtfertigt, beide methodologisch zu trennen, trotzdem sie praktisch dauernd ineinandergreifen; denn der Phänomenologe bedarf der deskriptiven Unterscheidungen des Psychopathologen, wie z. B. des Begriffs der Wahnidee, der Halluzination, des Autismus, um überhaupt von etwas ausgehen und sich vorläufig rasch verständlich machen zu können; der Psychopathologe hinwiederum bedarf der phänomenologisch eingestellten Untersuchung, um immer neues, geklärtes Anschauungsmaterial vor Augen gestellt zu bekommen.

Wir wollen auch dieses Verhältnis an einem Beispiel zu illustrieren versuchen, so unvollkommen es auch im Rahmen eines Referates gelingen mag. Vorher sei nur noch der Tatsache gedacht, daß die Grundlage der Psychopathologie vorwiegend die Fremdwahrnehmung ist, die Wahrnehmung eines fremden oder anderen Ich, ungleich viel seltener die des eigenen. Das Untersuchungsobjekt ist jetzt nicht mehr im inneren Sinn oder in der Selbstbeobachtung zu erfassen, sondern in derjenigen Wahrnehmungsart, mittels derer wir des fremden Seelenleben innewerden. Diese Wahrnehmungsart, die man früher auf Grund der Assoziations- und der Analogieschlußtheorie erklären zu können glaubte und für die noch heute in allerweitesten Kreisen die Einfühlungstheorie maßgebend ist, haben die Phänomenologen schon eingehend untersucht. Die wichtigsten Ergebnisse dieser Untersuchungen kann ich hier nicht einmal streifen. Es möge genügen zu wissen, daß auch die Fremdwahrnehmung eine Art („innerer") Wahrnehmung ist, mit der wir das fremdseelische Geschehen *direkt* erfassen (SCHELER).

An unserem Beispiel wollen wir untersuchen, wie der Psychopathologe im einzelnen forschend vorgehen kann. Wir wollen noch einmal mit der naturwissenschaftlichen Einstellung beginnen, auch die psychoanalytische nicht vergessen, sodann die deskriptive Methode ins Auge fassen, um ihr schließlich die phänomenologische gegenüberzustellen.

Wenn Sie einen Kranken fragen, ob er Stimmen höre, und er Ihnen dann erklärt: „Nein, Stimmen höre ich nicht, aber nachts sind Sprechsäle eröffnet, die ich gerne würde dispensieren" [vgl. die Fälle in den Ideenflucht-Studien; diese Ausgabe, Bd. 1], so können Sie Ihr Augenmerk auf den Wortlaut dieses Satzes richten und darüber das *Urteil* fällen, daß es sich hier um eine bizarre oder verschrobene Redeweise handle, und Sie können dieses Urteil wieder zur Grundlage eines *Schlusses* machen, des Inhalts, daß der Kranke an Schizophrenie leide. Der *Begriff* „bizarre Redeweise" wird so der Krankheitsgattung Schizophrenie logisch untergeordnet; mit anderen Worten, Sie haben einen Subsumtionsschluß vollzogen, einen bestimmten Akt des *Denkens*. Auf diesem Akt können sich eine Menge anderer Denkakte aufbauen, eine Menge anderer „Erfahrungen" können sich ihm anreihen, bis schließlich eine ganze naturwissenschaftliche *Theorie* der schizophrenen Denkstörung (etwa im Sinne BLEULERs oder BERZES) vorliegt, mit deren Hilfe Sie das Symptom „erklären". Oder aber, anstatt dem Wortlaut, der Sprechweise des Kranken Ihre Aufmerksamkeit zuzuwenden, achten Sie jetzt auf die Wortbedeutungen, auf den rationalen Sinn, den *logischen* Inhalt der Worte. Auf Grund der Bedeutung des Wortes Sprechsaal, die Sie sich natürlich noch näher bestätigen lassen werden, werden Sie nun wiederum Urteile fällen, nämlich, daß der Kranke doch akustisch-halluzinatorische Erlebnisse hat, daß er sie nur nicht durchweg Stimmen nennt, und Sie werden nun vielleicht versuchen, sich von dem, was er Sprechsaal oder eröffneten Sprechsaal nennt, „einen Begriff zu machen". Um einen Begriff zu bekommen, sucht man die Merkmale oder Eigenschaften einer Sache oder eines Vorgangs auf, man sucht den Vorgang zu beschreiben, man geht, mit anderen Worten, deskriptiv vor. Immer in logischen Wortbedeutungen aufgehend, fragt man den Kranken weiter aus, erfährt dann, daß er noch andere akustisch-halluzinatorische Erlebnisse hat, die er das „Echo von Rom" nennt, und mit denen lediglich die vermeintlichen sprachlichen „Insulte" des Pflegepersonals gemeint sind, aus denen er sich aber „nichts macht"; erfährt man weiter, daß er auch halluzinatorisch Bilder *sieht,* die wie im Kino in genauer Reihenfolge einfach abrollen, ihn amüsieren und unterhalten, ohne eine besondere Bedeutung für ihn zu besitzen, während die Sprechsaalerlebnisse „etwas methodisch Einheitliches", ein äußerstes „Kontraktum", eine „vital" oder „providentiell" bedeutungsvolle, stark komprimierte „Handlung" darstellen, „ein Stück wirkliches Leben, das einem etwas sagt", das in die „traumatische Stichzone fällt", von einer „höheren Macht" beherrscht wird: Kurz, der Sprechsaal ist „eine offene Aussprache von besonderer Seite", wobei ein „Sprecher" auftritt, der eine „besondere Autorität" besitzt. Wir erfahren also, daß der Sprechsaal keineswegs nur ein akustisch-halluzinatorisches Phänomen ist, sondern ein komplexes, halluzinatorisch-wahnhaftes Erlebnis darstellt, eine Handlung oder „Bühne".

Wenn Sie nun in den Beispielen, die Ihnen der Kranke für seine Sprechsaalerlebnisse gibt, wiederholt die Person seines Vaters auftreten sehen, so werden Sie vielleicht bei diesem *einen* „Gegenstand" innehalten, auf Ihrem bisherigen Weg nicht weiter vorschreiten, sondern den psychologischen Gegenstand „Vater" in den Mittelpunkt ihres Forschens stellen und um ihn alles Weitere zentrieren. Sie untersuchen jetzt den „Vaterkomplex" des Kranken, wiederum eine deskriptive Einheit, deren psychologische Bedeutung für das Seelenleben des Kranken Sie nun aber erfahren wollen. Dabei gehen Sie zunächst auch schauend vor, indem Sie alles, was der Kranke Ihnen über sein Verhältnis zum Vater berichtet, sich anschaulich vergegenwärtigen; und erst, wenn Sie ein reiches Anschauungsmaterial erhalten haben, um dessen phänomenologische Klärung Sie sich weiter jedoch nicht bemühen, schreiten Sie zu weiteren psychoanalytischen Betrachtungen fort, die teils dynamisch-psychologischer, teils biologisch-teleologischer Natur sein werden. Ich verweise hier auf mein Haager Referat über *Psychoanalyse und klinische Psychiatrie* [Binsw. 1920] und will nur noch bemerken, daß Sie jetzt wieder in ein naturwissenschaftliches Fahrwasser gelangt sind und inmitten einer naturwissenschaftlichen Theorie stehen, nämlich inmitten der Freudschen Libidotheorie.

Nehmen wir nun aber an, Sie hätten sich durch den Vaterkomplex des Kranken nicht aufhalten lassen, sondern wären weiter rein deskriptiv vorgegangen. Sie hätten dann aus dem Chaos von Wortbedeutungen, die der Kranke Ihnen vermittelt, immer mehr Wortbegriffe gebildet und immer mehr Urteile daraus gezogen. Sie hätten außer Wahnideen optische, akustische, haptische Halluzinationen, leibhaftige Bewußtheiten, schizophrene Bedeutungserlebnisse, traumartige Bewußtseinszustände usw. „entdeckt". Immer haben Sie das Abstrahierte zu neuen Ganzheiten (Begriffen) zusammengefaßt und haben Sie auf diesen Begriffen Urteile und Schlüsse aufgebaut, die Sie zu Theorien zum Zwecke ihrer Erklärung ausbauen werden.

Anders der psychopathologische *Phänomenologe!* Während der deskriptiv vorgehende Psychopathologe das abnorme seelische Geschehen in natürliche Klassen, Gattungen und Arten einteilt, die durch ein hierarchisches System von Merkmalen miteinander zusammenhängen, ein System, das dem Reich des Gesunden wiederum „in toto" gegenübergestellt wird; während er ferner die Bedingungen für das Entstehen dieses Systems überhaupt oder einzelner seiner Untergruppen untersucht, das einzelne pathologische Erlebnis oder die einzelne pathologische Funktion immer nur als Spezialfall der Gattung betrachtend, also immer subsumierend, denkend, urteilend vorgeht, sucht der psychopathologische Phänomenologe immer und immer wieder das mit den Worten Gemeinte sich zu vergegenwärtigen, von dem Wortlaut und seiner Bedeutung sich dem Gegenstand, der Sache, dem Erlebnis zuzuwenden, auf das die Wortbedeutung hinweist. Mit anderen Worten, er sucht sich in die Wortbedeutungen einzuleben, statt Urteile aus den Wortbegriffen zu ziehen, wie wir schon einmal hörten. Auch hier heißt es: „A force de regarder l'objet se sentir y entrer!" Sich einleben, hineinversetzen, statt einzelne Merkmale oder Eigenschaften abheben und aufzählen! Sicherlich bedarf auch der Phänomenologe der deskriptiv genau erfaßten Eigenschaften oder Merkmale, aber nicht um ihrer selbst willen und um sie als Elemente von Begriffen zu gebrauchen, sondern um von ihnen aus immer wieder zur Sache, zur Anschauung des Gegenstandes selbst zu gelangen. Hierzu taugen aber wieder nur solche Merkmale, die der Sache, dem Phänomen selbst entstammen, nicht solche, die seine Entstehungsbedingungen, seinen Zusammenhang mit andersartigem Geschehen aufzeigen. So kommen wir auch hier zu einer Analyse der Phänomene, die nur solche Bestimmtheiten aufzeigt, die dem Phänomen selbst, in unserem Fall dem Sprechsaalphänomen, angehören. Jede indirekte Fixierung desselben unterbleibt. Auf diese Weise werden Sie das Sprechsaalerlebnis als phänomenologisch einzigartiges „Wesen" zur Gegebenheit zu bringen versuchen, nicht sehr nahe vielleicht und nicht sehr deutlich, auch nicht „rein", aber doch in einer gewissen Abgegrenztheit und Abgeschlossenheit. Wie ein Bild der äußeren Wahrnehmung wird es bald undeutlich werden (z. B.

wenn der Kranke erklärt, Sprechsaal, das sei auch eine Titelkonversion), bald deutlicher (z. B. wenn er sagt: Wenn eine Dame morgens bis 11 Uhr im Bett liegt, insofern sie Verbindung bekommt durchs Bureau mit einer anderen Dame au lit – 450 lit [vgl. wiederum die Ideenflucht-Studien in Bd. 1 vorl. Ausgabe]). Durch diesen Aufschluss werden Sie in die Situation der telephonischen Verbindung versetzt, einer auch psychologisch eigenartigen „Fernverbindung", deren phänomenologisches Wesen wir uns noch keineswegs klargemacht haben, während Schizophrene in das Wesen dieses Nah- und doch Fernseins, dieses Da- und doch nicht Daseins, sich auf Grund ihrer Halluzinationen offenbar tiefer eingearbeitet haben.

Das Wesentliche nun bei der phänomenologischen Betrachtung solcher psychopathologischer Phänomene ist das, daß Sie niemals ein isoliertes Phänomen erblicken, sondern immer spielt sich das Phänomen ab auf dem Hintergrund eines Ich, einer Person, anders ausgedrückt, immer sehen wir es als Ausdruck oder Kundgabe einer so und so gearteten Person. In dem speziellen Phänomen gibt die betreffende Person von sich Kunde, und umgekehrt sehen wir durch das Phänomen in die Person hinein. So sehen wir an Hand des Sprechsaalerlebnisses eine Person vor uns, die mit dunklen geistigen Mächten in Beziehung steht, in einer ganz anderen geistigen Sphäre sich bewegt als wir selbst. Der Sprechsaal ist für den Kranken immer eine „Nemesis", eine „Abrechnung mit dem früheren Leben", und zwar werden hier gewisse „Probleme gewälzt, die eine zwingende Not mit sich führen", nicht wie die Kinoerlebnisse nur zur Unterhaltung dienen. Der Sprechsaal ist für den Kranken eine mühsam errungene „Kampffront, ein fester Punkt außerhalb der Geschehnisse, ein sicherer Standpunkt Lebensfragen gegenüber", der einen direkten Gegensatz darstellt zu dem „gewissen Mangel an Ernsthaftigkeit und Verantwortlichkeit dem Leben gegenüber", den er vor dem „Durchgang" durch die Krankheit hatte[6]. Wir sehen also eine ethisch oder, wenn Sie wollen, weltanschaulich veränderte Person vor uns und sehen den Sprechsaal als Ausdrucksmittel dieser persönlichen Weltanschauung. Dabei erfolgt dieser Ausdruck immer stark „symbolisch", immer mittels „symbolischer Vergleiche", oder „mittels möglichst materialer Angleichung, die den Empfindungen die nötige Resonanz gibt". Es fehlt uns ja noch eine genügende Personalcharakteristik überhaupt und der schizophrenen Person im speziellen, um all diese Dinge phänomenologisch näher ins Auge fassen zu können. PFÄNDER hat in seiner Psychologie der Gesinnungen (HUSSERLs Jahrbuch 1 und 3) eine solche Personalcharakteristik aufgestellt, und ich muß Sie hierauf verweisen. Wir bedürfen gewisser phänomenologischer Grundbegriffe, um das Wesen der Person erfassen und phänomenolo-

---

[6] Der akute Schub war ein „Geisterkampf", der geendigt hat mit einer „Entscheidung fürs Geistige, indem man gegen das Triebhafte angekämpft hat."

gisch fixieren zu können. Was ich hier zeigen konnte, ist nur das, daß jede phänomenologische Betrachtung psychopathologischen Geschehens, anstatt auf Arten und Gattungen psychopathologischer Funktionen auszugehen, zunächst auf das Wesen der erkrankten Person hinsteuert, uns dieses in die Anschauung hebend. Natürlich können wir uns auch einzelne Phänomene, wie das Sprechsaalerlebnis, anschaulich-vergegenwärtigen, zuerst sinnlich-konkret, dann auch mehr oder weniger kategorial-abstrakt, immer aber wird die Person, welche das Erlebnis hat, anschaulich mitgegeben sein, im konkreten Phänomen wie im abstrakten Wesensgehalt desselben, und werden „zwischen" Phänomen und Person ganz genau fixierbare allgemeine Wesenszusammenhänge. zu schauen sein. Hier stehen wir auf psychopathologischem Gebiet noch ganz am Anfang[7].

Dies ist nun auch der Grund, weswegen wir von der Schizophrenie selbst und ihrem wesentlichen Charakteristikum, dem Autismus, noch eine so geringe *unmittelbare* Kenntnis haben. Führt uns unser Beispiel nicht auf Schritt und Tritt in die Welt hinein, für die wir das Wort Autismus ge-

---

[7] Ein solcher recht bedeutsamer Anfang liegt z. B. vor in JASPERS' Unterscheidung zwischen „Prozeß" und „Entwicklung einer Persönlichkeit", die wir bereits in einer Arbeit über den Eifersuchtswahn (1910), der ersten psychopathologischen Arbeit, die methodisch phänomenologische Gesichtspunkte verwertet, vorfinden. Obwohl KRAEPELIN, BLEULER, WILMANNS u. a. diese Unterscheidung schon früher gemacht hatten, liegt hier insofern etwas prinzipiell Neues vor, als an Stelle äußerer klinischer Unterscheidungsmerkmale jetzt eine „immanent-psychologische" Unterscheidung tritt. Waren es bisher klinische Merkmale, wie Dissoziation, Stereotypie, Verblödung usw., welche anzeigten, daß sich in der Seele des Kranken ein „personfremdes", neuartiges „Prozeßgeschehen" abspielt, im Gegensatz zu der aus der Artung der Person selbst ableitbaren krankhaften Entwicklung, so entschied jetzt die unmittelbare Intuition, „das intuitive Erfassen der Einheit der Persönlichkeit" (JASPERS), ob der Person etwas Heterogenes aufgepfropft sei oder nicht: „Wo uns das einheitliche Erfassen der Entwicklung einer Persönlichkeit nicht gelingt, da statuieren wir etwas Neues, etwas ihrer ursprünglichen Anlage Heterogenes, etwas, das aus der Entwicklung herausfällt, das nicht Entwicklung, sondern Prozeß ist." Dieser Gedanke hat sich seither als fruchtbar erwiesen, und noch in der letzten größeren Arbeit phänomenologischen Charakters, welche die psychiatrische Literatur aufweist, ist er methodisch weiterentwickelt worden. (Vgl. KRONFELD, *Über schizophrene Veränderungen des Bewußtseins der Aktivität.* Zeitschr. f. d. gesamte Neurologie und Psychiatrie, No. 74, 1922.) An Hand der scharfen, rein deskriptiven Trennung zwischen den eigentlichen Depersonalisationserlebnissen und den „*primär schizophrenen* Erlebnissen des fehlenden Aktivitätsbewußtseins" gewinnt KRONFELD hier ein immanent-psychologisches, „deskriptiv-wesentliches" psychotisches Primärsymptom, das, gleich dem „*äußeren*", klinischen Symptom, „wie ein Fremdkörper, ein Fanal der Destruktion innerhalb des psychischen Kontinuums dasteht" (S. 30). Das *Fehlen* des Bewußtseins der Aktivität bei ganz umschriebenen einzelnen psychomotorischen Bewirkungen (z. B. wenn ein Kranker erklärt, daß nicht er geschrien habe, sondern der Stimmnerv in ihm brülle), stellt ein personfremdes, aus der Entwicklung der Persönlichkeit herausfallendes und „wie durch einen Abgrund von ihr abgeschnittenes" Prozeßmerkmal dar, das psychopathologisch-phänomenologischer Art ist und insofern Wesenseinsichten in den Zusammenhang zwischen krankhaftem Einzelerlebnis und krankhafter Zerstörung der Person erlaubt.

brauchen? Und sind wir nicht noch ganz außerstande, diese Welt zu *sehen,* unmittelbar wahrzunehmen? Um Ihnen zu zeigen, was ich meine, wollen wir zum Schlusse noch einmal an dem Beispiel des Autismus Naturwissenschaft und phänomenologische Forschungsrichtung einander gegenüberstellen.

Was Autismus ist, wissen wir nicht. Wir haben dafür ein Wort und eine Erklärung; aber das psychologisch-phänomenologische Wesen des Autismus kennen wir nicht. Wenn BLEULER (Lehrbuch) erklärt: „Diese Loslösung von der Wirklichkeit zusammen mit dem relativen und absoluten Überwiegen des Binnenlebens nennen wir Autismus", so sagt er nur, unter welchen Bedingungen wir von Autismus reden, aber nicht, wie der Autismus aussieht. Auch wenn wir die ganze Summe der Merkmale des Autismus aufzählen, sehen wir ihn doch noch nicht selbst vor uns. Wir zählen auf: Der Autistische läßt die Umgebung an sich herankommen, er will nicht, daß er von außen berührt werde, er ist gleichgültig gegen das, was sein nächstes und größtes Interesse sein sollte, er ist mehr oder weniger unfähig, mit der Wirklichkeit zu rechnen, reagiert unpassend auf die Einwirkungen von außen, hat keinen Widerstand gegen irgendwelche Einfälle und Triebe, das Binnenleben bekommt ein krankhaftes Übergewicht, die Wünsche und Befürchtungen werden als erfüllt, als real angesehen, das Denken wird von affektiven Bedürfnissen dirigiert, verläuft in Symbolen, unvollständigen Begriffen und Analogien usw. Dabei ist der Sinn für die Auffassung der Wirklichkeit an und für sich nicht abhanden gekommen. Ferner wird von einem Autismus des Normalen, des Hysterischen, des Schlafenden gesprochen, wird untersucht, unter welchen Bedingungen überhaupt das autistische Denken das Übergewicht über das logisch-realistische gewinnt: beim Kind, bei der Beschäftigung mit Dingen, die der Logik überhaupt nicht zugänglich sind („letzte Dinge"), bei starkem Affekt, in der Neurose und schließlich da, wo der Zusammenhang der Assoziationen gelockert ist, in der Schizophrenie. Schließlich werden auch die phylogenetischen Entstehungsmöglichkeiten der „autistischen Funktion" untersucht[8].

Die Psychiatrie wird BLEULER immer dankbar sein für das ungeheure Material, das er ihr hier zugänglich gemacht hat. Er hat nun aber auch die äußerst schwere Aufgabe vor sie hingestellt, aus diesem Material ein Gebäude aufzurichten. Oder, wenn wir zugeben, daß das Gebäude schon bis zu einem gewissen Grad aufgerichtet sei, so könnten wir das Bild gebrauchen von einem Haus aus Fachwerk: Die Balken sind schon aufgerichtet, aber die Lücken zwischen ihnen sind noch nicht ausgefüllt, überall bläst noch der Wind hindurch; es bedarf noch der die Interstitien ausfüllenden

---

[8] Daneben sei auch der Theorie der Introversion im Sinne JUNGs, des Narzismus im Sinne FREUDS gedacht und der weiten Zusammenhänge, in denen diese Theorien stehen. So wertvoll auch diese Theorien sind, so fehlt doch auch ihnen, eben als Theorien, die *unmittelbare Kenntnis* des Autismus.

Wände, damit das Haus wohnlich sei. Oder ohne Gleichnis gesprochen: Es ist selbstverständlich, daß BLEULER die Dinge, die er beschreibt, auch irgendwie gesehen oder „gefühlt" hat. Auf der vertieften und erweiterten „Einfühlung" in das schizophrene Seelenleben beruht ja doch der Erfolg seines Buches über die Schizophrenien, nicht auf der Theorie. Aber wie oft finden wir noch das kritische Eingeständnis des Forschers, der nicht mehr geben will, als er hat, das Eingeständnis: „Alle diese Dinge sind leichter zu fühlen als zu beschreiben", oder ein Eingeständnis wie das folgende: Die autistische Welt ist „für die Kranken eine *Realität*, deren Verhältnis zur Wirklichkeit nicht allgemein zu beschreiben ist" *(Jahrbuch Bleuler-Freud, IV, 5. 13)*. Nun, das, was hier lediglich gefühlt wird, nicht allgemein beschrieben werden kann, das gilt es eben, mit der phänomenologischen Methode zunächst klar zur anschaulichen Kenntnis zu bringen, sodann in Begriffe zu fassen. Auf das letztgenannte Zitat kommen wir noch zurück.

Ganz skizzenhaft sei hier nur ein Programm entworfen, das bereits ausgeführt sein müßte, um sagen zu können, wir wüßten, was Autismus sei; so wie wir bereits sagen können, wir wissen, was Wahrnehmung, was Urteil, Gesinnung, Sympathie usw. ist.

1. Wir bedürfen zunächst einer Phänomenologie des Erlebnisses der realen Außenwelt überhaupt, d. h. der Art und Weise, wie das Phänomen „reale Außenwelt" bei dem Autisten sich gestaltet. Wir besitzen aber erst Anfänge davon, wie es sich beim Normalen verhält (H. CONRAD-MARTIUS: Zur Ontologie und Erscheinungslehre der realen Außenwelt. HUSSERLs Jahrbuch III).

2. Wir bedürfen näherer Untersuchungen über die Beziehungen zwischen dem wahrnehmungsmäßig Gegebenen und dem phantasiemäßig, halluzinatorisch und wahnhaft Gegebenen beim Autisten. Dazu bedürfen wir einer Phänomenologie der Halluzinationen, Pseudohalluzinationen und des schizophrenen Wahnes in seiner enormen Ausdehnung. Als Beispiel sei das folgende halluzinatorisch-wahnhafte Erlebnis unseres Patienten erwähnt: Er liegt im Bett und sieht und fühlt ein Stück des unter seinem Fenster befindlichen Bahnkörpers in sein Zimmer heraufkommen und in seinen Kopf eindringen. Dabei besteht Herzklopfen, Angst, das Lebenslicht ginge aus, und heftiger Stirnkopfschmerz von dem in das Gehirn sich einbohrenden Geleise. Er erklärt es selbst für etwas so Stupides, Blödes, daß man weiß, daß der Bahnkörper dort unten liegt und liegen bleibt, und daß man ihn doch heraufkommen sieht. „Von außen" besehen, würde das heissen, der Kranke habe den Sinn für die Realität nicht völlig verloren, trotz der gleichzeitigen optischen, haptischen und Schmerz-Halluzination. Autistische Realität und „normale" Wirklichkeit bestünden hier *nebeneinander*. Das Verhältnis zwischen beiden sei aber „nicht allgemein zu beschreiben". Nun erscheint uns aber für die Schizophrenieforschung nichts dringlicher als die allgemei-

ne Beschreibung dieses Verhältnisses. Diese läßt sich nur geben auf Grund ganz bestimmter seelischer Gegebenheiten, sagen wir Akte, *in denen* jenes halluzinatorische Erlebnis sich als das, was es substantiell ist, konstituiert. Solche Akte können wir an geeigneten Fällen auch schon aufweisen. So erklärt unser Kranker, wenn er abstrakte Gedanken denke, d. h. solche, „die für sich bestehen und nicht angepaßt werden müssen an die Wirklichkeit (wie z. B. der abstrakte Gedanke Flamme, Feuer, den wir auch in der Redewendung flammende Rede, feuriger Redefluß gebrauchen)", dann spüre er keinen Kopfschmerz und fühle sich frei: Denn da habe man keine „materielle Angleichung an den wirklichen Gegenstand zu vollziehen", sei „gar nicht gebunden an die Materie". Das Denken sei nun aber auch „eine Übereinstimmung mit dem, was ist, z. B. zwischen der Person und dem Geleise, und dadurch können Kollisionen entstehen zwischen beiden, sich äußernd in Schmerz". „Es ist nicht das Geleise, das heraufkommt, das liegt unten, und doch hat man die Empfindung, daß es heraufkommt. Es ist eben eine Beziehungsfixierung, abhängig von übersetzten Kräften, eine Spannung, Überdehnung der Gedanken – es sind Gedanken, die zusammenkommen in einer Überdehntheit und sich dann durch ein Erkennungszeichen (Schmerz!) deutlich machen." – Nun haben wir hier nicht etwa Phänomenologie vor uns, obwohl der Kranke, der nicht etwa Psychologie studiert, sondern das naturwissenschaftliche Mittelschullehrerexamen gemacht hat, sich ausgezeichnet beobachtet und ausdrückt. Sondern aus diesen Beobachtungen und einer großen Zahl ähnlicher müßten die Akte jener „Beziehungsfixierung" phänomenologisch herausgestellt und in ihrem Wesen rein beschrieben werden. In diesen Akten ist offenbar eine einheitliche gegenständliche Welt gegeben, die weder dem entspricht, was wir als das Phänomen der realen Außenwelt erleben, noch dem, was wir als Entfremdung der Wirklichkeit, überdies rein negativ und äußerlich, beschreiben. Wir haben es hier nicht mit zwei Realitäten zu tun, einer autistischen und einer „realen", sondern mit einer *einzigen,* durch jene Akte der Beziehungsfixierung konstituierten.

3. Nun steht man aber noch anders als wahrnehmend, vorstellend und erkennend zur Außenwelt, nämlich beurteilend und wertend, liebend, hassend, begehrend und fliehend, aktiv gestaltend und passiv sich hingebend. In der großen Gruppe dieser „Weisen des Bewußtseins" oder Akte haben wir zu unterscheiden zwischen den rein affektiven oder emotionalen Akten und Handlungen und den auf Wesen und Werte gerichteten kategorialen. So bedeutet es z. B. einen Fortschritt, wenn etwa SCHWENNINGER (Zeitschr. f. d. ges. Neurol. u. Psychiatr. Orig. 77) das, was uns von außen als Abkehr von der Wirklichkeit und als autistische Abgeschlossenheit imponiert, unter Zugrundelegung der PFÄNDERschen Lehre von den Einigungen und Sonderungen beschreibt. Hier haben wir etwas „substantiell" Seelisches vor uns, eigene seelische Sphären, auf Grund derer man die

Loslösung von der Wirklichkeit als „Störung der Einigung", des Vertrautseins mit der Umgebung, des „Durchdringens von Subjekt und Gegenstand" beschreiben kann. Das dürften aber natürlich nicht nur neue Worte für alte Sachen sein, sondern man müßte wissen, was mit der Sache wirklich gemeint ist. Zu diesem Zwecke müßte man erst aufzeigen, wann die Akte der Einigung und Sonderung beim Autisten von denjenigen des Gesunden abweichen, d. h. man müßte ihre spezifische Eigenart aufzeigen. Ferner hat OETTLI in einem ausgezeichneten Aufsatz (Das Gemeinschaftserlebnis der Schizophrenen, ebd.) auf die Störungen dieser Einigungen in bezug auf die Mitmenschen hingewiesen[9]. Und er hat mit Recht betont, daß das, was hier in erster Linie verändert ist, die Gemeinschafts*werte* sind, die Gemeinschafts*normen*, und daß erst auf Grund von deren Wertlosigkeit das soziale Streben und die soziale Hemmung schwinden. Darunter leiden auch Ausdrucksbewegungen, Sprache und Schrift. Auch SCHWENNINGER weist auf den Verlust oder die Veränderung des *Wortsinnes* und damit auf die Veränderungen hinsichtlich der Leitung durch die allgemeinen Wert- und Sollensordnungen hin.

4. Damit sind wir angelangt bei den qualitativen und quantitativen Veränderungen der Akte der kategorialen Anschauung, der Intuition im weitesten Sinne, also des primären oder unmittelbaren Innewerdens oder Kenntnisnehmens der ästhetischen, logischen, ethischen, metaphysischen und religiösen Wesen und Werte[10]. Daß wir hier sehr häufig nicht mit einem Verlust oder einer Herabsetzung zu rechnen haben, sondern mit einer qualitativen Verschiedenheit, einem Anderssein, hat GRUHLE (Zeitschr. f. d. ges. Neurol. u. Psychiatr. 77) in bezug auf die Motivationserlebnisse neuerdings betont, und hat JASPERS in ausgezeichneter und eindringlicher Weise an HÖLDERLIN und VAN GOGH gezeigt. Mit dieser andersartigen Weise der Stellung zu der Welt der Werte ist der Autismus selbst näher gekennzeichnet als durch das Auftreten von Halluzinationen und Wahnideen und durch das Überwiegen des Binnenlebens. Phänomenologisch läßt sich die veränderte Stellung zur Außenwelt und zu sich selbst leichter erfassen auf Grund der veränderten Haltung, die das Individuum gegenüber den Werten zeigt. Hier liegt das Wesen, der Kern des schizophrenen Autismus. Es herrscht eine andere *Spannung* zwischen Ich und der Sphäre der Werte, wie wir auch an unserem Beispiel gesehen haben, und diese gilt es

---
[9] Die Sache selbst, auf die es ankommt, hat natürlich BLEULER längst selbst gesehen, wenn er bemerkt, wie früh bei den Schizophrenen die Gefühle, die den Verkehr untereinander regeln, verkümmert sind (Schizophrenien S. 39).

[10] HUSSERLs Akte der kategorialen Anschauung haben also in der Psychopathologie eine *zweifache Rolle*, eine auf seiten des Forschers: Der Forscher erfaßt in ihnen die phänomenologisch gereinigten psychopathologischen Wesensbegriffe; die andere auf seiten des Forschungsobjektes: Die krankhaft veränderten kategorialen Anschauungsakte werden untersucht.

phänomenologisch zu erfassen. JASPERS hat hier den ersten großen Schritt getan, indem er zunächst einmal eine Psychologie der Weltanschauungen (der „Gesunden") geschaffen, dann aber auch, indem er in den schizophrenen Autismus selbst tiefer hineingeleuchtet hat, als es bisher der Fall war. Seine Arbeit über STRINDBERG und VAN GOGH ist nicht nur die beste Pathographie, die wir besitzen, sondern ein Markstein in der psychopathologischen Phänomenologie der Schizophrenie. Vergessen wir auch nicht, daß JASPERS schon in seiner Psychopathologie (1911) von einer „Intuition von einem Ganzen, das schizophren heißt", spricht, und von einer „schizophrenen Atmosphäre", in die einzelne Symptomenkomplexe getaucht sein können. Mit der ihm eigenen wissenschaftlichen Vorsicht, ja Skepsis, erklärt er aber überall, daß wir dieses Ganze nicht fassen, sondern nur eine Unmenge von Einzelheiten aufzählen und das Gesamtphänomen nur immer wieder in eigener Erfahrung in Berührung mit dem Kranken erfahren können. Nun, diese Intuition des Ganzen des Autismus, wobei wir dahingestellt sein lassen, ob wir damit auch das Ganze, das wir schizophren nennen, erfassen, diese Intuition gilt es phänomenologisch festzuhalten, zu fixieren und wissenschaftlich zu bearbeiten. Wenn BIRNBAUM erklärt, daß hier eine Methode vorliegt, die außerhalb der Fassungsmöglichkeit liegt, die dem Psychiater seine Wissenschaft zur Verfügung stellt, wegen ihrer natur- und erfahrungswissenschaftlichen Gebundenheit, eine Methode, die keine andere als nur eine subjektiv gefühlsmäßige Sicherheit gibt, so erklären wir, daß diese Methode durch das wissenschaftliche Zusammenarbeiten vieler auch in der Psychopathologie zu einer allgemeingültigen ausgearbeitet werden kann; mit anderen Worten, daß ihr wissenschaftlich-exakter Charakter auch hier nachgewiesen werden kann und in der Literatur bereits nachgewiesen worden ist. BIRNBAUM hat JASPERS' Methode als eine nur subjektive mißverstanden, woran dessen subjektiv-vorsichtige, vorläufige Ausdrucksweise mit schuld sein mag. Dazu kommt, daß JASPERS sich nicht der phänomenologisch gesicherten Begriffssprache bedient, – wie er ja auch nicht der phänomenologischen Richtung im Sinne der Schule angehört[11]. Immerhin, *eines* hat BIRNBAUM wie kein anderer klar gesehen und formuliert, nämlich, daß hier eine andere Methode vorliegt als die naturwissenschaftliche. Davon gingen ja auch wir selbst aus.

Doch zurück zur Phänomenologie des Autismus! Auch mit der Haltung, die die schizophrene Person der Welt der Werte gegenüber einnimmt, ist der Autismus noch nicht phänomenologisch getroffen. Die autistische Person selbst gilt es in das geistige Auge zu bekommen, und das gelingt nur durch

---

[11] Er schränkt bekanntlich das Feld der Phänomenologie auf das statisch Verstehbare ein, läßt aber andererseits auf dem Gebiet der verstehenden Psychologie eine apriorische, „idealtypische", nicht durch Erfahrung begründete Erkenntnis gelten, ohne jedoch von Wesenserkenntnis zu sprechen.

einen *Rückgang* von *all* den erwähnten Phänomenen auf das Grundphänomen „autistische Person". Hier begegnet sich die Phänomenologie mit anderen modernen Strömungen in der allgemeinen Psychologie, insbesondere mit dem Intuitionismus BERGSONs und der Rekonstruktionspsychologie NATORPs; Denn vergessen wir nicht: die Phänomenologie bedeutet nur *eine* der Erschütterungen, welche die Psychologie und Psychopathologie auf ihrem Wege von einer objektivierenden zu einer subjektivierenden Wissenschaft durchmacht (vgl. meine *Einführung in die Probleme der allgemeinen Psychologie.* Springer 1922).

Zum Schlusse haben wir noch die Frage zu beantworten, wie die Psychiatrie als Ganzes sich zur phänomenologischen Forschungsrichtung stellt. Als ein Zweig der Medizin, und damit der angewandten Biologie, ist und bleibt die Psychiatrie eine Naturwissenschaft. Die psychopathologische Phänomenologie steht ihr zunächst wesensfremd gegenüber. Es bedarf aber nur eines Blickes auf die Literatur, um zu sehen, daß auch hier Brücken zu schlagen sind. Ich verweise auf die Versuche JASPERS *(Psychopathologie)* und KRONFELDs *(Wesen der psychiatrischen Erkenntnis* und das zitierte Referat). Ich selbst kann mich noch keinem dieser Versuche anschließen und trete wie LEWIN, Kurt SCHNEIDER u. a. für eine möglichst große Freiheit und Unabhängigkeit der psychopathologischen Phänomenologie ein, welche in erster Linie immer nach der Phänomenologie als einer *rein deskriptiven* Wesenslehre der immanenten Bewußtseinsgestaltungen orientiert sein muß, wenn die Psychopathologie von ihr Nutzen haben soll.

Zusammenfassung

I. Naturwissenschaft und Phänomenologie

1. Die *naturwissenschaftliche* Erkenntnis hebt an mit der sinnlichen (äußeren und inneren) Wahrnehmung realer (körperlicher oder seelischer) Dinge und Vorgänge und schreitet auf dem Wege der begrifflichen Zerlegung in Eigenschaften, Elemente und Funktionen zur naturwissenschaftlichen Theorie (und schließlich zum Naturgesetz) fort.

2. Die *phänomenologische* Erkenntnis hebt an mit der „übersinnlichen" oder kategorialen Wahrnehmung irrealer (jedoch auch nicht erkenntnistheoretisch oder metaphysisch idealer) „Wesen" oder Eide. Synonyma für kategoriale Wahrnehmung oder Anschauung sind: phänomenologische *Intuition,* abstrahierende Ideation, Wesensschau. „Wesen" sind die unmittelbar „gegebenen" Gegenstände der Akte der kategorialen Anschauung, wie der realen Dinge die unmittelbar gegebenen Gegenstände der *sinnlichen* Anschauung sind. Man kann von ästhetischen, intellektuellen und anderen „Wesen" sprechen. Wesen lassen sich erschauen an Tatsachen der Natur, an Gestalten

der Kunst, an „Einbildungen" der freien Phantasie usw. Was der Phänomenologe Wesensschau nennt, suchte man früher z. T. auf die Funktion der Assoziation und Synästhesie oder auf „Gefühle" zurückzuführen.

3. Wie auf der sinnlichen *Wahrnehmung* der Naturtatsachen die begriffliche *Naturerkenntnis* sich aufbaut, so baut sich auf der kategorialen *Wahrnehmung* der Wesen oder Eide die begriffliche, eidetische oder *Wesenserkenntnis* auf. Dieselbe beschränkt sich aber, als *eine rein deskriptive Erkenntnis,* auf die Bildung von Wesensbegriffen und Wesensaussagen und auf die Erkenntnis von Wesenszusammenhängen. Sie hütet sich strikte vor der Verquickung mit jeder Theorie, vor allem auch mit der Erkenntnistheorie.

4. Die in kategorialer Schau erfaßten Wesen sind die von aller theoretischen Zutat befreiten Gestaltungen oder Arten des *reinen* Bewußtseins.

II. Die phänomenologische Methode

1. An der Analyse eines psychologischen Beispiels, des Aktes der äußeren Wahrnehmung, läßt sich die Eigenart der phänomenologischen Methode folgendermaßen aufzeigen: Der Naturwissenschaftler zerlegt die äußere Wahrnehmung in die aus ihr erschlossenen Vorgänge der Empfindung, Assoziation und Erinnerung und bringt sie in Zusammenhang mit psychologischen, hirnphysiologischen und anderen Theorien; der Phänomenologe zerlegt die Wahrnehmung in die *an ihr selbst aufzeigbaren,* bei der Vertiefung in sie selbst auffindbaren Merkmale der *Beziehung* zwischen *wahrnehmendem* Subjekt und *wahrgenommenem* Objekt. Wir nehmen nicht Empfindungen wahr, sondern Gegenstände. Die wahrgenommenen Gegenstände sind aber nicht in der Wahrnehmung enthalten, sondern *wir sind wahrnehmend auf Gegenstände gerichtet,* beziehen uns auf sie „in der Weise der Wahrnehmung". Dieses „Sichbeziehen des Bewußtseins auf etwas" nennt man seit BRENTANO den intentionalen Charakter des Bewußtseins oder einfach das intentionale Bewußtsein oder Aktbewußtsein; die einzelnen Weisen des intentionalen oder Aktbewußtseins nennt man Akte oder intentionale Akte, wobei jeder Gedanke an eine Aktivität, an eine aktive Betätigung des Bewußtseins (im Gegensatz zu einem passiven Verhalten) ausgeschlossen bleibt. Der Akt bezeichnet nur die Art und Weise der *Richtung* des Bewußtseins auf etwas.

2. Die spezielle wahrnehmende Richtung oder Weise des Bewußtseins, der Akt der Wahrnehmung, kann näher bestimmt werden durch den Vergleich mit Akten der Vorstellung, des anschauungs*leren* Wissens von etwas u. a. Immer aber hält sich der Phänomenologe an das Grundprinzip der phänomenologischen Methode, an die Beschränkung der begrifflichen Ana-

lyse auf das im Bewußtsein wirklich Vorfindbare, auf das Bewußtseinsimmanente.

3. An der Unterscheidung zwischen (Wahrnehmungs-)Inhalt und (Wahrnehmungs-)Gegenstand des Bewußtseins lassen sich allgemeine Wesenseinsichten über das Bewußtsein gewinnen.

4. Der *Übergang* von der psychologisch-phänomenologischen Tatsachenschau zur rein phänomenologischen Wesensschau vollzieht sich schritt- oder stufenweise. Er weist zwei prinzipielle Stufen auf: 1. den Übergang vom *realen* Dasein zum reinen Wesenssein, welcher durch Ausschaltung, Einklammerung usw. der Naturwirklichkeit und jeder Daseinssetzung überhaupt erreicht wird; 2. den Übergang von der individuellen Einzeltatsache zum allgemeinen Wesen. Beides vollzieht sich durch „Ideation", durch abstrahierende Ideierung. So kann z. B. auf dem Gebiet der reinen Geometrie (einer eidetischen Sonderdisziplin) das allgemeine Wesen Dreieck an einem *einzigen* Dreieck, unabhängig von wiederholter Naturerfahrung, erschaut werden, im Gegensatz zu den Begriffen der Naturwissenschaft, die durch *wiederholte Erfahrung,* also auf induktivem Wege, gewonnen werden.

5. Ob das Verhältnis zwischen reiner Phänomenologie (speziell eidetischer Psychologie) und psychologischer Phänomenologie gleichzusetzen ist demjenigen zwischen reiner Mathematik und mathematischer Naturwissenschaft, wie HUSSERL es will, stellen wir noch dahin. Jedenfalls lassen sich gegen den absoluten *Intuitionscharakter* der phänomenologischen Einsicht mit NATORP Bedenken erheben. Wesentlich für uns ist nur die Anerkennung der Akte der kategorialen Anschauung und ihres Gegenstandsgebietes.

III. Phänomenologie und Psychopathologie

1. Da Psychopathologie immer Erfahrungs- oder Tatsachenwissenschaft ist, wird sie sich nie zur Anschauung von *reinen* Wesen in absoluter Allgemeinheit erheben wollen und können. Sie erwartet aber von der rein phänomenologischen Klärung ihrer Grundbegriffe eine Förderung und Klärung ihrer eigenen Forschung.

2. Psychopathologische Phänomenologie ist nicht deskriptive oder „subjektive" Psychopathologie; jedoch greifen beide in der praktischen Forschung dauernd ineinander.

3. An der Analyse eines psychopathologischen Beispiels, eines halluzinatorischen Erlebnisses, läßt sich der Unterschied beider Forschungszweige folgendermaßen aufzeigen: Der deskriptiv vorgehende *Psychopathologe* bildet aus dem Wortlaut oder den Wortbedeutungen sofort Wortbegriffe, aus denen er Urteile zieht, um darauf wieder Schlüsse aufzubauen und Theorien aufzustellen, mit deren Hilfe das „Symptom" erklärt werden kann. Rein formal verhält es sich ebenso bei der Methode des Psychoanalytikers.

– Der das psychopathologische Erlebnis analysierende *Phänomenologe* betrachtet dasselbe zunächst nicht als begrifflich fixierte Art (species) einer psychopathologischen Gattung, um es daraufhin denkend weiterzuverarbeiten, sondern er sucht in die Bedeutungen, welche der sprachliche Ausdruck des Kranken in ihm anregt, sich einzuleben, in das sprachlich angedeutete abnorme seelische Phänomen selbst hineinzuschauen. Anstatt über seinen Zusammenhang mit anderen seelisch abnormen Erscheinungen und seine Entstehungsbedingungen zu reflektieren, sucht er nur solche Merkmale auf, die dem betr. Erlebnis selbst immanent, in ihm selbst vorfindbar sind. So wird in erster Linie bei jedem Einzelerlebnis der „persönliche" Hintergrund sichtbar, auf dem es sich abspielt; anders ausgedrückt: In jedem Einzelerlebnis gibt die erlebende Person etwas kund, durch jedes schauen wir in die erlebende *Person* hinein. Jedoch stehen wir hier noch ganz am Anfang, da uns eine psychopathologisch-phänomenologische Personalcharakteristik noch fehlt.

4. Daher rührt auch unsere geringe *unmittelbare* Kenntnis des Autismus und der Schizophrenie überhaupt.

5. Auch am Beispiel des *Autismus* läßt sich der Unterschied der genannten Forschungszweige deutlich machen:

Eine genaue Kenntnis des Autismus hat zur Voraussetzung: 1. eine Phänomenologie des Erlebnisses der realen Außenwelt beim Schizophrenen; 2. eine Phänomenologie der halluzinatorischen und wahnhaften Erlebnisse der Schizophrenen, was an dem Beispiel von „Beziehungsfixierung zwischen Gedanken und Materie" erläutert werden kann: Es müssen die dem halluzinatorisch-wahnhaften Erlebnis *immanenten* Merkmale der Beziehungsfixierung aufgezeigt werden; 3. und 4. eine Phänomenologie der emotionalen und der auf die Welt der *Werte* gerichteten, *kategorialen* Erlebnisse der Kranken, von der wir erst Ansätze besitzen, vor allem durch JASPERS.

6. Die Phänomenologie ist keine rein subjektive, „nur eine subjektivgefühlsmäßige Sicherheit gebende" Methode (BIRNBAUM); immerhin hat sie auf dem Gebiet der Psychopathologie erst den Nachweis wissenschaftlicher Allgemeingültigkeit zu liefern, den sie durch die Zusammenarbeit vieler auf anderen Gebieten längst erbracht hat.

7. Die Phänomenologie HUSSERLs bedeutet nur *eine* der Erschütterungen, welche die Psychologie auf ihrem Wege von einer objektivierenden zu einer subjektivierenden Wissenschaft durchmacht. Schon vor ihr sind der Intuitionismus BERGSONs und die Rekonstruktionspsychologie NATORPs im gleichen Sinne am Werk gewesen.

8. Der Psychiatrie als einem Zweig der Medizin und damit der angewandten Biologie, als einer Naturwissenschaft also, steht die psychopathologische Phänomenologie zunächst wesensfremd gegenüber Brücken sind hier

bereits geschlagen worden (JASPERS, KRONFELD). Vorläufig erscheint aber eine möglichst klare Sonderung und Gegenüberstellung beider und damit eine möglichst große Freiheit und Unabhängigkeit der psychopathologischen Phänomenologie für beide Disziplinen am vorteilhaftesten.

Lebensfunktion und innere Lebensgeschichte

I

An der Versammlung des Deutschen Vereins für Psychiatrie 1911 in Stuttgart, derselben, wo LIEPMANN sein denkwürdiges Referat über „WERNICKEs Einfluß auf die klinische Psychiatrie"[1] erstattete, hat ein anderer Schüler WERNICKEs, BONHOEFFER, seinen bedeutsamen Bericht erstattet über das Thema: „Wie weit kommen psychogene Krankheitszustände und Krankheitsprozeße vor, die nicht der Hysterie zuzurechnen sind"[2]. Während LIEPMANN damals konstatierte, daß WERNICKEs System nichts anderes bedeute als „den gigantischen Versuch", die ganze Psychiatrie in Neuropathologie der Hirnfunktion aufgehen zu lassen, unter möglichster Zurückdrängung „der vielen Deutungen der retrospektiven Psychologie, die alle auf das Ich, das aus bestimmtem *Grunde*, zu bestimmtem *Zweck* etwas tut, zurückgehen", hat der zweite Referent sich genötigt gesehen, einen systematischen Schritt von großer Tragweite über seinen Lehrer hinauszugehen und jener retrospektiven Psychologie und ihren „Deutungen" eine Konzession von größter klinischer Bedeutung zu machen. Er unterschied jetzt nämlich psychogene Krankheitszustände rein funktionaler Art von solchen, wo „die Abspaltung der psychischen Komplexe unter dem Einfluß einer inhaltlich bestimmt gearteten *Willensrichtung* geschieht" und man den Eindruck bekommt, daß der ganze Krankheitszustand schwinden würde, „wenn das psychologische Moment des Wunsches in Wegfall käme". Im Interesse der klinischen Abgrenzung wollte er nur für die letzteren Krankheitszustände, also für all die haftpsychotischen Zustände, die Rentenhysterie, die hysterischen Dämmerzustände, Delirien und Pseudodemenzen, den Namen hysterisch gewahrt wissen, im Gegensatz zu den ersteren, wo schwerste emotionelle Erlebnisse, wie z. B. der Erdbebenschreck, etwa einen vorübergehenden vasomotorischen Symptomenkomplex im Sinne STIERLINs oder den BÄLZschen Emotionsstupor hervorrufen. Während man also bei dem Hysteriebegriff nicht „um die Einstellung eines solchen Willensmomentes herumkommt", ruft die Schreckemotion psychische Störungen hervor, „die sich im wesentlichen auf ein einheitliches physiologisches Substrat bringen lassen, nämlich auf eine mehr oder weniger starke Alteration des *Vasomotoriums*. Wir finden hier alle Übergänge vom vasomotorischen neurotischen Komplex bis zu furibunden, zum Tode führenden Delirien, welch letztere deutlich zeigen, „daß auf rein psychischem Wege Gehirnalterationen hervorgerufen werden können, an deren

---

[1] Monatsschr. f. Psych. u. Neurol. Bd. 30, 1911.
[2] Allgem. Zeitschr. f. Psychiatrie, Bd. 68, 1911.

organischer Natur nicht zu zweifeln ist"[3]. Dieser klinische Sachverhalt in bezug auf die Schreckemotion dient BONHOEFFER gleichsam als Paradigma für die übrigen nicht-hysterischen, sondern psychogenen Krankheitszustände, die reaktiven Depressionen, die paranoischen Prozeße auf dem Boden überwertiger Ideen, das induktive Irresein, die akuten impulsiven oder paranoiden Affektreaktionen, Erregungs- und Dämmerzustände der instablen Degenerierten und Epileptiker, die poriomanischen Zustände usw. In seiner Arbeit *Zur Frage der Schreckpsychosen*[4] hat er die hier vollzogene Trennung noch klinisch vertieft und polemisch, insbesondere gegen KLEIST, verteidigt, zeigend, daß „das Hysterische nicht mit den akuten körperlichen Reaktionen, wie sie stark empfindende Naturen auf Emotionen häufig zeigen", zusammenfällt. Während der WERNICKE besonders nahestehende KLEIST die Wunschtheorie der Hysterie ablehnt, wird BONHOEFFER mit der genannten Unterscheidung den tatsächlichen Anforderungen der gegenwärtigen klinischen Gesamtlage ohne Zweifel gerecht.

Ist so der klinischen Alleinherrschaft des funktionstheoretischen Prinzips im Sinne MEYNERTS[5], GRIESINGERs[6], HUGHLINGS, JACKSON[7], und WERNICKEs auf Grund einer großen Reihe klinischer Arbeiten sowie des Einbruchs FREUDscher Lehren in die Klinik ein Stoß von prinzipieller Bedeutung versetzt, so ist die Lage doch noch nicht ganz befriedigend. Schon rein terminologisch kann man sich schwer dabei beruhigen, daß der Ausdruck psychogen gerade für vorwiegend körperliche, insbesondere zerebrale Funktionsstörungen übrig bleibt, während diejenigen Störungen, welche nicht nur auf psychogenem Wege *entstanden* sind, sondern sich auch noch auf rein seelischem Wege *ausgebreitet* und fixiert haben, des Beiwortes psychogen entbehren sollen. Sachlich aber fällt folgendes ins Gewicht: Sowohl bei den von BONHOEFFER psychogen genannten als den hysterischen Zuständen handelt es sich um Reaktionen des Menschen auf mannigfache *äußere* Ereignisse oder Situationen, also Begebenheiten der äußeren Lebensgeschichte, wie z. B. den Tod Angehöriger, Vermögensverlust, von außen herantretender Zwang zu schwierigen Entscheidungen, Gefängnishaft, drohende Verweigerung oder Herabsetzung der Rente usw. Aber während der Hysterische solche äußeren Ereignisse geistig weiterverarbei-

---

[3] Vgl. hierzu schon den schönen Fall von O. BINSWANGER in den Charitéannalen, Jg. 6, 1881, S. 412-424: *Über den Schreck als Ursache psychischer Erkrankungen*; ferner denselben und SCHAXEL: *Beiträge zur normalen und pathologischen Anatomie der Arterien des Gehirns* (Arch. f. Psych., Bd. 58, 1917), sowie die einschlägigen Arbeiten ASCHOFFS.

[4] Monatsschr. f. Psych. u. Neurol. Bd. 46, 1919.

[5] Vgl. hierzu neuerdings THIELE: *Über Griesingers Satz: Geisteskrankheiten sind Gehirnkrankheiten.* Monatsschr. f. Psych. u. Neur. Bd. 43, H. 6, 1927.

[6] [Wie vorherg. Fußn.]

[7] Vgl. dessen Croon-Vorlesungen, z. B. I, 8, übers. von Sittig, Berlin 1927.

tet und erst durch das Medium dieser Weiterverarbeitung der krankhafte Zustand entsteht und sich erklären läßt, scheint beim psychogen Reagierenden diese spezifische innere Weiterverarbeitung zu fehlen und gleichsam unmittelbar, d. h. im Anschluß an die physiologischen Begleiterscheinungen und Folgen der Emotion eine kürzer oder länger dauernde, leichtere oder schwerere physiologische Gehirnalteration sich einzustellen. In einer solchen „Gehirnalteration" haben wir eine funktionelle Störung des Organismus zu erblicken, die, wie wir heute wissen, weit über Rinde und Gehirn überhaupt hinausgreifen und eine Störung, eine Verstimmung oder Umstimmung der gesamten Tiefenperson im Sinne von KRAUS darstellen kann, wozu natürlich auch die Verstimmung der *seelischen* Funktionen des Organismus zu rechnen ist. Die Emotion, das psychogene Moment überhaupt, greift hier also scheinbar direkt störend auf den physischen und psychischen Funktionsablauf ein, während dies bei der Hysterie nicht der Fall zu sein scheint, indem hier die Störung des Funktionsablaufs von *inhaltlich* „bestimmt gearteten" seelischen Reaktionen auf das äußere Erlebnis abhängig zu sein scheint. Beidemal aber gebrauchten wir hier früher in der klinischen Psychiatrie dieselben Ausdrücke: seelische Reaktion, psychogener Ursprung, psychogene Krankheitszustände usw. BONHOEFFER hat sehr klar erkannt, daß hier ein wesentlicher Unterschied vorliegt, der eine verschiedene Benennung erfordert, aber die Unterscheidung von psychogen und hysterisch wird der Sachlage noch nicht *prinzipiell* gerecht, sondern nur im Hinblick auf ein klinisches Spezialproblem. Prinzipiell liegt hier ein viel allgemeinerer und für die gesamte Psychiatrie und Psychologie grundlegender Unterschied vor, nämlich *der Unterschied zwischen der seelischen (oder körperlich-seelischen) Funktionsweise des Organismus und ihrer Störung einerseits, der Abfolge der Inhalte seelischer Erlebnisse anderseits.* Das krankhafte Gedrückt- oder Deprimiertsein, das krankhafte Querulieren oder Halluzinieren, das Toben des Epileptikers oder „instablen Degenerierten", all das ist der Ausdruck seelisch-körperlicher *Funktionsstörungen;* der *Wunsch,* krank zu *sein* (nicht zu *scheinen,* denn das wäre Simulation, eine Unterscheidung, die SCHELER sehr klar durchgeführt hat[8]), ist hingegen *an und für sich* niemals Ausdruck einer seelischen Funktionsstörung, sondern etwas ganz anderes, nämlich der bestimmte intentionale oder geistige Inhalt oder Gehalt eines seelischen Erlebnisses oder einer seelischen Erlebenshaltung, an und für sich genau so verstehbar wie jeder andere Wunschinhalt (vgl. hierzu ebenfalls SCHELER a. a. O.). Den Quellpunkt oder das Zentrum solcher Erlebnisse nennen wir die individuelle (geistige) Person, den inneren geistigen Zusammenhang ihrer Erlebnisge-

---

[8] Vgl. SCHELER: *Die Psychologie der sog. Rentenhysterie und der rechte Kampf gegen das Übel.* Abhandlungen und Aufsätze, II, Leipzig 1915 [GW, Bd. 3, S. 293-309].

halte aber ihre *innere Lebensgeschichte*. Wir können daher mit einem Wort sagen, daß die hysterische Psychose aus der Lebensgeschichte des Individuums psychologisch zu verstehen, die psychogene Reaktion aus der seelischen und körperlichen Funktionsstörung des Organismus biologisch zu erklären ist, oder kürzer: Hysterisch heißen lebensgeschichtlich bedingte seelische Erkrankungsformen, psychogen funktionell bedingte. Hierbei ist es ganz gleichgültig, ob nur die seelische oder auch die körperliche Funktionsweise des Organismus gestört ist, sowie ob die Funktionsstörung ausgleichbarer *Art* ist oder nicht oder gar zu organischen Störungen führt[9]. Wir führen also den Schnitt nicht mehr zwischen den so unklaren Begriffen seelisch und körperlich, wie es bisher geschah, sondern zwischen der Funktionsweise des seelisch-körperlichen Organismus einerseits, der geistigen Lebensgeschichte anderseits oder, methodologisch gewendet, zwischen der funktionalen und der lebensgeschichtlichen Betrachtungsweise oder Denkmethode. Damit sind wir der wissenschaftlich nachgerade unerträglichen Verquickung der Begriffe seelische Funktion und geistiger Gehalt seelischer Erlebnisse in dem *einen* Wort *seelisch* oder *psychisch* glücklich entronnen und können auch ganz ohne den Ausdruck psychogen auskommen. Zugleich sind wir damit aber auch gegen eine Überspannung der realen Gegensätzlichkeiten auf diesem Gebiet gefeit. Denn wenn auch die *Begriffe* Funktion und lebensgeschichtliches Moment unüberbrückbar sind, so ist es doch jeweils nur *ein* und derselbe reale Mensch, auf den beide Begriffe abstraktiv sich beziehen, der Mensch, der einen so und so funktionierenden Organismus hat und eine so und so verlaufende Lebensgeschichte lebt. Und sicherlich gibt es auch zwischen beidem tatsächliche Beziehungen, worauf wir später kommen werden. Jedenfalls gibt es keine Lebensgeschichte ohne einen menschlichen Organismus und keinen menschlichen Organismus ohne Lebensgeschichte. Das zeigt uns auch, daß jener Unterschied zwischen psychogen und hysterisch nur ein praktisch-klinischer, kein theoretischer sein kann, insofern eine Störung der Lebensfunktionen des Organismus prinzipiell *immer* auch mit einer Störung, d. h. einer Abknickung oder Umbiegung der lebensgeschichtlichen Kurve verbunden sein, die letztere immer auch mit einer Störung des Organismus einhergehen kann. Wie denn auch BONHOEFFER erklärt, daß es keine scharfe Grenze zwischen psychogen und hysterisch gibt und hyste-

---

[9] Ich brauche hier ja nur noch an die Untersuchungen von WESTPHAL über den „angiospastischen Insult im Gehirn": *über die Entstehung des Schlaganfalls* (D. Arch. f. klin. M. 1926. Bd. 151, ref. Zentralbl. f. d. ges. Neur. u. Psych. Bd. 45, H. 1/2) zu erinnern, um zu zeigen, daß zwischen funktionellen und organischen Störungen praktisch fliessende Übergänge bestehen. – Zu erinnern ist hier aber auch an GOLDSTEINs im Anschluß an JACKSON gebildete Anschauungen, wie er sie insbesondere niedergelegt hat in dem Aufsatz: *Über die gleichartige funktionelle Bedingtheit der Symptome bei organischen und psychischen Krankheiten; im besonderen über den funktionellen Mechanismus der Zwangsvorgänge.* Monatsschr. f. Psych. u. Neur. Bd. 57, 1925.

risch nur diejenigen Zustände genannt werden sollen, bei denen der Einfluß von Wünschen besonders *stark* in die Augen springt. Andererseits wissen wir, daß innere lebensgeschichtliche Momente auch bei vielen psychogenen Störungen im Sinne BONHOEFFERs nachzuweisen sind, so z. B. bei der Poriomanie, wofür ich selbst einen einwandfreien Fall anführen kann, aber auch bei den paranoiden Prozeßen, reaktiven Depressionen usw. Und schließlich lehrt uns unsere Unterscheidung, daß wir überhaupt nicht nur auf das Wunschmoment unser Augenmerk richten dürfen, da die innere Lebensgeschichte des Menschen sich nicht nur aus Wunschinhalten zusammensetzt, sondern aus der ganzen Fülle möglicher geistiger Gehalte unseres Erlebens überhaupt. Es wäre ja an und für sich schon merkwürdig, wenn nur *ein* bestimmt geartetes Moment der inneren Lebensgeschichte, und sei es ein noch so häufiges und wichtiges, für die psychiatrische Klinik systembildend zu werden berufen wäre. –

Unsere Unterscheidung deckt sich bis zu einem gewißen Grade mit derjenigen von SCHELER zwischen der *funktionstheoretischen* und *inhaltstheoretischen* Auffaßung der Geisteskrankheiten, einer Unterscheidung, die man nicht mit dem Gegensatz von materialistisch und spiritualistisch verwechseln darf. Damit hat sie gar nichts zu tun. Sie lehrt nur das, daß der Inhalt oder Gehalt unserer seelischen Erlebnisse durch den Zustand des Organismus oder des Gehirns nicht eindeutig bestimmt ist, daß uns hier also sowohl die kausale als die parallelistische Betrachtungsweise im Stich lassen. „Eine eindeutige Determinationsbeziehung zum Gehirn und Nervensystem" hat nur das „Ins-Spiel-treten der Funktionen", vermöge derer wir jene Inhalte erleben[10], haben aber nicht diese Inhalte selbst und ihr innerer Zusammenhang. Abgesehen von der prinzipiellen Übereinstimmung unserer Unterscheidung mit derjenigen SCHELERs und der philosophischen Bildung unserer Zeit überhaupt[11], gehen wir mit unserer Auffassung aber noch einen Schritt weiter. Wenn man nämlich Funktionstheorie und Inhaltstheorie einander gegenüberstellt, so erweckt das den Schein, als ob man, wie aus dem Zusammenspiel der Funktionen eine biologische Theorie

---

[10] Vgl. SCHELERs von der Psychiatrie noch viel zu wenig ausgeschöpfte Abhandlung: *Die Idole der Selbsterkenntnis*, Abhandlg. u. Aufs. II, S. 19 f. [GW, Bd. 3, S. 213-292] – Ich drücke mich hier allgemeiner aus als SCHELER, der hier seine Lehre vom inneren Sinn mit hineinspielen läßt und von der Erfassung „seelischer Tatsachen" in den Funktionen spricht, während ich mit HUSSERL und HÖNIGSWALD nur von einer Erfassung geistiger „intentionaler" Inhalte in den seelischen „Erlebnissen" rede, die als Erlebnisse oder als Formen des Erlebens nur in ihrem *Ablauf*, ihrer *Dauer* und *Intensität* vom Organismus mit abhängig sind.

[11] Vgl. hierzu z. B. auch die schöne und klare methodologische Analyse SPRANGERs an Hand des Beispiels: Μακάριοι οἱ πτωχοὶ τῷ πνεύματι *(Die Frage nach der Einheit der Psychologie*. Sitzungsber. d. preuß. Akad. d. Wiss. Bd. 24, 1926, S. 180 ff.). In der Beantwortung der Frage nach der Einheit der Psychologie weiche ich im übrigen von SPRANGER ab.

oder Gesetzmäßigkeit, so auch aus der Abfolge der Inhalte eine bestimmte geistige Theorie oder Gesetzmäßigkeit konstruieren könnte. Das ist aber prinzipiell unmöglich, wenn man mit Theorie und Gesetzmäßigkeit hier und dort nicht etwas Grundverschiedenes meint. Wohl gibt es hinsichtlich der Abfolge der geistigen Erlebnisgehalte bestimmte Wesensgesetze, bestimmte rein phänomenologische oder eidetische Wesenszusammenhänge, das ist aber keine Theorie im empirisch-wissenschaftlichen Sinne. Was wir empirisch an der Abfolge der Inhalte unseres Erlebens konstatieren und verfolgen können, ist ihr *einmaliger, unwiederholbarer, historischer* Zusammenhang und nichts anderes, welchem Sachverhalt die Einführung des Begriffs der inneren Lebensgeschichte entspricht. Damit ist sowohl das spezifisch methodologische Moment dieser Forschungsart als auch ihr ideelles „Substrat", ihr Korrelat auf der „gegenständlichen" oder „noematischen" Seite hervorgehoben, zugleich aber auch die spezifische Eigenart, die der Begriff *Leben* hier (zum Unterschied von dem Begriff Leben in dem Ausdruck Lebensfunktion) erhält.

Ähnliches gilt auch von den Beziehungen zwischen unserer Unterscheidung und der JASPERschen Gegenüberstellung von kausalen und verständlichen Zusammenhängen[12]. So dankbar wir JASPERS' überall da gedenken müssen, wo wir methodologische Fragen der Psychiatrie behandeln, da er der erste war, der ihre methodische Erörterung in unser Fach einführte, so habe ich doch schon mehrfach[13] darauf hingewiesen, daß wir uns weder mit dem Begriff des kausalen Zusammenhangs auf der einen, des verständlichen auf der anderen Seite beruhigen dürfen. Wie in neuester Zeit LÖWI, ein Schüler HÖNIGSWALDs, wieder besonders deutlich gezeigt hat[14], hat der Begriff der physikalischen Kausalität, der Begriff von Ursache und Wirkung, schon hinsichtlich des Verhältnisses von Reiz und Reaktion und damit auch innerhalb des *rein* biologischen Geschehens keine Stätte. Auf der anderen Seite ist der Begriff des verständlichen Zusammenhanges bei JASPERS ein abstrakter psychologiefremder methodologischer Hilfsbegriff, dem das We-

---

[12] Vgl. JASPERS: *Kausale und „verständliche" Zusammenhänge zwischen Schicksal und Psychose bei der Dementia praecox (Schizophrenie)*, Zeitschr. f. d. ges. Neurol. u. Psych. Bd. 14, H. 2, sowie seine Allgem. Psychopathologie.

[13] Am ausführlichsten in meiner *Einführung in die Probleme der allgemeinen Psychologie*, zuletzt, dort Gesagtes einschränkend, in meinem Aufsatz: *Verstehen und Erklären in der Psychologie*, Zeitschr. f. d. ges. Neurol. u. Psych. Bd. 107, H. 5, 1927.

[14] Moritz LÖWI: *Über spezifische Sinnesenergien. Psychologie und Physiologie*. Breslau 1927. Vgl. z. B. S. 182: „Der am tiefsten greifende Unterschied aber bezüglich des Gegebenen in Biologie und Physik liegt in folgendem: Der Charakter der Gegebenheit als Individuum ist ein theoretischer Ausdruck für den Richtungssinn und den besonderen Zeitwert des Prinzips von Reiz und Reaktion. In dem Ausdruck „Individualität" offenbart sich mit anderen Worten das Prinzip von Reiz und Reaktion. Individualität und damit Gegebenheit wird also zum Prinzip einer Methode, zum Prinzip der organischen Naturerkenntnis"

sentlichste fehlt, was überall da, wo von Verständlich und Verstehen in der Psychologie die Rede ist, in den Vordergrund gestellt werden muß, der Rückgang auf die zu verstehende individuelle geistige Person, die allein wir im Akte des psychologischen Verstehens recht eigentlich „verstehen". Doch ist es nicht nötig, mich hier weiter mit JASPERS auseinanderzusetzen, jedoch sei betont, daß durch solche Kritik und Weiterbildung seiner Auffassungen sein Verdienst um die Psychiatrie in keiner Weise geschmälert werden soll und kann. Gerade das Gegenteil ist der Fall! Was er kausale Zusammenhänge nennt, verlangt gebieterisch nach einer Erweiterung und Vertiefung in rein biologischer Hinsicht, seine Lehre von den verständlichen Zusammenhängen gebieterisch ihre Einordnung in den Begriff der inneren Lebensgeschichte, beide Seiten der Disjunktion aber gehen auf ihn zurück.

Schließlich hat den hier vorliegenden Unterschied klar erkannt Erwin STRAUS in seiner Berliner Habilitationsschrift: Über postchoreatische Motilitätsstörungen, insbesondere die Beziehungen der Chorea minor zum Tic[15]. Er unterscheidet hier an seinen postchoreatischen Patienten sehr klar zwischen den rein motorischen physiologischen Momentreaktionen und dem sich erst in der Geschichte des individuellen Erlebens entwickelnden „neurotischen Erlebnis". Da die „Konfliktsituation des Neurotikers" erst *„aus der durch ihren Sinn verknüpften Folge der Erlebnisse"* erwächst, wie E. STRAUS sehr prägnant sagt, so glaubt er, motorische Momentreaktion und „historische" Reaktion einander gegenüberstellen zu dürfen, womit wiederum an einem Spezialproblem, hier einem vorwiegend neurologischen, die Notwendigkeit unserer prinzipiellen Unterscheidung dargetan ist.

Mir selbst erwuchs diese Einsicht aus langjähriger psychoanalytischer Praxis und theoretischer Auseinandersetzung mit den Problemen der Psychoanalyse, aus der Beschäftigung mit den Problemen der allgemeinen Psychologie und zuletzt aus historischen Untersuchungen geistes- und literaturgeschichtlicher Art über das Traumproblem[16] [s. das entsprechende Autoreferat in d. Bd.]. In einem Vortrag in dem Züricher psychiatrisch-neurologischen Verein im Winter 1924[17] hatte ich das psychiatrische Forschungsobjekt noch nach drei Kategorien einzuteilen versucht. Ich unterschied damals nämlich

1. den Leib als psychiatrisches Forschungsobjekt und seine Grenzen,

2. die Seele als psychiatrisches Forschungsobjekt und ihre Grenzen:

---

[15]Monatsschr. f. Psych. u. Neur. Bd. 66, 1927 [jetzt in „Psychologie der menschlichen Welt" (1960), S. 71-125].

[16]Vgl. meine demnächst bei Springer erscheinende Schrift: *Wandlungen in der Auffassung und Deutung des Traums von den Griechen bis zur Gegenwart.*

[17]*Welche Aufgaben ergeben sich für die Psychiatrie aus den Fortschritten der neueren Psychologie?* Zeitschr. f. d. ges. Neurol. u. Psych. Bd. 91 [Binsw. 1924a].

a) die Seele als Gehirnfunktion,

b) die Seele als Funktion der Naturwissenschaft,

3. den Menschen oder die Person als psychiatrisches Forschungsobjekt.

Heute fasse ich 1 und 2 unter dem Begriff der Lebensfunktion zusammen, erweitere 3, nämlich den Begriff der geistigen Person, in denjenigen der inneren oder geistigen Lebensgeschichte der Person, womit der historische und psychologisch-hermeneutische[18] Charakter dieser Forschungsrichtung deutlich hervorgehoben wird. Wenn ferner sub 2b von der Seele als „Funktion der Naturwissenschaft" gesprochen wurde, so bedeutet hier Funktion natürlich etwas ganz anderes als Lebensfunktion, nämlich Funktion des naturwissenschaftlichen DenkProzeßes oder der naturwissenschaftlichen Denkmethode; immerhin konstituiert sich in dieser Methode erst der moderne psychiatrische Begriff der seelischen Lebensfunktion, des seelischen Funktionszusammenhangs oder seelischen Organismus, so daß wir diese Rubrik nicht missen können. Jedenfalls sei festgehalten, daß wir hier unter Lebensfunktion immer das körperliche *und* das seelische Naturgeschehen, mit einem Wort den Organismus als einheitlichen Inbegriff von beidem verstehen.

II

Lassen wir nun die Untersuchung unseres Spezialproblems über Lebensfunktion und Lebensgeschichte in der Psychiatrie und Neurologie einmünden in die geistesgeschichtliche Forschung. Es soll der hier vorliegende Gegensatz zunächst an einigen Etappen der *Geschichte* der beiden uns beschäftigenden wissenschaftlichen Prinzipien kurz entwickelt werden.

Die wissenschaftliche Untersuchung der Lebensfunktion, ja die Aufstellung des Begriffs derselben beginnt mit ARISTOTELES. Für ihn ist der Mensch ein aus den bekannten vier Lebensfunktionen (Ernährung und Wachstum; Bewegung und Begehren; Anschauung, Erkennen und Gedächtnis; Denken) zusammengesetzter Organismus, und zwar derart, daß, obwohl jede dieser Funktionen für sich funktioniert, sie doch alle nur als Glieder des ganzen Organismus wahre Existenz haben. Insofern sind hier, wie ARISTOTELES immer wieder hervorhebt, die Teile nicht früher als das Ganze. Wir sehen, daß in dieser Lehre Funktionen begrifflich ohne weiteres nebeneinander gestellt werden, die wir, wie etwa Wachstum und Denken, als körperliche und seelische Funktionen allzusehr auseinanderzuhalten gewohnt waren zum Schaden einer einheitlichen organologischen Auffassung. Hier heißt es, zu ARISTOTELES zurück! Was nun ARISTOTELES Seele oder seelisch

---

[18] Vgl. hierzu meinen Aufsatz in der Imagofestschrift für FREUD, Bd. 12, 1926, über Erfahren, Verstehen, Deuten in der Psychoanalyse [in d. Bd.].

nennt, das ist der Grund dieser gesamten Lebensfunktionen, ja bisweilen „die Lebensfunktion" selbst. Jedenfalls ist die einheitliche Lebensfunktion oder Seele bei ihm nie die *Folge* des organischen Lebensprozeßes, wie ihn schon seine eigene Schule und die Stoa mißverstanden hatten, und wie es den Medizinern aller Zeiten bis heute geläufig war und ist, sondern die Seele ist ihm immer das wirkende Form- und Gestaltungsprinzip des Organismus, insofern aber auch die ihn *begrenzende* Kraft, da es ja von ihr abhängt, wieweit die Größe und das Wachstum des Leibes vorschreiten. Später wird sie geradezu „das *Beherrschende*" des Leibes. Das sind Ansichten, die heute, wenn auch in verschiedenen Gewändern, wieder sehr aktuell sind, ich brauche nur an DRIESCH, SCHELER, E. Th. HAERING[19] und E. STRAUS[20] zu erinnern.

Nun wissen wir aus den die Aristotelesforschung auf eine ganz neue Basis stellenden Untersuchungen von Werner JÄGER[21], daß die Auffassung von der Seele als dem Prinzip des Lebens und die Verfolgung dieses Prinzips in allen seinen charakteristischen Äußerungen bei ARISTOTELES erst allmählich, und zwar relativ spät zur Entwicklung gelangt ist. Bedeutet diese Auffassung doch einen „vollkommenen Bruch" mit seinen früheren platonisierenden Ansichten, und ist die Kluft dieser späten psychophysischen Seelenlehre mit dem ältesten Bestandteil seiner Metaphysik, der Lehre vom νοῦς, nie ganz überbrückt worden. Vergessen wir aber nicht, daß er als Platoschüler angefangen hat zu philosophieren und daß er als derjenige starb, von dem wir sagen dürfen, daß er „die Empirie als Selbstzweck" eingeführt hat, eine für seine Zeit geradezu „revolutionäre" und den Zeitgenossen „fremde und abstoßende" Neuerung, wie Werner JÄGER uns leicht zu überzeugen vermag.

Jene Kluft zwischen der Lehre vom νοῦς und der biologischen Seelenlehre ist für unser Thema deswegen von so großer Bedeutung, weil sie zeigt, daß es selbst einem so umfassenden und energischen Denker wie ARISTOTELES nicht gelang, den *ganzen* Menschen oder alles am Menschen biologisch-genetisch abzuleiten.

Das Prinzip, das einer solchen Ableitung spottete, war das Prinzip des rein theoretischen Denkens, des Denkens in reinen Begriffen, eben des νοῦς selbst. Fremdartig und relativ äußerlich steht er der Lebensfunktion gegenüber, unbeschadet der von HEGEL so hoch bewerteten und in seiner Weise befolgten Auffassung: ἡ γὰρ νοῦ ἐνέργεια ζωή „denn die Wirksamkeit des Gedankens ist Leben" oder, wie HEGEL selber sagt: der Begriff ist die Seele des Lebens[22]. In die Region die-

---

[19] *Über Individualität in Natur und Geisteswelt*, Leipzig/Berlin 1926.
[20] *Das Problem der Individualität* in: *Die Biologie der Person* von BRUGSCH und LEWY. . Lieferung. Berlin und Wien 1926.
[21] *Aristoteles*, Grundlegung einer Geschichte seiner Entwicklung, Berlin 1923.
[22] Vgl. den lehrreichen Aufsatz von Erich FRANK: *Das Problem des Lebens bei Hegel und Aristoteles*. Deutsche Vierteljahrsschr. f. Lit.-Wiss. u. Geistesgeschichte, Bd. 5, H. 4, 1927.

ses *spekulativen* Lebensbegriffs können wir hier aber nicht folgen. Wir haben uns zu begnügen mit der Einsicht, daß auch ARISTOTELES den ganzen Menschen nicht aufgehen zu lassen vermochte in den Begriff der Lebensfunktion und daß immer ein „Rest" übrig blieb, der eine andere als die biologische Betrachtungsweise hartnäckig verlangte.

Was ARISTOTELES unter $νοῦς$ verstand, entspricht, wenn wir auch hier SIEBECKs wundervoller, leider Torso gebliebener Geschichte der Psychologie folgen dürfen – der einzigen guten Psychologiegeschichte, die wir besitzen –, dem, was wir heute als Vernunft, Verstand und Bewußtsein auseinanderhalten. Zu einer klaren Fassung des Bewußtseinsbegriffs ist es bei ARISTOTELES aber noch nicht gekommen. Erst PLOTIN hat die synthetische Tätigkeit des Bewußtseins, die Synthesis der Apperzeption KANTs, in die wissenschaftliche Philosophie eingeführt und damit auch die Lehre von der Einheit des Bewußtseins und ihre Begründung. All das waren Begriffe, ja Begriffskategorien, die erst recht keine biologische Ableitung, keine Reduktion auf den Begriff der Lebensfunktion ertrugen, insofern als sie ihrerseits erst den Grund der Möglichkeit solcher Begriffe bilden. Diese Erkenntnis sollte sich aber erst in der Renaissance fruchtbar erweisen, die nicht zuerst nach Gott, Welt, Leben, Natur fragte, sondern nach der *Möglichkeit des Wissens* von diesen Dingen, die m. a. W. alles *aus den Bedingungen der menschlichen Erkenntnis* begreifen wollte. Und hierin war Nicolaus CUSANUS „der erste moderne Denker[23]". An seine Problemstellung knüpfen die großen Systeme der neueren Philosophie von DESCARTES bis LEIBNIZ an. Uns interessiert hier aber nicht die Geschichte des Erkenntnisproblems als solche, sondern nur ihre in der Renaissance vollzogene grundsätzliche Abwendung von allen Versuchen, dieses Problem aus dem Leben oder einer Lebensfunktion zu begreifen.

Besonders deutlich sehen wir dies dann bei Thomas HOBBES, der, zeitlich und sachlich noch halb in der Renaissance stehend, gewiß nicht als ein „lebensfremder", rein idealistischer oder gar spiritualistischer Denker angesprochen werden kann, weswegen er ja gerade bei Naturforschern in hohem Ansehen steht. Aber auch HOBBES mußte bekennen, daß „von allen Phänomenen und Erscheinungen, die uns vertraut sind", das Erscheinen selbst, das $φαίνεσθαι$, „das wunderbarste" sei; denn „wissen wir durch die Erscheinungen allein von den Prinzipien der Dinge, so ist schließlich die Empfindung das Prinzip auch der Erkenntnis dieser Prinzipien und alles Wissen stammt aus ihr. Aber die Erforschung ihrer Ursachen kann wiederum von keinem anderen Phänomen als von ihr selbst, der Sinnesempfindung, ausgehen"[24]. Man sieht daraus, daß HOBBES, von dem auch der Satz stammt, „empfinden, daß man empfunden habe, heißt sich erinnern"[25],

---

[23] Vgl. E. CASSIRER: *Individuum und Kosmos in der Philosophie der Renaissance.* Studien der Bibliothek Warburg, Teubner 1927.

[24] *Lehre vom Körper*, 25. Kap., Philos. Bibliothek 157, S. 161.

[25] Ebenda.

Lebensfunktion und innere Lebensgeschichte 81

nichts weniger als ein Materialist war, wie so oft behauptet wird[26]. Auch hier also sehen wir, daß das „Erscheinen", das φαίνεσϑαι[27], oder wie wir heute sagen, das „Erleben von etwas" und das Wissen um dieses Erleben, aus keiner anderen „Ursache" begriffen werden kann als aus ihm selbst, sich also auch keiner biologisch-funktionellen Betrachtung beugt, wenn man es nicht seines eigentlichen Wesens und Gehaltes berauben will, wie die Naturwissenschaft aller Zeiten es getan hat.

Hier wollen wir stehen bleiben. Genug, einzusehen, daß es sich bei dem Erleben von etwas und dem Wissen um daßelbe um ein nicht weiter ableitbares *Urphänomen* handelt, aus dem wohl die Wissenschaft vom Leben begriffen werden, das aber nicht umgekehrt von dieser Wissenschaft seinerseits wieder erklärt werden kann.

Bis jetzt interessierte uns die Selbständigkeit und Unabhängigkeit dieses Phänomens. Seine Bedeutung für das Erkenntnisproblem, für das Problem des Verstehens und für die Einteilung und den inneren Zusammenhang der Einzelwissenschaften, insbesondere der Psychologie, Biologie und Physik[28], kommt hier nicht in Betracht. Hingegen interessiert uns hier weiter eine ganz spezielle Seite dieses Urphänomens selbst, nämlich die einmalige historische Abfolge der Erlebnisinhalte der individuellen geistigen Person als Ursprung oder Zentrum allen Erlebens, kurz: *die innere Lebensgeschichte der Person*[29].

Auch diese spezielle Seite des Urphänomens des Erlebens hat natürlich ihre Geschichte. Und zwar gliedert sich dieselbe wieder in zwei Phasen. Die erste beginnt damit, daß innerhalb des Problems des Bewußtseins oder des Erlebens überhaupt das Spezialproblem des inneren historischen Zusammenhangs der Erlebnisinhalte auftaucht, das uns eingangs im Problem der hysterischen Geistesstörung begegnet war. Dieser Zusammenhang wurde Problem erst dann, als der Mensch anfing, sich über seine eigene innere Lebensgeschichte Rechenschaft abzulegen und sich zu diesem Zweck in seine eigene Lebensgeschichte zu vertiefen. Die ersten Anfänge dieser autobiographischen Reflexion finden wir bei den Griechen, wie MISCH in seiner Geschichte der Autobiographie[30] sehr schön gezeigt hat, ihren ersten Höhepunkt aber, der in mancher Hinsicht kaum mehr übertroffen worden ist,

---

[26] Dieser philosophiegeschichtlichen Legende hat HÖNIGSWALD mit seinem hochinteressanten Buch über *Hobbes und die Staatslehre*, Geschichte der Philosophie in Einzeldarstellungen, Bd. 21 (München 1924), ein Ende gemacht.
[27] Das Erscheinen „in der Sinnesempfindung" ist nur ein Spezialfall des „Erscheinens" überhaupt.
[28] Vgl. hierzu HÖNIGSWALDs *Grundlagen der Denkpsychologie*, 2. Aufl., Leipzig und Berlin 1925, und das erwähnte Buch von LÖWI: *Über spezifische Sinnesenergien*.
[29] Vgl. hierzu auch mein Groninger Referat über *Verstehen und Erklären in der Psychologie* in dem gleichnamigen Aufsatz a. a. O.
[30] Bd. I. Das Altertum. Leipzig/Berlin 1907.

bei AUGUSTIN. Was ARISTOTELES für das Problem der Lebensfunktion, das bedeutet AUGUSTIN für dasjenige der inneren Lebensgeschichte. Schon hier zeigt sich die Antithese in ihrer ganzen Wucht. Während es sich bei der Vertiefung in die Lebensfunktion um aus gehäuften äußeren und inneren Wahrnehmungen abgezogene, mit Hilfe der biologischen „Kausalitäts"- und Gesetzeskategorie konstruierte naturwissenschaftliche Begriffe handelt, hinter denen sich immer auch irgendwie der Begriff der Substanz, der funktionstragenden $\mu o \varrho \varphi \acute{\eta}$, und der sich in dieser Funktion betätigenden Kraft oder Energie verbirgt, handelt es sich bei der Vertiefung in die innere Lebensgeschichte um etwas ganz anderes, nämlich um das Aufsuchen des geistigen Zusammenhanges zwischen den *Inhalten* der Erlebnisse einer individuellen Person. Reflexion auf einen *geistigen* Zusammenhang aber heißt nichts anderes als Beschäftigung mit einem *geistigen* „Sein". Hier handelt es sich, in welcher Gestalt immer es uns beggenet, niemals um einen naturgesetzlich geregelten Ablauf organologischer Funktionen, überhaupt um keinen sich wiederholenden und in der Zeit dauernden Geschehensablauf, sondern um „die Einheit innerlich sich fordernder Momente eines Sinnes" oder „die Einheit des sich sinngemäß und nach innerer Motivation Gestaltens" (HUSSERL). Das ist die allgemeinste Definition des geistigen „Seins", die für alle speziellen Sphären desselben gelten kann. Für unser Spezialproblem kann es sich dabei nur um diejenige Motivationsgestaltung handeln, die wir im Anschluß an PFÄNDER, GRAUMANN, SIMMEL, JASPERS u. a. als die psychologische, d. h. psychologisch verstehbare Motivation herauszuarbeiten versucht haben[31]. Doch sind wir damit schon in die zweite Phase der Geschichte des inneren lebensgeschichtlichen Problems eingedrungen, die, etwa mit W. v. HUMBOLDT beginnend und sich über SCHLEIERMACHER und die großen Philologen und Historiker des 19. Jahrhunderts erstreckend, bei DILTHEY einen Höhepunkt erreicht, auf dem sie noch in der Gegenwart vorwärts schreitet. Wir können diese zweite Phase als die Reflexion auf die Prinzipien der Gestaltung und der Erfassung der inneren Lebensgeschichte bezeichnen, mit einem Wort als die Phase der philosophischen und methodologischen *Besinnung* auf das *Wesen* der inneren Lebensgeschichte und das *Wesen* ihrer geistigen Erfassung. Diese Phase ist mit einem Wort gekennzeichnet durch die systematische Beschäftigung mit dem so überaus vielgestaltigen Problem des *Verstehens*. Unterdes aber war die erste geschichtliche Phase, die systematische Vertiefung in die innere Lebensgeschichte des Menschen selbst, nicht stehengeblieben. Von AUGUSTIN sehen wir eine deutliche geistes- und zum Teil sogar literaturgeschichtliche Linie über die Renaissance (PETRARCA, MONTAIGNE, PARACELSUS) zu HERDER, GOETHE, ROUSSEAU und der Roman-

---

[31] Vgl. *Verstehen und Erklären in der Psychologie* a. a. O.

tik sich hinziehen, um mit NIETZSCHE und FREUD in die Gegenwart einzumünden.

„Alles Neue, Große und Schöne", sagt FICHTE einmal, „was von Anbeginn der Welt an in die Welt gekommen und was noch bis an ihr Ende in die Welt kommen wird, ist in sie gekommen und wird in sie kommen durch die göttliche Idee, die in einzelnen Auserwählten teilweise sich ausdrückt." Dieser Satz trifft in jeder Hinsicht zu auf AUGUSTIN. Das Neue, das durch ihn in die Welt gekommen ist, ist enthalten und ausgedrückt in seinen Confessiones. Hier feiert die systematische Vertiefung in die eigene Lebensgeschichte (nicht in die *Prinzipien* ihrer Gestaltung und Erfassung, obwohl auch davon schon manches zu spüren ist) ihren ersten Triumph. Daß der *Beweggrund* dieser Vertiefung ein eminent religiöser war und nicht ein wissenschaftlicher, kommt nicht in Betracht. Von Bedeutung ist nur, daß hier der Mensch zum erstenmal systematisch und mit genialer Begabung sich Rechenschaft ablegt über Gehalt und Sinn des inneren Zusammenhangs seines Erlebens. Daß hier im Vordergrund die Vertiefung in das Bekehrungserlebnis steht, hat nicht nur religiöse, sondern auch psychologische Bedeutung, weil nirgends deutlicher als hier das *Urphänomen lebensgeschichtlicher Entscheidung* demonstriert und untersucht werden kann, wie z. B. J. H. SCHULTZ[32], MOHR u. a. richtig erkannt haben. Insofern können wir aus AUGUSTINs Lebensgeschichte gerade auch ein *Beispiel* wählen, um zu zeigen, was wir unter innerer Lebensgeschichte, nämlich lebensgeschichtlicher Entscheidung und innerem Zusammenhang der Inhalte unseres Erlebens verstehen. Wir folgen dabei aber nicht den Confessiones selbst, sondern der interessanten, wenn auch keineswegs unwidersprochenen Studie des großen Berliner Theologen Karl HOLL über *Augustins innere Entwicklung*[33].

Sie wissen vielleicht, daß AUGUSTIN mitten in seiner glänzenden Rednerlaufbahn von einem schweren „Brustleiden" befallen wurde. Es handelt sich hier also um ein Ereignis der „äußeren" Lebensgeschichte, um ein für die innere Lebensgeschichte rein zufälliges Naturereignis also, im Sinne einer Störung der eigenen körperlichen Lebensfunktion der Person[34]. Auf dem Gebiete der inneren Lebensgeschichte sind wir erst da, wo wir gewahr werden und eventuell darüber reflektieren, wie AUGUSTIN sich zu dieser Störung seiner Lebensfunktion innerlich „ein-

---

[32] Vgl *Die Schicksalsstunde der Psychotherapie,* Stuttgart 1925.

[33] Abh. d. preuß. Akademie d. Wissensch. 1922, phil.-histor. Klasse, Berlin 1923. Ich erinnere auch an Karl HOLLs großartige Rektoratsrede vom 3. VIII. 1925 (vgl. Deutsche Vierteljahrsschr. f. Lit.-Wiss. u. Geistesgesch. 4, H. 1, 1926): *Über Begriff und Bedeutung der „dämonischen Persönlichkeit".* Dieser Rede verdanke ich wichtige Anregungen für unser Thema.

[34] Selbst wenn sich an diese körperliche eine seelische Funktionsstörung angeschlossen hätte im Sinne einer reaktiven Depression, einer Herabstimmung der seelischen und vitalen *Energie,* so hätte das mit der inneren Lebensgeschichte noch nichts zu tun. Wir hätten es dann mit einem rein funktionalen „psychogenen" Zustandsbild im Sinne BONHOEFFERs zu tun. Ich erinnere hier an die Depression FECHNERs, an der wir sehr gut den Unterschied zwischen der funktionalen seelischen Störung als solcher und ihrer Bedeutung für seine geistige Entwicklung, ihrem Motivgehalt innerhalb seiner inneren Lebensgeschichte studieren können.

stellt" (HÄBERLIN), wie er sich innerlich mit ihr auseinandersetzt, auf sie reagiert oder, wissenschaftlich ausgedrückt, zu welchen weiteren Erlebnisgehalten er durch den Erlebnisgehalt: Wahrnehmung eines schweren, berufsstörenden körperlichen Leidens, *motiviert* wird. Dabei haben wir zuerst zu achten auf die geistige Verarbeitung dieses Motivgehaltes selbst, seine Kenntnisnahme und seine gedankliche Ausdeutung in all seinen vitalen und geistigen Konsequenzen. AUGUSTIN sieht nicht etwa vorbei an diesem Motivgehalt, er öffnet sich ihm ganz, läßt ihn ganz in sich hinein, und schon darin zeigt sich ein lebensgeschichtliches Moment von großer Bedeutung; er wird dadurch weiter motiviert zu Gedankenerlebnissen im Sinne des „Ausdenkens" der Folgen dieses einen pathologisch-biologischen Sachverhalt von großer vitaler Bedeutung darstellenden Erlebnis- oder Motivgehaltes. Er sieht ein, daß die Fortführung seines Berufs dadurch unmöglich gemacht wird, daß ihm alle weiteren Aussichten auf eine glänzende Lebensstellung verschlossen sind. „Dies war", wie HOLL sagt, „das schwere Unwetter, das sein Schiff aus dem Kurs warf und ihn zwang, eine andere Richtung einzuschlagen." Ohne Bild gesprochen: Dies war das Motiv, das ihn veranlaßte oder motivierte, seiner inneren Lebensgeschichte eine neue umbiegende Wendung zu geben durch einen bestimmten Willensentscheid. Jeder Motivgehalt ist ja gleichsam eine Frage an die geistige Person: Wie willst du dich entscheiden? In jenem Ausdenken der Folgen dieses Motivgehaltes, ja schon in seiner offenen Kenntnisnahme liegt bereits das beschlossen, was wir mit HÄBERLIN „die geistige Mission des Bewußtseins" für den Ablauf der Motive nennen können. Schon das Motiviertwerden zu einem Wegsehen oder scheuen Hinschielen auf den Sachverhalt des schweren körperlichen Leidens, wie wir es bei feigen unmännlichen Geistern finden, hätte eine andere Person „verraten" als die starke geistige Person des AUGUSTIN. M. a. W.: Daß AUGUSTIN sich in dieser Lage gerade so und nicht anders entschied, darin entfaltete, manifestierte, ja *gestaltete* sich erst die Person AUGUSTINs, oder darin „zeugte sich sein Grundcharakter aus", wie PFÄNDER sagen würde. Und all das ist schon ein Stück innerer Lebensgeschichte. AUGUSTIN sieht also ein, daß es mit seiner Rednerlaufbahn zu Ende ist und damit mit äußerem Ruhm und Glanz. Von dieser Einsicht wird er weiter motiviert zu der anderen: Er begreift jetzt, daß „die einzige Möglichkeit, noch ein Glück für sich zu erobern", in der Hingabe an das Geistige liegt, und dieser Augenblick erst, wo er „sein Unglück als eine Befreiung bejaht, war seine Bekehrung. Damit erst glaubt er an das Übersinnliche"[35]. Weiterhin erfährt er aus dem *vollzogenen* Entschluß der Hin-

---

[35] Wir lassen es ganz dahingestellt, ob HOLL mit dieser historisch-psychologischen Auslegung recht hat oder nicht, und verweisen im übrigen auf die neueste Darstellung des Problems Augustin von Max ZEPF: *Augustins Confessiones* (Heidelberger Abhandlungen z. Phil. u. ihrer Gesch., Tübingen 1926), wo sich auch sehr interessante Hinweise auf die Entstehung der literarischen Form der Confessiones finden. Vgl. ferner REITZENSTEIN: *Augustin als antiker und mittelalterlicher Mensch,* Vorträge der Bibl. Warburg 1923/24, I. Teil, Leipzig 1924, sowie MISCH (a. a. O.) und besonders DILTHEY: *Einleitung in die Geisteswissenschaften,* 3. Abschn., II. Kap.

wendung zum Geistigen, „daß die *entsprechende Willenseinstellung* wieder den *Glauben* an die *Wirklichkeit* des *Fürwahrgenommenen* steigert". Und schließlich wird aus dem christlichen Philosophen, „der selbst begreifen will, was er glaubt", „der Eiferer, der den Glaubenszwang befürwortet". Dieser letzte Sprung erscheint außerordentlich groß, doch ist es kein Sprung, sondern eine folgerechte Entwicklung". Aus der Einsicht in die Natur und die Folgen seines Leidens wird er also motiviert zu der Einsicht in die Nichtigkeit von weltlichem Glanz und Ruhm, dadurch zur Schärfung seines Blickes für den Wertgehalt des rein Geistigen und dadurch wieder zu dem Entschluß, sich Ganz dem Leben im Geiste und damit in Gott zu widmen.

So führt die Vertiefung in die innere Lebensgeschichte, sei es von seiten des erlebenden Individuums selbst, sei es von seiten eines fremden, zum Eigensten, Individuellsten des Individuums, zu seinem eigentlichen Wesen. Bedenken wir, daß ein anderes Wesen sich überhaupt nicht zur Anerkennung des Leidens und zur Ausdeutung seiner Folgen durchgerungen, sondern sich in eine hysterische Psychose mit Verleugnung und Verdrängung des Sachverhalts hätte gleiten lassen, ein anderes sich mit fruchtlosen Bemühungen gegen das Schicksal ankämpfend abgezehrt hätte, ein drittes durch die Einsicht in das Leiden zu Weltverachtung, Gotteshaß und Menschenverkleinerung, ein viertes zum Selbstmord, ein fünftes heutzutage zu Rentenjagd oder Gerichtsprozeß motiviert worden wäre, so sehen Sie, wie innere Lebensgeschichte und geistiges Wesen des Menschen korrelative Begriffe sind. Und zwar lassen sich diese Begriffe auf jeden Menschen anwenden, wenn sie auch bei „einzelnen Auserwählten" leichter anzuwenden sind als bei dem Durchschnittsmenschen, wo manches erst in undeutlicher, verkümmerter und abgerissener Schrift und mit einem geistigen Vergrößerungsglas zu entziffern ist, was bei jenen geistig Auserwählten mit Riesenlettern und gleichsam ununterbrochen fortlaufendem Text beinahe *abgelesen* werden kann.

In der Lebensgeschichte entfaltet und gestaltet sich also, um es noch einmal zu sagen, das innere Wesen des Menschen, seine geistige Person, und umgekehrt lernen wir aus der inneren Lebensgeschichte die geistige Person erst kennen, und nur aus ihr. Der Prozeß dieses Kennenlernens ist die historisch-hermeneutische und psychologisch-hermeneutische Auslegung oder Interpretation, mit welcher wir uns hier aber nicht beschäftigen können[36]. Wiederholt sei nur, daß diese psychologische Auslegung der individuellen Person zur Grundlage hat ein ganz bestimmtes Reich geistigen „Seins", eine ganz bestimmte Einheit „innerlich sich fordernder Momente eines Sinns" oder eine ganz bestimmte Einheit „innerer Motivationsgestaltung". Diese Spezialprovinz geistigen Seins ist das Gebiet der reinen We-

---

[36] Vgl. meinen erwähnten Aufsatz über *Erfahren, Deuten, Verstehen in der Psychoanalyse.*

senszusammenhänge der psychologischen Motivation, der eidetischen Psychologie also, deren Erforschung sich die *rein* phänomenologische Hermeneutik oder *reinen* Wesensforschung zur Aufgabe macht. Hier hat SCHELER bisher das Beste geleistet, und er ist vielleicht der einzige, der das Gebiet beherrscht[37].

III

Sie sehen, das Gebiet der „retrospektiven Psychologie" mit ihren vielen auf das Ich, „das aus einem bestimmten Grunde zu einem bestimmten Zweck etwas tut", zurückgehenden Deutungen läßt sich nicht mehr so leicht „zurückdrängen", die ganze Psychiatrie sich nicht mehr in eine rein funktionale Pathologie oder gar in eine Neuropathologie der Hirnfunktion auflösen. Deswegen wird aber niemand den enormen Wert der funktionalen Betrachtungsweise in der Psychiatrie herabsetzen, noch auch das Interesse an dem Studium eines Falles „als einer Offenbarung einer neuropathologischen Funktionsstörung" verlieren. Ja, auch wenn wir den inneren lebensgeschichtlichen Zusammenhang des Inhalts einer überwertigen Idee oder einer Zwangsvorstellung zu verstehen suchen, so werden wir doch nicht ihre rein „dynamische Bedeutung im Vorstellungsleben" (NEISSER) oder ihre rein biologische Bedeutung im Sinne einer psychophysischen „Beharrungstendenz" (GOLDSTEIN a. a. O.) außer acht lassen. Es kommt ja hier überall nicht auf ein Entweder-oder, sondern immer auf ein Sowohl-als-auch an[38]. Damit kommen wir auf das Gebiet der möglichen *Beziehungen zwischen Lebensfunktion und innerer Lebensgeschichte.* Auf alle Fälle darf diese Beziehung nicht aufgefaßt werden als diejenige zwischen physisch und „psychisch", da, wie wir eingangs (vgl. S. 73 f.) gezeigt haben, das Wort psychisch sowohl psychische Lebensfunktion als den Inhalt psychischer Erlebnisse bezeichnet. Es ist daher für unsere Unterscheidung, die den begrifflichen Einschnitt gerade zwischen seelischer Lebensfunktion und Inhalt des Erlebten macht, unbrauchbar. Die Beziehung, die wir jetzt an einigen Spezialproblemen untersuchen wollen, betrifft immer das Verhältnis von psychophysischem Organismus einerseits, geistiger Person anderseits.

1. Immer und immer wieder begegnen wir in der Geschichte der Philosophie sowohl als in der der Naturwissenschaften dem Versuch, die inneren lebensgeschichtlichen Momente des Menschen und damit das, d. h.

---

[37]Vgl. z. B. *Reue und Wiedergeburt* in Vom Ewigen im Menschen (Leipzig 1921) und *Vom Sinn des Leides* in Moralia (Leipzig 1923 [GW, Bd. 5, S. 27-59]) u. a.

[38]Vgl. hierzu auch BLEULER: *Physisch und Psychisch in der Pathologie.* Zeitschr. f. d. ges. Neurol. u. Psych., Bd. 30, H. 4/5, 1916. Wie fast alle Psychiater, trennt aber auch BLEULER hier nicht prinzipiell genug zwischen psychisch = psychische Funktion und psychisch = Inhalt eines psychischen Erlebnisses.

die Tatsache, daß einem etwas erscheint oder daß einer ein Erlebnis von etwas hat, umzudeuten und umzuwandeln in funktionale Lebensbeziehungen, so zuletzt noch bei Bertrand RUSSEL[39] und Moritz SCHLICK[40]. Und es ist merkwürdig genug, konstatieren zu müssen, daß die intensivste wissenschaftliche Vertiefung in die innere Lebensgeschichte des Menschen, die systematischste und geduldigste historische und psychologisch-hermeneutische Interpretation desselben, die Psychoanalyse FREUDs, zugleich auch den geschlossensten, wenn auch gewaltsamsten Versuch der dynamisch-funktionalen Umdeutung der inneren Lebensgeschichte darstellt. Ob sich ein Patient in der psychoanalytischen Behandlung zu der Einsicht motivieren lassen will, daß er seine Zwangsvorstellungen Mordimpulsen gegen seine Frau verdankt, was über gesund oder krank, Erfolg oder Mißerfolg jahrelanger ärztlicher Bemühungen entscheiden wird, das hängt für FREUD in letzter Linie von rein quantitativen Verhältnissen im Libidohaushalt des Organismus ab. Sicherlich spielen bei der Frage eines jeden Motivations*vollzuges*, seiner Möglichkeit oder Unmöglichkeit, auch quantitative dynamisch-funktionelle Lebensbedingungen, speziell im Gehirn, mit; aber ein quantitatives Plus oder Minus kann niemals und nirgends *allein* darüber entscheiden, ob „innerlich sich fordernde Momente eines Sinnes" sich zu einer Einheit, hier also zu einer einheitlichen psychologischen Sinngestalt zusammenschließen; hier muß auch der geistige Motivationsprozeß selber berücksichtigt werden, wie FREUD es ja „in praxi" in bisher nie erreichter Konsequenz durchführt. Aus dieser Diskrepanz zwischen Theorie und praktischer psychologischer Hermeneutik ergibt sich auch ohne weiteres die Antwort auf die sehr kurzsichtige Frage, ob die Psychoanalyse der Naturwissenschaft oder der Psychologie oder gar den Geisteswissenschaften zuzurechnen sei. Als ob es sich hier um *eine* Wissenschaft im Sinne *eines* einheitlichen theoretischen Bedeutungszusammenhanges handelte und nicht um eine *Vielheit* solcher, die ihrerseits lediglich durch allgemeine und individuelle praktische Forschungszwecke, aber nicht durch ein immanentes theoretisches Prinzip zusammengehalten wird. Als hermeneutische Methode im Sinne der Erforschung, Auslegung und Rekonstruktion der inneren Lebensgeschichte gehört die Psychoanalyse zur Psychologie, als Theorie dynamisch-funktionaler Lebensvorgänge zur Biologie usw. Diesen Sachverhalt hat selbst JASPERS in seiner erwähnten Schrift (vgl. S. 76) nicht richtig gesehen und gedeutet.

2. Was die Einsicht in die grundlegende Bedeutung unseres Gegensatzpaares und seiner reziproken Beziehungen für die *Psychotherapie* überhaupt angeht, so verweise ich auf meinen auf diesem Gegensatz und der Forderung

---

[39] *Analysis of mind*, London und New York 1924.
[40] *Allgem. Erkenntnislehre*, 2. Aufl., Berlin 1925.

seiner *praktischen* Überwindung aufgebauten Vortrag über *Psychotherapie als Beruf* in der Berliner Medizinischen Gesellschaft[41].

3. Aber schon im *psychologischen Experiment,* sei es in der Weise des künstlichen Laboratoriumsexperiments, sei es in der Weise des auf der gewöhnlichen Lebenssituation aufgebauten Lebensexperiments, wie WERTHEIMER, KÖHLER, LEWIN u. a. sie in Berlin ausführen, und wie GOLDSTEIN und GELB u. a. es auch bei gestörten Lebensfunktionen zu tun pflegen, hat man es zunächst mit der Erforschung der inneren Lebensgeschichte zu tun, etwa schon da, wo man der Versuchsperson eine Denkaufgabe stellt und sie sich von dieser Aufgabe zu einer Lösung oder Teillösung motivieren läßt. Indem hier das einzelne Motivationserlebnis, die einzelne historische Willensentscheidung der Versuchsperson, so und gerade so sich gedanklich motivieren zu lassen, Sie nicht oder nur wenig interessiert, indem Sie vielmehr aus gehäuften Beobachtungen solcher Motivationserlebnisse auf Übereinstimmungen oder Verschiedenheiten in deren zahlenmässigem Verhältnis achten, *schließen* Sie auf bestimmte Funktionsabläufe im Organismus, gleichgültig ob seelische oder physiologische. Auch ob Sie dabei Geschehnisse und Gebilde[42] unterscheiden, ob Sie von einzelnen Funktionen oder von Funktionsgestalten, funktionellen Strukturfeldern reden, ist für den hier vorliegenden begrifflichen und sachlichen Gegensatz irrelevant. Ein anderes ist es, ob Sie glauben, daß zum Zwecke der wissenschaftlichen Forschung die strukturelle Beobachtungsweise diese Umwandlung leichter vollziehbar macht: eine Umwandlung, Umdeutung, eine μετάβασις εἰς ἄλλο γένος bleibt es aber immer.

4. Besonders wichtig ist unsere begriffliche Trennung aber auf dem Gebiete der sogenannten *Charakterologie,* die nicht etwa eine besondere Wissenschaft innerhalb der Psychologie darstellt, wie viele glauben, sondern selber Psychologie ist. HÄBERLIN *(Der Charakter)* mit seiner scharfen Trennung von Stellung im Leben und Einstellung zum Leben hat einer Vermengung der Gesichtspunkte hier vorgebeugt. Ebenso betont STRICH in seinen viel zu wenig beachteten, von uns besonders hoch eingeschätzten *Prinzipien der psychologischen Erkenntnis* (Heidelberg 1914): „Es ist geradezu Pflicht, hier wie überall möglichst wenig auf den Charakter als Die letzte Tatsache zu schieben, in der wir den Grenzbegriff der psychologischen Erkenntnis sehen, und möglichst viel individuell historisch zu verstehen" (S. 100), und: „Was wir Charakter oder Persönlichkeit nennen, ist nichts anderes als die allgemeinste Tendenz oder das letzte Gesetz, das sich im Leben des Individuums zeigt" (S. 221). Desgleichen ist sich PFÄNDER in seinen charakterologischen Arbeiten des uns beschäftigenden Unterschieds aufs schärfste

---

[41] Erschien im I. Jahrg., H. 3 (1928), der Zeitschrift *Der Nervenarzt.* [Binsw. 1927a]

[42] Vgl. K. LEWIN: *Gesetz und Experiment in der Psychologie.* Sonderdrucke d. Symposions, H. 5, Berlin 1927.

bewusst, verdanken wir doch gerade ihm die entscheidende Herausarbeitung des Begriffs der psychologischen Motivation[43], der die Wissenschaft von der inneren Lebensgeschichte beherrscht. Aber bei KLAGES z. B. und vielen anderen bilden Materie, Struktur und Qualität oder Stoff, Gefüge und Artung des Charakters ein nicht genug geschiedenes Konglomerat aus Lebensfunktionen und innerer Lebensgeschichte, was eine begriffliche Klarheit in Dingen der Charakterologie erschwert. Auch hier müssen wir ausgehen von der Lebensgeschichte, der Tatsache, daß eine menschliche Person sich auf diese bestimmte Weise von einem bestimmten Erlebnisgehalt motivieren läßt, z. B. auf eine bestimmte Beleidigung zu einer bestimmten zornigen Regung, von einem bestimmten Gefühl der Schuld zu einem bestimmten Reueerlebnis, vom Anblick eines gleichgeschlechtlichen Wesens zu einer Liebesregung usw. Soweit es sich lediglich um solches Motivationsverständnis handelt, treiben wir Psychologie, oder wie man sich auszudrücken beliebt, psychologische Charakterologie. Wo wir zu solchen Akten des Motivationsverständnisses *wiederholt* veranlaßt werden, nachlässigerweise aber auch nur auf Grund eines einzigen solchen Verstehensaktes, machen wir dann auch die Annahme, daß die betreffende Person sich *in der Regel*, und nicht nur in den beobachteten Fällen, in der angegebenen Weise bestimmen läßt, und schließen nun, statt lediglich von einer habituellen Bestimmbarkeit oder Motivierbarkeit der Person zu sprechen, auf eine dieser habituellen Richtung zugrunde liegende Lebensfunktion, sei es im Sinne eines zornigen Temperaments, sei es im Sinne einer tiefen oder depressiven Gemütsanlage, sei es im Sinne einer homosexuellen Perversion. Überall handelt es sich hier um Begriffe aus dem Gebiete der Lebensfunktionen des Organismus[44]. Da diese Funktionsbestimmtheiten sehr häufig auch noch mit morphologischen Eigentümlichkeiten des Organismus verbunden sind, geschieht es oft, daß wir, insbesondere in der populären, aber auch in der wissenschaftlichen Charakterologie glauben, mit der Berücksichtigung und Verarbeitung der Lebensfunktionen auskommen zu können und einen Menschen verstanden zu haben, wenn wir von seinen biologischen Lebensfunktionen, seiner zornmütigen, tiefen oder depressiven oder homosexuellen „Anlage" Kenntnis haben. Insoweit treiben wir aber ledig-

---

[43] *Motive und Motivation.* Münchner Philos. Abhandlungen (Lippsfestschrift), Leipzig 1911.

[44] Ich befinde mich hier offenbar auch in Übereinstimmung mit KRONFELD, der zwar auch nur von „abnormem Seelengeschehen" oder „Seelenvorgängen" schlechthin spricht, aber klar eingesehen und formuliert hat, daß die klinische Konstitutionsforschung der Psychiatrie „zu einer *hypothetisch-biologisch fundierten und genetischen Lehre von den abnormen Charakterzügen*" wird. Vgl. seine neueste, didaktisch besonders gelungene Schrift. *Die Physiologie in der Psychiatrie* (Berlin 1927), S. 40 f. Ich weiche von KRONFELD jedoch insofern ab, als ich hierin keine Psychologie mehr erblicke, sondern lediglich Biologie, nämlich eine *biologische* Typologie des Psychisch-Abnormen.

lich biologische Charakterologie, d. h. eben Biologie. Und das Verstehen, das hier in Frage kommt, ist daher auch kein psychologisches Verstehen, sondern ein teleologisches Erkennen, wie es in der gesamten Biologie überhaupt stattfindet. Dieses biologische Charakter-Erkennen hat aber immerhin eine praktische Bedeutung für das psychologische Charakter-Verstehen: Es bestimmt von vornehrein die *Grenzen,* innerhalb derer ein Erlebnisgehalt zum Motiv für ein neues Erlebnis werden *kann,* wenn auch keineswegs *muß.* Einschränkung oder Begrenzung der Bestimmbarkeit durch Motive ist aber keineswegs daßelbe wie das Verständnis der einzelnen tatsächlichen Bestimmtheit durch ein Motiv. Dieser Unterschied wird meist übersehen[45]. Gerade hier zeigt sich anderseits aber auch die Bedeutung der Lebensfunktion und damit des Organismus überhaupt für die innere Lebensgeschichte: Der Organismus, m. a. W. die Individualisation, ist nicht das schaffende Prinzip – denn dieses ist „das Universum" –, sondern das einschränkende, begrenzende Lebensprinzip überhaupt, wie wir es ja schon bei ARISTOTELES gelernt haben. Damit ist es aber auch das einschränkende Prinzip für das, was tatsächlich Erlebnisgehalt *werden kann.* Ähnliche Anschauungen hat schon SCHELER bis auf das psychophysische Problem seiner „inneren Wahrnehmung" durchgeführt und E. STRAUS in seiner Schrift über das Problem der Individualität mit großem Erfolg verwertet. Auch HÄBERLIN setzt sich gründlich und bis in die metaphysische Sphäre mit diesem Problem auseinander[46]. Wir befinden uns hier aber auch ganz auf dem Boden der GOETHEschen Weltanschauung. Für GOETHE stellt bekanntlich erst die gesamte Menschheit den Menschen dar. Daher wird ihm, was er an LAVATER so sehr bewundert, so leicht jede Grenze deutlich, „in welche die Natur uns Individuen einzuschränken beliebt hat".

---

[45] Daß es sich beim psychologischen Verstehen um etwas anderes handelt als beim biologischen Erkennen des Charakters, geht auch daraus hervor, daß, auf der noematischen Seite, bei ersterem von Gestalt und Gestalteinflüssen gesprochen werden kann, bei letzterem nicht. Beim psychologischen Verstehen in seiner charakterologischen Sonderart unterliegen wir ganz ähnlichen Gestalteinflüssen wie bei der äußeren Wahrnehmung, insofern z. B. hier die kleinste „Verschiebung" eines Charakterzuges das Ganze des Charakterbildes zu verändern vermag, und zwar schon im Hinblick auf die schlichte Kenntnisnahme oder Anschauung. Beim biologisch-charakterologischen Verstehen gibt es etwas Derartiges nicht. Hier handelt es sich lediglich um empirisch festgestellte, primär uneinsichtige korrelative Beziehungen von funktionalen (oder morphologischen) Sachverhalten, z. B. von Schwachsinn und gewißen Konfigurationen der Fingerkapillaren oder von unproduktiver Intelligenz und Mangel an kinästhetischen Deutungen, von gesteigerter Affektivität und Farbenreaktion im RORSCHACHschen Versuch. Deswegen sind auch die Typen, die auf Grund solcher Sachverhaltskorrelationen aufgestellt werden (z. B. von den Brüdern JÄNSCH) keine anschaulichen Ganzheiten, Strukturen oder Gestalten, sondern empirische, funktionale und morphologische „theoretische" Sachverhaltsbezüge.

[46] Vgl. den Abschnitt: *Individuum und Universum* in Der Geist und die Triebe, Basel 1924.

5. Was von der Charakterologie gilt, gilt in ähnlicher Weise von der speziellen *Idealtypenlehre*. So sehr ich selber z. B. die ebenso sehr bewunderten wie angegriffenen Idealtypen geistiger Strukturen von SPRANGER, eben als Typen, schätze, so sehr muß gerade heutzutage davor gewarnt werden, in der Schaffung und Erkenntnis solcher Typen das letzte Wort der Psychologie erblicken zu wollen; denn ihr letztes Wort ist immer die Erkenntnis der individuellen Person, auf welche Erkenntnis das Typenverstehen nicht nur eine fördernde, sondern auch eine einschläfernde Wirkung auszuüben vermag. In dieser Gesamtauffaßung und ihrer systematischen Begründung und Durchführung weiß ich mich einig insbesondere mit HÄBERLIN *(Der Charakter)* und mit STRICH, dessen Prinzipien der psychologischen Erkenntnis nicht ohne tiefen Grund den Untertitel *Prolegomena zu einer Kritik der historischen Vernunft* tragen. Doch muß ich hier wieder auf meinen bereits erwähnten Aufsatz über Verstehen und Erklären in der Psychologie hinweisen.

6. Für den *neurologischen Kliniker* ist die Antithese von Lebensgeschichte und Lebensfunktion gerade heute auf einem besonders heiklen Spezialproblem brennend, dem Gebiete der sog. „Striatumneurosen", insbesondere der Tics. Gerade hier sind die Gebiete der „gestörten Lebensfunktion" und der Lebensgeschichte äußerst schwer zu trennen, und zeigt sich überdies die Bedeutung des ersteren für das letztere besonders deutlich[47]. Für das Neurosenproblem überhaupt ist dieses Spezialgebiet besonders bedeutungs- und aussichtsvoll. Denn auch hier ist immer die „Begrenzung" der Gesamtanlage zu derjenigen biologischen Funktionsweise, zu demjenigen abnormen „Organismus" ins Auge zu fassen, welche dazu beiträgt, daß die innere Lebensgeschichte einen solchen Verlauf nimmt, daß wir sie als neurotisch bezeichnen[48]. Niemals ist ja das klinische Neurosen- oder Psychopathenproblem zu lösen nur von dem Gebiet der inneren Lebensgeschichte allein aus, wie manche Psychoanalytiker – keineswegs FREUD selbst – behaupten;

---

[47] Vgl. die bereits erwähnte neueste Bearbeitung dieses Gebietes durch E. STRAUS, aber auch den oben (S. 74) erwähnten Aufsatz von GOLDSTEIN.

[48] In seiner Habilitationsschrift und einer damals noch ungedruckten Arbeit, in deren Manuskript ich Einsicht nehmen durfte, läßt E. STRAUS die spezielle Fragestellung nach den Beziehungen zwischen Lebensfunktion und Lebensgeschichte in der Neurose in, wie mir scheint, bündiger Weise in das Problem der Beziehungen zwischen Erlebnis und physischen Variationen überhaupt einmünden, und zwar ohne auf das psychophysische Problem im philosophischen Sinne einzugehen, was hier ein besonderes Verdienst bedeutet. In der Aufdeckung der bisher prinzipiell falschen Fragestellung nach dem Verhältnis von „psychogener" und physischer „Variation" auf dem Gebiet des Neuroseproblems und der prinzipiellen Lösung dieser Frage liegt ein methodologischer Fortschritt von großer Tragweite für Psychiatrie und Neurologie, demgegenüber der Umstand, daß die Trennung zwischen Lebensfunktion und innerer Lebensgeschichte und damit zwischen „psychisch" und „psychogen" (im Sinne des Autors) noch nicht überall prinzipiell *genug durchgeführt* erscheint, nicht mehr ins Gewicht fällt.

ebensowenig aber ist es zu lösen vonseiten des Gebietes der Lebensfunktionen allein, was ja auch immer einer der besten Kenner der somatischen Seite des Neuroseproblems betont, Friedrich KRAUS[49].

7. Die Bedeutung unserer Unterscheidung für die psychiatrische Klinik haben wir nicht mehr zu untersuchen, bildete sie ja den Ausgangspunkt unserer ganzen Fragestellung (I). Immerhin ist sie hier keineswegs *erschöpft*, sondern nur an einem psychiatrisch-klinischen Spezialproblem aufgezeigt.

8. Was die allgemeinen Vorstellungen über das Verhältnis von Lebensfunktion und innerer Lebensgeschichte angeht, so sei hier zunächst an HEGEL erinnert. Er unterscheidet das, was wir hier als seelisch-körperlichen Funktionskomplex von der geistigen Person und ihrer Geschichte unterschieden haben, in den Begriffen des *Genius* und des Selbstanschauens des Genius. „Das Substantielle des Genius ist die ganze Totalität des Daseins, Lebens, Charakters nicht als blosse Möglichkeit oder Fähigkeit oder Ansicht, sondern als Wirksamkeit und Betätigung, als konkrete Subjektivität.[50]" Das „Individuum" ist aber mehr als der Genius, es ist „die seine Wirklichkeit in sich wissende Monade, das Selbstanschauen des Genius"[51]. Jedoch können wir hier im einzelnen nicht auf HEGELs im doppelten Sinne geniale Lehre vom „subjektiven Geist" eingehen.

In unserer Zeit hat HÄBERLIN den ernsten und gründlichen Versuch gemacht, dieses Wirken des „Genius" und sein „Selbstanschauen" auf eine einheitliche Formel zu bringen, die wir in seiner Lehre von der „Struktur des Interesses" und ihrer Zurückführung auf das Verhältnis zwischen dem

---

[49] Vgl. *Über das Neurosenproblem*, Klin. Wochenschr., Bd. 6, H. 12. – *Trotz der Unverkennbarkeit der allgemeinen Beziehungen* zwischen Lebensfunktion und innerer Lebensgeschichte darf aber auch deren Uneinsichtigkeit, Vagheit und konkrete Unbestimmbarkeit nicht übersehen werden. So spricht auch KRONFELD von einer „Konvergenz der psychopathologischen Charakterlehre und der klinischen Konstitutionsforschung" und einer „organischen Wechselwirkung" zwischen Psychologie und klinischer Forschung, schränkt dann aber diese Konvergenz und Wechselwirkung sehr richtig ein, indem er erklärt: „Der konstitutionsbiologische Befund *stigmatisiert* ein Seelenleben nach bestimmbaren, aber in sich *psychologisch ungleichartigen* Richtungen als abnorm; dies Seelenleben seinerseits aber ist in einer großen Fülle von Eigenarten und Reaktionen unabhängig von diesen konstitutionsbiologischen Stigmen. Diese Tatsache zieht Grenzen für unsere Erkenntnis der Grundlagen von menschlichen Charakteren, Grenzen aber auch für die biologische Determination der Charaktere selber" (a. a. O. S. 89). Da wir den konstitutionsbiologischen Befund mit der konkreten Lebensfunktion, den unbestimmten Ausdruck „Seelenleben" mit unserem Begriff der inneren Lebensgeschichte gerade *hier* wohl identifizieren dürfen, können wir KRONFELD hier nur beipflichten. – Insbesondere aber gehen wir hier einig mit E. STRAUS, der schon 1926 auf die Konvergenz der Personlehre und der biologischen Forschung hinwies, zeigend, daß und inwiefern die letztere zwar nicht zum *Verständnis*, wohl aber zur *Kenntnis* der Person beizutragen vermag (*Das Probl. d. Individ.*, S. 129 f.).

[50] *Enzyklopädie* § 405.
[51] *Enzyklopädie* § 406.

im Individuum gleichermaßen „wirkenden" Interesse des Universums und demjenigen des Individuums selbst erblicken dürfen. Nur geht es hier leider ohne eine prinzipielle psychologische Aus- und Umdeutung des im weitesten Sinne funktionalen Geschehens nicht ab, so wenn HÄBERLIN das relativ gegensätzliche Reagieren eines Individuums gegen die relative Ausgeglichenheit des Primärinteresses als „Mißbilligung" deutet oder die Solidarischerklärung des Individuums mit der unausgesprochenen Exzentrizität als „Bereuen"[52]. Man kann natürlich ebensogut sagen, daß hier psychologische lebensgeschichtliche Phänomene funktional umgedeutet werden. Mit diesem „Vorwurf" soll der großartige Versuch HÄBERLINs nicht verkleinert, sondern nur auf die Schwierigkeit, ja Unmöglichkeit einer rein begrifflichen (unspekulativen) Überwindung unseres Gegensatzes hingewiesen werden. HÄBERLIN ist im übrigen derjenige Psychologe, welcher den Begriff der inneren Lebensgeschichte am besten kennt, hat er sein Denken doch nicht umsonst auch an den psychoanalytischen Ergebnissen geschult. Er begreift unter dem Ausdruck Lebensgeschichte überhaupt die äußere und innere Lebensgeschichte, wie wir es auch tun, also die Geschichte des „Genius" und die Geschichte seines „Selbstanschauens", in seiner Terminologie die Geschichte der Stellung im Leben und die der Einstellung zum Leben. Aber er erkennt sehr klar, daß erst die letztere „in ihrem inneren Werden und ihrem möglichen Wechsel aus der Entwicklung eigentlich eine *Geschichte* des Lebens" macht. Wenn auch wir selbst den Begriff der Einstellung (= sich von etwas motivieren lassen) weiter fassen als HÄBERLIN, der ihn in engste Beziehung zur „Idealbildung" bringt, so können wir uns doch seinen Satz zu eigen machen: „Die Einstellung... ist das eigentlich geschichtsbildende Moment in der Gesamtentwicklung, weil sie prinzipielle Auseinandersetzung des Individuums mit sich selbst bedeutet", oder, anders ausgedrückt, weil sie „mit *innerer* Notwendigkeit weiter treibt"[53]. Inwiefern diese innere Notwendigkeit aber zugleich *Freiheit* bedeutet, diese philosophisch und methodologisch für unser gesamtes Thema grundlegende Frage können wir hier nicht mehr berühren[54].

Daß die Reduktion der realen Beziehungen zwischen innerer Lebensgeschichte und Lebensfunktion auf rein quantitative funktionale Momente, wie es FREUDs Lebensanschauung und Lehre entspricht, nicht befriedigen kann, wurde bereits erwähnt.

Zum Schluß noch ein Wort über den inneren Lebens*zusammenhang*, wie er in der Lebensgeschichte zutage tritt. Immer wieder ist man, wie

---

[52] *Der Geist und die Triebe*, Basel 1924, S. 401.
[53] *Der Charakter*, Basel 1925, S. 413.
[54] Vgl. hierzu neuerdings MEDICUS: *Die Freiheit des Willens und ihre Grenzen* (Tübingen 1926) und JOELs Besprechung dieser Schrift: *Ein Fortschritt im Streit um die Willensfreiheit* (Der Gerichtssaal, Bd. 93).

wir sahen, versucht, ihn gleichsam auf ein ontologisches Substrat zu beziehen, das man dann gerne als den Charakter, den Dämon, das Wesen des Menschen bezeichnet. In PFÄNDERs Lehre von dem im Laufe der Lebensgeschichte sich erst auszeugenden Charakter findet dieses Bedürfnis seinen methodologisch einwandfreisten und brauchbarsten Ausdruck. Nur dürfen wir nie vergessen, daß dieser Grundcharakter, dieses Wesen des Menschen nicht losgelöst gedacht werden darf von der Lebensgeschichte, da es sich nur *in ihr* dokumentiert, manifestiert, nur in ihr „west" und ohne sie nichts ist. Wie die Quelle nichts mehr ist, „wenn sie nicht fließend gedacht wird", wie GOETHE bei Anlaß der Charakteristik seiner Schwester in Dichtung und Wahrheit sich ausdrückt. Und noch beunruhigt uns eine Frage über dieses Grundwesen hinaus, die Frage, was denn *hinter* ihm etwa noch liegen, in *ihm* sich betätigen möge. Der religiöse Mensch aller Zeiten hat die Antwort auf diese Frage gefunden, die Metaphysik hat sich mit ihr abgequält. Am bekanntesten und relativ einfachsten ist die Antwort der philosophischen Romantik und Mystik von PLOTIN über CAMPANELLA bis zu SCHELLING, ja SCHOPENHAUER[55]. Weltseele-Weltwille sind die Stichworte jener Lehren. Abgesehen von dem blinden Walten des letzteren bei SCHOPENHAUER, stoßen wir hier überall auf die Idee einer göttlichen *Weltordnung,* in der innere Lebensgeschichte, Lebensfunktion und das unscheinbarste äußere Lebensereignis gleichermaßen vorausbestimmt und gelenkt werden. Unserem „entzauberten" Zeitalter ist die Aufgabe übrig geblieben, jene Teilgebiete menschlichen Lebens rational zu durchforschen – so tief und ausgedehnt als es unsere heutigen scharfen Denkmittel nur erlauben –, aber auch so scharf auf ihren methodologischen Sinn hin zu untersuchen, daß wir verstehen, was Wissenschaft auf jedem dieser Gebiete will, was hier ihr Sinn und ihre rationale Funktion ist und demnach ihr Ort auf dem Globus intellectualis.

---

[55] Vgl. dessen Transcendente Spekulation über die anscheinende Absichtlichkeit im Schicksal des Einzelnen *(Parerga und Paralipomena,* I) mit dem klassischen PLOTINschen Motto: [in der Übersetzung von Binsw.] Das Zufällige (eigentlich das Plan- und Ordnungslose) hat keine Stätte in der Sphäre des Lebendigen; vielmehr herrscht hier eine einzige Harmonie und Ordnung.

Traum und Existenz

I

> Man halte vielmehr daran fest,
> was es bedeutet, ein Mensch zu sein.

Wenn inmitten einer leidenschaftlichen Hingabe oder Erwartung urplötzlich das Erwartete uns betrügt, die Welt mit einem Male so „anders" wird, daß wir in völliger Entwurzelung den Halt in ihr verlieren, dann sagen wir später, vom wiedergewonnenen festen Standort aus jenes Momentes gedenkend, wir seien damals „wie vom Blitz getroffen aus allen Himmeln gefallen". Mit solchen Worten kleiden wir unser Erlebnis fassungsloser Enttäuschung in ein dichterisches Gleichnis, das, keines einzelnen Dichters Phantasie entsprungen, aus unser aller geistiger Heimat emporquillt, aus der Sprache; denn die Sprache ist es, die für uns alle „dichtet und denkt", noch ehe der Einzelne es zum eigenen Dichten und Denken gebracht hat. Aber was hat es mit diesem „dichterischen Gleichnis" für eine Bewandtnis? Handelt es sich dabei lediglich um eine Analogie im Sinne der Logik oder um eine bildliche Metapher im Sinne der Poetik? Mit einer solchen Auffassung gingen wir am innersten Wesen des dichterischen Gleichnisses vorbei; denn dieses Wesen liegt noch *hinter* dem, was die Logik und die Lehre vom dichterischen Ausdruck zu Tage fördern; es liegt in den tiefsten Gründen unserer Existenz, da wo lebend-geistige Form und lebend-geistiger Inhalt noch ungeschieden des Blitzes harren, der sie zündend spaltet. Wenn wir in jäher Enttäuschung „aus allen Himmeln fallen", so fallen wir tatsächlich; aber weder ist das ein rein körperliches Fallen noch ein solches, das ihm (analogisch oder metaphorisch) nachgebildet oder von ihm abgeleitet ist; vielmehr liegt es im Wesen der jähen Enttäuschung und des Entsetzens, daß die Eintracht mit Um- und Mitwelt, die uns bis anhin trug, plötzlich einen Stoß erlitt, durch den sie ins Wanken kam. In einem solchen Augenblick ist unsere Existenz tatsächlich beeinträchtigt, aus ihrem sie tragenden Halt an der „Welt" heraus- und auf sich selbst zurückgeworfen. Bis wir wieder einen neuen festen Standort in der Welt finden, ist daher unser gesamtes Dasein in der Bedeutungsrichtung des Strauchelns, Sinkens, Fallens. Nennen wir diese allgemeine Bedeutungsrichtung die Form, das jähe Entsetzen den Inhalt, so sehen wir, daß hier beides noch *eins* ist.

Nur derjenige, welcher nicht den ganzen Menschen betrachtet, sondern nur eine Seite an ihm, wie es der Biologe tut – denn Menschsein ist mehr als leben – , wird sagen, jene Richtung von oben nach unten, das Fallen, sei rein in der lebenden Struktur des Organismus begründet; denn bei jähem Entsetzen trete ein Tonus- oder Spannungsverlust unserer quergestreiften Muskulatur ein, wobei wir halb oder ganz ohnmächtig hinsänken; aus diesem rein körperlichen Vorbild schöpfe die Sprache. Nach dieser Auffassung wäre das Aus-allen-Himmeln-fallen tatsächlich eine rein analogische oder metaphorische Übertragung eines Tatbestandes aus der Sphäre des Körpers in diejenige der Seele, und innerhalb dieser letzteren wäre es eine bloße bildliche Ausdrucksform ohne Inhalt oder Substanz, eine bloße façon de parler".

Tiefer geht die Ausdruckslehre von KLAGES, welcher aber bei aller Betonung der Einheit von Seele und Leib doch an der ausdruckstheoretischen Voraussetzung festhält, daß „das Seelische" gemäß unserer psychophysischen Organisation jeweils in bestimmter sinnlich-räumlicher Form erscheine, z. B. die als weich bezeichnete Seele in der weichen Schrift, der Hochmut in dem hoch getragenen Kopf. Und weil das Seelische in solchen Formen erscheine, verwende die Sprache Ausdrücke aus der räumlich-sinnlichen Sphäre für die seelischen Eigenschaften und Vorgänge. Diese Auffassung hat etwas Bestechendes. Sie setzt jedoch voraus, daß man die erwähnte ausdruckstheoretische Grundthese von KLAGES teilt, wonach der Leib die Erscheinung der Seele sei, Die Seele aber der Sinn des lebendigen Leibes. Diese theoretische Annahme liegt mir fern.

Ich selbst schließe mich der Bedeutungslehre von HUSSERL und HEIDEGGER an, die erstmalig auf unser spezielles Sprachproblem angewendet zu haben das Verdienst von LÖWITH ist [Vgl. hierzu im Anhang den Brief von v. Gebsattel an Binswanger vom 5. Juni 1954.]. Wenn wir gleicherweise z. B. von einem hohen und niederen Turm, einem hohen und tiefen Ton, einer hohen und niedrigen Moral, einem hohen und tiefgesunkenen Mut sprechen, so handelt es sich hier keineswegs um sprachliche Übertragungen aus irgendeiner dieser Seinssphären auf die andere, vielmehr um eine allgemeine Bedeutungsrichtung, die sich gleichermaßen auf die einzelnen regionalen Sphären „verteilt", d. h. innerhalb derselben besondere Bedeutungen (räumliche, akustische, geistige, seelische usw.) erhält. So stellt auch das Sinken oder Fallen eine allgemeine Bedeutungsrichtung von oben nach unten dar, die je nach dem „ontologischen Existenzial", etwa dem entfernend-ausrichtenden der [Vgl. hierzu im Anhang den Brief von v. Gebsattel an Binswanger vom 5. 5. Juni 1954.] Räumlichkeit, dem Geworfensein der Stimmung oder der Auslegung des Verstehens eine besondere existenzielle Bedeutung „für" unser Dasein erhält. Wir fallen in der jähen Enttäuschung also nicht deswegen aus allen Himmeln oder auch aus den Wolken, weil Enttäuschung oder Entsetzen, wie WUNDT sagte, einen „asthenischen Affekt" darstellen, der sich als Bedrohung der aufrechten Körperhaltung kundgibt, als ein körperliches Wanken, Straucheln oder Fallen, das seinerseits dann wieder der Sprache als reales körperliches Vorbild für ein dichterisches Phantasiebild dienen soll; vielmehr greift die Sprache in diesem angeblichen Gleichnis einen zutiefst in der ontologischen Struktur des Menschseins angelegten speziellen Wesenszug, das Gerichtetseinkönnen von oben nach unten, selbständig heraus und bezeichnet ihn demgemäß als Fallen. Dazu bedarf es keines Umwegs über den asthenischen Affekt und seine körperliche Äußerung. Vielmehr ist aufzuklären, warum überhaupt Enttäuschung einen asthenischen Charakter hat, nämlich weil unsere gesamte Existenz hier nicht mehr auf „festen", sondern auf „schwachen" Füßen steht, ja überhaupt nicht mehr steht, denn weil ihre Eintracht mit der Welt einen Riß bekam, ist ihr der Boden unter den Füßen weggezogen worden und gerät sie ins Schweben. Das Schweben nun unserer Existenz muß zwar nicht notwendig die Richtung nach unten annehmen, es kann auch Befreiung bedeuten und Möglichkeit des Steigens; hält die Enttäuschung als Enttäuschung aber an, so geraten wir vom Schweben ins Wanken, Sinken, Fallen. Aus dieser ontologischen Wesensstruktur schöpft die Sprache, schöpft aber auch, wie wir gleich sehen werden, die Einbildungskraft des Dichters, und schöpft vor allem der Traum.

Mit unserer Betrachtungsweise, die sich unter den Psychologen und Psychiatern noch kaum regt, in der genannten philosophischen Richtung aber immer deutlichere Gestalt annimmt, ist auch das fragwürdigste von all den vielen fragwürdig gewordenen Problemen unserer Zeit, das Verhältnis von Leib und Seele, zwar nicht einer Lösung entgegengeführt, wohl aber aus seinem uralten metaphysischen und religiösen Geleise geworfen, aus seinen einzelnen Problemstellungen, wie Wechselwirkung, Parallelismus und Identität, vertrieben, ja als falsch gestelltes Problem überhaupt entlarvt. Damit gewinnen wir erst freie Bahn auch für die Förderung anthropologischer Einzelprobleme, wie sie uns hier beschäftigen.

Dass wir in der Enttäuschung gerade aus den Wolken oder aus allen Himmeln fallen, hat seinen Grund natürlich wieder in weiteren, von der Sprache ergriffenen Sach- und Wesensbezügen, so daher, daß unser Blick von unsern leidenschaftlichen Hoffnungen, Wünschen und Erwartungen „umnebelt" wird oder daß wir uns im Glück „wie im Himmel" fühlen; jedoch das Fallen selbst, wie natürlich auch sein Gegenteil, das Steigen, ist keiner weitern Ableitung mehr fähig, hier stoßen wir ontologisch auf Grund.

Derselbe Grund des Fallens und Steigens unseres Daseins trägt auch alle religiösen, mythischen und dichterischen Vorstellungen von der Himmelfahrt des Geistes und der Erdenschwere des Leibes. Ich erinnere nur an SSCHILLERs wunderbares Bild von der Verklärung des Herakles:

> Froh des neuen, ungewohnten Schwebens,
> Fließt er aufwärts, und des Erdenlebens
> Schweres Traumbild sinkt und sinkt und sinkt.

Wenn wir aber sagen sollen, wer nun eigentlich dieses Wir ist, das als ein Glücklichseiendes steigt, als ein Unglücklichseiendes fällt, so sind wir in arger Verlegenheit. Hält man uns entgegen, dieses Wir, das seien eben wir Menschen, da gebe es doch weiter nichts zu fragen, so müssen wir erklären, daß hier erst alles wissenschaftliche Fragen anfängt; denn auf die Frage, wer denn eigentlich „wir Menschen" seien und was wir seien, hat noch keine Zeit weniger eine Antwort zu geben vermocht als die unsrige, und wir stehen heute gerade wieder im ersten Beginn eines neuen Fragens nach diesem Wir. Auch hier haben Dichtung, Mythus und Traum eher Antwort gegeben als Wissenschaft und Philosophie. Sie haben wenigstens das *eine* gewußt, daß dieses Wir, das Subjekt des Daseins, keineswegs offen daliegt, sondern daß es sich „in tausend Formen" zu verbergen liebt, und das *andere*, daß dieses Subjekt keineswegs mit dem individuellen Leib und seiner äußeren Gestalt identifiziert werden darf. Um nur innerhalb der einen Teilstruktur zu bleiben, daß wir steigendes und fallendes Dasein sind, so haben die Dichter immer gewußt, daß es ganz gleichgültig ist, ob wir das Subjekt, den „Wer" dieses Daseins, ausdrücken durch unsere leibhafte Gestalt, durch ein Glied dieser Gestalt, durch einen Besitz, der ihr zu eigen ist, oder durch etwas, womit wir überhaupt nur in der Welt sind, sofern es nur Steigen und Fallen irgendwie zum Ausdruck zu bringen vermag. Die Frage nach dem Wer unseres Daseins beantwortet sich nicht durch die in die Sinne fallende Einzelgestalt, die bleibt unwesentlich, sondern durch irgendein Moment, das dem einzelnen Strukturmoment, hier also dem Steigen oder Fallen, als Subjekt dienen kann, und sei es auch ein in seiner sinnlichen Gestalt uns fremdes, äußerliches Subjekt. Trotzdem bleibe *ich* das Ursubjekt dessen, was steigt und fällt. Auf diesen richtigen ontologischen Einsichten beruht der Wahrheitswert und ein großer Teil der Wirkung der Darstellungen des Subjekts des Daseins in Mythus, Religion und Dichtung. Wir verfolgen nun unser Thema unter gleichzeitiger Berücksichtigung der Darstellung des Subjekts des Fallens, Stürzens oder Sinkens.

Als den zu Tode Verzweifelten und in seiner Verzweiflung gegen sich selbst wütenden Maler Nolten „ganz unerwartet ein beschämender Vorwurf aus verehrtem Munde" trifft, durch den er urplötzlich „die grausamste Abkühlung" erfährt, die wir nur erfahren können, da verläßt der Dichter den Weg der unmittelbaren Schilderung des Seelenzustandes seines Helden, wendet sich direkt an den Leser, der sich atemlos von ihm angeredet hört: „Es wird (in einem solchen Zustand) auf einmal totenstill in dir, du siehst dann deinen eigenen Schmerz, dem Raubvogel gleich, den in der kühnsten Höhe ein Blitz berührt hat, langsam aus der Luft herunterfallen und halb tot zu deinen Füßen sinken." Hier dichtet schon nicht mehr die Sprache als solche, sondern der einzelne Dichter, wenn er auch den Wesenszug des Fallens von der Sprache überhaupt übernimmt, so wie diese ihn aus dem Wesen des Menschseins selber übernommen hat. Und nur aus diesem Grunde ist es zu erklären, daß dieses Gleichnis den Leser sofort „anspricht", daß es auf ihn wirkt und er kaum mehr merkt, daß es ein Gleichnis ist, sondern sogleich aufhorcht mit der Überzeugung: Um mich handelt es sich, ich bin (oder, was hier ganz auf dasselbe herauskommt, ich könnte sein) der zu Tode getroffene Raubvogel.

Hier nun befinden wir uns an der Schwelle des Traumes; aber auch alles, was wir bisher gesagt haben, bezog sich Wort für Wort schon auf den Traum, der ja seinerseits nichts anderes ist als eine bestimmte Art des Menschseins überhaupt.

In dem erwähnten Gleichnis ist mein eigener Schmerz, also etwa an oder in mir, ein „Teil" von mir, zum verwundeten Raubvogel geworden. Damit beginnt die dramatisierende Personifizierung, die wir auch als das Hauptdarstellungsmittel des Traumes kennen: „ich" falle jetzt nicht mehr als Einzelner und Einsamer in meinem Schmerz aus den Wolken, sondern mein Schmerz selbst fällt als eine zweite dramatische Person mir vor die Füße, der sprechendste Ausdruck dafür, daß ich unter Umständen sehr wohl aus dem Himmel falle und doch noch „rein körperlich" mit beiden Füßen auf der Erde stehen und meinem eigenen Fallen in der Selbstbeobachtung zuschauen kann.

Wenn wir in der neuen Dichtung wie in der alten, in den Träumen und Mythen aller Zeiten und aller Menschen immer wieder den Adler oder Falken, den Weih oder Geier als Personifizierung unseres steigenden und sehnsüchtig steigenwollenden, aber auch unseres fallenden Daseins vorfinden, so zeigt das nur, ein wie wesentlicher Grundzug unseres Daseins seine Bestimmung als steigendes und fallendes ist. Und zwar ist dieser Grundzug nicht zu verwechseln mit bewußtem zweckhaftem Steigenwollen oder bewußter Furcht vor dem Fallen, das sind schon Spiegelungen oder Reflexionen jenes Grundzugs im Bewußtsein. Nein, Steigen und konkretes Ziel des Steigens, um hiebei zu bleiben, sind hier wesentlich unreflektiert gemeint, wie denn auch rein tatsächlich für die Wenigen, durch die die Menschheit sich fortpflanzt, der Satz CROMWELLs gilt, daß keiner so hoch steigt, „wie der, der nicht weiß, wohin es geht". Gerade dieses unreflektierte oder, wie die Psychoanalyse sagt, unbewußte Moment ist es, das in dem steigenden Dasein des Raubvogels, der hoch über uns in blauer Ferne ruhig seine Kreise zieht, uns so „verwandt" anspricht.

> Doch ist es jedem eingeboren,
> Daß sein Gefühl hinauf und vorwärts dringt,
> Wenn über uns, im blauen Raum verloren,
> Ihr schmetternd Lied die Lerche singt;
> Wenn über schroffen Fichtenhöhen
> Der Adler ausgebreitet schwebt,
> Und über Flächen, über Seen

Der Kranich nach der Heimat strebt.

Auf dem Grunde dieser „Eingeborenheit" sind alle Adler- und Vogelgleichnisse, wie alle echten Daseinsausdrücke, nicht nur formal erläuternd oder ergänzend, sondern substantiell vertiefend. Um nur noch ein dichterisches Beispiel zu nennen, erinnere ich an MÖRIKEs Adlergleichnis zur Kennzeichnung des unreflektierten, steigenden und vor dem Fallen sich fürchtenden Glücks der Liebe:

> Der Adler strebt hinan ins Grenzenlose,
> Sein Auge trinkt sich voll von sprüh'ndem Golde;
> Er ist der Tor nicht, daß er fragen sollte,
> Ob er das Haupt nicht an die Wölbung stoße.
> Und Liebe, darf sie nicht dem Adler gleichen?
> Doch fürchtet sie; auch fürchten ist ihr selig,
> Denn all ihr Glück, was ist's? – ein endlos Wagen!

In den Träumen kommt das Fliegen und Fallen bekanntlich oft als Schweben und Sinken unserer eigenen leibhaftigen Gestalt vor. Man bringt diese Fliege- und Fallträume in Beziehung bald zu körperlichen Zuständen, insbesondere zur Atmung, wobei man es dann mit sogenannten Leibreizträumen zu tun hätte, bald mit erotischen Stimmungen oder rein sexuellen Wünschen. Beides ist möglich, und wir können weder mit der einen noch mit der anderen Annahme in Konflikt geraten, da es sich bei unserer Auffassung um die Aufdeckung einer apriorischen Struktur handelt, für welche sowohl das Leibreiz- und Leibschema überhaupt als auch die erotisch-sexuelle Thematisierung spezielle, sekundäre Erfüllungen sind. Nur für diese letzteren muß der Nachweis eines bestimmten, in der äußern und inneren Lebensgeschichte des Träumers liegenden Motivs erbracht werden, um zu verstehen, warum gerade in diesem Zeitmoment diese bestimmte Erfüllung zum Ausdruck gekommen ist, also z. B. der Nachweis, warum der Träumer gerade jetzt seiner Atmung Aufmerksamkeit schenkt, warum er gerade jetzt Anlaß zu erotischen Wünschen und Befürchtungen usw. hat. Erst dann ist ein solcher Traum psychologisch verstanden. Kleidet sich der Wunsch oder die Befürchtung aber noch in eine zweite und dritte Person (oder ein Drama unter Tieren), so bedarf es zum psychologischen Verständnis noch der minutiösen Rückübersetzung der einzelnen Mensch- oder Tierfiguren in die einzelnen seelischen Strebungen. Ich habe ein solches Traumbeispiel, in welchem der seelische Konflikt durch den Angriff eines Adlers auf einen ruhig dahockenden Marder und den Raub des letzteren durch den sich in die Lüfte erhebenden Adler dargestellt ist, an Hand einer längeren Traumserie andernorts ausführlich lebensgeschichtlich analysiert. Hier will ich einen einfacheren, aber durchaus gleichförmigen, Todes- und Liebesgedanken darstellenden Traum anführen, der von einer meiner Patientinnen während der Periode geträumt wurde, aber ohne ihn näher zu analysieren, was hier viel zu weit führen würde:

Vor meinen Augen stürzt sich ein Raubvogel auf eine weiße Taube, verwundet sie am Kopf und erhebt sich dann mit ihr in die Luft. Ich verfolge das Tier mit Rufen und Händeklatschen und nach längerer Jagd gelingt es mir, dem Raubvogel die Taube abzujagen. Ich hebe sie vom Boden und finde zu meinem großen Kummer, daß sie bereits tot ist.

Während in dem Beispiel aus dem *Maler Nolten* das steigend-fallende Dasein durch den einen, vom Blitz getroffenen Raubvogel seine bildliche Erfüllung gefunden hat, kommt es hier wie in dem Adler-Mardertraum zu einem Kampf zweier Kreaturen, von denen die eine die sieghaft-steigende, die andere die unterliegend-fallende Seite darstellt. Und wie in dem Noltenbeispiel der vom Schmerz der Enttäuschung und Abkühlung gelähmte Mensch den Raubvogel selbst sterbend zu seinen Füßen sinken sieht, so sieht hier die Träumerin die Taube tot am Boden liegen. Für die Deutung des Traumes kommt es absolut nicht darauf an, ob sich das Drama, das sich in der Totenstille der Seele abspielt, in der Rolle der Person des Träumers selbst, in einer, zwei oder mehreren Nebenrollen neben dieser Person oder *nur* in solchen abgeleiteten Rolle abspielt. Das Thema, das sich das Dasein im Schlafe gibt, der „Inhalt" des Dramas also, ist das Wichtige und Ausschlaggebende, die Rollenverteilung ist demgegenüber das Zufällige und Nebensächliche. Oft macht sich die Enttäuschung des absteigenden Lebens auch noch darin geltend, daß der stolze Raubvogel sich nach seinem Tod in wertloses Zeug verwandelt oder daß er gerupft und weggeworfen wird. Zwei Träume Gottfried KELLERs, die Ermatinger im 2. Band seiner Kellerbiographie aus KELLERs Tagebüchern wiedergibt, mögen das Gesagte erläutern:

Erster Traum:

Den 10. Januar 1848.

Vergangene Nacht befand ich mich in Glattfelden. Die Glatt floß glänzend und fröhlich am Hause vorbei; aber ich sah sie in eine weit fernere, fast unabsehbare Ferne fließen, als es wirklich der Fall ist. Wir standen am offenen Fenster gegen die Wiesen hinaus, da flog ein mächtiger Adler durch das Tal, hin und wieder; als er sich drüben an der Buchhalde auf eine verwitterte Föhre setzte, klopfte mir das

Herz auf eine sonderbare Weise. Ich glaube, ich empfand eine rührende Freude darüber, zum erstenmal einen Adler in seiner Freiheit schweben zu sehen. Nun flog er ganz nah an unserm Fenster vorbei, da bemerkten wir genau, daß er eine Krone auf dem Kopfe trug, und seine Schwingen und Federn waren scharf und wunderlich ausgezackt, wie auf den Wappen. Wir sprangen, mein Oheim und ich, nach den Gewehren an der Wand und postierten uns hinter die Türen. Richtig kam der riesige Vogel zum Fenster herein, und erfüllte fast die Stube mit der Breite seiner Schwingen; wir schossen, und am Boden lag anstatt des Adlers ein Haufen von schwarzen Papierschnitzeln, worüber wir uns sehr ärgerten.

Zweiter Traum:

Den 3. Dezember.

Heute nacht träumte mir von einem Weih. Ich schaute in einem Hause zum Fenster hinaus, im Hofe standen die Nachbarn mit ihren Kindern, da flog ein großer, wunderschöner Gabelweih über den Dächern einher. Er schwebte eigentlich nur, denn seine Flügel waren dicht geschlossen, und er schien vor Hunger krank und matt, indem er immer tiefer sank und sich mit Mühe wieder erheben konnte, aber nie so hoch, als er vorher gesunken war. Die Nachbarn mit ihren Kindern schrien und lärmten und warfen ungeduldig die Mützen nach ihm, um ihn ganz herabzuwerfen. Er sah mich an und schien, sich auf- und niederbewegend, mir sich nähern zu wollen. Da lief ich schnell weg in die Küche, um etwas Speise für ihn zu holen. Ich fand mit Mühe etwas, und als ich hastig damit wieder am Fenster erschien, lag er schon tot am Boden in den Händen eines kleinen lausigen Jungen, welcher die prächtigen Schwungfedern ausrupfte und umherwarf und endlich ermüdet den Vogel auf einen Misthaufen schleuderte. Die Nachbarn, welche ihn endlich mit einem Steine herabgeworfen hatten, waren unterdessen auseinander und an ihre Geschäfte gegangen. Dieser Traum machte mich sehr traurig.

Versenken wir uns in diese Träume, wozu schon allein ihr ästhetischer Reiz einlädt, so glauben wir, einen Augenblick gleichsam den Puls des Daseins zu fühlen, seiner Systole und Diastole, seiner Expansion und Depression, seinem Ansteigen und Zusammensinken zuzusehen. Und zwar äußert sich jede dieser Phasen scheinbar doppelt, im Bild und in der stimmungsmäßigen Reaktion auf dasselbe: im Bild des in seiner Freiheit schwebenden Adlers und der Freude darüber, im Bild der schwarzen Papierschnitzel und des Ärgers darüber, des gerupften toten Weihs und der Traurigkeit darüber. Im Grunde sind aber freudiges Bild und die darüber empfundene Freude, trauriges Bild und die darüber empfundene Trauer eins, nämlich Ausdruck ein und derselben steigenden oder abfallenden Wellenphase; denn auch in dieser Hinsicht ist das Thema, welches das Dasein sich in jeder solchen Phase gibt, das Ausschlaggebende; ob es sich stärker in dem Stimmungsgehalt der Bilder selbst oder in der über das Bild empfundenen, scheinbar rein reaktiven Stimmung des Träumers äußert, ist, wie wir weiter unten sehen werden, zwar auch von Bedeutung, aber von sekundärer (z. B. klinisch-diagnostischer) Bedeutung. Gerade die Vertiefung in den manifesten Trauminhalt, der seit FREUDs epochemachendem Postulat der Rekonstruktion der latenten Traumgedanken in neuerer Zeit allzusehr in den Hintergrund des Interesses gerückt ist, lehrt uns, die ursprüngliche enge Zusammengehörigkeit von Gefühl und Bild, von Gestimmtsein und bildhaftem Erfülltsein richtig zu würdigen. Und was von den kurzen Wellen gilt, deren thematische Spiegelung wir in Bild und Stimmung des Traumes betrachten können, gilt natürlich auch von den längeren und tieferen Wellen der normalen und pathologischen exaltierten und depressiver „Verstimmung".

Dass nun aber die glückhaft aufsteigende Lebenswelle nicht nur durch ein Steigen, die unglücklich absinkende nicht nur durch ein Fallen ihre bildhafte Erfüllung finden können, möge im Vorbeigehen noch an zwei Beispielen gezeigt werden.

Unser zweiter Traum Gottfried KELLERs hat noch eine ebenso anmutige, wie für uns interessante Fortsetzung; nämlich auf den Passus: „dieser Traum machte mich sehr traurig", folgt weiter:

...hingegen ward ich sehr vergnügt, als ein junges Mädchen kam und mir einen großen Strauß Nelken zum Kaufe anbot. Ich wunderte mich sehr, daß es im Dezember noch Nelken gebe, und handelte mit dem Kinde; sie verlangte drei Schillinge. Ich hatte aber bloß zwei in der Tasche und war in großer Verlegenheit; ich verlangte, sie sollte mir für zwei Schillinge von den Blumen absondern, indem nur so viel in meinem Champagnerglas, in welchem ich die Blumen gewöhnlich aufbewahre, Platz hätten. Da sagte sie: „Lassen Sie mal sehen, sie geht schon hinein." Nun stellte sie eine Nelke nach der anderen bedächtig in das schlanke glänzende Glas, ich sah ihr zu und empfand jenes Behagen und Wohlgefühl, welch immer in einen kommt, wenn jemand vor unsern Augen eine leichte Arbeit still, ruhig und zierlich vollbringt. Als sie aber die letzte Nelke untergebracht hatte, wurde es mir wieder angst. Da sah mich das Mädchen freundlich und schlau an und sagte: „Sehen Sie nun? Es sind aber auch nicht so viel, wie ich geglaubt habe, und sie kosten nur zwei Schillinge." Es waren indessen doch keine eigentlichen Nelken, aber von einem brennenden Rot, und der Geruch war außerordentlich angenehm und nelkenhaft.

Nachdem also der „wunderschöne Gabelweih" gerupft und tot von dem „lausigen Jungen" und der rohen Menge achtlos auf dem Misthaufen liegen gelassen war, erhebt sich wieder eine neue Welle, die nun aber nicht mehr ein Bild des Steigens emporwirft, sondern Blumen von intensiver Farbe und angenehmstem Geruch, eine freundliche, anmutig schelmische Mädchengestalt, ein schlank glänzendes Champagnerglas, alles thematisch zu einer glückhaften Szene verbunden, die trotz drohender Beeinträchtigung durch Verlegenheit und Angst bis zum Schlusse siegreich durchhält. Hier gibt sich die aufsteigende Wellenkurve durch das Anklingen stark sinnenhafter und erotischer Lebensreize kund und desgleichen wiederum durch die entsprechende stimmungsmäßige Begleitung des szenischen Themas.

Andere Male kommt der Umschlag von einer sieghaft glücklichen Lebensströmung in eine verzagt ängstliche zum Ausdruck durch das Vergehen der im Sonnenglanz glitzernden Farbenpracht und die Verdeckung von Licht und Sicht überhaupt, wie es GOETHEs Fasanentraum aus der *Italienischen Reise* in prägnanter Weise zeigt:

Indem ich mich nun in dem Drang einer solchen Überfüllung des Guten und Wünschenswerten geängstigt fühle, so muß ich meine Freunde an einen Traum erinnern, der mir, es wird eben ein Jahr sein, bedeutend genug schien. Es träumte mir nämlich: ich landete mit einem ziemlich großen Kahn an einer fruchtbaren reich bewachsenen Insel, von der mir bewußt war, daß daselbst die schönsten Fasanen zu haben seien. Auch handelte ich sogleich mit den Einwohnern um solches Gefieder, welches sie auch sogleich häufig, getötet, herbeibrachten. Es waren wohl Fasanen, wie aber der Traum alles umzubilden pflegt, so erblickte man lange, farbig beaugte Schweife, wie von Pfauen oder seltenen Paradiesvögeln. Diese brachte man mir schockweise ins Schiff, legte sie mit den Köpfen nach innen, so zierlich gehäuft, daß die langen bunten Federschweife, nach aussen hängend, im Sonnenglanz den herrlichsten Schober bildeten, den man sich denken kann, und zwar so reich, daß für den Steuernden und die Rudernden kaum hinten und vorn geringe Räume verblieben. So durchschnitten wir die ruhige Flut, und ich nannte mir indessen schon die Freunde, denen ich von diesen bunten Schätzen mitteilen wollte. Zuletzt in einem großen Hafen landend, verlor ich mich zwischen ungeheuer bemasteten Schiffen, wo ich von Verdeck auf Verdeck stieg, um meinem kleinen Kahn einen sichern Landungsplatz zu suchen.

An solchen Wahnbildern ergötzen wir uns, die, weil sie aus uns selbst entspringen, wohl Analogie mit unserm übrigen Leben und Schicksalen haben müssen.

Dieser etwa ein Jahr vor dem Antritt der Reise nach Italien und vor seiner Niederschrift geträumte Traum, seine langdauernde Gegenwart im Gedächtnis des Träumers und seine immer wiederkehrende Erwähnung gestatten dem Psychologen einen deutlichen Einblick in die Labilität, ja Bedrohtheit von GOETHEs damaliger Existenz, die er mit sicherem Instinkt durch die Flucht nach Italien, nach Süden, Farben, Sonne, nach neuem Geistes- und Liebesgehalt siegreich überwand.

Doch kehren wir wieder zurück zum Fliege- und Schwebetraum. Ich möchte an einem Beispiel zeigen, daß es oft gerade nicht die Träume mit auffallend starkem Bildgehalt sind, die dem Psychiater Besorgnis einflößen, sondern diejenigen, in denen der Bildgehalt und damit auch die dramatische Bewegung des Traums hinter dem reinen Stimmungsgehalt zurücktreten. Es ist ein Zeichen geistiger Gesundheit, wenn der Mensch im Traum seine Wünsche und Befürchtungen vorwiegend in dramatischen Bildern objektiviert, aus denen dann erst, wie wir gesehen haben, der Stimmungsgehalt zu entströmen scheint. In dem folgenden „kosmischen" Traum eines unserer Kranken überwiegt der Stimmungsgehalt derart, daß selbst die gewaltigste Objektivation, das Bild des Kosmos oder Universums, nicht mehr genügt, um ihn bildhaft zu fixieren. Weder steht hier der Kranke neben dem Drama, es von seiner eigenen Leibgestalt ablösend, noch vermag er ganz in dem Drama aufzugehen. Der Traum lautet:

Ich befand mich in einer wunderbaren anderen Welt, in einem Weltenmeer, worin ich ohne Form geschwebt. Von weitem sah ich die Erde und alle Gestirne und fühlte mich ungeheuer flüchtig und mit einem übermäßigen Kraftgefühl.

Der Kranke selbst bezeichnet diesen Traum als einen Sterbetraum. Dieses Schweben ohne Form, diese völlige Auflösung der eigenen Leibgestalt ist diagnostisch nicht günstig. Auch der Gegensatz zwischen dem ungeheuren Kraftgefühl und der Formlosigkeit der eigenen Person weist auf eine momentane tiefere Störung in deren geistiger Struktur. Es gehört dann aber nicht mehr zum Traum, sondern zu der Psychose als solcher, wenn ihn der Kranke als einen Wendepunkt seines Lebens bezeichnet und seinen Stimmungsgehalt als so faszinierend empfindet, daß er ihn in Tag- oder Wachträumen immer wieder nacherlebt und dieses Gefühl jedem anderen Lebensgehalt vorzieht, ja wiederholt versucht, wirklich aus dem Leben zu gehen. Was Jeremias GOTTHELF einmal von seinem Traum sagte: „ich fühlte, daß heilend die Nacht über mir gewesen", und das andere: „sind da nicht auch Träume gute Gottesgaben, und haben wir sie nicht anzuwenden zu unserem geistigen Wachstum?", das läßt sich auf unseren Träumer nicht anwenden. Wie verschieden ist ein solcher Traum von Stil und Struktur des ebenfalls kosmischen Fliegetraumes Jean PAULs:

Wahrhaftig selig, leiblich und geistig gehoben, flog ich einige Male steilrecht in den tiefblauen Sternhimmel empor und sang das Weltgebäude unter dem Steigen an.

Wie verschieden auch ist ein solcher Traum von den wundervollen, wenn auch wohl etwas stilisierten Heimatträumen Gottfried KELLERs im vierten Band des *Grünen Heinrich!* Hier ein Überquellen von Naturgestalten und

Naturwundern, ein überaus reicher Waldzauber, über welchem der Träumer ebenfalls hoch oben zu schweben scheint, so daß unten alles wie ein unterirdischer Sternenhimmel erscheint, „nur daß er grün war und die Sterne in allen Farben erstrahlten". Dort aber, bei unserem Kranken, welche abstrakte Weltenphantasie, in der uns fröstelt und schaudert! Und während Keller in seinen Träumen zwar angstvoll die Vorboten einer schweren Krankheit sah, aber doch auf jede Weise versuchte, wieder aus ihrem Banne herauszukommen, so läßt unser Kranker sich immer mehr von dem rein subjektiven ästhetischen Reiz seines Traumes bestricken.

In der Auflösung in das Subjektivste des Subjektiven, in den reinen Stimmungsgehalt, ist unserem Kranken der Sinn des Lebens abhanden gekommen, wie er selber zugibt: „Man ist auf der Welt, um den Sinn des Lebens zu finden; das Leben ist aber sinnlos, deswegen will ich mich befreien vom Leben, um zu der Urkraft zurückzukehren. Ich glaube zwar nicht an ein persönliches Leben nach dem Tode, sondern an eine Auflösung in die Urkraft." Ein völliges Verzweifeln am Sinn des Lebens wäre nun gleichbedeutend mit der Auflösung des Menschen in die reine Subjektivität, ja das eine wäre nur die Kehrseite des anderen; denn der Sinn des Lebens ist immer etwas Übersubjektives, etwas Allgemeines, „Objektives" und Unpersönliches. Wir müssen aber konstatieren, daß es eine Auflösung in die reine Subjektivität streng genommen gar nicht gibt, solange der Mensch Mensch ist. Auch bei unserm Kranken zeigt die Sehnsucht nach der Rückkehr in die Urkraft noch das Streben nach einem objektiven Grund und Halt; jedoch vollzieht sich dieses Streben, um mich der Unterscheidung BERTHOLETs zu bedienen, hier anscheinend rein dynamistisch, und zwar kosmisch-dynamistisch, nicht etwa theistisch-personalistisch. Geht man aber der äußeren und inneren Lebensgeschichte unseres Kranken auf den Grund, so gewahrt man immerhin, daß dieser Rückkehr in die kosmische Urkraft eine stark erotisch gefärbte Muttersehnsucht entspricht, nämlich das von dem jugendlichen Kranken deutlich zur Schau getragene und realiter betätigte Anlehnungsbedürfnis an eine mütterliche Geliebte. So kommt hier hinter dem anscheinend rein objektiven Dynamismus ein stark subjektiver Personalismus zum Vorschein, der den Halt am Objektiven und Unpersönlichen immer wieder in Frage stellt.

II

Das Bild des Raubvogels, der sich auf die Taube oder irgendein anderes Tier stürzt, um es zu zausen oder zu vernichten, ist uns auch aus der Antike bekannt. Aber während der heutige Mensch seine Welt im eigenen Busen aufbauen muß, nachdem er sich selbst zu seinem Gott und Herrn über Leben und Tod gemacht hat, und die äußere, von ungeistigen, wirtschaftlichen und technischen Mächten beherrschte Welt ihm keinen Halt mehr zu bieten vermag, kennt der antike Mensch weder im Wachen noch im Träumen jene Ureinsamkeit im Kosmos, die wir soeben bei unserem jungen Träumer festgestellt haben. Er verstünde noch nicht den Satz des großen Weisen Jeremias GOTTHELF: „Bedenke, wie dunkel die Welt wird, wenn der Mensch seine eigene Sonne sein will!" Er lebt in einem Kosmos, dem sich auch seine innersten, geheimsten Entscheidungen im Wachen wie im Traume nicht entziehen, denn „was wir im Augenblick der Entscheidung als Motive erleben, sind hier für den Erkennenden die Götter. Bei ihnen, nicht im unendlichen Gemüte, ist die Tiefe und der vornehmste Grund von allem Bedeutenden, das sich im Menschen vollzieht"[1]. Nicht als ob wir heute noch gleich dem Klassizismus die fertigen Formen des Griechentums einfach übernehmen wollten, das wäre gerade für den Psychologen ein überaus kurzsichtiges und schulmeisterliches Programm; wohl aber können wir mit dem modernen Humanismus einsehen, daß die Geistesgeschichte der Griechen der Aufbau einer Formenwelt ist, „in der die natürlichen Gesetze des Menschen sich allseitig entfalten", und daß es sich bei der Vertiefung in diese Formenwelt um nichts weniger als „um das Selbstverständnis und den Selbstaufbau des geistigen Menschen in der Grundstruktur seines Wesens handelt"[2]. Von diesem Gesichtspunkt aus wollen wir unser bescheidenes Detailproblem weiter verfolgen.

Wenn in der *Odyssee* (19, 535–581) im Traume der Penelope sich ein Adler auf die Gänse stürzt und allen den Garaus macht, so dachten hier weder Dichter noch Leser an subjektive Vorgänge in der Seele der Träumerin, vielmehr weist der Traum hier auf ein äußeres Geschehen hin, nämlich auf die Ermordung der Freier durch Odysseus. (Dasselbe gilt auch für den ähnlichen Traum der Hekuba in des EURIPIDES gleichnamiger Tragödie (68–97) von dem Wolf, der sich auf die Hindin stürzt.) Diese Träume sind zwar gedichtete Träume, aber wir dürfen uns gerade nach den Erfahrungen der Psychoanalyse einem berühmten Vorbilde anschließen, nämlich CICERO, der in der Schrift über die Weissagung seinem Bruder Quintus, welcher fortwährend mit gedichteten Träumen exemplifiziert, die Worte in den Mund legt: „Haec, etiam si ficta sunt a poeta, non absunt tamen a consuetudine somniorum."

Häufiger als in den Träumen selbst finden wir aber das Bild von Adler und Taube, Adler und Gans, Falke und Adler usw. als günstige oder ungünstige Antwort auf die Befragung des Orakels oder Sehers über die Vorbedeutung, den prophetischen Sinn des Traumes. Auch hier also weist dieses Bild auf ein zukünftiges äußeres Geschehen hin, gemäß der Grundüberzeu-

---

[1] Walter F. OTTO: *Die Götter Griechenlands*. Verlag Cohen, Bonn.
[2] Werner JAEGER: *Die geistige Gegenwart der Antike*. Verlag de Gruyter, Berlin.

gung der Griechen, daß das Weltgeschehen durch Moira und Götter zu einem Ganzen geordnet und im voraus genau bestimmt ist. (So hat schon HERAKLIT den lapidaren Ausspruch getan: „Die Sonne wird nicht überschreiten ihre Maße; wenn aber doch, so werden die Erinnyen, die Helferinnen der Dike, der Notwendigkeit und des ehernen Gesetzes sie ausfindig machen.") Ein solches auf den Traum folgendes Orakel finden wir z. B. in den *Persern* des AESCHYLOS. Nachdem Xerxes mit Heeresmacht nach Griechenland aufgebrochen, träumt Atossa, seine Mutter, von zwei Frauengestalten in dorischer und persischer Tracht. Die in Streit Geratenden schirrt Xerxes vor seinen Wagen. Die eine beugt sich willig dem Joch, die andere bäumt sich auf und zerbricht es. Xerxes stürzt und zerreißt beim Anblick des hinzutretenden und ihn bejammernden Dareios sein Gewand. Tief beunruhigt durch dieses und ähnliche Traumgesichte, schreitet Atossa mit der Priesterschar zu Apolls Altar und opfert für die fluchabwehrenden Gottheiten:

Und einen Adler seh' ich auf des Phoibos Herd
Sich flüchten: – lautlos, Freunde, stand ich da vor Angst: –
Dann sah ich einen Falken, der in raschem Flug
Auf ihn heranstürmt und mit scharfen Klauen sein Haupt
Zerrauft. Der Adler duckte sich nur scheu und gab
Den Rücken preis.

(Übers. v. Donner. V. 191–196.)

Man sieht diesem Bild als solchem nicht an, ob es einem Traum oder einem Geschehen in der äußeren Welt entstammt, so verwischt sind bei den Griechen die Grenzen zwischen dem innern Erlebnisraum, dem äußeren Geschehensraum und dem kultischen Raum. Das rührt daher, daß das Subjekt des Traumbildes, das Subjekt des kosmischen Geschehens und das Subjekt der kultischen Aussage ein und dasselbe ist, die Gottheit, Zeus oder seine Beauftragten, an die er seine Macht vorübergehend oder dauernd delegiert hat. Daher bilden hier Traumbild (das Bild der beiden vor den Wagen gespannten, hadernden Frauengestalten und der Sturz des Xerxes), äußeres Geschehen (Falke und Adler) und kultische Bedeutung eine untrennbare Einheit. Wo ist da noch die Rede von einem individuellen Subjekt und wo auch nur die Möglichkeit seiner ontologischen Begründung und Stürzung? Und wer will entscheiden, ob hier die Wahrheit in der Innerlichkeit der Subjektivität zu suchen ist oder in der Äußerlichkeit der Objektivität? Alles „Innen" ist hier „außen", wie alles Außen auch innen. Es ist daher auch ohne Bedeutung, ob ein solches Orakel auf einen Traum hin erfolgt oder ohne Zusammenhang mit einem solchen, wie auch oft der Traum allein ohne Orakel den Willen der Gottheit kundtut.

In der *Odyssee* (XV) finden wir zwei Vorzeichen in Gestalt unseres Bildes ohne vorausgegangenen Traum:

> Da er (Telemach) noch redete, flog ein Aar rechts über zur Höhe,
> Hielt eine schimmernde Gans, ein mächtig Tier in den Krallen,
> Die er bei Tage im Hofe geraubt; und es folgten mit Schreien
> Männer und Weiber zu Hauf. Doch der flog dort, wo sie standen,
> Rechts nach vorn an den Rossen vorbei. Und da sie es sahen,
> Wurden sie froh und ward ihnen warm das innerste Herze.
>
> (160–165, übers. v. R. A. Schröder.)

Aus diesen Vorzeichen deutet Helena dem Telemach die Zukunft also: Wie der Adler sich die gemästete Gans ergriffen, so kehre Odysseus bald nach Hause und hole sich Recht (174–177).

Im selben Gesange findet sich ein Bild, das dem Traumbild unserer früher erwähnten Träumerin sehr ähnlich ist:

> Da er (Telemach) noch redete, flog von rechts ein Vogel zur Höhe,
> Phoibos hurtiger Bote, der Falk, der eben ein Täublein
> Zwischen den Fängern zerriß und streute die Federn zu Boden
> Hoch aus der Luft, grad zwischen das Schiff und Telemach selber.
>
> (525–528.)

Auch dieser zur Rechten fliegende Vogel ist von den Göttern gesandt und bedeutet Glück.

Hier ist also überall von steigendem und fallendem Leben im Sinne des Lebensstroms des einzelnen Individuums noch keine Rede; vielmehr ist, was im Glücke steigt, im Unglück fällt, das Geschlecht, die Familie, aneinandergekettet durch gemeinsames, vorausbestimmtes Schicksal. Der Einzelne, das Geschlecht, das Schicksal und die Gottheit sind hier in einem einzigen Raum miteinander verwoben; um so bezeichnender und lehrreicher aber ist es, daß auch in diesem, von dem unsrigen so verschiedenen Daseinsraum die ontologische Teilstruktur des Steigens und Fallens so deutlich zutage tritt.

An die Stelle unseres Innen und Außen, dieses neuplatonischen, christlichen, romantischen Gegensatzes, tritt bei den frühen Griechen der Gegensatz der Nacht und des Tages, der Dunkelheit und der Helle, der Erde und der Sonne. Die Träume gehören in den Bereich der Nacht und der Erde; sie sind selber Dämonen, bewohnen ein eigenes Revier (Demos bei HOMER), bilden einen eigenen Stamm (Phylon bei HESIOD). Ihre Mutter ist die Nacht (HESIOD), die auch die Mutter des Todes und des Schlafes ist. Daher auch die Verwandtschaft zwischen den Traumdämonen und den Seelen Abgeschiedener, die bittend oder anklagend im Schlafe erscheinen, ein Motiv, das sowohl bei HOMER (*Ilias* 22) als bei ÄSCHYLOS *(Eumeniden)* und EURIPIDES *(Hekuba)* zu grandioser künstlerischer Ausgestaltung und tiefer psychologischer und ästhetischer Wirkung gelangt.

Es ist daher von tiefer Bedeutung; daß, während die Träume selbst durchaus der Nachtseite des griechischen Daseins zugehören, die kultische Traumdeutung, das Orakel allmählich dem Machtbereich der der Nacht verwandten alten Erdgottheit, der Gaia (vgl. z. B. die alte delphische Inspirationsmantik), entzogen und von dem neuen Gott, Phoibos Apollo, usurpiert wird. Der Traum der Atossa und das Orakel von Falke und Adler sind nicht geschieden nach innen und außen, nach subjektivem und objektivem Geschehen, sondern nach dem in der Nähe befangenen, dunklen und dumpfen, unklaren Reich der Nacht und dem Reich des wachsten aller Götter, des in die Ferne schauenden und zielenden klaren Sonnengottes Apoll.

Nun wissen wir aber, daß bei den Griechen neben dieser grandiosen, einheitlichen religiösen Weltauffassung auch nüchterne, erfahrungsmäßige Beobachtung und darauf sich stützende wissenschaftliche Theorie Platz hatten, vor allem aber auch die philosophisch-metaphysische Deutung der Welt als eines Zusammenhanges des Weltgeschehens vom Allgemeinsten bis zum Einzelnen und scheinbar Zufälligsten. CICERO erwähnt in seiner Polemik gegen die Weissagung aus Träumen diese drei Auffassungen als Möglichkeiten der Erklärung für die Zukunftsandeutungen der Träume, und zwar verwirft er alle drei Möglichkeiten und damit die ganze Traumprophetie, worin wir selbst ihm zustimmen. Er erwähnt (*De divinat.* II, 60, 124) die Möglichkeit der Eingebung durch eine göttliche Kraft (divina vis quaedam), durch „convenientia et coniunctio naturae", „quam vocant $\sigma \nu \mu \pi \acute{\alpha} \theta \epsilon \iota \alpha \nu$", und durch beständige und langdauernde Beobachtung (quaedam observatio constans atque diuturna) des Zusammentreffens von Traumerlebnissen mit späteren wirklichen Ereignissen. Das neue Moment, das wir hier kennenlernen, ist die Lehre von der Sympathie, die wir bei HERAKLIT, den Stoikern und hier insbesondere bei POSEIDONIOS, später in anderer Form bei PLOTIN, sodann wieder in dem für uns so wichtigen Traumbuch des SYNESIUS finden. Es ist die bekannte philosophische Lehre von dem All-Einen, die uns, wo immer wir siE auch später antreffen, an den Geist der Griechen erinnert. Und zwar können wir in dieser Lehre mehrere Unterarten unterscheiden: Bei HERAKLIT (ich folge hier H. REINHART *Kosmos und Sympathie*) handelt es sich um ein All-Eines, ein $\dot{\epsilon} \nu \; \kappa \alpha \iota \; \pi \alpha \nu$ des

Seins und seiner Ordnungen, der Zwiste und des Einklanges, später bei POSEIDONIOS „des Stoffes und des Geistes, der Natur und Gottes, des Zufälligen und des Schicksalhaften". Davon ist dann wieder zu unterscheiden das All-Eine im Sinne des ἐν το παν, der magischen Vereinigung der Kräfte, des Heranziehens, Heranrufens, der offenen und verkappten, kultischen und philosophischen Evokation, des „Strömens von Erscheinung zu Erscheinung", wie wir es noch in unserer Zeit im Aberglauben und gerade dem Traumaberglauben aller Gesellschaftskreise antreffen. Während nun aber die alte Götterlehre und die Philosophie der Griechen nur eine harmonische Ordnung des Kosmos, der Welt, kannten, finden wir schon bei POSEIDONIOS eine rein dynamistische Weltauffassung: An Stelle des Begriffs der Ordnung tritt schon hier derjenige „einer erklärlichen, natürlichen und doch geheimen und geheimnisvollen Kraft", welche Vorstellung noch in heutige wissenschaftliche und philosophische Lehren hineinragt. Und all das hat bei Griechen und Römern in die Auffassung des Traums hineingespielt, als beim Zusammenbruch der alten Welt und als ein untrügliches Zeichen desselben PETRONIUS, der fein- und freigeistige Vertraute des Nero, höhnisch erklärte, nicht Götter-Heiligtümer und göttliches Machtgebot schickten die Träume vom Himmel herab, sondern ein jeder mache sie sich selber: „Somnia, quae mentes ludunt volitantibus umbris, non delubra deum, nec ab aethere numina mittunt, sed sibi quisque facit." *(Anth. lat.* 651 R.)

Wie schon vor ihm LUKREZ *(De rer. nat.* IV, 962–1029) eine höchst realistische Darstellung des Zusammenhanges der Traumerlebnisse mit den Beschäftigungen des Tages, den Befürchtungen, Wünschen und sexuellen Begierden gegeben hat, so nimmt auch PETRONIUS das wichtigste Stück der neuzeitlichen Traumlehre vorweg: „sed sibi quisque facit!" Hier scheiden sich nicht nur in der Geschichte der Traumproblematik, sondern in der Geschichte überhaupt Altertum und Neuzeit: Die Hybris der Vereinzelung, der Allmacht und Göttergleichheit des menschlichen Individuums erhebt hier ihr Haupt. Und hier ist es, wo wir entgegen der unnatürlichen Überhebung des Menschen gegenüber dem All in die Formenwelt der Griechen, „in der die natürlichen Gesetze des Menschen sich allseitig entfalten", gerade an Hand unseres Spezialproblems von Traum und Existenz noch einen Blick tun wollen.

III

Wer ist dieser Quisque des PETRONIUS? Können wir hier das Subjekt des Traumes oder auch nur des Träumens wirklich mit Händen greifen? Die Vertreter der reinen Quisque-Theorie der Subjektivität vergessen, daß sie nur die halbe Wahrheit in Händen haben; sie vergessen, daß der Mensch zwar seinen Wagen rollt, „wohin es ihm beliebt, aber unter den Rädern dreht sich unmerklich die Kugel, die er befährt". Das gilt sowohl für die rein wissenschaftlich-genetische Auffassung des Traumes als vor allem auch für seine ethische Beurteilung, für die Frage nach der moralischen Verantwortung für den Traum. In der Unterscheidung FREUDs zwischen dem Ich und dem Es, HÄBERLINs zwischen dem Ich und dem „Universum", JUNGs zwischen dem individuellen und kollektiven Unbewußten, SSCHLEIERMACHERs zwischen dem Individual- und Gattungsbewußtsein, AUGUSTINs zwischen dem, was nur *in* und dem, was auch *von* uns geschieht, kommt der Unterschied zwischen dem Wagen und der Kugel, auf der er fährt, überall zum Ausdruck.

Es gibt aber noch eine wichtige derartige Unterscheidung, die in der Geschichte der Philosophie eine große Rolle spielt, ohne daß man sich dabei erinnert, daß sie in ihrem Ursprung mit der Unterscheidung von Träumen und Wachen zusammenhängt. Es ist die Unterscheidung zwischen Bild, Gefühl, subjektiver Meinung, „doxischer Form" (PLATO, HUSSERL) überhaupt auf der einen Seite, Geist, Objektivität, Wahrheit auf der anderen Seite. Und diese Unterscheidung ist wieder diejenige zwischen dem Quisque, dem Einzelnen, Vereinzelten, dem Hekastos der Griechen und der durch den Logos, die Verständigung, vermittelten menschlich-göttlichen Gemeinschaft. Aber während bei PETRONIUS und in jeglicher Aufklärungsepoche der Quisque als gänzlich unbestimmtes X gleichsam hinter dem Traum steht, als derjenige, der ihn sich macht, ist hier der Mensch noch etwas ganz anderes als nur ein Quisque und ein solcher auch nur insofern, als er in der Welt des Traumes, der Bilder, der Gefühle aufgeht. Der Einzelne wird hier aus einer naiven realistisch-metaphysischen Substruktion zu einem Modus des Menschseins, zu einer Art und Weise, wie man Mensch sein kann, nämlich der ungeistigen Möglichkeit des Menschseins. Diese Lehre ist, um nur einige ihrer Etappen zu nennen, an die Namen HERAKLIT, PLATO, HEGEL, KIERKEGAARD, HEIDEGGER geknüpft. Wir können hier nur auf einige für unser Thema wichtige Punkte aufmerksam machen.

Von HERAKLIT ist, nach HEGEL, der Anfang der Existenz der Philosophie zu datieren, bei ihm zuerst ist „die philosophische Idee in ihrer spekulativen Form anzutreffen". Sein großer Gedanke war, vom Sein zum Werden überzugehen, seine große Einsicht, daß Sein und Nichtsein nur Abstraktionen ohne Wahrheit sind und das erste Wahre nur das Werden ist; dadurch ist bei HERAKLIT das Moment der Negativität, das zugleich aber das Prinzip der Lebendigkeit ist, immanent. Außerdem aber stimmen HEGEL und HERAKLIT überein in ihrer Geringschätzung, ja Verwerfung alles Einzelnen und Vereinzelten und aller Beschäftigung damit. Für beide ist es insofern auch „geistlos", „die bewußte Individualität als einzelne seiende Erscheinung zu nehmen"; denn das „hat das Widersprechende, daß ihr Wesen das Allgemeine des Geistes ist" (HEGEL: *Phänom. d. Geistes*).

Schon im ersten Teil unserer Arbeit haben wir die Individualität, den einzelnen Träumer, auf ein Allgemeines hin untersucht, an einem kleinen existenziellen Ausschnitt freilich, an dem Bild des glücklichen und unglücklichen, einträchtigen oder beeinträchtigten Einzellebens, durch das Traumbild des in die Lüfte steigenden oder aus ihnen herabfallenden Vogels und etwa noch seines Kampfes mit einer zweiten Vogelgestalt oder des Steigens, Fliegens, Schwebens, des Sinkens, Fallens überhaupt. Das Allgemeine, das uns dort beschäftigte, der überindividuelle Bildgehalt, wird zwar nicht von jedem Einzelnen gemacht, wohl aber hat ihn jeder Einzelne im Traum, sieht nur er ihn, und wird nur er von ihm entzückt oder gequält. Seine Bilder, seine Gefühle, seine Stimmung gehören ihm allein an, er lebt ganz und gar in seiner eigenen Welt; und das ganz allein heißt, psychologisch gesprochen, träumen, ob wir dabei nun physiologisch schlafen oder wachen. Dies nun hat bereits HERAKLIT als das Entscheidende für die Kennzeichnung des träumenden und seine Abgrenzung vom wachenden Seelenleben erkannt. Er sagt (fr. 89), „die Wachenden" (Pluralis!) hätten *eine* und zwar eine gemeinsame Welt (ἕνα καὶ κοινὸν κόσμον), von den Schlafenden aber wende sich ein jeder (Hekastos, Singularis) seiner eigenen (Welt) zu (εἰς ἴδιον ἀποστρέφεσθαι).

So viel auch über diesen Gegensatz des Gemeinsamen, des Koinón oder Xynon, und des Eigenen, Einzelnen, Besonderen, des Idion bei HERAKLIT, schon geschrieben worden ist (vgl. vor allem auch K. Reinhardt *Parmenides*), so halte ich doch die Ausführungen des ihm in vielem so verwandten HEGEL (in seiner *Geschichte der Philosophie*) für besonders lehrreich. Wir können hier natürlich nur den Grundgedanken streifen. (Vgl. auch die mit den Mitteln der modernen Denkpsychologie versuchte Erklärung des Inhaltes von fr. 89 in meiner Schrift *Auffassung und Deutung des Traumes von den Griechen bis zur Gegenwart*, wo ich auch den doppelten Sinn dieses Fragments erläutert habe, nämlich daß und warum wir im Traum eine eigene Welt haben und daß und warum wir uns ihr zuwenden. [Vgl. das Autoreferat in d. Bd.])

Der Ausdruck für Welt, Kosmos, soll schon nach dem Sprachgebrauch des ANAXAGORAS, den HERAKLIT hier voraussetzt, nicht die (objektive) Welt, sondern den (subjektiven) Zustand der Einigung (κοινός) und der Zerstreuung (ἴδιος) bedeuten. Maßgebend aber für diese Einigung oder Zerstreuung ist bei HERAKLIT der Logos, den man sicherlich (so JOEL, G. BBURCKHARDT u. a.) bald mit Wort oder Rede, bald mit Gedanke, Lehre, Denknotwendigkeit, vernünftigen gesetzmäßigem Zusammenhang („harmonisch-disharmonische Weltordnung", so HOWALD) übersetzen muß. Er bezieht sich insofern sowohl auf die Verständigung, als, wie

HEGEL sagt, auf die Verständigkeit. Gemeinsam ist allen der Verstand, das besonnene Denken (τὸ φρονέειν)³; trotzdem man nun diesem Gemeinsamen folgen sollte und es also etwas gibt, in dem sich Alle als in etwas Gemeinsamem finden oder verständigen könnten, den Logos nämlich, leben doch die Vielen, als wenn sie einen eigenen Verstand oder ein eigenes privates Denken hätten und haben dürften (fr. 92). Das letztere aber ist, ob es nun im physiologischen Schlaf- oder Wachzustand geschieht, ein Dahinträumen. Den also Dahinträumenden ist verborgen, was sie im Wachen tun, so wie sie vergessen, was sie im Schlafe taten (fr. I). Das eigentliche Wachsein ist für HERAKLIT (negativ) das Erwecktsein aus der Privatmeinung (Doxa), dem subjektiven Dafürhalten, positiv das Leben (aber nicht nur das denkende Leben!) nach den Regeln des Allgemeinen, heiße dieses Allgemeine nun Logos, Kosmos, Sophia, oder sei es eine Verbindung von all dem im Sinne der vernünftigen Einsicht in den einheitlichen gesetzmäßigen Zusammenhang und im Sinne des Handelns nach dieser Einsicht. HEGEL stellt diese Lehre des HERAKLIT so dar, daß er sagt, hier sei die Vernunft, der Logos, die Richterin der Wahrheit, nicht aber die nächste beste eines jeden, sondern allein die göttliche, allgemeine, „dieses Maß, dieser Rhythmus, der durch die Wesenheit des Alls hindurchgeht". (Ein Nachklang der alten συμπάθεια.) Nur insofern wir im Bewußtsein dieses Zusammenhangs leben, nennen wir es nun Verstand, Verständigkeit oder Besonnenheit, sind wir wach. „Diese Form der Verständigkeit ist das, was wir Wachsein nennen." „Weil wir nicht mit dem Ganzen in Zusammenhang sind, so träumen wir nur." So getrennt verliert (nach HERAKLIT) der Verstand die Kraft des Bewußtseins, die er vorher hatte, verliert (nach HEGEL) der Geist als nur individuelle Einzelheit die Objektivität: Er ist nicht in der Einzelheit allgemein. Soweit wir teilnehmen am Wissen vom göttlichen Verstande, sind wir in der Wahrheit, soviel wir aber Besonderes haben (ἰδιάσωμεν), sind wir in der Täuschung. Das sind nach HEGEL sehr große und gewichtige Worte:

> Man kann sich nicht wahrer und unbefangener über die Wahrheit ausdrücken. Nur das Bewusstseyn des Allgemeinen ist Bewusstseyn der Wahrheit; Bewusstseyn aber der Einzelheit und Handeln als einzelnes, eine Originalität, die eine Eigentümlichkeit des Inhalts oder der Form wird, ist das Unwahre und Schlechte. Der Irrthum besteht also allein in der Vereinzelung des Denkens, – das Böse und der Irrthum darin, sich vom Allgemeinen auszuscheiden. Die Menschen meinen gewöhnlich, wenn sie etwas denken sollen, so müsse es etwas Besonderes seyn; dies ist Täuschung.

---

[3] Über die zentrale Bedeutung des φρονεῖν und der φρόνησισ in der griechischen Philosophie und deren Abwandlung bei SOKRATES, PLATO, ARISTOTELES vgl. Werner JÄGER, *Aristoteles*. (Verlag de Gruyter, Berlin)

Anderseits ist nach HEGEL „das Wissen von etwas, wovon nur ich weiß", eben ein Träumen, desgleichen ist das Einbilden und das Gefühl ein Träumen, „nämlich die Weise, daß etwas bloß für mich ist, ich etwas in mir, als in diesem Subjekte habe; so erhaben sich auch die Gefühle ausgeben möchten, so sind sie doch in mir und nicht als Freies von mir". Wie der Gegenstand nur dann kein eingebildeter, von mir zum Gegenstand gemachter ist, wenn ich ihn als ein an sich seiendes Freies, als einen an sich allgemeinen anerkenne, so ist auch das Gefühl nur „in der Wahrheit", wenn ich es, um mit SPINOZA zu reden, unter der Form der Ewigkeit anerkenne. Das klingt wohl alles sehr abstrakt, ist aber doch sehr lebensnah; denn in jeder ernsten seelischen Behandlung z. B., und zumeist gerade in der Psychoanalyse, kommen Augenblicke, wo der Mensch sich entscheiden muß, ob er seine Privatmeinung, sein Privattheater, wie eine Kranke sagte, seinen Übermut, Stolz und Trotz behalten will, oder ob er an der Hand des Arztes als des wissenden Mittlers zwischen Eigenwelt und gemeinsamer Welt, zwischen Täuschung und Wahrheit, aus seinem Traum erwachen und teilnehmen will an dem Leben der Allgemeinheit, an dem $\kappa o \iota v \grave{o} \varsigma$ $\kappa \acute{o} \sigma \mu o \varsigma$. Es wäre zwar schlimm bestellt um unsere Kranken, wenn sie HERAKLIT oder HEGEL verstehen müßten, um gesund zu werden; es wird aber keiner gesund, wirklich im Innersten gesund, es gelänge denn dem Arzt, das Fünkchen Geistigkeit in ihm zu erwecken, das wach sein muß, um solchen Geistes einen Hauch zu spüren. Das hat, besser als das Gros unserer heutigen Psychotherapeuten, schon GOETHE gewußt. Ich erinnere nur an den Ausspruch, den er dem Parmenides *(Die Weisen und die Leute)* in den Mund legt:

> Geh' in dich selbst! Entbehrst du drin
> Unendlichkeit in Geist und Sinn,
> So ist dir nicht zu helfen!

Mit der Erweckung des Sinns für die Unendlichkeit als des Gegensatzes zur Beschränkung der Einzelheit werden dem Einzelnen seine Bilder und Gefühle, seine Wünsche und Hoffnungen nicht genommen, sie werden nur aus der tantalischen Unruhe, Rastlosigkeit und Verzweiflung, aus dem fallenden, sinkenden, absteigenden Leben, zwar nicht in völlige Ruhe, das wäre der Tod, aber in aufsteigendes, mühelos schwebendes oder rauschendes Leben verwandelt, wie es eine meiner Kranken nach der Behandlung in einem Traumgesicht geschaut hat, welches zeigt, daß Geistigkeit, einmal geweckt, sogar den Traum zum Bild wenigstens des allgemeinen Lebens entzünden kann:

Ich war am Abend müde und sehr gequält von starker innerer Unruhe und Rastlosigkeit eingeschlafen. Im Traum ging ich dann an einem endlosen Meeresstrand entlang, und das ewige brandende Rauschen des Meeres brachte mich mit seiner nie endenwollenden Ruhelosigkeit zur Verzweiflung. Ich wünschte sehnlichst, das Meer zum Stillstehen bringen zu können, um Ruhe zu erzwingen. Da sah ich, wie mir ein großer Mann mit einem Schlapphut auf den Dünen entgegenkam. Er trug einen weiten Mantel, einen Stock und ein großes Netz in der Hand und hatte ein Auge von einer großen Locke, die in die Stirne hing, verdeckt. Als der Mann vor mir stand, breitete er das Netz aus, fing das Meer darin ein und legte es vor mich hin. Ich starrte entsetzt zwischen den Maschen hindurch und entdeckte, daß das Meer langsam starb. Eine unheimliche Ruhe war um mich herum, und der Tang, die Tiere und Fische, die im Netz gefangen waren, wurden langsam braun und gespenstisch tot. Ich warf mich dem Mann weinend zu Füßen und flehte ihn an, das Meer wieder freizulassen – ich wisse jetzt, daß Unruhe Leben bedeute und Ruhe den Tod. Da zerriß der Mann das Netz und ließ das Meer frei, und in mir war eine jubelnde Freude, als ich die Wellen wieder brausen und branden hörte, und dann wachte ich auf!

Dieser Traum ist noch in mehrfacher Hinsicht von größtem Interesse. In seinem Dreischritt von These (träumendem, gequältem Leben in der Vereinzelung), Antithese (Tod durch völliges Erlöschen des Eigenlebens infolge völliger Hingabe an das übermächtige, objektive Prinzip „der Andersheit") und Synthese (durch „Zurücknahme der Objektivität in die Subjektivität") spiegelt dieser Traum in bildlicher Darstellung den psychoanalytischen Prozeß wider, wie er von dem trotzigen Verharren in der Vereinzelung zur demütigen Unterwerfung unter die (unpersönliche) „Autorität" des Arztes („Übertragungsphase") zur „Lösung von der Übertragung" weiterschreitet. Daß diese Loslösung, über die so viel geschrieben worden ist und geschrieben wird, nur als echte Vergeistigung, als ein immer helleres, geistiges Wachsein im Sinne von HERAKLIT und HEGEL geschehen kann – sonst ist sie ein Betrug und Selbstbetrug –, wird von einer einseitig biologischen oder den Geist gar als „Lebensfeind" betrachtenden Auffassung übersehen. Nur dürfen wir als Psychotherapeuten bei HEGEL nicht stehen bleiben; denn als solche haben wir es nicht mit der objektiven Wahrheit, der Übereinstimmung von Denken und Sein, zu tun, sondern mit der „subjektiven Wahrheit", wie KIERKEGAARD sagt, das heißt mit der „Leidenschaft der Innerlichkeit", kraft derer die Subjektivität sich durch die Objektivität (der Mitteilung, Verständigung, Unterwerfung unter eine übersubjektive Norm) hindurch und wieder aus ihr herausarbeiten muß, wie es die dritte Phase unseres Traumes anzeigt. Nur auf Grund einer solchen Einsicht wird auch der Psychotherapeut selber aus einem träumenden ein wacher Geist, so daß man von ihm sagen kann, was KIERKEGAARD von LESSING sagt: „Indem er weder eine unfreie Hingabe annimmt, noch eine unfreie Nachahmung anerkennt, setzt er, selbst frei, jeden, der ihm nahe kommt, in ein freies Verhältnis zu ihm." In FREUDs Lehre von der Übertragung auf den

Arzt und ganz besonders der Befreiung von ihr schlummern alle diese Probleme; aber sie werden hier nicht wach, weil es noch niemandem gelungen ist und niemandem gelingen wird, aus Trieben Geist herzuleiten, denn hier handelt es sich um Begriffe, die ihrem Wesen nach inkommensurabel sind, ja dieser Inkommensurabilität gerade ihre Existenzberechtigung verdanken. Tiefer dringt hier die Lehre JUNGs von der Individuation als der Befreiung des Selbst „aus den falschen Hüllen der *Persona* einerseits und der Suggestivgewalt unbewusster Bilder anderseits". So tiefe Einsichten JUNG aus der Betrachtung der Individuation als „psychologischen Entwicklungsprozesses" aber auch gewinnt, so ist doch auch hier das Grundproblem der Individuation dadurch verdeckt, daß der Gegensatz von Träumen und Wachen, Aufgehen in der Eigenwelt und in der gemeinschaftlichen Welt, nicht als Gegensatz von Bild und Gefühl (die immer zusammengehören) und anderseits Geist begriffen wird. Da dieser Gegensatz aber da ist, kann er einem Forscher wie JUNG auch nicht entgehen. Der Versuch jedoch, ihn aus der „Funktion des Unbewußten" und seiner kompensatorischen Beziehung zum Bewußtsein" abzuleiten, kann deswegen nicht befriedigen, weil jener Gegensatz hier zwar aus der Hauptproblemschicht verschwunden zu sein scheint, dafür aber in den Detailproblemen und den Grundbegriffen weiterlebt. Das gilt besonders von dem Begriff des „kollektiven Unbewußten", das sowohl eine Art von bildhaftem „Gattungsbewußtsein" im Sinne von SCHLEIERMACHER darstellt, als auch die ethische Beziehung auf ein Allgemeines, auf „die Welt" oder „das Objekt" enthalten soll. Es ist klar, daß in diesem „kollektiven Unbewußten" unser Gegensatz ungelöst sein Wesen treibt. Dasselbe gilt von dem JUNGschen Begriffe des Selbst, in welchem sich Bewußt und Unbewußt zu einem Ganzen, einer Totalität „ergänzen". Die das bewußte Ich kompensierenden unbewußten Vorgänge sollen schon alle jene Elemente enthalten, die zur Selbstregulierung der Gesamtpsyche nötig sind; aber abgesehen davon, daß in jener Kompensation selber schon der ethische Grundfaktor, das Gewissen, verborgen ist, das den ganzen Funktionsdynamismus erst in Bewegung setzt, und daß nicht umgekehrt der Kompensationsmechanismus die Gesamtpsyche reguliert, wird ein Problem dadurch nicht gefördert, daß man es vom Ganzen auf die Elemente abwälzt. JUNG hat für seine Lehre mit großem Erfolg aus den Quellen des Ostens geschöpft, aus Indien und China, und er geht gern bei den Primitiven in die Lehre; wir hingegen glauben, bei aller Schätzung jener Quellen, den Schritt nicht rückgängig machen zu dürfen – auch für Psychologie, Psychoanalyse und Psychiatrie nicht –, den die Griechen in der Auslegung der Existenz getan haben. –

Wir kehren zu unserem Ausgangspunkt zurück. Wenn ich in fassungsloser Enttäuschung aus allen Himmeln falle, so drücke ich das, wenn ich mich wieder „gefaßt" habe, auch so aus, daß ich sage, „ich wußte nicht, wie mir geschah." Hier ist, um mit HEIDEGGER zu reden, das Dasein vor sein Sein gebracht; es ist gebracht, insofern als ihm etwas geschieht, und als er nicht weiss, wie und was ihm geschieht. Das ist der ontologische Grundzug alles Träumens und seiner Verwandtschaft mit der Angst![4] Träumen heißt: Ich weiß nicht, wie mir geschieht. In dem Ich und Mir kommt zwar der Einzelne, der Quisque und Hekastos wieder zum Vorschein, aber keineswegs als derjenige, der den Traum macht, sondern als der, dem er, „er weiß nicht wie", geschieht. Und dieser Einzelne ist hier nichts anderer als „der Selbige" im Sinne der „numerischen Identität der Person" (KANT), eine rein formale Anzeige ohne Substanz, der Spielball des steigenden und fallenden Lebens, des Meeresrauschens und der Totenstille, des Glitzerns der Farben in der Sonne und der Nacht des Schattens, der grandiosen Gestalt des Vogelfluges im Äther und des regellosen Haufens Papierschnitzel auf dem Boden, des Glanzes der Mädchengestalt, des Duftes der Nelke, der am Boden liegenden Vogelleiche, des machtvollen, grausamen Raubvogels und der zarten Taube. Ein Einzelner wird aus einem nur Selbigen ein Selbst oder „der" Einzelne, aus dem Träumer ein Wacher in dem unergründlichen Augenblick, wo er sich entscheidet, nicht nur wissen zu wollen, wie ihm geschieht, sondern auch „selber" einzugreifen in die Bewegung des Geschehens, wo er sich entschließt, in das bald steigende, bald fallende Leben Kontinuierlichkeit hineinzubringen oder Konsequenz. Erst jetzt *macht* er etwas. Was er aber macht, das ist nicht Leben, denn das kann auch der Einzelne nicht machen, sondern Geschichte. Träumend „ist" der Mensch, um an eine frühere, von mir getroffene Unterscheidung anzuknüpfen, „Lebensfunktion", wachend macht er „Lebensgeschichte". Und zwar macht er die Geschichte seines eigenen Lebens, die innere Lebensgeschichte, womit nicht zu verwechseln ist die äußere oder Weltgeschichte, in die einzugehen oder nicht einzugehen keineswegs von ihm allein abhängt. Beide Glieder der Disjunktion von Lebensfunktion und innerer Lebensgeschichte auf einen gemeinsamen Nenner zu bringen, wie immer wieder versucht wird, ist nicht möglich, denn das Leben als Funktion ist ein anderes Leben als das Leben als Geschichte. Und doch haben beide einen gemeinsamen Grund: die Existenz. Den Ort des Traumes innerhalb dieses Grundes aufzuzeigen, war unser Bestreben. Außer der Gemeinsamkeit des Grundes, aber im Zusammenhang damit, haben Traum und Wachen noch ein anderes Gemeinsames: Wie der „Übergang" vom einen zum anderen ein allmählicher ist (woran der Sprungcharakter der einzelnen lebensgeschichtlichen Entscheidung nichts ändert), so liegen Anfang der Lebensfunktion, und damit des Träumens, und Ende des Wachseins, der inneren Lebensgeschichte, im Un-

---

[4] Wir betrachten die Angstträume als den Prototyp der im Dasein als solchem gelegenen existenziellen Urangst. Vgl. HEIDEGGER: *Was ist Metaphysik?*

endlichen; denn wie wir nicht wissen, wo Leben und Traum beginnen, so werden wir im Laufe des Lebens immer wieder daran erinnert, daß es über Menschenkräfte geht, „im höchsten Sinne ‚der Einzelne' zu sein".

Wandlungen in der Auffassung und Deutung des Traumes (Von den Griechen bis zur Gegenwart) von Dr. Ludwig Binswanger - Kreuzlingen. [Autoreferat zu Binsw. 1928b]

In dieser Schrift wird der Versuch gemacht, die Wandlungen in der Auffassung des Traumes und seiner Deutungsmöglichkeiten aus den philosophischen, ideengeschichtlichen und empirischen Grundströmungen und Geisteshaltungen der abendländischen Menschheit heraus zu verstehen. In dem kleinen Rahmen kann es sich natürlich nur um einige Streiflichter auf die Geschichte des Traumproblems in dem genannten Sinne handeln. Der Verf. verweilt dabei besonders bei den drei Kulturepochen, in welchen das Interesse für den Traum seinen Höhepunkt erreicht hatte, nämlich bei den Griechen, in der Romantik und bei der modernen Psychoanalyse, für welch letztere er auch ausführliche Beispiele gibt. Dabei handelt es sich für den Verf. überall darum, den geistigen Quellen, aus denen in jenen Epochen das Interesse für den Traum entspringt, nachzugehen und sie miteinander in Verbindung zu bringen. Besonders deutlich lassen sich die Quellen für die Romantik nachweisen und lässt sich zeigen, warum der Traum für diese Epoche zu einem Zentralproblem werden *musste*, während anderseits gerade auch von diesem Problem aus erst ein tieferer Einblick in das Wesen der Romantik zu gewinnen ist. Ferner kann gezeigt werden, dass das Verständnis für die psychoanalytische Traumdeutung, deren konstruktiver Unterbau vom Verf. übrigens nur als derzeitige wissenschaftliche Hilfskonstruktion betrachtet wird durch die Kenntnis des „romantischen" Trauminteresses (mit all seinen literarischen, philosophischen und metaphysischen Abzweigungen) nur vertieft werden kann. Von der Traumliteratur wurde besonders die von FREUD in seiner klassischen „Traumdeutung" *nicht* benützte Literatur herangezogen, worüber ein ausführliches Namenverzeichnis am Ende der Schrift, die im übrigen eine Wiedergabe von 4 Vorträgen darstellt, Kunde gibt.

Das Raumproblem in der Psychopathologie

Das Thema, das uns für die heutige Tagung [vgl. den Drucknachweis] gestellt wurde, läßt verschiedene Interpretationen zu. Seinem Wortlaut nach scheint es zu besagen, es solle Bericht erstattet werden über die Rolle, die das Zeit- und Raumproblem[1] *in* der Psychopathologie und *für* dieselbe zu spielen berufen sei. Gegen diese Deutung spricht der Usus, daß es bei medizinischen Referaten nicht auf theoretische Möglichkeiten, sondern auf zusammenfassende historische Berichte über bereits vorliegende wissenschaftliche Befunde abgesehen ist. Nach diesem Usus wäre es das Nächstliegende, Ihnen über den gegenwärtigen Stand der Arbeiten zu berichten, die vom psychopathologischen Standpunkt aus das Thema von Zeit oder Raum behandeln. Eine solche Aufgabe stellen sich die sogenannten Übersichtsreferate. Anderseits scheint die Wahl der Referenten dafür zu sprechen, daß es unserm Vorstand nicht lediglich darauf ankam, ein inhaltliches Destillat oder Exzerpt aus den neuesten Arbeiten über die beiden Probleme vorgesetzt zu bekommen, sondern eine Art *Leitfaden* zu erhalten durch das wissenschaftliche Labyrinth, das dieselben bilden, anhand dessen es dem Hörer möglich würde, sich über die Bedeutung der Probleme für die Psychopathologie, über die Möglichkeiten ihrer wissenschaftlichen Inangriffnahme und über den gegenwärtigen Stand ihrer Bearbeitung ein ungefähres Bild zu machen. Das war der Vorsatz. Wie weit die Ausführung hinter diesem Vorsatz zurückbleiben mußte, werden Sie gleich sehen.

Die Referenten haben sich in den Stoff in der Weise geteilt, daß mein Freund E. MINKOWSKI über das Zeitproblem berichten wird, während ich selber mich auf das Raumproblem beschränke. Diese Zweiteilung scheint uns, ganz abgesehen von dem Umfang des Themas, auch deshalb zweckmäßig zu sein, weil wir es bei der heutigen Sachlage noch für geboten halten, beide Probleme möglichst wenig miteinander zu verquicken, so sehr sie in rein anthropologischer Hinsicht Schwesterprobleme sind, und soviele Bestimmtheiten auch einige Zeit- und Raumformen gemeinsam haben[2]. Erst recht aber kann es für eine Psychopathologie, die sich ihres wahren Wesens bewußt bleibt, niemals in Frage kommen, wie es seit einem berühmten Wort (1908) des Mathematikers Hermann MINKOWSKI in der modernen Physik der Fall ist, „Raum für sich und Zeit für sich völlig zu Schatten herabsinken" zu lassen und nur noch „einer Art Union der beiden" Selbständig-

---

[1] Über das Zeitproblem in der Psychopathologie referierte Eugen MINKOWSKI, Paris.
[2] So kommen z. B. dem Phänomen der *Leerzeit* und des *Leerraums* (nach SCHELER) gemeinsam zu: die Reihenform, die Kontinuität, die Homogenität, die Einheit, Unbegrenztheit und Dimensionalität. Gerade diese Leerformen sind aber die für die Psychopathologie unwichtigsten Raum- und Zeitformen.

keit zuzuerkennen. In dieser Hinsicht sollte schon die Lehre BERGSONs[3] von dem temps-espace eine Warnung sein.

Um zu einem Leitfaden durch das auch in seiner Beschränkung auf das Gebiet der Psychopathologie noch unerschöpfliche und sehr komplexe Raumproblem zu gelangen, brauchen, ja dürfen wir uns mit keinen philosophischen und theoretischen Sonderproblemen belasten, dürfen wir weder an KANTs erkenntniskritische Lehre vom Raum als der subjektiven Bedingung der Sinnlichkeit und seine Unterscheidung zwischen der empirischen Realität und transzendentalen Idealität des Raums anknüpfen, noch an den Empirismus-Nativismusstreit, an das psychophysische Problem, an berühmte historische Kuriositäten wie z. B. LOTZEs Lokalzeichentheorie: Wir brauchen und dürfen also weder fragen, was „der Raum" überhaupt sei, noch wie es sich mit dem „Ursprung der Raumvorstellung" verhalte. Was wir uns hingegen von vornherein klarmachen müssen, ist, daß jeder „Raum", sowohl der leere dreidimensionale, an den der Naturwissenschafter bei diesem Wort in der Regel zuerst denkt, als auch jeder andere „Raum" nur eine besondere Form des Räumlichen oder der Räumlichkeit überhaupt darstellt, und daß diese verschiedenen Formen *bestimmte konstitutive Arten der Räumlichkeit* darstellen[4]. Dabei müssen wir im Auge behalten, daß der

---

[3] BERGSONs Lehre von dem dem „moi superficiel" zugehörigen temps-espace, der „verräumlichten" Zeit, enthält zwei völlig willkürliche Ansätze: Erstens insofern als er hier eine einzelne *Raumform,* nämlich den homogenen „metrischen" Raum, mit Raum überhaupt identifiziert, zweitens insofern als er ohne ersichtlichen Grund aus der Struktur der Zeitlichkeit in die Struktur der Räumlichkeit gerät und beide miteinander verquickt, statt, wie es später HEIDEGGER getan hat, auch die dem moi superficiel zugehörige Zeitform rein aus der Struktur der Zeitlichkeit zu bestimmen, nämlich als den Zeitwirbel, in dem das oberflächliche oder „uneigentliche" Selbst, positiv ausgedrückt: „Man-selbst", lebt. – Auch insofern müssen wir BERGSONs Lehre wieder vergessen, als sie „den Raum" als das spezifisch Quantifizierbare, die Zeit aber, im Sinne der durée vraie oder Zeitwirklichkeit, als das Nichtquantifizierbare, rein Qualitative, auffaßt. Demgegenüber müssen wir einsehen, daß, wie BERGSONs Landsmann René POIRIER *(Essai sur quelques charactères des notions d'espace et de temps,* Paris 1931) klar formuliert hat, der Raum der Quantifizierung zwar nicht weniger aber auch nicht mehr fähig ist als die Zeit.

[4] Vgl. CASSIRER, *Mythischer, ästhetischer, theoretischer Raum.* Bericht über den 4. Kongreß für Ästhetik in Hamburg 1930, Stuttgart 1931, S. 28 f.: „Und hier zeigt sich zunächst das eine und das für unsere Betrachtung Entscheidende: Daß es nicht eine allgemeine, schlechthin feststehende Raumanschauung gibt, sondern daß der Raum seinen bestimmten Gehalt und seine eigentümliche Fügung erst von der *Sinnordnung* erhält, innerhalb deren er sich jeweilig gestaltet. Je nachdem er als mythische, als ästhetische oder als theoretische Ordnung gedacht wird, wandelt sich auch die ‚Form' des Raumes – und diese Wandlung betrifft nicht nur einzelne und untergeordnete Züge, sondern sie bezieht sich auf ihn als Gesamtheit, auf seine prinzipielle Struktur. Der Raum besitzt nicht eine schlechthin gegebene, ein für allemal feststehende Struktur; sondern er gewinnt diese Struktur erst kraft des allgemeinen Sinnzusammenhangs, innerhalb dessen sein Aufbau sich vollzieht. Die Sinnfunktion ist das primäre und bestimmende, die Raumstruktur das sekundäre und abhängige Moment. Was alle diese Räume von verschiedenem Sinncharakter und von verschiedener Sinnprovenienz, was den mythischen, den ästhetischen, den

Raum (in diesem weitesten Sinne) weder „im Subjekt" noch die Welt „im Raum" zu finden ist, daß vielmehr Raum erst im Rückgang auf die Welt, und zwar aus dem In-der-Welt-Sein, begriffen werden kann und Räumlichkeit überhaupt nur auf dem Grunde von Welt entdeckbar ist (HEIDEGGER). Wir haben mit anderen Worten einzusehen, daß das Dasein selber „räumlich ist"[5].

1. Der Raum der Naturwelt

(Der „orientierte", der geometrische und der physikalische Raum)

Wir beginnen mit einer Raumform, die zwar keineswegs die ursprünglichste, dem medizinisch geschulten Menschen aber die geläufigste ist, und die wir als den *Raum der Naturwelt* bezeichnen wollen. Innerhalb der Konstitution und Freilegung dieser Raumform ist eine deutliche Stufenfolge zu erkennen, die sich von dem erlebten umweltlichen Gegenwartsraum, ja seinen „präspatialen" Vorformen, bis zum homogenen Raum der Naturwissenschaft und der klassischen Physik NEWTONs und schließlich zu den Räumen der euklidischen und der nichteuklidischen Geometrien erstreckt. Von dieser Stufenfolge wollen wir ausgehen, um einsehen zu können, mit welcher dieser Stufen Psychologie und Psychopathologie es in erster Linie zu tun haben, welche Untersuchungsmethoden hier in Frage kommen und welches Sinn und Grenzen der hier zu erwartenden Untersuchungsergebnisse sind.

Die primitivsten Stufen des Raums der Naturwelt oder kurz des Naturraums stellen die Feldfiguren der Sinnesfelder dar, an die sich die Organbewegungsfelder, besonders das Augenbewegungsfeld und das Bewegungsfeld der Tastorgane, anschließen. Wir können sie mit Oskar BECKER[6], dessen Analyse wir hier folgen (aber ohne uns überall mit ihm zu identifizieren), als die präspatialen oder vorräumlichen Felder bezeichnen, um die oder aus denen sich in einer hier nicht näher zu schildernden Weise der Umweltsraum des einzelnen bildet, den wir mit BECKER als den *orientierten* Raum bezeichnen wollen. In diesem Raum kann ich nicht wandern, vielmehr nehme

---

theoretischen Raum miteinander verknüpft, ist lediglich eine rein formelle Bestimmung, die sich am schärfsten und prägnantesten in LEIBNIZ' Definition des Raumes als der ‚Möglichkeit des Beisammen' und als der Ordnung im möglichen Beisammen (ordre des coëxistences possibles) ausdrückt. Aber diese rein formale Möglichkeit erfährt nun sehr verschiedene Arten ihrer Verwirklichung, ihrer Aktualisierung und Konkretisierung."

[5] Warum die Raumanschauung in unserm Weltbegriff ein so starkes Übergewicht erlangt hat, daß wir Welt so leicht mit Weltraum gleichsetzen, ist eine Frage für sich, deren Beantwortung ebenfalls nicht hierher gehört. Vgl. zum Thema der „raumhaften Beschränkung, in deren Zeichen die Menschheit ihre Weltansicht entwickelt hat", Hermann FRIEDMANN: *Die Welt der Formen*, Berlin 1925, insbesondere S. 161 f.

[6] Oskar BECKER: *Beiträge zur phänomenologischen Begründung der Geometrie und ihrer physikalischen Anwendungen*. Jb. philos. u. phänom. Forsch. 6 (1923).

ich ihn, ähnlich wie das Stellensystem des Gesichtsfeldes, immer mit. Sein Hauptmerkmal ist, daß in ihm der Leib konstituiert ist als räumliches Gebilde und daß er als wenn auch ausgezeichnetes Objekt unter anderen Objekten seine Stelle in ihm hat. Ausgezeichnet ist diese Stelle sowohl taktuell als auch visuell. Sie ist das *absolute* Hier zu jedem Dort. Infolgedessen ist auch die Entfernung von *mir* wesentlich etwas anderes als die Entfernung zweier Gegenstände voneinander. Was sich in diesem Raum individuiert, sind nicht, wie in den präspatialen Feldern, einfache Sinnesdaten, sondern Dinge. Trotzdem Dinge Sinneinheiten sind, die sich aus visuellen und taktuellen „Erscheinungen" zum mindesten konstituieren können, ist es möglich, abstraktiv einen rein optisch orientierten Raum, den sogenannten Sehraum, zu untersuchen. Einen nicht abstrakten, sondern konkreten, rein taktuellen Raum scheint es nach den Untersuchungen an Blinden wirklich zu geben, wenn auch diese Frage, an deren Aufhellung in hohem Maße auch psychopathologisch orientierte Forscher beteiligt sind – ich nenne nur GOLDSTEIN, GELB und POPPELREUTER – noch nicht völlig geklärt ist[7].

Die Konstitution des Sehraums aus dem okulomotorischen Feld vollzieht sich nach BECKER durch die Umdeutung der sogenannten Sehtiefe in einen dreidimensionalen Raum, welche Umdeutung begründet ist in der Kinästhesie. Über die von der Konstitution des optischen Raums wesentlich verschiedene Konstitution des taktilen Raums möchte ich nur soviel berichten, daß sie sich mittels der Gliederbewegungen vollzieht, vor allem mittels derjenigen, welche die Glieder vom Rumpfe entfernen oder sie ihm annähern. Dabei kommt hier das Gehen als ständige Fortbewegung in einer Richtung, wenn es auch durch eine rhythmisch wiederholte Gliedbewegung zustande kommt, noch gar nicht in Betracht. (Erst bei der Konstitution des homogenen Raums spielt das Gehen eine Rolle.) Die dreidimensionale Mannigfaltigkeit, die wir so leichthin in jeder Hinsicht zum Ausgangspunkt für unsere Überlegungen über den Raum zu machen pflegen, entsteht erst durch Deckung und gegenseitige Koppelung der vieldimensionalen Mannigfaltigkeiten, die sich durch die mannigfachen möglichen Gliederbewegungen

---

[7] So konnte noch im Jahre 1930 von psychologischer Seite (MONAT-GRUNDLAND, Z. Psychol. 115/116, 1930) eine Arbeit erscheinen mit dem Titel: *Gibt es einen Tastraum?* Für die Psychopathologie ist, wie ich hier gleich bemerken möchte, das Problem des Tastraums von größtem Interesse, ich brauche nur an das Raumerleben der Seelenblinden und die Deutung ihrer Hilfen bei der Orientierung im Raum zu erinnern. Vgl. hierzu auch den 3. Abschnitt in dem weiter unten erwähnten Münchner Referat von GELB und die noch zu erwähnende Arbeit von HOCHHEIMER S. 180. – Nicht unerwähnt darf in der Diskussion über den Tastraum die Kritik bleiben, die Hermann FRIEDMANN an die „Formerlebnisse" *Blindgeborener* herangetragen hat. Er sucht plausibel zu machen, daß es sich hier um einen künstlichen Ersatz des in Wahrheit fehlenden sinnlichen Formerlebens durch nichtsinnliche, geistige Funktionen handelt (vgl. *Die Welt der Formen*, S. 100-114).

ergeben. Die zentrale Lage des Rumpfes ermöglicht auch in diesem Raumsystem ein „Hier", wo „ich" gleichsam „wohne", und eine zentrale Orientiertheit um einen Mittelpunkt herum. Wir müssen daher BECKER durchaus beistimmen, wenn er erklärt, „ein psychologisches Wesen ohne Glieder, etwa ein kugelförmiges, rein taktuell organisiertes Tier wäre *nicht* zur Konstitution eines orientierten Raumes fähig"[8]. – Auf die Hervorbringung eines orientierten Raumes durch das Gehör gehe ich hier nicht ein.

Es gilt schon jetzt einzusehen, daß wir es bei dieser Stufenfolge von Anbeginn an mit einer nach einer *ganz bestimmten Auswahl von Invarianten getroffenen Konstitution* des Räumlichen zu tun haben, welcher in der Psychopathologie gerade in neuester Zeit eine völlig andere Raumform mit völlig anderen konstitutiven Bedingungen gegenübergestellt worden ist, bei der wir es ebenfalls mit „Bewegung", mit dem Verhältnis der Glieder zum Rumpf und der Lokalisierung des Ich im Leibe zu tun haben, die sich aber nach einer „Sinnordnung" von ganz anderem Sinncharakter und anderer Sinnprovenienz aufbaut und verstehen läßt, nämlich aus der „pathischen" (KLAGES) und nicht aus der „gnostischen" und „praktischen" Erlebniswelt, aus der Welt der Bewegungspathik oder Bewegtheit und speziell der präsentischen Bewegung. Es ist klar, daß ich hier an die neuerdings von Erwin STRAUS[9] scharf herausgearbeitete Form des präsentischen Raums denke, mit der wir uns später eingehend beschäftigen werden. Wiederum eine andere Raumform stellt der ebenfalls von Erwin STRAUS beschriebene *historische* Raum dar, dessen Sinnordnung durch die individualgeschichtlichen Sinncharaktere von Heimat und Aufenthalt bestimmt ist, eine Raumform, die ich in meinen Studien über die Ideenflucht auch auf den innerlebensgeschichtlichen Raum ausgedehnt habe. Auch in der inneren Lebensgeschichte sind die Sinncharaktere von Heimat und Aufenthalt von größter Bedeutung. Ihre Verwischung zu einem relativ unhistorischen, relativ „homogenen" lebensgeschichtlichen Raum ist eines der Kennzeichen der Daseinsweise des ideenflüchtigen Menschen[10].

Schon diese Gegenüberstellungen zeigen, wie unerläßlich auch für den Psychopathologen ein Eingehen auf das Problem der Raumkonstitution und die sich aus ihm ergebende Verschiedenheit der Raumformen ist.

Doch kehren wir zum Raum der Naturwelt zurück. Über dem orientierten Raum erhebt sich als nächste und nach leicht einzusehenden Prinzipien

---

[8] Über die Orientierung bei Wirbellosen vgl. das heute noch lesenswerte Buch von Fr. HARTMANN: *Die Orientierung*, Kap. I., Leipzig 1902.

[9] Erwin STRAUS: *Die Formen des Räumlichen, ihre Bedeutung für die Motorik und die Wahrnehmung*, Nervenarzt 3. Jg., H. II (1930) [jetzt in „Psychologie der menschlichen Welt" (1960), S. 141-178].

[10] Vgl. hierzu auch die Ausführungen im 5. Abschnitt dieses Referates über die viel komplizierteren Modifikationen des historischen Raums in der ideenflüchtigen *Verwirrtheit*.

aus ihm ableitbare Stufenfolge der homogene Raum der Naturwissenschaft und der Physik NEWTONs. Durch die Eigenbewegungen des Gehens erweitern wir den orientierten Raum in ganz derselben Weise, wie wir das Sehfeld durch Augenbewegungen und Kopfbewegungen erweitern. Ebenso wie die Orientiertheit des Sehfeldes um einen Mittelpunkt mit der Erweiterung zum okulomotorischen Feld verschwindet und einer homogenen Struktur Platz macht, so verliert sich die Orientierung um ein Zentrum bei dem durch das Wandern in den Fernhorizont erfolgende Erweitern des orientierten Raums zum homogenen. Diesen Namen hat der homogene Raum ja gerade vom Fehlen jedes ausgezeichneten Punktes. War das ausgezeichnete Zentrum des orientierten Raumes der Ort des Ich, bzw. seines Leibes, als das absolute Hier, so *relativiert* sich jetzt im homogenen Raum dieses Hier und Dort. Der Ichleib gewinnt seine volle Beweglichkeit im Raum und kann in ihm wandern, im Prinzip unbegrenzt weit. Das Hier wird jetzt zum bloßen Orientierungsmodus in bezug auf den Leib. Damit ist aber der Leib erst *völlig* ein Ding unter den anderen Naturdingen geworden. Auch kann jetzt mein Ich die Stelle, nämlich die Orientierung, eines anderen Ich einnehmen, sich im wörtlichsten Sinne an die Stelle eines anderen setzen, sich vorstellen, wie die Welt von seinem Standpunkt aus aussieht.

Wiederum ist diesem homogenen Raum streng gegenüberzustellen der homogene, von Richtungsdifferenzen und Ortsvalenzen freie *präsentische* Raum, in dem wir uns z. B. im Tanz bewegen. (Der historische Raum ist, eben als historischer, einer *völligen* Homogenisierung natürlich nicht fähig.) Auch die Homogenisierung des Raums kann also nach sehr verschiedenen Gesichtspunkten zustande kommen, und zwar verschieden je nach dem konstitutiven Leitfaden der jeweiligen Raumform. Wie dann aus dem homogenen Raum NEWTONs der euklidische Raum hervorgeht und wie sich die nichteuklidischen Räume zu ihm verhalten, hat für die Psychopathologie kein unmittelbares Interesse mehr, ebensowenig wie der absolute Raum NEWTONs, der in NEWTONs Theorie noch durchaus die Rolle eines physikalisch Realen spielte, durch die allgemeine Relativitätstheorie wiederum seines absoluten Charakters entkleidet wurde.

Im *„orientierten Raum"*, der innerhalb der Stufenfolge der rein nach Richtungen und Lagen bestimmten Naturräumlichkeit für die Psychopathologie den wichtigsten Raum bildet, haben wir, wie sich aus dem Bisherigen ergibt, eine funktionelle Einheit vor uns, aus der sich als korrespondierende Funktionspole Leibraum und Umweltraum abheben. Theoretisch-naturwissenschaftlich kann man dann den Leib allein wieder als eine Leistungseinheit von höchst verwickelter Struktur betrachten, darf dabei aber nie vergessen, daß de facto gerade die *Einheit* der Leistung nur durch ihre Beziehung auf den naturhaften Umweltraum begriffen werden kann. Mit den *Störungen* innerhalb dieser funktionellen Gesamtstruktur von Leibraum und Umraum beschäftigt sich keineswegs nur die Physiopathologie, sondern erst recht die Psychopathologie. Es handelt sich hier um die so eng miteinander verschlungenen Störungen der Praxie im weitesten Sinne des Handelns und der Gnosie oder des Wahrnehmens und Erkennens. Aber auch die Störungen der Sprache, und zwar sowohl hinsichtlich ihrer motorischen wie ihrer Bedeutungs- oder Darstellungsfunktion, gehören hierher, ja man kann auf Grund neuerer Untersuchungen beinahe sagen, daß innerhalb der funktionellen Struktureinheit „Leibraum-Umraum" tatsächlich alles mit allem zusammenhängt und die Störung einer funktionellen Teilstruktur die Störung der ganzen Struktur nach sich zu ziehen, wie auch umgekehrt eine übergeordnete Funktionsstörung sich bei genauerer Analyse innerhalb des Ablaufs der verschiedensten Einzelfunktionen kundzugeben vermag.

Ich erinnere in letzterer Hinsicht daran, daß sich z. B. die Störungen innerhalb des Funktionssystems des „symbolischen" oder „Vorstellungs-Raumes" oder dessen Gesamtausfall gleicherweise in einer bestimmten Störung des „logischen" Erfassens von Bedeutungen, des Rechnens, des Sprechantriebs und der Sprache selbst, des Verhaltens gegenüber Raumrichtungen und Raumlagen, der Lokalisation auf den eigenen Körper usw. kundgeben[11]. Zugleich zeigt sich hier jeweils die strenge funktionelle Zusammengehörigkeit von Praxie und Gnosie aufs deutlichste, so daß es beinahe in unserm Belieben steht, ob wir sagen wollen, die Praxie sei durch die Gnosie gestört oder die Gnosie durch die Praxie. Der Zusammenhang zwischen „allem und allem", von dem ich oben sprach, läßt sich aber nicht nur aus den Leistungsausfällen, sondern auch aus den gegenseitigen Leistungshilfen bei Ausfällen demonstrieren. So löst z. B. der bekannte Seelenblinde von GOLDSTEIN und GELB gewisse Aufgaben (z. B. die Zurechtrückung verstellter Buchstaben zu einem sinnvollen Wort), die der Gesunde unter Umständen mit einem Blick durchschaut und die er selbst optisch in keiner Weise mehr bewältigen kann, durch sukzessive sprechmotorische Leistungen (HOCHHEIMER).

Hinsichtlich der Störungen der Raumorientierungslage und insbesondere des Erkennens der Hauptrichtungen im Raum müssen wir in diesem Zusammenhang auch an den Einfluß der *abnormen Tonusvorgänge* erinnern. Ich hebe aus der hierher gehörenden Literatur heraus die Arbeit von ALLERS: Zur Pathologie des Tonuslabyrinths vom Jahre 1909[12], diejenige von v. WEIZSÄCKER: Über einige Täuschungen der Raumwahrnehmung

---

[11] Ich erinnere an die Arbeiten von GOLDSTEIN und GELB und ihrer Schüler und verweise speziell auf die beiden letzten Arbeiten aus diesem Kreis, die von SIEKMANN über den Fall Rath (Psychol. Forsch. 16, 1932) und von HOCHHEIMER über die Analyse eines Seelenblinden von der Sprache aus (Psychol. Forsch. 16, 1932).

[12] ALLERS, Mschr. Psychiatr. 26.

bei Erkrankungen des Vestibularapparates vom Jahre 1919[13] (scharfe Trennung von Ortsraumsinn und Bewegungssinn) sowie das Referat von GELB: Über die psychologische Bedeutung pathologischer Störungen der Raumwahrnehmung vom Jahre 1925[14]. Ferner gehört hierher natürlich alles, was sich an den Namen BARANY knüpft!

Was den Funktionszusammenhang zwischen Leibraum und Umraum im Hinblick auf die einzelnen Raumsphären angeht, so erleben und wissen wir, daß der optisch fundierte Umraum ein sehr stabiler und von dem Verhalten unseres Leibes weitgehend unabhängiger ist, während der kinästhetisch fundierte Raum viel mehr mit unserm Leibraum „wandert". Aber auch hinsichtlich des optischen Funktionszusammenhangs bestehen in dieser Hinsicht Grenzen, die nicht überschritten werden können, und zwar schon innerhalb des optischen Funktionszusammenhangs selbst. Es besteht hier zwar, wie WERTHEIMER sich in seinen „Experimentellen Studien über das Sehen von Bewegungen"[15] ausdrückt, eine feste psychische *Verankerung* in einer bestimmten Raumorientierungslage, jedoch kann dieselbe keineswegs nur durch Tonusveränderungen oder Körper-, Kopf- und Augenbewegungen „zwangsweise" „labil gemacht" werden, sondern auch durch rein optische „Reize". Interessant ist, daß es auch bei rein optischer Lösung der Raumorientierungslage nicht nur zu einem Gefühl der Unsicherheit und Peinlichkeit, sondern, wie beim labyrinthären Schwindel, zu einem eigentlichen Schwindelgefühl kommen kann, das man mit WERTHEIMER als rein optischen Schwindel bezeichnen muß. (Dabei bestehen sowohl hinsichtlich des Einschnappens auf bestimmte Verankerungsmomente als auch hinsichtlich der Lösung der Verankerung sehr starke individuelle Differenzen.) Wir sehen also, in wie hohem Maße nicht nur unsere Gnosie und Praxie, sondern auch unsere *vitale Sekurität* an ganz bestimmte Funktionsgrenzen innerhalb des Leib-Umraumverhältnisses gebunden ist[16].

Wie sehr der kinästhetisch fundierte Raum an den Leibraum gebunden ist und mit ihm wandert, wissen wir aus den Erfahrungen an gewissen Seelenblinden und Aphasikern (GOLDSTEIN und GELB, v. WOERKOM, SIEKMANN u. a.), bei denen der Raum immer zur jeweiligen Lage ihres Körpers orientiert ist. Läßt man den Patienten Rath (Stirnhirnverletzung) die Augen schließen, so daß ihm äußere Anhaltspunkte wie Decke oder Fußboden fehlen und er hinsichtlich der räumlichen Orientierung allein auf die

---

[13] v. WEIZSÄCKER Dtsch. Z. Nervenheilk. 64.
[14] GELB, *Bericht über den 9. Kongreß für experimentelle Psychologie in München*, Jena 1926, I. Abschnitt. In diesem Referat sind auch die Störungen der Raumwahrnehmung auf optischem Gebiet bei Kranken mit Gesichtsfeldstörungen zusammengefaßt.
[15] WERTHEIMER, Z. Psychol. 60 (1911).
[16] Über die „Struktur", die Funktionswandlungsfähigkeit, die biologische Zeit und das Tempo des optokinetisch-vestibulären Funktionsgebietes vgl. auch die interessante Arbeit von VOGEL: *Zur Symptomatologie und Klinik des Schwindels*, Nervenarzt 5, H. 4, 1932.

Anhaltspunkte angewiesen ist, die ihm der eigene Körper liefert, so bedeuten jetzt Richtungen immer bestimmte Teile des eigenen Körpers. „Oben" bedeutet jetzt immer nur der Kopf, „unten" die Füße. Infolgedessen zeigt er in horizontaler Lage immer falsch. „Er greift, um ‚oben' zu zeigen, an seinem Körper entlang bis zum Kopf, deutet in der begonnenen Richtung weiter und gibt auf diese Weise die Verlängerung seines horizontal liegenden Kopfes an[17]." Beim Öffnen der Augen „korrigiert" er dann jeweils sofort. Der Kranke lebt also in zweierlei Arten des orientierten Raums, wobei wir uns hüten müssen, seinen optisch fundierten Raum als seinen *wirklichen* Raum zu bezeichnen, den kinästhetisch fundierten als seinen „bloß eingebildeten"; *beide* Räume sind für ihn während des Momentes des Aufenthaltes in ihnen natürlich gleich „wirklich".

Anhand des tieferen Eindringens in solche und viele ähnliche Fälle hat sich die Untersuchung und Auffassung der Praxie und ihrer Störungen, also des Verhaltens im orientierten Raum, deutlich gewandelt. Bei LIEPMANN, bei MONAKOW u. a. stand noch im Vordergrund der Begriff der Gliedbewegung, des Entwurfs und der Wahrnehmung des zurückzulegenden Weges. Wie Erwin STRAUS[18] richtig bemerkt, wird in LIEPMANNs Bewegungsformel der Weg in eine Reihe von Stationen aufgeteilt, die hintereinander in der objektiven Zeit durchlaufen werden. „Die Formel entwirft eine rein räumliche Ordnung, in der das Nacheinander der Bewegungsakte durch das Hintereinander der Raumstellen ersetzt wird; die Formel gibt ein konstruktives Schema der bereits objektivierten Bewegung", sie ist also, um mit Hermann FRIEDMANN[19] zu sprechen, *haptischer* Provenienz und bedeutet nur eine „von dem Standpunkt des fertigen Erfolgs her stattfindende kausale Retrospektion". LIEPMANN geht hier ähnlich vor wie bei seiner Auffassung und Erklärung der Ideenflucht. Wie ich dort seine Lehre von der Obervorstellung und ihrer Aufspaltung in Einzelvorstellungen kritisiert habe, und zwar ausgehend von der Auffassung des einheitlichen Denkraums, innerhalb dessen die Denkakte nie untersucht werden können ohne die Denkgegenstände, so könnte man auch LIEPMANNs Bewegungsformel mit ihrer Zerlegung der Ziel- und Teilzielvorstellungen kritisieren von der Auffassung des orientierten *Raums* aus, innerhalb dessen Bewegungsakte als „Funktionen" des Leibpols und Bewegungsziele oder -„gegenstände" als „Funktionen" des Umraumpols eine unlösliche Einheit bilden.

---

[17] SIEKMANN a. a. O., S. 235.
[18] Erwin STRAUS a. a. O., S. 645 f.
[19] Hermann FRIEDMANN; vgl. a. a. O. die Einleitung zum 10. Kapitel *Morphologie und Teleologie*. – Vgl. hierzu auch SCHILDER: *Das Köperschema*, Berlin 1923, S. 66: „Ich möchte aber sogleich betonen, daß ich nicht der Ansicht bin, die durch Analyse gewonnenen Teile setzten die Handlung zusammen." Vgl. ferner S. 76 und seine Aufzählung der für die Handlung wichtigen Momente.

In dieser Hinsicht bedeutet die Lehre GOLDSTEINs eine große Wandlung[20]. GOLDSTEIN kam auf Grund rein klinischer Beobachtungen und Überlegungen über das Verhalten der Gesunden zu der Ansicht, daß jeder Bewegung, die eine bestimmte Realisation bezweckt, ein ganz bestimmter, ihr angepaßter äußerer Raum zugehörig ist, in dem die Realisation stattfindet. Dabei darf man nicht sagen, „daß der Außenraum sich je nach der Bewegung ändere, wie auch das Umgekehrte zu sagen nicht richtig wäre, vielmehr sind beide nur Momente eines einheitlichen Ganzen, das sich stets als Ganzes verändert". So sucht der erwähnte Seelenblinde, wenn er schreiben soll, stets *„eine Ebene im Raum kinästhetisch zu Fixieren"* oder richtiger, „er sucht sich eine Fläche festzulegen, auf die er schreibt", während der Gesunde diese „Vorbereitungen" auf optischer Grundlage trifft. Mit anderen Worten: Auch der Gesunde vermag nur zu schreiben, sowohl „konkret" oder tatsächlich als auch in der Imagination, wenn er in einen tatsächlichen oder imaginierten Raum hinein schreibt. Das alles ist für uns nur ein Spezialfall des Grundverhaltens der Orientierung „im Raum" oder, was ganz auf dasselbe hinauskommt, des Lebens im orientierten Raum. Orientierter Raum heißt ja nichts anderes, als daß „das Ich" vermittels seines Leibes ein absolutes Orientierungszentrum, das absolute Hier, bildet, um das sich „die Welt" als Umwelt konstituiert. Wie der orientierte Raum nur einen der vielen Modi des In-der-Welt-Seins bezeichnet, so bezeichnen die einzelnen klinischen Abweichungen vom Normalen nur verschiedene Modi des räumlich orientierten In-der Welt-Seins. Ein „wertloses Subjekt" ist, das sehen wir auch hier, eine künstliche Abstraktion, welcher Wirklichkeit nicht zukommt. Auch dem Akt der räumlichen Orientierung entspricht ein Ausschnitt verräumlichter oder eingeräumter Welt. Die hirnpathologischen klinischen Sonderformen wie auch schon die verschiedenen Einkleidungen, in denen sich der „Hintergrund" gibt, stellen nur verschieden „abnorme" Wege oder Möglichkeiten des Raumhabens als einer bestimmten Form des In-der-Welt-Seins dar. So muß meines Erachtens die Lehre GOLDSTEINs verstanden werden, die wir noch einmal in seinem Satze rekapitulieren: *„Bewegung und Hintergrund sind eigentlich nur künstlich voneinander trennbare Momente eines einheitlichen Ganzen"*.

Einen Schritt weiter in dieser Richtung hat der uns allzu früh durch den Tod entrissene A. A. GRÜNBAUM gemacht in seiner wichtigen Arbeit über Aphasie und Motorik[21]. Der prinzipielle Gegensatz, in den er sich hier zu den Auffassungen GOLDSTEINs und GELBs, VAN WOERKOMs,

---

[20] Ich verweise insbesondere auf seine zusammenfassenden klinischen Beobachtungen und theoretischen Ausführungen über die Fälle Schn. und G. in der Liepmann-Festschrift vom Jahre 1923 *(Über die Abhängigkeit des Sehens von optischen Vorgängen*. Mschr. Psychiatr. 54).
[21] A. A. GRÜNBAUM, Z. Neur. 130 (1930).

CASSIRERs über die symbolisierende psychische Funktion als Erklärungsprinzip für die Fehlleistungen Aphasischer stellt, kann, so interessant und der Prüfung wert seine Anschauungen gerade in dieser Hinsicht sind, hier nicht herausgestellt werden. Worauf es uns hier in erster Linie ankommt, ist der Ausbau der Lehre vom Leibraum und Umraum als eines funktionellen Ganzen und von der Erweiterung des Begriffs (des Leibraums durch die Einführung des Begriffs des Eigenraums als Gegensatz zum Fremdraum), der recht eigentlich zeigt, wie „labil" der orientierte Raum hinsichtlich seiner Zuordnung zum Ich und zur Welt ist.

Ausgehend von der Greifhandlung „in ihrer konkreten Totalität" zeigt GRÜNBAUM, wie eine solche Handlung ein Hinausgehen aus der Sphäre des Körpers, eine „Entäußerung" intendiert. „Diese Entäußerung ist gegeben in dem momentanen Inaktiontreten des dynamischen Körperschemas[22] als eines Hintergrundes, von welchem die Handlung sich sozusagen abhebt", so würde sich auch GOLDSTEIN ausdrücken. „Mit dem Greifakt ist die Handlung aber noch nicht ‚erledigt‘, sondern sie ist innerlich für mich abgelaufen erst, wenn die Greifhand wieder in den Hintergrund des Körperschemas zurücksinkt – wenn sie aus ‚da draußen‘ agierend wieder zu ‚Ich selber hier‘ wird. Schon durch die einfache Greifhandlung wird somit die primäre Unterscheidung zwischen Eigenraum und Fremdraum konstituiert, welche Räume aber durch die Handlung aneinander gekoppelt[23] sind. (Durch die motorischen Qualitäten der Impulsgröße, des kinästhetisch-motorischen Spannungsgefälles usw. wird *gleichzeitig* der Abstand des zu ergreifenden Gegenstandes vom Körper-Ich dabei zu einer primitiven sin-

---

[22] Unter dem Ausdruck Körperschema faßt bekanntlich SCHILDER (a. a. O.) im Anschluß an HEAD das Bewußtsein vom eigenen Körper und die Verwertung dieser Anschauung in Handeln zusammen. HEAD sprach von „organisierten Modellen unserer selbst" (durch Speicherung vorausgegangener „Eindrücke"), die als Schemata bezeichnet werden können und durch die als von der Sensibilität herrührenden Eindrücke derart verändert werden, „daß die endgültige Empfindung der Stellung oder des Orts ins Bewußtsein kommen bereits in Beziehung zu früheren Eindrücken". SCHILDER verbindet diese sensualistische Lehre mit dem Begriff der „Produktion" der Grazer Schule und gestaltpsychologischen Erwägungen, und er sieht vor allem ein, daß die Verwertung des Körperschemas zur Ausführung der Handlung allein nicht ausreicht, daß es hier vielmehr ankomme auf „die Verwertung des Raumes, wobei zwischen Außenraum und Körperraum zu scheiden ist", auf die Verwertung der Objektkenntnisse und der ihnen zugehörigen Bewegungsformel und auf die richtige Innervationsverteilung, die Verwertung der Motilität (S. 76). Körperschema und Körperraum ist also bei SCHILDER nicht dasselbe, jedoch bleiben ihre Beziehungen zueinander hier noch einigermaßen unklar. Man könnte vielleicht sagen, Körperschema sei der Ausdruck für die hirnphysiologische Grundlage des Bewußtseins vom eigenen Körper, Körperraum der Ausdruck für dieses (psychologische) Bewußtsein selbst?
[23] Das ist natürlich eine sehr laxe Ausdrucksweise. Die Handlung koppelt nicht die beiden Räume aneinander, sondern sie „macht" (konstituiert) aus beiden Räumen einen einzigen.

neserfüllten psychischen Große. Dieser Abstand ist, wie leicht zu sehen, stets auf das aktuelle Körperschema bezogen und erst durch die Motorik des Körpers ‚realisierbar'. Darum muß eine entsprechende Veränderung in dem aktuellen Körperschema und die Störung der Motorik diesen Sinn des ‚Abstandes' als solchen verändern oder vernichten.) Der Fremdraum als eine selbständige Sphäre, in welcher die Modifikationen der Gegenstände vor sich gehen und worin die Darstellung ihrer gegenseitigen Verhältnisse stattfindet, entsteht erst mit der im Laufe der Entwicklung stattfindenden Loslösung der Wahrnehmung und des Denkens von der Motorik. Bei jeder Regression, die mit der funktionellen Bindung der kognitiven Prozesse an die Motorik einhergeht, wird auch die ‚Erkenntnis' des Fremdraumes mitlädiert. Der Fremdraum wird aber nicht als eine auf sich selbst stehende Erkenntnissphäre gestört, sondern nur wegen seines primären Zusammenhanges mit der momentan defekten Motorik.

Der Zusammenhang des Fremdraumes und aller seiner Funktionen mit dem Eigenraum kann übrigens auch durch Subjektivierung dieses Raumes demonstriert werden, falls die Motorik des Körpers in den Vordergrund der psychischen Betätigung tritt: Ein Auto, dessen Zündkerzen ich zähle, gehört sicher zum Fremdraum. Dasselbe Auto aber, während ich darin sitze und durch eine enge Verkehrsstraße durchzukommen versuche, gehört schon zum Eigenraum. Mein Körperschema ist durch die Dimensionen des mir vertrauten Wagens quasi erweitert, und ich brauche die Breite des Wagens im Verhältnis zum gangbaren Weg ebensowenig abzuschätzen wie die Breite meines Körpers im Verhältnis zu einer Tür."

(Daneben gibt es übrigens noch eine dritte Art der Erweiterung des Eigenraums durch Einbeziehung des Fremdraums, die in dem Beispiel des Steuerns des Autos durch eine enge Verkehrsstraße schon mitspielt. In GRÜNBAUMs Darstellung ist die dynamische Erweiterung des Eigenraums in den Vordergrund gestellt; ihr zur Seite geht aber die pathische Erweiterung im Sinne der „Verschmelzung des Leibraums mit dem fremden Beweger" auf Grund der „Bewegungspathik", des „Sichtragenlassens". Hauptbeispiele dieser pathischen Verschmelzung sind: Reiten, Rodeln, Rudern, Skilaufen, Radfahren, Schwimmen. Vgl. hierzu KLAGES: *Der Geist als Widersacher der Seele*, Bd. 3, H. 1, S. 1049 sowie das ganze 62. Kapitel, das die interessante Analyse des Bewegungserlebnisses enthält.)

Zusammenfassend kann GRÜNBAUM also sagen: „Der Eigenraum ist der dynamische Zusammenhang des Eigenkörpers mit seiner nächsten Umgebung. Dieser Eigenraum ist als eine kinästhetisch-optisch-motorische Funktionseinheit gegeben und bildet den Hintergrund für die Motorik des Körpers. Die Bewegungen der Körperglieder differenzieren sich aus diesem Raume im Moment der Handlung als relativ selbständige Instrumente heraus und geben somit den Anlaß zur Konstitution des Fremdraumes.

Unter Fremdraum haben wir zu verstehen das Milieu der objektiven Darstellung und gegenseitigen Bestimmung der Gegenstände, welches Milieu eine Selbständigkeit erlangt erst durch Loslösung der kognitiven Funktionen von der Motorik. Der Eigenraum und der Fremdraum liegen nicht völlig getrennt voneinander, sondern gehen ständig ineinander über durch Vermittlung der Motorik, die aus dem Eigenraum in den Fremdraum als solchen, ‚hinein' fixiert wird oder den Fremdraum in die Sphäre der Körperschemas ‚zurück' bezieht. Die Motorik ist die primäre Sphäre, in welcher erst der Sinn aller Signifikationen im Gebiete des Darstellungsraumes geschaffen wird."

Zu diesen höchst bedeutsamen, wenn auch unseres Erachtens noch nicht völlig abgeklärten[24] Ausführungen sei nur bemerkt, daß die Bewegungen der Körperglieder nur deswegen den Anlaß zur (ontischen) Konstitution des Fremdraums zu geben vermögen, weil diese Konstitution (ontologisch) schon im In-der-Welt-Sein „vorgezeichnet" ist. Auf das Thema der „Konkurrenz der allgemeinen Körpermotorik und der Sprache" und das der „Abhängigkeit der orientierenden gnostischen Leistungen von den ursprünglichen Strukturen des dynamischen Körperschemas", die GRÜNBAUM lehrt, können wir hier, wie gesagt, nicht näher eingehen.

Auf Grund der Lehre GRÜNBAUMs hat W. WAGNER[25] kürzlich tiefer in das Verständnis eines Falles von *Fingeragnosie* (GERSTMANN) einzudringen versucht, wobei er insbesondere auch auf das Versagen des Kranken hinsichtlich der Trennung von Eigen- und Fremdraum einging und diese Störung mit der LANGEschen Konzeption einer Raumrichtungsstörung (EHRENWALD: „Ordinative" Störung) als einer Grundfunktionsstörung in Zusammenhang brachte. WAGNER erkennt sehr richtig, daß eine Richtung schlechterdings eine vollendete Differenzierung in Eigen- und Fremdraum verlangt. Hingegen vermag ich ihm nicht beizustimmen, wenn er die hier vorliegende Störung im Anschluß an ZUTTs[26] Auffassung von der „Herabsetzung der automatisierten Bewegung" mit einer gradweisen Herabsetzung der bewußten Aufmerksamkeit in Beziehung setzt. Daß mit einer mehr oder weniger automatisierten Bewegung „ein weniger oder mehr deutlicher

---

[24] Uns will scheinen, als vermöchte GRÜNBAUM die Motorik nur deshalb zur Grundlage des Sinnes der Signifikationen im Gebiete des Darstellungsraumes zu machen, weil er die Motorik von vornherein als eine signifikatorische „Funktion" auffaßt, wofür dann aber zum mindesten der *Ausdruck* „Motorik" zu eng ist.

[25] W. WAGNER, Mschr. Psychiatr. 84, H. 5 (1932).

[26] ZUTT: *Rechts-Linksstörung, konstruktive Apraxie und reine Agraphie. Darstellung eines Falles. Ein Beitrag zur Pathologie der Handlung.* Mschr. Psychiatr. 82 (1932) [jetzt in „Auf dem Wege zu einer anthropologischen Psychiatrie" (1963), S. 101-167]. ZUTT führt in seinem Falle die konstruktive Apraxie (vgl. unten 140 f.) zurück auf die „Unfähigkeit, abstrakt-räumliche Beziehungen zu stiften"; den Grund dieser Unfähigkeit erblickt er in der Rechts-Linksstörung.

Eigen- und Fremdraum" angenommen werden muß, ist sicher eine notwendige Folge der GRÜNBAUMschen Lehre, jedoch würde ich persönlich Automatisierung nicht mit Aufmerksamkeitsstörung oder Herabsetzung des auf die Handlung gerichteten Bewußtseins gleichsetzen; dafür scheint mir die Lehre von der Aufmerksamkeit noch viel zu vage, insbesondere hinsichtlich ihrer Abgrenzung von der Lehre von der Auffassung. Es müßte hier doch wohl auch im einzelnen untersucht werden, wie weit es sich um Aufmerksamkeits-, wie weit um Auffassungsstörungen handelt. Daß im übrigen die dynamische Betrachtungsweise des Verhältnisses von Eigen- und Fremdraum die Berechtigung der (auf einer ganz anderen „Ebene" liegenden) DESCARTESschen Trennung von Subjekt und Objekt zweifelhaft erscheinen zu lassen vermöchte, darf sicher nicht behauptet werden!

Mit diesen höchst interessanten Untersuchungen sind wir bereits auf die Kontroverse über die Art der Grundfunktionsstörungen bei „Raumstörungen" in der Psychopathologie gestoßen. Eine Einbuße an „Abstraktion" im Sinne eines kategorialen Verhaltens nehmen GOLDSTEIN und GELB, VAN WOERKOM, KLEIN u. a. an, von einer Raumrichtungsstörung spricht, wie wir soeben hörten, Johannes LANGE, von einer der Richtungsstörung übergeordneten ordinativen Störung EHRENWALD[27], von einer Automatisierung ZUTT, von einer Aufmerksamkeits- oder Bewußtseinsstörung WAGNER. Die Entscheidung hierüber kann nur die weitere geduldige Einzelforschung bringen. Von viel prinzipiellerer Bedeutung ist die andere Kontroverse, die sich an die Frage knüpft: Kann man die betreffenden Störungen überhaupt aus Grundfunktionsstörungen verstehen oder muß man sie auf eng benachbarte Einzelherdstörungen zurückführen? Mit Johannes LANGE[28] glaube ich, daß bei der heutigen Sachlage auch der Herdforschung „ihr gutes Recht keineswegs abzusprechen ist". Hingegen vermag ich nicht einzusehen, inwiefern „die Annahme einer einheitlichen Funktionsstörung... nur der Herantragung eines dem Hirngeschehen selbst fremden Gesichtspunktes" entsprechen soll. Was wissen wir von dem „Gehirngeschehen"? Dürfen wir aus der weitgehenden Differenzierung der Morphologie und Topographie des Gehirns ohne weiteres schließen, daß es hier nicht zum mindesten zu einer „Integration" einer einheitlichen Gesamtfunktion aus „niedereren" Einzelfunktionen zu kommen vermag? Das war doch auch, wie ich mich schon aus seinen Vorlesungen zu erinnern vermag, die Auffassung v. MONAKOWs und nicht nur die seine. Wie dem aber auch sei, wir dürfen jedenfalls in einem Referat über die tatsächlichen Anschauungen über das

---

[27] EHRENWALD: *Störungen der Zeitauffassung der räumlichen Orientierung usw. bei einem Hirnverletzten.* Z. Neur. 132 (1930).
[28] Johannes LANGE: *Fingeragnosie und Agraphie* (eine psychopathologische Studie). Mschr. Psychiatr. 76 (1930). – LANGEs Polemik gegen GOLDSTEIN hat mich nicht zu überzeugen vermocht.

Raumproblem in der Psychopathologie diejenige Auffassung nicht übergehen, die zur Erklärung der Störung der räumlichen Gnosie und Praxie sowohl psychologisch als hirnphysiologisch vom Studium der Herdstörungen ausgehen zu können glaubt. Als ihren reinsten Vertreter glauben wir heute KLEIST ansprechen zu können, weswegen wir uns auf seine Anschauungen beschränken wollen.

Im Gegensatz zu den Leibraum und Umraum als ein funktionelles Ganzes betrachtenden „morphologischen" Lehren gehen die Anschauungen KLEISTs über die Störungen des „Raumbewußtseins" auf die „haptische" Denkform (im Sinne FRIEDMANNs!), auf den *Sensualismus* und psychophysischen *Parallelismus* zurück sowie auf denjenigen Forscher, der diese Theorien für die Psychopathologie weitaus am fruchtbarsten zu verwerten und auszugestalten verstand, auf WERNICKE. Das Gebiet, wo wir KLEISTs Ansichten über die „Raumstörungen" am deutlichsten ausgesprochen finden, ist seine Lehre von der Apraxie[29].

KLEIST geht aus von WERNICKEs *Psychophysik* der Handlung und den neuen Lehren und Befunden von E. STORCH, LIEPMANN, PICK, HEILBRONNER. Während STORCH noch ein besonderes nervöses Substrat der Raumvorstellungen, ein eigenes „stereopsychisches Feld" annahm, dachte LIEPMANN eher an einen besonderen, an verschiedenen Hirnstellen gleichen Erregungsvorgang als Korrelat der Raumvorstellungen. Hingegen stellt er sich wie STORCH vor, daß das „räumliche Moment" der Vorstellungen hirnphysiologisch vom „sinnlichen Moment" derselben getrennt sei[30]. Diese Grundvorstellung übernimmt KLEIST unbeschadet seiner Erweiterung des WERNICKEschen Schemas der Handlung und seiner Kritik am Faktor K in LIEPMANNs „Bewegungsformel". Wie LIEPMANN sieht er zunächst in einer „komplexen Bewegung" wie z. B. dem Zigarrenanzünden eine „in einem gewissen Zeitabschnitt sich realisierende komplizierte Raumform". „Die Verwirklichungsvorstellungen sind die Vorstellungen der einzelnen Wegstrecken dieser Raumform, die sich in einer bestimmten zeitlichen Folge aneinanderfügen[31]." „In Wirklichkeit aber haben wir keine Raum-

---

[29] Vgl. KLEIST: *Über Apraxie*. Mschr. Psychiatr. 19 (1906).

[30] In dieser Hinsicht ist historisch sehr interessant und bezeichnend die Auffassung ANTONs, die ich seiner kleinen Arbeit über Blindheit nach beiderseitiger Gehirnerkrankung mit Verlust der Orientierung im Raume (Mitt. Ver. Ärzte Steiermark, 1896, Nr. 3) entnehme: ANTON gibt hier am Schlusse seiner Auffassung dahin Ausdruck, „daß die Raumvorstellung, ebenso die Orientierung, *nicht allein* einer spezifischen Sinnestätigkeit entstammt, sondern daß erst durch zentrale Verknüpfung der einzelnen Sinnesreize auf assoziativem Wege die Empfindung des Räumlichen zustande kommt, daß erst durch diese Verknüpfungen den einfachen Sinnesreizen das Attribut des Räumlichen zuwächst. Diese Empfindung und diese Leistung gehört also nicht einem Sinnesgebiete allein, sondern stellt den Effekt des Zusammenspiels, bildlich gesprochen den Akkord der einzelnen spezifischen Sinnesenergien dar".

[31] A. a. O., S. 275.

vorstellungen als solche in unserem Bewußtsein, sondern das Räumliche ist nur eine Eigenschaft der Empfindungen und Vorstellungen neben den anderen Eigenschaften derselben (Qualität, Intensität, Dauer). Die einzelne Verwirklichungsvorstellung ist uns tatsächlich bewußt als die Vorstellung eines eine bestimmte Wegstrecke beschreibenden bestimmten Körperteils – als etwas, das ich sehe und fühle – als eine konkrete Vorstellung, bestehend aus einer optischen und einer kinästhetischen Partialvorstellung von gleichen räumlichen Eigenschaften[32]." Faßt man alle „dieselbe räumliche Form darstellenden gliedweisen Verwirklichungsvorstellungskomplexe" unter dem Ausdruck der *allgemeinen* Bewegungsformel zusammen, so muß man annehmen, daß der Störung *dieser* Bewegungsformel, im Gegensatz zur Herderkrankung der auf ein Glied beschränkten, motorischen Apraxie, eine *Allgemeinerkrankung* des Gehirns entspricht, nämlich eine Störung im „Zusammenwirken der optischen, kinästhetischen, taktilen Rindenfelder".

In Verfolgung der LIEPMANNschen Anregung, die in der Analyse der Handlung angewandten Grundsätze auch auf die Analyse des Erkennens und seiner Störungen zu übertragen und aus der bisher bekannten Agnosie eine ideatorische Agnosie herauszuschälen, stellt nun KLEIST der LIEPMANNschen Bewegungsformel eine „Erkennungsformel" gegenüber. Auch hier spielt wieder das Raummoment, und zwar ganz im Sinne der STORCH-LIEPMANNschen Sonderung von sinnlich-qualitativen und sinnlich-räumlichen „Partialvorstellungen" eine große Rolle. „Im Prozeß des Erkennens eines Objektes laufen somit die Verknüpfungsvorgänge dieser beiden verschiedenen Arten von Elementen, der Qualitäten und der sinnlich komplexen Raumteile, nebeneinander her, ebenso wie im psychologischen Vorgang der Handlung der Aufbau eines komplexen Raumgebildes aus seinen Wegstrecken mit einer reihenweisen Erregung der sinnlichen Qualitäten dieser Hand in Hand geht[33]." KLEIST arbeitet nun theoretisch zwei Arten von Störungen des Erkennens heraus, analog denen des Handelns, nämlich erstens die *einzelsinnlichen* Störungen, „klinisch gekennzeichnet durch die Unmöglichkeit der Erweckung der konkreten Vorstellung durch einen jeweils bestimmten Sinn – (bei erhaltener Sinnesempfindung)"[34] – einzelne *Agnosien* als Analoga der gliedweisen Apraxie (Herderkrankungen) –, und zweitens die Störungen, die unabhängig von der Art der Ausgangsempfindung „aus der Lockerung der Verknüpfung zwischen den räumlichen Teilen einer komplexen Vorstellung resultieren". Es muß sich hier um „ein Versagen, eine Erschwerung, eine Fehlerhaftigkeit im Aufbau einer räumlich komplizierten Wahrnehmung aus ihren einfacheren Raumteilen" handeln, wobei „die elementare Fugung der Teilwahrnehmungen aus ihren einzel-

---
[32] A. a. O., S. 277.
[33] A. a. O., S. 287.
[34] A. a. O., S. 284.

sinnlichen Partialvorstellungen aber durchaus intakt" bliebe –*ideatorische Agnosie* als Analogon zur *ideatorischen Apraxie* (Allgemeinerkrankung des Gehirns). Zu diesen „ideatorisch-agnostischen" Störungen hat schon LIEPMANN die Verkennungen der Deliranten, die agnostischen Störungen bei allgemeiner Atrophie des Gehirns, bei diffusen Prozessen, bei verwirrten und unaufmerksamen Geisteskranken gerechnet, und KLEIST glaubt diese Störung überall da zu sehen, wo die Kranken nur einen Teil des Objekts erfassen, wo eine fehlerhafte Aneinanderfügung einzelner Teile eine falsche Gesamtvorstellung ergibt, eine einem Teileindruck assoziativ verwandte Vorstellung sich bestimmend in die Reihe einschiebt, ein neuer Sinnesreiz den Vorstellungslauf in falsche Bahnen lenkt, eine gewohnte Verknüpfungsart mächtiger wird als die Erkennungsformel. Perseveration und ein Teil der ideenflüchtigen[35] Verkennungen sollen hierher gehören. Überall sei hier das Erkennen gestört durch „eine Lösung der das richtige Erkennen und Handeln gewährleistenden räumlich-zeitlichen Verknüpfung der Vorstellungen, deren sinnlich-elementare Struktur dabei *unbehelligt* bleibt – durch eine Lösung der ‚Formeln' des Erkennens und Handelns" (S. 289).

KLEIST unterscheidet also, um es nochmals zu rekapitulieren, zwei Arten von Störungen im Aufbau der Vorstellungen, erstens die Störung im Aufbau der Vorstellungen aus ihren einzelsinnlichen Komponenten, zweitens die *Störung im räumlich-zeitlichen Gefüge* der Vorstellungen[36]. Er glaubt, diese Auffassung in Analogie bringen zu können zu den neueren Ergebnissen der Aphasielehre (FREUD, STORCH), nach denen sich auch die Störungen der Sprache in Störungen der sinnlichen Komponenten der Wortbegriffe und in Störungen der Zusammenhänge der Wortbegriffe untereinander[37] – den ideatorischen Störungen analoge wortbegriffliche Störungen – zu scheiden scheinen. Und schließlich glaubt er, die hier angenommenen beiden Arten von „Vorstellungslösung" auf die Störungen der *intrapsychischen* Vorstellungsverknüpfungen übertragen zu dürfen, in welch letzteren er „nur ideatorische, d. h. räumlich-zeitliche Verbindungen" sieht. Er hofft, daß sich auf diesem Wege aus der Apraxieforschung „eine höchste

---

[35] Mir will scheinen, als vereinfache KLEIST gerade hier allzusehr. Man vergleiche hierzu E. STORCHs ungleich kompliziertere „Psychophysik" der *Ideenflucht* in seiner Arbeit in der Mschr. Psychiatr. 17 (1905).

[36] KLEIST hat die hier vertretenen Anschauungen später modifiziert. Vgl. *Der Gang und der gegenwärtige Stand der Apraxieforschung.* Erg. Neur. 1, H. 1/2 (1911). Er erklärt jetzt, „die Absperrung der Sensomotorien von den ihnen aus den verschiedenen Sinnesfeldern zufließenden Erregungen kann nicht der Grund der Apraxie sein" (S. 407), und erblickt (S. 422) den Unterschied zwischen den beiden Unterformen der motorischen Apraxie und der ideatorischen Apraxie darin, daß bei der ersteren das Engramm der Einzelhandlungen geschädigt sei, bei der letzteren aber das Engramm der Folge der Einzelhandlungen (Engramm der Handlungsfolge oder der „Bewegungsformel").

[37] Vgl. hierzu KLEIST: *Über Leitungsaphasie.* Mschr. Psychiatr. 17 (1905).

Vereinfachung der psychopathologischen Fragestellungen" gewinnen lassen werde.

Diesen scharfsinnigen, hier nur in einem dürftigen Extrakt wiedergegebenen Ausführungen gegenüber lassen sich vom Standpunkt der Psychopathologie aus manche Argumente entgegenhalten. Zunächst ist zu fragen, ob der Psychopathologie überhaupt mit einer solchen „höchsten Vereinfachung" gedient sei. Ich selbst habe in meinen Studien über Ideenflucht[38] den entgegengesetzten Standpunkt vertreten und die in der Psychopathologie herrschende Tendenz zur „Vereinfachung" bekämpft. Sodann muß man sich klar sein, daß es eine theoretische Hypothese ist, nämlich diejenige der Sejunktion, auf die diese Vereinfachung und somit die ganze Psychopathologie sich stützen müßte, und schließlich, daß schon die Möglichkeit dieser Hypothese auf ganz bestimmten (sensualistischen) Voraussetzungen beruht, so daß, wer diese Voraussetzungen nicht teilt, die ganze Theorie schon als (psychopathologische) Theorie ablehnen muß und in ihr nur ein der ungeheuern Komplexität des wirklichen Geschehens nicht gerecht werdendes, vereinfachendes Bild oder Schema sehen kann, in dem das eigentliche, konkrete, jeweils streng situations- und aufgabenbedingte Geschehen und erst recht das Erleben und seine *historische* Struktur nicht berücksichtigt werden. Hinsichtlich der Raumauffassung (Ähnliches gilt auch von der Zeit) aber ist zu sagen, daß hier einzelnen spezifischen *Raumvorstellungen* aufgebürdet wird, was Sache und Aufgabe „des ganzen Menschen", Ausfluß der gesamten Art des jeweiligen In-der-Welt-Seins ist. Ferner wird hier, wie bereits erwähnt, der Raum gleichsam „haptisch" (FRIEDMANN) in eine Reihe von Stationen aufgeteilt, die hintereinander in der objektiven Zeit durchlaufen werden, so daß sowohl der lebendige Akt der Bewegung als der lebendige Akt des Erkennens von dieser Betrachtungsweise nicht getroffen werden können[39].

Man muß die Auffassungen KLEISTs über die verschiedenen Arten von Apraxie und Agnosie kennen, um schließlich seine Lehre von der *konstruktiven Apraxie* verstehen zu können, der wir uns zum Schlusse noch zuwenden – handelt es sich hier doch um exquisit „räumliche" Störungen insofern, als die Kranken bei „gestaltenden Handlungen" wie Zusammensetzen, Bauen, Zeichnen derart versagen, daß „die räumliche Form des Gebildes mißlingt", und zwar „ohne daß Apraxie der einzelnen Bewegungen vorläge"[40]. Die

---

[38] BINSWANGER Ludwig, Zürich 1933 u. Schweiz. Arch. 27-30.

[39] Ich spreche hier vom Standpunkt des Psychopathologen, nicht vom Standpunkt des Gehirnpathologen.

[40] Hans STRAUSS, an dessen Arbeit *Über konstruktive Apraxie* (Mschr. Psychiatr. 56, 1924) ich mich hier halte, korrigiert den letzteren Satz seines Lehrers dahin, daß er sagt: „ohne daß Apraxie der einzelnen Bewegungen dafür als Ursache anzusehen wäre" (S. 90). Die konstruktive Apraxie ist also *nicht* als ideokinetische Apraxie aufzufassen.

hirnpathologische Grundlage dieser Erscheinung erblickt KLEIST in der Schädigung „eines besonderen, den optisch-kinästhetischen Verknüpfungen dienenden Hirnapparates", ihre psychologische „Ursache" soll demnach, nach H. STRAUSS, eine „Störung der optisch-kinästhetischen Assoziation" sein, wobei offenbar wieder auf die *ursprünglichen* Ansichten KLEISTs über Apraxie zurückgegriffen wird. – Optische Auffassungs- oder „Komprehensionsstörungen" (PICK) sollen hier nicht in Betracht kommen. Bisweilen ist das einzelne „Gebilde" hier in der *Form* durchaus richtig, in der Regel aber ist es in der Form entstellt, immer aber wird es *„falsch in den Raum gesetzt"*. Nicht selten gewinnt man den Eindruck, daß es sich um Drehungen der Gebilde um 180° handelt[41]. Das gilt auch hinsichtlich der konstruktiven Agraphie von KLEIST, wobei „die optisch vorgestellten räumlichen Bilder der Buchstaben und Worte... nur unter Raumfehlern wiedergegeben werden" können (S. 103). H STRAUSS kommt in Übereinstimmung mit anderen Autoren zu dem Schluß, daß als „anatomisches Substrat" für die konstruktive Apraxie in erster Linie Zerstörungen des Gyrus angularis verantwortlich zu machen sind, und daß der Gyrus angularis sowohl für die Richtungsauffassung als auch für die Richtungsdirektion optisch fundierter Bewegungen von größter Bedeutung sei. Jedenfalls befinde sich hier „ein für räumliche Funktionen sehr wichtiger Apparat, der *auch* optisch-kinästhetisches Verknüpfen in sich einschließt"[42].

Wir sehen keinen Grund, an der *Lokalisation*[43] dieses Apparates Kritik zu üben, möchten aber darauf hinweisen, wie unendlich kompliziert sich die psychopathologischen Verhältnisse der Desorientierung im orientierten Raum[44], wie wir gesehen haben, darstellen, und wie relativ einfach demgegenüber auf Grund klinischer Erfahrungen sich das Lokalisationsproblem stellt. Nur davor wollen wir warnen, erstens, daß die psychopathologischen Verhältnisse nach dem Schema eines „Apparates in dem Hirn" (RIEGER) aufgefaßt und beschrieben werden, zweitens, daß aus dieser Auffassung und der Lokalisationsmöglichkeit räumlicher Desorientierungen auf einen spezifischen „Raumsinn" geschlossen und von einem solchen gesprochen wird. So finden wir in einer soeben erschienenen Arbeit über konstruktive Apraxie[45]

---

[41] Zu dem hiermit in Zusammenhang stehenden Problem der *Rechts-Linksorientierung* vgl. das sehr ausführliche Sammelreferat von Hans BÜRGER, Nervenarzt 2, H. 8.
[42] Über konstruktive Apraxie, a. a. O., S. 122.
[43] Mit Joh. LANGE gehe ich einig in der Überzeugung, daß es unter praktischen Gesichtspunkten die Hauptsache bleibt, „daß wir lokalisieren können". Nur darf man nicht glauben, daß mit der Möglichkeit der Lokalisation einer „Störung" etwas Entscheidendes über die Wissenschaft vom *wirklichen* Geschehen hinsichtlich der „normalen" Funktion selbst oder gar hinsichtlich des Erlebens ausgesagt ist.
[44] Nur im *orientierten* Raum ist überhaupt eine „Desorientierung" möglich!
[45] VAN DER HORST: *The psychology of constructive Apraxia. Psychological views on the conception of space*, Psychiatr. en Neur. Bladen 1932, H. 4/5.

die Rede von „Raumsinnakten" als einer psychischen Kategorie, auf Grund derer die gnostischen und praktischen Funktionen miteinander verbunden sein sollen durch ein und dasselbe „direction radical" (Richtungsradikal?) (S. 11); der Raumsinnfaktor in unserer Psyche erweise sich als ein formales Konstituens unserer Perzeptionsfähigkeit und unserer Bewegungsfähigkeit; eine unvollständige Entwicklung oder eine Herabsetzung (atrophy) dieses Raumsinnfaktors führe natürlich zu einer Alterierung (interference) von Gnosie und Praxie (S. 14) usw. Eine solche Deutung der so überaus komplexen Raumorientierungsstörungen und ihre Zusammenfassung zur Störung eines „Raumsinns"[46] muß der Referent, wie sich aus allem Bisherigen von selbst ergibt, ablehnen. Ich halte den Ausdruck Raumsinn in psychopathologischer Hinsicht für äußerst gefährlich, weil das Operieren mit diesem *einen* Ausdruck für so grundverschiedene Störungen gar zu leicht zu einer Hypostasierung „des Raums" selbst, und wie wir hier sehen, zu einer allzu einfachen, allzu „massiven" funktionsanalytischen Theorie der Raumerfassung als einer besonderen biologischen Fähigkeit führt.

Fragen wir uns nun, mit welchen Kategorien wir in der Psychopathologie an die *Untersuchung* der Störungen des orientierten Raums oder der räumlichen Desorientierung heutzutage herangehen müssen, so ergibt sich aus unseren Ausführungen von selbst, daß wir uns nicht mehr mit der Annahme unveränderlicher Funktionen und Funktionssysteme begnügen dürfen, die gleichsam in absoluter Selbstherrlichkeit zu jeder Zeit so und so funktionieren, sondern daß wir fragen müssen, wie der Organismus auf eine bestimmte Aufgabe in einer bestimmten Situation anspricht und wie er sie löst. Wir untersuchen also nicht „allgemeine" Funktionen, sondern das jeweilige Funktionieren in einer bestimmten Situation bei einer bestimmten Aufgabe. Dabei richten wir in erster Linie unser Augenmerk darauf, *ob* etwas und *was* überhaupt für den Organismus Aufgabe werden kann; denn, wenn etwas nicht Aufgabe in einer bestimmten Situation werden kann, hat es gar keinen Sinn mehr zu fragen, wie der Organismus sie löst. Wir denken also nicht nur an das Minus oder den Ausfall an Leistung, sondern an die Veränderung der Gesamtstruktur des Organismus, an seine neue Daseinsweise[47]. Wir haben es jetzt mit Modi oder Weisen des Organismusseins zu tun, wie wir es bei der Untersuchung „ichnäherer" existentialer „Abweichungen von der Norm" auf die Erfassung bestimmter Modi oder Weisen des Menschseins überhaupt abgesehen haben.

---

[46] Ähnliches gilt vom „Zeitsinn".
[47] Ich erinnere hier auch an v. WEIZSÄCKERs Lehre vom Funktionswandel und die hierher gehörenden Arbeiten von ihm selbst, STEIN und ihren Schülern, darunter von psychiatrischer Seite BERINGER und RUFFIN: *Sensibilitätsstudien zur Frage des Funktionswandels bei Schizophrenen, Alkoholikern und Gesunden.* Z. Neur. 140 (1932).

Alle diese Ausführungen über den orientierten Raum und die Desorientierung haben nun keineswegs nur Interesse für den *neurologisch* interessierten Psychiater. Ganz abgesehen davon, daß es *für den Psychopathologen eine Kluft zwischen „nur neurologisch" relevantem und psychiatrisch relevantem Hirngeschehen gar nicht geben darf und kann*, ist einzusehen, daß wir mit denselben Untersuchungsmethode und Grundbegriffen z. B. auch den Paralytiker untersuchen müßten, der bei der Rückkehr vom Büro plötzlich seine Wohnung nicht mehr findet oder im Hotel oder in der Anstalt in fremde Zimmer eindringt. Wir machen es uns allzu leicht, indem wir diese Orientierungsstörung lediglich unter der Rubrik Gedächtnis- oder Merkfähigkeitsstörung eintragen. Es ist einzusehen, daß es sich hier um eine ganz bestimmte Weltverarmung des Menschen handelt, die sich bei näherer Untersuchung keineswegs auf den Weltausschnitt des orientierten Raums beschränkt. Auch was wir bei diesen Untersuchungen dann als Urteilsschwäche bezeichnen mögen, ist Ausdruck einer Weltverarmung, jetzt aber der Welt der Bedeutungen und der sich in ihnen konstituierenden Denkgegenstände, innerhalb welcher ein ebensolcher Mangel an Welthintergrund sichtbar wird wie auf seiten des orientierten Raums. Würden wir den Paralytiker so durchuntersuchen wie den Apraktiker und Agnostiker, den Schizophrenen und etwa den ideenflüchtigen Menschen, so würden wir hinsichtlich der Störungen des orientierten, des homogenen, des Denk- und *Ausdrucksraums* noch eine Menge weitere Einsichten gewinnen; man hat sie zum Teil auch schon gewonnen[48]. So hat E. MINKOWSKI gezeigt, daß beim Paralytiker, im Gegensatz zum Schizophrenen, die absolute *dynamische* Raumorientierung oder, genauer ausgedrückt, die primäre Orientierung im absolut-orientierten Raum durchaus erhalten bleibt und daß es die Orientierung im *relativen* („reversiblen, unbeweglichen oder statischen") *geometrischen* Raum ist, die hier so stark leidet. Der Paralytiker wäre also als orientiert zu bezeichnen im „orientierten" Raum, als „desorientiert" im „geometrischen"[49].

---

[48] Einiges hierzu läßt sich aus SCHILDERs *Studien zur Psychologie und Symptomatologie der progressiven Paralyse* (Berlin 1930) entnehmen.

[49] Dieser Ausdruck ist bei MINKOWSKI im Sinne der von uns als zu einseitig bekämpften BERGSONschen Raumauffassung (vgl. oben S. 124) gemeint, laut welcher der Raumbegriff etwas rein Statisches, Immobiles bedeutet, was dann auf BERGSONs Auffassung der intelligence und der „verräumlichten" Zeit so stark zurückwirkt. Da MINKOWSKI sachlich aber durchaus recht hat und er der *erste* war, der die Verschiedenheit des Erlebens der Paralytiker und der Schizophrenen auch an der Struktur ihres Raum- *(und* Zeit-) Erlebens aufgezeigt hat, möge er hier auch noch selbst zu Worte kommen: „Des facteurs de deux ordres différents interviennent dans notre orientation dans l'espace. Des facteurs d'ordre statique situent des objets des uns par rapport aux autres dans l'espace géométrique où tout est immobile, relatif et reversible. Mais de plus nous *vivons* dans l'espace, et le moi agissant pose à chaque instant, devant soi-même la notion fondamentale du ‚moi-ici-maintenant' et en fait un point absolu, un véritable centre

Und wie sehr ist seine Welt an Raum überhaupt verarmt, ja zu einem bloßen Aus- und Nebeneinander verkümmert, wenn er beim Zeichnen die Ohren neben das Gesicht, den Kamin neben das Haus aufs Papier bringt! Aber gerade in diesem Neben finden wir noch einen Rest des orientierten Raums, wie in dem bloßen Nebeneinander der Gedanken einen Rest der Präsenszeit[50]. –

Die Raumform, mit der wir es bisher zu tun gehabt haben, war also gekennzeichnet durch *Richtung, Lage* und *Bewegung*. Dabei unterschieden wir im wesentlichen den orientierten Raum, in dem der Mensch das absolute Orientierungszentrum im Sinne des absoluten Hiers bildet, vom homogenen Raum der Naturwissenschaft, in dem es kein absolutes Hier mehr gibt, sondern alle Raumstellen zu allen relativ sind.

Wir könnten daher auch von einem absolut orientierten und einem relativ orientierten Raum sprechen, wenn diese Ausdrucksweise nicht zu mannigfachen Mißverständnissen führen würde. Den um ein absolutes Hier orientierten Raum könnten wir ferner noch in einen Nah- und Fernraum einteilen (welche Einteilung ja nicht zu verwechseln ist mit der Einteilung in Eigen- und Fremdraum), insofern als in diesem orientierten Raum einiges uns im wörtlichen Sinne „zuhanden" oder „zur Hand" ist, anderes aber nur mit den „Fernsinnen" des Auges und des Ohres erreichbar ist. Diese Unterscheidung spielt bekanntlich eine große Rolle in der Hirnpathologie, insofern z. B. bei der Seelenblindheit der Fernraum des Auges durch den Nahraum des Greifens bei der Orientierung ersetzt werden muß. Hier gelingen bestimmte Handlungen nur dann, wenn der Kranke sich im Greifraum aufhalten kann, d. h. die Dinge im Raum, z. B. das Glas Wasser, das er austrinken, die Türe, die er öffnen, der Hut, mit dem er grüßen soll, ihm wirklich „zur Hand" sind. Dabei liegt auf dem „wirklich" wieder ein besonderer Akzent, denn sobald der Kranke sich nur erinnerungs- oder phantasiemäßig im Greifraum bewegt, die Dinge ihm also nicht mehr wirklich oder wahrnehmungsmäßig, sondern nur noch vorstellungs- oder phantasiemäßig „zur Hand sind", so versagt der Kranke wieder völlig. Solche und eine Menge ähnlicher Erfahrungen haben GOLDSTEIN und GELB

---

du monde. Dans la vie normale ces facteurs s'entrepénètrent. Nos connaissances et nos images mnémoniques viennent se grouper autour du ‚moi-ici-maintenant' fondamental et nous permettent de dire selon des circonstances: ‚Je suis maintenant à Paris, en Angleterre ou à mon bureau de travail'. Chez le paralytique général des connaissances, des souvenirs, en un mot les facteurs statiques font défaut. Il est désorienté dans l'espace, dans le sens courant du mot. Cependant la charpente fondamentale du ‚moi-ici' reste intacte et agissante. Le schizophrène, par contre, sait où il est, mais le ‚moi-ici' n'a plus sa tonalité habituelle et défaille." *(La Schizophrénie*, Paris 1927). Vgl. auch E. MINKOWSKI und E. TISON: *Considérations sur la psychologie comparée des schizophrènes et des paralytiques généraux.* J. de Psychol., Okt. 1924.

[50] Diesen Ausdruck im Sinne HÖNIGSWALDs, nicht im Sinne W. STERNs.

bekanntlich zu der Unterscheidung zwischen dem Aktionsraum, in dem der Mensch praktisch lebt und handelt, und den man daher auch den pragmatischen Raum nennen kann, und dem Symbolraum, in dem man sich nur „vorstellungsmäßig", imaginativ, repräsentativ, „abstraktiv" und wie die Ausdrücke alle lauten mögen, bewegt, veranlaßt[51]. Diese Unterscheidung bezieht sich dann natürlich wieder auf alle Sinnesräume. So ist bekanntlich bei vielen Formen der Aphasie die Möglichkeit der Bewegung im Symbolraum stark herabgesetzt, also in Fällen, wo der optische Apparat als solcher intakt ist. Eine ausgezeichnete Darstellung und kulturphilosophische Erweiterung dieser Unterscheidung finden Sie von der Meisterhand CASSIRERs in dem 3. Band seiner Philosophie der symbolischen Formen.

2. Der gestimmte Raum

Neben der durch Lage, Richtung und infinitesimal zerlegbare Entfernung und Bewegung gekennzeichneten Raumform haben wir es in der Psychopathologie, und zwar in viel ausgedehnterem Maße, zu tun mit einer Raumform, auf die unsere Spezialwissenschaft und die Naturwissenschaft überhaupt mit einer gewissen Verachtung als unwissenschaftlich herabgesehen haben, welche Verachtung aber keineswegs einer Stärke, sondern vielmehr einer Schwäche entsprang, nämlich dem Unvermögen, diese Region mit wissenschaftlichen Kategorien zu erfassen. Wir haben für diese Region in der deutschen Sprache ein Urwort, es heißt muot, nhd. *Gemüt*. Ein AUGUSTIN hat über diese Region mehr auszusagen gewußt als unsere bisherige Wissenschaft. Wollen wir aber auf die Quellen zurückgehen, die in neuerer Zeit die Wissenschaft vom „Gemüt" in dem hier gemeinten, weitesten Sinne geschaffen haben, so müssen wir zum mindesten bis auf HERDER zurückgehen, hinter dem dann aber wieder der Riesenschatten HAMANNs auftaucht. Es ist nicht von ungefähr, daß eine der heute noch aktuellsten psychologischen Schriften HERDERs nicht nur betitelt ist „Vom Erkennen", sondern „Vom Erkennen und Empfinden der menschlichen Seele". Hier finden Sie z. B. noch den Begriff der Kraft in seiner Urheimat, nämlich dem menschlichen Gemüt, aufgesucht, ähnlich wie Sie bei BAADER etwa den Begriff der Schwere noch in seiner Heimat finden, nämlich als „das Gewicht, das auf ein Wesen drückt", und unter dessen „Gesetz" sich „jedes gefallene Wesen befindet" (von welchem Begriff der physikalische Begriff der Schwere erst eine anthropologisch unendlich verdünnte wissenschaftliche Abstraktion darstellt), oder ähnlich wie Sie bei Jean PAUL den Begriff der Härte in seiner Heimat finden, wenn er erklärt: „Niemals hat wohl ein Kopf ein

---

[51] Einwände verschiedenster Art gegen diese Lehre knüpfen sich, wie bereits erwähnt, an die Namen GRÜNBAUM, Joh. LANGE, W. WAGNER, POPPELREUTER u. a.

härteres Lager, als wenn man ihn auf den Händen trägt – d. h. darauf stützt." Dasselbe gilt von der Heimat des Zeitbegriffs, wie sie PLOTIN und AUGUSTIN oder Franz v. BAADER entdeckt und beschrieben haben, gilt auch von der Heimat des Begriffs des Widerstandes, wobei wir nur an DILTHEYs und SCHELERs Begründung der Realität der Außenwelt denken müssen, und gilt endlich auch von der Heimat des Begriffs der Leerform von Raum und Zeit „im Herzen"[52].

„Die *‚Leere' des Herzens*", sagt SCHELER, „ist merkwürdigerweise das *Urdatum* für alle Begriffe von Leere (leere Zeit, leerer Raum). Das, woraus *alle* Leere quillt, das ist ganz ernstlich die Leere unseres Herzens. Der Leergang, der gleichsam *stehende* Leergang der nach allen Richtungen auslangenden Triebe, und der mit diesem Leergang verknüpfte Hintergrund der Perzeptionen, ist *stetig* vorhanden. Und nur der in seinen Impulsen nach Kraft und Richtung wechselnde Bewegungsdrang des *Menschen* als Lebewesen ist es, der das seltsame Wunder, das unerhörte Faktum der natürlichen Weltanschauung des Menschen hervorbringt, daß ihm eine bestimmte Art des *Nichtseins* (von μὴ ὄν) allem positiv Seinsbestimmten gleich wie ein *fundierendes Sein* vorzugehen scheint: der *leere* Raum. In der natürlichen Weltanschauung erscheint der Raum als eine unbegrenzte, allen Dingen und Bewegungen wahrhaft *vorhergehende, ruhende* und in ihrem Sein von allen Dingen und Bewegungen unabhängige, also *substantiale* Leere. Und diese ‚Form' scheint als Sein zu bleiben, wenn man auch alle Dinge und ihre Bestimmtheiten beliebig veränderte, ja sie völlig aufgehoben dächte; und auch zu bleiben, wenn man ganz andere Gesetze von Bewegungen finden und annehmen würde, als sie tatsächlich bestehen. Die natürliche Weltanschauung zeigt als Dinge ‚im' Raum, das heißt Dinge, die *im* Raum so vorgestellt werden wie Goldfische in ihrem Bassin; ja sie enthält *das* ungemeine Paradoxon, daß sie uns das wahrhaft positive Sein, das der seienden Dinge, als bloßes *Ausfüllsel* eines im Sein vorhergehenden, ‚zugrunde liegenden', ‚absoluten', ‚leeren', ‚ruhenden' Raumes zeigt – als wären die Dinge nur darum da, diese Leere an bestimmten Stellen auszustopfen und um zuweilen so ‚in' ihr sich zu bewegen wie die Goldfische im Glasgefäß."

Im übrigen haben wir auch der Namen PASCAL, KIERKEGAARD und NEWMANN als der hervorragendsten Mitbegründer der Wissenschaft, von der wir hier reden, zu gedenken. Aber auch die moderne „Philosophie der Naturwissenschaft" (vgl. das gleichnamige Buch HAERINGs) hat eingesehen, daß die naturwissenschaftlichen Grundbegriffe aus dem menschlichen „Gemüt" stammen, von hier aus in ihrer Entwicklung lückenlos ableitbar

---

[52] Vgl. SCHELER: *Idealismus-Realismus.* Philos. Anz. 2, H. 3, 298 (1927) [GW, Bd. 9, S. 183-241].

und nur unter dauernder Voraussetzung der Geltung dieses Ursprungs zu verstehen sind.

Wenn wir nun auch hier von einer Natur reden, so handelt es sich um einen ganz anderen Naturbegriff als in der Naturwissenschaft, einen Begriff, der deswegen aber noch keineswegs aus der Domäne der Wissenschaft überhaupt herausfällt. Es handelt sich um die von der NEWTONschen Natur so sehr verschiedene Natur GOETHEs, die er z. B. im Auge hat, wenn er (im Entwurf einer Farbenlehre) sagt, „die ganze *Natur offenbare sich*[53] durch die Farbe dem Sinne des Auges", oder wenn er (im Vorwort zur Farbenlehre) gleich zu Beginn vom Gehörsinn sagt: „Ebenso entdeckt sich die ganze Natur einem anderen Sinne. Man schließe das Auge, man öffne, man schärfe das Ohr und vom leisesten Hauch bis zum wildesten Geräusch, vom einfachsten Klang bis zur höchsten Zusammenstimmung, von dem heftigsten leidenschaftlichen Schrei bis zum sanftesten Worte der Vernunft ist es nur *die Natur*[54], die spricht, ihr Dasein, ihre Kraft, ihr Leben und ihre Verhältnisse offenbart, so daß ein Blinder, dem das unendlich Sichtbare versagt ist, im Hörbaren ein unendlich Lebendiges fassen kann."

In neuester Zeit finden wir drei Richtungen, in denen sich aus verschiedenen Motiven diese wissenschaftliche Tradition fortsetzt, und zwar gerade auch im Hinblick auf das Problem des Raums. Die eine ist die Lehre von KLAGES, der schon in seinem Buch über Ausdrucksbewegung und Gestaltungskraft den *„mathematischen Raum"* dem *Anschauungsraum* gegenüberstellt. Während der erstere, mit dem er den rein homogenen Raum meint, unendlich sei und die Dimensionen in ihm vertauschbar seien, sei der Anschauungsraum endlich und gäbe es in ihm ein wirkliches Oben und Unten, Vorn und Hinten, Rechts und Links. (Dieser Anschauungsraum ist also unser auf ein absolutes Hier orientierte Raum.) Der mathematische Raum sei körperlos, stumm und farblos, der Anschauungsraum körperlich, farbig und klingend. „Im Sinnenraum, als dem Aufenthaltsort der Körper, hat die Richtung von oben nach unten zugleich die Bedeutung der Wirkungsrichtung der Schwere oder der Fallrichtung, weshalb der unreflektierten Wahrnehmung sämtliche Lageverhältnisse zu Darstellungsmitteln werden für den Gegensatz von Leichte und Schwere, des Steigens und Sinkens, des Lastens und Tragens[55]." Nicht nur GOETHEs und BAADERs Weltbild taucht hier vor unserer Seele auf. Wem, der je FECHNERs Werk über die Tages- und Nachtansicht gelesen hat, träte hier nicht der Grundgedanke seines Buches und dessen wunderbare Einleitung vor Augen? Im 3. Band (erster Teil) seines philosophischen Hauptwerkes, in dem Kapitel über das Bewegungserlebnis, widmet dann KLAGES dem „Erleidniston der Ausdrucksbewegung",

---

[53] Von Ref. ausgezeichnet.
[54] Von Ref. ausgezeichnet.
[55] *Ausdrucksbewegung und Gestaltungskraft*, 3. u. 4. Aufl., S. 95, 1920.

dem Nachweis der Bewegungspathik, einen ausführlichen und sehr lehrreichen Abschnitt. Auf diesem Gebiet kann auch der seiner philosophischen Lehre völlig Fernstehende viel von KLAGES lernen, da es gerade hier nicht schwer ist, die sachlichen Befunde von seiner persönlichen Weltanschauung zu trennen. Ich greife hier nur die Beziehung zwischen dem Sichbewegen als der Außenseite des Bewegtwerdens heraus, ferner die Lehre von der Pathik des Sichbewegens, wie sie sich in dem Ergriffenwerden, Übermanntwerden, Überwältigtwerden äußert, sowie vor allem in dem Mitbewegtwerden mit anderen. Es handelt sich hier um die dynamischen Gefühle, die unsere Stimmung, oder wie HEIDEGGER sagt, die Gestimmtheit des Daseins, konstituieren. „Der Lebensgang", sagt KLAGES, „und zwar auch der ganz überwiegend dynamische, wird *erlitten*, niemals getan, und dafür an ihm selber das untrügliche Zeichen ist die einem jeden anhaftende Stimmung[56]."

Die zweite und besonders reich fließende Quelle, aus der auch KLAGES reichlich schöpft, haben wir in der Literatur über das Problem der Einfühlung zu erblicken, angefangen bei Friedr. Theodor VISCHER über Robert VISCHERs Arbeit über das optische Formgefühl vom Jahre 1872 und seine beiden anderen Schriften zum ästhetischen Formproblem[57] bis zu LIPPS und der Korrektur und Weiterbildung seiner noch so tief in der Zwischensphäre zwischen positivistischem und phänomenologischem Zeitalter stehenden Lehre durch Edith STEIN und HUSSERL.

Die dritte, wissenschaftlich weitaus gründlichste und ernsteste Quelle ist die Phänomenologie, und zwar vor allem die Phänomenologie der Wahrnehmung, aber auch der Erkenntnis. Ich greife hier außer HUSSERL nur die Namen PFÄNDER, SCHELER, CONRAD-MARTIUS und Hans LIPPS heraus und weise besonders auf die 1910 im Symposion erschienenen *Beiträge zur Phänomenologie der Wahrnehmung* von Wilhelm SCHAPP hin[58]. Auch hier handelt es sich nicht mehr um die Wahrnehmung von Sinnesdaten und die Erkenntnis von Eigenschaften, sondern um das Erkennen von Aussehen und Habitus und das Wahrnehmen von physiognomischen oder Ausdrucksgestalten, sei es an Menschen oder an Dingen, nämlich der Härte oder Weichheit, des Warmen oder Kalten, des Hölzernen, Stählernen, Schwammigen, Knöchernen usw. Das geschieht in deutlichem Unterschied gegenüber KLAGES, der erklärt, daß wir nicht den Zorn wahrnehmen, sondern den Erzürnten, nicht die Freude, sondern den freudigen Menschen usw.

---

[56] A. a. O., S. 1040. Vgl. hierzu Anm. 52, S. 1461.
[57] Alle drei neu herausgegeben von Erich ROTHACKER, Halle 1927, unter dem Titel *Drei Schriften zum ästhetischen Formproblem.*
[58] Wilh. SCHAPP: *Beiträge zur Phänomenologie der Wahrnehmung,* 1910. 1925 neu herausgegeben im Verlag der Philosophischen Akademie Erlangen [neu herausgegeben von C. F. Graumann (1976)].

Die Phänomenologie der Wahrnehmung hat es auf die Washeit des Wahrgenommenen abgesehen, auf seine Stoffnatur, wie PFÄNDER sagt.

An alle diese „Dinge" haben wir zu denken, wenn wir uns in die Grundlagen derjenigen Wissenschaften vom Raum und seiner Konstituierung hineinarbeiten wollen, um die es sich jetzt handelt. War in der Lehre vom orientierten Raum der *Ich-Leib* das absolute Hier, also ein wenn auch absolut ausgezeichneter Stellenort, und war seine Welt ein auf dieses Hier orientiertes System von Lagen, Richtungen und Bewegungen, so ist hier das Beziehungssystem von Ich und Welt ein ungleich reicheres und volleres[59]. Waren dort die Sinnrichtungen und Bedeutsamkeiten, auf denen das Beziehungssystem sich aufbaute, kurz gesagt diejenigen unserer vitalen Sekurität und unserer zweckhaften Betätigung, so sind die Sinnrichtungen und Bedeutsamkeiten, auf denen das Beziehungssystem sich hier aufbaut, nicht vitaler und zweckhafter, sondern im engeren Sinne existentieller Art. Der Daseinsfülle oder -leere des Ich steht hier die Fülle oder Leere seiner Welt gegenüber und umgekehrt. Aber wiederum dürfen wir uns dies nicht so vorstellen, als sei ein gleichsam abstraktes Ich in eine abstrakte Welt hineingesetzt und sei dieses Ich *nachträglich* mit bestimmten Trieben, Drängen oder Bedürfnissen (oder umgekehrt die Welt mit einer bestimmten Physiognomie bestimmter Ausdrucksgehalte) ausgestattet, vielmehr bilden Ich und Welt stets eine dialektische Einheit, in der nicht der eine Pol dem andern seinen Sinn verleiht, der Sinn vielmehr sich aus dem Widerspiel beider Pole ergibt. So verhält es sich schon hinsichtlich des orientierten Raums und der Beziehung zwischen dem Ich als dem absoluten Hier und der Welt als bloß *gerichteter* Umwelt, so verhält es sich z. B. auch hinsichtlich der dialektischen Einheit von Erlebnis und Geschehnis[60].

Die „Welt" der Stimmung und Gestimmtheit hat nun, wie jeder Weltausschnitt, nicht nur ihre eigene Zeitlichkeit, sondern auch ihre eigenen Raum- und Bewegungscharaktere, ihre eigenen räumlichen Ausdrucksgestalten, von denen eigene Forderungen an das Raumerleben ausgehen. Man denke nur an den Ausdrucksgehalt von Räumen wie Kirchen, Fabriken, Arbeits- oder Wohnzimmern, von landschaftlichen Räumen wie der „unendlichen Ebene" und dem „unendlichen Meere" oder einem engen, tiefen Gebirgstal, über dem die Berge zusammenzuschlagen drohen und das den Menschen der Ebene so beengt, während es ihm in seiner Heimat „weit ums

---

[59] Bei allen diesen „Beziehungen" von Ich und Welt können wir uns den Satz HEGELs zur ständigen Richtschnur wählen, daß die Individualität ist, was die Welt *als die ihre* ist. Ist die Individualität nur ein Stellenort, so kann „die Welt" auch nur ein System von Raumstellen, Richtungen und Bewegungen sein und umgekehrt.

[60] Vgl. zu letzteren die Ausführungen des Ref. zu Erwin STRAUS' *Geschehnis und Erlebnis,* Mschr. Psychiatr. 80 (1931) [in d. Bd.].

Herz wird"[61]. Man denke aber auch an die räumlichen Ausdrucksgestalten, die von den Mitmenschen ausgehen, in deren Nähe uns das Herz bald aufgeht, bald sich zuschnürt. Wie aus dem oben Gesagten hervorgeht, gehen aber auch umgekehrt vom Ich aus Forderungen räumlicher Art an die Physiognomie der Welt, wie wir an dem Beispiel von der Leere des Herzens, aber auch den übrigen historischen Beispielen gesehen haben. Je nachdem, wie es mir zumute ist, ob es mir weit oder eng ums Herz ist, ob mir das Herz vor Freude aufgeht oder vor Kummer sich zuschnürt, ob es voll ist zum Überlaufen oder ausgebrannt und leer, ändert sich auch der Ausdruck der Welt.

Jedenfalls ist schon jetzt klar geworden, daß es sich in dieser Welt der Gestimmtheit nicht mehr um den vitalen Aktionsraum der absoluten Orientiertheit, auch nicht mehr um den homogenen Erkenntnisraum der Physik und Geometrie handelt, Räume, die wir auch als *Zweckräume* bezeichnen können, weil es sich hier durchwegs um eine (pragmatisch oder logisch) zweckhafte Auseinandersetzung von Ich und Welt handelt, sondern um einen Raum, wo es sich nicht mehr um praktische und logische Ziele und Zwecke handelt, sondern um ein, wie man sehr gut sagen kann, zweckloses, aber nichtsdestoweniger reiches und tiefes Dasein, das den Menschen erst zum Menschen macht.

Wie sehr nun in dem „gestimmten" Raum Ich und Welt eine Einheit bilden oder, mit anderen Worten, die Individualität ist, was die Welt als die ihre ist, möchte ich Ihnen an einem GOETHEschen Zitat demonstrieren, das besser als alle weitläufigen Beschreibungen zeigt, was hier gemeint ist. Es lautet:

„O Gott, wie schränkt sich Welt und Himmel ein,
Wenn unser Herz in seinen Schranken banget[62]."

Keineswegs schwebt GOETHE bei dieser Wie-wenn-Beziehung ein kausales Verhältnis vor, als ob etwa das Bangen des Herzens die „Ursache" davon wäre, daß Welt und Himmel sich einschränken, vielmehr stößt auch hier, wie überall, der Blick des Genius auf ein Wesensverhältnis, das dem Blick der Wissenschaft erst sehr viel später aufgehen sollte. In diesem Wesensverhältnis von Ich-Gestimmtheit – wofür wir ja so gerne und mit so

---

[61] Daneben hat „Heimat" an und für sich gewöhnlich den Anmutungscharakter der Weite ums Herz, die Fremde den der Enge, so daß es dem Gebirgsbewohner im engen Tal wiederum viel weiter ums Herz sein kann als auf der weiten Ebene mit ihrer für den Gebirgsbewohner beklemmenden Enge. Wir sehen schon an diesem Beispiel die Unabhängigkeit der Raumcharaktere dieser Welt von der Welt des gerichteten Raumes und den hier herrschenden Größen.

[62] *Die natürliche Tochter*, II., 2.

großem Recht den Ausdruck Herz, als die beste Bezeichnung für das Zentrum unseres Wesens, wählen – und Welträumlichkeit ist nichts das genetisch Primäre oder das genetisch Sekundäre, nichts Ursache oder Wirkung, Bedingung oder Bedingtes, Induzierendes oder Induziertes, ja nicht einmal Grund oder Folge, vielmehr *besteht* eben gerade das, was wir Bangen des Herzens nennen, auch in einer Einschränkung von Welt und Himmel, und besteht umgekehrt die Einschränkung von Welt und Himmel im Bangen unseres Herzens[63].

Von diesem anthropologisch-phänomenologischen Wesensverhältnis, von dieser *Wesensaussage,* ist natürlich streng zu trennen das jeweilige konkrete, sachlich-genetische Verhältnis (von STRAUS Induzierung genannt, vgl. S. 158 unten), das sich auch einmal so gestalten kann, daß mir bange ums Herz wird, *weil* Welt und Himmel sich plötzlich – man denke z. B. an eine Gewitterstimmung – einschränken, oder umgekehrt so, daß in plötzlich eintretender banger Erwartung oder banger Trauer, etwa auf eine unheilvolle Nachricht hin, der vorher weite und helle Welt- und Himmelsraum plötzlich eng und dunkel wird (wobei die Sonne „*objektiv*" immer gleich hell scheinen kann). Diese ontisch-genetischen Zusammenhänge sind aber nur möglich auf Grund des phänomenologischen Wesensverhältnisses, das wir hier mit dem Titel gestimmter Raum belegen.

Im übrigen ließen sich die Beispiele für phänomenologische Wesens- und ontische Tatsachenaussagen über den gestimmten Raum bei GOETHE fast ins Unendliche häufen. Schon allein in der Marienbader Elegie finden wir eine ganze Anzahl solcher Beispiele: Den „getreuen Weggenossen" in ihrer unbekümmerten, frohen Stimmung ist

„die Welt erschlossen, die Erde weit,
der Himmel hehr und groß",

während der im Schmerz der Trennung fast Verzweifelnde ausruft:

„Mir ist das All, ich bin mir selbst verloren."

Aus beiden Aussagen geht die dialektische Einheit von Ich und Welt hervor. Vor allem ist klar, daß man nicht das All besitzen und sich selbst verloren sein kann, noch sich selbst besitzen, ohne auch irgendwie im All zu stehen, vielmehr ist der Besitz des Alls an den Besitz des Selbst gebunden und umgekehrt. Daher ist, wenn das Herz „verschlossen in sich selbst" ist, als hätte es „sich nie geöffnet", die Frage: „Ist denn die Welt nicht übrig?" im Grunde sinnlos; die Welt schwindet einem solchen „Herzen", und was es für Wirklichkeit hält, sind leere Luftgebilde:

---

[63] Durch den Zusatz „in seinen Schranken" wird die Räumlichkeitsqualität des Bangens selbst, also auch des erlebten Ich-Raums, noch besonders hervorgehoben.

„Doch nur Momente darfst dich unterwinden
Ein Luftgebild statt ihrer festzuhalten."

Zwar baut sich nun im Herzen eine neue Welt auf, aber auch diese Welt (der Erinnerung) vermag ohne die Gegenwart der Geliebten nicht zu bestehen, und wie *Vor der Begegnung* mit der Geliebten „ein inneres Bangen auf Geist und Körper unwillkommener Schwere" lag und „von Schauerbildern rings der Blick umfangen" war „Im wüsten Raum beklommner Herzensleere", so *nach der Trennung:*

„Trüb' ist der Geist, verworren das Beginnen;
Die hehre Welt, wie schwindet sie den Sinnen!"

Dieses „Schwinden" der Welt ist ein ontologisch ontischer Grundzug derjenigen „Leerform des Herzens", die wir *Verzweiflung* nennen. Es kann sich auf die verschiedensten Weisen kundgeben, sei es durch rein „räumliche Schrumpfung" der Welt, sei es durch ein Leiserwerden derselben (so daß die Welt, die vorher wie ein Symphonieorchester klang, jetzt nur noch durch den Ton einer einzelnen Violinsaite repräsentiert wird), sei es durch ein Düsterer- oder Dunklerwerden usw. So wird wiederum in der Marienbader Elegie die Verzweiflung gekennzeichnet:

„Das Auge starrt auf düstrem Pfad verdrossen[64]."

Ein ähnliches Beispiel hierfür entnehme ich dem Grünen Heinrich (IV, 16) des ebenso farbenfrohen wie farbentraurigen Gottfried KELLER: „Allein sie vermochten die Schatten nicht aufzuhellen, die meine ausgeplünderte Seele erfüllten, und weil alles, was ich wahrnahm, durch die Düsternis gefärbt wurde, so erschienen mir auch die Menschlichkeiten, denen ich auf dem neuen Gebiete begegnete, dunkler, als sie an sich waren." –

Bei hochgradiger Verzweiflung gehen Düsternis, Verdunkelung und Schrumpfung der Welt schließlich über in völlige Weltleere. Dieser Wesenszug kommt auch darin zum Ausdruck, daß der Verzweifelte *„ins Leere starrt"* (obwohl er Natur, Menschen, Dinge „vor Augen" hat).

Das „Ins-Leere-Starren" unterscheidet nun auch die Leere der Verzweiflung über einen äußeren Verlust, ein inneres Ausgeplündertsein usw. von der von SCHELER erwähnten Leere des Herzens im Sinne der (habituellen)

---

[64] Vgl. ferner GOETHE: „Herz mache mir Raum in meiner engen Brust" (Br. aus der Schweiz); „und so mein eigen Selbst zu ihrem (der Welt) Selbst erweitern"; „die Aufgabe (des Menschen), die Räume der Gleichgültigkeit auszufüllen" *(Max. u. Reflexionen,* herausgeg. von Hecker, Nr. 539): „Gleich muß etwas bestimmt sein („bepaalt", sagt der Holländer), und nun glaubt man eine Weile, den unbekannten Raum zu besitzen, bis ein anderer die Pfähle wieder ausreißt und sogleich enger oder weiter abermals wieder bepfählt." Ebenda.

Trägheit des Herzens, der (habituellen) Daseinsschwäche und Daseinsleere. Diese Leere des Herzens läßt nicht den Blick ins Leere *starren*, was einer hochgradigen Daseinsspannung entspricht, sondern sie läßt ihn „müde" im Leeren *herumflackern;* denn sie *sucht*, wenn auch mehr oder weniger träge oder gierig, nach Welt als Reizstoff, als Stoff der Neu-Gierde, während der Verzweifelte gerade im Weltverlust aufgeht. Stürzt auch er sich dann einmal „ins Getriebe der Welt", so ist das nicht mehr Ausdruck der Verzweiflung, sondern der *Betäubung* der Verzweiflung.

Wir können diesen Exkurs nicht besser beschließen als mit einem Wort des weisen Rudolf HILDEBRAND[65]: *„Es kommt auf die Frage nach dem Raum in uns hinaus."* Wenn er dann hinzufügt: „Ohne den man eben keinen Schritt in der wahren Denkwelt tun kann", so müssen wir das erweitern in die Formulierung: Ohne den man keinen Schritt in die *Welt* hinaus tun kann.

Wir wären über dieses Thema nicht so ausführlich geworden, hätte es nicht in der *Psychopathologie* bereits eingehende Berücksichtigung gefunden, so insbesondere in den Untersuchungen von Fr. FISCHER an Schizophrenen und in meinen eigenen an der manischen Form des Menschseins. Man muß den „normalen" Weltverlust der Verzweiflung einerseits, der „Trägheit des Herzens" andererseits kennen, um das schizophrene Leerheitserlebnis (FISCHER) und Weltuntergangserlebnis (FREUD) anthropologisch verstehen zu können. Zum Verständnis der Nivelliertheit oder Reliefarmut der Welt der manischen Existenzform hinwiederum ist das Verständnis der Welt des „normalen" *Stimmungsoptimismus* unerläßlich[66].

In der *psychologischen* Literatur liegt heute ein klarer und übersichtlicher Beitrag zur Lehre des hier gemeinten Raumes vor in den „Untersuchungen zum gelebten Raum" des Grafen DÜRCKHEIM[67]. Ferner ist hier wiederum zu verweisen auf die Beiträge zur Phänomenologie der Wahrnehmung von SCHAPP, der besonders auch auf die in dem gegenwärtigen Zusammenhang so wichtige Frage, „wie uns Töne eine Außenwelt vermitteln", eingeht. In der Psychopathologie haben wir in der bereits zitierten Arbeit von STRAUS über die Formen des Räumlichen die grundlegende Arbeit zu erblicken. Was diese Arbeit so wichtig macht, ist nicht nur die eindringliche Gegenüberstellung von Zweckraum und Raum der Gestimmtheit, oder, wie STRAUS sagt, dem präsentischen Raum, ist nicht nur die Differenzierung der Daseinsweisen von Farbe und Klang und die wenn auch

---

[65] *Gedanken über Gott, die Welt und das Ich. Ein Vermächtnis.* Jena 1910.
[66] *Über Ideenflucht.* Zürich 1933, 57-69 [Bd. 1 vorl. Ausg., S. 67-73].
[67] *Neue psychologische Studien,* herausgeg. von Felix KRUEGER, Bd. 6, H. 4.: *Psychologische Optik.* München 1932. – Diese Arbeit ruht letztlich auf personalistischer Grundlage (W. STERN) und zeigt sehr gut sowohl die Tragweite als die Grenzen dieser Betrachtungsweise.

zu einseitig betonte Beziehung zwischen der Daseinsweise des Klangs und dem präsentischen Raum, sondern vor allem die hier entworfene Psychologie der Bewegung. STRAUS erklärt mit Recht, daß wir zwar eine Psychologie der Handlung und eine Physiologie der Bewegung haben, aber noch keine Psychologie der Bewegung. Grundlegend in dieser Psychologie scheint mir zu sein, daß wir hier einen Einblick in die Konstitution der in Frage stehenden Raumformen erhalten, und zwar wiederum ausgehend von dem Ich-Leib. Wir müssen uns nur von Anfang an vor Augen halten, daß der Ich-Leib, wie er in der Lehre vom präsentischen Raum und der präsentischen Bewegung fungiert, ein ganz anderer „Leib" ist, als wenn es sich um den orientierten Raum handelt. (Dasselbe gilt natürlich vom Leib innerhalb des Bewegungssystems des gestimmten Raums überhaupt!) Das zeigt sich schon, wie wir eingangs (S. 127) bemerkt haben, in der Rolle, die der Rumpf dort spielt. Der Rumpf bildet hier nicht mehr das örtliche Zentrum, aus dem die Greifbewegungen heraus erfolgen und in das sie zurücksinken, er erscheint hier nicht mehr als „passiv mitgeführter Teil des Leibes"! sondern als beherrschendes Prinzip des Bewegungsganzen[68].

Im Vordergrund dieser Psychologie der Bewegung steht nun der *Tanz*. Der Tanz ist nicht auf eine Richtung bezogen; „wir tanzen nicht, um von einem Punkt des Raums zu einem andern zu gelangen, es fehlt der Bewegung des Tanzes wie der Bezug auf Richtung und Entfernung, ebenso der Bezug auf räumliches Maß und auf räumliche und zeitliche Grenzen". Auch hier kommt es zu einer Erweiterung des Leibraums in den Umraum, wobei aber Leibraum und Umraum wiederum gerade nicht, weder absolut noch relativ, als geometrisch orientiert betrachtet werden dürfen. Diese Erweiterung kommt hier nicht mehr so zustande, daß wir mit der Hand oder mit einer durch einen Stab verlängerten Hand den Leibraum erweitern oder durch das Lenken eines Autos die Motorik des Gehens durch Schaffung eines neuen Eigenraums enorm steigern, sondern dadurch, daß wir jetzt mit den Tanzbewegungen den Raum allseitig erfüllen; und zwar geschieht dies in bezug auf die räumlichen Ausdruckscharaktere oder, wie STRAUS sagt, auf die symbolischen Raumqualitäten. Es handelt sich hier um eine „typische Wandlung im Erleben des eigenen Leibes". Das Ich, das bei dem wachen, tätigen Menschen in der Gegend der Nasenwurzel zwischen den Augen „lokalisiert" wird, sinkt beim Tanz in den Rumpf hinab, wie schon BALZAC bemerkt hat. Der Leib wird jetzt einheitlich zentriert erlebt. Das Prinzip dieser einheitlichen Gliederung ist die relative Ich-Nähe der einzelnen Teile

---

[68] Wie sehr wir in der Psychopathologie auf diese Dinge achten, ohne das Prinzip dieser Beachtung und die Welt, auf die hier geachtet wird, in ihrer Eigenart herausgestellt und verstanden zu haben, mag ein Seitenblick auf das große Gebiet von Gang und Haltung lehren, das in der Schizophrenie symptomatologisch und diagnostisch eine so wichtige Rolle spielt.

des Organismus. „Wir sind nicht mehr auffassend, beobachtend, wollend, handelnd einzelnen Gegenständen der Außenwelt zugewendet, sondern wir erleben unser Dasein, unser Lebendigsein, unsere Empfindlichkeit", so vor allem auch hinsichtlich ihrer Förderung und Gefährdung. Dabei sind das Erlebnis und die Bewegungen, in denen es seinen Sinn verwirklicht, gleichzeitig; „weder ist die Bewegung Ursache des Erlebnisses, noch das Erlebnis Zweck der Bewegung". Was dem Erlebnis, z. B. des Tanzes, seinen Gehalt gibt, das ist „der Bezug auf die symbolischen Raumqualitäten", „auf das Nicht-Gerichtete, Nicht-Begrenzte". Eine solche „nicht-gerichtete und nicht-begrenzte Bewegung" kennt nur ein An- und Abschwellen, eine Steigerung und ein Verebben, führt aber keine Veränderung herbei und ist kein historischer Prozeß. Deswegen nennt STRAUS sie *präsentische* Bewegung, trotz ihrer Dauer in der objektiven Zeit. – Leibraum und Fremdraum sind hier keineswegs so geschieden wie im orientierten Raum; vielmehr tendiert hier alles auf eine Aufhebung der Subjekt-Objektspannung, auf ein Einswerden; „der Tänzer wird in die Bewegung mit hineingezogen, er wird Teil einer Gesamtbewegung, die harmonisch den Raum, den anderen und ihn selbst erfaßt"[69]. Der erlebte Raum[70] ist immer ein erfüllter und gegliederter, besitzt immer eine ihm eigentümliche Struktur und Gliederung. Dieselbe ist aber *nicht* „durch das vom Leibe her zentrierte System der Richtungen rechts-links, oben-unten, vorn-hinten bestimmt, sie besteht unabhängig von ihm".

Die Struktur und Gliederung des präsentischen Raums wird von STRAUS nun scharfsinnig demonstriert am Gegensatz zum orientierten Raum einerseits, zum historischen Raum anderseits. Und zwar geschieht dies vor allem durch den Aufweis der Verschiedenheit der Rückwärtsbewegung im Gehen und im Tanz. Bei der Zweckbewegung des Gehens wird die Rückwärtsbewegung vermieden, bei der sich in einem ganz anders strukturierten Raum abspielenden Tanzbewegung wird sie zu etwas Selbstverständlichem. Die gleiche Bewegungsrichtung wird also beidemal ganz verschieden erlebt; infolgedessen können nicht die Hauptrichtungen selber für die Verschiedenheit des orientierten und des präsentischen Raums entscheidend sein. Sie sind ja veränderlich und machen jeden Lagewechsel des Körpers mit, so daß nach einer Rechtswendung vorn liegt, was vorher hinten lag,

---

[69] Wir sehen hier ohne weiteres das Grunderlebnis der Syntonie BLEULERs, des erlebten Synchronismus MINKOWSKIs.

[70] Da auch der orientierte Raum erlebt sein kann, müßte man hier immer sagen: der erlebte Stimmungs-, der Gestimmtheitsraum oder, was ganz auf dasselbe hinauskommt, der gestimmt oder stimmungsmäßig erlebte Raum. Auch das ist wieder zu sagen, daß auch der orientierte Raum stimmungsmäßig erlebt werden kann, nämlich in der Stimmung des ruhigen intellektuellen Achtens auf den Raum oder des Messens und Schätzens von Raum, und daß auch er „eine Stimmung hat", nämlich die „kalte" Stimmung des Berechenbaren, Abstrakten, Zahlenmäßigen usw.

rechts, was links lag, und umgekehrt. Daraus ersehen wir ja erst recht, daß der rein nach Richtungen orientierte Raum der Raum der jeweiligen Ich- oder besser Leib-Position ist. Mit dem Ausdruck „jeweilig" habe ich bereits das historische Moment eingeführt. Von diesem historischen Moment macht nun STRAUS ausgiebigen und wertvollen Gebrauch. Er zeigt, daß über oder jenseits des durch das jeweilige Richtungsprinzip bestimmten Raums ein durch ein ganz anderes Prinzip bestimmter Raum „existiert", in welchem die Richtungen vorwärts-rückwärts nicht nur nicht die Hauptsache sind, sondern überhaupt keine konstitutive Rolle spielen. Wenn ich von meiner Wohnung zur Arbeitsstätte fahre, so exemplifiziert STRAUS, bleibt der Charakter des Hinwegs erhalten, auch wenn ich mit dem Rücken gegen die Fahrtrichtung sitze: Was hier hinter mir liegt, hat doch den Charakter des Vorwärts; im umgekehrten Fall (bei der Heimkehr nach Hause vorwärts sitzend) behält das, was vor mir liegt, den Charakter des Zurück. Hinweg und Rückweg werden also nicht durch die Haltungsrichtung bestimmt, sondern durch *historische* Momente: „Der Raum, in dem wir leben, ist ein historischer Raum"; er ist, wie die Zeit, auf irgendein bestimmtes Jetzt, auf einen Mittelpunkt, ein festes, unverrückbares Hier hin geordnet, nach dem wir uns im Fort- und Unterwegssein, im Uns-Entfernen und Zurückkehren richten. Dieses feste und jenes bewegliche „Hier" nennt STRAUS Heimat und Aufenthalt. Durch die Beziehung zwischen beiden Hier werden die Räume, in denen wir leben, jeweils miteinander verknüpft und in sich und im ganzen als Teilräume gegliedert. In dem „System statischer Achsen", das jeder begrenzte Raum, ein Zimmer, eine Straße besitzt, liegt so, wie schon E. MINKOWSKI (vgl. unten S. 158) gezeigt hat, ein dynamisches Moment. In der „Normalstellung" fällt nun aber die Gliederung des Raums nach den Hauptrichtungen Vorn und Hinten „mit der historischen Gliederung in einen Kampf- und Fluchtraum" zusammen. Darum ist im historischen Raum die Rückwärtsbewegung *gegen* den eigentlich vom Raum ausgelösten Impuls gerichtet. Im Tanz hingegen, wo wir uns nicht mehr in einem auf ein festes Hier gerichteten begrenzten Ausschnitt des Raums bewegen, sondern in einem *homogenen,* „von Richtungsdifferenzen und Ortsvalenzen freien Raum", spüren wir nichts mehr von der Dynamik des historischen Raums. Die Rückwärtsbewegung vermag also im Tanz nicht dem dynamischen Impuls entgegen zu laufen, die der Raum bedingt; darum fehlt ihr alles Beschwerliche, was dem Rückwärtsgehen „im optischen[71] Raum anhaftet".

Ist so also der (präsentische) Raum, in dem wir uns im Tanz bewegen, weder durch Richtungen noch durch das historische Moment bestimmt, so

---

[71] STRAUS spricht hier, was sicher nur a potiori möglich ist, von optischem Raum, statt von (richtungs-) orientiertem Raum.

läßt sich jetzt seine Eigenart, eben als eines präsentischen, näher bestimmen. „Im Tanz schreitet das historische Geschehen nicht fort, der Tänzer ist aus dem Fluß des historischen Werdens herausgehoben. Sein Erleben ist ein Gegenwärtigsein, das auf keinen Abschluß in der Zukunft hinweist und darum räumlich und zeitlich nicht begrenzt ist. Seine Bewegung ist eine nichtgerichtete Bewegtheit, mitschwingend mit der Eigenbewegung des Raumes, von der sie pathisch induziert ist. Der vom Klang erfüllte und mit der einen gleichen Bewegung homogenisierte Raum – darin unterscheidet sich die Homogenität des akustischen Modus des Räumlichen von der des leeren metrischen Raumes – hat selber präsentischen Charakter. Der Tanzraum ist nicht ein Stück des gerichteten historischen Raumes, sondern symbolischer Teil der Welt. Er ist nicht durch Entfernung, Richtung und Größe bestimmt, sondern durch Weite, Höhe, Tiefe und Eigenbewegung des Raumes. Während eine Entfernung sich von hier bis dort erstreckt, also bestimmte Lagen und Stellen im Raume hat, ist der Weite nicht in gleicher Weise Ort und Lage zugeordnet. Die Weite ist weder hier noch ist sie am Horizont, sie ist auch nicht auf einer Linie, die das Hier mit irgendwelchen anderen Punkten des Raumes oder solche untereinander verbindet, sie ist überhaupt nicht quantitativ bestimmbar, sondern eine Qualität des Raumes. Wir können also mit Recht sagen, daß die Tanzbewegung den symbolischen Qualitäten des Raumes zugeordnet ist." STRAUS hat hier geleistet, was er sich vorgenommen, nämlich, „daß man keine vollständige Theorie der Bewegung schaffen kann, ohne sich über die Struktur des Raumes, in dem die Bewegung erfolgt, Rechenschaft zu geben".

Zu diesen für unsere Wissenschaft so wertvollen Ausführungen von STRAUS haben wir zunächst terminologisch Stellung zu nehmen. Da der Ausdruck pathischer Raum oder Erlebnisraum zu leicht den Gedanken der Passivität erweckt, der doch vom Pathischen möglichst ferngehalten werden muß, wie wir ja schon am Beispiel des Tanzes sehen konnten, und da der Ausdruck präsentischer Raum wegen der sehr verschiedenartigen Bedeutung von Präsens und präsentisch ebenfalls leicht zu Mißverständnissen führt, überdies aber für den hier gemeinten Raum zu eng ist[72], schlage ich den Terminus *gestimmter* Raum vor, insofern er, wie aus allem Bisherigen hervorgeht, der Raum ist, in dem sich das menschliche Dasein als ein gestimmtes aufhält, einfacher ausgedrückt, insofern er der Raum unserer jeweiligen Stimmung oder Gestimmtheit ist. Wie schon angedeutet, sind wir natürlich auch im orientierten Raum irgendwie gestimmt; denn gänzlich ungestimmt sind wir niemals. Von dieser Stimmung sehen wir aber

---

[72] Es ist aus den Ausführungen von STRAUS leicht einzusehen, daß sein präsentischer Raum der Raum der *ästhetischen* Gestimmtheit (im Sinne HÄBERLINs) ist oder der *ästhetisch* gestimmte Raum. Insofern ist er gegenüber dem Begriff des gestimmten Raums überhaupt der *engere* Begriff. Vgl. *Über Ideenflucht*, [Bd. 1 d. Ausg., S. 27 f.]

beim orientierten Raum geflissentlich ab, sonst kämen wir überhaupt nie auf die Idee der räumlichen Orientierung. Der Gedanke der räumlichen Orientierung ergibt sich nicht aus der Stimmung, sondern aus der Aktion oder dem Handeln sowie aus dem ruhigen, sachlichen Hinsehen auf Raumgrößen, also etwa aus dem ruhigen Verweilen im Messen und geometrischen Denken. Auch bei diesem ruhigen Hinsehen und intellektuellen Verweilen sind wir natürlich gestimmt. Diese Stimmung des ruhigen „Verweilens-bei-etwas" (HEIDEGGER) ist hier aber nicht das, was den Raum konstituiert, sondern die Grundlage der Möglichkeit einer dem gestimmten Raum völlig entgegengesetzten Räumlichkeit, eben der des orientierten Raums[73].

Rein sachlich bedarf in den Ausführungen von STRAUS zunächst seine Auffassung von der „Induzierung" des Erlebens durch die Raumqualitäten einer Erläuterung. Ich sehe in dieser Induzierung, in diesem „Zumuten" oder „Fordern", wie ich oben (S. 151) gezeigt habe, nur die *eine* Seite des *empirischen* „Sachverhältnisses" (die *andere* betrifft die „Induzierung" der Raumqualitäten durch das erlebende Ich), und ferner sehe ich in ihr nicht, wie STRAUS es offenbar sieht, zugleich auch ein konstitutives *Wesensverhältnis*. Unsere Differenz ist hier dieselbe wie hinsichtlich des Problems von Geschehnis und Erlebnis[74]. Wenn wir uns klarmachen, daß die Individualität ist und nur sein kann, was die Welt „als die ihre" ist, so müssen wir einsehen (vgl. die GOETHE-Beispiele), daß jene empirische „Induktion" nur möglich ist *auf Grund* eines „vorgegebenen" Wesensverhältnisses von Raum-Erleben und erlebtem Raum, wonach nicht der Raum das Erleben induziert, noch das Erleben den Raum, vielmehr beide, Erlebensform und Raumgestalt, nur die beiden Pole einer noëtisch-noëmatischen *Einheit* darstellen. Daß STRAUS diese wesensmäßige Einheit *auch* im Auge hat, geht daraus hervor, daß er sich hier gegen die Auffassung einer *kausalen*

---

[73] Auf die Beziehungen des gestimmten Raums zu den Lehren meines Gegenreferenten MINKOWSKI möchte ich hier aus Gründen der Zeitersparnis nicht näher eingehen, Sie werden ihn ja gleich selber hören. Nur das eine möchte ich bemerken, daß seine Auffassung von der distance vécue oder der ampleur de la vie sich nicht nur mit der Lehre vom gestimmten Raum aufs engste berührt, vielmehr ein Teilgebiet derselben bildet (sowohl in sachlicher als in historischer Hinsicht; denn MINKOWSKI war der erste, der auch die Idee des gestimmten Raums und ihre Fruchtbarkeit für die Psychopathologie erkannte). Insofern seine Konzeption der distance vécue sich in erster Linie auf die sphère de l'aisance erstreckt, in welcher unsere Aktivität und unser Leben sich entfalten können, sich also erstreckt auf die Stimmung, „où je me sens à l'aise", d. h. ungehemmt in meiner Aktivität, stellt diese Sphäre einen Spezialfall des gestimmten Raums dar. Wie wichtig diese Konzeption für die Auffassung des beim Autismus in Erscheinung tretenden déficit pragmatique oder dem Wahn, z. B. dem Verfolgungswahn, ist, hat MINKOWSKI in derselben Arbeit gezeigt: *Les notions de distance vécue et d'ampleur de la vie et leur application en psychopathologie* (J. de Psychol. 1930, No. 9/10, 27).

[74] E. STRAUS: *Geschehnis und Erlebnis*. Berlin 1930. – L. BINSWANGER: *Geschehnis und Erlebnis*. Mschr. Psychol. 80 (1931) [in d. Bd.].

Wechselwirkung wehrt; ebenso müßte er sich aber, soweit jene *Einheit* in Frage kommt, gegen die Auffassung der „Induktion" wehren. Von letzterer kann nur im ontisch-genetischen Sinne die Rede sein, nicht aber in dem von STRAUS mitgemeinten, aber vom ontischen zu wenig abgehobenen, ontologischen Sinne.

Viel wichtiger als diese Kontroverse ist aber, daß die STRAUSsche Lehre vom historischen und präsentischen Raum und ihrem Gegensatz eine wesentliche Erweiterung erfahren muß durch ihre Übertragung auf das Gebiet der *inneren Lebensgeschichte*. Auch in dieser „Historie" haben wir zu unterscheiden zwischen Heimat und Aufenthalt! Auch hier handelt es sich, um ein Wort HOFMANNSTHALs[75] zu gebrauchen, um ein „beständiges Auf-dem-Wege-Sein". Auch dieses In-Bewegung-Sein hat seine Heimat und sein Unterwegs. „Die mit Christus leben", sagt der Dichter, „gehen immerfort einen Weg bis an sein Ende und wieder zurück, so wie auf jener Leiter in Jakobs Traum die Engel immerfort aufwärts und abwärts stiegen." Es gibt „Ruhepunkte auf diesem Weg", aber auch Wendepunkte, Kreuzpunkte, Möglichkeiten, den „anderen Weg" zu gehen, „schauerliche Momente, die immer wieder von gläubigen Seelen durcherlebt werden". Der Weg zu Christus ist hier der Weg in die Heimat, (der Weg von ihm weg ist der Weg in die Fremde[76]).

Was von der Liebe zu Christus gilt, gilt von der Liebe des Mannes zur Frau und der Frau zum Mann, der Mutter zum Kinde, des Liebenden zur Geliebten usw., sei es, daß der „Gegenstand" der Liebe lebt oder gestorben ist. (Die Heimatbildung im Anschluß an den *Tod* geliebter Personen, man denke an NOVALIS, müßte einen besonderen Abschnitt bilden in dem Kapitel: „Trauer und Melancholie"). Und was hier von göttlichen und menschlichen Personen gilt, gilt von jedem „Gegenstand" eines „zentralen", unsere innere Lebensgeschichte *beherrschenden* „Interesses". So kann auch unser Beruf, die Kunst, ein einzelnes Kunstwerk eine Heimat für uns bedeu-

---

[75] HOFMANNSTHAL: *Die Wege und die Begegnungen*. Bremer Presse 1913.
[76] Vgl. hierzu das erschütternde Gedicht BRENTANOs: *Strophen*, insbesondere Strophe 3:

„Nun soll ich in die Fremde ziehen!
Ich, der die Heimat nie gekannt,
Soll meine erste Heimat fliehen,
Soll fallen in der Räuber Hand."

und Strophe 5:

„Nein, in die Brust – den Wespenschwarm
Vergeblicher, erstarrter Mühen,
Ins eigene Herz, zu eignem Harm,
Soll ich nun in die Fremde ziehen!"

ten, und je nach der Entstehungsgeschichte und dem Rangverhältnis dieser Heimaten zueinander oder dem ausschließlichen Dominieren *einer* Heimat, *eines „Zentrums", gliedert sich der Raum unserer inneren Lebensgeschichte,* der innerlebensgeschichtliche historische Raum. Auch in diesem Raum gibt es Fülle und Leere bis zum „Nichts", gibt es Hin- und Rückwege[77], Näherung und Entfernung, Ankommen und Weggehen, kurze Wege und weite Wege und vor allem auch ein Eilen und Verweilen, ein bedächtiges Schreiten, ein zähes Hängenbleiben oder ein leichtblütiges „Springen"[78].

Ebenso treten wir aus dem historischen Raum der inneren Lebensgeschichte heraus in den unhistorischen, präsentischen oder gestimmten Raum, wenn wir uns „ziel- und zwecklos" dem reinen Erlebensgehalt unserer „Stimmung" hingeben, völlig in unserer „Stimmung" aufgehen. Das kann, wie beim Tanzen, mit Bewegung des Leibes einhergehen, kann sich aber auch in bewegungsloser, gebeugter, geraffter, schlaffer, starrer usw. *Haltung* des Leibes, der Glieder, der Augen usw. ausdrücken. Nicht auf die Bewegungen des Leibes kommt es hier an, sondern auf die Art der Bewegtheit unseres Daseins überhaupt, die sich zwar stets auch leiblich ausdrückt, von welchem Ausdruck die *Bewegung* des Leibes aber nur ein Spezialfall ist. Fehlen hier nun auch Richtungsdifferenzen und Ortsvalenzen, wie Erwin STRAUS gezeigt hat, so nimmt das Dasein hier doch jeweils eine bestimmte Form der Bewegtheit an, die wir bald als „jäh fallende" (plötzliche schwere Enttäuschung), als ruhig schwebende oder steigende (Freude) empfinden, zugleich aber auch als unsern Erlebnisraum verengende („einschränkendes" Bangen, „Melancholie") oder erweiternde (Freude, Optimismus[79], „Manie"). Je nachdem, ob und wie wir dieses präsentische Erleben dann wieder historisch gestalten, ob und wie wir daraus „Geschichte machen", ob wir es als bloßes Geschenk oder bloße Plage hinnehmen

---

[77] Vgl. hierzu auch Rudolf HILDEBRAND (a. a. O., S. 255-264) über „das Nichts in uns", etwa S. 259: „Am deutlichsten fühlt man das (jenes Nichts), wenn man einmal gedrängt wird, über das uns Teuerste als ein Fremdes außer uns nachzudenken, also es erst aus uns hinauszustellen, ganz, das bisher das beste Teil von uns selbst war – ihm seine Stelle im ganzen nachzuweisen, aufzufinden – das Teuerste, das uns bisher unsere Welt, unser All war, was es doch nicht durchaus sein kann, nur stellvertretend. Das ist zugleich tiefstes Weh und größtes Fühlen seiner selbst, man fühlt eine kalte Größe an sich mit entsetzlicher Leere – man ist vorübergehend im Nichts, gewinnt aber doch da sich selbst fester wieder (wie der Zornige und der Kranke), und das Ganze endet doch auch mit *Rückkehr,* bereicherter Rückkehr, erhöhtem und vertieftem Glück (das tiefere Wurzeln gefunden hat). So sehen kalte Verstandesmenschen immer die Dinge, die Menschen, die Ideen, die Welt an – wie neben der Welt eine Welt für sich. Aber nötig ist uns diese Kunst, diese Stelle, wo wir nur Ich sind – doch nicht, um dort zu bleiben. Das Ich in seiner größten Ichheit ist also etwas neben der Welt, außer der Welt, das mit Freiheit darin seine Stelle sucht, eine oder die beherrschende (das ist das Ziel), vorübergehend aber auch das Ganze als für ihn nicht vorhanden betrachten, verwerfen kann".

[78] Vgl. hierzu des näheren *Über Ideenflucht,* a. a. O., [Bd. 1 d. Ausg., S. 182 f.].

[79] Vgl. *Über Ideenflucht,* [Bd. 1 d. Ausg., S. 49].

und in dieser Hinnahme aufgehen oder es, wie GOETHE sagt[80], zu „verdienen" oder „durchzuarbeiten" versuchen (was natürlich keiner dauernden bewußten Absicht entspringen muß![81]), je nachdem verlassen wir den präsentischen Raum, und treten wir in den historischen Raum der inneren Lebensgeschichte. Dieser Raum zeigt dann wiederum an und für sich eine verschiedene Gliederung, ja nachdem es sich um Kindheit, Pubertät, Jugend, Mannes- oder Greisenalter handelt, worauf wir am Schlusse noch kurz eingehen werden.

Was die Untersuchung des gestimmten Raums innerhalb der *Pathologie* anlangt, so haben wir es hier also nicht mehr mit den Kategorien Leibraum, Eigenraum, Umraum, Fremdraum, also nicht mehr mit den Kategorien Organismus, Situation, Aufgabe, Leistung zu tun, sondern mit den Kategorien Ausdruck und Erleben, präsentische Bewegung und präsentische Bewegtheit oder Haltung, Physiognomie (im weitesten Sinne) und Gestimmtheit. Insofern auch hier die konkrete Situation noch ins Spiel tritt, ist auch auf diesem Gebiet das Experiment möglich, und zwar prinzipiell durchaus im gleichen Sinne wie bei der Untersuchung des orientierten Raums. Nur die Anwendung ist hier aus sachlichen Gründen schwieriger. Aber auch an eine Lokalisation hinsichtlich des gestimmten Raums ist rein prinzipiell zu denken möglich. Wenn KLEIST z. B. erklärt, die Ideenflucht sei im Hirnstamm lokalisiert, so kann er damit ja nur meinen, daß die Gestimmtheit des Organismus, in der so etwas wie Ideenflucht möglich ist, vom Hirnstamm als dem regulierenden Zentrum der Affektivität abhängt. Daß die Rinde dabei aber unbeteiligt wäre, wird wohl niemand glauben. Wir stellen uns vor, daß es sich hierbei um Vorgänge in der *gesamten* Hirnrinde handelt. Auf jeden Fall scheint mir auf das Zusammenspiel zwischen Funktionsweise des Hirnstammes und Funktionsweise der Rinde hier alles anzukommen[82], jedoch verlieren wir uns hier mit unserm heutigen Wissen noch in völliges Dunkel. Immer aber ist bei solchen Überlegungen im Auge zu behalten, daß die Tatsache biologischer und insbesondere hirnphysiologischer Lokalisationsmöglichkeit in keiner Weise anthropologische Wesensbetrachtung überflüssig macht, im Gegenteil. Erst wenn wir in die anthropologischen Wesensverhältnisse – denken Sie an die GOETHEschen Beispiele – einen Einblick haben, vermögen wir uns empirisch-wissenschaftlich darüber Rechenschaft abzulegen, was hier in ontisch-genetischer Hinsicht möglich ist,

---

[80] Vgl. *Über Ideenflucht,* [a. a. O., S. 78 f.].

[81] Auch das Aufsehen in dem präsentischen Erleben *kann* einer bewußten Absicht entspringen, man darf also nicht das Werden der inneren Lebensgeschichte mit bewußter Lebensgestaltung identifizieren.

[82] Es war mir sehr lehrreich, meinem Abschnitt aus seiner demnächst erscheinenden Gehirnpathologie, in deren Manuskript KLEIST mir freundlicherweise Einblick gestattet hat, analoge Ansichten über die „Lokalisierung" des Zeiterlebens zu finden.

wie ontisch-genetisch überhaupt zu fragen ist und auf welchen ontischen Seins- und Geschehenskreis dieses Fragen beschränkt bleiben muß.

Fragen wir uns nun, auf welchem Gebiet die Untersuchung des gestimmten Raums in der *Psychopathologie* Anwendung gefunden hat, so ist dieses Gebiet so weit als das der Psychopathologie selbst. Einiges haben wir oben im Anschluß an MINKOWSKI erwähnt. STRAUS denkt an die Beziehungen der Phobien zu den symbolischen Raumqualitäten, der Perversionen und Psychopathien zu der Unterscheidung von Gnostischem und Pathischem, der Katatonie zu der präsentischen Bewegung. In seiner Schrift über Geschehnis und Erlebnis finden Sie schon einiges hierüber verarbeitet. Er erinnert aber mit Recht noch besonders an die Encephalitiker, unter denen gewisse Kranke z. B. nur mäßig vorwärts gehen können, viel leichter aber sich rückwärts zu bewegen oder zu tanzen vermögen. Dem wäre noch die Erwähnung des uns jeweils so frappierenden Schauspiels anzureihen, das wir vor uns haben, wenn ein Parkinsonist oder eine steife Katatonika plötzlich im Ball- oder Federballspiel sehr Gutes leisten und dabei eine geradezu graziöse Bewegungsphysiognomie zeigen. Um hier aber noch etwas ins Detail zu gehen, knüpfe ich zunächst an ein Beispiel an, das ich meinem Phänomenologiereferat entnehme. Ich berichtete dort von einem Kranken, der im Bett liegend sieht und fühlt, wie ein Stück des in einiger Entfernung unterhalb seines Fensters befindlichen Bahnkörpers in sein Zimmer heraufkommt und in seinen Kopf eindringt. Dabei besteht Herzklopfen, Angst, das Lebenslicht ginge aus, und heftiger Stirnkopfschmerz von dem in das Gehirn sich einbohrenden Geleise. Der Kranke ist im orientierten Raum durchaus orientiert, er weiß, daß der Bahnkörper dort unten liegt und liegen bleibt; zugleich aber sieht er ihn doch heraufkommen, und ist er dieser räumlichen Diskrepanz[83] sich voll bewußt, ausdrücklich erklärend, es sei doch „etwas so Stupides, Blödes", daß man das eine wisse und trotzdem das andere erlebe. In diesem Beispiel haben Sie einen für einen wachen, erwachsenen, zivilisierten Europäer schwer veränderten gestimmten Raum vor sich, der seinerseits wieder mit dem orientierten Raum eine groteske, widerspruchsvolle Einheit eingeht. Der orientierte Raum gliedert sich hier in einen normalen und einen krankhaft veränderten orientierten Raum, denn das Heraufkommen der Geleise und deren Eindringen in den Kopf spielt sich ja auch im orientierten Raum ab. Daß der krankhaft veränderte orientierte Raum ein krankhaft veränderter halluzinierter Raum ist, darf an unserer prinzipiellen Auffassung und Untersuchungsmethode nichts ändern. Die Unterscheidung zwischen Wahrnehmungsraum und Trugwahrnehmungsraum ist für uns durchaus sekundär, und zwar ist es nach allem Vorangehenden of-

---

[83] Wie sich die Kranke in dem Aufsatz *Symptom und Zeit* (Schweiz. Med. Wochenschrift, 81. Jg., Nr. 22, 1951 [Binsw. 1951c]) der zeitlichen Distanz ihres Weltentwurfes bewußt ist.

fenkundig, daß uns nicht das Problem der Halluzination im Problem des orientierten und gestimmten Raums vorwärts bringen kann, sondern daß gerade das Umgekehrte der Fall ist. In unserm Beispiel trägt der gestimmtorientierte Raum durchaus die Züge des mythisch-magischen Raums, wie ihn CASSIRER im 2. Band seiner symbolischen Formen so scharf herausgearbeitet hat. Wie im mythischen Raum bleibt auch hier die räumliche Orientierung an den Gesamtsinn der zugrunde liegenden pathologischen Gestimmtheit, des pathologischen Weltgefühls, wenn man so will, gebunden. Das bestimmte Raumstück, wie der Kranke sagt, hat nun nicht mehr einen rein anschaulichen Sinn, sondern einen neuen eigenen Ausdruckscharakter, den wir, wie es CASSIRER im Hinblick auf den primitiven Menschen tut, als Ausdruck einer Art magischer Bedeutsamkeit auffassen können. Wie die Richtungen im mythischen Raum nicht begriffliche und anschauliche Relationen darstellen, sondern von ihren spezifischen mythischen Akzenten abhängen und selbständige, „mit dämonischen Kräften begabte Wesenheiten" (CASSIRER) darstellen, so haben wir es auch hier mit einer Art dämonischer Beseelung „des Raums" zu tun, wovon auch schon die Angst vor dem Eintritt in diesen Raumbezirk und das Übermanntwerden von diesem schrecklichen Raumerlebnis zeugt. Daß wir aber niemals den mythischen Raum des Primitiven und den pathologisch gestimmten Raum des Schizophrenen miteinander identifizieren dürfen, geht unter anderem ja auch aus der Fortexistenz des Raums des zivilisierten Europäers *neben* dem mythischen Raum hervor. Wem der magisch-dämonische Charakter dieses Raums bei unserm Kranken nicht einleuchtet, den möchte ich nur auf die bildlichen Darstellungen hinweisen, die etwa KUBIN oder Odilon REDON solchen oder ähnlichen Raumgestalten gegeben haben. Diese Gestimmtheit des Raums wird dann noch deutlicher, wenn wir von den optisch-kinästhetischen Halluzinationen, wie wir uns so schematisch primitiv-sensualistisch auszudrücken pflegen, den akustischen Halluzinationen unseres Kranken zuwenden. Auch diese haben einen besonderen Stimmungsraum, der wiederum neben dem normalen akustischen Raum existiert und vom Kranken bezeichnet wird als etwas „methodisch Einheitliches", „vital oder providentiell Bedeutungsvolles", als eine „stark komprimierte Handlung, ein äußerstes Kontraktum, ein Stück wirkliches Leben, das einem etwas sagt, das in die dramatische Stichzone fällt" und das „von einer *höheren Macht* beherrscht wird". Für diesen ganzen durch die Sinneinheit des Dämonischen bestimmten Raum hat der Kranke den bezeichnenden räumlichen Ausdruck eines „Sprechsaals". Dieser Sprechsaal dient zur Basis für einen „Sprecher von besonderer Autorität"; er stellt „eine offene Aussprache von besonderer Seite" dar. Sie sehen schon aus diesem kleinen Beispiel, daß es bei der Erforschung der Halluzinationen keineswegs nur darauf ankommt, den halluzinatorischen Charakter einer Stimme, einer Vision usw. festzustellen, sondern in erster Linie darauf, den gestimmten Raum und seine spezifischen Eigenarten festzustellen, aus dem heraus die einzelnen Sinnestäuschungen erwachsen. Darauf hat vor kurzem auch MINKOWSKI mit Recht hingewiesen.

Systematisch hat sich mit dem Raumerleben im Sinnentrug auch Karl SCHNEIDER beschäftigt; ich erwähne hier nur seinen Aufsatz über Sinnentrug aus dem Jahre 1931[84]. Auch SCHNEIDER unterscheidet, wie GRÜNBAUM, einen Eigen- und Fremdraum, wenn auch nicht von der Motorik und der Praxie, sondern vom unmittelbaren Erleben aus. Er spricht vom Verlust der Unterscheidung zwischen Eigen- und Fremdraum und geht vor allem auch auf das Erleben im Meskalinrausch und beim Einschlafen ein. Er erwähnt sodann die Störungen der Feldrelationen bei verschiedenen Krankheitsformen, die wir im Anschluß an die Auffassungen BECKERs als Störungen im orientierten Raum auffassen müssen. Auch die Veränderungen, welche Die eigenen Bewegungen und die Größe der Gliedmaßen unter pathologischen Bedingungen erfahren können, sind SCHNEIDER natürlich bekannt. Aus dem Erleben unter Scopolaminwirkung zitiert SCHNEIDER eine Beobachtung MANNHEIMs, die unserm obigen Beispiel sehr ähnlich ist: „Plötzlich sehe ich, wie der Federhalter – er erscheint mir von einer Dunsthülle umgeben – unter feinen, welligen Bewegungen raupenartig auf mich zukriecht. Er scheint sich zu nähern. Gleichzeitig aber bemerke ich, daß sich der Abstand des mir zunächst liegenden Endes von der queren Linie, an der sich Holz und Tuch des Schreibtisches berühren, in keiner Weise verringert." Wir sehen auch hier das Nebeneinanderbestehen von magisch gestimmtem Raum und normalem orientiertem Raum. Die so aufdringlichen Störungen des orientierten und gestimmten Raums im Meskalinrausch sind Ihnen aus den Publikationen der letzten Jahre von BERINGER, MAYER-GROSS und STEIN u. a. gut bekannt. Sie bilden die reichste Fundgrube für phänomenologische, sinnespsychologische und physiologische Untersuchungen des Raum- und Bewegungserlebens. Ich erinnere Sie hier nur an ein Beispiel von MAYER-GROSS und STEIN[85], aus dem Sie zugleich die Verschmelzung von Eigen- und Fremdraum zu einem einheitlichen, ungesonderten Raum ersehen können: „Ich fühlte das Bellen eines Hundes als ein schmerzhaftes Berührtwerden meines Körpers, der Hund war nur im Bellen da, mein ‚Ich' nur in dem Schmerz. Und wenn ich meine Augen öffnete, so sah ich vor mir in der Richtung des Fensters, ohne aber dieses als ein Fenster aufzufassen, lauter Farben, grüne und hellblaue Flecken, ich wußte, daß dies die Blätter eines Baumes und der dazwischen hindurch sichtbare Himmel waren. Es war aber nicht möglich, diese Empfindungen

---

[84] Karl SCHNEIDER, Z. Neur. 131, 773 f. (1931).
[85] MAYER-GROSS u. STEIN: *Über einige Abänderungen der Sinnestätigkeit im Meskalinrausch.* Z. Neur. 101, 378 f. (1926).

auf verschiedene Dinge im Raum mit verschiedenen Ortswerten zu beziehen." Ich würde auch hier davor warnen, von einer Raumsinnstörung zu sprechen, weil wir mit diesem Ausdruck gar zu leicht ein Schibboleth in die Hand bekommen, das uns verführt, den einfachen Namen für die so überaus komplizierte Sache zu nehmen.

Was die Untersuchungen der Räumlichkeit, in der die *Schizophrenen* leben, angeht, so ist vor allem noch auf die Untersuchungen Franz FISCHERs einzugehen, die besonders subtil und an einem hervorragend geeigneten Material ausgeführt sind[86]. Diesen Untersuchungen gehen aber wieder voraus diejenigen von E. MINKOWSKI, derer wir hier zuerst noch gedenken wollen. MINKOWSKI hat insbesondere auf die durchgängige Immobilität und Einförmigkeit des Raums hingewiesen, in dem die Schizophrenen leben, handle es sich nun um den Aktions-, Stimmungs- oder Denkraum, und in dem „la richesse, la mobilité de la vie disparaissent". MINKOWSKI spricht hier von einem „rationalisme et géométrisme morbide", die er unter dem Namen des „Pensée spatiale des schizophrènes" zusammenfaßt[87]. Während aber MINKOWSKI, in den Fußstapfen BERGSONs wandelnd, zu einem biologisch-dynamischen Verständnis dieser Störungen vorzudringen sucht, kommt es FISCHER ganz allein auf die minuziöse Untersuchung der Einzelphänomene anhand der Selbstschilderungen der Kranken an, wobei für ihn im Vordergrund des Interesses stehen die Phänomenologie der Zeit-, Raum- und Denkerlebnisse. Dabei sucht er wie MINKOWSKI die allgemeinen Formelemente des schizophrenen Erlebens herauszuheben und deren Eigenart an den verschiedenen Erlebnisklassen aufzuzeigen. So zeigt er insbesondere, wie die Formelemente des schizophrenen Denkens (über Carl SCHNEIDER hinausgehend auch die der *unanschaulichen* Denkstruktur) sich an dem Aufbau der schizophrenen Räumlichkeit und Zeitlichkeit nachweisen lassen, und ferner, wie sich die Raumformen, welche den einzelnen Erlebnisklassen zugeordnet sind, *untereinander* verhalten. Dabei ergibt sich z. B., daß das im „normalen Erlebnis" bestehende Ineinander der verschie-

---

[86] Ich verweise auf *Zeitstruktur und Schizophrenie.* Z. Neur. 121 (1929) und *Raum-Zeitstruktur und Denkstörung in der Schizophrenie.* Z. Neur. 124 (1930). Eine Abhandlung von FISCHER zur *Klinik und Psychologie des Raumerlebens* wird in Bälde im Schweiz. Arch. Neur. erscheinen. Einem ungedruckten Vortrag FISCHERs, betitelt *25 Jahre Psychopathologie von Raum und Zeit,* gehalten an der Versammlung der Bodenseeanstalten in Kreuzlingen am 31. 10. 1931, verdanke ich manche wertvolle Anregung. Ich verweise hier noch besonders auf die außerordentlich instruktive Beobachtung in der Krankengeschichte II der II. Mitteilung (S. 253 das Herbsttagerlebnis). Hier kommt in geradezu klassischer Weise das eigenartige, ja, abgesehen von den experimentellen Psychosen, für die Schizophrenie pathognomonische Nebeneinander von orientiertem und dämonisch gestimmtem Raum zum Ausdruck, von dem Kranken wiederum als Nebeneinander scharf empfunden. Zugleich sehen wir auch hier sehr schön das Verschwimmen von Eigenraum und Fremdraum im gestimmten Raum.

[87] Vgl. *La Schizophrénie,* S. 104 f.

denen Räumlichkeitsformen in der Schizophrenie eine „Lockerung und Akzentverschiebung" erfährt. So ist etwa dem psychisch starren oder dem im Zeichen der Aktverarmung stehenden Kranken oder dem ekstatisch gehobenen Psychotiker jeweils eine andere Form des Räumlichen eigentümlich. Dabei ist das Durchgängige oder Umfassende, an dem die einzelnen Raumformen sich in ihrer Besonderheit abheben, das „Innenräumliche" als ein Konstituens der persönlichen Existenz. Auf diese Weise kommt es zu einer Überwindung derjenigen Betrachtungsweise, die das schizophrene Seelenleben in „Primärsymptome" zerlegt. Die Übertragung der Denkanalysen auf die Phänomenologie des Raumerlebens der Schizophrenen führt nun aber auch zu einer Verfeinerung der *Wahrnehmungstruguntersuchungen*. FISCHER zeigt anhand seiner so instruktiven Krankengeschichten, daß die Wahrnehmungstruganalyse die Tatsache des Raums als eines Ganzen und als eines Konstituens der persönlichen Daseinsweise stärker betonen muß. Im einzelnen führt die feinere Erfassung des unanschaulichen Aufbaus der Gegenstände zu dem Phänomen der „Verwurzelung der Gegenstände in den Raumstellen"; die Analyse der Raumstelle wird ergänzt durch die Untersuchung der Wahrnehmungsfelder und diese durch die Einbeziehung des Totalraums[88]. Dabei klingen bei FISCHER immer mehr auch die anderen Themata der Existenz an, nämlich die innere Lebensgeschichte und vor allem die Gemeinschaftsbeziehung, so daß wir schon jetzt, insbesondere wenn wir die Untersuchungen von MINKOWSKI, Carl SCHNEIDER, A. STORCH, KUNZ, KRONFELD u. a. mitheranziehen, einen Einblick gewinnen in die konstitutiven Momente der schizophrenen Daseinsweise überhaupt.

In den Studien über die Ideenflucht[89] habe ich selbst die *existentiale Analytik* im Anschluß an HEIDEGGER und HÄBERLIN und im Sinne der existentialen Anthropologie systematisch auf das Gebiet der *manischen* Form der Existenz ausgedehnt[90]. Mit dieser Methode konnte ich zeigen, daß dem manisch-ideenflüchtigen Menschen eine eigentümliche Daseinsweise entspricht, die ich als die *springende* („gleitende") Form der Existenz bezeichnet, in ihrer Eigenart geklärt und durch die verschiedensten „Verhaltensweisen" durchanalysiert habe. So konnte ich z. B. zeigen, daß die dieser Daseinsweise eigentümliche Form der Auseinandersetzung von Ich und Welt durchwegs *homogener* oder *reliefärmer* ist als die des Durchschnittsmenschen, welche Reliefminderung schon aus historischen Gründen mit dem WERNICKEschen Ausdruck der *Nivellierung* bezeichnet wurde. Diese Ni-

---

[88] FISCHERs Analyse der schizophrenen Wahrnehmungen und des Wahrnehmungstrugs führt methodisch und sachlich zu erstaunlichen Übereinstimmungen mit HÄBERLINs Phänomenologie der Wahrnehmung.
[89] *Über Ideenflucht,* a. a. O.
[90] Vgl. *Die manische Lebensform* [Binsw. 1945a].

vellierung, im Sinne einer geringeren Unterschiedlichkeit oder Abhebung der (noëtisch-noëmatischen) „Erlebnismomente" voneinander, also im Sinne einer gleichförmigeren[91] Auseinandersetzung von Ich und Welt, ließ sich gleicherweise aufzeigen in der Struktur des ideenflüchtigen Denkens (Nivellierung der Bedeutungsakzente oder des Bedeutungsreliefs), der grammatikalischen und syntaktischen Gliederung, der sozialen Struktur (also des Miteinander), der inner-lebensgeschichtlichen Zeitigung (lebensgeschichtlicher Sprung, „Wirbel", Wunscherfüllung) und der *Räumlichkeit*.

Hinsichtlich der letzteren ließ sich wieder anhand der einzelnen Raumcharaktere, wie Raumentdeckung, Raumerweiterung und Raumerfüllung und ihres Verhältnisses zueinander, die eigentümliche Struktur und Gliederung der manischen Räumlichkeit herausarbeiten, die wiederum in engster Verbindung steht mit der Konsistenz, Belichtung, Beleuchtung und Beweglichkeit der Welt, „in der" diese Menschen leben. Dabei macht es keinen Unterschied, ob wir den Denk-, Leib- oder Fremdraum, den pragmatischen, den gestimmten, den sozialen oder den kulturellen Raum in Betracht ziehen[92].

Mit all dem tritt die Untersuchungsmethode, mit der wir heutzutage an die Schizophrenie und das manisch-depressive Irresein herangehen (hinsichtlich der Depressionen ist besonders der Arbeiten von MINKOWSKI, E. STRAUS und v. GEBSATTEL zu gedenken, bei denen die Räumlichkeit aber noch keine thematische Rolle spielt), in nächste Nähe zu den Untersuchungsmethoden bei den *organischen* Kranken im engsten Sinne, ja im Grunde handelt es sich um ein und dieselbe Methode: *Wir suchen Grundveränderungen hinsichtlich der Auseinandersetzungsweisen von Ich und Welt auf, aus denen die Veränderungen innerhalb der einzelnen Erlebnissphären verständlich zu machen sind.* Der Unterschied besteht nur darin, daß wir es bei den organisch Kranken im engeren Sinne bis jetzt mehr mit den Störungen des orientierten Raums zu tun hatten, bei den Schizophrenen und Manisch-Depressiven mehr mit den Störungen des gestimmten Raums. *Beide* Formen des Raumerlebens scheinen stets verändert zu sein bei den Rauschgiftpsychosen (Meskalin, Haschisch usw.), mit denen sich schon aus diesem Grund ein besonders interessantes und wichtiges Feld der Beobachtung für den Psychopathologen eröffnet hat, ganz abgesehen davon, daß hier nunmehr auch das Experiment in den Dienst der Psychopathologie

---

[91] Die „größeren" affektiven „Ausschläge" der Manischen bilden keinen Widerspruch zu diesem Grundverhalten, da dieser Art von Affektivität tatsächlich ein „niederes" Niveau der Auseinandersetzung von Ich und Welt entspricht, als es den Durchschnittsmenschen charakterisiert.

[92] Vgl. die Zusammenfassungen über die Räumlichkeit des *ideenflüchtigen* In-der-Welt-Seins, a. a. O. [Bd. 1, S. 217 f.] u. [Bd. 1, S. 224 f.], ferner zum sozialen Raum [Bd. 1, S. 28 f.], zum kulturellen [Bd. 1, S. 107].

im engeren Sinne tritt, d. h. der nichtherdförmigen, sondern „allgemeinen" oder „diffusen" Hirnerkrankungen, so daß die Untersuchungsbedingungen, namentlich auch hinsichtlich der *Leistungen*, im voraus bestimmt werden können.

Den bei den eigentlichen Rauschgiftversuchen gemachten Beobachtungen hinsichtlich des *gestimmten* Raums sind dann diejenigen anzureihen, die man bei Morphium, Pantopon, Opium[93], Haschisch[94], Cocain[95] und im Beginn der Narkose gemacht hat, sowie die Beobachtungen bei der Ermüdung[96] und beim Einschlafen (Carl SCHNEIDER, a. a. O.), im

---

[93] Vgl. DE QUINCEY, POE, BAUDELAIRE u. a. bei BIRNBAUM: *Psychopathologische Dokumente,* Kap. 2. Eine besondere Bearbeitung verdiente die Rolle der *Gerüche* oder *Düfte* im Aufbau des gestimmten Raums. Darüber wären gerade bei BAUDELAIRE sehr interessante Beziehungen zu finden.

[94] [Wie vorherg. Fußn.]

[95] Vgl. H. W. MAIER: *Der Cocainismus.* Leipzig 1926. – JOEL u. FRÄNKEL: *Der Cocainismus.* Berlin 1924.

[96] Auf ein interessantes Beispiel macht mich O. HINRICHSEN freundlicherweise aufmerksam. Es findet sich bei Otto LUBARSCH, *Ein bewegtes Gelehrtenleben,* S. 6 f. Berlin 1931, und lautet: „Diese Empfänglichkeit und Aufgeregtheit ging zeitweise bis ins Krankhafte. Jahrelang – etwa im Alter von 11-13 Jahren – wurde ich, sobald ich abends im Bett lag, namentlich wenn ich noch lange gelesen hatte, von Zuständen schwerster Überempfindlichkeit geplagt. Mein Bett verlängerte und erweiterte sich mit dem Zimmer bis ins Unermeßliche, das Ticken der Uhr, meine eigenen Herzschläge erklangen wie lauteste Hammerschläge, und eine vorüberfliegende Fliege hatte die Größe eines Sperlings. Ich habe eine fast vollständig übereinstimmende Beschreibung in keiner ärztlichen Schilderung, wohl aber in dem Lebensroman ‚Am Fenster' von Hans FEDERER gefunden, wo es heißt: ‚Aus den braunen und weißen Holzplättchen des Bodens formte sich eine nie durchzumarschierende Weltbahn. Vorhang, Lampe und unsere die Stunden aborgelnde Uhr, alles war mir vernebelt und phantastisch verzerrt, so daß die Vorhänge wie Gewölke, die Lampe wie Feuersbrunst und das Musizieren der Uhr wie ein Geläute von Sturmglocken wirkte. Eine Fliege ward zum großen Vogel.'"

Traum[97], vor allem auch in der epileptischen Aura[98] und in den „Krisen" der „Psychastheniker".

Da auch die einzelnen „normalen" Erlebnisformen ihre eigenen Raumcharaktere besitzen, wie wir an dem Beispiel der „eingeschränkten" Welt im Erlebnis des Bangens gesehen und wie ich es am Erlebnis der plötzlichen Enttäuschung gezeigt habe, besitzen wir nunmehr ein genaues Kriterium zur Beschreibung und zum Verständnis der einzelnen pathologischen Erlebnisgestalten[99]. Für die Raumcharaktere der abnormen *Glückserlebnisse* ist die unten (Anm. 2) zitierte Schrift von RÜMKE heranzuziehen. Hier spielen zwar Beleuchtung, Belichtung, Farbigkeit, Konsistenz, Beweglichkeit der Welt, Zeitlichkeit und Bedeutsamkeit noch eine ungleich größere Rolle als die Räumlichkeit. Was die letztere betrifft, so hatte schon MAYER-GROSS[100] unter den phänomenalen Kennzeichen des Glücksrauschs die „Ausweitung des Ich" angeführt. RÜMKEs Patientin D. (S. 21) spricht von einem unvergleichlichen „Ganz-davon-erfüllt-Sein" im Hinblick auf ihr Glücksgefühl, die Patientin H. (S. 27) gibt an, daß auf den

---

[97] Vgl. hierzu *Über Ideenflucht*, [Bd 1., S. 77-80] und FRANC: *Die Weisen des Gegebenseins im Traum*. Psychol. Forsch. 16 (1932). – Der Traum bildet aus leicht einzusehenden Gründen das interessanteste und reichhaltigste Feld zur Untersuchung des gestimmten Raums. Man könnte leicht ein ganzes Buch darüber schreiben! Als Beispiel erwähne ich nur die Traumserie in meiner Schrift über Wandlungen in der Auffassung und Deutung des Traums von den Griechen bis zur Gegenwart, S. 83 f. Berlin 1928 [vgl. in d. Bd. das Autoreferat]. In dieser kurzen Traumserie sehen wir immer wieder zwei deutlich voneinander abgehobene Formen des gestimmten Raums auftreten, einen Raum der *geborgenen, vertrauten, gesicherten* Gestimmtheit des Daseins, repräsentiert durch ein „Gehäuse" wie Limousine, Zimmer, Haus, Schiff, Mühle, und einen Raum der *unheimlichen, unvertrauten, gefahrvollen,* „*dämonischen*" Gestimmtheit, repräsentiert durch das unheimlich-stille, grenzen- und uferlose Meer, den unbestimmten, unbegrenzten Raum „draußen", aus welchem „empörtes Stimmengewirr" ertönt oder eine „vermummte Gestalt" auftaucht, oder durch eine „wie ein kohlschwarzer Berg fast senkrecht aus dem Meer aufragende" Klippe oder durch einen eiskalten, schmutzigen Strom. Wir haben es hier durchwegs mit einer Zweiteilung des „seelischen Schauplatzes" des Traums in einen *Zuschauerraum* und eine *Bühne* zu tun (vgl. insbesondere den Limousine-Marder-Adlertraum, S. 83 f.). – Eine andersartige, sehr häufig zu beobachtende Zweiteilung der Räumlichkeit des Traums (wie auch der dichterischen und mythischen Phantasie) ist diejenige in einen *oberen* Luft- oder Himmelsraum und in einen *unteren* Raum der Erde oder des „Bodens". Beide „Räume" sind ausgesprochen gestimmte Räume, der eine ist der Raum der „gehobenen", glückhaften, der andere der der „gedrückten", enttäuschten, unglücklichen Stimmung (vgl. hierzu meinen Aufsatz über *Traum und Existenz*. [in d. Bd.].

[98] Hier sind, schon durch die Selbstschilderungen DOSTOJEWSKIs, die Störungen des Zeiterlebens bekannter als die des Raumerlebens. Von dem Gefühl eines „Falls in das absolute und unendliche Nichts" in der epileptischen Aura berichtet JANET, zit. nach RÜMKE: *Zur Phänomenologie und Klinik des Glücksgefühls*, 1924, S. 37.

[99] Die Raumcharaktere bilden, wie immer betont wurde, natürlich nur *ein* Kriterium unter vielen, nämlich Zeit-, Belichtungs-, Konsistenzcharakteren usw.

[100] W. MAYER: *Zur Phänomenologie abnormer Glücksgefühle*. Z. Pathopsychol. 2, H. 4 (1914).

Straßenbahnen Fähnchen wehten „zur Huldigung für alles, was groß ist im Raum", Patientin R. (S. 32) fühlt etwas in sich, „das auch in einer weiten Wasserfläche ist". Diese Beispiele zeigen gleichermaßen die Ausweitung von Ich und von Welt, was für denjenigen nicht erstaunlich ist, der sich den Satz zu eigen gemacht, daß „die Individualität ist, was die Welt als die ihre ist". Die besten Angaben aber macht RÜMKEs Patientin E. (S. 23); sie beziehen sich auf ein psychotisches Glücksgefühl: „Es gab Zeiten, wo alles, was ich sah, enorme Ausdehnungen annahm; Menschen schienen Riesen, alle Gegenstände und Entfernungen erschienen mir wie in einem großen Fernrohr; es ist immer, als ob ich z. B. beim Sehen nach draußen durch einen Feldstecher gucke. Viel mehr Perspektive, Tiefe und Klarheit in allem." RÜMKE vergleicht dieses Phänomen mit Recht mit derjenigen Erscheinung, die von JANET als *Makropsie* bezeichnet und als Zeichen „verminderter psychischer Tension" gedeutet wurde. Diese „Makropsie" kann auftreten bei den „émotions sublimes" der Psychastheniker und der Epileptiker während der epileptischen Aura[101].

Was das *Leiderlebnis* betrifft, so möchte ich hier nur auf einen Ausspruch HÖLDERLINs[102] aufmerksam machen, welcher lautet: „In der äußersten Grenze des *Leidens* besteht nämlich nichts mehr als die Bedingungen (!) der Zeit oder des Raums." Hier stoßen wir wieder auf die Leerform der Welt im Erlebnis der *Verzweiflung.*

Anderseits wohnt der Erlebnisform der wahren *Liebe* ein raumschaffendes, -erweiterndes, -verlierendes und vor allem -erfüllendes Prinzip inne, zugleich aber auch ein raumüberwindendes, raum*einigendes.*

Schließlich haben, wie bereits erwähnt, auch *Kindheit, Pubertät, Jugend* und *Alter* nicht nur ihre eigenen Formen des Zeiterlebens, sondern auch des Raumerlebens. Hierzu sei es mir erlaubt, die grundlegenden Bemerkungen zu zitieren, die GUNDOLF in seiner GOETHE-Biographie (S.

---

[101] Wir hätten es hier also mit einer „zentralen Genese" der Makropsie zu tun. Auch GOWERS führt die Makropsie (und Mikropsie) der Epileptiker auf zentrale Störungen (Zu- und Abnahme des Empfindungsvermögens des Sehzentrums) zurück, während O. BINSWANGER und viele andere darin Akkomodationsstörungen sehen. Ihnen schließt sich VERAGUTH an, der über einen sehr interessanten Fall von Mikro- und Makropsie bei einer „Erschöpfungsneurose" berichtet, während welcher der 16 Jahre alte, „überarbeitete" Seminarschüler bald die Buchstaben und Noten, bald Wand und Tür auffallend klein und in weiter Ferne „sieht", bald vom Zimmer den Eindruck bekommt, daß es ein langer Korridor sei. Andere Male scheinen die Bewegungen der Extremitäten und des ganzen Körpers „riesige Dimensionen" (und ein „rasendes Tempo") anzunehmen, und glaubt Patient, Schritte „von riesenhafter Länge" zu machen (vgl. VERAGUTH: *Über Mikropsie und Makropsie.* Dtsch. Z. Nervenheilk. 24, 1903). Auch hier scheint doch manches auf eine zentrale (mesencephale?) Genese hinzuweisen. Jedenfalls bedarf die Lehre von der Mikro- und Makropsie auf Grund der neueren Anschauungen über das Raumerleben einer Revision (vgl. hierzu auch das Beispiel von LUBARSCH, S. 639).

[102] HÖLDERLIN: *Anmerkungen zum König Oedipus.*

580) anläßlich der Pandoradichtung macht. Wie so leicht, wem man das Raumerleben schildern will, spielt auch hier natürlich das Zeiterleben mit hinein: „In demselben Maße, als sich das Denken (auf welchem die Erfahrung beruht, als Die Fähigkeit, Erlebtes wieder zu erkennen, zu ordnen und zu beziehen) emanzipiert vom Herzen, dem Mittelpunkt der einmaligen Erschütterungen, in demselben Maße verselbständigt sich das *Wiederkehrende, Kategorisierbare, Abstrahierbare*[103] im Schaffen. Das ist ein *Alterszeichen*. Mit zunehmenden Jahren wird das Einmalig-Glühende durch das Wiederkehrend-Helle ‚abgelöst' (im doppelten Sinne). Die vergleichende Ansammlung von langjährigen Einzelanschauungen, die der Jugend versagt ist, und die Abkühlung des Blutes, vermöge deren die ruhige Abstraktion vom Augenblick des Erlebens erleichtert wird, sind nur zwei Zeichen *eines* Gesamtzustandes, welcher sich praktisch äußert eben als ‚Erfahrung' des Alters, geistig als ‚Weisheit' des Alters. Während dem *jungen Menschen* seine Erschütterung *den Raum der Welt schafft* oder bestimmt, ist dem *alten* eine von seinen jeweiligen Einzelerlebnissen unabhängige Welt mit bestimmten Einteilungen und Richtungen bereits als *feststehender Raum* gegeben, und in den Fächern dieses Raums sucht er das Begegnende unterzubringen – immer seltener wird mit wachsenden Jahren ein *Einmaliges, Unerhörtes, Neues* den Greis zum Umbau oder zur Erweiterung seines Raums, zum Zerbrechen seines Anschauungsrahmens zwingen: Nur Genien mit wiederholter Pubertät widerfährt dies, wie dem alten GOETHE noch in gefährlich schöpferischen Augenblicken."

In diesen und ähnlichen Äußerungen GUNDOLFs ist sicherlich mehr an eigentlicher Psychologie des Raum- und Zeiterlebens enthalten als in vielen unserer Lehrbücher! Die inneren Beziehungen zu Erwin STRAUS' „histeriologischen" Ausführungen[104], insbesondere hinsichtlich des Neuen, Einmaligen, aber auch des Wiederkehrenden, sind unverkennbar, abgesehen davon, daß GUNDOLF sich hier nicht auf die Form des Zeiterlebens beschränkt, sondern gerade das Raumerleben für die existentiale Analytik fruchtbar macht.

Sehr gute Einsichten in die Verschiedenheiten des präsentischen und historischen Raumerlebens je nach der Entwicklungsstufe von Kind, Knabe oder Mann finden wir ferner wieder bei Rudolf HILDEBRAND[105]. Während die kindliche Seele so oft versucht, sich das Ende der Welt zu denken, also „kaum, daß sie die Gedankenflüge regen lernte", nun auch gleich „das All sich zu erfliegen" sich gedrängt fühlt (ähnlich wie der Manische in tiefer Arbeits- oder Sorglosigkeit alles zu erfliegen oder, wie wir sagen, in *einem* Sprunge zu erspringen sucht), zeigt sich der Übergang vom

---
[103] Hervorhebungen von mir.
[104] Erwin STRAUS: *Geschehnis und Erlebnis*, Berlin 1930.
[105] Rudolf HILDEBRAND a. a. O., S. 61 f.

Kind zum Knaben darin, daß wir nun gänzlich hiervon „zurückkommen". Die Knabenwelt liegt nicht mehr im unendlichen All, sondern „auf der Gasse, in der Klasse", in allem, mit dem man in Lust und Kampf zu *ringen* hatte, um es zu erwerben, oder richtiger, um sich *seine feste Stelle,* einen *„Punkt"* in der Welt zu erobern statt des „Alls" der Kinderträume. Dasselbe „Kinderdenken" wiederholt sich beim reifen Manne, wenn auch mit anderen Mitteln, nämlich den (philosophischen) „Begriffen". Auch hier kehrt man aber, wenn man sich z. B. in den kahlen Begriffen der Unendlichkeit verloren hat, „fröhlich zurück zu dem kleinen Punkte, in dem man in der Nähe zuhause ist – dem Punkt, in dem wir stehen, statt des Alls, wie dort beim Übergang vom Kinde zum Knaben". „Das unendliche All ist uns doch eine Leere; in unserem Punkte ist alle zu erobernde Fülle beschlossen." Hier redet der Weise, der sich nicht nur an GOETHEschem Geist, sondern an dem Geist der deutschen Sprache überhaupt gebildet hat!

3. Der ästhetische Raum

Auf die Rolle, welche der ästhetische Raum in der Psychopathologie zu spielen berufen ist, gehe ich hier nicht näher sein. Ich verweise nur auf den großen Unterschied zwischen dem ästhetischen Erlebnisraum im Sinne der allgemeinen Ästhetik HÄBERLINs[106], des Schönheitserlebens im Sinne der „reinen Ästhetizität", und dem ästhetischen Raum als dem ästhetischen Darstellungsraum. Der ästhetische Raum im ersteren Sinne hat, wie ich bereits in den Studien über Ideenflucht gezeigt habe[107], die nächsten Beziehungen zum präsentischen Erleben und damit zum präsentischen oder gestimmten Raum (wenn er auch ontologisch ein Raum völlig einzigartiger Gestimmtheit ist). Der ästhetische Raum im Sinne des ästhetischen Darstellungsraums hingegen stellt eine hochkomplexe Raumkonstitution dar, die sowohl den Raum der objektiven Gesetzlichkeit der Perspektive (Malerei) oder der Statik (Architektur) als auch den ästhetischen Raum im ersteren Sinne als fundierende Raumkonstitutionsformen *voraussetzt.* Zur Psychopathologie dieser Raumform dürfen wir gerade bei uns in der Schweiz an die schönen Arbeiten von MORGENTHALER[108] erinnern. Im übrigen sei auf die hierher gehörenden Arbeiten von PRINZHORN, PFEIFFER, JASPERS, RIESE verwiesen. Weitere Fortschritte auf diesem Gebiet lassen sich erwarten, wenn wir in den verschiedenen Krankheitsformen den ästhetischen Erlebnisraum sowohl wie den ästhetischen Darstellungsraum ebenso minuziös und mit ebenderselben Berücksichtigung der wissenschaftlichen

---

[106] HÄBERLIN, Basel u. Leipzig 1920.
[107] A. a. O. [Bd.1, S. 39].
[108] Vor allem *Ein Geisteskranker als Künstler,* Bern und Leipzig 1921. – *Der Abbau der Raumdarstellung bei Geisteskranken.* IV. Kongr. Ästhetik, Stuttgart 1931.

Ästhetik untersucht werden, wie wir bei Denkstörungen das Denkerleben und den „logischen" Raum unter Berücksichtigung der wissenschaftlichen Logik untersuchen. Ob man auch in der *Musik* von einem Raum („Tonraum") reden kann, ist heute noch kontrovers. Ich persönlich möchte die Frage durchaus bejahen[109]. Von psychopathologischer Seite liegen zu diesem Thema sehr kritisch abgewogene Bemerkungen vor in dem Abschnitt über Tonalität und Raum in FEUCHTWANGERs grundlegendem Buch über die Amusie[110] (S. 255 f.).

Darauf, daß auch die *Gerüche* oder *Düfte* in der Konstituierung des gestimmten, vor allem auch des ästhetisch gestimmten Raums (vgl. den Geruch fauler Äpfel bei SCHILLER) eine große, aber noch kaum näher untersuchte Rolle spielen, wurde schon oben (S. 173) hingewiesen[111].

4. Der technische Raum

Schließlich kann man sicherlich auch von einem technischen Raum sprechen, der sich vom physikalischen schon dadurch völlig unterscheidet, daß er keineswegs mehr ein homogener Raum ist, sondern, ähnlich wie der ästhetische Raum sich über der objektiven Gesetzlichkeit der Perspektive (Malerei) oder der Statik (Architektur) aufbaut, sich über dem objektiven Raum der Mechanik aufbaut. Das ist mir besonders klar geworden bei der neuerlichen Lektüre des TRAMERschen Buches über das technische Schaffen Geisteskranker[112]. Anhand einzelner Krankengeschichten TRAMERs ließe sich auch die Psychopathologie dieses Raums entwickeln.

5. Der historische Raum

Diese für die Psychopathologie äußerst wichtige Raumform wurde bereits im Abschnitt 2 über den gestimmten Raum besprochen (vgl. S. 155 f.), von dem sie sich, ebenso wie von dem orientierten Raum, durch die Raumcharaktere von Heimat und Aufenthalt (E. STRAUS) leicht abheben ließ. Von der innerlebensgeschichtlichen Rolle dieser Raumform habe ich vor allem in der 3. Studie über Ideenflucht, wenn auch mit anderen Termini, ausführlich gehandelt. Ich zeigte dort, wie man die existentiale Struktur der deenflüchtigen Verwirrtheit nur verstehen, ja auch nur beschreiben kann,

---

[109] Vgl. Walter RIEZLER: *Das neue Raumgefühl in bildender Kunst und Musik* (und Aussprache) und Max SCHNEIDER: *Raumtiefenhören in der Musik.* Beides im Kongreßber. IV. Kongr. Ästhetik in Stuttgart.
[110] FEUCHTWANGER, Berlin 1930.
[111] Wichtiges Material siehe bei Wilhelm MICHEL, *Das Leiden am Ich,* in den Abschnitten über BAUDELAIRE, S. 147 f. u. S. 244 f.
[112] TRAMER, München und Berlin 1926.

wenn man den Unterschied heraushebt zwischen einem Leben „an der Peripherie" der Existenz („Wirbel") und einem Leben aus deren „Mitte" und wenn man auf die Eigentümlichkeiten hinweist, die der *Übergang* vom einen „Leben" in das andere in der Verwirrtheit zeigt. Der (ideenflüchtig) Verwirrte lebt keineswegs nur in der „Improvisation" des Wirbels, sondern auch in der „Komposition" eines (existentiell bedeutsamen) *Themas* (des Vaterthemas in unserm Beispiel). Dieses Thema bildet recht eigentlich seine innerlebensgeschichtliche *Heimat,* der er inmitten der so rasch wechselnden „Aufenthalte" im Wirbel die *Treue* wahrt, insofern er „immer wieder" zu ihr *zurückkehrt* (vgl. den Abschnitt über das *Zurückkommen- auf,* III b [Bd. 1, S. 185 ff.]). Dieses Immer-wieder-Zurückkommen auf die existentielle Heimat stellt im Verein mit dem Immer-wieder-sie-Verlassen die der ideenflüchtigen Verwirrtheit eigentümliche Form des Seins und der Bewegung im innerlebensgeschichtlichen Raum dar. Dabei konnte weiterhin gezeigt werden, daß das Zurückkommen-auf keineswegs nur den historiologischen Charakter der bloßen *Wiederholung* (GUNDOLF, STRAUS) hat, sondern daß es hier zu etwas *Neuem* kommt, zu einer inneren Vertiefung der existentialen Mitte oder Heimat, wenn auch „nur" auf dem Wege der Wunscherfüllung (III c [Bd. 1, S. 189 ff.]), also der Phantasie. In dieser „Phantasie" lebt der Verwirrte aber, was zu zeigen mir besonders wichtig schien, keineswegs nur nach dem Prinzip der Raumerweiterung, des bloßen Habens also, sondern auch der Raumvertiefung und Raumerfüllung, also des angestrengten „Durcharbeitens" und „Verdienens". Daß dann dieser Heimat, kaum daß sie in der Nähe geschaut, wieder der Rücken gekehrt wird, um einer anderen Heimat (Mutterthema) entgegenzuwandern, ändert nichts an dem grundlegenden Unterschied, der auch hier zwischen Heimat und Aufenthalt (Wirbel) sichtbar wird; dies ist aber wiederum charakteristisch für die ideenflüchtig verwirrte Form des Menschseins im Gegensatz zu der durchschnittlichen Form des Durchschnittsbürgers und erst recht zu der des weisen oder besonnenen Menschen, der nicht mehr zwischen mehreren Heimaten schwankt (was auch der Durchschnittsbürger noch tut), sondern wirklich *seine eigentliche* Heimat gefunden hat. Selbstverständlich mußten wir hier überall auch auf die *zeitlichen* Charaktere rekurrieren, um die Eigenart dieser Form des Menschseins deutlich hervortreten zu lassen. Der historische Raum läßt sich ja nirgends ohne dauernden Blick auf das Moment der Zeitigung beschreiben. Im übrigen ist zu hoffen, daß das Studium der historischen Raumform uns auch im Verständnis der schizophrenen Formen des Menschseins weiterführen wird.

6. Weitere Raumformen

Daß auch die *dämonisch-mythische* Raumform in der Psychopathologie eine große Rolle spielt, mag schon aus unserem Beispiel S. 173 f. hervorgehen[113].

Wie man die *soziale* oder mitweltliche Raumform, den Raum des Mitseins und Miteinanderseins, ganz analog den übrigen Raumformen psychopathologisch untersuchen und verwerten kann, glaube ich ebenfalls in den Studien über Ideenflucht gezeigt zu haben[114]. Die Welt des ideenflüchtigen Menschen zeigt ebenso wie im orientierten und Denkraum so auch im sozialen Raum eine eigenartige Strukturiertheit oder Gliederung, insofern die sozialen Strukturgrenzen und Strukturprovinzen hier „verschwimmen"; d. h. der soziale Raum wird relativ homogener, reliefärmer, flacher wie die übrigen Raumformen auch, so daß es dem „Außenstehenden" vorkommt, wie wenn die Kranken soziale Zwischenglieder übersprangen, während sie in Wirklichkeit nur anders „springen" als wir, welche Andersheit wir dann als Taktlosigkeit, Frechheit, Unverschämtheit usw. moralisch zu bewerten und zu bezeichnen pflegen. In der ideenflüchtigen Verwirrtheit nimmt die Homogenisierung dieses Raums dann derart zu, daß die Kranken jeden, der ihnen in den Weg kommt, wahllos und unterschiedslos „anrempeln"(vgl. die Protokolle unserer 3. Studie [Bd. 1, S. 100 ff.]).

Eine sehr komplexe, zugleich naturweltlich, mitweltlich und „kulturell" bestimmte Raumform, die sich aber ohne die zugehörige Zeitform kaum beschreiben läßt, ist diejenige, „in die hinein" wir z. B. einen *Brief* schreiben. Ich habe sie vorläufig als die *kulturelle Raumform* bezeichnet. Ob ein Kranker noch imstande ist, einen Brief zu schreiben, d. h. nicht nur einen Bogen Papier vollzuschreiben, sondern eine für einen bestimmten Adressaten gedachte schriftliche Mitteilung zu verfassen, oder nicht, stellt einen hochkomplexen Sachverhalt dar, den wir als Fähigkeit oder Unfähigkeit zu einer bestimmten *kulturellen Leistung* bezeichnen müssen. Diese Fähigkeit oder Unfähigkeit läßt sich auch anthropologisch näher beschreiben und untersuchen, wenn wir die Strukturmomente derjenigen Welt und damit insbesondere diejenigen immanenten Raum- und Zeitformen herausheben, die vorausgesetzt sein müssen, damit so etwas wie eine briefliche Mitteilung faktisch überhaupt möglich erscheint.

„Eine schriftliche Mitteilung", so glaubte ich den Sachverhalt beschreiben zu können[115], „stellt immer schon eine gewisse *kulturelle Leistung* dar, eingebettet in einen ‚kulturellen' Raum, der bestimmt ist durch die mehr oder weniger über die Hörweite hinausreichende Bring- oder Beförderungs-

---
[113] Vgl. hierzu auch die Ausführungen über den *kultischen* Raum der Griechen in dem Aufsatz *Traum und Existenz* [in d. Bd., S. 107 ff.].
[114] Vgl. a. a. O. [Bd. 1, S. 28 f., 110 f., 115 f. u. a.].
[115] A. a. O. [Bd. 1, S. 107 f.]

weite, welch letztere wiederum begrenzt wird durch den ‚stillschweigenden' Kredit an Vertrauen in die mitweltliche (persönliche und überpersönliche) und umweltliche Zuverlässigkeit; ferner aber ist die schriftliche Mitteilung, z. B. der Brief, eingebettet in ein bestimmtes Zeitbewußtsein, das wesentlich von der *Zukunft* her bestimmt ist und vorwiegend auf das Wartenkönnen, das Zuwarten und Erwarten in allen seinen positiven und negativen Formen gegründet ist. Das heißt: *Während* ich den Brief schreibe (Gegenwart), gehe ich doch als Briefschreibender und ganz unabhängig davon, auf welche Zelt sich der *Inhalt* des Briefes bezieht, in der Zukunft auf (falls mich nicht etwa ein Defekt meiner Feder aus diesem Aufgehen aufstört und in die Gegenwart zurückbannt); wenn ich auch nicht ausdrücklich an die Zeitmomente ‚denke', da der Adressat den Brief empfangen, lesen, beantworten wird und ich wiederum seine Antwort empfangen werde, so gehe ich doch ‚in unanschaulichem Bewußtsein' in der Erwartung dieser Momente auf, ohne welche Erwartung mein Schreiben ja seinen Sinn verlöre, so anschaulich ich mir dabei auch den Adressaten selber *vergegenwärtigen* mag. Zwar gehört auch zum echten mündlichen *Gespräch* (im Gegensatz zum bloßen Aufeinanderlosreden, das immer zugleich ein Aneinandervorbeireden ist) ein bestimmtes ‚Wartenkönnen' im Sinne des Ausredenlassenkönnens des Partners, des Zuhörenkönnens bis zur nächsten Zäsur seiner Rede, des Reifenlassenkönnens meiner Antwort usw.; aber diese so konstituierte Warte- oder Zwischenzeit ist doch nie eine gegenwartsarme, d. h. vorwiegend von der Zukunft her bestimmte Zeit, sondern eine durch beiderseitige Mimik, Gestik und mehr oder weniger ‚beredtes' *Schweigen* ausgefüllte, erlebte Gegenwart. ‚Hat' der uns hier beschäftigende Kranke schon zu einem eigentlichen Gespräch ‚keine Zeit', so hat er erst recht keine zu einer *schriftlichen* Mitteilung; nicht etwa weil ihm das Schreiben selbst ‚zu lange' ginge – das kennzeichnete den Ungeduldigen, Gehetzten, mit der Zeit Geizenden, also Menschen ‚aus unserer Welt' –, sondern weil seine Welt für die *Möglichkeit* eines kulturellen Raumes und einer kulturellen Zeit keinen ‚Platz' hat. Wir ‚sehen' ja, wenn wir die Protokolle aufmerksam auf uns wirken lassen, daß der Kranke vorwiegend in lauter Gegenwarten *lebt,* die Menschen, mit denen er sich unterhält, fast alle um sich, d. h. in *Sprech-* und *Hörweite* hat, so daß es keiner Vermittlung bedarf. Da sich seine Zeit also vorwiegend als Gegenwart ‚zeitigt', *weiß* er gar nicht, was Warten ist und *kann* er demnach auch nicht warten. Infolgedessen kann er auch gar nicht ‚auf die Idee kommen', eine wesentlich auf Warten gegründete kulturelle Leistung, wie sie der Brief darstellt, zu vollbringen."

Man sieht also, wie wir schon aus der scheinbar so einfachen Tatsache, daß ein Kranker einen Brief zu schreiben vermag oder nicht, Einblicke zu gewinnen vermögen in die Struktur der Welt, in der er lebt und, was immer auf dasselbe hinauskommt, in die Artung seiner „Individualität". Dabei dürfen wir natürlich nicht außer acht lassen, *wie* der Kranke den Brief schreibt, d. h. ob er im vollen Bedeutungsbewußtsein des Briefschreibens aufzugehen vermag oder nicht usw. Hier konnte ja nur das Prinzipielle an dem Sachverhalt beschrieben werden.

Die Frage schließlich, mit welchem Recht die in diesem Referat erwähnten Formen „konstituierter Transzendenzen" als Raumformen bezeichnet werden dürfen, diese Frage und ihre Beantwortung ist keine psychopathologische Angelegenheit mehr, sondern eine philosophische. Ihre Beantwortung wurde vorweggenommen in dem Zitat aus CASSIRERs Hamburger Vortrag[116]. Die Auffassung CASSIRERs und LEIBNIZens von dem „ordre des coëxistances possibles" betrachte ich nicht als Dogma. Will man sich aber mit ihr auseinandersetzen, so kann das nur mit ausgedehntem philosophischem Rüstzeug im Sinne philosophischer Methode und philosophischen Wissens geschehen. Dabei würde es sich dann keineswegs um eine „Hineintragung philosophischer Probleme in psychopathologische" handeln, wie so leichthin behauptet wird, vielmehr ist diese Nötigung zum Rekurs auf philosophische Grundprobleme lediglich der Ausdruck davon, daß eine Erweiterung und Vertiefung der Fundamente einer empirischen Wissenschaft nicht möglich ist, ohne daß man alsbald auf philosophischen Grund stößt. Das sehen wir auch an dem „Umbau" der Fundamente der modernen Physik und der Mathematik, der Soziologie, der Philologie, der Geschichtswissenschaft und anderer empirischer Wissenschaften.

---

[116] Vgl. oben S. 124.

Geschehnis und Erlebnis

ZUR GLEICHNAMIGEN SCHRIFT VON ERWIN STRAUS[1]

A. Die allgemeinen Voraussetzungen

Das Thema, um das alle nicht rein neurologischen Arbeiten von Erwin STRAUS kreisen, sind die Formen und „Gesetze", in und nach denen der Aufbau und die Entwicklung der menschlichen Individualität sich in gesunden und kranken Zeiten vollzieht. Handle es sich um die Untersuchung des Zeit- und Raumerlebens, um die Untersuchung einer bestimmten Art des Verhaltens des Menschen zur Mitwelt, wie sie das Suggestionsverhältnis darstellt, oder handle es sich schließlich um die Erforschung der Art und Weise, wie der Mensch sich mit der Welt der Geschehnisse auseinandersetzt, in die sein Schicksal ihn hineinstellt, immer dringt der Blick unseres Autors zu den allgemeinen Formen vor, in denen das Erleben des Menschen sich abspielt. Da man den Aufbau und die Entwicklung der menschlichen Individualität auch als die „innere Lebensgeschichte"[2] bezeichnen kann, kann man das Grundthema unseres Forschers also in die drei Unterthemen gliedern: die innere Lebensgeschichte im Hinblick auf die raumzeitlichen Erlebnisformen, im Hinblick auf den Mitmenschen und im Hinblick auf sein äußeres Schicksal oder seine äußere Lebensgeschichte. Die Gegenüberstellung von innerer Lebensgeschichte und Lebensfunktion spielt dabei überall ebenfalls eine mehr oder weniger deutliche Rolle, wird aber thematisch führend fast nur in der Polemik gegen naive Identifizierungen oder Verwechslungen beider Begriffssphären, also in erster Linie im Hinblick auf die Psychoanalyse, aber auch im Hinblick auf den in der Psychiatrie und Psychologie weithin herrschenden Sensualismus, Positivismus und Biologismus überhaupt. Uns interessiert hier in der Hauptsache die Bearbeitung des dritten Spezialthemas durch Erwin STRAUS.

Die Begriffe Individualität und Welt, innere und äußere Lebensgeschichte und die aus derselben Antithese hervorgehenden Begriffe Erlebnis und Geschehnis stehen in einem dialektischen Wechselverhältnis, insofern beim Denken des einen Begriffs der anderen mitgedacht werden muß und umgekehrt und insofern der tatsächliche Aufbau der menschlichen Individualität sich überhaupt nur aus der lebendigen Durchdringung dieser Dialektik „begreifen" läßt. Mit dieser prinzipiellen Grundfrage setzt sich Erwin STRAUS aber mehr auseinander. Er setzt die Scheidung von Geschehnis und Erlebnis

---
[1] *Geschehnis und Erlebnis, zugleich eine historiologische Deutung des psychischen Traumas und der Rentenneurose.* 129 S., Berlin 1930 [Reprint Springer 1978].
[2] L. BINSWANGER, *Lebensfunktion und innere Lebensgeschichte*, [in d. Bd.].

als vollzogen voraus, und zwar als vollzogen auf der Stufe etwa vorwissenschaftlichen naiv-realistischen Denkens, das ja auch die Domäne der heutigen empirischen Psychologie in dieser Grundfrage weithin beherrscht. Von dieser Grundhaltung aus sind die beiden dialektisch so sehr beweglichen Begriffe „Geschehnis" und „Erlebnis" einigermaßen stabilisiert, und es läßt sich nunmehr auch nach „Beziehungen" zwischen Geschehnis und Erlebnis fragen. Die Beantwortung dieser Frage bleibt natürlich immer nur *relativ* in bezug auf jene vorwissenschaftliche und empirisch-wissenschaftliche Grundeinstellung. Gibt man diese Grundeinstellung zugunsten etwa einer ontologischen Betrachtungsweise auf, so ändert sich natürlich auch die Frage nach etwaigen „Beziehungen" zwischen dem, was wir „Erlebnisse", und dem, was wir „Geschehnisse" nennen, und ihre Beantwortung von Grund auf. Doch davon sei hier noch nicht die Rede. Müssen nun auch auf Grund jener unbesehen als „stabil" oder „absolut" hingenommenen Zweiteilung die eigentlichen Pole des in Frage stehenden dialektischen Grundverhältnisses gerade in der Schwebe und mehr oder weniger verdeckt bleiben, so lassen sich doch, wie STRAUS gezeigt hat, mit Erfolg gewisse Grundformen dieses Verhältnisses aufdecken und bis in das konkrete Erleben und Geschehen hinein verfolgen. STRAUS selbst anerkennt zwar nur *eine* solche Grundform, die „Zeit", und aus ihr sucht er alles Weitere abzuleiten[3]. Da es sich aber bei der Unterscheidung von Geschehnis und Erlebnis in letzter Linie um die Frage handelt, ob und inwiefern wir überhaupt berechtigt sind, ein sinnbares, an sich seiendes „bloßes" Geschehen und ein in dieses Geschehen erst einen Sinn „hineintragendes" oder aus ihm „entnehmendes" Erleben zu unterscheiden, müßte STRAUS erst zeigen, wie es möglich ist, aus der Zeitlichkeit so etwas wie Sinn- und Bedeutungsverständnis hervorgehen zu lassen, wie es in unsern Tagen in so scharfsinniger Weise HEIDEGGER getan hat. Er müßte also, kurz gesagt, den „Primat der Zeitlichkeit" aufweisen, im Gegensatz zu NIETZSCHE und DILTHEY, die den „Primat der Bedeutsamkeit" (DILTHEY) hervorheben. Unser Augenmerk wird sich daher in erster Linie darauf richten, wie sich bei STRAUS Zeiterlebnis und Bedeutungserlebnis zueinander verhalten. Dafür ist schon seine sprachlich-begriffliche Fixierung dieser Erlebnisse charakteristisch. Statt von Bedeutungserlebnis spricht er im Anschluß an CASSIRER von der repräsentativen *Funktion*; er stellt das Bedeutungserlebnis also von vornherein in seiner erkenntnistheoretisch-logischen Deutung dar; das Zeiterlebnis hingegen wird von vornherein als eine allgemeine *Modalität* des Erlebens aufgefaßt, nämlich als die historische Modalität. Statt Bedeutungs- und Zeiterlebnis stehen sich jetzt repräsen-

---

[3] Vgl. hierzu auch seinen Aufsatz über *Das Zeiterlebnis in der endogenen Depression und der psychopathischen Verstimmung.* [jetzt in „Psychologie der menschlichen Welt" (1960), S. 126-140]. Hier glaubt er, in dem Zeiterlebnis auch das Band zwischen Lebensfunktion und innerer Lebensgeschichte erblicken zu dürfen.

tative Funktion und historische Modalität gegenüber, mit dem Erfolg, daß dann „von dem Zeiterlebnis und seinen Wandlungen als einem Medium der Erlebnisse überhaupt" (S. 77) gesprochen werden kann. Abgesehen davon, daß eine Erlebnisform oder Erlebnisgattung, was hier unter „dem" Zeiterlebnis verstanden wird, nie ein *Medium* für andere Erlebnisgattungen bilden kann, dürfen wir die Frage aufwerfen, warum man, wenn man doch einmal von einem Medium spricht, nicht auch von „dem" Bedeutungserlebnis das Gleiche sagen kann? Sprechen wir also von einer Bedeutungs- und repräsentativen Funktion, so dürfen wir auch von der Zeit- oder historischen (um mit HUSSERL und HEIDEGGER zu reden: *zeitigenden*) Funktion sprechen; sprechen wir von einer historischen Modalität, so dürfen wir auch von einer repräsentativen Modalität, einer Modalität der Bedeutung, sprechen. Damit soll nur gesagt sein, daß „Zeit" und „Bedeutung", „Bedeutung" und „Zeit", wie STRAUS es im Verfolge seiner Analysen ja selber so klar demonstriert, am Aufbau unserer Welt zum mindesten *gleich ursprünglich* beteiligt sind, sich dabei wechselseitig in jedem Erlebnismoment durchdringen und überhaupt in jeder Hinsicht „auf derselben Ebene" liegen. Fasse man sie mit DILTHEY als aus dem *Leben* gewonnene *Kategorien* oder mit HEIDEGGER als der Strukturganzheit des *Daseins* zugehörige *Existentialien* auf, immer, so zeigen schon die Lebensphilosophien NIETZSCHEs und DILTHEYS, vor allem aber die Fundamentalontologie HEIDEGGERs, sind das Verständnis von Bedeutung und das von Zeit auf Gedeih und Verderb aufeinander angewiesen.

Bei STRAUS ist dieser Sachverhalt nur verdeckt, aus der Verdeckung aber leicht zu erkennen. Wenn er glaubt, in dem Zeiterlebnis etwas „dem biologischen Fundament Gleichwertiges" nachweisen zu können, und die fundamentale Wichtigkeit des Zeiterlebnisses darin erblickt, daß nur auf Grund seiner „der einzelne Moment als Moment, als Phase eines Werdens erlebt wird" (S. 118), so ist ja gerade in dem Erleben von etwas *als* etwas das Wesen des *Bedeutungs*erlebnisses zu erblicken, so daß gerade auch hier mit aller Deutlichkeit zu sehen ist, daß das Zeiterlebnis nicht ohne das Bedeutungserlebnis denkbar ist, wie auch umgekehrt das Bedeutungserlebnis nicht ohne das Zeiterlebnis.

Was nun die Art der Beziehung zwischen Erlebnis und Geschehnis betrifft, so findet sich zwar bei STRAUS auch der Ausdruck „psychische Geschehnisse", mit welcher Bezeichnung der eigentliche Gegensatz zwischen Erlebnis und Geschehnis überhaupt aufgehoben wäre; denn „als" Geschehnisse sind die Erlebnisse in gegenständliche Ereignisse *um*gedeutet oder objektiviert (vgl. z. B. HÖNIGSWALDs *Denkpsychologie* und meine *Einführung in die Probleme der allgemeinen Psychologie*), was zwar den Vorteil hat, daß man sie mit den Geschehnissen oder Ereignissen „der Natur" auf eine Ebene stellen und mit ihnen kausal verknüpfen kann, hingegen den nie wieder gutzumachenden Nachteil, daß der ganze Problemgehalt des Erlebnisbegriffs zugleich völlig verschüttet und zugedeckt wird. Bei STRAUS handelt es sich bei der Rede von psychischen Geschehnissen (oder da und dort von einem Wirken des Geschehens auf den Menschen) aber nur um kleine Schönheitsfehler; denn gerade er betont, wie es von ihm gar nicht anders zu erwarten ist, daß es sich bei der Beziehung von Erlebnis und Geschehnis gerade *nicht* um eine kausale, auch nicht um eine nach dem biologischen Schema von Reiz und Reaktion gedachte Beziehung handeln *könne*, sondern um eine Beziehung völlig eigener Art, in deren Herausarbeitung gerade die Hauptabsicht seiner Schrift zu erblicken ist. Daß man über die Tatsache dieser Beziehung in der Psychiatrie, Psychologie und Psychoanalyse immer wieder hinweggeht und, selbst wenn sie wie hier ad oculos demonstriert wird, sie meist gar nicht versteht, ist eines der deutlichsten Beispiele für den zurückgebliebenen Stand dieser Wissenschaften hinsichtlich der Einsicht in ihre Methode. Daß Erlebnis und Geschehnis ihrem Begriffe nach nicht kausal verknüpft gedacht werden können, besagt im übrigen natürlich keineswegs, daß man sich den Menschen nicht auch als Sein unter anderem Sein und als in „natürlichem" kausalem Wirkungszusammenhang mit diesem stehend denken dürfte, sonst wäre ja unsere ganze Körpermedizin als Wissenschaft und Praxis nicht möglich; aber mit dieser Betrachtung kommt man nicht an den Menschen als *erlebende* Person, als Individualität, als Inbegriff der inneren Lebensgeschichte heran. Anderseits ist die innere Lebensgeschichte nicht denkbar ohne Lebensfunktion, ist, um mit N. HARTMANN zu reden, die Kategorie des Erlebens immer fundiert auf der des Organismus, diese auf der des Mechanismus usw., wobei aber jede höhere Kategorie niemals aus der nächsttieferen zu verstehen ist, und zwar infolge des jeweiligen *Novums* ihrer Komplexion.

Es würde nun viel zu weit führen, wenn ich zeigen wollte, wie STRAUS anhand der Bedeutungs- und Zeitkategorie und der regionalen Differenzierung der letzteren die Beziehungen zwischen Geschehnis und Erlebnis im einzelnen begrifflich konkretisiert. Das muß im Original nachgelesen werden. Auch sonst setzen diese Ausführungen die Kenntnis des Originals ja voraus. Zunächst zeigt er mit großem Geschick, daß und wie Prädikate wie Erstmaligkeit, Plötzlichkeit, Neuheit in der inneren Lebensgeschichte eine andere Bedeutung haben als im äußeren Geschehen, das wir uns ja schon vorwissenschaftlich so stark quantifiziert und mathematisiert denken, und daß und warum ein Prädikat hier und dort keineswegs „gleichzeitig" zuzutreffen braucht. Hier wird der Begriff der inneren Lebensgeschichte mit sehr wertvollen Einzelmerkmalen näher ausgestattet und insofern in seiner praktischen Bedeutung wesentlich gestützt. Wenn STRAUS hingegen meint, daß es sich bei der Vertiefung in die innere Lebensgeschichte nur um die Reflexion auf ein geistiges *Sein*, aber nicht auf ein *Werden* handeln könne und daß das lebensgeschichtliche Werden offenbar nicht Gegenstand phänomenologischer oder ontologischer Untersuchung sein könne (S. 34), so hat er meine Ansicht über Wesen und Begriff der inneren Lebensgeschichte in ihrer eigentlichen Tendenz nicht richtig verstanden. Daß das geistige Werden der Individualität (als je dieser bestimmten) nicht phänomenologisch oder ontologisch untersucht werden kann, liegt zwar auf der Hand. Mein Begriff der inneren Lebensgeschichte, der sich am besten mit dem DILTHEYschen Begriff der „Biographie" vergleichen läßt, ist aber kein phänomenologischer, sondern ein historischer Begriff. Wenn ich in meinen Ausführungen über diesen Begriff auf das Gebiet der reinen Wesenszusammenhänge der psychologischen Motivation und deren Erforschung durch die rein phänomenologische Hermeneutik hingewiesen habe, so geschah das, um die „Spezialprovinz geistigen Seins" zu bezeichnen, in der diejenigen reinen Wesen ($\varepsilon\text{'}\iota\delta\eta$) gründen, die für das Verständnis, ja schon für die Beschreibung der biographischen Fakten als „unübersteigliche Norm fungieren", wie HUSSERL sagen würde[4]. Indem ich aber diesem Sein und dieser Forschung die *Entfaltung und Gestaltung* der individuellen geistigen Person und die *historisch-psychologische* Hermeneutik gegenüberstellte, habe ich mit aller Deutlichkeit ausgesprochen, daß es bei der Erforschung der inneren Lebensgeschichte auf nichts anderes und gerade nur auf die Erforschung des geistigen Werdens der Individualität ankommt. Abgesehen von allem anderen geht das schon aus der Bezeichnung der (freien) *Entscheidung* als eines lebensgeschichtlichen *Urphänomens*[5] hervor. Durch nichts kann aber das geistige Werden besser und näher gekennzeichnet werden als durch die Begriffe der Freiheit und der (bejahenden oder verneinenden) Entscheidung. Man darf keineswegs miteinander verwechseln ein rein ideales Sinnganzes (für das die Zeitspanne, über die es sich „erstreckt", irrelevant ist) und die einzelnen Erlebniskomplexe, in die es sich historisch-zeitlich, d. h. im Verlauf der inneren Lebensgeschichte, gliedert, nicht verwechseln den rein geistigen Motivationszusammenhang sowie die „ideale Bewegung" des „sich auseinander *Ergebens*" einerseits, das Erleben jenes Zusammenhangs sowie das *Werden* der Individualität auf Grund jenes Erlebens andererseits. (Nur auf das zweite Glied dieser Disjunktion kommt es bei der *Erforschung* der inneren Lebensgeschichte an.) Insofern gehört auch der Begriff der psychischen Reihe, von dem STRAUS hier (S. 35) spricht, zum Begriff der inneren Lebensgeschichte, wenn ich persönlich auch diesen Ausdruck vermeiden möchte, da er trotz der von STRAUS so deutlich herausgearbeiteten Eigenart gegenüber der Ordinalzahlenreihe zu Mißverständnissen Anlaß geben kann. Da die Reihe der Erlebnisse immer eine lebensgeschichtliche, d.

---

[4] Dieses Verhältnis von Eidos und Faktum ist ja bei jeder wissenschaftlichen Fragestellung zu berücksichtigen.

[5] A. a. O. [in d. Bd., S. 81].

h. also eine rein motivationsmäßig und historisch-tatsächlich zu verstehende Folge, m. a. W. ein sinnvolles Sichergeben-aus *und* ein faktisches, obzwar objektiv-zeitlich gänzlich unbestimmtes Folgen-auf, darstellt, gibt der Ausdruck Reihe gerade das geistige *Werden* der Person, aus dem die Erlebnisse immer nur einzelne abstraktive Glieder darstellen, sehr unvollständig wieder.

Abgesehen von dieser mehr äußerlichen Differenz bin ich aber mit STRAUS einig darin, daß das eigentliche Problem in der Frage liegt, welches *Prinzip* die Folge der psychischen Erlebnisse beherrscht. Während ich selbst aber dieses Prinzip in der freien Entscheidung erblicke (die ja nicht „in der Luft hängt", sondern immer als Freiheit von etwas und Freiheit zu etwas zu verstehen ist, und deren -Urgrund das Dasein selbst als je meines ist), besteht nun die Originalität des Versuchs der Problemlösung durch STRAUS darin, daß er hier ein neues Prinzip aufgestellt hat, welches er eben der Beziehungsart von Geschehnis und Erlebnis entnimmt. (Schon in den Arbeiten über Suggestion war ja das Eigenartige seines Forschens gewesen, daß er das Wesen der Suggestion aus der Beziehung zwischen Erleben und erlebter Gegenstandssphäre und nicht aus dem einen oder dem andern allein abzuleiten suchte und mit Erfolg abgeleitet hat.) Mit diesem neuen Prinzip scheint die individuelle Freiheit wesentlich eingeschränkt zu werden; denn es gibt, sagt STRAUS, Geschehnisse, deren thematischer Gehalt (es handelt sich hier vorwiegend um sog. existentiale Gehalte, um die Grenzsituationen im Sinne von JASPERS) der Art ist, daß er zwangsläufig ein ganz bestimmtes menschliches Erleben „bestimmt", wo man also von einem *Zwang* zu einer bestimmten „Sinnentnahme" sprechen müsse.

Haben wir hier, so müssen wir fragen, nun wirklich die Art der Beziehung oder Verbindung zwischen Geschehnis und Erlebnis vor uns, die als „Analogie zu dem kausalen Verhältnis" zwischen Geschehnissen aufgefaßt werden kann und die erklärt, „daß auch der Nicht-Bereite in ein erschütterndes Erlebnis gedrängt werden kann, das als psychisches Trauma fortwirkt?" (S. 96).

Der Ausdruck „Zwang zur Sinnentnahme", den STRAUS gebraucht, stimmt uns von vornherein skeptisch. Er soll hier doch nicht nur auf eine Nötigung, sondern auf eine Notwendigkeit hindeuten, sonst wäre ja die Analogie zum „kausalen Verhältnis" nicht zu behaupten. Wir haben aber den Spott HEGELs über die „Notwendigkeit" der psychologischen Gesetze, nach denen etwas zwar so, aber auch gerade entgegengesetzt geschehen kann, als es die Notwendigkeit fordert, zu sehr im Blute, um nicht von vornherein mißtrauisch zu werden, wenn von neuem eine solche Notwendigkeit behauptet wird.

STRAUS geht bei seiner Beweisführung aus von der Lehre von der Indifferenz und Differenz der Wahrnehmungswelt, welche Lehre wir schon bei

JAMES sehr klar entwickelt finden, ohne daß aber dort das Bedeutungsmoment, das nun STRAUS sehr folgerichtig und klar betont, herausgestellt wäre. Er zeigt, was wir u. a. auch von SCHELERs Wahrnehmungslehre her wissen, daß, ob etwas wahrgenommen wird oder nicht, keineswegs von der Intensität der Empfindungsreize abhängt, sondern von dem Bedeutungsgehalt des Wahrgenommenen für die wahrnehmende Person. Auch die Wahrnehmung ist also, wie STRAUS in fast allen seinen Schriften nachweist, schon ihrerseits „motiviert", d. h. lebensgeschichtlich bedingt. Auch die Wahrnehmung muß, nach STRAUS, als ein Akt der Sinnentnahme, und zwar als deren primärer Akt, aufgefaßt werden, wodurch sie ihrerseits dem „System der erlebnisimmanenten Zeit" eingeordnet werden und „als eine Wandlung im Verlauf der individuellen Geschichte" aufgefaßt werden kann. In dieser Hinsicht gehe ich mit STRAUS durchaus einig; die Frage ist für mich nur die, ob mit dem Begriff des „Zwangs zur Sinnentnahme" der Sachverhalt wirklich richtig „begriffen" ist. Hier rütteln wir wieder an den Grundmauern der Unterscheidung von Geschehnis und Erlebnis (vgl. oben). „Bloße", d. h. sinnbare, an sich seiende Geschehnisse „gibt es" nicht. Auch wenn wir von Naturereignissen reden, haben diese Ereignisse gerade „als" Naturereignisse den Sinn oder die Bedeutung eines Geschehens „in der Natur". Dasselbe gilt, wenn wir von Geschehnissen „als" Schicksalsschlägen sprechen, wo sie dann den Sinn oder die Bedeutung des Schicksals bekommen usw. Auch dann, wenn wir das Geschehen rein naturwissenschaftlich auffassen, kommt diesem Geschehen der hochkomplexe Sinn zu, der im Begriff und der Methode der Naturwissenschaft liegt. Der Begriff „bloße Geschehnisse" ist daher ein Unbegriff. Nicht trägt der Mensch erst einen Sinn in ein bloßes Geschehen hinein, sondern soweit der Mensch von einem Geschehen spricht oder an ein Geschehen denkt oder ein Geschehen ihm auch nur „widerfährt", ist dieses Geschehen in einem bestimmten Bedeutungssinne, d. h. eben „als" ein solches oder anderes Geschehen, bestimmt, „ausgelegt" oder „interpretiert"[6].

Wie verhält es sich nun aber mit dem Zwang, aus einem Geschehnis einen inhaltlich ganz bestimmten Sinn zu „entnehmen", und zwar einen für alle Menschen gleichen Sinn? STRAUS exemplifiziert hier mit dem Zwang, den ein beginnender Theaterbrand auf alle Anwesenden übereinstimmend ausüben soll, nämlich derart, daß das Geschehnis des Brandes, „der Naturvorgang", „eine Übereinstimmung der Wahrnehmung, d. h. des primären Sinnes Brand, eine Übereinstimmung der tieferen Sinnentnahme: Lebens-

---

[6] Es handelt sich hier also um das Problem von *ist* und *bedeutet*, das NIETZSCHE sich zeitlebens gestellt und schließlich im Sinne seines Sinn-„*Nihilismus*" beantwortet hat. Vgl. hierzu LÖWITHs scharfsinnige und bündige Polemik gegen NIETZSCHE und KLAGES in *Nietzsche im Lichte der Philosophie von L. Klages. Probleme der Weltanschauungslehre*, herausgegeben von Rothacker, Darmstadt 1927.

gefahr, und eine Übereinstimmung der Reaktion: Flucht" zur Folge habe. Diesen Zwang erklärt sich STRAUS dadurch, daß hier, „ehe noch die Flammen als Flammen wahrgenommen werden, sie sich alle als ein Ereignis in der Wahrnehmungssphäre oder der Wirklichkeitssphäre kundtun, insofern der Mensch der Wahrnehmungssphäre dauernd fragend oder erwartend zugewandt sei" (S. 87). Er unterscheidet dann weiter als verschiedene Formen der Sinnentnahme die aszendierende und die kollaterale Sinnbeziehung. Beispiele für erstere: Das Aufsteigen von dem Anblick eines Toten zu der allgemeinen Bedeutung des Daseins des Todes überhaupt, das Aufsteigen von dem Anblick der Flamme zu der allgemeinen Bedeutung: Lebensgefahr. Beispiel für letztere: Die NEWTON-Anekdote, an der sich zeigen ließe, „wie sich produktives Erleben eines Ereignisses bemächtigt, sich nicht von ihm zu einer bestimmten Sinnentnahme zwingen läßt, sondern aktiv fragend an es herantritt, einen indifferenten Vorgang aus der Indifferenz herausdrängt, die Problematik des Alltäglichen wieder entdeckt". Erst dadurch, daß NEWTON die in dem einzelnen Fall „beschlossene und repräsentierte Problematik entdeckte, wurde das Erlebnis aus seiner Alltäglichkeit herausgehoben". Bei dem Theaterbrand sei es dagegen wirklich der einmalige Vorgang, das Dabeisein und Betroffenwerden, was über die Sinnentnahme und Erlebnisgestaltung entscheide, welcher Sinnentnahme sich niemand entziehen könne. Und hier springt nun auf einmal die richtige Antwort bei STRAUS selber hervor. Er sagt jetzt nicht mehr, daß diese eindeutige Sinnentnahme erzwungen sei, weil wir dauernd der Wahrnehmungs- oder Wirklichkeitssphäre zugewandt seien, sondern weil wir dauernd fragend und teilnehmend zugewandt seien der Sphäre der natürlichen Grundlage, der Existenz (S. 97 f.). Nun darf man aber erstens Wahrnehmungs- und Wirklichkeitssphäre und die Sphäre der Existenz nicht miteinander identifizieren, selbst wenn man den Begriff der Existenz auf den der natürlichen Grundlage unseres Wesens einengt. Zweitens aber darf man, auch wenn man den (relativen!) Unterschied zwischen aszendierender und kollateraler Sinnentnahme gelten läßt, was ich ohne weiteres tue, doch nicht bei der einen von einem Zwang zu einer bestimmten (gleichsam *nur* re-aktiven) Sinnentnahme, bei der andern von einer gleichsam freien, individuellen, rein aktiven oder produktiven Sinnentnahme sprechen. Auch in der re-actio ist ja immer die actio „enthalten", auch in der Sinnentnahme von Lebensgefahr und Flucht ist es die Individualität und nicht das „Geschehnis" und das bloße Dabeisein und Betroffenwerden, welches über die Sinnentnahme und Erlebnisgestaltung entscheidet, sich in ihr „ausspricht" oder „ent-schließt". Entweder nimmt man die Individualität ernst, oder man bekommt sie überhaupt nicht in den Griff. „Sinn und Bedeutung" haben Sinn und Bedeutung überhaupt nur für die Individualität, d. h. für dieses bestimmte Ich und seine Welt. Alles weitere ist abstraktive Theorie. Die relative Übereinstimmung des Erlebens und Verhaltens der Individualitäten beim Theaterbrand besagt also nicht, daß „das Geschehnis" hier etwas erzwingt – das ist eine rein bildliche, uneigentliche Redeweise. Wir haben gesehen, daß es „das Geschehnis" oder „Ereignis" nicht gibt, weil alles Geschehen und Sichereignen immer schon als ein so und so ausgelegtes oder interpretiertes Geschehen *ist*; d. h. es ist nur in und mit seiner Bedeutung, hat also jeweils mit seinem Sein immer auch einen bestimmten Sinn, genauer ausgedrückt, es steht immer in einem bestimmten Sinnzusammenhang, einer bestimmten Bedeutungs- oder Bewandtnisganzheit. Nichts zwingt uns nun aber, diese Bewandtnisganzheit „zunächst" als diejenige der Natur oder der Wahrnehmungswelt zu bestimmen, aus welcher sich dann erst andere, höhere Bewandtnis- oder Bedeutungsbezüge entwickeln sollen, wie es die Naturwissenschaft, auch die „der Seele", dekretiert. Im Leben „bewegen" wir uns „zunächst" gerade nicht in der Sphäre der reinen Anschauung; vielmehr bedarf es, wie HEIDEGGER[7] uns wieder so eindringlich eingeschärft hat, gerade eines Aufgebens der uns „natürlichen" Lebenshaltung, wenn es gilt, einen Gegenstand als bloßen Wahrnehmungsgegenstand anzustarren oder als Naturvorgang zu deuten. STRAUS scheint mir daher den positivistischen Standpunkt der Lehre von Geschehnis und Erlebnis, den auch NIETZSCHE noch vertrat, noch nicht radikal überwunden zu haben. Auch wenn er von der verschiedenen Bedeutung spricht, die ein tödlicher Automobilunfall für den herbeigerufenen Arzt und den zufällig anwesenden „Jugendlichen" bekommt, geht er von dem Ereignis "Automobilunfall" als einem bloßen Vorgang aus, der dann auf Grund des Erlebens „allgemeiner Bedeutungen" für den Arzt und den Jüngling erst bedeutungsmäßig in verschiedener Richtung ausgestaltet werde. Das eben sei die Leistung der „repräsentativen Funktion". Der „bloße Vorgang" ist nun aber eine bloße vorwissenschaftliche und wissenschaftliche theoretische Konstruktion oder Abstraktion aus der unendlich variablen Bewandtnis, die es damit für jede Individualität, die sich mit ihm „befaßt", hat. Und auch die allgemeinen Bedeutungen sind Konstruktionen, und zwar der Wissenschaft der Logik, wo allein sie ein Dasein für sich führen. „Im Leben" dringen wir nicht „von dem anschaulich Gegebenen zu den allgemein darin fundierten Bedeutungen" vor, das ist schon eine theoretische Konstruktion, vielmehr wird es, wenn wir schon so konstruieren wollen, sich meistens umgekehrt verhalten. Im Grunde sind die sogenannten allgemeinen Bedeutungen aber nichts anderes als Erschließungsweisen der Individualität, bestimmte Weisen ihres Seins und Seinsverständnisses, welch letzteres ja auch zum Sein „gehört". Nicht werden „mit den allgemeinen Bedeutungen die Pfeiler des individuellen Weltgebäudes" aufgerichtet (S. 75), sondern in und mit der Aufrichtung

---

[7] Vgl. hier und wo sonst dieser Name genannt ist: *Sein und Zeit I*, 1927.

der Individualität kommt es zu so etwas wie allgemeinen Bedeutungen, worunter man dann aber verstehen muß gerade die allerindividuellsten, d. h. „eigentlichsten" Entscheidungs- und Entschließungsweisen der Individualität hinsichtlich ihres Seins und Seinsverständnisses. Und nur als *Weisen* des Seinkönnens und Seinwollens der Individualität sind sie „allgemein" zu nennen. Hier heißt es mit Entschiedenheit die Wendung vollziehen von der Logik und Erkenntnistheorie (und der ihr nachgebildeten allgemeinen Psychologie) zur Anthropologie und Ontologie. Diesem „Zug der Zeit" kann sich keine Wissenschaft weniger entziehen als die Psychiatrie.

Kehren wir zurück zum „beginnenden Theaterbrand". Hier wird besonders deutlich, daß der Ausgangspunkt von der Flamme als einem Naturvorgang ein künstlicher ist; denn niemand wird in der allgemeinen Aufregung sich zu einer so wissenschaftlichen Betrachtungsweise zwingen wollen und können; gerade *diese* Sinnentnahme, und nicht die Sinnentnahme Lebensgefahr, würde also einen Zwang darstellen. Aber, wie nunmehr leicht ersichtlich, dürfen wir jetzt überhaupt nicht mehr von einer Sinn*entnahme* aus einem Geschehnis sprechen, auch nicht von einer Sinn*hineinlegung in* dasselbe, da nicht nur das Erleben gleichsam die Kehrseite der gegenständlichen Welt darstellt (HÖNIGSWALD), sondern auch die *Art* des Erlebens und die *Art* des Geschehens *korrelative* Begriffe sind, weshalb die Trennung von Geschehnis und Sinn ebenso künstlich ist wie von Erlebnis und Sinn! „Der Sinn" ist aber auch nicht etwa *zwischen* beiden Polen, vielmehr bedeutet Sinn immer eine Verstehens- und Auslegungsweise von Welt „von seiten" einer Individualität; wobei wiederum zu bemerken ist, daß auch Individualität und Welt durchaus keine „absoluten", sondern dialektische Gegensätze bedeuten gemäß dem lapidaren Satz HEGELs: Die Individualität ist, was ihre Welt als *die ihre ist*. Das Entscheidende beim Theaterbrand ist also nicht das Geschehnis Flamme (als Naturvorgang), sondern die Bewandtnis, die es zunächst einmal mit der Situation hat (etwa: Zusammengepferchtsein in Massen in begrenztem Raum mit engen Ausgängen); „die Situation" wiederum ist aber keineswegs eine bloße äußere „Lage", sondern ein *Sein in* einer bestimmten Lage, und was da *in* und *mit* dieser Lage *ist*, das ist wieder die Individualität. In und mit dieser Lage hat sich die Individualität schon zu einem bestimmten Sein entschlossen, zum Sein als Zuschauer, als Genießender, als einer unter und mit vielen, als Freund mit dem Freunde, aber auch zum Sein in einer relativ *gefährdeten* Lage. Das Im-Theater-Sein hat unter vielen anderen Bedeutungen als solches auch die Bedeutung des Seins in einer relativ *gefährdeten* Situation. Dieser *Sinn* „Gefahrmöglichkeit", der schon zur ontologischen Grundverfassung des Daseins gehört, gehört also in einer ausgezeichneten Weise zum Sinn des Seins im Theater. Wenn etwas den Sinn Lebensgefahr erzwingen könnte, so wäre es diese Situation und nicht „das Geschehnis", das, wie STRAUS selber natürlich sehr gut weiß, z.

B. auch ein anderes ist, wenn es auf der Bühne sich abspielt, wo es zum Spiel gehört, als wenn es im Zuschauerraum stattfindet. Aber auch die Situation (aus welcher das „Jetzt-Hier-So" von STRAUS nur einen physikalisch-theoretischen Ab- und Aufriß gibt) erzwingt nichts. Wenn jemand etwas „erzwingt", so ist es die Individualität selber. Aber auch sie erzwingt nichts; sie erschließt und entschließt ihr Dasein nur zu einer neuen Situation, der Situation „*drohende* Lebensgefahr". Die Flamme ist, war und wird in dieser Situation also nie ein isoliertes bloßes Wahrnehmungsding „Flamme", sondern sie ist von vornherein ein bestimmtes Bedeutungsglied: „alarmierendes Signal", einer bestimmten Bewandtnisganzheit: lebensgefährliche Situation. In dieser Bewandtnisganzheit leuchtet die Flamme zwar „auch noch" hell auf; dieses Aufleuchten ist aber wieder nur ein Teilmoment der Situation Lebensgefahr und *nicht die Eigenschaft eines bloßen Dings!* Die Bewandtnis aber, die es mit der Lebensgefahr hat, ist eine solche, daß sich „in" ihr nicht nur das Sein der Flamme als gefährliches, sondern, was nur eine andere Wendung ist, das Sein der Individualität als gefährdetes bestimmt. In dieser Seinsweise entscheidet sich die Individualität relativ so eindeutig, weil es hier um ihr *eigenstes* Sein, um das „Sein zum Tode" (HEIDEGGER) geht. Dieses Sein aber hat das Eigentümliche, daß es die Menschen ebensosehr „vereinzelt", wie es sie relativ „gleich macht". Was STRAUS hier Zwang zur Sinnentnahme von seiten eines Geschehnisses nennt, läßt sich also nur auf dem tiefen Grunde einer ontologischen Interpretation des Seins zum Tode verstehen.

Vergessen wir zum Schlusse aber nicht, daß auch dieses Sein zum Tode nichts erzwingen kann, sondern daß auch hier das lebensgeschichtliche Urphänomen der freien Entscheidung seine Geltung behält. Auch in derjenigen Entscheidung, welche die Individualität mit anderen gemein hat, entscheidet sich doch immer die Individualität um nichts weniger, als wenn sie sich anders entscheidet als die anderen. Das letztere aber ist in unserm Beispiel dann der Fall, wenn ein Mensch, dem Tode trotzend und die allgemeine Panik überschreiend, die Masse zum ruhigen Verlassen der Ausgänge bestimmt, wenn ein Mensch, dem Tode trotzend oder gar ihn suchend, für sich oder zur Rettung der anderen ihn suchend, die Flammen zu löschen unternimmt, wobei, was wir so leichthin „die Flamme" nennen, wiederum in einer ganz anderen Bewandtnisganzheit auftritt, welche man jetzt etwa mit den Worten ausdrücken kann: lebenbedrohende „brutale" Gewalt, der ich nur durch ein bestimmtes *Handeln* (Löschen) beikommen kann, und mit der ich mich auf einen „Kampf auf Leben und Tod" einlasse mit andern und für andere.

Diese Beispiele zeigen in einer völlig anderen Hinsicht, als es die „Fälle" übereinstimmenden Verhaltens gezeigt hatten, daß Zwang und Notwendigkeit hier keine Stätte haben. Damit verwischt sich der Gegensatz zu dem

NEWTON-Beispiel durchaus. Dies wird noch deutlicher, wenn wir die Sache umkehren und zeigen, daß wie man bei beiden Beispielen von Freiheit so auch bei beiden von Notwendigkeit reden kann. Nur wenn man dogmatisch-psychologisch eine „geschlossene" (und nicht, wie es im dialektischen Begriff der Individualität liegt, „weltoffene") Person NEWTON „annimmt" und einen isolierten Naturvorgang Apfelfall theoretisch konstruiert, kann man von einem „produktiven" Erleben eines Ereignisses sprechen. Das „in seiner Besonderheit an seine Raum- und Zeitstelle verbundene Naturereignis" (S. 98) ist ein hochkomplexes, durch die naturwissenschaftlichen Grundkategorien vom objektiven Raum, objektiver Zeit, Kausalität usw. geformtes, theoretisches Gedankending oder zum mindesten ein vorwissenschaftliches, rein theoretisch *Gedachtes*, jedenfalls aber nicht ein von der Individualität NEWTON so Erlebtes. So „erlebt" wäre der Apfelfall nur dann, wenn NEWTON am Schreibtisch sich den Fall eines Apfels exemplarisch als bestimmten einzelnen Fall in bestimmtem Raum und bestimmter Zeit „ausdächte" und nun an diesem Exempel die Lösung des Gravitationsproblems fände. Wäre die Anekdote wahr, so könnte man ebenso gut wie bei der Flucht aus dem Theater sagen, der Apfelfall in diesem Moment und in dieser Situation habe NEWTON *gezwungen*, das Gravitationsproblem zu lösen. Auch hier bedeutet Situation keine bloße räumlich-zeitliche Lage (nämlich daß NEWTON an der bestimmten Stelle steht und den bestimmten Apfel fallen sieht), sondern ein Sein in einer bestimmten Lage, jetzt aber nicht mehr ein relativ gefährdetes Sein (im Sinne von „*Leben*" in einer räumlich gefahrvollen), sondern ein relativ gesichertes Sein im Sinne von *Denken* in einer unräumlich-gedankenvollen „Lage" der Existenz. Gehörte zum Sinn der Lage beim Theaterbrand Lebensgefahr-Flucht, so hier Sekurität – denkendes Verweilen-bei, und zwar bei der Welt der Gedanken, speziell des physikalischen Sachverhalts „Fall". Die Bewandtnisganzheit, um die es sich hier handelt, ist das ruhige, rein denkende Sein „beim" Gravitationsproblem. In dieses Sein fällt, bildlich gesprochen, „der Apfel" hinein, aber nicht als ein Wahrnehmungsding, sondern als ein Spezialfall des Fallgesetzes. Zum bloßen Wahrnehmungsding würde „der Apfel" nur, wenn NEWTON ihn etwa aufhöbe und, sein Problem völlig vergessend, ihn „als" Ding, d. h. in der Bedeutung eines bloßen Wahrnehmungsdings, anstarrte. Denkende Lage – Gravitationsproblem – physikalische Gesetzlichkeit – Spezialfall sind hier die Momente eines einzigen *Seins*- und das heißt immer auch *Sinn*zusammenhangs, wie es dort gefahrvolle Lage – gefährdete Existenz – gefährliches Ereignis waren. Den Sachverhalt bei der NEWTON-Anekdote drücken wir im gewöhnlichen Leben so aus, daß wir sagen: Die Situation war eben „reif", und aus ihr *mußte* die Lösung entspringen. Der Unterschied gegenüber dem Sachverhalt beim Theaterbrand ist also lediglich der, daß der Mensch stets und überall *reif* sein kann für die Lösung des „Lebensproblems", nämlich im Sinne der existentiellen Anwendung der jeweiligen Lage „als Spezialfall des Gesetzes Lebenserhaltung". Hier handelt es sich eben um ein vorwiegend *vitales* Problem für den Menschen, nicht um ein Gedankenproblem. Das Problem liegt also in einer anderen Bedeutungsschicht als im Falle NEWTON. Trotzdem vermag auch diese Bedeutungsschicht, wie wir sahen, nichts zu erzwingen, da auch die vitale Bedeutung nichts Absolutes ist, und, um in der Sprache von STRAUS zu bleiben, gegenüber anderen Bedeutungen „unterliegen kann". Für die Lösung des Gravitationsproblems ist aber „der Mensch" nicht „stets und überall" reif, wohl aber war es der Mensch NEWTON in jenem Moment dieser bestimmten inneren „Denk-Geschichte", in welchem er für die gedankliche Lösung des Problems „Fall" ebenso, oder wenn man will, *noch* reifer war als der sich in der Panik der Lebensbedrohung über seine Mittel und Wege zu wenig „klare" Mensch überhaupt. Hier gewahren wir „Zwang" wie dort, Zwang zwar nicht aus der vorwiegend vitalen Bedeutungsschicht (die nie *nur* „vital" ist), sondern aus der vorwiegend theoretischen Bedeutungsschicht, die aber ebenfalls nie nur theoretisch ist. Können wir doch sehr gut sagen, die Lösung des Gravitationsproblems sei für NEWTON „von vitaler Bedeutung" gewesen, sowohl im Sinne der Vitalität seiner theoretischen Existenz als auch seiner gesamten Lebensexistenz. Nicht also stülpt „die repräsentative Bedeutung" erst produktiv einen Sinn über ein bloßes Naturereignis; (in diesem Sinne „bloß" ist es ja nur für einen dritten, der am Schreibtisch darüber nachdenkt, aber nicht einmal für den Bauer, der sich über den schönen Apfel freut, oder für den Schuljungen, der in ihm eine willkommene Beute sieht; für beide bedeutet „das Ereignis" etwas anderes, und insofern *ist* es auch etwas anderes); nicht also bemächtigt sich hier NEWTON gleichsam mittels einer allgemeinen Bedeutung eines sinnbaren Geschehens (wobei nur gefragt werden müßte, wo und wie denn die Bedeutung oder der Geist oder auch nur der denkende Mensch eigentlich hinaus zu dem Ereignis „draußen in der Natur" gelange); vielmehr hatte die Individualität, die wir NEWTON nennen, in jenem Moment ihrer Denkgeschichte *sich* in der verstehenden Auslegung des Fallproblems so weit erschlossen und entschlossen, daß „die Welt" für ihn nicht wie für den gewöhnlichen Menschen vorwiegend als raumzeitlich bestimmte Umwelt oder Natur mit ihren Lebenssicherungen und Lebensgefahren da war, sondern vorwiegend als näher bestimmte theoretisch-physikalische Gedankenwelt. Diese Welt zwingt aber, wie jede Welt, die in ihr existierende Individualität zu je dieser bestimmten „Sinnentnahme", richtiger zu je dieser bestimmten Sinnrichtung; denn jede „Welt" ist je ein bestimmtes Sinngefüge aus der allgemeinen Bewandtnisganzheit „Weltlichkeit" (HEIDEGGER), und sie ist dieses Sinngefüge immer nur mit und für die Individualität, die in oder bei ihr *ist*. Wir haben es also auch bei dem NEWTON-Beispiel mit einer Sinneinheit zu tun, die gleich ursprünglich und insofern, wenn man will, gleich „zwingend" wie beim Theaterbrand das betreffende Sein der Individualität bei der Welt (als der ihren) bestimmt, wobei die allgemeine „Verfassung" des Ich- oder Erlebenspols, der Individualität, und des Gegenstands- oder Geschehenspols, der Welt, als notwendige Korrelate ein und derselben Seinsverfassung begriffen werden müssen. Man sieht schon nach diesen aphoristischen Bemerkungen, was es also mit der *Freiheit* der Individualität für eine Bewandtnis hat, wenn man sie ebensogut unter dem Aspekt einer *Notwendigkeit* darstellen kann. Das lebensgeschichtliche Urphänomen der freien Entscheidung, wenn nur das hier herausspringt, ist alles andere als Willkür. –

Wir fassen also zusammen: Wenn STRAUS beim Theaterbrand von einem Zwang zur Sinnentnahme spricht, bei der NEWTON-Anekdote hingegen nicht, so rührt das daher, daß er dort *von vornherein* vom Geschehens- oder Weltpol, hier vom Erlebenspol oder dem Pol der Individualität ausgeht. Er nimmt also die Problemlösung durch die Art und Weise, wie er das Problem hier und dort „anpackt", je schon vorweg. Gewiß wird niemand die Unterschiede im realen *Erleben* der beiden Situationen leugnen; diese empirisch-realen Verschiedenheiten der *Erlebnisweise* dürfen aber kein Kriterium sein für die Entscheidung einer philosophisch-anthropologischen, ja fundamental-ontologischen Grundfrage, wie es die von Notwendigkeit und Freiheit im Hinblick auf das Problem von „ist und bedeutet" darstellt.

Wenn STRAUS mit größter Energie und Konsequenz die ältere Psychologie mit ihrem theoretischen Ausgangspunkt vom Element, dem praktisch-methodischen Ausgangspunkt vom möglichst sinnarmen Erlebnis auf Schritt und Tritt bekämpft, so kämpfen wir hier Schulter an Schulter mit ihm. Aber auch hier gehen wir noch radikaler vor, indem wir auch im sinnerfüllten Einzelerlebnis und seinem Gegensatz, dem Einzelgeschehnis, noch ein Element sehen, den Ausgangspunkt der Forschung aber erst in der tieferen Problematik der Individualität und ihrer Welt *als der ihren*. Damit sehen wir uns wieder auf die minuziöse Erforschung der inneren Lebensgeschichte als der Erschlossenheit und Entschlossenheit (HEIDEGGER) der Individualität verwiesen, welche Erforschung ihrerseits aber gar nicht möglich ist ohne die gleichzeitige Erforschung der äußeren Lebensgeschichte sowie der individuellen Konstitution als dem Inbegriff des Funktionsganzen des bestimmten einzelnen Organismus.

B. Die speziellen Anwendungen

Zunächst eine Vorbemerkung über Sinn und Zweck von Erörterungen wie den vorstehenden für die *klinische Psychiatrie*, die ja für jeden, der zugleich in der ärztlich-praktischen und wissenschaftlich-theoretischen Lebensform „des Psychiaters" aufgeht, den selbstverständlichen Ausgangs- und Endpunkt des Fragens bildet. Sinn und Zweck solcher Erörterungen kann und darf niemals sein, klinische Krankheitsformen aufzustellen und absondern zu wollen. Ehe unsere Bibliotheken nicht mit dickleibigen Folianten über die *Klinik* der „Rentenneurose" angefüllt sind, wie sie etwa angefüllt sind mit zahllosen Bänden über die Klinik der Paranoia (um die von KOLLE wieder zu Ehren gebrachte Bezeichnung zu gebrauchen), ehe wir also nicht von Heredität, Konstitution, prämorbider Persönlichkeit, Lebensläufen und innerer Lebensgeschichte der Rentenneurotiker genaue empirische Kenntnis haben, eher werden wir auch keine Klinik der „Rentenneurose" besitzen. Wofür aber Erörterungen wie die vorstehenden nicht nur „gut" und zweckmäßig sind, sondern wozu sie absolut gehören, das ist der jeder empirischen Forschung bei- und übergeordnete „Zweck", zu Prinzipien zu gelangen, aus denen sich die *Anweisungen ihres Fragens und Forschens* ergeben. Diese Anweisungen ergeben sich immer nur aus dem Zusammenspiel von Erfahrung – deren „fruchtbares Bathos" (KANT) gerade der Philosoph nicht verkennt – und Besinnung auf die Methode. So eng sind diese beiden Wurzeln der Empirie aufeinander angewiesen, daß nicht nur eine „neue Entdeckung" auf dem Gebiet der praktischen Forschung ganze Bibliotheken als „veraltet" erscheinen lassen kann, sondern auch eine neue Art methodischer Besinnung ganze Bibliotheken mit einem Male mit dem Stempel des Historischen zu versehen vermag, wie wir es z. B. mit der neuen methodischen Besinnung innerhalb der Aphasielehre und der Hirnphysiologie und -pathologie überhaupt erlebt haben.

Um auf unser spezielles Thema zu kommen, so hat z. B. die Divergenz zwischen meinen Anschauungen und denjenigen von STRAUS hinsichtlich der Frage des Zwangs zur Sinnentnahme die praktische Konsequenz, daß wir uns selbst in Fällen, wo ein „Zwang zur Sinnentnahme", also das bloße Betroffenwerden von einem erschütternden Ereignis, zur Erklärung der klinischen Erscheinungen auszureichen scheint, mit dieser Erklärung niemals begnügen dürfen, insofern sich z. B. aus meinem Standpunkt die strikte *Anweisung* ergibt, selbst in solchen Fällen nach dem Vorliegen besonderer innerlebensgeschichtlicher und besonderer konstitutioneller Momente zu fragen und systematisch nach ihnen zu forschen. Wenn auch, wie HOCHE sehr richtig sagt, von niemandem Heldenmut *verlangt* werden kann, so kommen doch Heldenmut, Todesverachtung, Aufopferung des eigenen Lebens für andere, Charakterstärke überhaupt vor (es ist bezeichnend für unsere nivellierende Menschenbetrachtung, daß man das betonen muß), lassen sich diese Momente also aus der inneren Lebensgeschichte ablesen und verstehen, und ebenso kommen vor individuelle Konstitutionen[8], die *kein* erschütterndes

---

[8] Über den allgemeinen und individuellen Konstitutionsbegriff hat STRAUS selbst sowohl hier (S. 100 ff.) als auch in seiner Schrift über das *Problem der Individualität* (1926) wesentlich klärende und fordernde Einsichten gewonnen.

Ereignis umzuwerfen vermag. Auch hier gibt uns also die grundsätzliche Besinnung auf die Methode einen neuen Impuls, die alte Anforderung der Untersuchung „des ganzen Menschen" stets zu beherzigen[9].

Nun schränkt STRAUS selbst das Moment des „Zwangs zur Sinnentnahme" bei der Rentenneurose auf eine „ganz eng begrenzte Zahl von Fällen" ein, nämlich auf diejenigen, bei denen es später zu phobischen und hypochondrischen Reaktionen kommt und die er von der eigentlichen Rentenneurose abgrenzt. Würde nun auch jemand kommen und die Divergenz zwischen STRAUS und mir über den Zwang zur Sinnentnahme im Hinblick auf die Klinik für geringfügig halten, was mir selbst natürlich nicht in den Sinn kommt, so hätte ein solcher wissenschaftlicher Dialog immer doch *den* Sinn, die in Frage stehende methodische Besinnung als solche schärfer herauszustellen, als es in dem Monolog der „Urschrift" möglich ist. Wie dem Wanderer die Größen- und Formunterschiede der Berge von weitem klein und belanglos erscheinen, wenn er aber näher ans Gebirge herankommt, groß und bedeutend, so müssen auch dem mit diesen Fragen nur von ferne vertrauten Psychiater unsere Divergenzen belanglos vorkommen; in der Nähe aber sieht es anders aus. Im Grunde ziehen STRAUS und ich ja durchaus an demselben Strang; dieser Strang gewinnt aber deutlichere Gestalt für den Fernerstehenden, wenn die Differenzen in seiner Struktur aufgezeigt werden, als wenn er in seiner Homogenität demonstriert wird.

Die Übereinstimmung unserer Auffassungen hinsichtlich der Rentenneurose geht nun dahin, daß man, unbeschadet der kausalen und biologischen Relationen, die man zwischen Unfallereignis und Ausbruch der Neurose feststellen kann, „das Unfallereignis" unmöglich als *die Ursache* der Rentenneurose betrachten kann. Daß dem Bedeutungs- und Zeiterlebnis hier das Primat der Forschung zukommt, darin sind wir einig. Daß STRAUS das klinisch bisher so vernachlässigte Bedeutungsmoment in seiner Vereinigung mit der Zeitigung der inneren Lebensgeschichte in das Problem der Rentenneurose nicht nur eingeführt, sondern mit solcher Konsequenz auch durchgeführt hat, dafür können wir ihm, unbeschadet unserer Kritik an seiner Verwendung der repräsentativen Funktion und seiner Überschätzung des Zeiterlebnisses als solchem, nicht genug Dank wissen. Er hat damit die gesamte Diskussion über die Rentenneurose erst auf ein Niveau gehoben, das den methodologischen Anforderungen, die unsere Zeit an ein solches

---

[9] Ich gedenke hier dankbar meines Lehrers EICHHORST, dem man am Staatsexamen den schönsten neurologischen Status eines Tabesfalles präsentieren konnte, welcher Status aber die Note ungenügend eintrug, wenn man den Status der Leber oder Milz vergessen hatte. – Sind in der Psychiatrie die Verhältnisse auch viel komplizierter, insofern als man hier nicht nur kein Organ, sondern keine der psychiatrischen Untersuchungs*methoden* vergessen darf, so muß uns doch das strenge klinische *Pathos* EICHHORSTs hier erst recht im Blute bleiben.

Problem stellt, gewachsen ist. Während er nun aber die posttraumatischen Phobiker, über die er sehr Treffendes zu sage weiß (vgl. S. 75, 77 ff.), den reinen Rentenneurotikern gegenüberstellt, für die er, wie für die Neurotiker überhaupt, die Tendenz zur Deformierung ins Spiel führt, existiert für mich hier nur eine gleitende Skala von einem Pol zum andern, so daß m. E. immer gefragt werden muß, *inwieweit* Nachwirkung des erschütternden Erlebnisses in seiner die Lebensgeschichte umbiegenden, herab- oder hinaufführenden Bedeutung, *inwieweit* Tendenz zur Deformierung?

Was nun diese deformierende Tendenz betrifft, so muß ich leider sagen, daß ich den Ausdruck Deformierung barbarisch finde. Man kann einen Draht deformieren, indem man ihn aus einem geraden in eine Kreislinie umbiegt, oder umgekehrt einen Hut deformieren, indem man sich darauf setzt, einen Hund deformieren, indem man ihm Ohren und Schwanz stutzt; aber in der Komplexion des seelischen und geistigen Lebens bedeutet ein solcher Ausdruck doch bestenfalls nur einen analogischen Hinweis, ohne eigentlichen phänomenalen Gehalt. Die Ausdrücke Selbstaufgabe, Aufgabe der Selbstverwirklichung sind, obwohl sie sich mehr auf das Selbst als auf die von STRAUS mitgemeinten Formen der gesellschaftlich-geschichtlichen Wirklichkeit im Sinne DILTHEYs beziehen, viel besser, da sie schon auf einen phänomenalen Erlebnisgehalt hinweisen. Am besten scheint mir der von STRAUS ebenfalls verwendete Ausdruck *sich-fallen-lassen* zu sein, da der phänomenale Gehalt und die ontologische Bedeutung des Fallens uns heute einigermaßen vertraut sind[10] und da die Bedeutungsrichtung des Fallens sowohl nach der Seite der („passiven") Geworfenheit in die depressive Stimmung als nach der Seite des („aktiven") Sich-fallen-Lassens (oder, wie v. WEIZSÄCKER sehr gut sagt, nach der „Situation der versagenden Existenz") sich gliedern läßt. Insbesondere läßt sich aus dem Sich-fallen-Lassen ohne weiteres das von STRAUS auch für die Süchtigen mit vollem Recht so stark hervorgehobene „Zurücksinken" und „Verweilen" (lauter Bewegungsbegriffe!) „in purer Zuständlichkeit", das heißt „im bloß leiblichen Dasein"[11], sehr gut verstehen. Dasselbe gilt von dem „Treten auf der Stelle" und dem „Leerlauf", als welchen wir die Neurose mit STRAUS aufzufassen uns gezwungen sehen. Auf Grund der dialektischen Zugehörigkeit von Selbst und Institutionen, von Individualität und Welt „als der ihren", von Person und Werk und wie immer man dieses Verhältnis bezeichnen mag, involviert die Selbstaufgabe, das *Sich*-fallen-Lassen immer auch ein Fallenlassen oder „Zerstören" der „Gebilde des objektiven Geistes". Damit ist auch gesagt, daß es die „gemeinschaftsbildende Tendenz" ist, die hier ver-

---

[10] Vgl. L. BINSWANGER: *Traum und Existenz*. [In d. Bd.].

[11] An den Ausführungen von STRAUS über die im Erlebnis verhinderte Gegebenheitsweise des Leibes bei den Süchtigen (S. 122 ff.) scheint mir nicht zu rütteln zu sein. Jedenfalls decken sie sich mit meinen eigenen Erfahrungen und Anschauungen vollkommen.

sagt, m. a. W., daß die Individualität „geistlos" in ihre eigene Welt (HERAKLIT) zurücksinkt, d. h. aus dem geistigen Wachsein, der Teilnahme und Teilhabe an der gemeinsamen Welt, sich in die Welt des „Träumens", des bloßen zuständlichen Sichwiderfahrenlassens von etwas hineingleiten läßt[12]. Sicher spielt nun diese Tendenz auch bei vielen Rentenneurotikern eine Rolle. Sie scheint mir in dieser wohl komplexesten, weil neben allem andern am stärksten auch kulturbezogenen Neurose aber keine so große Rolle zu spielen wie bei den Perversen und vor allem den Süchtigen. Hier möchte ich die Störung des Gemeinschaftserlebens, des Miteinanderseins, mit v. WEIZSÄCKER in den Vordergrund stellen. (Daß daneben sämtliche übrige klinische Faktoren ebenfalls eine Rolle spielen, muß aber gerade im Hinblick auf v. WEIZSÄCKER und zum Teil mit ihm noch einmal betont werden.) Diese Störung des Gemeinschaftserlebens spielt zwar bei jeder Neurose eine zentrale Rolle, zentraler als das Sich-fallen-Lassen, das sehr häufig, wenn nicht in der Regel, sein Motiv ja gerade in einem bestimmten Versagen im Verhalten zur *Mit*welt, und zwar zuerst zur Familie, hat. Bei der Rentenneurose komplizieren sich die Dinge dadurch, daß zu der bei keiner Neurose vermißten pathologischen Kindheitssituation ein entsprechender *Aktualkonflikt* hinzutritt, nämlich die „pathologische Situation" der Sozialneurose[13] mit ihrem „historischen Mißgeschick", wie v. WEIZSÄCKER sich ausdrückt, nämlich jener „Kriegszustand mit Übertragung und Gegenübertragung von Haß und Aggression". Diese Überlagerung zweier analoger Situationen bei der Rentenneurose erklärt einerseits die Schwierigkeit einer Psychoanalyse in solchen Fällen, da hier die aktuelle Situation mit ihrer „Verrechtung und Überrechtung" eines „menschlichen Zustandes" entgegen den Forderungen der Psychoanalyse *zuerst* gelöst werden muß; das aber ist, wie v. WEIZSÄCKER so schön gezeigt hat, nur auf einem völlig anderen als dem psychoanalytischen Weg möglich. Anderseits erklärt diese Überlagerung aber auch, warum mit der v. WEIZSÄCKERschen „Situationstherapie" (bei der übrigens die Persönlichkeit des Arztes als des Mittlers zwischen Patient und Gemeinschaft eine besonders große Rolle spielt) so überraschende Erfolge zu erzielen sind. Im übrigen besteht für mich kein Zweifel, daß die ganz refraktären Fälle, insbesondere diejenigen, die auch nach der befriedigenden Erledigung des Rentenverfahrens fortdauern, soweit sie nicht verschleierter hirntraumatisch-organischer Genese sind, ihre Unheilbarkeit dem Umstand „verdanken", daß hier eine besonders ungünstige Verquickung von infantilem neurotischem „Kernkomplex" und aktualer „pathologischer Situation" vorliegt. Ich stimme daher STRAUS (S. 127) im allgemeinen bei, wenn er bei der Rentenneurose abgesehen von der Konstitution noch nach etwas

---

[12] Vgl. L. BINSWANGER a. a. O.

[13] Vgl. v. WEIZSÄCKER: *Soziale Krankheit und soziale Gesundung.* 1930; insbes. S. 12, 31 ff., 42.

sucht, das „dem traumatischen Erlebnis vorgegeben" ist; ich stimme ihm aber nicht bei, wenn er hier bei dem „Verzicht auf Selbstverwirklichung" stehen bleibt; denn gerade wo dieser Verzicht sehr ausgesprochen ist, erfordert das Prinzip der inneren Lebensgeschichte ein Aufsuchen und Auflösen der aktualen und eventuell der *infantilen* „pathologischen Situation" in bezug auf die *Mitwelt*.

Hiermit kommen wir auf das Verhältnis von STRAUS zur Psychoanalyse überhaupt zu sprechen. In allen seinen Schriften ist seine Argumentation oft von der Kampfeinstellung zur Psychoanalyse bestimmt, in keiner so stark wie in Geschehnis und Erlebnis, oft zum Schaden der Übersicht und der Systematik des Gedankengangs. Ich stehe aber nicht an zu erklären, daß seine Kritik der Psychoanalyse, soweit sie deren *methodische* und *kategoriale Denkvoraussetzungen* und deren grundsätzliche Irrtümer betrifft, von mir durchweg geteilt wird. Habe ich doch selbst erklärt, daß ich in der Psychoanalyse zwar den geschlossensten, zugleich aber den gewaltsamsten Versuch einer dynamisch-funktionalen *Umdeutung* der inneren Lebensgeschichte erblicke. Kommen wir aber auf Gebiete, wo die Psychoanalyse zweifellos Neues und Richtiges *gesehen* hat, sei es auf Grund ihres allgemeinen Forschungsprinzips, sei es auf Grund ihres ungeahnt minuziösen und geduldigen empirischen lebensgeschichtlichen Forschens, so macht sich bei STRAUS der Mangel an Empirie bemerkbar. An zwei kleinen Beispielen sei dies zum Schluß noch aufgewiesen.

So treffende Einsichten und Formulierungen wir STRAUS in dieser fast unerschöpflichen kleinen Schrift auch über die *Perversionen*, über Wesen und Begriff der Perversität überhaupt verdanken, so scheint er mir gerade hier den „Entdeckungen" FREUDS nicht gerecht zu werden. Soviel Richtiges seine Kritik des Begriffs der Partialtriebe auch enthält, so ist sie gerade hier nicht bündig. Wie es so oft geschieht, ist die Kritik auch hier bündig, wenn man sich an den Wortlaut der Ausführungen des kritisierten Autors hält, nicht bündig, wenn man sich an den damit gemeinten und nur der eigenen Erfahrung zugänglichen phänomenalen Gehalt hält. Wie man etwa BLEULER nicht schlagen kann, wenn man seinen Assoziationsbegriff kritisiert, weil er viel mehr „gesehen" hat, als was man mit diesem Begriff auszudrücken und darzustellen pflegt und vermag, so kann man auch FREUD nicht widerlegen, wenn man sich nur an den Wortlaut seiner Lehre hält. Wie BLEULERs Assoziationsbegriff das intentionale Moment unausdrücklich schon mit enthält, so daß er an Umfang so weit wird, daß er an Inhalt völlig verarmt, so enthalten ja die Tatbestände, die durch das Wort Trieb von FREUD bezeichnet werden, immer auch schon ein Werthaltungsmoment, wenn er es auch selber nicht wahr haben will. An den von der Psychoanalyse wirklich gesehenen Tatbeständen sieht STRAUS nun oft vorbei. So hat er mit seiner Kritik des Begriffs und der Lehre von der Entstehung des *Sadismus* gegenüber FREUD zwar weitgehend recht, verrät aber eine gar zu einseitige Auffassung der kindlichen Psyche, wenn er behauptet, daß dem Kind „die Dinge nur in der Ordnung des Zerbrechlichen oder Unzerbrechlichen als Betätigungsmöglichkeit seiner Kraft erscheinen", daß „das Zerstören noch die einzige ihm zugängliche Form des Wirkens auf die Dinge" ist; „seine Freude am Zerstören ist Freude an seinem Wirken" (S. 112). So einfach liegen die Dinge keineswegs, und der Vergleich des Kindes mit einem jungen Hund ist daher ganz unzulässig. Ein Beispiel: In diesen Tagen begegnete mir bei der Analyse einer schweren Angsthysterie ein von den Angehörigen beglaubigter Ausspruch, den die Kranke im dritten Lebensjahr getan, als sie mit den Eltern in der Bahn fuhr und an einer „häßlichen drohenden Häuserreihe" vorbeikam, die die Kranke heute noch vor sich sieht. Zum Entsetzen der Eltern rief sie in höchstem Zorn: „Alle Häuser kaputt machen!" Kennt man nun nicht diese Äußerung allein, sondern die lebensgeschichtliche Entwicklung der Kranken durch 30 Jahre hindurch bis in alle Einzelheiten, so fällt es einem nicht ein, hier von der Freude des Kindes am Zerstören als von einer Freude an seinem Wirken zu sprechen, zumal es sich in meinem Beispiel gar nicht um ein Wirken, sondern um eine Drohung handelt. Vielmehr entdeckt man in diesem Zerstörungstrieb den „neronischen" Zug, der sich durch die ganze Lebensgeschichte und die Neurose solcher Kranker zieht und der, wenn man ihn auch nicht sadistisch nennen will, schon eine „wertinadäquate" (also schon nicht rein triebhafte) Form des Bemächtigungswillens darstellt. Ob die Häßlichkeit der Häuser bei dem (später Malerin gewordenen) Kind oder lediglich ihr bedrohender Charakter den Haß hervorgerufen haben, vermag ich nicht mehr zu entscheiden. Ich vermag aber anderseits auch nicht zuzugeben, daß wir von sadistischen oder zumindest aggressiven „Partialtrieben" erst da sprechen dürfen, wo Wesen und Wert des Gegenstandes subjektiv *voll erfaßt*, also voll bewußt sind. *Trieb und Bedeutungsbewußtsein lassen sich auch im Kind nicht trennen, weder zeitlich noch sachlich;* sobald wir vom einen sprechen, müssen wir auch an das andere denken (was FREUD wiederum nicht sehen wollte und mit seinem dynamischen Sensualismus auch nicht sehen konnte). Ich wende mich also nicht gegen die Kritik der Libidotheorie durch STRAUS, in welcher Theorie ich bis heute nur ein wenn auch äußerst kunstvolles und in seinem Aufbau den größten Respekt einflößendes, heuristisch wertvolles theoretisches Lehrgebäude erblicke, sondern gegen die Verkennung der kindlichen Psyche. Den Einwand, daß es sich in unserm Beispiel um ein später neurotisch erkranktes Kind gehandelt habe und daß es sich bei einem normalen Kind anders verhielte, ferner die moralischen Bedenken gegen die Behauptung aggressiver Neigungen des Kindes dürfen wir hier wohl unbeachtet lassen. Gezeigt sollte nur werden, daß in solchen Fragen nur die minuziöse empirisch-historische Kenntnis der inneren Lebensgeschichte den Ausschlag zu geben vermag.

Das zweite und letzte Beispiel betrifft die Auffassung, die STRAUS vom Wesen des *Geizigen* gewonnen hat (S. 31 ff.). Das Wesen des geizigen Verhaltens bestünde nicht darin, daß der Geizige nichts hergeben wolle, das charakterisiere den Engherzigen, sondern darin, „daß alle Leidenschaft darauf gewandt wird zu verhindern, daß der Besitz seiner eigentlichen Bestimmung zugeführt wird, durch die er erst seinen Wert erhält". „Der Kampf gegen die Verwirklichung, das Beharren im Zustand der Möglichkeit ist das Entscheidende im Wesen des Geizigen. Das bindet ihn an das Geld." Das klingt und ist allzu rationalistisch. Wir müssen den Geiz nicht nur rational analysieren, sondern als eine Weise der verstehenden Auslegung von *Welt* durch die Individualität betrachten (wobei Verstehen im Sinne HEIDEGGERs als Existential gemeint ist, das jenseits des Gegensatzes von Verstehen und Erklären liegt). Nun hängt aber jede verstehende Auslegung von Welt ontologisch zusammen mit der Geworfenheit in eine bestimmte *Befindlichkeit* (HEIDEGGER) oder Stimmung, mit einer *Gestimmtheit* der Individualität, um die KRONFELDsche Bezeichnung in einem weiten Sinne zu gebrauchen. Der Geizige „versteht" als Geiziger nicht nur die Welt so und so, sondern wie alles Verstehen ist auch das des Geizigen gestimmt oder irgendwie „befindlich". Das nun hat die Psychoanalyse richtig gesehen. Wenn sie zwar die Geldliebe von der Kotliebe „ableitet", so irrt sie; denn beide Besitztendenzen rühren von einem Dritten her, eben von einer noch näher zu bestimmenden verstehenden Grundbefindlichkeit oder Gestimmtheit der Individualität, welche wir geizig nennen und welcher Gestimmtheit man mit rationalen Erwägungen nicht beikommt. STRAUS hat nur ein Verstehbares am Verhalten des Geizigen gesehen, die Psychoanalyse nur ein unverstehbares Befindlichkeitsmoment. Beides gehört aber untrennbar zusammen.

Bezeichnend ist die Bemerkung von STRAUS, Molières Geiziger wäre objektiv nicht schlechter daran gewesen, wenn er eine leere Kassette gehabt hätte! Was heißt hier objektiv nicht schlechter? Wohl nicht schlechter hinsichtlich seiner äußeren Umgebung, seiner Wohnung, Kleidung und Nahrung? Aber gibt denn der Geizige gleich wie der Verliebte nicht all dieses Objektive mit tausend Freuden hin für sein einziges Glück, seinen „Besitz"? Ist dieser etwa nichts „Objektives"? STRAUS scheint die Umwertung der Werte zu übersehen, die mit der Befindlichkeit der Individualität als einer geizigen wesensmäßig zusammengehört. *Objektiv* am besten dran sein, es wirklich „gut haben im Leben", das heißt eben für den Geizigen: Geld anhäufen (nicht nur viel Geld *haben*). Hierin fließen das subjektive Wohlbefinden und das objektive Gutdransein zusammen, wie sie für den Liebenden zusammenfließen im Besitz der Geliebten, für den leidenschaftlichen Sammler im Besitz einer Briefmarke oder eines Gemäldes, für das er Hab und Gut und Ehre dranzugeben bereit ist. Was die Freude am Geldbesitz von der Freude am Besitz eines sonstigen Sammlers unterscheidet, das mag mit der „Tendenz zum Verharren im Zustand der Möglichkeit" (S. 33) zusammenhängen, wobei aber immer diese bestimmte „ökonomische" Möglichkeit im Auge zu behalten und gerade als ökonomische zu analysieren ist. Schließlich vergleicht STRAUS den Geizigen auch mit den Zwangskranken und deren „Widerstand gegen das historische Werden". Ich halte den Vergleich zwischen Zwang und Leidenschaft nicht für richtig, wenn man nicht, was STRAUS sicher nicht tut, *hinter* dem Zwang die verdrängte Leidenschaft sehen will. Leidenschaft im triebhaften Sinne bedeutet tatsächlich einen Widerstand gegen das historische Werden, ganz im Gegensatz zur Leidenschaft im Sinne des geistigen Enthusiasmus, der Mania PLATONs, welche Berge versetzt.

Geiz ist also eine ursprüngliche, nicht weiter auflösbare, nur in ihre einzelnen Ausgestaltungen und *deren* Genese auseinanderlegbare menschliche Grundhaltung oder Gestimmtheit, die ihre eigene Auslegung von Welt mit sich führt. Verstehende Auslegung und Gestimmtheit oder Befindlichkeit gehören (wie HEIDEGGER gezeigt hat) *ontologisch* zusammen; ihr *ontisches* Wechselverhältnis haben schon NIETZSCHE, FREUD und KLAGES, jeder auf seine Art, betont und analysiert. Sehen wir nun näher zu:

Der Geizige *füllt* Kisten und Kästen mit „Gold". Das Füllen geht dem Nichthergebenwollen in jeder Hinsicht voraus, nicht nur zeitlich und sachlich, sondern auch hinsichtlich der emotionalen Fundierung. Im Füllen und Gefülltthaben liegt das Glück und die Freude des Geizigen, ihm gehört die Leidenschaft; das Nichtherausgebenwollen und Festhalten ist nichts Primäres, sondern die notwendige Folge davon. Dieses Füllen ist das apriorische Band, das Kot und Geld auf einen gemeinsamen Nenner bringt, woraus sich erst die *Möglichkeit* ergibt, daß dann auch im Laufe der Entwicklung des einzelnen Menschen die Geldsucht als aus dem Festhalten des Kotes „stammend" betrachtet werden kann. Keineswegs aber ist die letztere die „Ursache" oder das Motiv des Geizes. Dieses Motiv liegt, wie gesagt, tiefer und *hinter* beidem. So *müssen wir ja die psychoanalytischen Herleitungen oder „Genesen" immer korrigieren*. STRAUS hat das auch gesehen; er begnügt sich aber auch hier mit den allgemeinen Bedeutungen, während er die „irrationale" existentiale Schicht der Befindlichkeit, die über die allgemeinmenschliche (wenn auch keineswegs über die individuelle!) *Bedeutsamkeit der Bedeutungen entscheidet*, übersieht.

Beim Geizigen sehen wir also im Füllen- und Aufstapelnmüssen einen der Grundzüge seiner Befindlichkeit; er erstreckt sich ebenso auf den Leib als Höhle wie auf Kisten und Kästen, Strümpfe und Säcke. Die Hohlräume dienen aber nicht nur zur Aufstapelung, sondern auch zur Verbergung vor den Blicken und Zugriffen der Mitmenschen; sie sind daher gut abgeschlossen und verborgen. Dazu gehört auch, daß der Geizige auf seinem Geld *sitzt* oder *hockt* wie die Henne auf dem Ei, es mit dem eigenen Leib zudeckend und nach außen verteidigend. Die Heimlichkeit und Abgeschlossenheit seines Besitzes wie seines Umgangs mit ihm gehört wesensmäßig zur Leidenschaft des Geizigen. Anstelle der Lust am Ausgeben oder Vonsichgeben, das nur via Kontakt mit der Mitwelt möglich ist, tritt hier die Lust am heimlichen Beschauen, Betasten oder geistigen Betasten: dem Zählen. Hierin liegen die heimlichen Wonnen und Orgien dieser Art von Befindlichkeit. Ich glaube nicht, daß wir darin einen fetischistischen Zug erblicken dürfen, dessen perversen Sondercharakter v. GEBSATTEL neuerdings so klar herausgehoben hat. Das Geld kann doch kaum als Fetisch Macht und Lebensgenuß in der Weise *vertreten,* wie etwa der Zopf das ganze Weib. Der irrationale Grundzug des Geizes ist das „Molochhafte", das nun auch eine bestimmte *räumliche* Auslegung der Welt im Gefolge hat, wie wir gesehen haben, d. h. eine starke Hervorhebung der Bedeutsamkeit des angefüllten, abgeschlossenen, zugedeckten und versteckten Raumes und damit auch des Leibes „als" *Höhle.* Zum Geist gehört so wesensmäßig eine bestimmte Weise des Leibbewußtseins. Das hat die Psychoanalyse richtig gesehen. Ebenso gehört zum Geiz aber auch eine bestimmte Auslegung der Zeit. Dem Geizigen steht die Zeit keineswegs still wie dem Neurotiker, der sich stets „triebhaft", d. h. zeit- und geschichtslos[14] um sich selbst dreht; sie erhält aber ihre Bedeutsamkeit lediglich von der Bestimmung des (Erraffens und) Füllens her; sie wird nicht gezählt nach Stunden und Jahren, sondern nach Möglichkeiten des Füllens. Auch die erlebnisimmanente Zeit erfährt hievon ihre Gliederung und ihr Tempo. Daß man auch *mit seiner Zeit geizen* kann, zeigt, daß hier auch „die Zeit" verräumlicht wird im Sinne des Molochhaften, insofern kleine Zeiträume emsig und beständig in größere eingeschachtelt, eingespart, angehäuft und eifersüchtig gehütet werden. Das Nichthergebenwollen seiner Zeit ist davon der sekundäre Ausdruck. Die Zeitigung selber, d. h. das geschichtliche Werden, darin gebe ich STRAUS recht, wird durch die Monotonie des Geizes und Monomanie des Geizigen tatsächlich verunmöglicht; es kommt, wie gesagt, nur noch zu äußerlich addierbaren, stück- oder raumhaften Zeitsummen. –

Wie zu Raum und Zeit, so ist auch das Grundverhältnis des Geizigen zum Tode ein relativ eindeutiges. Während dem Sparsamen (und dem Bürger überhaupt) die Fortdauer und Verwendung des Erworbenen auch nach seinem Tode noch am Herzen liegt und insofern mit dem Tode nicht „alles" für ihn aus ist, er vielmehr in „seinem" Besitz noch „ökonomisch" weiterexistiert, ist für den Geizigen mit dem Tode in der Regel „alles aus";

---

[14] Vgl. L. BINSWANGER, a. a. O.

denn was mit seinem Besitz dann geschieht, ist ihm völlig gleichgültig, wenn er nicht dafür sorgt (durch Vergraben und Verstecken seines Schatzes), daß überhaupt nichts damit geschehen *kann. Eine* Form des Geizes zeigt zwar noch ein besonderes Verhalten zum Tode: Ist der Geiz stets auch durch ein bestimmtes Verhalten zur *Mitwelt* bestimmt, so charakterisiert sich dasselbe meist rein privativ als Abgeschlossenheit von ihr, als größtmögliche zwischenmenschliche Beziehungslosigkeit. Bei derjenigen Form des Geizes, von der wir jetzt reden wollen, gewinnt der Tod eine besondere positive Bedeutung dadurch, daß er das heimlich ersehnte Ziel ist, wo der Besitz doch noch eine mitweltliche Bedeutung bekommt, nämlich die des Triumphes über die Nachwelt, wenn sie gewahr wird, „wie reich ich war". Dieser Triumph kann in der Weise einer heimlich nagenden Geltungssucht intendiert sein, aber auch in der Weise der Übertölpelung, Hinterslichtführung und Verspottung der Nachwelt. Hat das überraschend zutage getretene „viele Geld" dann diese seine Wirkung getan, dann mag aber ebenfalls wieder mit ihm geschehen, was will. Dem Tode gegenüber ist der Geizige „großzügiger" als der gewöhnliche Bürger; er trennt nicht den Besitz von seiner Person; ist es mit dieser aus, so ist „alles aus". So führt der Lebensweg des Geizigen über den steilen Weg der dämonischen Besessenheit von einer bestimmten „Idee" von Welt, zwar einer äußerst eingeengten, sinnverarmten, in steter Auseinandersetzung mit diesem Dämon, zum „gemeinsamen" Sturze mit ihm ins leere Nichts; im Gegensatz zum eigentlich wachen, sinnreichen Lebensweg des sittlich „aufgeweckten" Menschen, dessen Auseinandersetzung mit sich und der Welt zugleich in steter Auseinandersetzung mit der *Mitwelt* erfolgt, der er auch nach dem Tode noch aus der gemeinsam mit ihm erlebten Welt her „begegnet". Für den Geizigen existiert die Mitwelt als wirklich mit„menschliche" kaum; er nimmt nicht teil an ihr; insofern kommt es hier nicht zu einem eigentlichen *Mit-einander-Sein* (LÖWITH). Der Mitmensch wird hier nur als Mittel zum Zweck betrachtet, d. h. zu einem bloßen dinglichen Werkzeug oder Zuhandenen degradiert. Die Form des Umgangs des Geizhalses mit den Mitmenschen ist, mit einem Wort, nicht die des *Teilnehmens* an etwas von ihnen, sondern die des krassen *Nehmens* ihrer bei etwas[15], d. h. des bloß gebrauchenden Umgangs mit ihnen. Wie den Krug beim Henkel so nimmt der Geizige den Menschen „beim Wort", „beim Ohr", bei seiner „schwachen Seite", und verfährt er mit ihm wie mit einem Behälter, den man „aussaugen" kann. Wenn er kein „menschliches Rühren" kennt, so ist das kein Zeichen von Grausamkeit oder Sadismus, womit gerade ein Fühlen des Schmerzes des andern mitgegeben sein muß, vielmehr ist das ein Zeichen der molochhaften Tendenz zur rein quanti-

---

[15] Ich beziehe mich hier auf noch unveröffentlichte eigene Studien über das Mitsein (später aufgenommen in meine Schrift *Grundformen und Erkenntnis menschlichen Daseins* vom Jahre 1942 [Bd. 2 vorl. Ausg.]).

tativen Selbsterweiterung und Selbstausfüllung (von der der „Gelderwerb" nur ein Merkmal ist), verbunden mit der rein quantifizierend-berechnenden Werkzeugauffassung der Gesamtwelt, in der ein Begriff wie „fühlender Mitmensch" gar nicht erst aufzukommen vermag. Im Grunde ist daher der Geizige einsam mit seinem Dämon auf der Welt.

So wird das Leben des Geizhalses ein einziges *Geschäft*, beherrscht von den „seelenlosen" Faktoren der bloßen Quantität, Ausdehnung und Zahl, und damit der kühl berechnenden Methode. Doch würde man irren zu glauben, das Wesen des Geizes sei damit erschöpft. Geiz ist nicht nur ein Geschäft des Kopfes, sondern, wie die Psychoanalyse so gut gesehen hat, ineins damit ein Geschäft des „Bauches". Erst wenn die vitale Sphäre, und zwar ein ganz bestimmter Bezirk derselben, mit hinein verwoben wird in die Analyse des Geizes, rundet sich das Bild. Zum „Bauch" gehört aber auch der Schlund und gehören die Tatzen, die die Beute ergreifen, festhalten und dem Schlunde „einverleiben". Das alles suchten wir in dem Bilde des Molochs zu vereinigen, während BALZAC zur Schilderung des Geizigen zwei Tiere braucht, den Tiger und die Boa: „il savait se coucher, se blottir, envisager longtemps sa proie, sauter dessus; puis il ouvrait la gueule de sa bourse, y engloutissait une charge d'écus, et se couchait tranquillement, comme le serpent qui digère, impassible, froid, méthodique". Auch der Gebrauch, den der Geizige von dem Mitmenschen macht, läßt sich vom Kopf und dem Bauch her näher bestimmen: Der Mitmensch wird Gegenstand des berechnenden Gebrauchs und des verzehrenden und verdauenden Gebrauchs, m. a. W. der Geizige *nimmt* ihn *bei* seiner Schwäche und Dummheit und bei seiner Verdaulichkeit. „Cet agneau", sagt wieder BALZAC (in *Eugénie Grandet*), „l'avare le laisse s'engraisser, il le parque, le tue, le cuit, le mange et le méprise". Nicht von ungefähr redet die Sprache von einem Geld- und Macht*hunger* des Geizigen. Insofern *regiert* hier auch keineswegs der Kopf, sondern der „Magen"; der Kopf (als bloßer „Intellekt") steht hier ganz im Dienst des Magens, d. h. der Beschauung und Anhäufung der Beute. Dazu bedarf es nicht des Herzens und nicht der „Idee", also nicht des Eros im geistigen Sinne, sondern nur der rein intellektuellen quantifizierenden *Methode* der Berechnung. Was das eigentliche Leben hineinbringt in diese Methode, ihr den élan vital gibt, das ist auch eine Art der „Selbstverwirklichung" der Individualität, aber eine Art vorwiegend vitaler, „geistloser" Selbstverwirklichung; ich sage vorwiegend, denn „rein vital" ist der Mensch nur im Zustand völliger Bewußtlosigkeit. Auch im Verhalten des Geizigen herrscht, wie wir gesehen haben, eine bestimmte Art des Welt- und Menschen*verständnisses* und ihrer *Auslegung*, wenn auch eine unsittliche, geist-*lose* Art. Aber auch in ihr „verwirklicht" sich das Selbst, *hat* die Individualität die *Welt* als die ihre.

Über Psychotherapie[1]

(Möglichkeit und Tatsächlichkeit
psychotherapeutischer Wirkung)

Auf meine Frage, was sie von einem Vortrag über Psychotherapie in erster Linie erwarteten, haben mir junge Schweizer Medizinstudenten ohne langes Zögern geantwortet: Aufklärung darüber, wie *Psychotherapie überhaupt wirken kann.* Ich darf wohl annehmen, daß auch unter Ihnen manche sind, die sich diese Frage vorgelegt haben und eine Antwort auf sie erwarten; bedeutet es doch für den jungen Medizinstudenten etwas ganz Neues, wenn er von einer ärztlichen Aufgabe hört, bei der er nicht mit Hand, Instrument und Medikament, nicht mit Licht, Luft und Wasser, mit Elektrizität, Hitze und Kälte wirken soll, sondern mit der menschlichen Rede, dem Wort und allen sonstigen „Mitteln", mittels derer der Mensch mit dem Menschen in Berührung zu treten und auf ihn zu „wirken" vermag.

Wenn Sie nun auf die Frage, wie Psychotherapie überhaupt wirken kann, nicht bloße Schlagworte im Sinne der theoretischen Dogmen einzelner psychotherapeutischer Schulen, auch nicht bloße Kasuistik, sondern etwas von der Sache selbst vernehmen wollen, so bitte ich Sie, von vornherein berücksichtigen zu wollen, daß wir uns über wissenschaftliche Tatsachen nicht anders verständigen können, als indem wir den Sinn der Worte und Redewendungen, mit denen wir sie bezeichnen und umschreiben, genau bestimmen, erhellen und auf seine Tragweite prüfen. Ich bitte Sie also, meine Ausführungen nicht als begriffliche Haarspaltereien aufzufassen, sondern als den ernsten Versuch, Sie auf die Sache selbst, um die es sich bei unserm Thema handelt, hinzuweisen und sie so lebendig wie möglich vor Ihrem geistigen Auge erstehen zu lassen.

Das Wort Psychotherapie ist ein psychiatrischer Kunstausdruck. Wie alle wissenschaftlichen Kunstausdrücke verdankt es seine Prägung und seinen Sinn einer von ganz bestimmten, hier also psychiatrisch-klinischen, Wissens- und Leistungszielen aus erfolgten, begrifflichen Auslese aus einer bestimmten Seinssphäre. Die Seinssphäre, um die es sich hier handelt, ist die Sphäre des zwischenmenschlichen, richtiger mitmenschlichen oder mitweltlichen Seins. In jeder Form der ärztlichen Psychotherapie stehen sich zwei

---

[1] Die in diesem Vortrag niedergelegten Anschauungen knüpfen an folgende Arbeiten des Verf. an: 1. *Lebensfunktion und innere Lebensgeschichte.* [in d. Bd.]. – 2. *Traum und Existenz.* [in d. Bd.]. – 3. *Geschehnis und Erlebnis.* [in d. Bd.]. – 4. *Das Raumproblem in der Psychopathologie.* [in d. Bd.]. – 5. *Über Ideenflucht.* [in Bd. 1]. – Vgl. ferner: *Psychotherapie als Beruf.* [Binsw. 1927a], und *Erfahren, Verstehen, Deuten in der Psychoanalyse.* [in d. Bd.].

Menschen einander gegenüber, sind zwei Menschen irgendwie „aufeinander angewiesen", setzen sich zwei Menschen irgendwie „miteinander auseinander" . Im Ausdruck Psychotherapie wird dieses zwischen- oder mitmenschliche Verhältnis in dreierlei Hinsicht vereinfacht oder „reduziert": erstens dadurch, daß statt des einen Verhältnispartners, des kranken Menschen, lediglich ein wissenschaftliches Abstraktum, „die Psyche", genannt wird, der andere Partner aber, der Arzt, ganz hinter seiner mitmenschlichen Funktion, der θεραπεία, verschwindet; zweitens dadurch, daß überhaupt nur diese *eine* Beziehungsrichtung vom therapeutischen Funktionssubjekt, dem Arzt, auf die Psyche des Kranken, nicht aber auch diejenige vom Kranken auf den Arzt zu Worte kommt; endlich drittens dadurch, daß die Auseinandersetzung zwischen Arzt und Krankem überhaupt nicht als ein mitmenschliches *Verhältnis,* sondern als *Dienst an einer Sache* zum Ausdruck kommt. Denn Psyche im medizinisch-psychiatrischen Sinn bedeutet keineswegs Mitmensch = Person, ja nicht einmal psychologisches Subjekt, sondern „beseeltes" Objekt, beseelter Organismus, seelische Funktionseinheit, Inbegriff seelischer Lebensfunktionen usw.; θεραπεία im medizinischen Sinn hingegen bedeutet Wartung, Pflege, Besorgung, Behandlung, wie man sie auch einem anderen Organismus, einem Tier oder einer Pflanze, angedeihen lassen kann, bedeutet kurz pflegerischer Dienst oder Dienstleistung an einem Pflegeobjekt. Medizinische Psychotherapie heißt also wörtlich übersetzt: ärztlicher Dienst an der (als Inbegriff der seelischen Lebensfunktionen gedachten) Seele eines Mitmenschen. Würden wir uns auf diese Auffassung der Psychotherapie beschränken, wie sie aus dem Wort selbst, das heißt aus der Reduktion des Sinnes mitmenschlichen Seins auf die Bedeutung einer „einseitigen" medizinisch-psychiatrischen Dienstleistung, spricht, so wären wir niemals imstande, zu verstehen und uns darüber zu verständigen, „wie Psychotherapie überhaupt wirken kann"; denn die ärztliche Psychotherapie schafft oder kreiert keineswegs neue Kräfte, ebensowenig wie die Körpermedizin; sondern wie diese die in dem anorganisch-organischen Universum oder Kosmos waltenden Kräfte nur zu isolieren, zu konzentrieren und zu dirigieren vermag, so vermag auch die Psychotherapie nur die in dem Kosmos des mitmenschlichen Seins, des menschlichen Mit- und Füreinanderseins waltenden „Kräfte" zu isolieren, zu konzentrieren und zu dirigieren. Beide Seinssphären sind, das bitte ich Sie von vornherein im Auge zu behalten, gleich ursprünglich und gleich „urkräftig". Mit diesen beiden Urkräften haben wir es überall in der Medizin zu tun, auf sie haben wir zurückzugehen, aber nicht weiter; denn was diese Kräfte selbst im ganzen der Welt, an und für sich und in bezug aufeinander bedeuten, das alles sind keine medizinischen Fragen mehr. „Die Ärzte", so hat schon HIPPOKRATES der ärztlichen Weisheit letzten Schluß klar formuliert, „beugen sich vor den

Göttern, weil in der ärztlichen Kunst keine außergewöhnliche Kraft enthalten ist".

Die scheinbar so eindeutige Frage, wie Psychotherapie überhaupt wirken kann, ist, wie Sie vielleicht selber schon bemerkt haben, im Grunde zweideutig: Einmal bedeutet sie die Frage, *wie es überhaupt möglich ist, daß Psychotherapie wirken kann.* Das war sicher das Hauptanliegen meiner jungen Freunde, als sie mir die Frage stellten. Zum anderen aber bedeutet sie die Frage, *auf welche Weise Psychotherapie tatsächlich zu wirken vermag,* m. a. W. auf welche Weise der Psychotherapeut im konkreten Fall die psychotherapeutische Wirkung erzielt. Wie leicht ersichtlich, schließen diese Fragen zugleich auch die Frage nach den *Grenzen der Psychotherapie* mit ein; doch gehe ich im einzelnen auf diese Frage nicht ein, da sich ihre Beantwortung aus der Beantwortung der beiden anderen Fragen ganz von selbst ergibt. Auf die erste jener untereinander natürlich aufs Engste zusammenhängenden und auch nur in ihrem Zusammenhang letztlich zu beantwortenden Fragen haben Sie bereits eine Antwort von mir erhalten: Es ist deshalb möglich, daß Psychotherapie überhaupt wirkt, weil sie einen bestimmten Ausschnitt darstellt aus den überall und jederzeit ausgeübten Wirkungen von Mensch auf Mensch, ganz gleich ob suggestiv-einschläfernder, erzieherisch-aufweckender oder rein kommunikativ-existenzieller Wirkung. (Unter letzterem Ausdruck verstehen wir mit JASPERS, Martin BUBER, LÖWITH {*Das Individuum in der Rolle des Mitmenschen*}, GRISEBACH u. a. das rein menschliche, also nicht durch irgendeine *Aufgabe* oder einen Dienst „komplizierte" und „gestörte" *Miteinander-* und *Füreinander-Sein,* wie es dem echten Freundschafts-, Liebes- und Autoritäts- oder Vertrauensverhältnis zugrunde liegt.) Die Möglichkeit der Psychotherapie beruht also nicht auf einem Geheimnis oder Mysterium, wie Sie hörten, überhaupt auf nichts Neuem oder Ungewöhnlichem, sondern auf einem Grundzug der Struktur des Menschseins als dem In-der-Welt-Sein (HEIDEGGER) überhaupt, eben dem Mit- und Füreinandersein. Soweit dieser Grundzug in der Struktur des Menschseins „erhalten" bleibt, soweit ist Psychotherapie möglich. Wenn Sie überhaupt nach den „Wirkungsmöglichkeiten" innerhalb dieser Sphäre des In-der-Welt-Seins fragen, so tun Sie es nicht deshalb, weil sie Ihnen das Fernste und Ungewohnteste wären, sondern weil sie Ihnen existenziell, d. h. als Grundzug Ihres Daseins oder Existierens, das Nächste und Vertrauteste sind; denn was uns existenziell das Nächste ist, wir selbst und unser Verhältnis zu den Mitmenschen, kommt uns theoretisch immer erst zuletzt in den Blick; theoretische Schau und theoretisches Fragen nämlich brauchen Distanz, Abstand, brauchen ein festes, „ruhiges" Auge, das sich über unser „zerstreutes", „unruhiges" alltägliches Sein erhebt.

Wenn wir uns nunmehr der zweiten Bedeutung unserer Frage zuwenden, der Frage, *auf welche Weise* Psychotherapie *tatsächlich* zu wirken vermag oder auf welche Weise der ärztliche Psychotherapeut die psychotherapeutische Wirkung im Einzelfall erzielt, so haben wir uns bei deren Beantwortung in erster Linie daran zu halten, daß und inwiefern das Arztsein das Mitmenschsein einschränkt, daß und inwiefern es ihm etwas Neues „hinzufügt". Dieses Neue, Sie wissen es bereits, kann also nicht aus dem Miteinandersein selbst stammen, sondern nur aus dem ärztlichen Dienst an der „sachlichen", medizinischen Aufgabe, also aus dem medizinisch-psychologischen Wissen und dem Handeln nach diesem Wissen. Diese beiden Sphären, das Mitmenschsein und jenes Neue, das Arztsein, stehen aber nicht im Verhältnis des Nach-, Neben- oder Auseinander, sondern in dem des „dialektischen" Zueinander. Die Dialektik zwischen dem eigentlichen Mutterboden jeglicher Psychotherapie, dem faktischen *(lebensgeschichtlichen)* Aufgehen im Mit- und Füreinandersein auf der einen Seite, und der Kenntnis und Beherrschung der „Psyche" als eines „Organismus" differenter biologisch-psychologischer *Lebensfunktionen* auf der anderen Seite, diese Dialektik beherrscht in der Tat jede praktisch-ärztliche Psychotherapie und alle wissenschaftlichen Aussagen über dieselbe. Kommunikation in der Existenz und Handeln zum Zwecke der Freimachung und Lenkung biologisch-psychologischer „Kräfte", das sind die beiden dialektischen Pole der ärztlichen Psychotherapie, von denen also keiner je allein und rein in Erscheinung zu treten, aber auch keiner je völlig zugunsten des anderen Pols zurückzutreten vermag. Das heißt, als ärztlicher Psychotherapeut werde ich niemals „nur" der Freund oder Liebende des Kranken sein können, wie es in den rein existenziellen Verhältnissen der Fall ist, werde ich aber auch niemals nur im Dienst an der Sache aufzugehen vermögen. Ein guter Psychotherapeut wird immer der sein, der, um mich eines ausgezeichneten Ausdrucks von Martin BUBER zu bedienen, die in jenem dialektischen Verhältnis waltende *Kontrapunktik* richtig zu sehen und kunstgemäß auszuüben vermag.

Ein alltägliches Beispiel mag das bisher Gesagte erläutern und zugleich auf das Folgende vorbereiten: Ich werde zu einem im Beginne einer von mir eingeleiteten Psychoanalyse stehenden jungen Mädchen gerufen, bei dem soeben ein Zustand eingetreten ist, an dem sie schon seit 2 Jahren jeweils während der Periode stunden- oder tagelang leidet: Sie stösst in kurzen regelmäßigen Abständen laute Singultusgeräusche [Vgl. hierzu im Anhang den Brief von v. Gebsattel an Binswanger vom 4. Juni 1954.] aus, wobei gleichzeitig die gesamte Atemmuskulatur, insbesondere das Diaphragma, aber auch die Kopfnicker und das Gebiet der vom rechten Facialis innervierten Muskulatur vom Platysma bis zum M. orbicularis von rhythmischen Zuckungen befallen werden. Das Sensorium ist völlig frei, jedoch fehlt in diesem Zustand das Gefühl für den eigenen Körper, ein, wie Sie später sehen werden, sehr wichtiges Symptom, das immer auf schwere Störungen des „Leibgefühls" oder des Leibbewußtseins überhaupt hinweist. Die Kranke sieht ihrem Zustand mit leicht märtyrerhaftem Gesichtsausdruck, aber im Grunde doch mit der „belle indifference" vieler Hysterischer zu. Gegen diesen Zustand war von anderen Ärzten schon vieles versucht worden: Hypnose, Übungstherapie, Überrumpelung und Schreck, Faradisierung, alles umsonst, so daß man sich entschlossen hatte, zur Erleichterung der Kranken und zum Schutze der durch das oft gellende Singultusgeräusch nächtelang gestörten Umgebung Äther und Chloroform innerlich bis zur leichten Narkose zu verabreichen. Der Anfall hat die Kranke auch jetzt wieder während der Periode, aber sonst aus völlig heiterem Himmel überrascht; leichte Nackenschmerzen waren die einzigen Prodromalerscheinungen. Es gelingt auch mir nicht, trotz des guten Rapportes mit der Kranken, irgendwelchen Einfluß auf das Zustandsbild auszuüben, so daß nach einer Stunde die Einwilligung erteilt wird, aus der schon bereitstehenden Chloroformflasche die übliche Dosis zu entnehmen. Das gleiche wiederholt sich am selben Tag noch einmal, desgleichen am nächsten Tag, mit jeweils 1 1/2stündiger Dauer, sodann nach zweitägigem Intervall noch einmal. Die Kranke stand erst seit kurzem in Anstaltsbehandlung; die lebensgeschichtlichen krankmachenden Motive konnten weder vom Arzt noch von der Kranken schon überschaut und verstanden werden. Sie sehen, die Situation ist für den Arzt heikel. Es handelt sich darum, soll „die Krankheit", d. h., wenn es sich um Neurosen handelt immer, soll (der oder) „die Kranke", die Oberhand behalten, den Arzt auf die Rolle des passiven Zuschauers und bloßen Narkotiseurs beschränken, wie es bisher immer der Fall gewesen war, oder soll der Arzt als Psychotherapeut zu „wirken", d. h. in seiner Rolle als Mitmensch und Arzt aufzutreten und diese Rolle nun auch wirklich zu übernehmen imstande sein. Unterliegt er nun noch ein- oder zweimal, so kann das über den ganzen Verlauf der Kur, auch der psychoanalytischen, (im negativen Sinne) entscheiden; anderseits, wagt er einen psychotherapeutischen Eingriff und mißlingt dieser, so steht ebenfalls der gute Ausgang der gesamten Kur auf dem Spiel, einer der Gründe, weswegen FREUD vor aktiven Eingriffen während der Analyse von jeher gewarnt hat. Von der Hypnose versprach ich mir nach den bisherigen erfolglosen Versuchen nicht viel, ganz abgesehen von meiner prinzipiellen Gegnerschaft gegen dieselbe; anderseits durfte, wie Sie soeben gehört haben, nicht gewartet werden bis zur historischen Aufhellung der Lebens- und Leidensgeschichte, sondern es mußte trotz jener Warnung aktiv gehandelt werden, ein Beispiel, daß die Anforderungen der *psychotherapeutischen Situation* stärker sein können als die theoretischen Vorschriften des Meisters. Was in solchen Fällen entscheiden muß, sind Ihr Wagemut und Ihre Siegeszuversicht, nicht die Theorie. Ich erinnere mich nun, wie mir plötzlich der *Einfall,* wenn Sie wollen, die Eingebung kam, ruhig auf die im Bette liegende Kranke zuzuschreiten, die Finger meiner rechten Hand um ihren Hals zu legen und die Trachea so stark zu komprimieren, daß sie Atemnot bekommen mußte, sich der Umklammerung zu erwehren suchte und, als der Druck einen Moment nachließ, einen starken Schluckakt vollzog. Damit wurde die Singultusbewegung plötzlich unterbrochen, um nach zwei bis dreimaliger Wiederholung desselben Kunstgriffes ganz aufzuhören.

Hier haben Sie eines der zahllosen und so überaus variablen Beispiele, wie ärztliche Psychotherapie tatsächlich zu wirken vermag. Was war geschehen? Sicherlich nichts Außergewöhnliches. Zunächst ist dem Arzt überhaupt „etwas eingefallen". Das ist die erste Bedingung jeder psychotherapeutischen, wie jeder ärztlichen, ja *jeder* Kunst überhaupt. Dabei müssen Sie nur im Auge behalten, daß ein Einfall nur dann ein künstlerischer und nicht ein dilettantischer Einfall ist, wenn er einem für die betreffende ärztliche Persönlichkeit *maß*gebenden und von ihr gleichsam verkörperten künstlerisch-wissenschaftlichen Stilgesetz entspringt. Das gilt für den Einfall auf dem Gebiet der ärztlichen Kunst genau so wie für den Einfall im Sinne eines musikalischen oder dichterischen Motivs. Solche Einfälle kommen, wenn man nicht gerade ein Genie ist, nicht vom Himmel, sondern, wie alles nicht Außergewöhnliche, nur von harter, geduldiger Arbeit und steter Auseinandersetzung des Menschen mit den objektiven Gesetzen und Regeln seiner Kunst und Wissenschaft. Jener Einfall selbst nun bestand darin, gegen die so tief eingewurzelte, überaus *mächtige* Störung oder Verkehrung einer biologisch-physiologischen und offenbar auch psychologischen Funktionsgestalt – eines funktionellen „Gestaltkreises", wie v. WEIZSÄCKER sich ausdrückt – eine andere *Macht* aufzurufen und ins Spiel zu setzen, die jener „störenden", wenn Sie wollen, dämonischen Lebensmacht gewachsen wäre, nämlich die Macht der Atemnot. Sehr oft muß sich ja auch der Seelenarzt wie der Körperarzt darauf beschränken, eine Lebensmacht gegen eine andere ins Feld zu führen, gleichsam nur der Kulissenschieber zu sein in dem Schauspiel, welches das Leben bald in verborgener Stille, bald weithin hörbar lärmend und tobend aufführt. Im vorliegenden Fall haben Sie zunächst ein Beispiel solcher psychotherapeutischen Kulissenverschiebung vor sich, deren Wirkung sich physiologisch in der Unterbrechung der singultischen Antiperistaltik durch das Einsetzen des normalperistaltischen heftigen Schluckaktes, funktionspsychologisch durch die Wiedererlangung der dem Willen entzogen gewesenen Herrschaft über die Innervation großer und lebenswichtiger Muskelgruppen äußert.

Soviel kurz über die psychotherapeutische Wirkung auf Organismus und Psyche im Sinne eines einheitlichen Ganzen physiologisch-psychologischer Lebensfunktionen, also über den *einen* Pol des psychotherapeutischen Aktes. Der andere Pol, das existenzielle Verhältnis zwischen Arzt und Krankem, kommt in unserem Beispiel nicht weniger zum Ausdruck, im Gegenteil! Ein psychotherapeutischer Eingriff wie der geschilderte vermag überhaupt nur dann zu wirken, und Sie dürfen ihn daher auch nur dann wagen, wenn Sie mit dem kranken Menschen in dem ausgesprochenen oder besser unausgesprochenen existenziellen Kommunikationsverhältnis des Vertrauens stehen, in welchem der Kranke Ihnen Vertrauen „entgegenbringt", Sie als Arzt aber in Ihrem Sein und Handeln sich vom Vertrauen des Kranken, wie die deutsche Sprache so richtig sagt, „getragen" fühlen. Dieses Vertrauen ist das Geschenk, das der Kranke dem Arzt als unerläßliche Bedingung jedes psychotherapeutischen Aktes macht und das Sie um so weniger erhalten, je mehr Sie darum werben; denn es liegt, wie das Geschenk aller echten Kommunikation, jenseits von Absicht, von Mittel und Zweck, von Ursache und Wirkung. Hätte in unserem Fall jenes existenzielle Verhältnis nicht vorgelegen, so hätte der Eingriff, das Umklammern und Zudrücken der Gurgel, entweder überhaupt nicht oder gerade das Gegenteil bewirkt, nämlich die Zunahme des Singultus und aller seiner Nebenerscheinungen, die Beschränkung der Kranken auf die motorischen Abwehrkräfte, das Wachwerden oder die Steigerung der seelischen Ablehnung des Arztes, etwa vom Auftreten einfacher Antipathie bis zur Aufkündigung jeder weiteren Gefolgschaft usw. Sie sehen also, daß jener psychotherapeutische Einfall nur kommen konnte und jedenfalls nur ausgeführt werden durfte, wenn er, abgesehen von dem allgemeinen Stilgesetz ärztlicher Kunst und Wissenschaft, auch dem individuellen „Gesetz" des konkreten Miteinanderseins dieses Arztes mit dieser Patientin in diesem Augenblick entsprach. Nur wenn auch diese Voraussetzung erfüllt ist, vermag Psychotherapie im tiefen Sinne des Wortes „heilend" zu wirken. Dazu kommt ein Weiteres: Der Arzt muß das Vertrauen des Kranken erwidern können, ihm auch seinerseits das Geschenk menschlichen Vertrauens entgegenbringen, wenn ein solcher Eingriff auch nur kommen und als Eingriff gelingen soll; der Kranke muß wissen, daß er, der Arzt, auf *jeden* Fall und in *jeder* Hinsicht es „gut mit ihm meint", daß er ihn nicht nur aus seinem Wissen und Können heraus als einen Gegenstand reparieren, sondern ihm aus seiner vertrauenden Achtung heraus als einer „Person" helfen will. Andernfalls gewinnt ein solcher Eingriff nicht die komplexe Gestalt eines psychotherapeutischen Aktes, sondern er bleibt, was er als bloße Handlung, d. h. außerhalb der ärztlich-menschlichen Sphäre, ist: eine Bedrohung, ja Vergewaltigung des andern als eines Objekts, also ein Akt der Roheit. Vor einem solchen Akt hat sich der Psychotherapeut nicht nur aus dem bereits erwähnten Motiv zu hüten, weil er dem Kranken damit allen Grund gibt, sich von ihm abzuwenden, sondern, was rein psychotherapeutisch viel schwerer ins Gewicht fällt, weil er damit in dem Kranken alle masochistischen Instinkte der Unterwerfungsbereitschaft, also den Wunsch nach dem Vergewaltigtwerden entfesselt, womit das Symptom gerade nicht zum Verschwinden gebracht, sondern erst recht fixiert und an die Person des Arztes geknüpft wird: Der Eingriff wird dann eine Quelle von nach immer erneuter Wiederholung strebender masochistischer Lust und somit ein Anlaß zu immer erneutem Auftreten des Symptoms. Da wir nun aber selten *nur* geistbestimmte, sondern meist *auch* erosbestimmte Wesen sind – ein Gegensatz, der übrigens kein ausschließlicher, sondern ein polarer ist –, so kann und soll man natürlich nicht in Abrede stellen, daß in unserem Falle sowohl beim Arzt gewalttätige als auch bei der Kranken unterwerfungsbereite *Trieb*regungen „mitgespielt" hätten; aber man sieht gerade hier, wie wenig mit einer solchen Feststellung an und für sich gesagt ist; denn nicht darauf kommt es an, ob hier „erotische" Regungen „vorhanden" waren oder nicht, sondern darauf, was sie in dem Sinnganzen der psychotherapeutischen Handlung *bedeuten*, nämlich, ob sie über dieses Ganze herrschen oder ob sie ihm dienen.

Im übrigen ist es selbstverständlich, daß auch eine solche psychotherapeutische Handlung ihrerseits nachträglich noch in den Dienst der lebensgeschichtlichen Analyse zu treten hat und von dieser aus dem Zusammenhang der inneren Lebensgeschichte heraus zu beleuchten ist, denn an und für sich bleibt es natürlich immer zweifelhaft, ob das kommunikative Verhältnis zum Arzt rein als solches maßgebend war oder ob der Arzt daneben *auch noch* als Träger der Vater- oder Mutterimago in Betracht kam. Dies aufzuhellen ist schon deswegen sehr wichtig, weil die Kranken nicht ihre lebensgeschichtliche Gebundenheit, etwa an den Vater, mit derjenigen an den Arzt einfach „vertauschen" sollen. Wir kommen auf diese Doppelrolle des Arztes rein als eines „neuen" Mitmenschen und als Trägers eines „alten" mitmenschlichen Bildes noch zurück [Vgl. im Anhang den Brief v. Gebsattels an Binswanger vom 10. Mai 1935.].

In unserm Fall ist der Singultusanfall bei der nächstfolgenden Periode wieder aufgetreten, konnte nun aber auch von einem zweiten Arzt auf dieselbe Weise coupiert werden: Der ursprüngliche psychotherapeutische *Akt* war bereits ein psychotherapeutischer *Ritus* geworden. Auch bei der übernächsten Periode trat der Anfall zur großen Enttäuschung der Kranken noch einmal auf, diesmal im Anschluß an heftige Unterleibsschmerzen; wieder und zum letzten Male wurde er auf jenem rituellen Wege beseitigt.

Inzwischen war auch die Vertiefung in die äußere und innere Lebensgeschichte der jetzt 26jährigen Kranken, d. h. in ihre äußeren Schicksale, ihre Konstitution und ihre Mit- und Umwelt und in ihre inneren lebensgeschichtlichen Entscheidungen, fortgeschritten: Die ebenso sensitiv-verschlossene wie lebenslustige, ebenso leidenschaftliche wie geistig rege, überaus stolze, niemals jemanden „über sich duldende" Kranke hatte im Alter von 5 Jahren ein äußerst schweres Erdbeben erlebt, das damals zwar keine Erscheinungen gemacht, wohl aber nach ihren eigenen Worten eine Art von „incubo", von „Alp", Spur oder Marke, hinterlassen hatte, die bei der leisesten neuen Erderschütterung in Form von starker Angst wiederbelebt wurde. Mit 18 Jahren verlor sie im Anschluß an eine heftige, aber unbegründete Erdbeben*panik* [Vgl. hierzu im Anhang den Brief von v. Gebsattel an Binswanger vom 4. Juni 1954.] in ihrer Klosterschule erstmals die Stimme, nachdem sie vorher eigenartige Zuckungen und Vibrationen im Pharynx verspürt hatte. Heilung nach einigen Monaten nach Auflegung heißer Kataplasmen auf die Brust durch die Mutter, nachdem alles andere, auch 40 Tage lang wiederholte Faradisierungen am Hals, erfolglos geblieben war. Mit 24 Jahren, also 2 Jahre vor dem Eintritt in die jetzige Behandlung, tritt erstmals während der Periode der Singultusanfall auf, zusammen mit quälenden Hinterkopfschmerzen, Appetitlosigkeit, Übelkeit und heftigen Magenkrämpfen. Bei der nächstfolgenden Periode dasselbe Bild, diesmal aber gefolgt von einer, nun also zum 2. Male auftretenden Stimmlosigkeit oder Aphonie, an deren hysterischer Natur nicht zu zweifeln war. Die Aphonie und nicht der Singultus war es, wegen deren die Kranke jetzt in Behandlung kam. Die Analyse ergab, daß das jetzige Krankheitsbild nicht, wie das 1. Mal durch ein Schreckerlebnis (Panik wegen angeblichen Erdbebens), sondern aus eigener lebensgeschichtlicher Entscheidung, nämlich aus Regungen von Lebensüberdruß und Trotz gegen die im Grunde sehr geliebte, aber männlich-unbeugsame Mutter aufgetreten war, die ihr die Verbindung mit einem jungen Mann, in den sie verliebt war, verboten hatte.

Mit der Aufdeckung der Motiviertheit des Auftretens und Bestehenbleibens der Aphonie durch den Erlebnisgehalt der Auflehnung gegen das Verbot der Mutter, ja ihrer Bestrafung, verschwand auch die Aphonie nach wenigen Monaten, unterstützt durch einen Akt sog. *sozialer Psychotherapie,* d. h. durch einen Eingriff in die sozialen, in diesem Falle familiären Verhältnisse der Kranken. Nach Aufhellung der Genese des Symptoms wurden die Eltern bestimmt, die Verlobung mit dem jungen Mann, gegen den nichts Stichhaltiges vorzuliegen schien, zu gestatten. Bald darauf erwies sich der junge Mann als Lump, die Verlobung wurde gelöst, aber weder Singultus noch Aphonie traten je wieder auf. Gereift und gewitzigt durch die Analyse hat das Mädchen den Eingriff des Schicksals in ihr Leben nicht so „persönlich" genommen wie denjenigen ihrer Mutter, im Gegensatz zu vielen unserer neurotischen Kranken, die sich gegenüber den Versagungen des Schicksals nicht anders verhalten als das Kind gegenüber dem Versagen eines Wunsches durch das Kindermädchen. Es sind seither 5 Jahre vergangen. Das Mädchen ist bis heute unvermählt geblieben, wobei wir mangels weiterer Berichte ganz dahingestellt sein lassen müssen, wie weit hierfür äußere Verhältnisse, wie weit noch bestehende lebensgeschichtliche Bindungen verantwortlich zu machen sind.

Ich habe Ihnen den Verlauf der psychotherapeutischen Gesamtbehandlung unserer Kranken vorerst in kurzen Zügen geschildert, nicht weil er an und für sich irgend etwas Besonderes aufwiese, sondern weil Sie daraus des weiteren ersehen können, wie Psychotherapie als Strategie, d. h. als ein *Gesamt* aus einzelnen taktischen psychotherapeutischen Entscheidungen und Methoden, „wirken kann", in unserem Falle also als ein Ganzes aus einem psychotherapeutischen Einzelakt, einem daraus erwachsenen psychotherapeutischen Ritus, einem sozialen [Vgl. hierzu im Anhang den Brief von v. Gebsattel an Binswanger vom 5. Juni 1954.] psychotherapeutischen Eingriff und einer bestimmten psychotherapeutischen Grundmethode im Sinne der systematischen Erforschung der äußeren und inneren Lebensgeschichte. Die Wirkung der „Kraft", mittels derer jener *soziale* Eingriff, d. h. die Erlangung der Erlaubnis zur Verlobung mit einem geliebten Manne, therapeutisch zu wirken vermochte, diese sicherlich nicht außergewöhnliche Wirkung brauche ich Ihnen nicht näher auseinanderzusetzen; hervorgehoben sei nur, daß dieser soziale Eingriff ohne genaueres Eingehen auf die innere Lebensgeschichte nicht in seiner therapeutischen Bedeutung so deutlich erkannt, so zielbewußt durchgeführt und so rasch gutgeheißen worden wäre; zweifellos hat er dann auch seinerseits den therapeutischen Erfolg der Analyse wirksam unterstützt.

Was nun den wichtigsten psychotherapeutischen Heilfaktor, die methodische *Erforschung der inneren Lebensgeschichte*, betrifft, so werden Sie hier, nur in historischer Entfaltung über einen längeren Zeitraum hin, vieles wiederfinden, was ich Ihnen im Anschluß an den psychotherapeutischen Einzelakt gesagt habe. An Stelle des angesichts der momentanen Funktionsstörung aus der gesamten ärztlichen Situation und der rein persönlichen Kommunikation entsprungenen Einfalls und seiner augenblicklichen Umsetzung in einen eine „normale" Funktionsgestalt, eine neue ärztliche Situation und eine neue Kommunikationsform stiftenden Eingriff tritt jetzt die geduldige, gemeinsame, systematische *Arbeit* an der erlebnismäßigen *Rekonstitution* und gedanklichen *Rekonstruktion* der inneren Lebensgeschichte, eine durchaus schöpferische Arbeit für beide Partner, zusammengesetzt aus beidseitigen Erfahrungs-, Verstehens- und Deutungsakten, die, zunächst nur lose einander lockend und sich miteinander verflechtend, allmählich immer straffer thematisch gebunden und gegliedert erscheinen, so daß an Stelle des intuitiven Einfalls jetzt das *Thema* maßgebend wird. Die ganze innere Lebensgeschichte eines Menschen, ganz gleichgültig, ob sie folgerichtig und gerade oder sprunghaft und gekrümmt verläuft, stellt ja nichts anderes als *ein* lebensgeschichtliches Thema dar, das, an sich unerschöpflich, sich aus mannigfachen und wiederum unerschöpflichen Hauptthemata „zusammensetzt", die auch ihrerseits sich aus zahllosen Unterthemata aufbauen. Je weiter die psychotherapeutische Arbeit fortschreitet, um so führender wird der thematische Zusammenhang als solcher, um so mehr tritt die „Willkür" des Einfalls zurück. Und wiederum stellt diese psychotherapeutische Kur nicht nur eine gemeinsame geistige Arbeit an einer gemeinsamen Sache oder Aufgabe dar, also nicht nur einen Dienst oder eine Leistung, sondern auch eine ununterbrochene kommunikative Berührung und Wechselwirkung, das eigentlich Ausschlaggebende jeder seelischen Behandlung. Diese Kommunikation darf keineswegs, wie es die orthodoxen Psychoanalytiker glauben, als bloße Wiederholung, also im positiven Falle als Übertragung und Gegenübertragung, im negativen als Widerstand und Gegenwiderstand, aufgefaßt werden; vielmehr stellt das Verhältnis von Patient und Arzt immer auch ein eigenständiges kommunikatives Novum dar, eine neue Schicksalsverbundenheit, und zwar gerade nicht nur hinsichtlich des Patient-Arztverhältnisses, sondern auch und vor allem hinsichtlich des rein mitmenschlichen Verhältnisses im Sinne eines echten *Miteinander*. Mißlingt eine solche Behandlung, so ist der Analytiker geneigt anzunehmen, daß der Patient seine Widerstände gegen den Arzt, etwa „als Vaterimago", nicht zu überwinden imstande ist. Das Entscheidende hinsichtlich der Frage, ob eine Analyse psychotherapeutisch zu wirken vermag oder nicht, beruht aber oft nicht darauf, ob ein Kranker die Widerstände gegen das auf den Arzt übertragene Vaterbild zu überwinden und damit frei und selbständig zu werden vermag, sondern darauf, ob er seine Widerstände gegen den Vater *an diesem Arzt* zu überwinden vermag oder nicht; mit anderen Worten, ob nicht die Ablehnung dieses Arztes als Menschen, also die Unmöglichkeit, mit ihm in ein echt kommunikatives Verhältnis zu kommen, das Hindernis bildet für die Durchbrechung der „ewigen" Wiederholung des Widerstandes gegen den Vater. Die psychoanalytische Lehre ist ja in ihrer Befangenheit im Mechanismus und damit in der (mechanischen) Wiederholung merkwürdig blind gegenüber der Kategorie des Neuen und damit des eigentlich Schöpferischen im Seelenleben überhaupt.[2] Es entspricht sicherlich nicht immer den „Tatsachen" , wenn man die Schuld am Misslingen einer Behandlung nur dem Kranken zuschiebt; vielmehr müssen wir Ärzte uns immer fragen, ob die Schuld nicht auch bisweilen an uns liegt. Gemeint ist hier natürlich nicht eine Schuld auf Grund technischer Fehler, sondern die viel tieferliegende Schuld des Unvermögens, im Kranken den „göttlichen Funken" zu erwecken oder anzufachen, der nur in echter Kommunikation von Existenz zu Existenz zu erwecken und anzufachen ist und dessen Helle und Wärme im Grunde ganz allein imstande ist, den Menschen aus der blinden Vereinzelung, aus dem idios Kosmos, wie Heraklit sagt, also aus dem bloßen

---

[2] Der aufmerksame Leser wird bei der in dieser Schrift geübten Kritik an der Psychoanalyse nicht übergehen, wieviel der Verfasser der Psychoanalyse *schuldet* und wie sehr gerade die hier niedergelegten Anschauungen in gewisser Hinsicht den Keim einer Weiterbildung der psycho-analytischen Lehren in sich bergen.

Leben in seinem Leibe, seinen Träumen, seinen Privatneigungen, seinem Stolz und Übermut zu befreien und für das Teilhabenkönnen an dem koinos Kosmos, an dem Leben echter Koinonia oder Gemeinschaft, zu erhellen und freizumachen.

In unserem Falle gestaltete sich die Erforschung der inneren Lebensgeschichte deswegen leicht, weil es, wie Sie gesehen haben, zur Erzielung des Heilerfolges genügte, das Thema des Aktualkonflikts mit der Mutter und des damit in engstem Zusammenhang stehenden Konflikts zwischen Todes- und Lebens- oder Liebeswillen überhaupt erlebnismäßig zu rekonstruieren und ihm den ihm in der Lebensgeschichte der Kranken gebührenden Platz anzuweisen. Aber auch hier kam es zu starken kommunikativen Peripetien zwischen Vertrauen und Liebe der Kranken zum Arzt und positiver Mitarbeit einerseits, Enttäuschung, Versagen der Gefolgschaft und Mitarbeit anderseits. Schließlich gelang es aber dem Arzt, sich aus den Verstrickungen in die „Identifikation" mit der Mutter und dem Vater herauszuwinden und wieder in ein unmittelbar kommunikatives Verhältnis zur Kranken zu treten. –

Die Frage, die Ihnen nun aber immer noch auf den Lippen schweben wird und deren Beantwortung ich Ihnen noch völlig schuldig geblieben bin, ist die: Zugegeben, daß die lebensgeschichtliche Analyse stimmt, zugegeben auch, daß die Kranke durch die analytische Technik, den sozialen psychotherapeutischen Eingriff und die kommunikative Erhellung dazu bestimmt werden konnte, auf ihre frühere Entscheidung zurückzukommen und in neuer Entscheidung den Widerstand gegen „das Leben" überhaupt und gegen die Mutter im speziellen aufzugeben – wie ist es aber zu verstehen, daß sie damit wieder die Herrschaft über ihre Stimme erhält, die während zweier Jahre ihrem Willen gänzlich entzogen war? Sie verstehen vielleicht, wie es möglich war, in gemeinsamer Arbeit die Kranke wieder dazu zu bringen, laut sprechen zu *wollen;* Sie verstehen aber nicht, wie dieses Wollen sich nun auch in ein Können umsetzte; denn an Simulation, mit welcher Annahme diese Frage dahinfiele, dürfen Sie in einem solchen Fall nicht denken. In diesem Zusammenhang ist es nun wichtig zu beachten, was solche Kranke in der Rekonvaleszenz in bezug auf die Wiedererlangung der Herrschaft über ihren Körper und das Verschwinden des Symptoms an sich selbst beobachten. Sie erklären oft, es sei ihnen, wie wenn sie etwas vergessen hätten, einen Namen z. B., und wie wenn das Vergessene ihnen jeden Augenblick wieder in den Sinn kommen zu wollen scheine, zunächst aber immer wieder verschwände, bis es eines Tages plötzlich klar und deutlich vor ihrem Geiste und in ihrer Gewalt stünde. So ging es auch unserer Kranken mit der Wiedergewinnung ihrer Stimme und der Wiedererlangung der Herrschaft über sie.

Wenn Sie nun verstehen wollen, was hier eigentlich vor sich geht, so dürfen Sie ja nicht an eine der psychophysischen Theorien, etwa an den psychophysischen Parallelismus oder die psychophysische Wechselwirkung, denken, womit wir in der Psychologie und Psychopathologie gar nichts anfangen können. Vielmehr müssen Sie einzig und allein daran denken, wie „der Leib" psychologisch und psychopathologisch überhaupt relevant wird, nämlich als Leibgegebenheit oder Leibbewußtheit mit all ihren apriorischen Wesensgesetzen und „faktischen" Alterationsmöglichkeiten. Sie haben sich also in erster Linie zu fragen, wie ein Kranker in seinem Leib lebt oder, besser, wie er seinen Leib erlebt oder „empfindet". Bei diesem Empfinden dürfen Sie aber weder an Sinnesempfindungen noch an Organempfindungen oder einzelne Leibsensationen denken, vor allem auch nicht an optische oder taktile („äußere") Leibwahrnehmungen, sondern an den völlig einheitlichen und einzigartigen phänomenalen Tatbestand des Leibhabens und Leiberlebens überhaupt, welcher Tatbestand, wie SCHELER so klar gezeigt und PLESSNER so eingehend verfolgt hat, jeder einzelnen faktischen Leibempfindung als „Kategorie", als „reine" Wesensform oder Norm vorgegeben ist. Schon SCHELLING hat die phänomenale Einzigartigkeit dieser Wesenssphäre erkannt, indem er sie der Geist-Gegenstand-Sphäre entrückt und als Seele-Leibsphäre besondert und herausgehoben hat, erklärend: „Der Geist hat nur Beziehung zum Körper, die Seele zum Leib; der Leib wird empfunden, der Körper begriffen." Aber schon in den indischen Heilslehren und bei PLOTIN ist diese Sphäre der „Leiblichkeit", des Leibhabens und des Aufgehens in ihr als einer existenziellen Sonderform aufs schärfste in ihrer phänomenalen Eigenart erkannt und anderen Existenzformen gegenübergestellt. Aus unserer Zeit seien nur die Untersuchungen von KLAGES, Erwin STRAUS, BUYTENDIJK, Heinz WERNER und insbesondere von v. WEIZSÄCKER erwähnt, durch die unsere Kenntnis der Leibsphäre von der faktisch-empirischen Seite her wesentlich bereichert und vertieft worden ist. (Von v. WEIZSÄCKER unterscheide ich mich prinzipiell jedoch dadurch, daß, während er die Sphäre der „Leiblichkeit" vergegenständlicht und als ein Leib*geschehen* auffaßt {vgl. „Körpergeschehen und Neurose"}, ich selbst der Überzeugung bin, daß wir uns hier so weit irgend möglich von einer vergegenständlichenden Auffassung freihalten und in der Sphäre des Leiberlebens bleiben müssen. Die Vergegenständlichung führt sofort zur Theorie und zu Versuchen der „Überbrückung" des Gegensatzes von physisch und psychisch, während wir selbst gleichsam einen „Tunnel" unter diesem Gegensatz hindurchschlagen wollen, was einzig und allein möglich ist, solange wir auf dem rein *phänomenalen* Boden bleiben, also innerhalb der Sphäre von Erlebnis und Bedeutung, mit einem anderen Wort: von Existenz.) An diese Lehren müssen Sie denken, nicht an das, was die Physiologie Sie gelehrt hat (die aus der Leiblichkeit ein rein biologisch-gegenständliches

Funktionsgesamt macht), wenn Sie verstehen wollen, wie unsere Kranke wieder zu ihrer Stimme kam und wie die Psychotherapie in diesem Falle „wirkte", ja schon, was aufs engste mit der Möglichkeit dieses Verständnisses zusammenhängt, wie sie ihre Stimme *verlor*.

Während es bei ungebildeten Kranken oft so aussieht, als entstünde ein solches Symptom plötzlich, wie aus heiterem Himmel als Reaktion auf ein bestimmtes Erlebnis, kann man bei gebildeten, in der Selbstbeobachtung bewanderten Kranken oft eine längere Inkubationszeit mit verschiedenen Zwischenstadien erkennen. Bei unserer Kranken trat, wie Sie schon wissen, vor der Aphonie der quälende Singultusanfall auf; aber auch diesem gingen Prodromalerscheinungen voraus. Ausgangspunkt von allem war das Verbot der Mutter, an einem Ball teilzunehmen, auf dem sie den Geliebten zu treffen hoffte. Darauf stellten sich zunächst die erwähnte Appetit- und Schlaflosigkeit ein, es kam zu vagen Selbstmordtendenzen, dem Gefühl, körperlich ernstlich krank zu werden und dem Wunsch, den Geliebten noch einmal auf dem Sterbebett zu sehen. Das sind alles sehr alltägliche und bekannte Dinge, und Sie werden sich wundern, warum ich Sie damit aufhalte. Doch sehen wir weiter zu. Nachdem all das drei Wochen so weitergegangen und die Kranke körperlich immer mehr „heruntergekommen" war, trat die Periode auf, also eine weitere, an und für sich schon besonders einschneidende Wandlung des Leiberlebens. Dabei kommt es, wie schon erwähnt, zu starker Übelkeit und Brechreiz und heftigen Kopfschmerzen, an die erst am dritten Tage sich sehr quälende „Magenkrämpfe" anschließen mit heftigem Aufstoßen oder Rülpsen, das seinerseits tagelang dauert und sich erst allmählich in den rhythmischen Singultusanfall verwandelt. Alle diese Störungen dürfen Sie, wie gesagt, nicht nur vom Standpunkt des Physiologen und Physiopathologen aus betrachten, dann werden Sie sie nie verstehen; denn Sie müssen nicht nur wissen, daß der Mensch einen Leib „besitzt" und wie dieser Leib beschaffen ist, sondern auch, daß er selber stets irgendwie Leib ist. Das aber heißt nicht nur, daß er stets irgendwie leiblich lebt, sondern daß er auch dauernd irgendwie leiblich spricht oder sich ausdrückt, daß er also neben der lautlich artikulierten Wort- und der mehr oder weniger gegenständlich artikulierten Bildersprache auch eine sehr deutlich artikulierte Leibsprache besitzt. In dieser spricht er immer dann besonders vernehmlich, wenn das eigentliche Ausdrucksmittel der Kommunikation, die Wortsprache, infolge des Verzichts auf Kommunikation überhaupt und des Rückzugs auf das eigene Ich nicht mehr in Frage kommt, wenn auch die Bildphantasie schweigt und der Mensch recht eigentlich in seiner Qual verstummt. Aber so sehr ist der Mensch ein im weitesten Sinne sprechendes Wesen, daß er auch jetzt noch etwas zum Ausdruck bringt. Die Kranke, die Sie nicht für eine „Hysterica" im landläufigen Sinne, d. h. für einen charakterlich schwachen, unzuverlässigen, vorwiegend zu unechten und schauspielerischen Ausdrucksformen neigenden Menschen halten dürfen, was ja alles, wie BLEULER schon immer betont hat, mit Hysterie im rein klinischen Sinne gar nichts zu tun haben *muß*, die Kranke *leidet* wirklich. Das Verbot der Mutter und der aufgezwungene Liebesverzicht haben ihrem Lebenswillen einen ernstlichen Stoss versetzt; sie zieht sich vom Leben zurück, kann und will aber auch nicht ernstlich sterben. So lebt sie durchaus zwischen Leben und Tod nur noch dahin, ohne Ziel und Zweck, der fruchtbarste Boden für eine Neurose, wenn wir nicht an und für sich schon, was richtiger ist, diese Lebens- oder Existenzform der Halbheit und Unentschlossenheit als neurotische Ambivalenz, kurz als Neurose bezeichnen wollen. In dieser Seinsform bekommt nun aber die Sphäre der Leiblichkeit, die sonst entweder einen stillen Horizont und undeutlichen Hintergrund, einen tragenden Mittelpunkt oder mehr oder weniger lauten Vordergrund oder aber eine gegliederte Werksphäre unseres Seins darstellt, eine neuartige Bedeutung. Sie wird jetzt, nachdem alles andere, Mitwelt sowohl als Umwelt, „abgetötet", sinnlos, zwecklos, d. h. eben leblos geworden ist, der eigentliche Schlupfwinkel unseres Seins, ein Schlupfwinkel, [Vgl. hierzu im Anhang den Brief von v. Gebsattel an Binswanger vom 5. Juni 1954.] der uns zwar keineswegs wohl und heimelig anmutet, sondern als „Sitz" des jetzt blinden und zwecklosen bloßen Lebens*drangs* „unheimlich" vorkommt, uns quält, schreckt und ängstigt; denn wohin uns dieser bloße Lebensdrang drängt und treibt, ist der Rand des Abgrunds der völligen existenziellen Leere, des Nichts[3] (eine Not, die es wohl begreiflich macht, daß so viele Menschen sie durch Betäubungsmittel zu bekämpfen suchen, das Leben nur noch in Rausch oder Narkose aushalten und Alkoholiker oder Morphinisten werden). „Der Leib funktioniert" hier, und zwar in aufrührerischer, weil von keinem eigentlichen Sinn beherrschter und gelenkter Weise, „allein" weiter und übernimmt in diesem Aufruhr auch die Funktion der Sprache, er wird, im weitesten Sinne des Wortes, das Sprachorgan dieses Aufruhrs. Aber auch in der Zurückgezogenheit in meinen Leib oder „als Leib-Ich" spreche *ich*. Das wissen die Volkssprachen, in denen auch in dieser Hinsicht ein großer ungehobener Schatz an Wissen verborgen liegt, sehr gut. Und wir wenden nur dieses Wissen auf unsere Kranke an, wenn wir in ihrer Unfähigkeit, in diesem Aufruhr etwas in sich aufzunehmen und bei sich zu behalten, in dem Zwang, es wieder auszustoßen und von sich zu geben, den konkreten leibsprachlichen Ausdruck ihrer allgemeinen Unfähigkeit erblicken, etwas ihren Lebensinstinkt Bedrohendes, ihr nicht Gemäßes, von ihr existenziell nicht zu Assimilierendes „herunterzuschlucken" und zu „verdauen"; und

---

[3] Das aus dem alltäglichen Leben einem Jeden bekannte, sozusagen „normale" Paradigma für diese existenzielle Leere und das „zugehörige" dumpflastende oder gar lästige Leiberleben bildet die *Langeweile* und das ihr entsprechende „schleichende" Erlebnistempo.

wir wenden weiterhin nur dieses Wissen an, wenn wir jenes unassimilierbare Etwas in dem mütterlichen Verbot der Teilnahme an dem Ball und der Verbindung mit dem Geliebten überhaupt erblicken und rundweg erklären: Die Kranke vermag das Verbot der Mutter nicht zu *schlucken,* die ihrem Liebes- und Lebenswillen angetane Beeinträchtigung oder Kränkung nicht *herunterzuschlucken* und zu *verdauen.* Woher nähme denn der Geist der Volkssprache einen solchen Ausdruck, wenn er nicht aus dem alltäglichen Leben und Wissen des Volkes schöpfte? In solchen Ausdrücken der Volkssprache, und nicht in dem Jonglieren mit gelehrten Kunstworten, haben wir die wahre Leib-Seele-Einheit, besser ausgedrückt, das wahre Menschsein vor uns.

Sie dürfen nun aber nicht glauben, daß es sich bei unserem Beispiel, wie so oft angenommen wird, um eine Analogie oder um eine bloße Metapher handle, insofern etwas Seelisches mit einem leiblichen Ausdruck analogisch oder metaphorisch *bezeichnet* würde; denn hier handelt es sich, wie ich es andernorts in bezug auf das Steigen und Fallen gezeigt habe, um keine Frage der Bezeichnung im Sinne bloßer Ausdruckswahl, sondern um etwas viel tiefer Liegendes, nämlich um die Tatsache, daß unsere *Existenz* stets in bestimmten Bedeutungsrichtungen aufgeht, wie z. B. des Steigens oder Fallens, des Schwebens oder Springens, des Weit- oder Engwerdens, des Voll- oder Leer-, Hell- oder Dunkel-, Weich- oder Hart-, Warm- oder Kalt*werdens* usw., in unserem Falle aber des Auf-, Hin- und Ein*nehmens* kurz der „Assimilation", und des Vonsich*gebens,* Aus*stoßens,* Ab*wehrens,* mit einem Wort der „Expektoration". Diese existenziell einheitlichen Bedeutungsrichtungen werden nun zwar von der Sprache selbst in leibliche, seelische, geistige Ausdrucksweisen gesondert; sie würde und könnte diese Ausdrucksweisen aber nicht miteinander *vertauschen,* vor allem nicht mit solcher Leichtigkeit und solch unmittelbarer Sicherheit des Verstandenwerdens vertauschen, wenn ihnen nicht eine gelebte Einheitsform zugrunde läge. Das Wissen von dieser Einheit dürfen wir nicht in der Wissenschaft suchen, sondern wir müssen es dort suchen, wo es sich lebendig bewahrt und fortpflanzt, eben in der Volkssprache und ihren Charakterisierungen des Menschen, wie sie in den Sprichwörtern, den volkssprachlichen Kraftausdrücken, Witzen, Verhöhnungen, Bildern und Vergleichen niedergelegt wird. Ich vergleiche also keineswegs den physiologischen Schluckakt, der schon eine wissenschaftliche Isolierung aus einem ureinheitlichen anthropologischen, ja sogar physiologischen Ganzen ist, mit den psychologischen Abstracta der Wut, Rache, Traurigkeit, Verzweiflung, sondern ich sehe in beiden nur spezifizierte Sonderausdrücke für ein und denselben existenziellen Tatbestand. Ob ich die seelische Revolte, die Wut, Unfähigkeit zum Schlucken oder die Unfähigkeit zum Schlucken seelische Revolte oder Wut nenne, bleibt sich im Grunde völlig gleich, wenn auch die Volkssprache den ersteren Fall der Anschaulichkeit halber vorzieht. Wir *leben* viel einheitlicher als wir *denken,* ja, als wir „sprechen", und manches Denkproblem fällt daher dahin, wenn wir es in das entsprechende Lebensproblem zurückverwandeln. Wir stehen deshalb auch der üblichen Gefühlstheorie ebenso ablehnend gegenüber wie der JAMES-LANGEschen; es gibt hier nichts Primäres und Sekundäres, keine Ursache und Wirkung, keinen Grund und keine Folge. Wir haben weder ein Schreck- oder ein Enttäuschungsgefühl, *weil* wir einen Tonusverlust erleiden, noch erleiden wir einen Tonusverlust, *weil* wir erschrecken; vielmehr sind Schreck und Tonusverlust nur zwei verschiedene, leiblich-seelisch differenzierte sprachliche Ausdrücke für ein und denselben Sachverhalt, nämlich für das Haltverlieren und Ins-Wanken-Kommen der „Orientierung" unserer Existenz in ihrem gesamten, historisch-lebensgeschichtlichen, vitalen, dimensionalen *Raum.* Auf diesen Sachverhalt darf man keineswegs, wie es so leichthin geschieht, nur negativ als auf einen „psychophysisch neutralen" hinweisen, sondern man muß ihn positiv, d. h. existenziell, kennzeichnen, im letztgenannten Fall also als Wechsel der Bedeutungsrichtung von der Bedeutung der existenziellen Sekurität nach der der existenziellen Erschütterung „im Raum" usw., oder in unserem Fall als Wechsel der Bedeutungsrichtung von der existenziellen, d. h. ebensowohl lebensgeschichtlichen als vitalen als dimensionalen Bedeutung des Auf-mich-zu und In-mich-hinein, der existenziellen assimilatio, nach derjenigen des Von-mir-weg und Aus-mir-heraus, der existenziellen expectoratio. Es trifft also unseres Erachtens nicht das ganze Problem, wenn man lediglich erklärt, daß eine seelische Regung der Abwehr „ins Körperliche konvertiert" werde, sondern man muß einsehen, daß „das Körperliche", die Leiblichkeit, nur eine besondere Form menschlichen Existierens ist, daß und warum sie unter Umständen das einzige „Ausdrucksfeld" des Menschen bleibt und daß und warum er, der Mensch, sich nunmehr auch der Sprache derselben bedient, d. h. anstatt zu schimpfen und zu wüten gluckst, rülpst, kräht und „kotzt". Diesen anthropologischen Tatbestand nennen wir, wenn er einen überdurchschnittlichen Grad erreicht, aufs Klinische reduziert, Krankheit, und auf die diagnostische Feststellung und Typisierung beschränkt: Hysterie.

Stellen nun in unserem Paradigma die Appetit- und Schlaflosigkeit, die Übelkeit und Magenkrämpfe die erste Etappe des Krankheitsbildes dar, der Singultusanfall die zweite, so beginnt mit der nächstfolgenden Periode die dritte und letzte Etappe, die *Aphonie,* positiv ausgedrückt das Flüstern, das sich jetzt dem temporären Glucksen als Dauersymptom zur Seite stellt. In ihm haben wir einen weiteren Verzicht auf Kommunikation zu erblicken und damit indirekt eine weitere Bestrafung der Mutter. Es handelt sich um einen weiteren Rückzug vom Leben in der Gemeinschaft, das immer auch ein Leben in die Ferne und Zukunft ist, auf das Leben in dem (nicht mit der Einsamkeit zu verwechselnden) Alleinsein, im idios Kosmos, in der zukunftslosen, träge dahinschleichenden puren Leiblichkeit und Leibnähe. Dieser Rückzug findet um so leichter einen Weg, als ein solcher durch die Erdbebenschrecknisse bereits existenziell vorgezeichnet war, die vitale Leibsekurität schon eine wiederholte Bedrohung im Sinne einer Todesdrohung erfahren hatte. Eine jede solche Bedrohung wirft uns ja auf unsere eigene Existenz zurück, da wir, jeder Einzelne für sich, unseren Tod und unsere Lebensbedrohungen ganz allein durch- und mit uns abzumachen haben. Auch hier nun weiß die Volkssprache Bescheid: Der eine „sinkt" vor Schreck „um", dem anderen „fährt" der Schreck lediglich „in die Glieder", der dritte ist vor Schreck „sprachlos", der vierte „macht vor Schreck in die Hosen", der fünfte wird blaß „wie eine Leiche", überall also Lähmung, Hemmung, „Tonusverlust", Verlust der vollen Herrschaft über einzelne Gebiete der Leiblichkeit, richtiger, Unfähigkeit des „Aufgehens" in diesem Gebiete der Leiblichkeit. Warum unsere Kranke unter all diesen schreckartigen Möglichkeiten bei jener Erdbebenpanik gerade auf die Stimme Verzicht leistete und z. B. nicht auf das Gehen oder Stehen (Abasie oder Astasie), ob hier z. B. nicht noch bestimmte infantile Erlebnisse und Triebregungen, vor allem auch erotischer Art, „mitgewirkt" haben usw., haben wir im einzelnen nicht mehr eruieren können.

Anderseits ist jetzt leicht einzusehen, warum bei einem *neuen* existenziellen Beeinträchtigungs- und Bedrohungserlebnis wiederum vorwiegend die *orale Zone* betroffen wurde, die, ganz abgesehen von der rein psychoanalytischen Deutung, aber doch einigermaßen in der dort gemeinten Ausdehnung, sicherlich einen einheitlichen seelisch-körperlichen Funktionskreis darstellt, und warum dieses neue Betroffensein sich schließlich auch wieder des Ausdrucks des früheren Erlebnisses, der Aphonie, bediente. Handelt es sich doch gerade hier überall um diejenige existenzielle Bedeutungsrichtung, die sich auf den Ein- und Auszug, Ein- und Austausch zwischen Eigenwelt, Um- und Mitwelt bezieht und die wir mit um so größerem Recht den oralen Pol oder, wie ich lieber sage, die Oralität nennen dürfen, je mehr wir erkennen, daß die Sexualität hier nicht eine genetische oder ursächliche Rolle spielt, sondern lediglich einen wenn auch vital höchst bedeutsamen Sonderfall, einen Ausschnitt aus jener allgemeinen existenziellen Bedeutungsrichtung, darstellt. Gerade dieser Umstand erklärt ja erst, daß sich die einzelnen Sonderbedeutungen und Sonderbedeutsamkeiten, wie die sexuelle, die nutritive und die seelisch-kommunikative, zu vereinigen, zu vertreten, zu fördern und zu hemmen vermögen. Es ist nämlich etwas ganz anderes, aus Erfahrung zu wissen, daß *historisch* am Anfang einer sog. neurotischen Lebensgeschichte in der Regel sexuelle Erlebnis- oder Phantasieinhalte stehen – soweit decken sich meine eigenen Erfahrungen mit denen der orthodoxen Psychoanalyse –, etwas anderes, auf Grund theoretischer Spekulation die evolutionistische

Behauptung aufzustellen, „das Sexuelle" bilde die *genetische* Grundlage für alle übrigen Erlebnis*formen* als solcher.

Nun werden Sie besser verstehen, auf welche Weise Psychotherapie auf die Aphonie zu wirken vermochte. Sie sehen, es hat sich hier um eine eigentliche *Hierarchie von Wirkungen* gehandelt, im Gegensatz zu den meisten Fällen, wo die Aphonie in der Regel durch eine banale Suggestion in einer Sitzung wie wegzublasen ist. In solchen Fällen handelt es sich aber entweder um sehr frische Fälle, wo das Symptom erst vor einigen Stunden oder Tagen aufgetreten ist (um dann übrigens bei jeder Gelegenheit wieder neu aufzutreten), oder um weniger „ernsthafte" und ernst zu nehmende Menschen oder um ein weniger tiefes Leid und einen weniger tiefen seelischen Konflikt. Von der obersten Wirkung, nämlich dem Wiedererwachen des Wunsches der Kranken, wieder aus ihrer Isolierung ins Leben der Gemeinschaft zurückzukehren, wurde schon gesprochen; dabei handelte es sich nicht um die Stärkung ihres Gesundheitswillens, wie es bei weniger ernsthaften, spielerischen Menschen oft der Fall sein muß, sondern durchaus um eine Wiedererweckung und Stärkung ihres Lebenswillens, also um die Provozierung ihrer Entscheidung nach der Seite der vollen Lebenswirklichkeit hin. Die nächste Wirkung bestand darin, daß der Motivationszusammenhang zwischen dem Entschluß zum „Rückzug" aus dem Leben und der lebendigen Kommunikation (die Kranke sprach selber von einem „detachement de la vie") und dem Verzicht auf lautes Sprechen ihr nicht nur verständlich wurde, sondern auch von ihr *rekonstituiert*, d. h. voll wiedererlebt wurde; die dritte Wirkung bestand darin, daß ihr die Stimme nun auch wirklich *wieder einfiel* oder ins Gedächtnis kam, welches Wiedereinfallen, wenn es sich nicht um organische Störungen handelt, zugleich immer auch heißt, daß etwas wieder reproduziert, innerviert, hier also *intoniert* werden kann.

Hinsichtlich dieser letzten psychotherapeutischen Wirkung, die in der Regel als selbstverständlich gar nicht besonders erwähnt und dargestellt wird, können wir die Kranken natürlich nur gerade bis vors Tor der Genesung führen, den Schritt durchs Tor selber müssen sie allein machen. Wir können ihnen wohl helfen, die Verdrängungen rückgängig zu machen, wie FREUD sagt, und können sie dazu bringen, daß die Verdrängung sich in ein bloßes Vergessenhaben zurückverwandelt, wie es z. B. der Fall ist, wenn wir einen gleichgültigen Namen einfach vergessen haben, wir können aber nicht „machen", daß ihnen das Vergessene, hier also die kinästhetische Gestalt der „Stimme" (denn auf die letztere kommt es hier viel mehr an, als auf ihre bloße Klanggestalt, so nahe natürlich auch hier Klang- und Bewegungsgestalt zusammengehören), nun auch wirklich wieder „in den Griff" kommt.

Hier müssen wir nun wieder etwas weiter ausholen. Das hysterische Symptom bedeutet, wie Sie gesehen haben, nur den speziellen leibsprachlichen Ausdruck, die leibsprachliche Artikulierung und Akzentuierung einer allgemeinen, in die Leiblichkeit und auf die Leibsprache überhaupt sich zurückziehenden, äußerst „defizienten", d. h. mangelhaften Weise des Existierens. Hat sich die Existenz nun einmal in einem solchen leibsprachlichen Ausdruck gefangen, so verliert sie alle Beziehung auf Vergangenheit und Zukunft, was nichts anderes heißt, als daß der Mensch jetzt sein eigentliches Dasein, das immer ein geschichtliches und zeitigendes ist, aufgegeben hat und ein Leben ohne eigentliche Vergangenheit und Zukunft, ja auch ohne eigentliche Gegenwart, ohne ein Behalten und Erwarten und damit ohne Möglichkeit des Lernens und Reifens, eben ein rein leibliches Leben, zu führen gezwungen ist. (All das ist in dem *einen* Schlagwort *„Unbewußt"* enthalten!) In der psychotherapeutischen Behandlung, Erziehung und Kommunizierung kommt nun dieser ganze existenzielle Stillstand wieder „in Fluß"; es wird wieder Vergangenheit erinnert, wieder Zukunft erwartet, das Leben in der Leiblichkeit als Rückzug vom eigentlichen Leben, als „künstlicher" Stillstand erkannt und aufgegeben, der leibsprachliche Ausdruck wird in diesem Sinne verstanden und übersetzt, womit nun endlich dem freien Leben in der Leibsphäre und ihrem freien Strömen (im Gegensatz zu ihrer „Stockung" und Fixierung in einem leibsprachlichen „Symptom" einerseits, zur gänzlichen Aufhebung des allgemeinen Leibgefühls anderseits), und damit natürlich erst recht auch dem freien Leben in der Geistsphäre, kein Hindernis mehr im Wege steht. Der Kranke hat jetzt nur noch eine letzte Anstrengung zu machen, ähnlich derjenigen, die Sie alle machen, wenn Sie einen vergessenen Namen, neurologisch ausgedrückt, seine Klang-, Bewegungs- und Bildgestalt, suchen. Bemerken Sie wohl, daß Sie diese Gestalten nicht „im Gehirn" suchen, das tut der Neurologe (dessen Suchen und Finden ein ganz anders orientiertes ist als das hier gemeinte lebendige), sondern im „Kopf", im „Ohr", im „Auge", auf der „Zunge", in der „Kehle", auf den „Lippen", in den „Fingern" usw., d. h. also in Ihrer Leibsphäre oder Leiblichkeit, von der Sie jetzt wissen, daß sie nicht einen „Teil" von Ihnen ausmacht, sondern daß Sie sie immer irgendwie selber sind. Auch beim Suchen nach einem vergessenen Namen suchen Sie also immer sich selbst, sich selbst in einer bestimmten Form der Befangenheit in Ihrer leiblichen Existenz, weswegen Sie auch recht eigentlich unzufrieden „mit sich selbst" sind, wenn Sie den Namen nicht finden. (Dasselbe gilt natürlich auch von den „Bildern", so vor allem auch von den Traumbildern; auch diese sind immer wir selbst.) Und wenn nun unsere Kranke sagt, daß ihr die Herrschaft über ihre Stimme wie etwas Vergessenes bald näher rücke, bald wieder verschwände, so haben Sie hier nur den letzten Rest ihrer Selbstvergessenheit vor sich, ihrer selbstgewählten Befangenheit im und ihres Eingenommenseins vom Leib, mit anderen Worten also, ihres existenziellen Stockens, Festgefahrenseins und Festklebens, wie es jeder von uns im „Zustand" des Sichbesinnens auf etwas Vergessenes und nicht *nur* in diesem andauernd erlebt, da wir nur in seltenen Augenblicken „*ganz bei uns*", nur in seltenen Augenblicken „*ganz wir selbst*" sind. Aber selbst dann, selbst in diesen seltenen Augenblicken des Ganz-bei-uns-Seins, ziehen wir uns nicht völlig aus der Leibsphäre zurück; wir leben jetzt aber in einer völlig andersartigen Weise in ihr, wir „haben" sie jetzt völlig andersartig; denn an Stelle jener eben genannten zeptorischen und rezeptorischen Weise des Existierens auf Zunge, Lippen und Fingern, im Auge und im *Ohr*, also einer rein peripherischen Weise, tritt jetzt, wenn wir ganz bei uns sind, ein Existieren in rein zentraler Weise. Für diese Weise des Existierens haben die Volkssprachen ebenfalls einen Ausdruck, den kostbarsten vielleicht ihres gesamten Sprachschatzes, den Ausdruck *Herz*. Es sind die Augenblicke, in denen „unser Herz spricht", das Zentrum, die Tiefe unseres Selbst, in denen unsere Worte „aus dem Herzen kommen", in denen der Augustinische Christ das Wort Gottes vernimmt und spricht, jenes verbum, das nicht mehr aus dem Munde kommt, sondern, wie AUGUSTIN sagt, „*ex corde sonat*".

Doch kehren wir wieder zur „Peripherie", zum Suchen nach einem vergessenen Namen, zurück. Auch in dieser Hinsicht ist AUGUSTIN höchst lehrreich. Er beschreibt dieses Suchen (vgl. *Conf. X, 19*), worauf meines Wissens noch nicht aufmerksam gemacht worden ist, durchaus nach Gestaltprinzipien und vorab nach dem Ganzheitsprinzip, wenn er auch statt des Selbst von dem Gedächtnis, memoria, spricht, das bei ihm aber die eigentliche schöpferische, geistige Person darstellt. Beim Vergessen ist das Gedächtnis gleichsam hinkend (claudicans) und verstümmelt (obtruncata) in dem, woran es *gewöhnt* war, es *fehlt* ihm etwas von einer Verknüpfung, an die es *gewöhnt* war, der behaltene Teil sucht daher leidenschaftlich (flagitare) den vergessenen, bis wir unter Abweisung aller nicht passenden Teilstücke, zwischen Vorwärtsdrängen und Suchen und Stocken hin und her getrieben, mit einem „hoc est" dasjenige Teilstück gefunden haben, das zu jenem gehört. William JAMES, der in seinen *Principles* (I,251 ff.) denselben Vorgang des Suchens nach einem vergessenen Namen genau beschreibt, ist über AUGUSTIN keineswegs hinausgekommen, abgesehen von terminologischen Festlegungen betreffend die „anticipatory intention" und die „premonitory perspective views", denen er mit so großem Recht den Hauptteil an unserem Seelenleben überhaupt zuschreibt. Alle diese Gewöhnungen (consuetudines) nun und ihre „Verstümmelungen", alle diese *vorwegnehmenden* (anticipatory) *Anspannungen* (intentions), alle diese von einem gewissen *Standpunkt* (perspective) erfolgenden, vorausspähenden *Sichtungen* betreffen nun keineswegs nur geistige und nur seelische Seinsformen, vielmehr implizieren sie, was ebenfalls noch die sprachlichen Ausdrücke zum Teil konserviert haben, zugleich auch bestimmte Formen und Haltungen der

Leiblichkeit, des Lebens in der Leibsphäre, vor allem des „Gangs" und der „Haltung", der „Hand" und des „Auges".

Sperrt man den ganzen hier überall in Betracht kommenden Sachverhalt in den engen Wortkäfig bewußt-unbewußt ein, so verbaut man sich die Aussicht auf sein Verständnis, es sei denn, man gehe etwa zurück bis auf LEIBNIZ, der diesen Gegensatz in der deutschen Psychologie heimisch gemacht, aber durchaus metaphysisch verstanden hat. Wenn wir auch diese metaphysischen Ansichten nicht mehr teilen, so müssen wir immerhin feststellen, daß LEIBNIZ uns hier auf Grund seiner Verbindung der Steigerung der Bewußtseinsintensität mit der Zunahme der Klarheit und Deutlichkeit der Vorstellungen, dem Wachstum der Einsicht in die ewigen Wahrheiten und der damit erzielten Vertiefung der Selbsterkenntnis, ja der Reifung „unseres Selbst" überhaupt, viel näher steht als ein HERBART oder FECHNER oder FREUDs topologisch-quantitative Auffassung, so sehr anderseits ja gerade FREUD, wenn auch nicht seiner Begriffssprache, so doch der Sache nach, das, worum es sich hier handelt, sehr gut gesehen hat. Hat doch gerade FREUD uns gelehrt, das Ich-kann-nicht der Kranken immer als ein Ich-will-nicht, also das Ich-Nichtich-Verhältnis als ein Ich-Ichselbst-Verhältnis zu verstehen, und hat die Psychoanalyse überhaupt nur soweit eine Existenzberechtigung, als diese Übersetzung möglich oder wenigstens sinnvoll ist. Jedoch verwandelt FREUD dann in im wörtlichen Sinne „selbstmörderischer" Absicht das *Ich-will*-nicht wiederum in ein *Es-kann*-nicht. Sicherlich liegt auch dem Bewußtwerden eines „Inhalts" sowie seiner Abhaltung vom Bewußtwerden, wie allem in der Welt, der Mechanismus (mit all seinen begrifflichen Begleitern wie Ursache, Wirkung, Intensität, Kräftespiel usw.) zugrunde; aber gerade hier bewährt sich das LOTZEsche Wort von dem Gegensatz zwischen der „ausnahmslos universellen Ausdehnung" und der „Untergeordnetheit der Bedeutung", welche der Mechanismus im Bau der Welt zu erfüllen hat. In dem vollen Phänomen des Bewußtseins im Sinne des Bewußthabens von etwas muß, wie in allen echt psychologischen Phänomenen, nicht nur das habende Subjekt, das gehabte Objekt und die Art und Weise des Habens berücksichtigt werden, sondern auch die Rückbezüglichkeit dieses Ganzen auf mich selbst, seine Beziehung zu oder mit mir selbst. In dem LEIBNIZschen Ausdruck der Apperzeption, dem (insbesondere LOCKEschen) Ausdruck der Reflexion, so sehr beide über das bloße Ins-Bewußtsein-Kommen hinausweisen, ist jene Rückbezüglichkeit nicht enthalten. Die Reflexion meint ja viel eher eine Rückspiegelung des Bewußtseins oder des Geistes auf sich selbst als eine Rückbeziehung meiner auf mich selbst. Ganz anders liegen die Dinge bei einem Ausdruck der griechischen Sprache für Bewußtsein, der sich leider neben einem zweiten, viel weniger adäquaten, dem $\pi\alpha\varrho\alpha\varkappa o\lambda ov\vartheta\varepsilon\tilde{\iota}\nu$ oder der $\pi\alpha\varrho\alpha\varkappa o\lambda o\acute{v}\vartheta\eta\sigma\iota\varsigma$ (= Mitfolgen, Begleitung), nicht durchgesetzt hat und mehr auf das Gewissen beschränkt blieb; ich meine die Syneidesis, das συνειδέναι oder Mitwissen, das uns häufig sogar begegnet als συνειδέναι ἑαυτῷ, als ein ausdrückliches Mit-sich-selbst-Wissen. Erst im Wissen eines Etwas mit mir selbst bin ich einer Sache voll bewußt; die Ausdrücke: weniger voll bewußt, unterbewußt und schließlich unbewußt, betreffen lediglich unterschiedliche Weisen des Bei- oder Mit-mir-selbst-Seins, von denen die unterste die „leibliche" Form ist (im Sinne der hier gemeinten Leiblichkeit und nicht des anatomisch-physiologischen Leibes!). Wäre ein „Inhalt" nicht irgendwie „in" unserer Leiblichkeit, d. h. irgendein Teilglied derselben, und wäre diese nicht eine verdeckte Form unseres Selbstseins, so könnten wir uns niemals eines „vergessenen" Namens *erinnern*, eine „unbewußte" Regung *„bewußt"* machen, von einem Unbewußten irgendeine *„Wirkung"* auf uns verspüren. (Umgekehrt müssen wir natürlich sagen, wir könnten schon gar nicht etwas vergessen, wenn wir nicht in der Leiblichkeit zu existieren vermöchten. Ein völlig unleiblich gedachtes Wesen – Gott – kann nicht vergessen!) Psychotherapie in ihrer eigentlichen, d. h. kommunikativ-erweckenden und erziehenden Form und Funktion zeigt den Arzt immer in einer eigentlichen geistigen Mittlerrolle zwischen dem Kranken und der Welt, der Mit- und Umwelt, was recht verstanden nie etwas anderes heißen kann als zwischen dem Kranken als Nicht-Selbst und dem Kranken als Selbst; denn der Weg zum Selbst geht immer über die Welt, wie der Weg zur Welt immer über das Selbst. Jede recht verstandene Psychotherapie ist Versöhnung des Menschen mit sich selbst und damit mit der Welt, ist die Verwandlung von Feindschaft mit sich selbst in Freundschaft mit sich selbst und damit mit der Welt.

Nur von dieser Mittlerrolle aus lassen sich nun auch die beiden *Hauptformen der Psychotherapie* beschreiben und einander gegenüberstellen, nämlich die existenzielle Erhellung und Erziehung in Verbindung mit lebensgeschichtlicher Forschung und die Suggestion. Was die letztere anlangt, so ist sie schon von Erwin STRAUS in seinen Arbeiten über Suggestion so klar und gründlich dargestellt worden, gerade auch hinsichtlich der Rolle des Suggestors als desjenigen, der dem „Perzipienten" die Welt recht eigentlich *verstellt* und ihn in der Reifung *hemmt*, daß ich Sie nur auf diese Arbeiten, von deren Auffassungen mich nur Nebendinge trennen, hinweisen kann. Das Gegenstück zur Suggestion bildet der hier gekennzeichnete Weg, den man, im Gegensatz zum Suggestionsverhältnis, als den Weg über das Freundschaftsverhältnis bezeichnen kann, über ein Verhältnis, das mit der „geistigen Anregung" (im Sinne der von P. HÄBERLIN in seinem Suggestionsbuch der Suggestion *gegenüber*gestellten zwischenmenschlichen Grundhaltung) beginnt und mit der Gemeinschaft *freier* Bildung oder Kultur, der κοινωνία ἐλευθέρας παιδείας, von der PLATO in seinem VII. Brief spricht, endigt.

Zwischen beiden Extremen stehen die psychotherapeutischen Rezepte, Riten und Vorschriften, die Regeln oder Anleitungen zu seelischen Verhaltensweisen oder Übungen, bei denen der Psychotherapeut selbst sehr stark in den Hintergrund tritt, wenn er nicht als Suggestor auftreten will, und der Dienst an der Sache in starren, objektiv festgelegten Formen und Formeln in den Vordergrund tritt. Sie werden nun aber gerade auf Grund unserer Darstellung verstehen, daß und wie auch rein körperliche Verhaltensweisen und Übungen seelisch fördernd wirken können, also in erster Linie körperliche *Arbeit* (bei der aber vor allem auch der Gemeinschaftsfaktor zu berücksichtigen ist!), ferner z. B. das Lösen „verkrampfter" Körperhaltungen und Bewegungen durch geeignete Gymnastik oder Tanz, das methodische Training überhaupt, sei es in seiner aktiven, sei es in seiner passiven Entspannungs- oder Lösungsform, wie J. H. SCHULTZ sie lehrt; denn was Sie als Leib-Ich tun und wie Sie es tun, geht natürlich immer auch Ihr Seelen-Ich, Sie als „wachen", mit sich selbst in geistigem Austausch stehenden Menschen an. Anderseits dürfen Sie nicht glauben, daß nicht auch umgekehrt das große Heer von Hemmungs-, Zwangs- und Angstsyndromen ihre „leiblichen" Ausdrucksformen, oder wie Sie es nennen wollen, haben. Was bei der Hysterie so deutlich in die Augen springt, vermöge der leibsprachlichen Akzentuierung und Fixierung, fällt bei jenen Syndromen keineswegs fort, vielmehr bedeutet seelische Hemmung immer auch irgendwelche leibliche Verhaftung oder Verhaftung in der Leiblichkeit, seelischer Zwang immer auch eine (raumzeithafte) Stockung und Behinderung derselben, gar nicht zu sprechen von den Angstneurosen, bei denen die Leibsphäre geradezu in hellem Aufruhr ist.

Zum Schlusse muß ich Sie nur noch darauf aufmerksam machen, daß ich Ihnen die Tatsächlichkeit psychotherapeutischer Wirkung (ihre Möglichkeit ist immer ein und dieselbe) nur insoweit gezeigt habe, als sie sich der Wiedergewinnung des Selbst aus dem Leibbewußtsein und deren Sprache bedient, und auch dies wiederum nur an einem kleinen Ausschnitt aus diesem Gebiet. Ein anderes Gebiet, von dem Sie gerade heutzutage in psychotherapeutischen Vorträgen und Abhandlungen viel mehr hören, ist das immense Gebiet des weit über das Gebiet des Traumes hinausreichenden Bildbewußtseins und der Bildersprache. Prinzipiell leistet Psychotherapie hier aber ganz dasselbe, und sie wirkt hier genau so wie in unserem Fall, denn Leib- und Bildsphäre gehören besonders eng zusammen. Auch hier hat man das Selbst zu befreien aus seinen Verstrickungen in und Verhaftungen an den Bildern, *in* welchen es immer schon irgendwie lebt, genau so wie es dort irgendwie in der Leibsphäre lebt. Bei der Beschäftigung mit dem sog. „kollektiven Unbewußten" (JUNG) gleitet man deswegen so leicht von der Psychologie in die Mythologie ab, weil man die Bilder hier in erster Linie als Ausdruck des menschlichen Gattungs und nicht des menschlichen

Ichbewußtseins nimmt. In der Psychotherapie kann es zwar für meine Übersetzungskunst, abgesehen von der großen Menge von Fehlerquellen, die hier möglich sind, von Wert sein zu wissen, wie dieses oder jenes Bild in ganz anders gearteten Kulturkreisen, wie den orientalischen oder den „prähistorischen", gedeutet wird, dieses Wissen ist aber für mich wertlos, solange ich es nicht als Mythos gerade dieses *Einzelnen* und als bildsprachlichen Ausdruck *seiner* Lebensgeschichte betrachte und verstehe.

Ganz allgemein möchte ich Sie nur darauf hinweisen, daß die Bildersprache bei unseren Kranken hauptsächlich drei Formen zeigt, die leibbildliche, die seelenbildliche und die (über- oder unterirdisch) kosmische. Erlauben Sie mir, Ihnen zum Schlusse an einem einfachen Beispiel von einer anderen Kranken kurz zu zeigen, wie diese Sprachen nicht nur nebeneinander, sondern auch neben der Leib- und Seelensprache selbst einher-, mit ihr und untereinander „parallel" gehen: „Öffnet" die Kranke *„sich"* in einem existenziell-kommunikativen Schritt, indem sie sich selbst und dem Arzt etwas Neues, bisher Verdrängtes mitteilen will, so erlebt sie dies leiblich als Nachlassen des Tonus ihrer Sphinktermuskulaturen, leibbildlich als Schwangerschaft und Geburt eines Kindes oder einer sich ihrerseits wieder öffnenden Melone, seelisch als „Näherkommen" eines Einfalls oder einer Erinnerung aus der „Tiefe" ihrer Seele, seelenbildlich als (mit dem verdrängten Einfall aufs nächste zusammenhängenden) Spalt im Fahrdamm einer betonierten Straße, kosmisch als langsames Sichheben riesiger, schwerer, die ganze Erde bedeckender Metallplatten. Umgekehrt, als die betreffende Kranke das Hauptverdrängungserlebnis ihrer Kindheit hatte, als sie sich der Welt, den Mitmenschen und sich selbst gegenüber so zu verschließen anfing, daß es einer jahrelangen Analyse bedurfte, um sie wieder für sich, Welt und Leben zu öffnen, da erlebte sie leiblich ein Zusammenkrampfen ihrer Sphinctermuskulaturen, das bis in die Gegenwart anhielt, leibbildlich ein Zuklappen zweier Hälften einer Melone oder sonstigen Frucht, seelisch ein „Verschwinden" ihrer Gedanken und Erinnerungen, eine seelische Verhärtung und Verödung, seelenbildlich ein schemenhaftes Dahinschleichen auf dem harten Fahrdamm der betonierten Straße, kosmisch das Zerbrechen der Himmelsschale in einzelne riesige, schwere Metallplatten, in denen nur die Öffnungen für die Sterne ausgespart waren, das langsame Herniedersinken dieser Platten und die Bedeckung, Belastung und Unfruchtbarmachung der ganzen Erdoberfläche durch sie; und schließlich, ein weiteres Leib-, Seelen- und Weltbild, schreitet die Kranke selbst als unfruchtbares Totengerippe, das an Stelle des Herzens nur eine winzige rotglühende Frucht trägt, auf jenen Platten gespenstisch einher. Nirgends handelt es sich hier um Traumbilder, sondern um während der Arbeit an der Aufhellung der inneren Lebensgeschichte auftretende oder erinnerte Bilder. Wie bei unserem Hauptbeispiel die Kranke vorwiegend aus ihrem Leib-Ich zu sich selbst gebracht werden mußte, so mußte sie hier zunächst aus den mannigfachen Formen ihres Bild-Ichs und seiner „Welten" in ihr Leib-Ich, d. h. in die bis dahin völlig „verdrängte" Form des leiblichen Existierens (des Existierens „in ihrem Leibe"), gebracht werden, um erst aus dieser dann schließlich „zu sich selbst" zu kommen. Sie werden verstehen, wenn auch dem Arzt die jahrelange Arbeit an solchen Enthüllungen und Aufdeckungen sich darstellt als ein mühsames, anstrengendes Heben riesiger, schwerer Metallplatten und als ihre Fügung zu einer neuen Himmelsschale; denn was wir in Wirklichkeit mit einer solchen Arbeit tun, läßt sich zuletzt doch nur im Bilde erleben und sagen.

Über die daseinsanalytische Forschungsrichtung in der Psychiatrie

Sie haben mich beauftragt, Ihnen über meine daseinsanalytischen Untersuchungen auf dem Gebiete der Psychiatrie zu berichten. Um Ihrem Auftrag nachkommen zu können, halte ich es für unerläßlich, erstens Ihnen einen Einblick zu geben in das, *was Daseinsanalyse ist und was sie will,* zweitens kurz darauf hinzuweisen, *worin menschliches Dasein sich unterscheidet von tierischem Sein,* unter besonderer Berücksichtigung des Unterschiedes zwischen „Welt" im daseinsanalytischen und „Umwelt" im biologischen Sinne. Im dritten und Hauptabschnitt schließlich werde ich auf Art und Bedeutung der *daseinsanalytischen Forschung in der Psychiatrie* so weit einzugehen versuchen, als es in einer kurzen Einführung möglich ist. Im Anschluß daran wird mein Freund Roland KUHN über eine ausführliche daseinsanalytische Untersuchung und Interpretation eines fortgeschrittenen Falles von Schizophrenie berichten[1].

I. Was Daseinsanalyse ist und was sie will

Unter Daseinsanalyse verstehen wir eine anthropologische, d. h. auf das Wesen des Menschseins gerichtete wissenschaftliche Forschung. Ihr Name sowohl als ihr philosophisches Fundament leiten sich von der Daseinsanalytik HEIDEGGERs her [Vgl. im Anhang Heideggers Brief an Binswanger vom 24. Februar 1947.]. Das noch lange nicht genügend gewürdigte Verdienst des letzteren besteht darin, am Dasein eine *fundamentale Struktur* freigelegt und in ihren wesenhaften Gliedern dargestellt zu haben, die Struktur nämlich des In-der-Welt-Seins. Wenn HEIDEGGER die Grundverfassung oder Grundstruktur des Daseins im In-der-Welt-Sein erblickt, so will er damit etwas über die Bedingung der Möglichkeit des Daseins aussagen. Die Rede vom In-der-Welt-sein hat bei HEIDEGGER also den Charakter einer ontologischen These, d. h. einer Aussage über einen das Dasein überhaupt bestimmenden Wesensverhalt. Von der Aufdeckung und Darstellung dieses Wesensverhaltes hat die Daseinsanalyse ihren entscheidenden Anstoß, ihre philosophische Begründung und Rechtfertigung, sowie ihre methodischen Direktiven erhalten. Sie selbst ist aber weder Ontologie noch Philosophie überhaupt, weswegen die Beziehung einer *philosophischen Anthropologie* für die Daseinsanalyse *abzulehnen* ist und, wie Sie gleich sehen werden, nur die

---

[1] Vgl. Daseinsanalyse eines Falles von Schizophrenie. Mschr. f. Psychiatr. und Neurol. Vol. 112, Nr. 5/6, 1946.

einer *phänomenologischen Anthropologie* den wahren Sachverhalt trifft[2]. Die Daseinsanalyse stellt keine ontologische These über einen das Dasein bestimmenden Wesensverhalt auf, sondern sie macht ontische Aussagen, d. h. Aussagen über tatsächliche Feststellungen an faktisch vorkommenden *Formen* und *Gestalten* des Daseins. Insofern ist die Daseinsanalyse eine *Erfahrungswissenschaft*, wenn auch mit einer eigenen Methode und einem eigenen Exaktheitsideal, nämlich mit der Methode und dem Exaktheitsideal der phänomenologischen Erfahrungswissenschaften.

Meine Damen und Herren! Wir kommen heute nicht mehr darum herum, *zwei* Arten wissenschaftlicher Erfahrung anerkennen zu müssen, die diskursiv-induktive Erfahrung im Sinne des Beschreibens, Erklärens und Beherrschens von „Naturvorgängen" und die phänomenologische Erfahrung im Sinne der methodisch-kritischen Ausschöpfung oder Interpretation phänomenaler Gehalte. Es ist der Gegensatz GOETHE-NEWTON, der heute, weit davon entfernt, uns noch zu beunruhigen, sich auf Grund einer vertieften Einsicht in das Wesen der Erfahrung von einem Entweder-oder in ein Sowohl-als-auch gewandelt hat. Um phänomenologische Erfahrung im Sinne methodisch-kritischer Ausschöpfung oder Interpretation phänomenaler Gehalte geht es gleicherweise, ob es sich um die Interpretation des ästhetischen Gehalts einer künstlerischen Stilepoche, des dichterischen Gehalts eines Gedichts oder einer Tragödie, des Welt- und Selbstgehalts der in einem Rorschachprotokoll niedergelegten Klecksdeutungen oder einer psychotischen Daseinsform handelt. An Stelle der diskursiven Zerlegung von Naturobjekten in Merkmale oder Eigenschaften und der induktiven Weiterverarbeitung derselben in Typen, Begriffe, Urteile, Schlüsse und Theorien, läßt die phänomenologische Erfahrung den Gehalt des rein phänomenal Gegebenen, also keiner „Natur" Angehörenden, *sich aussprechen*[3]. Der phänomenale Gehalt vermag sich aber nur auszusprechen und im Aussprechen zu entfalten, wenn wir ihn phänomenologisch-methodisch ansprechen und befragen, sonst erhalten wir statt einer wissenschaftlich begründeten und nachprüfbaren Antwort ein zufälliges Aperçu. Wie in jeder Wissenschaft, so kommt also auch hier alles an auf die *Methode* des Ansprechens und Befragens, auf die Art und Weise also der phänomenologischen Erfahrungsmethode.

Wie es sich mit dieser Methode verhält, werden Sie aus meinen weiteren Ausführungen, sowie aus denjenigen von Dr. KUHN ersehen. Im übrigen verweise ich Sie auf meine Einführung in die Probleme der Allgemeinen Psychologie und das Ihnen bereits im Jahre 1922 erstattete Referat

---

[2] Wer sich einen Begriff machen will von einer *philosophischen* Anthropologie, sei auf Paul HÄBERLINs Schrift *Der Mensch* (Zürich 1941) verwiesen.

[3] In diesem Sinne spricht schon GOETHE von den „Taten und Leiden des Lichts".

über Phänomenologie[4]. Hiezu ist nur zu bemerken, daß sich der Begriff der Phänomenologie seither in mancher Hinsicht gewandelt hat, und daß wir streng zu unterscheiden haben zwischen der reinen oder eidetischen Phänomenologie HUSSERLs als einer transzendentalen Disziplin und der phänomenologischen Interpretation menschlicher Daseinsformen als einer empirischen Disziplin. Das Verständnis der letzteren ist aber nicht möglich ohne die Kenntnis der ersteren. Was uns hier überall leiten muß, um nur dies zu erwähnen, ist der Verzicht auf das, was FLAUBERT „la rage de vouloir conclure" nennt, nämlich der angesichts unserer einseitigen naturwissenschaftlichen Verstandesbildung keineswegs leicht zu nehmende Verzicht auf das leidenschaftliche Bedürfnis, Schlüsse zu ziehen, sich eine Meinung, ein Urteil zu bilden, kurz über etwas zu *reflektieren*, statt die Sache selbst zu Worte kommen zu lassen oder statt, um nochmals mit FLAUBERT zu sprechen, „exprimer une chose comme elle est"[5]. In diesem „wie sie ist" liegt nun aber noch ein zentrales ontologisches und phänomenologisches Problem; denn über das Wie-Sein einer „Sache" erhalten wir endlichen Menschen ja nur Auskunft je nach dem Weltentwurf, der unser Sachverständnis leitet. Ich muß daher noch einmal auf HEIDEGGERs These vom Dasein als In-der-Welt-Sein zurückkommen.

Die ontologische These von der Grundverfassung oder Grundstruktur des Daseins als In-der-Welt-sein ist kein philosophisches Aperçu, vielmehr stellt sie eine äußerst konsequente Fortbildung und Erweiterung philosophischer Grundlehren dar, und zwar der Lehre KANTs von den Bedingungen der Möglichkeit der (naturwissenschaftlichen) Erfahrung einerseits, der Lehre HUSSERLs von der transzendentalen Phänomenologie anderseits. Befürchten Sie nicht, daß ich im einzelnen auf diese Zusammenhänge und Entwicklungen eingehe. Nur auf eines muß hier hingewiesen werden, auf die Gleichsetzung von In-der-Welt-Sein und *Transzendenz;* denn erst hieraus wird verständlich, was In-der-Welt-Sein und was „Welt" in anthropologischer Wendung bedeuten. Das deutsche Wort für Transzendenz oder Transzendieren heißt *Überstieg.* Zum Überstieg gehört einerseits das, woraufzu der Überstieg erfolgt, anderseits das, was im Überstieg überstiegen oder transzendiert wird; das erstere nun, das woraufzu der Überstieg erfolgt, nennen wir *Welt,* das letztere, das, was jeweils überstiegen wird, ist das Seiende selbst, und zwar gerade als dasjenige Seiende, als welches das Dasein selbst „existiert"! Mit anderen Worten: Als Transzendieren, als Überstieg, konstituiert sich nicht nur „*Welt"* – sei es als bloßer Weltdämmer, sei es als objektivierende Erkenntnis –, sondern auch das *Selbst.*

---

[4] Vgl. [d. Bd.].

[5] Vgl. hiezu Paul BINSWANGER: *Die ästhetische Problematik Flauberts.* Frankfurt 1934. Es ist nur eine Wiederholung FLAUBERTs, wenn VALÉRY einmal erklärt: „Toutes les fois que nous accusons et que nous jugeons, le fond n'est pas atteint."

Warum bemühe ich Sie mit diesen anscheinend komplizierten Dingen? Aus keinem anderen Grunde als deswegen, weil mit der Lehre vom In-der-Welt-Sein als Transzendenz das Krebsübel aller Psychologie überwunden und der Weg für die Anthropologie freigemacht ist, das Krebsübel nämlich der Lehre von der Subjekt-Objekt-*Spaltung* der „*Welt*". Auf Grund dieser Lehre wird das menschliche Dasein in ein bloßes Subjekt, d. h. in ein weltloses Rumpfsubjekt, reduziert, in dem sich alle möglichen Vorgänge, Ereignisse, Funktionen abspielen, das alle möglichen Eigenschaften hat oder alle möglichen Akte vollzieht, von dem aber niemand mehr sagen – sondern nur theoretisch konstruieren – kann, wie es mit einem „Objekt" zusammentreffen und mit anderen Subjekten kommunizieren und sich verständigen kann; denn, wie hier nicht näher ausgeführt werden kann, bedeutet In-der-Welt-Sein immer zugleich: mit meinesgleichen, mit Mitdaseienden in der Welt sein. Insofern HEIDEGGER im In-der-Welt-Sein als Transzendenz nicht nur hinter die Subjekt-Objektspaltung des Erkennens zurückgegangen ist und nicht nur die „Kluft" zwischen Ich und Welt aufgehoben, sondern auch die Struktur der Subjektivität als Transzendenz aufgehellt hat, hat er der wissenschaftlichen Erforschung des menschlichen Seins und seiner besonderen Seinsweisen einen neuen Horizont des Verstehens und einen neuen Impuls gegeben. Sie sehen – und darauf kommt es mir besonders an –, anstatt der Spaltung des Seins in Subjekt (Mensch, Person) und Objekt (Gegenstand, Umwelt) tritt hier die in der Transzendenz verbürgte *Einheit von Dasein und Welt*[6].

Transzendieren bedeutet also sehr viel mehr und sehr viel Ursprünglicheres als Erkennen, ja schon als Intentionalität, wird uns Welt doch zu allererst und zumeist schon in der Stimmung erschlossen. Halten Sie die Bestimmung des In-der-Welt-Seins als Transzendenz einen Augenblick fest und blicken Sie von hier aus auf unsere psychiatrische Daseinsanalyse, so werden Sie gewahren, erstens, daß wir auch die Psychosen von der Struktur des In-der-Welt-Seins aus ins Auge fassen und untersuchen können, zweitens, daß wir in ihnen bestimmte *Abwandlungen* des Transzendierens sehen müssen. Insofern sagen wir nicht: Geisteskrankheiten sind Krankheiten des

---

[6] Wenn wir im daseinsanalytischen Sinne von Welt reden, so bedeutet also Welt immer das, woraufzu das Dasein sich überstiegen und *entworfen* hat, m. a. W. die Art und Weise, wie ihm das Seiende zugänglich wird. Nun gebrauchen wir den Ausdruck Welt aber nicht nur im transzendentalen, sondern auch noch im „objektiven" Sinne, so z. B. in den Redewendungen vom „dumpfen Widerstand der Welt", von den Verlockungen oder Gefahren der Welt, vom Sich-die-Welt-vom-Leibe-halten usw., womit in erster Linie die Mitwelt gemeint ist. Und ebenso reden wir von der Umwelt und der Eigenwelt als *besonderen Regionen* des in der objektiven Welt *vorhandenen Seienden* und *nicht* als transzendentalen Weltentwürfen! Das ist terminologisch lästig, aber nicht mehr zu ändern. Wo der Sinn nicht ohne weiteres klar ist, müssen wir daher für Welt im transzendentalen Sinne stets Welt*entwurf* sagen oder „Welt" in Anführungszeichen setzen.

Gehirns – das bleiben sie natürlich weithin unter medizinisch-klinischen Gesichtspunkten –, sondern wir sagen: In den Geisteskrankheiten treten uns Abwandlungen der fundamentalen oder Wesensstruktur und der *Strukturglieder* des In-der-Welt-Seins als Transzendenz entgegen. Es gehört zu den Aufgaben der Psychiatrie, diese Abwandlungen wissenschaftlich exakt zu untersuchen und festzustellen.

Nun haben Sie schon in den bisher veröffentlichten Analysen gesehen – ich erinnere an die Ideenfluchtstudien [Bd. 1 vorl. Ausg.] und den Fall Ellen West [Bd. 4 vorl. Ausg.] –, welch große Rolle in der Daseinsanalyse die *Räumlichung* und die *Zeitigung* des Daseins spielen. Indem ich Sie hinsichtlich der ersteren auf mein Ihnen im Jahre 1933 erstattetes Referat über das Raumproblem in der Psychopathologie verweise[7], beschränke ich mich hier auf das noch zentralere Problem der Zeitlichkeit. So zentral ist dieses Problem, weil die Transzendenz im *Wesen der Zeit* wurzelt, in ihrem Sichentfalten in Zukunft, Gewesenheit, Gegenwart. Das kann hier natürlich nicht näher ausgeführt werden. Es soll nur dem Verständnis näherbringen, warum wir auch in den anthropologischen Analysen der psychotischen Formen des Menschseins uns mit der Untersuchung nicht zufrieden geben, bis wir wenigstens einen *Einblick* in die jeweiligen Abwandlungen der Struktur der Zeitlichkeit bekommen haben. Auf Grund der Verwurzelung des Transzendenzproblems im Zeitproblem werden Sie nun auch verstehen, wie HEIDEGGER sagen kann: „Sofern Dasein sich zeitigt, *ist* auch eine Welt." „Wenn kein Dasein existiert, ist auch keine Welt ‚da'.[8]" Oder: „Das Dasein transzendiert" heißt: Es ist im Wesen seines Seins *weltbildend*, und zwar „bildend" in dem mehrfachen Sinne, daß es Welt geschehen läßt, mit der Welt einen ursprünglichen Anblick (Bild) gibt, der, nicht eigens erfaßt, gleichwohl gerade als Vor-bild für alles offenbare Seiende fungiert, darunter das jeweilige Dasein selbst gehört.[9] Im Wahnsinn, in den psychotisch genannten Formen des In-der-Welt-Seins überhaupt, fanden wir bis jetzt Abwandlungen der Weltbildung oder Weltlichung einerseits im Sinne des „Springens" (geordnete Ideenflucht) und des „Wirbels" (ungeordnete Ideenflucht), anderseits im Sinne der „Ver-Weltlichung" des Daseins, d. h. seiner „Schrumpfung" unter gleichzeitiger Verengung, Versumpfung, Vererdung der „Welt". Ich erinnere an den Fall Ellen West und die dortigen vorläufigen Ausführungen über den schizophrenen Autismus. Wir können diese Verweltlichung auch so beschreiben: An Stelle der *Freiheit* des Geschehenlassens von Welt tritt die *Unfreiheit* des Überwältigtseins von einem

---

[7] [in d. Bd.]
[8] *Sein und Zeit*, S. 365
[9] *Vom Wesen des Grundes*. Husserl-Festschrift 1929 (S. 97 f.). Schon HUSSERL hatte in seinen Untersuchungen über die transzendentale Subjektivität von *Mundanisierung* = Weltlichung gesprochen.

bestimmten Weltentwurf; an Stelle der Freiheit der „Bildung" der ätherischen „Welt" trat bei Ellen West immer mehr die Unfreiheit des Versinkenmüssens in die enge „Welt" der Gruft und des Sumpfes. Da „Welt" aber nicht nur Weltbildung, Weltvorentwurf, bedeutet, sondern auf Grund dieses Vor-entwurfs und Vor-bildes auch das Wie des Seins in der Welt und des Verhaltens zu Welt, konnten wir diese Umwandlung der ätherischen „Welt" in die „Gruftwelt" auch feststellen an der Verwandlung des Daseins in Gestalt des jauchzend in die Lüfte steigenden Vogels in ein Dasein in Gestalt des langsam dahinkriechenden blinden Erdenwurms.

Mit all dem, meine Damen und Herren, stehen wir noch an den äußersten Pforten der Fundamentalontologie oder Daseinsanalytik HEIDEGGERs und der von ihr inspirierten und fundierten anthropologischen oder Daseinsanalyse. Ich eile jedoch zur Skizzierung der *Methode* derselben und ihres wissenschaftlichen *Gegenstandsbereichs*. Vorher muß ich nur noch erwähnen, daß ich selbst an der damaligen HEIDEGGERschen Lehre insofern Kritik, und zwar positive Kritik geübt habe, als ich dem In-der-Welt-Sein als Sein des Daseins umwillen meiner selbst, von HEIDEGGER bekanntlich auch als Besorgen oder *Sorge* bezeichnet, das Über-die-Welt-hinaus-Sein als Sein des Daseins umwillen Unserer, von mir als *Liebe* bezeichnet, entgegengestellt habe. Die Analyse psychotischer Daseinsformen hat diese Umwandlung der HEIDEGGERschen Lehre um so mehr zu berücksichtigen, als wir hier Abwandlungen der Transzendenz im Sinne des Überschwungs der Liebe oft viel eher konstatieren als Abwandlungen der Transzendenz im Sinne des Überstiegs der Sorge. Denken Sie nur an die so enorm komplexe Schrumpfung der Daseinsstruktur, die wir so summarisch mit dem Wort Autismus bezeichnen.

II. Der Unterschied zwischen menschlichem Dasein und tierischem Sein. „Welt" im daseinsanalytischen und „Umwelt" im biologischen Sinne

So skizzen- und lückenhaft meine bisherigen Ausführungen auch waren, so haben Sie vielleicht doch schon verstanden, warum in unseren Analysen der Begriff der *Welt*, und zwar im Sinne der Welt-bildung oder des *Weltentwurfs* (Mundanisierung bei HUSSERL) einen der wichtigsten *Grundbegriffe*, ja den *methodischen Leitfaden* der Daseinsanalyse bildet. Gibt uns doch das Was des jeweiligen *Weltentwurfs* immer zugleich Auskunft über das Wie des In-der-Welt-Seins und das Wie des Selbstseins. Um das Wesen des Weltentwurfs Ihrem Verständnis näherzubringen, möchte ich ihn nun mit einigen biologischen Weltbegriffen konfrontieren. Ich denke zunächst an den biologischen Weltbegriff v. UEXKÜLLs, und zwar deswegen, weil er trotz seiner Andersheit gewisse Übereinstimmungen zeigt in seiner methodischen Verwendung. Ich beginne mit den methodischen Übereinstimmungen. Sie erinnern sich, daß v. UEXKÜLL von Merkwelt, Innenwelt und Wirkwelt der Tiere spricht und Merkwelt und Wirkwelt unter dem Titel Umwelt zusammenfaßt. Den zwischen diesen Welten bestehenden „Kreislauf" bezeichnet er als *Funktionenkreis* [Funktionskreis]. Genau wie wir nun sagen würden: es sei nicht möglich, die Psychose eines Menschen zu beschreiben, wenn man nicht seine Welten völlig umschritten hat, genau so sagt v. UEXKÜLL: „Es ist nicht möglich, die Biologie eines Tieres zu schreiben, wenn man nicht seine Funktionskreise völlig umschritten hat.[10]" Und wie wir weiter sagen würden: deshalb ist man voll berechtigt, so viele Welten anzunehmen, als es psychotische Menschen gibt, sagt v. UEXKÜLL: „Deshalb ist man voll berechtigt, so viele Umwelten anzunehmen als es Tiere gibt.[11]" Desgleichen kommt er unseren Anschauungen sehr nahe, wenn er sagt: „Auch für jeden Menschen müssen wir seine Spezialbühne aufsuchen, um seine Handlungen zu verstehen.[12]"

v. UEXKÜLLS Umweltbegriff ist jedoch deswegen viel zu eng für den Menschen, weil er in der Umwelt lediglich die „Sinnesinsel" (die Insel der Sinne nämlich) versteht, die ihn „wie ein Gewand umgibt" (ebd. S. 12). Wir sind daher auch nicht erstaunt zu sehen, daß er in seinen glänzenden Schilderungen der Umwelt seiner Freunde (vgl. *Niegeschaute Welten*) über diesen engen Begriff dauernd hinausgeht, durchweg zeigend, wie diese Freunde wirklich *als Menschen* in der Welt sind.

Auch darin müssen wir v. UEXKÜLL zunächst recht geben, wenn er erklärt: „Es ist nichts als eine Denkbequemlichkeit, von der Existenz einer einzigen objektiven Welt auszugehen (wir Psychiater nennen sie naiv die Realität!), die man möglichst seiner eigenen Umwelt angleicht und die man nach allen Seiten räumlich und zeitlich erweitert hat" (ebd. S. 17 f.[13]). v. UEXKÜLL übersieht jedoch, daß der Mensch, im Gegensatz zum Tier, *sowohl* seine

---

[10] *Theoretische Biologie*, 2. Aufl., 1928, S. 100.
[11] Ebd. S. 144.
[12] *Niegeschaute Welten. Die Umwelten meiner Freunde*, S. 20.
[13] Vgl. auch *Umwelt und Innenwelt der Tiere*, 2. Aufl., 1921, S. 4: „Nur dem oberflächlichen Blick mag es erscheinen, als lebten alle Seetiere in einer allen gemeinsamen gleichartigen Welt. Das nähere Studium lehrt uns, daß jede dieser tausendfach verschiedenen Lebensformen eine ihr eigentümliche Umwelt besitzt, die sich mit dem Bauplan des Tieres wechselseitig bedingt." Vgl. ferner *Theoretische Biologie*, 2. Aufl., S. 232: „Jetzt wissen wir, daß es nicht bloß einen Raum und eine Zeit gibt, sondern ebenso viele Räume und Zeiten, wie es Subjekte gibt, da jedes Subjekt von seiner eigenen Umwelt umschlossen ist, die ihren Raum und ihre Zeit besitzt. Jede dieser abertausend Welten bietet den Sinnesempfindungen eine neue Möglichkeit, sich zu entfalten. (Dies ist die dritte Mannigfaltigkeit – die Mannigfaltigkeit der Umwelten.)"

eigene als *auch* eine allen gemeinsame, „objektive" Welt hat. Das hat ja schon HERAKLIT gewußt, wenn er sagte, im Wachen hätten wir alle eine gemeinsame Welt, im Schlafen (aber auch in der Leidenschaft, im Affekt, in der Sinnenlust und in der Trunkenheit) wende sich ein jeder von dieser ab und seiner eigenen Welt zu. Diese gemeinsame Welt – auch das hat HERAKLIT gesehen – ist die der Phronesis, des Phronein, der vernünftigen Überlegung oder des Denkens. Viel zu sehr haben auch wir Psychiater bisher unser Augenmerk gerichtet auf die Abweichungen unserer Kranken von dem Leben in der allen gemeinsamen Welt, anstatt in erster Linie, wie es ja wohl FREUD zuerst systematisch betrieben hat, die eigene oder Privatwelt der Kranken ins Auge zu fassen.

Was nun unsern daseinsanalytischen Weltbegriff von dem biologischen Weltbegriff v. UEXKÜLLs unterscheidet, ja ihn dem seinigen diametral gegenüberstellt, ist nun aber der Umstand, daß v. UEXKÜLL das Tier als Subjekt, seine Umwelt als von ihm getrenntes Objekt betrachten muß, wenn auch beide im Funktionskreis „zeitweilig ein wirkliches Gefüge bilden" und hier als „vollständig für einander gearbeitet" erscheinen[14]. Die Einheit von Tier und Umwelt, von Subjekt und Objekt, ist nach v. UEXKÜLL gewährleistet durch die jeweiligen „Baupläne" (Wirkpläne, aber auch Merkpläne) des Tieres, die wieder alle „einer überwältigend großen Planmäßigkeit" angehören[15]. Sie sehen, um von v. UEXKÜLLs Lehre zur Daseinsanalyse zu gelangen, müssen Sie die kantisch-kopernikanische Wendung vollziehen, indem sie statt von der Natur und ihrer Planmäßigkeit auszugehen und Naturwissenschaft zu treiben, ausgehen von der transzendentalen Subjektivität und von dieser fortschreiten zum Dasein als Transzendenz. v. UEXKÜLL wirft noch beides in einen Topf, wie Sie aus folgendem, an und für sich sehr eindrucksvollen Resümee seiner Anschauungen ersehen: „Nehmen wir als Beispiel eine bestimmte Eiche und fragen wir uns, welches Umweltding wird sie in der Umwelt einer Eule, die in ihrem hohlen Stamm horstet – in der Umwelt eines Singvogels, der in ihren Ästen nistet – eines Fuchses, der unter ihren Wurzeln seinen Bau hat – eines Spechtes, der Jagd auf die Holzwürmer in ihrer Rinde macht – in der Umwelt eines solchen Holzwurms selbst – in der Umwelt einer Ameise, die ihrem Stamm entlang läuft usf. Schließlich fragen wir uns nach dem Schicksal der Eiche in der Umwelt eines Jägers, eines schwärmerischen jungen Mädchens und eines nüchternen Holzhändlers. Die Eiche, eine in sich geschlossene Planmäßigkeit, wird auf den zahlreichen Umweltbühnen in immer neue Pläne mit eingewoben, die

---

[14] *Theoretische Biologie*, 2. Aufl., S. 135. – Ein andermal *(Umwelt*, S. 47) spricht er auch davon, daß wir im Umschreiten aller Funktionskreise eine Anschauung davon gewinnen müssen, „mit welchen Bändern der Körper ringsum in seiner Umwelt aufgehängt erscheint".

[15] Ebenda, S. 233.

aufzusuchen echte Naturforschung ist.[16]" Wir können es v. UEXKÜLL, der ja nicht Philosoph ist, nicht verübeln, wenn er sich, wie die meisten Naturforscher, über den Wesensunterschied von Tier und Mensch hinwegsetzt, die eigentliche Bruchfläche zwischen ihnen nicht „heilig hält", was gerade sein Kollege SPEMANN dem Naturforscher so sehr ans Herz gelegt hat. Und doch läßt sich gerade hier diese Bruchfläche mit Händen greifen; denn einmal ist das Tier an seinen „Bauplan" gebunden, es kann nicht über ihn hinaus, während das menschliche Dasein nicht nur unzählige Möglichkeiten des *Seinkönnens* enthält, sondern in diesem vielfachen Seinkönnen gerade sein Sein hat; es hat die Möglichkeit, Jäger zu sein, schwärmerisch zu sein, Handel zu treiben, es kann sich also auf die verschiedensten Seinsmöglichkeiten hin entwerfen; es kann m. a. W. das Seiende, hier das „Eiche" genannte Seiende, in den verschiedensten Weltentwürfen „übersteigen" oder sich „zugänglich machen". Zum anderen aber, und das unterschlägt eine solche biologische Betrachtungsweise vollständig, heißt Transzendenz, wie Sie gehört haben, ja nicht nur Weltentwurf, sondern ineins damit *Selbstentwurf*, Selbstseinkönnen. Das menschliche Dasein ist ein ganz anderes Selbstsein je nachdem, ob es als Jäger Welt entwirft und Jäger ist, als junges Mädchen ein schwärmerisches Selbst ist, als Holzhändler ein nüchtern berechnendes Selbst ist. All das sind verschiedene Weisen des In-der-Welt-Seins und des Selbstseinkönnens, zu denen sich noch unzählige andere gesellen, vor allem diejenige des eigentlichen Selbstseinkönnens im Sinne der Existenz und des Wirselbstseinkönnens im Sinne der Liebe[17]. Da das Tier nicht Ich-Du-Wirselbst sein kann, da ihm ja schon das Ich-Du-Wir-sagen verwehrt ist, *hat* es aber auch keine *„Welt"!* Sind doch Selbst und Welt Wechselbegriffe. Wenn wir von der *Umwelt* reden, die das Paramäzium, der Regenwurm, die Kephalopoden, das Pferd, aber auch der Mensch usw., *hat*, so ist dieses Hat ein ganz anderes Hat, als wenn wir sagen, der *Mensch* habe eine „Welt". Im ersten Fall bedeutet dieses Hat eine von der Natur bestimmte Festlegung des „Bauplans", insbesondere der Merk- und Wirkorganisation, auf ganz

---

[16] Ebd., S. 232.

[17] An der Struktur des Daseins als In-der-Welt-Sein unterscheiden wir also

1. die Weisen, wie es *Welt entwirft* oder Welt *bildet*, kurz die Weisen des *Welt*entwurfs oder *Weltbildes*;

2. die Weisen, wie es ineins damit als ein Selbst existiert oder, mit *einem* Wort, sich *selbstigt* oder auch nicht selbstigt;

3. aber auch die Weisen des Überstieges als solchen, d. h. die Weisen, wie das Dasein in der Welt ist (z. B. handelnd, denkend, dichtend, schwärmend).

Daher heißt, auf dem Gebiet der Psychiatrie Daseinsanalyse treiben, nichts anderes, als zu untersuchen und zu beschreiben, wie die verschiedenen Formen von Geisteskranken und jeder Geisteskranke für sich Welt entwerfen, sich selbstigen und – im weitesten Sinne des Wortes – handeln und lieben.

bestimmte Reiz- und Reaktionsmöglichkeiten. Das Tier hat seine Umwelt von Gnaden der Natur, es hat sie aber nicht von Gnaden der transzendentalen Freiheit. Das heißt: es kann weder Welt entwerfen und Welt erschließen, noch sich *selbständig* in und für eine *Situation* entschließen. Es *ist* immer schon in einem ein für allemal festgelegten „Situationskreis"[18]. Das Haben einer „Welt" in bezug auf den Menschen hingegen besteht darin, daß der Mensch, wiewohl er seinen Grund nicht selbst gelegt hat, sondern in sein Sein *geworfen* ist – und insofern *auch* eine Umwelt hat wie das Tier – doch darüber hinaus die Möglichkeit „hat", dieses sein Sein zu transzendieren, d. h. in der Sorge zu übersteigen und in der Liebe zu überschwingen.

Etwas mehr als die Lehre v. UEXKÜLLs nähert sich unserm Standpunkt die Lehre v. WEIZSÄCKERs vom *Gestaltkreis* als einem in sich geschlossenen biologischen Akt: „Insofern ein Lebewesen durch seine Bewegung und Wahrnehmung sich in eine Umwelt einordnet, sind diese Bewegung und Wahrnehmung eine Einheit – ein biologischer Akt.[19]" Wie v. UEXKÜLL rühmt sich auch v. WEIZSÄCKER, bewußt „das *Subjekt* in den Gegenstand der biologischen Forschung eingeführt und zur Anerkennung gebracht" zu haben. Was Subjekt und Objekt in ein Verhältnis zueinander bringt, wird nicht mehr Funktionskreis genannt, sondern Gestaltkreis. Zwar ist das „Grundverhältnis" eigentlich „die Subjektivität" (was schon von einer tieferen Auffassung zeugt als die Rede vom Subjekt). Dieses Grundverhältnis, das aber nicht „explizit zu erkennen" ist, weil es selbst nicht Gegenstand werden kann, ist hier „die letzte Instanz". Sie ist eine Macht, die „als unbewußte Abhängigkeit oder als Freiheit erfahren" werden kann (ebd. S. 167). v. WEIZSÄCKER will also nichts mehr wissen von dem „äußerlich substanziellen Dualismus von Psyche und Physis", er glaubt ihn ersetzen zu können „durch den polar gebundenen Unitarismus von Subjekt und Objekt" (ebd. S. 162). „Das Subjekt ist aber kein fester Besitz", erklärt v. WEIZSÄCKER sehr richtig, „man muß es unablässig erwerben, um es zu besitzen" (S. 154). Man merke es erst richtig, wenn es in der „Krise" zu verschwinden drohe, um sich nachher wieder an seiner Stärke und Sprungkraft aufzurichten. „Mit jedem Subjektsprung entsteht auch ein Gegenstandssprung, und wenn schon die Einheit der Welt fragwürdig ist, so versammelt doch jedes Subjekt wenigstens seine Umwelt, deren Gegenstände es zu einer kleinen Welt in eine monadische Einheit zusammenbindet" (ebd.). Alle diese Lehren sind nicht nur für die Psychologie und Psychopathologie von großem Interesse, vielmehr zeigen sie auch besonders deutlich, daß erst die Lehre vom In-der-Welt-Sein als Transzendenz

---

[18] Das hat ja schon HERDER in seiner Schrift *Über den Ursprung der Sprache* betont: „*Jedes Tier hat seinen Kreis,* in den es von Geburt an gehört, in dem es lebenslang bleibt und stirbt." Ausgew. Werke (Reclam), III, S. 621.

[19] *Der Gestaltkreis.* Theorie der Einheit vom Wahrnehmen und Bewegen, 1940, S. 177.

wirklich konsequent und durchschlagend ist, zugleich aber auch, daß dieselbe nur konsequent durchgeführt werden kann in bezug auf das *menschliche Dasein*.

Schließlich möchte ich Sie noch an den für das psychopathologische Verständnis organischer Hirnstörungen so fruchtbaren Weltbegriff GOLDSTEINs erinnern. Auch da, wo er statt Welt den Ausdruck Milieu gebraucht, handelt es sich um einen echten biologischen Weltbegriff. So ist es bekanntlich einer seiner methodischen Leitsätze, daß „ein defekter Organismus... zu geordnetem Verhalten nur durch eine dem Defekt entsprechende Einschränkung seines Milieus" gelangt[20]. Andere Male spricht er von einer „Einbusse an Freiheit" (infolge des Defekts) „und (von) größerer Gebundenheit an die Umwelt" (ebd. S. 19). Ich erinnere Sie nur an die Tatsache, daß gewisse Gehirngeschädigte sich in der Welt der *„Vorstellung"* nicht mehr orientieren und richtig verhalten können, wohl aber in der Welt des Handelns, der Praxis, wo, wie GOLDSTEIN es neuerdings ausdrückt, „der Effekt (noch) durch konkretes Tun an Hand eines ‚handgreiflich' vorliegenden Materials zustande kommen kann" (ebd. S. 18). Wenn GOLDSTEIN hier mit HEAD von einer „Störung des symbolischen Ausdrucks", oder gemeinsam mit GELB von einer „Störung des kategorialen Verhaltens" spricht, so kommt das beide Male auf nichts anderes hinaus als auf eine Abwandlung des In-der-Welt-Seins als Transzendieren.

Meine Damen und Herren! Dieser Abschnitt sollte Ihnen zeigen, in wie hohem Maße das biologische Denken heute bemüht ist, Organismus und Welt in einer Einheit zu schauen und zu untersuchen, in einer einheitlichen *Gestalt*, symbolisiert in der Gestalt des *Kreises*. Im Vordergrund steht die Einsicht, daß hier alles mit allem in Verbindung steht, kein Teilvorgang innerhalb des Kreises sich ändern kann, ohne daß das Ganze sich ändert, daß es also überhaupt keine isolierten Fakten mehr gibt. Damit ändert sich aber auch der Begriff des Faktums, der Tatsache selbst und die Methode der Tatsachenforschung. Denn jetzt handelt es sich nicht mehr darum, durch bloße Häufung von Tatsachen zu einem Induktionsschluß zu gelangen, sondern sich liebevoll in Wesen und Gehalt des einzelnen Phänomens zu versenken. Das hat schon GOLDSTEIN sehr richtig erkannt, wenn er sagt: „In der biologischen Erkenntnisbildung sind die einzelnen Glieder, die in das Ganze einbezogen werden, nicht einfach quantitativ bewertbar, so daß die Erkenntnis, je mehr Glieder wir bestimmen, um so sicherer würde. Die Einzeltatsachen haben vielmehr alle einen mehr oder weniger großen qualitativen Wert." Und weiter: „Wenn man . . . in der Biologie allein die Lehre von den mit analytisch-naturwissenschaftlichen Methoden feststellbaren Erscheinungen sieht, muß man auf die den Organismus als Ganzes

---

[20] Der *Aufbau des Organismus*, 1934, S. 32.

erfassenden Erkenntnisse und damit eigentlich die Erkenntnisse lebendigen Geschehens überhaupt verzichten.[21]" Damit sind wir schon in die Nähe einer im weitesten Sinne phänomenologischen Lebensbetrachtung gerückt, d. h. einer solchen, in der es auf die Erfassung des Lebensgehaltes der Phänomene ankommt, nicht auf ihre gegenständliche Bedeutung innerhalb eines wohl abgezirkelten Gegenstandsgebietes[22].

III. Die daseinsanalytische Forschungsrichtung in der Psychiatrie

Wir kommen nun zum dritten Abschnitt unseres Referates, zur Rolle, die die daseinsanalytische Forschung in der Psychiatrie zu spielen berufen ist. Gegenüber der biologischen Forschung im Sinne der Ausschöpfung oder Interpretation des Lebensgehaltes der Phänomene, wie wir sie im Anschluß an GOLDSTEINs Auffassungen zuletzt geschildert haben, hat die daseinsanalytische Forschung einen doppelten Vorteil: erstens den Vorteil, daß sie es nicht mit einem so vagen „Begriff" zu tun hat, wie es der des Lebens ist, sondern mit der so allseitig und gründlich freigelegten *Struktur des Daseins* als In-der-Welt- und über-die-Welt-hinaus-Sein; zweitens den Vorteil, daß sie das Dasein sich *tatsächlich* über sich aussprechen oder zu Worte kommen lassen kann, m. a. W. daß die Phänomene, deren Gehalt sie interpretiert, in der Hauptsache *sprachliche* Phänomene sind. Nirgends nämlich läßt sich der Daseinsgehalt deutlicher erschauen und sicherer auslegen als an der Sprache; denn die Sprache ist es, in der sich unsere Weltentwürfe eigentlich „befestigen" und artikulieren und infolgedessen auch feststellen und mitteilen lassen.

Was den ersten Vorteil betrifft, so gibt uns die Kenntnis der Struktur oder Grundverfassung des Daseins einen systematischen Leitfaden für die praktische daseinsanalytische Untersuchung an die Hand. Wir wissen jetzt, auf was wir bei der Untersuchung einer Psychose zu achten, nach welchen Gesichtspunkten wir also vorzugehen haben, wissen, daß wir uns klar darüber werden müssen, welcher Art die Räumlichkeit und Zeitlichkeit, die Belichtung und Färbung, die Konsistenz oder Materialität und die Bewegtheit des Weltentwurfs ist, auf den hin die jeweilige Daseinsform oder individuelle Daseinsgestalt sich entwirft. Das habe ich ja bereits in den Ideenfluchtstudien gezeigt. Einen solchen methodischen Leitfaden vermag die Struktur des In-der-Welt-Seins aber nur deswegen abzugeben, weil wir in

---

[21] A. a. O., S. 255 f.
[22] Vgl. wieder GOLDSTEIN, a. a. O., S. 242: „Biologische Erkenntnis ist der dauernd fortgesetzte schöpferische Akt, durch den uns die Idee des Organismus in zunehmendem Maße zum Erlebnis wird, eine Art Schau etwa im GOETHEschen Sinne, die immer auf dem Boden sehr empirischer Tatsachen steht."

dieser Struktur eine *Norm* in Händen haben und damit die Möglichkeit, Abweichungen *von* dieser Norm exakt wissenschaftlich festzustellen. Zu unserm eigenen Erstaunen hat es sich dabei gezeigt, daß diese Abweichungen auch bei den bisher untersuchten Psychosen keineswegs nur negativ, nämlich als Normwidrigkeit, aufgefasst werden müssen, sondern daß sie ihrerseits wieder einer neuen Norm, einer neuen *Form* des In-der-Welt-Seins entsprechen. Wenn wir z. B. von einer manischen Lebens- oder besser Daseinsform sprechen können, so heißt das, daß wir eine Norm feststellen konnten, die alle von uns als manisch bezeichneten Ausdrucks- und Verhaltensweisen umfasst und beherrscht. Diese *Norm* aber ist das, was wir als die „Welt" der Manischen bezeichnen. Dasselbe gilt von den ungleich komplizierteren, bis jetzt noch unübersehbar mannigfaltigen Weltentwürfen der Schizophrenen, wie ich mich am Fall Ellen West und noch unveröffentlichten Fällen von Schizophrenie überzeugen konnte und wie Sie es auch an dem Fall von Dr. KUHN sehen werden. Die Welt dieser Kranken untersuchen und feststellen, heißt hier wie sonst, untersuchen und feststellen, auf welche Weise das Seiende diesen Daseinsformen zugänglich wird, alles Seiende, Menschen sowohl als Dinge. Wird doch dem Menschen das Seiende, wie Sie hörten, nie als solches zugänglich, sondern immer nur in einem und durch einen bestimmten Weltentwurf.

Was den zweiten Vorteil betrifft, die Möglichkeit der Untersuchung sprachlicher Phänomene, so besteht ja das Wesen der Sprache und des Sprechens darin, daß hier ein *bestimmter Bedeutungsgehalt* ausgedrückt und kundgegeben wird. Dieser Bedeutungsgehalt ist, wie Sie wissen, unendlich mannigfaltiger Art. Es kommt daher alles darauf an, genau anzugeben, auf welchen Bedeutungsgehalt hin wir die sprachlichen Äußerungen unserer Kranken untersuchen. Wir achten nicht nur, wie der Psychoanalytiker es systematisch betreibt, auf den *lebensgeschichtlichen* Gehalt, auf Hinweise auf den erlebten oder zu vermutenden Zusammenhang der inneren Lebensgeschichte und achten vor allem nicht auf den Gehalt an möglichen Hinweisen auf lebensfunktionale Tatbestände, wie der Psychopathologe es tut, wenn er auf Störungen der Sprach- oder Denkfunktion achtet. Was in der Daseinsanalyse unsere Aufmerksamkeit fesseln muß, ist vielmehr der Gehalt der sprachlichen Ausdrücke und Kundgaben an Hinweisen auf den oder die Weltentwürfe, in denen der Sprechende lebt oder gelebt hat, mit einem Wort: der Weltgehalt. Unter Weltgehalt verstehen wir also den Gehalt an welthaften Tatbeständen, d. h. an Hinweisen darauf, wie die betreffende Form oder Gestalt des Daseins Welt entdeckt, Welt entwirft und erschließt und in der jeweiligen Welt ist oder existiert. Dazu kommen aber noch die Hinweise darauf, wie das Dasein *über* die Welt hinaus ist, d. h. wie es in der Ewigkeit und Heimat der Liebe zu Hause (oder nicht zu Hause) ist. Ich brauche Sie ja nur wieder an die von mir als Paradigma für die Daseinsanalyse in der Psychiatrie gedachte Studie über die Gestalt *Ellen West* zu erinnern.

Während die Dinge im Falle Ellen West für die Daseinsanalyse insofern besonders günstig lagen, als hier eine seltene Fülle spontaner und ohne weiteres verständlicher sprachlicher Kundgaben zur Verfügung stand – Selbstschilderungen, Träume, Tagebuchnotizen, Gedichte, Briefe, autobiographische Entwürfe –, müssen wir in der Regel nun, zumal bei fortgeschrittenen Fällen von Schizophrenie, das Material für die Daseinsanalyse in einer geduldigen, über Monate oder Jahre sich hinziehenden systematischen Exploration der Kranken erst herbeischaffen, wofür Ihnen in dem Referat von Dr. KUHN ein eindrucksvolles Beispiel vor Augen treten wird. Worauf es hier in erster Linie ankommt, ist, daß wir uns immer und immer wieder vergewissern, was die Kranken mit ihren Ausdrücken überhaupt meinen. Erst dann können wir uns an die wissenschaftliche Aufgabe wagen, aus den sprachlichen Gehalten die „Welten" zu erkennen, in denen die Kranken sind, m. a. W. zu erkennen, „wie alles sich zum Ganzen webt, eins in dem anderen wirkt und strebt", zu erkennen, daß und wie alle Teilglieder der Daseinsstruktur vom Ganzen der Struktur aus verständlich werden, das Ganze sich widerspruchslos aus den Teilgliedern ergibt. Wie bei jeder anderen wissenschaftlichen Untersuchung gibt es hier Irrtümer, Sackgassen, vorschnelle Interpretationen, wie bei jeder anderen gibt es aber auch Mittel und Wege, sie zu korrigieren und die Ereignisse immer wieder von neuem zu rektifizieren. Es ist nun eine der eindrucksvollsten Errungenschaften der Daseinsanalyse, daß sie zeigen kann, daß auch auf dem Gebiet der Subjektivität nichts, um mit v. UEXKÜLL zu reden, „dem Zufall überlassen bleibt", sondern ein bestimmtes Gefüge zu erkennen ist, von dem jedes Wort, jeder Satz, jede Idee, jede Zeichnung, Handlung oder Geste ihr besonderes Gepräge erhält. Von dieser Erkenntnis machen wir ja bei der daseinsanalytischen Interpretation des Rorschach-Versuchs, aber neuerdings auch des Assoziationsversuchs dauernd Gebrauch. Es ist immer ein und derselbe Weltentwurf, oder es sind immer ein und dieselben Weltentwürfe, die uns in den spontanen sprachlichen Kundgaben, bei der systematischen Exploration, im Rorschach- und Assoziationsexperiment, in den Zeichnungen und oft auch in den Träumen entgegentreten. Und erst wenn wir diese „Welten", um wieder mit v. UEXKÜLL zu reden, „umschritten" haben, haben wir die Daseinsform im Sinne dessen, was wir Neurose oder Psychose nennen, verstanden und können wir nun, wie Sie wiederum in den Ideenfluchtstudien und im Fall Ellen West gesehen haben, den Versuch wagen, einzelne klinisch als Symptome bewertete Teilglieder dieser Welt- und Daseinsformen aus der Art und Weise des gesamten In-der-Welt-Seins der Kranken zu verstehen. Selbstverständlich spielen auch hier die lebensgeschichtlichen Zusammenhänge eine wichtige Rolle, aber, wie Sie gleich sehen werden, gerade nicht im Sinne der Psychoanalyse; denn während sie hier das Ziel der Untersuchung bildet, sind sie für die Daseinsanalyse lediglich Material für die Untersuchung.

Einige Beispiele sollen Ihnen nun zeigen, welcher Art die Weltentwürfe sein können, mit denen wir es in der Psychopathologie zu tun haben. Ich füge aber gleich hinzu: Die Zahl solcher Arten ist Legion. Wir stehen erst am Anfang ihrer Beschreibung und Untersuchung. –

Das erste klinische Beispiel, an dem ich die bisherigen Ausführungen illustrieren will, betrifft ein junges Mädchen, dem im 5. Lebensjahr beim Losschnallen des Schlittschuhs der Absatz im Schlittschuh stecken blieb [Vgl. hierzu im Anhang den Brief von v. Gebsattel an Binswanger vom 4. Juni 1954.], was eine unerklärliche Angst und einen Ohnmachtsanfall zur Folge hatte[23]. Seitdem wird das jetzt 21jährige Mädchen von einer unbezwingbaren Angst befallen, wenn es bemerkt, daß ein Absatz nicht fest am Schuh haftet, daß jemand nach seinem Absatz greift oder auch nur von einem Absatz spricht (ihre eigenen Absätze mußten angenagelt werden). Kann sie dann nicht davonlaufen, so fällt sie in Ohnmacht. Die Psychoanalyse konnte mit aller nur wünschenswerten Deutlichkeit zeigen, daß hinter der Angst vor dem gelockerten oder losgetrennten Absatz Geburtsphantasien steckten, sowohl im Sinne des Geboren-, also Losgelöstwerdens von der Mutter, als im Sinne der Geburt eines eigenen Kindes. Unter den vielen Kontinuitätstrennungen, die die Analyse als schreckhaft zutage förderte, war die von Mutter und Kind die eigentlich gemeinte und gefürchtete. (Ich lasse die männliche Komponente hier ganz aus dem Spiel.) Vor FREUD hätte man erklärt, das an sich völlig harmlose Ereignis auf dem Eis im 5. Lebensjahr habe die „Absatzphobie" hervorgerufen. FREUD hat bekanntlich gezeigt, daß es die sich an ein solches Ereignis knüpfenden oder ihm vorausgehenden Phantasien sind, die „pathogen" wirken. Beide Male, nämlich vor und seit FREUD, wurde aber immer noch ein Erklärungsgrund in Bereitschaft gehalten, um verständlich zu machen, warum das Ereignis oder die betreffenden Phantasien gerade bei *diesem* Menschen diese Folgen hatten, nämlich die Konstitution oder Disposition; denn jeder Mensch erlebt das „Trauma der Geburt", und mancher verliert einen Absatz, ohne daß er eine hysterische Phobie bekommt. Wenn wir uns nun auch keineswegs anheischig machen, das Problem, das wir *Disposition* nennen, in seiner Gesamtheit aufzurollen, geschweige zu lösen, so getraue ich mich doch zu behaupten, daß wir das, was wir Disposition nennen, von der anthropologischen Seite aus etwas weiter aufhellen können. Wir konnten nämlich in späteren Arbeiten zeigen, daß wir noch „hinter" die Phantasien gehen können, und zwar eben insofern, als wir den Weltentwurf aufsuchen und untersuchen, der die be-

---

[23] *Jahrbuch Bleuler und Freud*, III [Binsw. 1911a].

treffenden Phantasien und Phobien allererst ermöglicht. Diejenige Kategorie nun, die dem Weltentwurf unserer kleinen Patientin als Leitfaden dient, ist die Kategorie der *Kontinuität*, des kontinuierlichen Zusammenhangs und Zusammenhalts. Das bedeutet eine ungeheure Einengung, Simplifizierung und Entleerung des Weltgehalts, des so überaus komplexen Gesamts ihrer Verweisungszusammenhänge. Alles, was die Welt bedeutsam macht, tritt unter die Herrschaft dieser einen Kategorie. Sie allein ist es, die der Welt und dem Sein in ihr Halt gibt. Daher die Angst vor jeder Kontinuitätstrennung, vor jedem Riß, jedem Reissen und Trennen, Getrennt- und Zerrissenwerden. Erst dieses „Weltbild" macht verständlich, warum die von jedem Menschen durchgemachte Trennung von der Mutter, als die eigentliche Urtrennung des menschlichen Lebens, derartig „überwertig" werden mußte, daß jegliches Trennungsereignis die Angst vor der Trennung von der Mutter *zu symbolisieren geeignet* war und die Phantasien oder Tagträume an sich zu ziehen und zu aktivieren vermochte. Wir dürfen uns also den Sachverhalt nicht so verständlich machen, daß wir sagen, die übergroße („präödipale") Mutterbindung sei der Erklärungsgrund für das Auftreten der Phobie, vielmehr müssen wir einsehen, daß eine solche übergroße *Mutterbindung* nur *möglich* ist auf Grund eines Weltentwurfs, der sich überhaupt nur auf der Kategorie des Zusammenhangs, des Zusammenhalts, der Kontinuität aufbaut. Ein solches Weltverständnis, was immer auch heißt eine solche Gestimmtheit, braucht selbstverständlich nicht „bewußt" zu sein, wir dürfen es aber auch nicht unbewußt nennen im psychoanalytischen Sinne, denn es steht jenseits dieses Gegensatzes; betrifft es doch nichts Psychologisches, sondern etwas das psychologische Faktum erst Ermöglichendes. Wir stoßen hier auf das eigentlich „Abnorme" in diesem *Dasein*, dürfen dabei aber nicht vergessen, daß, wo der Weltentwurf ein derartig eingeengter ist, auch das Selbst eingeengt und von der Reifung abgehalten ist. Alles soll hier beim alten bleiben. Kommt es aber doch zu Neuem, zur Kontinuitätstrennung, so ist klar, daß diese nur die Katastrophe, die Panik, den Angstanfall bedeuten kann; denn jetzt stürzt die Welt tatsächlich zusammen, und es bleibt kein Halt mehr in ihr. An Stelle der inneren oder existenziellen Reifung, der eigentlichen, auf die Zukunft gerichteten Zeitigung tritt hier das Übergewicht der Vergangenheit, des „Schon-seins-in". Die Welt muß hier stehen bleiben, nichts darf geschehen, nichts sich ändern; der Zusammenhang muß gewahrt bleiben, wie er schon immer war. Auf dem Grunde dieses Zeitigungsmodus erst gelangt das weltzeitliche Moment der *Plötzlichkeit* zu der enormen Bedeutung, die es in solchen Fällen jeweils erlangt; denn Plötzlichkeit ist der Zeitcharakter dessen, was die Kontinuität *zerreißt*, zerhackt oder zerstückelt, das bisherige Dasein aus seiner Bahn wirft und vor das Entsetzliche, vor das nackte Grauen stellt [vgl. zur weiteren Analyse des „nackten Grauens" Bd. 2 dieser Ausg., S. 401 ff.]. Das aber nennen wir in der Psychopathologie höchst summarisch und simplifizierend den *Angstanfall.* Das Losreißen des Absatzes vom Stiefel auf dem Eis bildet nicht den „Erklärungsgrund" für das Auftreten der Phobie vor jeglicher Kontinuitätstrennung, auch die Mutterleibs- und Geburtsphantasien bilden ihn noch nicht, vielmehr gelangten die letzteren deshalb zu solcher Bedeutung, weil für diese kindliche Existenz Halt an der Mutter Welthalt überhaupt bedeutete – wie es für das Kleinkind noch selbstverständlich ist –, und erlangte das Ereignis auf dem Eis seine traumatische Bedeutung, weil hier die „*Welt*" ein ganz anderes Gesicht bekam, nämlich sich zeigte von der Seite der Plötzlichkeit, des ganz Andern, des Neuen, Unerwarteten. Das alles hat aber keinen „Platz", keine Stätte in dieser Welt, es kann nicht in diesen Weltentwurf eingehen; daher bleibt es sozusagen immer draußen, kann es nicht bewältigt werden; m. a. W. anstatt in die Innerlichkeit aufgenommen und im vollen Sinne des Wortes wieder-holt (KIERKEGAARD), wieder in die Innerlichkeit zurückgeholt zu werden, damit sein Sinn und Gehalt ausgeschöpft werden kann, bleibt es bei der existenziell sinnlosen weltlichen Repetierung des Gleichen, beim immer wiederholten Einbruch des Plötzlichen in den Stillstand der Weltuhr. Dieser Weltentwurf tritt zeitlich nicht vor dem traumatischen Ereignis in Erscheinung, er manifestiert sich, um mich eines KANTischen Ausdrucks zu bedienen, erst *bei Anlaß* jenes Ereignisses. Wie die apriorischen oder transzendentalen Formen des menschlichen Geistes die Erfahrung erst zu dem machen, was Erfahrung überhaupt ist, so schafft auch erst die Form jenes Weltentwurfs die Bedingung der Möglichkeit, daß jenes Ereignis auf dem Eis als traumatisch *erfahren* wird.

Zum Schluß erwähne ich noch, daß unser Fall nicht vereinzelt dasteht. Wir kennen noch auf ganz andere Kontinuitätstrennungen beschränkte Ängste, so z. B. die bis zum Grauen gesteigerte Angst vor dem losen, nur an einem Faden hängenden Knopf, vor dem Abreißen des Speichelfadens oder dem Abgang des Stuhls. Ob es sich um den losen Absatz, den losen Knopf, den losen Speichel oder den Abgang des Stuhls handelt, was auf lebensgeschichtliche Momente zurückgeht, immer handelt es sich um dasselbe auf die Kontinuitätskategorie eingeengte oder entleerte In-der-Welt-Sein, vom Über-die-Welt-hinaus-Sein schon gar nicht zu reden. In diesem eigenartigen Weltentwurf mit seinem eigenartigen Sein in der Welt und seinem eigenartigen Selbst erblicken wir den eigentlichen Horizont für das Verständnis dessen, was sich daseinsmäßig hier „abspielt". Wie der Biologe und Neuropathologe bleiben wir nicht beim einzelnen Faktum, der einzelnen Störung, dem einzelnen Symptom stehen, sondern suchen nach einem übergreifenden Ganzen, aus dem sich das Faktum als Teilerscheinung verstehen läßt. Dieses Ganze ist nun aber weder ein funktionelles Ganzes, ein „Gestaltkreis"[24] noch ein komplexhaftes, ja überhaupt kein gegenständliches Ganzes, sondern ein Ganzes im Sinne der Einheit eines Weltentwurfs. Während ich hierauf jetzt nicht näher eingehen kann, möchte ich nur nochmals *eines* feststellen. Es betrifft das Verständnis der Angst. Sie haben gesehen, daß wir im Verständnis der Angst nicht weiterkommen, wenn wir sie nur als für sich bestehendes psychopathologisches Symptom betrachten. Wir dürfen, kurz gesagt, Angst nie trennen von „Welt" und müssen uns darüber klar sein, daß Angst immer dann auftritt, wenn die „*Welt*" ins Wanken gerät oder zu verschwinden droht. Und zwar wird die Angst um so eher und um so schwerer auftreten, je entleerter, simplifizierter und eingeengter der Weltentwurf ist, auf den sich das Dasein *festgelegt* hat. Angesichts der ungeheuren Mannigfaltigkeit von weltlichen Verweisungszusammenhängen und Bewandtnisganzheiten, wie sie die „Welt" des Gesunden darstellt, kann *dessen* „Welt" nie *ganz* ins Wanken geraten oder versinken, denn ist sie von einer Seite her bedroht, so werden sich immer andere „Seiten" zeigen, von denen her ihr wieder Halt winkt. Wo die „Welt" aber, wie in unserm Fall und in zahllosen anderen Fällen, derartig von einer oder einigen wenigen Kategorien *beherrscht* wird, muß natürlich die Bedrohung des Bestandes dieser einen oder wenigen Kategorien eine viel stärkere Angst zur Folge haben. *Phobie* heißt immer Versuch der Sicherung einer eingeengten, verarmten „*Welt*", *Angst* heißt Verlust dieser Sicherung, Zusammensturz der „Welt" und damit Ausgeliefertsein des Daseins an das Nichts, an das unaushaltbare, fürchterliche „nackte Grauen". Wir müssen also streng unterscheiden zwischen der lebensgeschichtlich bedingten, situationsmässigen *Durchbruchstelle* der Angst und der daseinsmässigen *Quelle* der Angst. Eine solche Unterscheidung finden wir ja bereits bei FREUD, wenn er zwischen der Phobie als Symptom und der „eigenen libido" als dem eigentlichen Gegenstand der Furcht unterscheidet[25]. An Stelle des theoretisch-konstruktiven Begriffs der „libido" tritt bei uns die phänomenologisch-ontologische Struktur des Daseins als In-der-Welt-Sein. Wir sagen nicht, der Mensch fürchtet sich vor seiner eigenen „libido", sondern wir sagen, das Dasein als In-der-Welt-Sein ist an sich schon bestimmt durch Unheimlichkeit und Nichtigkeit; die *Quelle* der Angst ist das Dasein selbst[26].

---

[24] Wollen wir auch hier noch von einem „Gestaltkreis" reden, so ist es der im Übersteig des Daseins, in der Transzendenz selbst sich zeigende Kreis, der die subjektive und die objektive Transzendentalität, nämlich Dasein und Welt, umschliesst, und zwar als gegenseitig aufeinander bezogene Momente der subjektiven Transzendenz. Vgl. hierzu auch SZILASI: *Wissenschaft als Philosophie*, Europa-Verlag, 1945.

[25] *Neue Folge der Vorlesungen zur Einführung in die Psychoanalyse*, S. 117 (Ges. Schr., XII, 238 f.).

[26] Vgl. *Sein und Zeit*, 40, S. 184 ff.: Die Grundbefindlichkeit der Angst als eine ausgezeichnete Erschlossenheit des Daseins.

Handelte es sich in diesem Beispiel um den Entwurf einer sozusagen statischen Welt, in der alles darauf ankam, daß nichts passierte, nichts geschah, alles beim alten blieb, nichts Trennendes in die *Einheit* der „Welt" eingriff, so handelt es sich in dem jetzt zu besprechenden weitern Beispiel um eine qualvoll *uneinheitliche*, disharmonische „Welt", und zwar wiederum von Kind an. Der Patient, ein „neuroseähnliches" Bild der polymorphen Schizophrenie zeigend, litt an allen möglichen somato-, auto- und allopsychischen Phobien. Die Welt, in der ihm das Seiende, alles Seiende, zugänglich wurde, war eine Welt von Druck und Stoß, eine bis zum Platzen energiegeladene Welt. Kein Schritt in diese Welt war möglich, ohne Gefahr zu laufen, anzustoßen oder angestoßen zu werden, sei es im Leben, sei es in der Phantasie. Die Zeitlichkeit dieser Welt war die der *Dringlichkeit* oder „urgence" (René LE SENNE), die Räumlichkeit infolgedessen die der drangvoll-fürchterlichen, dem Dasein „auf Leib und Seele" drückenden *Enge* oder *Nähe*, wie wir sie auch von der Angstwelt Ellen Wests her kennen. Das trat auch sehr deutlich zutage im Rorschach-Experiment: Bald sieht der Patient ein Möbelstück, „wo man das Schienbein anschlagen kann", bald eine Trommel, „die einem ans Bein schlägt", Krebse, „die einen zwicken", „etwas, wo man sich dran ritzt", bald (Tafel X, gelb Mitte) „Zentrifugalkugeln von einem Schwungrad, die mir, ausgerechnet mir, ins Gesicht fliegen, obwohl sie schon seit Jahrzehnten an der Maschine gehalten haben; nur wenn ich dazukomme, passiert etwas". Wie hinsichtlich der Umwelt, der Welt der Dinge, verhält es sich hier auch mit der Mitwelt, der Welt der Mitmenschen; überall lauert Gefahr, Anpöbelung, Mißachtung, argwöhnisches oder spottendes Beobachtetwerden. Das alles liegt bereits an der Grenze eines Beziehungs- und Beeinträchtigungswahns, weshalb WERNICKE oder KRETSCHMER hier von einer Beziehungsneurose sprechen würden, ein Ausdruck, den ich aber nicht für glücklich halte. Sehr aufschlußreich sind nun die krampfhaften Versuche des Patienten, mit dieser disharmonischen, energiegeladenen, bedrohlichen „Welt" fertig zu werden, sie künstlich zu harmonisieren und zu bagatellisieren, um die ständig drohende Katastrophe zu vermeiden. Das geschieht durch möglichste Distanzierung von der Welt im Sinne ihrer Rationalisierung, was hier wie überall einhergehen muß mit ihrer Devalorisierung, mit der Entwertung und Entleerung ihrer Lebens-, Liebes- und Schönheitsfülle, wovon insbesondere auch das Assoziationsexperiment deutlich Kunde gibt.

Aber auch die Rorschach-Versuche zeugen von der künstlichen Rationalisierung der Welt, ihrer Symmetrisierung und Mechanisierung. Wie im ersten Falle alles Seiende nur zugänglich wurde in einer auf die Kategorie der Kontinuität reduzierten Welt, so hier in einer auf die mechanische Kategorie von Druck und Stoß reduzierten Welt. Wir wundern uns daher nicht, wenn wir sehen, daß in diesem Dasein und seiner Welt keinerlei Stetig-

keit herrscht, der Lebensstrom keineswegs ruhig dahinfließt, sondern alles
und jedes stoss- oder ruckartig erfolgt, von der einfachsten Geste und den
einfachsten Bewegungen bis zur Formulierung der sprachlichen Ausdrücke,
dem Vollzug des Denkens und der Willensentschlüsse. Alles an dem Patienten ist eckig und erfolgt abrupt. Zwischen den einzelnen Rucken und Stößen
aber herrscht Leere. (Sie sehen, wir beschreiben hier nur daseinsanalytisch,
was wir klinisch als schizoid und autistisch bezeichnen.) Überaus bezeichnend für all dies ist wieder das Verhalten beim Rorschach-Versuch. Der
Patient fühlt das Verlangen, die Tafeln jeweils „zusammenzuklappen und
‚ad acta' zu legen", und zwar „mit einem je letzten effort", wie er die Welt
überhaupt mit einem je letzten „effort" zusammenklappen und „ad acta"
legen möchte. Anders vermag er ihrer nicht mehr Herr zu werden. Aber
auch die letzten „efforts" erschöpfen ihn derart, daß er immer untätiger
und stumpfer wird. Sie sehen, wie im ersten Fall die *Kontinuität,* so soll in
diesem Fall das dynamische *Gleichgewicht* des Daseins und seiner Welt um
jeden Preis aufrecht erhalten werden. Dieser Aufrechterhaltung dienen auch
hier schwere phobische Sicherungen. Wo diese versagen, und sei es nur in der
Phantasie, kommt es zum Angstanfall und zur völligen Verzweiflung. Dieser
Fall, dessen Daseins- und Weltstruktur hier nur ganz skizzenhaft dargestellt
werden konnte, soll als zweite Schizophreniestudie unter dem Namen Jürg
Zünd in unserem Archiv erscheinen.[27] Hat uns dieser Fall erlaubt, einen
Blick in die Welt zu tun, in der so etwas wie *Beziehungs-* und *Beeinträchtigungswahn* möglich ist, so erlaubte mir der ebenfalls noch unveröffentlichte
Fall Lola Voss einen Einblick in die Weltstruktur, die den *Verfolgungswahn*
ermöglicht. Ich hatte hier die seltene Gelegenheit, einen schweren halluzinatorischen Verfolgungswahn auftreten zu sehen, nachdem ein ausgesprochen
phobisches Stadium vorausgegangen war. Dasselbe äusserte sich in einem
höchst komplizierten abergläubischen Wort- und Silbenorakel, nach dessen
positivem oder negativem Ergebnis die Kranke ihre Handlungen ausführte
oder unterließ. Der Zwang, die Namen der Dinge in ihre Silben zu zerlegen, die Silben wieder nach einem bestimmten System zu kombinieren und
je nach dem Ergebnis dieser Kombinationen mit den betreffenden Dingen
und Menschen umzugehen oder sie wie die Pest zu fliehen, all das diente
auch hier der Sicherung des Daseins und seiner Welten vor der Katastrophe.
Hier bestand die Katastrophe aber weder in der Zerreißung der weltlichen
Kontinuität noch in der Störung des dynamischen Gleichgewichts, sondern
im Einbruch des unnennbar *Unheimlichen* oder *Fürchterlichen* schlechthin in „Welt" und Dasein. Hier war die „Welt" nicht dynamisch geladen
mit sich bekämpfenden Kräften, die es künstlich zu harmonisieren galt, es
war kein auf Druck und Stoß reduzierter Weltentwurf, sondern ein auf die

---

[27] Inzwischen erschienen in Bd. 56, 57 u. 58 [Binsw. 1946/47].

Kategorien von Vertrautheit und Unvertrautheit (oder Unheimlichkeit) reduzierter Weltentwurf. Das Dasein war hier ständig bedroht und umlauert von einer zwar noch unpersönlichen, aber feindlichen *Macht*. Das unglaublich dünne, fadenscheinige Netz der gekünstelten Silbenkombination diente der Sicherung vor dem Überwältigtwerden des Daseins von dieser Macht und dem unaushaltbaren Ausgeliefertsein an sie. Nun war es sehr lehrreich zu beobachten, wie zugleich mit dem Verschwinden dieser Sicherungen eine neue, ganz andersartige, weil keineswegs mehr beabsichtigte Sicherung vor dem Einbruch dieses Fürchterlichen in Erscheinung trat: der eigentliche Verfolgungswahn. An Stelle der unpersönlichen Macht des bodenlos *Unheimlichen* traten die *heimlichen* Machenschaften der personhaften Feinde. Gegen diese vermochte die Kranke sich nun wieder bewußt zur Wehr zu setzen – mit Anklagen, Gegenangriffen, Fluchtversuchen –, was alles wie ein Kinderspiel erschien im Vergleich zu dem beständigen hilflosen Bedrohtsein von der fürchterlichen Macht des *unfaßbaren* Unheimlichen. Mit diesem Gewinn an *Daseins*sicherheit[28] ging jedoch einher der völlige Verlust der existenziellen Freiheit, das völlige *Verfallensein* an die Mitmenschen als Feinde, psychopathologisch ausgedrückt: der Verfolgungswahn. Ich erwähne diesen Fall, einmal um zu zeigen, daß wir den Verfolgungswahn nicht verstehen werden, wenn wir mit der Untersuchung beim Wahn selbst einsetzen, daß wir vielmehr unser ganzes Augenmerk darauf richten müssen, was dem Wahn vorausgeht, sei es für Monate, Wochen, Tage oder auch nur Stunden. Ich bin überzeugt, daß wir auch in anderen Fällen sehen werden, daß der Verfolgungswahn, ähnlich wie die Phobien, eine Sicherung des Daseins gegen den Einbruch eines unvorstellbar Fürchterlichen bedeutet, im Vergleich zu dessen unvorstellbar unheimlicher, ungegenständlicher Macht aber die heimlichen Machenschaften der Feinde wie gesagt immer noch erträglicher sind, weil die Feinde, im Gegensatz zum gänzlich unfaßbaren Fürchterlichen, doch bei *etwas zu nehmen* (wahrzunehmen, zu erraten, abzuwehren und zu bekämpfen) sind. Der andere Grund, weshalb ich den Fall Lola Voss erwähne, ist der, Ihnen zu zeigen, daß wir heute nicht mehr an den leidigen Gegensatz von einfühlbarem und uneinfühlbarem Seelenleben gebunden sind, sondern eine Methode, ein wissenschaftliches Instrument besitzen, mit dem wir auch das sogenannte uneinfühlbare Seelenleben dem wissenschaftlichen Verständnis systematisch näherbringen können. Selbstverständlich bleibt es immer noch der Imagination des einzelnen Forschers und Arz-

---

[28] Ich vermeide hier absichtlich den Ausdruck Selbstheilungsversuch, weil es sich weder um einen beabsichtigten Versuch überhaupt, noch um den einer Heilung handelt; denn die Kranke ist jetzt ungeheilter, ja unheilbarer denn je. Das einzige, was wir sagen können, ist, daß das Dasein sich jetzt in einem Weltentwurf *verfangen* hat, daß es nicht mehr als ein eigentliches Selbst vor dem unaushaltbaren, unfaßbaren Fürchterlichen steht, sondern als *sich* entfremdetes, uneigentliches Selbst der Welt der Feinde *verfallen* ist.

tes überlassen, wie weit er mit seiner eigenen Erlebnisfähigkeit nachzuerleben und nachzuerleiden imstande ist, was die daseinsanalytische Forschung an Erlebnismöglichkeiten methodisch planmäßig seinem wissenschaftlichen Verständnis erschließt.

Werfen wir von hier aus noch einmal einen Blick auf den Fall *Ellen West* zurück, so sehen wir, daß es häufig keineswegs damit getan ist, nur von *einem* Weltentwurf auszugehen, wie wir es der Einfachheit halber bisher getan haben und womit wir bei den krankhaften Verstimmungen, bei der Manie und der Melancholie, tatsächlich auskommen. Bei der daseinsanalytischen Untersuchung schizophrener Prozesse hingegen ist es unerläßlich, die *verschiedenen* Welten ins Auge zu fassen und zu beschreiben, in denen die Kranken leben, um zeigen zu können, inwiefern sich das In-der-Welt- und Über-die-Welt-hinaus-Sein der Kranken da, wo wir klinisch von schizophrenem Prozeß sprechen, *wandelt*. Das ist in der Darstellung des Falles Ellen West geschehen. Sie sahen dort, um es nochmals zu betonen, das Dasein in Gestalt eines jubilierenden Vogels in die Lüfte steigen – als *Fliegen* in einer Welt der Lichtung und unbegrenzten Weite –, sahen das Dasein als ein *Stehen* und *Schreiten auf* der Erde in der Welt des entschlossenen Handelns, sahen schließlich das Dasein in Gestalt eines blinden Wurms, als *Kriechen* in sumpfiger Erde, in modriger Gruft, in engem Loch. Vor allem aber sahen Sie hier, was die „Geisteskrankheit" wirklich für den „Geist" bedeutet, wie sich der menschliche Geist hier wirklich verhält, wie seine Formen sich hier tatsächlich wandeln, derart nämlich, daß es zu einer genau verfolgbaren Einengung, Entleerung oder Aushöhlung von Dasein, Welt und Überwelt kommt mit dem Resultat, daß von dem ganzen geistigen Reichtum der „Welt" der Kranken, der ganzen Fülle an Liebe, Schönheit, Wahrheit, Güte, an Vielfalt, Wachstum und Gedeihen „nichts mehr bleibt als das große, unausgefüllte Loch". Was bleibt, ist das tierische Sichvollfressenmüssen, das drang- und triebhafte Ausfüllenmüssen des Bauches. Das alles ließ sich nicht nur zeigen an Art und Wandlung der Räumlichkeit, des Kolorits, der Materialität und Dynamik der verschiedenen Welten, sondern auch an Art und Wandlung der Zeitlichkeit bis zum Übergang in die „ewige Leerheit" des sogenannten Autismus.

Soviel über einige Möglichkeiten daseinsanalytischer Untersuchung schizophrener Daseinsformen. Was das *manisch-depressive* Irresein betrifft, so verweise ich hier nur auf die Ideenfluchtsstudien, sowie auf die zwar noch nicht in vollem Sinne daseinsanalytisch, wohl aber durchaus empirisch-phänomenologisch durchgeführten Untersuchungen der mannigfachen Formen depressiver Zustände durch E. MINKOWSKI, Erwin STRAUS und v. GEBSATTEL. Wenn wir E. MINKOWSKI nennen, so müssen wir dankbar anerkennen, daß er der erste war, der die Phänomenologie praktisch in die Psychiatrie, und zwar gerade auf dem Gebiet der Schizophrenie, eingeführt und hier sogleich sehr fruchtbar verwertet hat. Es sei aber auch auf seine Bücher: *Le temps vécu* (1933) und insbesondere: *Vers une cosmologie* (Ed. Montaigne, 1936) hingewiesen. Das letztere muß als ausgezeichnete Einführung in das „kosmologische" Denken im Sinne der Phänomenologie bezeichnet werden. Zu erwähnen sind ferner die Arbeiten von Erwin STRAUS und von v. GEBSATTEL über Zwang und Phobien, ebenso diejenigen von dem uns allzufrüh entrissenen Franz FISCHER über die Raum- und Zeitstruktur im schizophrenen Dasein. Anwendungen daseinsanalytischer Betrachtungsweise finden Sie bereits in v. GEBSATTELs ausgezeichneter Schrift über *Die Welt des Zwangskranken*[29], in den *Münsterlinger* Rorschach-Beiträgen und hier besonders in Roland KUHNs Arbeit über die Maskendeutungen (1945). Abgesehen von der Vertiefung des Verständnisses der Psychosen und Neurosen ist die Daseinsanalyse aber auch unentbehrlich in der *Charakterologie* und *Psychologie*. Hinsichtlich der Charakterologie beschränke ich mich auf die Analyse des *Geizes*. Wenn behauptet wurde, Geiz bestünde im Beharren im Zustand der Möglichkeit, „im Kampf gegen die Verwirklichung" und erst daraus sei die Bindung an das Geld zu verstehen (Erwin STRAUS), so ist das noch allzu rationalistisch verstanden. Vielmehr gilt es auch hier, Weltentwurf und Dasein des Geizigen zu analysieren, m. a. W. zu untersuchen, welcher Weltentwurf und welche Weltauslegung dem Geiz zugrunde liegt, auf welche Weise dem Geizigen das Seiende zugänglich ist.

Fassen wir das Verhalten des Geizigen und dessen Schilderungen in der schönen Literatur (ich erinnere nur an MOLIERE und BALZAC) genau ins Auge, so sehen wir, daß es ihm (wie Ellen West, aber ohne deren Abwehrkampf dagegen) in erster Linie um das *Anfüllen*, und zwar um das Füllen von Kisten und Kästen, Strümpfen und Säcken mit „Gold" zu tun ist, wovon das Nichtherausgebenwollen und Festhalten erst die Folge ist. Das Füllen ist das apriorische oder transzendentale Band, das Kot und Geld auf einen gemeinsamen Nenner bringen läßt, woraus sich erst die empirische Möglichkeit ergibt, daß psychoanalytisch die Geldsucht als aus dem Festhalten des Kotes „stammend" betrachtet werden kann. Keineswegs aber ist das Festhalten des Kotes die „Ursache" des Geizes. Die oben genannten Hohlräume dienen aber nicht nur zum Anfüllen, sondern auch zur Verbergung vor Blicken und Zugriffen der Mitmenschen. Der Geizige „*sitzt*" oder „*hockt*" auf dem Geld „wie die Henne auf dem Ei". (Aus solchen Wendungen der Umgangssprache können wir immer am meisten lernen, verfährt sie doch von jeher in hohem Grade phänomenologisch und nicht diskursiv.) An Stelle der Lust am Ausgeben oder Vonsichgeben, die nur in sympathischem Kontakt mit der Mitwelt möglich ist, tritt die Lust am heimlichen Beschauen, Durchwühlen, Betasten und geistigen

---

[29] Ich bin aber überzeugt, daß in dieser Schrift nicht nur von Zwangskranken, sondern auch weithin von Schizophrenen die Rede ist!

Betasten des Goldes, am Zählen. Hierin liegen die heimlichen Orgien des Geizigen, wozu noch die Lust am glänzenden, funkelnden Gold als solchem kommen mag, als dem einzigen Lebens- und Liebesglanz, der dem Geizigen noch bleibt. Das Überwiegen des Anfüllens und seines weltlichen Korrelats, des Hohlraums, das Molochhafte in dieser Existenz und Welt, wie ich es genannt habe, führt gemäß der Einheitlichkeit der Struktur des In-der-Welt-Seins selbstverständlich auch eine bestimmte („molochhafte") Form der Eigenwelt und hier vor allem der Leibwelt oder des Leibbewußtseins mit sich, was die Psychoanalyse ja mit Recht hervorgehoben hat. Was die Zeitlichkeit betrifft, so zeigt schon der Ausdruck, daß man auch „mit seiner Zeit geizen" kann, daß die Zeit hier verräumlicht wird im Sinne des Molochhaften, insofern kleine Zeiträume emsig und beständig in größere eingeschaltet, eingespart, angehäuft und eifersüchtig gehütet werden. Daraus folgt das Nichthergebenkönnen „seiner Zeit". All das bedeutet natürlich zugleich den Verlust der Möglichkeit eigentlicher oder existenzieller Zeitigung, der Reifung der Persönlichkeit. Auf das Verhältnis des Geizigen zum Tod, das hier wie überall in den daseinsanalytischen Untersuchungen von größter Wichtigkeit ist und das aufs engste mit den mitweltlichen Beziehungen und der profunden *Lieblosigkeit* des Geizes zusammenhängt, kann ich hier nicht mehr eingehen[30].

Genau so wie wir eine charakterologische Eigentümlichkeit daseinsanalytisch untersuchen und verstehen, untersuchen und verstehen wir auch das, was in der Psychiatrie und Psychopathologie so summarisch als *Gefühle* und *Stimmungen* bezeichnet wird. Ein Gefühl oder eine Stimmung sind nicht beschrieben, solange nicht beschrieben ist, wie das menschliche Dasein in ihnen in-der-Welt-ist, „Welt" hat und existiert. Ich erinnere Sie nur an das Beispiel der *optimistischen Stimmung* und des Gefühls der ausgelassenen Heiterkeit in den Ideenfluchtstudien. Was gerade hier besonders berücksichtigt werden muß, ist nicht nur die Zeitlichkeit und Räumlichkeit, sondern das Kolorit, die Belichtung, die Materialität und vor allem auch die Dynamik des jeweiligen Weltentwurfs. All dies läßt sich wieder untersuchen an Hand der sprachlichen Äußerungen des einzelnen wie auch an Gleichnissen, Sprichwörtern, Redensarten der Umgangssprache sowie der Sprache der Dichter und Sänger; gehören doch die Umgangssprache und die Dichtung zu den unversiegbaren Quellen, aus der die Daseinsanalyse schöpfen darf[31]. Die eigenartige Dynamik der Gefühls- und Stimmungswelt, ihre *aufsteigen-*

---

[30] Vgl. L. BINSWANGER, *Geschehnis und Erlebnis.* [in d. Bd., S. 199 ff.].
[31] Vgl. auch GOETHEs Gedicht „Herder":
    Was Leiden bringen mag und was Genüge,
    Behend verwirrt und ungehofft vereint,
    Das haben tausend Sprach- und Redezüge
    Vom Paradies bis heute gleich gemeint.
    So singt der Barde, spricht Legend' und Sage;
    Wir fühlen mit, als wären's unsre Tage.

de oder *abfallende* Bewegung, ihr Nachoben oder Nachunten wurde schon in dem Aufsatz über Traum und Existenz aufgezeigt[32]. Diese Bewegungsart ist sowohl im Wachen wie ganz besonders in den Träumen, ist in den Selbstschilderungen wie im Rorschach-Versuch festzustellen. In dem Buch von Gaston BACHELARD, *L'Air et les Songes* (Paris, Librairie José Corti, 1943), finden Sie eine auf breiter Basis ausgeführte, glänzende Darstellung dieser *Vertikalität* des Daseins, „de la vie ascensionnelle" einerseits, „de la chute" anderseits[33]. BACHELARD zeigt sehr schön, wie es darauf ankommt, „de mesurer les images par leur *montée* possible". Damit sind wir mitten in dem Gegensatz zwischen ätherischer und Gruftwelt bei Ellen West. Wie wir es schon an Hand der Träume Gottfried KELLERs und eines Gleichnisses aus dem Maler Nolten getan, zeigt BACHELARD sehr schön und eindringlich die daseinsanalytische Bedeutung der Grundmetaphern „de la hauteur, de l'élévation, de la profondeur, de l'abaissement, de la chute" (worauf übrigens schon E. MINKOWSKI in *Vers une Cosmologie* hingewiesen hatte). Mit Recht spricht BACHELARD hier von einer „psychologie (wir würden sagen „anthropologie") *ascensionnelle*". Ohne diese Kenntnisse sind heute weder ein Gefühl oder eine Stimmung noch „gestimmte" Rorschachdeutungen wissenschaftlich zu verstehen und zu beschreiben[34]. Was wir Konsistenz

---

[32] Vgl. in diesem Band S. 99: „Wenn wir in der neuen Dichtung wie in der alten, in den Träumen und Mythen aller Zeiten und aller Menschen, immer wieder den Adler oder Falken, den Weih oder Geier als Personifizierung unseres steigenden und sehnsüchtig steigenwollenden, aber auch unseres fallenden Daseins vorfinden, so zeigt das nur, ein wie *wesentlicher Grundzug unseres Daseins seine Bestimmung als steigendes und fallendes ist.*"

[33] Wir wissen aber auch von einer *Horizontalität* des Daseins, besonders aus dem Rorschach-Versuch. Sie ist gekennzeichnet durch die Straße, den Fluß, die Ebene überhaupt; in ihr tritt nicht die Gestimmtheit des Daseins zutage, sondern die Art und Weise seiner „Lebensreise", d. h. die Art und Weise, wie es sich „im Leben" aufzuhalten oder nicht aufzuhalten vermag. KUHNs Vortrag wird hierzu ein eindrückliches Beispiel bringen.

[34] BACHELARD gründet seine Untersuchungen immerhin noch ganz auf die „imagination" oder „les forces imaginantes de notre esprit". (Vgl. auch *L'Eau et les Rêves*, José Corti, 1942, *La Psychanalyse du Feu*, Gallimard, 1938, *Lautréamont*, José Corti, Paris 1939. In letzterem Buch haben wir zugleich die mustergültige Interpretation eines auch den Psychiater interessierenden „Falles" vor uns.) Wir vermissen hier aber noch eine anthropologische und erst recht eine ontologische Basis für seine Untersuchungen. B. sieht noch nicht, daß auch die „imagination" eine bestimmte Art und Weise des In-der-Welt- und über-die-Welt-hinaus-Seins ist, vor allem, wie ich gezeigt zu haben glaube, des letzteren. Jedoch kommt er dieser Hinsicht insofern nahe, als er erklärt (*L'air et les Songes*, S. 13): „l'imagination est une des forces de l'audace humaine (vgl. hiezu MÖRIKEs Wort über die Liebe: „Denn all ihr Glück, was ist's? Ein endlos Wagen."), und als er in der „verticalité", die das aufsteigende Leben (la vie ascensionnelle) kennzeichnet, keine bloße Metapher, sondern „un principe d'ordre, une loi de filiation" sieht (ebenda S. 17). B's Werke sind nicht nur für den Literaturhistoriker, Stilkritiker und Sprachwissenschaftler, sondern auch für den Psychiater heute unentbehrlich.

der Welt nannten, nennt BACHELARD mit einem auch von uns jetzt adoptierten Ausdruck, seine *Materialität*. Auch BACHELARD hat erkannt, was sich uns ja im Fall Ellen West so überzeugend aufdrängte, daß die Imagination dem „Gesetz der vier Elemente" gehorcht und daß jedes Element imaginiert ist in seinem speziellen Dynamismus (ebd., S. 15). Vor allem sind wir glücklich, auch bei BACHELARD die Einsicht zu finden, daß die Seinsformen des Fallens, überhaupt des absteigenden Lebens, wie es Ellen West so deutlich zeigt, unweigerlich zu einer „imagination terrestre" (S. 23), zu einer Vererdung oder Verschrumpfung des Daseins führen. Das ist wieder für das Verständnis des Rorschach-Versuchs von grösster Bedeutung. Jedem Rorschachkenner stehen hier ja Beispiele „en masse" zur Verfügung. Hinzufügen müssen wir nur, daß, wie die daseinsanalytische Erfahrung zeigt, diese „materialité" des Weltentwurfs, wie sie aus der Gestimmtheit des Daseins entspringt, keineswegs auf die Umwelt, die Welt der Dinge und das Universum überhaupt beschränkt ist, sondern sich auch auf Mit- und Eigenwelt bezieht, wie die Fälle Ellen West und Jürg Zünd zeigten. Hier werden Eigenwelt und Umwelt nur noch zugänglich in der Form des harten, energiegeladenen Materials, die Mitwelt nur noch zugänglich in der Form des nicht minder energiegeladenen harten undurchdringlichen Widerstandes. Schon das Dichterwort von dem „dumpfen Widerstand der Welt", womit natürlich die Mitwelt gemeint ist, liefert uns ja ein Beispiel dafür, daß auch die Mitwelt zugänglich werden kann in der Form der keineswegs nur metaphorisch ausgedrückten, sondern bitter genug erfahrenen oder durchgemachten Form der harten, widerständigen Materie. Dasselbe gilt von Redewendungen wie: ein grober *Klotz* (auf den ein grober Keil gehört!), ein harter Schädel u. a.

Zum Schluß nur noch zwei Worte zur Rolle, die die Daseinsanalyse im *Ganzen der psychiatrischen Untersuchung und Forschung* zu spielen vermag. Daseinsanalyse ist weder Psychopathologie noch erst recht klinische Forschung noch vergegenständlichende Forschung überhaupt. Ihre Ergebnisse müssen erst von der Psychopathologie in die ihr eigentümlichen Formen, nämlich die eines psychischen Organismus, ja eines psychischen Apparates umgegossen werden, um auf den physischen Organismus projiziert werden zu können[35]. Das geht nicht ab ohne eine gewaltig simplifizierende Reduktion, wobei die beobachteten daseinsanalytischen Phänomene weit-

---

[35] Wir sprechen hier von der Rolle der Psychopathologie im Ganzen der psychiatrisch-medizinischen Forschung und verkennen nicht, daß sowohl in der psychoanalytischen Untersuchung wie in jeder rein „verstehenden" Psychopathologie immer Keime daseinsanalytischer Betrachtung zu finden sind. Aber dann handelt es sich weder um ein wissenschaftlich methodisches Vorgehen noch um ein Wissen darum, warum und inwiefern Daseinsanalyse etwas ganz anderes ist als Erforschung lebensgeschichtlicher Motivationszusammenhänge und „einfühlendes" oder „intuitives" Sichversetzen in das Seelenleben der Kranken.

gehend, wenn nicht ganz ihres phänomenalen Gehalts entkleidet und in Funktionen des seelischen Organismus, in „Psychismen" usw. umgedeutet werden. Aber, meine Damen und Herren, die Psychopathologie würde sich ihr eigenes Grab graben, wenn sie nicht darauf aus wäre, ihre *Funktionsbegriffe* immer wieder an dem phänomenalen Bestand, auf den sie ihre Begriffe anwendet, zu prüfen und aus demselben zu bereichern und zu vertiefen. Ganz abgesehen davon erfüllt die Daseinsanalyse aber auch die psychiatrische Forderung nach einer tieferen Einsicht in Wesen und Ursprung der psychopathologischen *Symptome*. Denn wenn wir in den psychopathologischen Symptomen „Tatsachen der Verständigung" oder Kommunikation zu erblicken haben, nämlich Störungen und Erschwerungen der Verständigung, so muß uns alles daran gelegen sein zu begreifen, worauf dieselben zurückzuführen sind. Sie sind aber auf nichts anders zurückzuführen als darauf, daß die Geisteskranken „in anderen Welten leben" als wir. Damit wird die Kenntnis und die wissenschaftliche Beschreibung dieser Weltentwürfe zur Hauptaufgabe der Psychopathologie, einer Aufgabe, zu deren Lösung die Psychopathologie aber der Daseinsanalyse bedarf. Erst mit der Lösung dieser Aufgabe wird die viel besprochene „Kluft", die unsere „Welt" von der „Welt" der Geisteskranken trennt und die Verständigung oder Kommunikation mit ihnen erschwert, nicht nur wissenschaftlich verständlich, sondern auch wissenschaftlich überbrückbar. Denn, wie ich es schon im Anschluß an den Fall Lola Voss ausgesprochen habe, wir sind jetzt nicht mehr an die sogenannte Grenze zwischen einfühlbarem und uneinfühlbarem Seelenleben gebunden. Gerade auch der KUHNsche Vortrag wird Ihnen zeigen, daß es mit unserer Methode in unerhofftem Maße gelingt, sich auch da noch mit *den* Kranken zu verständigen, in ihre Lebensgeschichte einzudringen und ihre Weltentwürfe zu beschreiben und zu verstehen, wo es bisher nicht möglich schien. Das gilt nach meiner Erfahrung insbesondere auch für die sonst so schwer zugänglichen Hypochondrisch-Paranoiden. Damit erfüllen wir aber auch eine *therapeutische* Forderung.

Mit der Erkenntnis, daß die Weltentwürfe als solche es sind, die den geisteskranken Menschen vom Gesunden unterscheiden und die Verständigung mit ihm erschweren, tritt aber auch die Frage der Projektion psychopathologischer Symptome auf bestimmte Gehirnvorgänge in ein neues Licht. Denn nicht darauf kann es jetzt ankommen, einzelne psychische Symptome im Gehirn zu lokalisieren, sondern in erster Linie darauf zu fragen, wo und wie wir die psychische Grundstörung, kenntlich an der Wandlung des In-der-Welt-Seins als solcher, zu lokalisieren haben. Erweist sich doch das „Symptom", etwa das der Ideenflucht, der psycho-motorischen Gehemmtheit, des Neologismus, der Stereotypie usw. als Ausdruck einer übergreifenden seelischen Veränderung, der Veränderung der *gesamten* Daseinsform oder des *gesamten* Lebensstils.

Daseinsanalyse und Psychotherapie

Die Kongreßleitung hat mich gebeten, Sie mit einer Ansprache über Daseinsanalyse und Psychotherapie zu begrüßen. Diese Bitte hat ihren Grund offenbar darin, daß Sie sich hier an der Geburtsstätte der Daseinsanalyse als psychiatrisch-phänomenologischer Forschungsmethode befinden. Ich betone das Wort *Forschungs*methode. Denn wenn die Psychoanalyse FREUDs oder die Lehren JUNGs aus einer Unzufriedenheit mit der vorangegangenen Psychotherapie erwachsen sind, ihren Auf- und Ausbau also vorwiegend psychotherapeutischen Impulsen und Zielen verdanken, ist die daseinsanalytische Forschungsrichtung in der Psychiatrie aus der Unzufriedenheit mit den bisherigen wissenschaftlichen Verstehensentwürfen der Psychiatrie erwachsen. Ihren Auf- und Ausbau verdankt die Daseinsanalyse also dem Bestreben, das, womit Psychiatrie, Psychopathologie und Psychotherapie es zu tun haben, auf Grund der Daseinsanalytik, wie sie in dem genialen Werk Martin HEIDEGGERs „Sein und Zeit" vom Jahre 1927 entwickelt worden ist, wissenschaftlich neu zu verstehen. Das aber, womit Psychiatrie und Psychotherapie als Wissenschaften es zu tun haben, ist bekanntlich „der Mensch", durchaus nicht in erster Linie der seelisch *kranke* Mensch, sondern *der Mensch*. Das *neue* Verständnis des Menschen, das wir der Daseinsanalytik HEIDEGGERs verdanken, liegt darin, daß der Mensch hier nicht auf Grund irgendeiner Theorie – sei sie nun mechanistischer, biologischer oder psychologischer Art – verstanden wird, sondern auf Grund des rein phänomenologischen Aufweises der Gesamtstruktur oder des Gesamtgefüges des Daseins als *In-der-Welt-sein*. Was dieser für die Daseinsanalyse grundlegende Ausdruck bedeutet, kann ich hier leider nicht ausführen; es sei nur betont, daß er *gleichursprünglich* die eigenweltliche, mit- und umweltliche Verfassung des Menschseins in sich begreift. Ebensowenig kann ich auf den Unterschied zwischen ontologisch-phänomenologischer Daseinsanalytik, empirisch-phänomenologischer Daseinsanalyse und empirisch-diskursiver Beschreibung, Klassifizierung und Erklärung eingehen.

Wenn *Freud* in der Traumdeutung einmal sagt, die Psychiater hätten „zu früh auf die Festigkeit des psychischen Gefüges verzichtet", so könnte die Daseinsanalyse daßelbe sagen, jedoch in einem völlig veränderten Sinn. *Freud* hatte bekanntlich die Festigkeit des Gefüges der lebensgeschichtlich-seelischen Zusammenhänge im Auge, im Gegensatz zu den damaligen Psychiatern, die bei der ersten besten Gelegenheit den psychischen Zusammenhang als unterbrochen betrachteten und an seine Stelle einen physiologischen Hirnrindenvorgang setzten. Die Daseinsanalyse hingegen hat nicht die Festigkeit des Gefüges der inneren Lebensgeschichte im Auge, sondern die Festigkeit des transzendentalen Gefüges, das allem seelischen Gefüge als die Bedingung seiner Möglichkeit von vornherein oder apriorisch zugrunde liegt. Ich bedaure, diese schon bei KANT üblichen, hier aber in einem viel weiteren Sinne gebrauchten philosophischen Ausdrücke nicht näher erklären zu können; die philosophisch Geschulten unter Ihnen werden mich ohne weiteres verstehen. Nur das möchte ich betonen, daß hier keineswegs Philosophie in die Psychiatrie oder Psychotherapie hineingetragen wird, sondern daß diese Wissenschaften als solche auf ihren philosophischen Grund hin durchleuchtet werden. Das wirkt sich dann selbstverständlich auch auf das Verständnis ihres wissenschaftlichen Gegenstandes oder Sachgebietes aus. Diese Auswirkung zeigt sich darin, daß wir die verschiedenen Psychosen, Neurosen und Psychopathien jetzt als bestimmte *Abwandlungen* des apriorischen Gefüges oder der transzendentalen Struktur des Menschseins, der „condition humaine", wie die Franzosen sagen, aufzufassen und zu beschreiben gelernt haben.

Im Vorbeigehen sei bemerkt, daß die daseinsanalytische Forschungsrichtung in der Psychiatrie die Struktur des Daseins als In-der-Welt-sein, wie sie von HEIDEGGER entworfen und dargestellt wurde, nach verschiedenen Richtungen hin noch weiter untersuchen mußte, so insbesondere hinsichtlich der sehr verschiedenen existentiellen „Dimensionen", d. h. hinsichtlich der Höhe, Tiefe und Weite, ferner der Materialität, Belichtung und Farbigkeit der Welt, der Fülle oder Leere der Existenz usw. Die Untersuchung der psychotischen Verfassungen, z. B. derjenigen, die wir als manisch, depressiv, schizophren oder zwangsneurotisch bezeichnen, hat uns alle derart in Anspruch genommen, daß hinsichtlich der Bedeutung der daseinsanalytischen Forschung für die *Psychotherapie* erst Anfänge vorliegen. Für diese Bedeutung möchte ich Ihnen nur ganz kursorisch ein paar Leitlinien aufzeigen:

1. Eine Psychotherapie auf daseinsanalytischer Grundlage erforscht die Lebensgeschichte des zu behandelnden Kranken wie jede andere psychotherapeutische Methode, wenn auch auf durchaus eigene Art. Sie erklärt diese Lebensgeschichte und ihre pathologischen Absonderlichkeiten nämlich *nicht* nach den Lehren irgendeiner psychotherapeutischen Schule und den von ihr bevorzugten Kategorien, sondern sie *versteht* sie als Abwandlung der Gesamtstruktur des In-der-Welt-seins, wie ich es in meinen Studien „Über Ideenflucht", in meinen Schizophreniestudien und zuletzt im Fall „Suzanne Urban" gezeigt habe.

2. Eine Psychotherapie auf daseinsanalytischer Grundlage geht demnach davon aus, daß sie dem Kranken nicht nur zeigt, sondern ihn, soweit möglich, in existentieller Erschütterung *erfahren* läßt, wann und inwiefern er die Struktur des Menschseins verfehlt hat, sich etwa, wie der Baumeister Solness von Ibsen, in einer „luftigen Höhe" oder „ätherischen Phantasiewelt" *verstiegen* hat. In diesem Fall könnte der Psychotherapeut verglichen werden mit einem sachkundigen, d. h. sich in dem betreffenden „Ter-

rain" auskennenden Bergführer, der mit dem sich nicht mehr vorwärts oder rückwärts wagenden „dilettantischen" Touristen den Weg zu Tal versucht.

Umgekehrt sucht der daseinsanalytisch orientierte Therapeut den Depressiven aus der unterirdischen Gruftwelt, in die er sich vergraben hat, wieder „auf der Erde" Fuß fassen zu lassen, als in derjenigen Daseinsweise, von der aus allein die Fülle der menschlichen Seinsmöglichkeiten verwirklicht werden kann. – Den verschrobenen Schizophrenen wiederum wird der daseinsanalytisch orientierte Therapeut aus der autistischen Welt der Quere oder Schiefe, in der er lebt und webt, in die gemeinsame Welt, den Koinos kosmos des Heraklit, zurückführen oder er wird einer Kranken, die nach ihren eigenen Worten „in zweierlei Geschwindigkeiten" lebt, zu helfen suchen, dieselben (wiederum ihr eigener Ausdruck) zu „synchronisieren". Wieder andere Male wird der Therapeut, wie es in einem Fall von Anorexia mentalis von Roland KUHN der Fall war, einsehen, daß man viel rascher ans Ziel kommt, wenn man die betreffende Kranke nicht nach zeitlichen, sondern nach räumlichen Strukturen exploriert. Es war für uns eine Überraschung, zu sehen, wie leicht manche, durchaus nicht immer besonders intelligente oder gebildete Kranke sich der daseinsanalytischen Art der Exploration überhaupt zugänglich erwiesen und sich durch sie in ihrer Eigenart verstanden fühlten. Schon in dieser Herstellung einer natürlichen Kommunikation liegt ja, hier wie sonst, die Vorbedingung jeglichen psychotherapeutischen Erfolges.

3. Ganz gleichgültig, ob der Daseinsanalytiker mehr von den psychoanalytischen oder den JUNGschen Lehren herkommt, so wird er immer mit seinen Kranken auf derselben Ebene, der Ebene der Gemeinsamkeit des Daseins nämlich, stehen. Er wird den Kranken also nicht zu einem Objekt machen, gegenüber sich selbst als einem Subjekt, sondern wird in ihm den Daseinspartner sehen. Das Verbindende zwischen beiden Partnern wird er demnach nicht nach Analogie des Kontaktes zwischen zwei elektrischen Batterien als „psychischen Kontakt" bezeichnen, sondern als *Begegnung* auf dem, wie Martin BUBER sagt, „Abgrunde des Daseins", welches *wesensmäßig* nicht nur als Selbst, sondern auch als Mitsein oder Umgang und als Miteinandersein oder Liebe „in der Welt ist". Auch das, was wir seit *Freud Übertragung* nennen, ist in daseinsanalytischem Sinne eine Weise der Begegnung. Denn Begegnung ist ein Miteinander in *eigentlicher Gegenwart*, das heißt in einer solchen, die sich durchaus aus der *Vergangenheit* zeitigt und durchaus auch die Möglichkeiten der *Zukunft* in sich trägt.

4. Vielleicht interessiert es Sie, noch zu hören, wie sich die Daseinsanalyse, gerade auch in psychotherapeutischer Hinsicht, zum Traum verhält. Auch hier distanziert sie sich von jeder theoretischen „Erklärung" des Traumes, insbesondere auch von der psychoanalytischen rein sexuellen Auslegung von Trauminhalten; vielmehr versteht sie den Traum, wie ich schon

vor langer Zeit betont habe, als eine besondere Weise des In-der-Welt-seins, mit anderen Worten als eine besondere Welt und als eine besondere Weise des Existierens. Damit ist gesagt, daß wir im Traum den ganzen Menschen sehen, in seiner *ganzen* Problematik, zwar in einer anderen Daseinsweise als im Wachen, aber auf dem Hintergrund und mit den Strukturgliedern des apriorischen Gefüges des Daseins überhaupt. Auch für den Daseinsanalytiker ist der Traum daher von allergrößter therapeutischer Bedeutung. Denn gerade an Hand der Struktur der Träume vermag er dem Kranken, erstens, die Struktur seines In-der-Welt-seins überhaupt zu zeigen, zweitens aber kann er ihn auf Grund hiervon freimachen für das *ganze* Seinkönnen des Daseins, mit anderen Worten für die Entschlossenheit, das Dasein aus seinem Traumdasein auf sein eigentliches Selbstseinkönnen, wie HEIDEGGER sagt, „zurückzuholen". Als vorläufiges Beispiel verweise ich Sie auf Roland KUHNs Arbeit „Zur Daseinsstruktur einer Neurose" im GEBSATTELschen Jahrbuch für Psychologie und Psychotherapie. Ich bitte Sie nur, sich unter Daseinsstruktur nicht etwas Statisches, sondern ein in fortwährender Wandlung Begriffenes vorzustellen. Auch was wir Neurose nennen, stellt einen gegenüber dem gesunden abgewandelten Daseins*verlauf* dar. Desgleichen versteht die Daseinsanalyse Psychotherapie als Versuche, derart abgewandelten Daseinsverläufen *neue* Strukturmöglichkeiten zu eröffnen.

Sie sehen also, daß die Daseinsanalyse, anstatt von theoretischen Begriffen wie etwa von Lust- und Realitätsprinzipien zu sprechen, den psychisch kranken Menschen auf die Strukturen, Strukturglieder und Strukturwandlungen seines Daseins hin untersucht und behandelt, daß sie also keineswegs nur das Bewußtsein zu ihrem Gegenstand hat, wie ihr von unkundiger Seite oft vorgeworfen wird, sondern den ganzen Menschen, diesseits der Unterscheidung von Bewußtem und Unbewußtem, wie auch von Seele und Leib; denn die Daseinsstrukturen und deren Wandlungen durchwalten gleicherweise sein gesamtes Sein. Selbstverständlich wird aber auch der Daseinsanalytiker als Therapeut, zumal im Anfang der Behandlung, nicht ohne die der Bewußtseinspsychologie entstammende und mit ihr auf Gedeih und Verderb verbundene Unterscheidung von Bewußtem und Unbewußtem auskommen können.

5. Das bisherige Fazit der Beziehungen zwischen Daseinsanalyse und Psychotherapie kann demnach dahin zusammengefaßt werden, daß die Daseinsanalyse die bewährten psychotherapeutischen Methoden auf weite Strecken gar nicht entbehren kann, daß sie als solche aber nur therapeutisch wirksam zu werden vermag, als es ihr gelingt, dem kranken Mitmenschen das Verständnis für die Struktur des menschlichen Daseins zu öffnen und ihn den Weg zurückfinden zu lassen aus seiner neurotisch oder psychotisch verstiegenen, verrannten, verlochten oder verschrobenen usw. Daseinsweise und Welt in die Freiheit des Verfügenkönnens über seine ei-

gensten Existenzmöglichkeiten. Das setzt voraus, daß der Daseinsanalytiker als Psychotherapeut nicht nur über ein umfassendes sowohl daseinsanalytisches als psychotherapeutisches *Sach*verständnis verfügen, sondern im Ringen um die Freiheit des Daseinspartners auch den Einsatz der eigenen Existenz wagen muß.

Über den Satz von Hofmannsthal: „Was Geist ist, erfaßt nur der Bedrängte"[1]

In diesem Satz scheint uns HOFMANNSTHAL das Geheimnis seiner Existenz, ja der künstlerischen Daseinsform überhaupt ausgesprochen zu haben. Das sprachliche Gefüge erinnert an Sätze wie die folgenden: „Was Gesundheit ist, erfaßt nur der Kranke" oder „Was Freiheit ist, erfaßt nur der Gefangene"; trotzdem spricht dieser Satz uns doch ganz anders an als solche Sätze. Wir glauben unmittelbar zu vernehmen, daß er einen tieferen, wesenhafteren Sinn ausdrückt als die Meinung, daß nur der *Verlust* eines Gutes uns instand setze, den Wert dieses Gutes (recht) zu erfassen, ja es sträubt sich etwas in uns, Geist und Bedrängnis überhaupt als *Gegensätze* aufzufassen.

Rein sprachlich bedeutet Bedrängnis oder Bedrängtsein mehr als *Be*fangensein und weniger als *Ge*fangensein. Das Mehr oder Weniger bezieht sich auf den Grad der Beschränkung unserer Freiheit. Die deutsche Sprache unterscheidet diese Grade der Freiheitsbeschränkung sehr fein, indem sie sagt: Wir sind befangen *gegenüber* jemandem, wir sind bedrängt *von* etwas oder jemandem, wir sind gefangen oder haben uns gefangen *in* etwas, z. B. einem Wahn. Im Gefangensein in etwas sind wir unserer Freiheit *völlig* verlustig, sind uns „alle Ausgänge versperrt", im Gegenübersein genügt die kleinste *Wendung,* um uns von dem Gegenüber zu befreien, im Bedrängtsein von etwas sind uns zwar nicht alle Ausgänge versperrt, sind wir unserer Freiheit zwar nicht völlig verlustig, aber auch nicht mehr imstande, uns von dem Bedrängenden einfach *abzuwenden* und einem Ausgang zuzuwenden. Das Bedrängende ist – als Bedrängendes – das *Unabwendbare, Unausweichliche, das uns* nicht nur an-geht und an-spricht, sondern uns an-springt, an-fällt, an-schreit, das an uns an- oder in uns ein-dringt, uns belastet oder bedrückt, schmerzt oder juckt, erhitzt oder gefrieren läßt, uns verdunkelt oder blendet, uns überfüllt oder entleert, uns ver-rückt oder auf *einem* Punkt festnagelt, uns „außer uns bringt" oder („bodenlos") langweilt. Während das Gegenüber uns bloß angeht und anspricht, ist es die Weise des Bedrängenden, uns zu be-anspruchen, d. h. unser gesamtes Dasein in Anspruch zu nehmen oder in Bewegung zu setzen. Die Räumlichkeit des Bedrängtseins ist die unmittelbare *Nähe,* ihre Zeitlichkeit die absolute *Dringlichkeit* des hic et nunc, die *urgence* der Franzosen. Im Bedrängtsein „sehen wir nicht über unsere Nasenspitze hinaus" und erleben wir die Zeit nicht mehr als Vergangenheit und Zukunft, auch nicht als *eigentliche* Ge-

---

[1] *Buch der Freunde.* Herausgegeben von R. A. Schröder. Inselverlag 1929, 2. Auflage, S. 44.

genwart, sondern nur noch als vom Bedrängenden völlig ausgefüllten, von keiner Uhr zu messenden „Augenblick".

Die einzigartige räumlich-zeitliche Struktur des Bedrängtseins und seine so vielfachen und so gegensätzlichen Modifikationen, in denen es für uns (leiblich-seelisch-geistig) in Erscheinung tritt, weisen darauf hin, daß es sich beim Bedrängtsein um eine bestimmte Weise unseres gesamten Daseins oder In-der-Welt-Seins handeln muß. Es ist die Weise des *Unvertrautseins* in und mit der Welt[2], eine Weise des Daseins, in der unsere Freiheit in Frage und auf die Probe gestellt wird durch einen unvertrauten, nämlich unangemessenen oder unentsprechenden Anspruch der Welt, durch ein, wie die Griechen sagen, unsymmetrisches (=unverhältnismäßiges) Verhältnis von Selbst und Welt. Diese Unsymmetrie zeigt sich deutlich in den angeführten Ausdrücken für die Formen der Bedrängnis. Bedrängt sind wir, wenn es uns *zu* heiß oder *zu* kalt, *zu* laut oder *zu* still, *zu* hell oder *zu* dunkel, *zu* schwer oder *zu* leicht, *zu* voll oder *zu* leer wird usw., kurz, wenn das vertraute *Maß* der Entsprechung von Selbst und Welt überschritten wird. Da das Selbst aber nicht über dieses Maß verfügt, dasselbe vielmehr ständig von der Um-, Mit- und Eigenwelt[3] bedroht wird, ist Bedrängtsein ein *wesenhafter* Zug des In-der-Welt-Seins. Bedrängnis erweist sich nach all dem einerseits als *Leiden*, und zwar als Leiden unter der aufgehobenen Entsprechung von Selbst und Welt, anderseits als Beanspruchung unseres gesamten Daseins zur Wiederherstellung derselben, d. h. zur Wiedergewinnung unserer Freiheit.

Diese Beanspruchung bedeutet mehr als eine bloße *Wendung* und Zuwendung zu einem (offenen) *Ausgang*, nämlich einen *Aufbruch*, und zwar im doppelten Sinne dieses Wortes: das *Aufbrechen* eines Ausgangs aus der Situation der Bedrängnis durch den *Aufbruch* des Daseins selbst zur Wiedergewinnung seiner Freiheit in einem neuen, „angemessenen" oder „entsprechenden" Verhältnis zur Welt. Wo dieser Aufbruch des Daseins nicht (mehr) möglich ist, wandelt sich das Bedrängtsein-von in ein Gefangensein-in, nämlich in der „Unangemessenheit" von Selbst und Welt, d. h. in der Verzweiflung, im Fanatismus, im Wahn. Hier ist das Selbst nicht mehr frei, sondern an die Welt ver*fallen.*

Welcher Art ist nun das dem Bedrängtsein eigentümliche „Erfassen"? Ist es ein Begreifen, Verstehen, ein bloßes Innewerden oder Vernehmen? Das (diskursive) Begreifen ist eine Weise des Gegenüberseins, das Verstehen steht je nach den Bedeutungen, die man ihm gibt, bald dem Gegenübersein, bald dem Bedrängtsein näher. Das unmittelbare Innewerden oder Vernehmen hingegen ist vom Bedrängtsein nicht zu lösen. Während das „Durch-

---

[2] Der Ausdruck Welt bedeutet hier überall das Seiende im Ganzen [vgl. aber auch die Definition oben, S. 234].

[3] Die eigenweltliche Bedrängnis bezeichnen wir bekanntlich schlechthin als *Drang!*

laufen" des Begreifens „Zeit und Ruhe" braucht, überfällt uns das Innewerden „plötzlich" aus der Welt her. Dieses Überfallenwerden verrät den Charakter der Bedrängnis besonders dann, wenn es, wie es seinerzeit bei ROUSSEAU der Fall war – als er die Ausschreibung der Preisaufgabe der Akademie zu Dijon im Mercure de France las und sofort ihrer Lösung inne wurde –, zu geradezu ohnmachtsähnlichen Zuständen und Entrückungen führt[4]. Das dem Bedrängtsein eigentümliche Erfassen ist demnach mehr ein Erleiden als ein Tun, mehr ein Vernehmen*müssen* als ein Begreifen*wollen*, mehr ein Sichaufdrängen einer *Bedeutsamkeit* als das Erschließen und Verstehen einer bestimmten *Bedeutung*. Im Bedrängtsein erfassen wir die Welt in sich uns aufdrängenden, auf uns eindringenden, uns unmittelbar beanspruchenden Bedeutsamkeiten, diese aber so unmittelbar, so „nackt", so „eindringlich", daß wir uns ihnen nicht durch das bloße Denken, das immer ein Gegenübersein bedeutet, entziehen können.

Wenn nun, was Geist ist, nur der Bedrängte erfaßt, so muß Hofmannsthal also unter dem Wassein des Geistes etwas verstehen, dessen wir nur unmittelbar innewerden, das wir nur *erleidend* vernehmen, aber nicht diskursiv begreifen können, etwas also, das uns als bloße Bedeutsamkeit überfällt, aber keineswegs schon Bedeutung ist. Dieses Erfassen bezeichnen wir als Intuition oder noch besser als Inspiration. Jede echte Intuition oder Inspiration ist aus der Bedrängnis geboren, ja ist eine Weise des Bedrängtseins! Damit ist gesagt, daß Intuition oder Inspiration nicht nur Weisen subjektiver Transzendentalität sind, sondern daß es sich hier um ein „Zusammenfallen" von subjektiver und objektiver Transzendentalität handelt. In solchen Daseinsweisen werden die vertrauten *Weltentwürfe*[5] unvertraut, neuartig, bekommt „Die Welt" ein anderes Gesicht, beansprucht sie uns auf andere Weise, sind Welt und Dasein in einem neuen Aufbruch. *Dieses immer neue Aufbrechen von Welt und Dasein aus der Bedrängnis aber ist das Wassein des Geistes.* Geist ist das Leiden unter unserer Unfreiheit und der es überwindende Aufbruch unserer Freiheit. Insofern ist das Geistigsein oder „Sein im Geist" die höchste Seinsmöglichkeit des Daseins, diejenige Seinsmacht,

---

[4] Vgl. aber vor allem auch KIERKEGAARD: „So bin ich nun einmal gebaut; im ersten Schauer der Ahnung hat meine Seele sofort alle Konsequenzen durchlaufen, deren wirkliches Eintreten oft lange Zeit in Anspruch nimmt. Die Konzentration der Ahnung vergißt man nie. So muß indessen, meine ich, ein Beobachter gebaut sein; ist er aber so gebaut, so wird er auch viel zu leiden bekommen. Der erste Moment muß ihn so völlig überwältigen, daß er die Besinnung verlieren möchte; indem er aber erbleichend dahinsinkt, nimmt er die Idee in sich auf, und nun tritt er in den Rapport zur Wirklichkeit, worin ihm aus dieser die Idee entgegentrat. Steht ein Mensch nicht in diesem weiblichen Verhältnis zur Idee, so taugt er nicht zum Beobachter; denn wer nicht das Totale entdeckt, entdeckt eigentlich nichts." (*Die Wiederholung*. Ges. Werke III, 134 f.)
[5] Weltentwürfe nennen wir (mit HEIDEGGER) die Horizonte des Verstehens und Deutens des Seienden im Ganzen.

die es als menschliches, als humanes Dasein bestimmt. Dabei bleibt es völlig unentschieden, in welche „geistige Region" der Aufbruch erfolgt, in die der Religion, der Philosophie, der Kunst oder Wissenschaft oder, wie es der von allen Seiten so bedrängte „Schwierige" HOFMANNSTHALs zeigt, in den „Geist der Liebe".

Es ist ein leichtes, schon an wenigen Beispielen zu zeigen, daß HOFMANNSTHAL das Wassein des Geistes so verstanden hat, wie es hier ausgeführt wurde. Geist bedeutet für HOFMANNSTHAL zunächst einmal Weltentwurf, Verschiedenheit des Geistes, Verschiedenheit der Weltentwürfe, sich schon zeigend in den Weltentwürfen der Sprache:

„Daß wir Deutschen das uns Umgebende", so notiert er sich im selben *Buch der Freunde* (S. 95 f.), *„als ein Wirkendes – die ‚Wirklichkeit' bezeichnen, die lateinischen Europäer als die ‚Dinglichkeit', zeigt die fundamentale Verschiedenheit des Geistes, und daß jene und wir in ganz verschiedener Weise auf dieser Welt zu Hause sind".* Hier spricht HOFMANNSTHAL etwas sehr Bedeutungsvolles aus, die Tatsache nämlich, daß der Weltentwurf es ist, der uns „auf dieser Welt" *zu Hause sein* läßt, so daß die Verschiedenheiten der Weltentwürfe darüber entscheiden, *wie* wir „in dieser Welt" *zu Hause sind*. Das Zuhausesein in der Welt ist nur ein anderer Ausdruck für das *Beheimatetsein* in ihr oder das *Vertrautsein* mit ihr. Das Vertrautsein mit der Welt ist das Gegenteil vom Bedrängtsein von der Welt. Das Bedrängtsein bedroht unser Zuhausesein in der Welt, insofern es unsern bisherigen Weltentwurf in Frage stellt und, was auf dasselbe hinauskommt, uns selbst, d. h. unser Selbst „geistig" entwurzelt. Im Bedrängtsein entscheidet es sich, ob wir wirklich in unserem Weltentwurf zuhause sind, uns in ihm als Selbst befestigt haben, oder ob er uns nötigt, zur Wiedergewinnung unserer Freiheit aus unserem „Hause" *aufzubrechen*, heimatlos die Wanderschaft anzutreten und ein neues Zuhause in einem neuen Weltentwurf zu suchen. Dies ist der Sinn des erschütternden *Traums von Agur* in *Wege und Begegnungen*.

Bevor wir hierzu übergehen, müssen wir aber noch einer anderen, echt philosophischen Feststellung im *Buch der Freunde* (S. 48) gedenken. *„Ein Ding ist eine unausdeutbare Deutbarkeit"*. Auch dieser Satz spricht aus, daß uns jedes „Ding" nur deutbar wird in einem bestimmten Deutungs-, das aber heißt in einem bestimmten Welt-*entwurf*, in einem apriorischen Verstehens- und Deutungshorizont, wie es der vorhergehende Ausspruch gezeigt hat. Daß diese Deutbarkeit jeden Dings aber nicht nur unausdeutbar ist, daß „der Geist" also einen unerschöpflichen, unbegrenzten oder unendlichen „Horizont" darstellt, für *dessen* Deutbarkeit es keine Deutung mehr gibt –, daß „der Geist" nur als jeweiliger „Horizont" oder Weltentwurf zu „erfassen" ist –, das zeigt, wie tief HOFMANNSTHAL das Geistigsein oder Sein im Geist, das, „Was Geist ist", als immer neuen *Aufbruch,* als „endlose" *Wanderschaft* „erfaßt", erlebt und erlitten hat.

In der unausschöpfbaren kleinen Abhandlung *Wege und Begegnungen* wird die „dumpfe Bewegung des ungeheuren Aufbruchs" in dem großartigen (wirklichen oder phantasierten?) Traum von Agur bildlich dargestellt. Agur ist ein „König über ein namenloses gewaltiges Volk von Wandernden". Wir wissen von der Psychoanalyse her, aber auch aus DOSTOJEWSKIJs Novelle *Der ewige Gatte,* daß die Aufbietung des „Volks" im Traum und in der träumerischen Phantasie um so größer, seine Bewegungen um so ungeheurer sind, je intimer und je intensiver die Erschütterungen sind, die sich im Träumenden selbst abspielen. „Der stumme Aufbruch eines ganzen Volkes", das stumme „Abbrechen der Zelte", ist das Darstellungsmittel des Traumes für den stummen Aufbruch des Daseins des Träumers aus seinem Zuhausesein in der Welt. Aber – und damit spricht HOFMANNSTHAL wiederum eine tiefe philosophische Wahrheit aus – der Aufbruch ist nicht nur stummer Abschied vom Zuhause, sondern zugleich ein *Gehen, Suchen* und *Begegnen* des Neuen. „Aber es ist sicher, daß das Gehen und das Suchen und das Begegnen irgendwie zu den Geheimnissen des Eros gehören. Es ist sicher, daß wir auf unserem gewundenen Wege nicht bloß von unsern Taten nach vorwärts gestoßen werden, sondern immer gelockt von etwas, das scheinbar immer irgendwo auf uns wartet und immer verhüllt ist. Es ist etwas von Liebesgier, von Neugierde der Liebe in unserem Vorwärtsgehen, auch dann, wenn wir die Einsamkeit des Waldes suchen oder die Stille der hohen Berge oder einen leeren Strand, an dem wie eine silberne Franse das Meer leise rauschend zergeht. Allen einsamen Begegnungen ist etwas sehr Süßes beigemengt, und wäre es nur die Begegnung mit einem einsam stehenden, großen Baum oder die Begegnung mit einem Tier des Waldes, das lautlos anhält und aus dem Dunkel her auf uns äugt."

Daß im Aufbruch des Daseins Geist und Eros zusammengehören, sowohl als das zum Aufbruch „Treibende" wie als sein lockendes Ziel, sowohl als Abbrechen der Zelte wie als Suchen nach einem Zuhausesein, daß also Geist immer Geist der Liebe ist, davon ist HOFMANNSTHAL nicht weniger durchdrungen als der Plato des Symposion. Wir können nicht länger hierbei verweilen. Wenn nur deutlich wird, daß die Liebe es ist, die dem Geist neue Horizonte eröffnet, die ihm jedes Ding, Wald und Berg, Strauch und Meer, Baum und Tier neu begegnen läßt, ihm inmitten der unausdeutbaren Deutbarkeit der Dinge neue Deutungsmöglichkeiten und damit ein neues „Zuhausesein in der Welt" ermöglicht. Schon längst muß ja klar geworden sein: Während das Bedrängtsein von *etwas* die Bedrängnis im Sinne der *Nähe* bedeutet, bedeutet die unausdeutbare Deutbarkeit der Dinge die Bedrängnis der unbegrenzten, unendlichen *Ferne.* Auch in dieser Hinsicht ist der Mensch das „Zwischenwesen" kat'exochen, das Wesen nämlich, das seinen Weg suchen muß zwischen dem Bedrängtsein von der Welt, was immer nur heißen kann, vom Seienden im Ganzen oder einem Etwas *aus* diesem Seienden (wozu auch das eigene Dasein als Seiendes gehört), und dem Bedrängtsein vom „Geist" als der „uferlosen", unausschöpfbaren Vieldeutigkeit der Weltentwürfe, der Möglichkeiten des *Bodenfassens* des Daseins (wie HEIDEGGER sagt) im jeweiligen Weltentwurf. Ob die Bedrängnis dessen, der allein zu erfassen vermag, was Geist ist, jene Bedrängnis der Nähe oder diese Bedrängnis der Ferne ist oder beide zugleich, wird die folgende Betrachtung zeigen.

In *Der Dichter und diese Zeit* spricht HOFMANNSTHAL von dem „Geheimnis des Geistes", „daß es Geister gibt, die unter dem ungeheuren *Druck*[6] des ganzen angesammelten Daseins zu leben vermögen – wie ja die Dichter tun". Und wie der Held einer bekannten Legende liegt der Dichter „gespenstisch im *Dunkeln*", ist jedes Erlebnis, auf daß es „einmal als ein Karfunkelstein glüht an seinem himmlischen Gewand", „eine *offene Wunde* an seiner Seele". Der Dichter *leidet* an allen Dingen, „und indem er an ihnen leidet, genießt er sie". „Keinen Gedanken, der sich an ihn drängt, darf er von sich scheuchen". „Er ist so verliebt ins Handwerk des Töpfers oder des Schusters, daß er nie von dem Fenster fortkäme, wäre es nicht, weil er dann wieder dem Jäger zusehen muß oder dem Fischer oder dem Fleischhauer". Der Dichter ist also der leidvoll Bedrängte von den „Dingen" und der in beständigem Aufbruch Begriffene, der beständig aufbrechen *Müssende.* So ist er überall „zuhause" und nirgends. Auch seine seelischen Bedrängnisse, seine Dumpfheit, Depressionen, Verworrenheiten, Schmerzen sind „Konstellationen, Konfigurationen der Dinge in ihm, die er nicht die Kraft hat zu entziffern". Die Bedrängnis der (eigenweltlichen) Nähe ist hier *zugleich* Bedrängnis durch die unausdeutbare Deutbarkeit der Dinge, durch den Geist. *Diese* Bedrängnis ist um so größer, als die Dichter „nicht ertragen zu gestalten, woran sie nicht glauben", wovon sie nicht „ergriffen" sind „in tiefster Seele", was für sie nicht *„ein Ausruhen"* bedeutet „im Wirbel des Daseins". Dichten, so können wir also sagen, ist ein Bedrängtsein nicht nur von der Nähe, sondern auch von der Ferne, von der unausdeutbaren Deutbarkeit der Dinge, beständiger Aufbruch des Daseins und Aufbrechen des Weltentwurfs ineins mit einer leidenschaftlichen *Sehnsucht* nach einem *Ausruhen* in gläubigem *Vertrauen,* in *liebender Begegnung* mit dem Seienden im Ganzen im „Gedicht", im jeweiligen vertrauend-gläubigen Ansprechen und Aussprechen des begegnenden Seienden – *als Gedicht.* Aber nie kann „das Gedicht" das Ganze aussprechen; es kann nur ein Ausruhen sein auf der ewigen Wanderschaft, in der ewigen Bedrängnis des Geistes aus der Welt her und aus ihm selbst. Infolgedessen kommt die Wanderschaft des

---

[6] Alle Hervorhebungen in den Zitaten stammen von mir (L. B.).

Dichters nie an ein Ziel, bedeutet jedes Gedicht, wie jedes Werk der Kunst überhaupt, ein Zuhausesein und einen Aufbruch zugleich.

All das wird noch deutlicher in dem zweifellos autobiographischen Brief des „Philipp Lord Chandos" („Ein Brief"). Hier zerfällt der Weltentwurf, zerfallen die abstrakten Worte, „deren sich doch die Zunge naturgemäß bedienen muß, um irgendwelches Urteil an den Tag zu geben", „wie modrige Pilze". Alle bisherigen Urteile werden „bedenklich", „der Geist" zwingt den Autor, „alle Dinge, die in einem solchen Gespräch vorkamen, in einer *unheimlichen Nähe* zu sehen"; es gelingt ihm nicht mehr, die Menschen und ihre Handlungen „mit dem vereinfachenden Blick der Gewohnheit zu erfassen". Die Worte *schwimmen um* ihn, gerinnen zu *Augen*, die ihn *anstarren* und in die er wieder *hineinstarren* muß. „Wirbel sind sie, in die hinabzusehen mich schwindelt, die sich unaufhaltsam drehen und durch die hindurch man ins Leere kommt", also ins Nichts!

Gegenüber dieser Bedrängnis der Nähe und deren unheimlich leerem Hintergrund stehen die „guten Augenblicke" (des Sichentwindens aus der Bedrängnis im Sinne des *Aufbruchs*), in denen „etwas völlig *Unbenanntes* und auch kaum *Benennbares*", „irgendeine Erscheinung meiner alltäglichen Umgebung mit einer *überschwellenden Flut höheren Lebens* wie ein Gefäß erfüllend, mir sich ankündet". Wir werden hier an das „höhere Gesicht auf die Dinge" erinnert, von dem Ibsen in dem großen Gedicht „Auf den Höhen" spricht und in dem er den Aufbruch und steilen Aufstieg aus dem „Alltagstrott" auf die Höhe künstlerischer Betrachtung und Gestaltung „des Lebens" schildert. „Eine Gießkanne", schreibt HOFMANNSTHAL, „eine auf dem Felde verlassene Egge, ein Hund in der Sonne, ein ärmlicher Kirchhof, ein Krüppel, ein kleines Bauernhaus, alles dies kann das Gefäß meiner Offenbarung werden". Und wieder gründet diese Offenbarung, diese neue Begegnung mit den „Dingen" und „Geschöpfen", dieser neue Weltentwurf in einem „ungeheueren Anteilnehmen", einem „Hinüberfließen in jene Geschöpfe oder ein Fühlen, daß ein Fluidum des Lebens und Todes, des Traumes und Wachens für einen Augenblick in sie hinübergeflossen ist – von woher?" Auch hier ist es der Eros, der sich der Bedrängnis der Nähe entwindet, der das Dasein zum Aufbruch mahnt und treibt, „die Zelte abbricht" und den geistigen Umbruch vollzieht, die geistige Wanderschaft antritt, „in der diese Zusammensetzung von Nichtigkeiten mich mit einer solchen Gegenwart des Unendlichen durchschauert, von den Wurzeln der Haare bis ins Mark der Fersen mich durchschauert, daß ich in Worte ausbrechen möchte, von denen ich weiß, fände ich sie, so würden sie jene Cherubim, an die ich nicht glaube, niederzwingen". Wir sehen: Das bisher Nichtige, Alltägliche bricht in einer neuen Bedeutsamkeit auf, bricht so bedrängend auf, daß es uns „bis ins Mark durchschauert", unsern Weltentwurf, unsern Halt in der Welt nichtigt und uns von der „Gegenwart des Unendlichen" durchdringen läßt. Leib und Seele, Körper und Geist sind hier nicht mehr geschieden. „L'urgence", sagte Rene LE SENNE, „ramène le moi vers son corps". Aber, so müssen wir hinzufügen, le corps wird hier – wir sehen von der Dringlichkeit der *Panik* ab – zugleich das eigentliche Gefäß des Geistes, ja er wird selber Geist, wenn auch unaussprechbarer, noch keiner Worte fähiger, sie nur überschwänglich ahnender Geist. Es ist, „als bestünde unser Körper aus lauter Chiffern, die uns alles aufschließen". Von solchen „Zuständen" weiß HOFMANNSTHAL selbst nicht anzugeben, ob er sie „dem Geist oder dem Körper zurechnen soll". Aber auch hier ist es die *Liebe*, die dem Geist im Aufbruch nicht nur den Weg weist, sondern ihn „erfüllt": „Diese stummen und manchmal unbelebten Kreaturen heben sich mir mit einer solchen Fülle, einer solchen Gegenwart der Liebe entgegen, daß mein beglücktes Auge auch ringsum auf keinen toten Fleck zu fallen vermag. Es erscheint mir alles, alles, was es gibt, alles, dessen ich mich entsinne, alles, was meine verworrensten Gedanken berühren, etwas zu sein." Die Liebe also ist es, die alles ins Sein hebt und zu einem wenn auch noch undeutbaren Etwas macht. Dieses ungegenständliche, ahnende „Denken", durch das wir „in ein *neues*, ahnungsvolles Verhältnis zum ganzen Dasein treten könnten", würde uns dann möglich, „wenn wir anfingen, *mit dem Herzen zu denken*". Mit dem Herzen denken können wir aber nur dann, wenn unser Dasein vom Eros „aufgebrochen" ist, wenn es sich der Bedrängnis der Nähe entwindet und der Bedrängnis der Ferne überläßt. Nur *derart* bedrängt, *erfassen wir, was Geist ist*. Dieses Erfassen bedeutet aber, wie wir ietzt wissen, keineswegs nur ein Innewerden oder Verstehen, sondern zugleich ein *Habhaftwerden* des Geistes, einen geistigen *Halt*, ein Zuhausesein im unaufhörlichen „Wirbel" des Daseins. Daß aber geistiger Halt, daß das Zuhausesein in der Welt ständig bedroht ist vom Aufbruch, vom Abbrechen der Zelte, gerade das „erfaßt" wieder nur der Bedrängte. Und er „erfaßt" es in erster Linie, wie wir sahen, an dem *Sprache* genannten geistigen Halt. Sind wir doch alle einig, daß es der Weltentwurf der Sprache ist, der unser Dasein in erster Linie in der Welt, im Seienden als Ganzem, Fuß fassen läßt. Daher, wo das Dasein im Aufbruch begriffen ist, wo das Seiende in neuen Bedeutsamkeiten „aufbricht", zuallererst „die Worte", die Träger der Bedeutungen, ins Wanken geraten. Das Mit-dem-Herzen-Denken des Aufbruchs ist daher ein „Denken in einem Material, das unmittelbarer, flüssiger, glühender ist als Worte", in einer Sprache, in welcher nicht mehr die Worte, die festgelegten Wortbedeutungen, die Träger des Gesprächs sind, sondern „die Dinge" in ihrer unausdeutbaren Deutbarkeit „aufbrechen", in einer Sprache, in welcher, wie HOFMANNSTHAL sagt, „die stummen Dinge zu mir sprechen".

Daß Geist und Bedrängnis wesenhaft zusammengehören, zeigt uns aber nicht nur der Dichter und Künstler überhaupt, der Philosoph und „geistige Mensch" überhaupt, sondern zeigen uns auch gewisse Krankheiten des

Geistes. Hier aber mit dem Unterschied, daß dem Abbrechen der Zelte, dem Zertrümmern der Welt, wie es im Faust heißt, kein neuer geistiger Aufbruch des Daseins mehr beschieden ist, der Geist vielmehr *sich fängt in* einem Zuhausesein in der Welt, aus dem es keinen Aufbruch mehr gibt. Dieses Zuhausesein bedeutet nicht mehr einen Halt auf der Wanderschaft des Geistes, sondern das Ende seiner Wanderschaft. Der „Grund", die Bedrängnis, mag derselbe sein, beim Dichter wie beim „metaphysisch aufgebrochenen" Schizophrenen, beim Genie wie beim Wahnsinn; aber nur beim Dichter, beim Künstler, beim geistig Schaffenden überhaupt, blüht auf diesem Grunde die Blüte „des Geistes". Unsere Ausführungen bestätigen und führen nur näher aus, was R. A. SCHRÖDER in einem seiner schönsten Gedichte ausgesprochen hat, die Tatsache nämlich, *„Daß alles Blühen nur auf dunklem Grunde blüht".*

Über Sprache und Denken

Aus der Fülle der Themen, die der Problemkreis von Sprache und Denken umschließt, kann ich in einem einstündigen Vortrag begreiflicherweise nur die wichtigsten herausgreifen. Ich werde mit denjenigen Problemen beginnen, die mir die zentralsten zu sein scheinen, dem Problem von Sprache und Welt und dem von Denken und Gespräch, werde Ihnen dann die Lehre von der Sprache als sinnbelebtem Ausdruck vor Augen führen, kurz auf die Unterschiede zwischen diskursivem und intuitivem Denken eingehen und mit einigen praktischen Schlußfolgerungen für den Pädagogen schließen.

1. Sprache und Welt

Wenn Sie mich fragen, wo ein Sprechen rein als Intonation einer Abfolge von artikulierten Lauten und gänzlich isoliert vom Denken in der Welt vorkomme, so antworte ich: nur beim Papagei. Und wenn Sie mich fragen, wo ein Denken rein als Spontaneität des Geistes und gänzlich isoliert von allem, was Sprache heißt, in der Welt vorkomme, so antworte ich: nirgends. Wo wir von einem reinen, d. h. nicht-sprachbezogenen Denken reden, reden wir von einem außer- oder überweltlichen Wesen, von Gott; denn wo Sprache ist, ist Welt. Es ist daher ein unausschöpfbar tiefer Gedanke des Johannes-Evangeliums, daß es sich die Welt entstanden denkt durch das *Wort* Gottes, durch das Verbum divinum, den göttlichen Logos. Wenn Gott spricht, ist er nicht mehr „Gott ohne Welt", sondern Weltschöpfer. Das Wort ist hier nicht nur vergänglicher Laut und nicht nur bleibender Gedanke, sondern, wie Faust mit Recht übersetzt, Tat, einmalige Schöpfung. Fragen Sie mich schließlich, wo das Sprechen in der Welt vorkommt als sinnbelebter Ausdruck", als sprachliche Verlautbarung und Mitteilung von Gedanken, als Ansprechen und Antworten im Sprechen *über etwas*, mit einem Wort: als *Gespräch*, so antworte ich: nur beim Menschen. So steht das menschliche Gespräch *zwischen* dem bloßen Nachplappern von artikulierten Lauten und dem Sprechen als kosmogonischer, weltschöpferischer Tat. Gleichwohl bleibt auch für die menschliche Sprache der Satz zu Recht bestehen: Wo Sprache ist, ist Welt, und gleichwohl ist auch die menschliche Sprache in einem seit NIETZSCHE und HEIDEGGER genau bestimmbaren Sinne des Wortes weltschöpferisch. Um diesen Sinn von Welt zu verstehen, müssen Sie sich klarmachen, daß das Seiende uns nicht unmittelbar zugänglich ist, sondern immer nur *als* etwas, *als* dieses oder jenes, m. a. W. daß es uns nur zugänglich ist je nach der Art und Weise, *wie* wir es verstehen, *wie* es uns anspricht, und *wie* wir es aussprechen, *wie* wir mit ihm umgehen, *wie* es uns anmutet, überfällt, stimmt. In all diesen Arten und Weisen, wie uns das Seiende zugänglich, bedeutsam oder offenbar wird, konstituiert es sich für uns erst als *Welt*. Welt bedeutet hier also nicht mehr Universum im Sinne der Gesamtheit des Seienden als solchem, sondern Kosmos im Sinne der *Art und Weise, wie* das Seiende im Ganzen sich dem Menschen offenbart, ihm zugänglich oder bedeutsam wird, und zwar im alltäglichen Umgang mit ihm in Arbeit und Handwerk, im Bedrücktsein von ihm in Angst und Schrecken, im Gehobensein von ihm in Freude und Begeisterung, in seinem Genuß, in seiner künstlerischen Gestaltung oder religiösen Verehrung, in Liebe und Freundschaft, endlich in seiner distanzierten, ruhigen Betrachtung, Vergleichung und begrifflichen Durchdringung, mit *einem* Wort: in seinem *Denken*. Nun ist es ein *Grundzug* des menschlichen Seins, und zwar derjenige, der den Menschen allererst zum Menschen macht, daß alle diese schier unübersehbaren Weisen, in denen ihm das Seiende zugänglich wird, zu Worte kommen, daß ihnen Worte zuwachsen. So innig ist das Wesen des Menschseins mit der Sprache verknüpft, daß wir auch heute noch mit W. VON HUMBOLDT sagen müssen: „Der Mensch ist nur Mensch durch Sprache; um aber die Sprache zu erfinden, müßte er schon Mensch sein." In der Sprache werden die Arten und Weisen, wie das Seiende dem Menschen offenbar, zugänglich oder bedeutsam wird, erst festgelegt, fixiert und daher mitteilbar. Erst in der Sprache wird das Seiende nicht nur zu einer teilbaren, sondern zu einer *mit*teilbaren Welt, zu einem Bewandtnisganzen, *über das* eine *Verständigung* möglich ist. Ein Beispiel mag das Gesagte illustrieren: Wenn in den alten indogermanischen Sprachen dasjenige Seiende, das uns als das Fließende schlechthin anspricht und das wir daher als Fluß aussprechen, bald als der Läufer oder der Rauscher, bald als der Pflug oder der Pfeil, bald als der Beschützer oder der Ernährer ausgesprochen wird, so wird dieses Seiende hier ausgesprochen je nach der Art und Weise, wie es die jeweilige Sprachgemeinschaft anspricht, wie es ihr offenbar, zugänglich oder bedeutsam wird, m. a. W. wie es ihr in die Augen und Ohren fällt, ihr zur Hand geht, sie berührt und stimmt, beruhigt oder beunruhigt. Und je nach diesen Arten des Wie oder Als was stellen sich die Worte für das einzelne Seiende ein. Erst insofern den jeweiligen fließenden *Bedeutsamkeiten* Worte zuwachsen, insofern jene sich also zu festen Wort*bedeutungen* ballen, wird das Seiende Welt im Sinne einer in der Mitteilung teilbaren Welt fester Bedeutungen, wird es ein koinós Kosmos im Sinne HERAKLITs, eine gemeinsame Welt von Gnaden des Logos, der vernünftigen Rede oder des Denkens. Auch als Logos ist die Sprache weltschöpferisch, und sie bleibt es so lange, als der Sprachgemeinschaft, dem Volk oder einzelnen Auserwählten immer wieder von neuem die geniale Leistung gelingt, „die Wasser der Sprache zu bewegen", d. h. von den sprachlich fixierten Bedeutungen, den landläufigen Begriffen und Urteilen, wenn ihr Zeitgehalt erschöpft ist, wieder zur Wortlosigkeit des Daseins, zu den ursprünglichen stummen Bedeutsamkeiten, Wesenheiten oder Phänomenen, in denen das Seiende dem Menschen zugänglich wird, durchzudringen und diesen Bedeutsamkeiten neuen sprachlichen Ausdruck zu verleihen. Wenn Sie ein lebendiges Beispiel für ein solches Wiederhindurchdringen zu der Wortlosigkeit des Daseins finden wollen, so lesen Sie den Brief des Lord Chandos von HOFMANNSTHAL.

Mit dem Beispiel aus den alten indogermanischen Sprachen sind wir aber noch in der Welt der sogenannten inneren Sprachform, der Welt der „primären Sprachbegriffe". Nun wissen Sie aber alle, daß wir im Sprechen und Denken, im Gespräch, nicht aufgehen in den primären Wortbedeutungen, in dem, wie die Sprache das Seiende benennt, ja überhaupt nicht in den sprachlichen Ausdrücken, sondern in dem, was sie bedeuten oder meinen, mit einem Fachausdruck: in den *intentionalen* Gegenständen. Ob der Wortlaut Läufer oder Rauscher, Pflug oder Pfeil, Ernährer oder Beschützer bedeutet, im Gespräch sind wir weder intentional gerichtet auf die jeweilige primäre Wortbedeutung noch auf den sprachlichen Ausdruck überhaupt, sondern auf den von ihm mittels seiner Bedeutung gemeinten Gegenstand. Darauf beruht ja auch die Möglichkeit der Übersetzung einer Sprache in die andere. Auf Grund der immanenten Verwobenheit von Bedeutung und Gegenstand kommt es auf dasselbe hinaus, ob wir sagen, daß wir einen sprachlichen Ausdruck sinnvoll gebrauchen, oder ob wir sagen, daß wir uns ausdrückend auf einen Gegenstand beziehen, anders ausgedrückt: daß wir einen Gegenstand „vorstellen"; denn in der Bedeutung konstituiert sich die Beziehung auf einen Gegenstand.

Meine Damen und Herren! Wenn wir das Ineinander von Bedeutsamkeit, Wortbedeutung und intentionalem Gegenstand nicht im Auge behalten, dann können wir nie über das Verhältnis von Sprechen, Sprache und Denken ins reine kommen. Und zwar müssen Sie dieses Ineinander als ein durchaus bewegliches und, worauf ich bereits hinwies, auch rückläufiges im Auge behalten, ansonst würden Wort und Bedeutung, statt eine sprudelnde Quelle der Verständigungsmöglichkeit zu sein, sterile Petrefakte. Denken Sie einen Augenblick an das Wort Eiche und das von ihm gemeinte Seiende und beachten Sie, in was für verschiedenen Bedeutsamkeiten oder „Als-Strukturen" dieses Seiende, als Eiche benannt und vergegenständlicht, einem Jäger, einem schwärmerischen jungen Mädchen und einem Holzhändler zugänglich wird (ich entnehme dieses Beispiel dem Biologen v. UEXKÜLL), dem Jäger als Deckungsmöglichkeit für ihn selbst oder als Behausungsmöglichkeit von Jagdgetier, kurz als spezielle Bewandtnisse im Bewandtnisganzen Jagd, dem jungen Mädchen als bezauberndes Bild in einer romantischen Landschaft, dem Holzhändler als sachlicher Gegenstand, als gemeinte Sache oder als gedachtes Objekt, nämlich als Gegenstand zahlenmäßiger Berechnung. All das und noch viel mehr Lebt in dem sprachlichen Ausdruck Eiche. Die Wortbedeutungen petrifizieren, wenn wir nicht immer wieder den Weg zurücklegen vom Benannten und Gedachten zum Erlebten, von den ausgedrückten Bedeutungen zu den ursprünglichen Bedeutsamkeiten, in denen uns das Seiende *vor* allem Denken, also vortheoretisch oder vorprädikativ, zugänglich wird. Nicht von ungefähr steht am Ursprung allen Denkens der Zweifel hinsichtlich der Sprach- und Denkgewohnheiten. Denken heißt nicht nur worthaft Gedachtes weiterspinnen anhand überkommener Begriffe oder Bedeutungseinheiten, sondern vor allem immer erneute Prüfung und Revision der in den Worten vermeinten Denkgegenstände auf ihre Seinsgrundlagen. Infolgedessen ist Denken immer Gespräch.

2. Denken als Gespräch

Der Satz, Denken ist immer Gespräch, wird Sie zunächst befremdlich anmuten. Wir müssen ihn daher näher ins Auge fassen; denn er steht im Brennpunkt des Problems von Sprache und Denken. Die Sprache, so sahen wir, dichtet und deutet das Seiende in einen überschaubaren, gegliederten Kosmos von Bedeutungen und Bedeutungsbezügen, in eine mitteilbare und insofern teilbare Welt, eine Welt möglicher Verständigung oder *gemeinsamen Meinens*. Von der Einsicht in die zentrale Bedeutung dieser Gemeinsamkeit hängt es m. E. ab, ob wir das Problem von Sprache und Denken wirklich in den Griff bekommen.

Ich erinnere Sie zunächst an die leidige, zwischen Hermann PAUL und Wilhelm WUNDT entbrannte Streitfrage, ob in der Sprache dem einzelnen Menschen oder der menschlichen Gemeinschaft, ob also der Individualpsychologie oder der Völkerpsychologie der Vorrang gebühre. Die Erfolglosigkeit, ja Aussichtslosigkeit dieses Streites zeigt Ihnen, daß diese Frage nicht richtig gestellt sein kann, zeigt Ihnen in eins damit aber auch, daß die Psychologie überhaupt nicht Ausgangspunkt für die Untersuchung über das Verhältnis von Sprache und Denken bilden kann ; denn es sind nicht Seelen, die sprechen, sondern leibhaftige Menschen. Deswegen muß hier an die Stelle der Psychologie die Anthropologie treten, natürlich nicht die Anthropologie im naturwissenschaftlichen Sinne, sondern im Sinne der phänomenologischen Analyse des menschlichen Daseins.

Um über den Gegensatz von Einzelnem und Gemeinschaft hinauszukommen, hat man versucht, sich auf dasjenige menschliche Phänomen zu stützen, in welchem Sprechen und Sprache ihren vollständigsten Ausdruck finden, auf das lebendige *Gespräch*. Im Gespräch schließen sich Sprechen und Denken, Gehört- und Verstandenwerden, Antwort erhalten und wieder sprechen zu einer wohl charakterisierbaren Einheit, zu einem einheitlichen Phänomen zusammen. Und dieses Phänomen ist wieder eingebettet in das menschliche Miteinandersein überhaupt und seine Geschichte, ausgelegt und festgelegt in der Sprache überhaupt, der Sprache, in der schon unsere Vorfahren miteinander gesprochen haben. Insofern ist die Sprache, um mit HOFMANNSTHAL zu reden, ein großes, unauslotbar tiefes Totenreich, aber gerade insofern empfangen wir aus ihr das höchste Leben!

Die klassische Quelle der Einsicht in die überragende Bedeutung des lebendigen Gesprächs für die Sprachwissenschaft finden Sie bei W. V. HUMBOLDT. Der Mensch ist nur „Mensch" im *Miteinander*-Sprechen, in der Verständigung von Ich und Du als Wir auf dem Grunde einer gemeinsamen sprachlichen Welt oder, wie wir mit HEIDEGGER sagen, eines gemeinsamen sprachlichen Weltentwurfs. Sprache ist kein bloßes „Austauschmittel", sondern Miteinandersein in einer Welt möglicher Verständigung. (Ich weise Sie im Vorbeigehen nur auf die Fortbildung hin, die diese Grundanschauungen in Karl VOSSLERs Lehre von der Persona, als der Trägerin jeglichen Gesprächs, des Monologs sowohl wie des Dialogs, gefunden hat, sowie in Karl LÖWITHs Schrift über das Individuum in der Rolle des Mitmenschen.) Wenn der Mensch nur Mensch ist durch Sprache, so bedeutet Mensch jetzt also sowohl den Einzelnen als die Gemeinschaft, sowohl Leib als Seele, sowohl lebendige Gegenwart als geschichtliche Vergangenheit, sowohl Dialog als Monolog, also sprachliche Verständigung sowohl mit andern als mit sich selbst. Auch wenn ich mich frage: „Wär's möglich, könnt' ich nicht mehr, wie ich wollte" verständige ich mich als Fragender mit mir als Gefragtem und wieder Antwortendem über einen gedanklichen Gegenstand oder ein Thema, nämlich über meine gegenwärtige Situation in der Welt, über die Frage, wie weit ich sie noch beherrsche, wie weit ich von ihr beherrscht werde. Eine solche Verständigung mit sich selbst *über* ein bestimmtes Thema nennen wir Überlegen, Nachdenken (meditari) oder kurz Denken. Den Griechen unter Ihnen sage ich nichts Neues, wenn ich erwähne, daß schon PLATO, für den das Denken mehr als für irgendeinen andern großen Denker ein gemeinsames Durchbesprechen eines Themas, ein $\delta\iota\alpha\lambda\acute{\epsilon}\gamma\epsilon\sigma\vartheta\alpha\iota$ war, daß schon PLATO erklärte, Denken ($\delta\iota\acute{\alpha}\nu\text{o}\iota\alpha$, δοξάζειν) und Reden ($\lambda\acute{o}\gamma\text{o}\varsigma$, $\lambda\acute{\epsilon}\gamma\epsilon\iota\nu$) seien nur verschiedene Ausdrücke für ein und dasselbe; da, wo es sich um den ohne Stimme vorsichgehenden oder schweigenden Dialog der Seele mit sich selbst handle, gebrauchten wir den Ausdruck Denken oder Gedanke ($\delta\iota\acute{\alpha}\nu\text{o}\iota\alpha$), da, wo es sich um den Ausfluß des Gedankens durch den Mund vermittels des Lautes handle, den Ausdruck Reden (*Sophistes* 263). Denken, erklärt er ein andermal (*Theaetet* 189), ist eine Rede ($\lambda\acute{o}\gamma\text{o}\varsigma$), welche die Seele bei sich selbst durchgeht über dasjenige, was sie erforschen will. Dieselbe Einsicht finden wir aber auch bei HAMANN, HERDER, Adam MÜLLER u. a.: „Ich kann nicht", sagte HERDER, „den ersten menschlichen Gedanken denken, nicht das erste besonnene Urtheil reihen, ohne daß ich in meiner Seele dialogire, oder zu dialogiren strebe; der erste menschliche Gedanke bereitet also seinem Wesen nach, mit andern dialogiren zu können. Das erste Merkmal, was ich erfasse, ist *Merkwort* für mich, und wird *Mittheilungswort* für Andre." (*Über den Ursprung der Sprache* I, 2.). Sie sehen, schon bei PLATO steht der Dialog, das διαλέγεσϑαι, jenseits der Unterschneidung von Einzelnem und Gemeinschaft, und schon hier wird der Monolog als eine Sonderform des Dialogs erkannt. Damit hängt unmittelbar zusammen die Auffassung des Gegenstandes als einer Bedeutungseinheit, *über* die die Verständigung geht. Verständigung und Gegenstand lassen sich nicht trennen. Der Begriff der Verständigung setzt den des Gegenstandes voraus, wie der Begriff des Gegenstandes den der Verständigung. Wo kein gemeinsames Meinen über etwas, also kein gemeinsamer Gegenstand, möglich ist, wie z. B. bei der schizophrenen Psychose, da ist auch keine Verständigung möglich und umgekehrt. Sprechen ist nur da ein Sprechen im vollen Sinne des Wortes, wo wir das, worüber wir sprechen, selber verstehen und hinsichtlich seiner gehört, verstanden und beantwortet werden wollen, sei es von einem andern, sei es von uns selbst, sei es also sprachlich-stimmlich oder sprachlich-stumm. Dieses *volle* Phänomen des Sprechens aber ist ein und dasselbe wie das *volle* Phänomen des Denkens. Wollen wir beide mit einem Wort bezeichnen, so muß es lauten: Verständigung. Verständigung bedeutet also Möglichkeit gemeinsamen Meinens über etwas, das aber heißt: Möglichkeit des Denkens eines Gegenstandes. Um sich verständigen und erst recht um sich verstehen zu können, muß man schon in einer Welt gemeinsamen Meinens sein. Zwar ist Menschsein an und für sich schon ein Sein *mit* andern in einer irgendwie gegliederten Welt, einer Welt irgendwelcher Bedeutsamkeiten, z. B. der Arbeit, des Sports, des Verkehrs, der Geselligkeit, der Festesfreude, der Freundschaft. der religiösen Andacht usw. Aber erst im Denken schlägt die Welt als eine Welt von Bedeutsamkeiten um in eine Welt von Bedeutungen, schlägt die Welt des bloßen Umgangs und Verkehrs, der bloßen Sympathie und der Andacht um in die Welt der gedanklichen Kommunikation, der Verständigung durch Sprache, mit einem Wort, in die Welt des Logos.

3. Der sprachliche Ausdruck als sinnbelebter Ausdruck

Menschliches Mitsein und Miteinandersein überhaupt reicht also weit hinaus über Verständigung durch Sprache, durch den sprachlichen Ausdruck. Ich erinnere Sie nur an die Verständigung durch Mienen und Gesten, an das riesige Gebiet, das wir unter dem Titel „Ausdruck der Gemütsbewegungen" zusammenfassen. Wir verständigen uns aber auch durch konventionelle Gesten, wie z. B. die von allen „eindeutig" verstandenen Gesten des Verkehrspolizisten. Überall wird hier etwas kundgegeben, zum Ausdruck gebracht, geäußert, bezeichnet, aber doch nur im Sinne von Zeichen von etwas oder Anzeichen *für* etwas und noch keineswegs im Sinne von Bedeutung und in der Bedeutung gemeintem Gegenstand. Äußerungen wie Mienenspiel und Geste sind nicht wie die sprachlichen Äußerungen, die

Rede, im Bewußtsein des sich Äußernden mit den geäußerten Erlebnissen phänomenal eins! Wenn wir vom Ausdruck der Gemütsbewegungen und im selben Atem von sprachlichem Ausdruck reden, so müssen wir uns klar sein, daß „Ausdruck" dort und hier etwas Grundverschiedenes meint. Wollen wir daher den Ausdruck der Gemütsbewegungen, z. B. die Schamröte als Ausdruck der Scham, die Blässe als Ausdruck der Angst, von dem sprachlichen Ausdruck scharf unterscheiden, so müssen wir entweder zwei verschiedene Worte dafür wählen oder, um uns nicht allzuweit von der Umgangssprache zu entfernen, das eine Wort durch ein Beiwort vom andern „sinnfällig" unterscheiden. Wir wählen das letztere und bezeichnen den sprachlichen Ausdruck mit HUSSERL, dem wir auch sonst hier folgen, als den *sinnbelebten Ausdruck*. Sinnbelebt sind Ausdrücke, mit denen wir sinnverleihende Akte vollziehen. Das ist nur der Fall bei sprachlichen Ausdrücken. Auch in sprachlichen Ausdrücken wird etwas kundgegeben, z. B. wenn ich *sage*, daß ich mich schäme oder daß ich Angst habe; was die sprachlichen Ausdrücke zu „sinnbelebten" Ausdrücken macht, ist aber nicht, daß ich etwas kundgebe, sondern daß sie etwas bedeuten, im Wort etwa einen dinglichen oder abstrakten Gegenstand, im Urteil einen Sachverhalt oder Tatbestand, im Schluß einen Begründungszusammenhang usw. Und all das nennen wir Gegenstände im *logischen* Sinne! Wir verständigen uns mittels des sprachlichen Ausdrucks wie gesagt nicht, insofern wir auf das (gesprochene, geschriebene, gedruckte) Wort als sprachliches Lautgebilde achten, sondern insofern wir im Verständnis seiner Bedeutung, im Vollziehen seines Sinnes oder, was auf dasselbe hinauskommt, in seiner Beziehung auf den Gegenstand „aufgehen". Wo das nicht der Fall ist, da denken wir auch nicht. Um hiefür nur ein Beispiel anzuführen, gebe ich Ihnen einige Äußerungen wieder, die mir von schwer Gehirngeschädigten aus dem Ersten Weltkrieg gemacht wurden, so etwa, daß „das Wort das ganze Denken absorbiert", daß „der Geist sich (deshalb) beim Denken nicht mehr fixiert", daß sich „vielmehr das Wort fixiert als seine Bedeutung". Ähnliches konstatieren wir ja alle beim Einschlafen, bei hochgradiger Ermüdung, aber auch bei der Beobachtung und Untersuchung Schizophrener. Nur vermöge der Akte, welche dem Wortlaut als physischem Phänomen die Bedeutung und eventuell noch die anschauliche Fülle geben, und in welchen sich die Beziehung auf eine ausgedrückte Gegenständlichkeit konstituiert, nur vermöge dieser sinnverleihenden und eventuell auch sinnerfüllenden Akte wird der Wort*laut* zum sprachlichen *Ausdruck*, d. h. zu einem solchen, der etwas meint und, indem er es meint, sich auf Gegenständliches bezieht. Ist also an dem sinnbelebten sprachlichen Ausdruck zu unterscheiden der Wortlaut, dessen Sinn oder Bedeutung und die ihm zugehörende Gegenständlichkeit, so müssen wir, um uns klarzumachen, was Denken heißt, immer die Wendung von der realen Beziehung der sinnverleihenden Akte zur idealen Beziehung ihrer Gegenstände vollziehen, müssen wir also von der psychologischen Betrachtungsweise fortschreiten zur Logik. Wir dürfen daher nicht die einsichtig erfaßte ideale Einheit oder Bedeutung, z. B. das Urteil im logischen Sinne, mit dem realen Urteilsakt verwechseln, dürfen aber ebensowenig die Bedeutung, nämlich das, was der sinnbelebte Ausdruck besagt, verwechseln mit dem, worüber er etwas sagt, mit dem gemeinten Gegenstand. Soll daher der sprachliche Ausdruck eine aktuelle Erkenntnisfunktion ausüben, so muß sich seine Bedeutungsintention mit Anschauung füllen. Erst so gewinnt der Begriff, die Bedeutungsintention, seine Klarheit und Deutlichkeit, bestätigt er sich als richtig oder als wirklich vollziehbar. Begriffe ohne Anschauung sind, wie KANT sagte, leer, Anschauungen ohne Begriffe sind blind. Nur von dem richtigen, dem wirklich vollziehbaren Denken, dem Denken im prägnanten Sinne, nicht aber vom Vorstellen und Denken im gewöhnlichen und subjektiven Sinne kann daher der Satz gelten: Was wir nicht denken können, kann nicht sein, was nicht sein kann, können wir nicht denken. Sie sehen also, daß Denken, und gerade das diskursive Denken, etwas ganz anderes bedeutet als ein bloßes Verknüpfen von Begriffen, ganz abgesehen davon, daß schon der Begriff als ideale Einheit oder Bedeutung bereits seinerseits ein Denkgebilde ist.

Nun werden Sie aber fragen, ob denn das Denken tatsächlich an den sprachlichen Ausdruck geknüpft sei, und ob es nicht ein Vorsprachliches Denken gäbe. Sprechen wir doch auch von magischem, von emotionalem, von hypologischem, vortheoretischem, vorprädikativem, unformuliertem Denken, von einem Nebendenken (neben dem Hauptdenken) usw. Darauf antworte ich: Soll das Denken eine Erkenntnisfunktion haben, ein Denken gerade im Sinne der Schule sein, so muß die Bedingung sprachlichen Ausgedrücktseins erfüllt sein. „Auch wenn keine Worte ertönen", so erklärt einer der größten psychologischen Zergliederer aller Zeiten, AUGUSTIN, „ auch wenn keine Worte ertönen, so spricht doch der in seinem Herzen, welcher denkt". Das Wort ist für AUGUSTIN der *geformte, gestaltete* Gedanke: formata quippe cogitatio (*De trinitate* I. XV, C. 9 u. 19). „Das Sprechen", sagt auch SCHLEIERMACHER, „hängt dem Denken so wesentlich an, daß kein Gedanke fertig ist, ehe er Wort geworden ist"; ja schon PLATO erklärte im *Phaedrus* (238), daß etwas, ausdrücklich gesagt, irgendwie deutlicher ($\pi\omega\varsigma\ \sigma\alpha\varphi\acute{\epsilon}\sigma\tau\epsilon\varrho o\nu$) werde, als wenn es nicht gesagt würde. Sie sehen, wie immer in unserem endlichen Dasein, haben wir es hier mit einem mehr oder weniger Deutlichen, Fertigen oder Gestalteten zu tun. Wollen wir die Einheit des Phänomens von Sprechen und Denken in dem sinnbelebten Ausdruck wahren und doch allen empirischen Gradunterschieden gerecht werden, so können wir mit HÖNIGSWALD nur sagen, daß alles Denken *prinzipiell* worthaftig ist und alles Sprechen *prinzipiell* sinnhaft. Gedachtsein heißt sprachlich prinzipiell formulierbar sein, formuliert werden *können*, weshalb allein es auch unformuliertes Denken geben kann. Es gibt jedenfalls keinen Nullwert sprachlicher Repräsentation für den Gedanken, wie es, außer beim Papagei, keinen Nullwert gedanklicher Bedeutung für das Sprechen gibt. Nur das muß verlangt werden, um das einheitliche Phänomen des sinnbelebten Ausdrucks zu retten. Empirische Gradunterschiede im Verhältnis der Teilglieder eines Phänomens zueinander besagen nie etwas gegen die Einheit und Selbigkeit eines Phänomens. Bei all diesen Überlegungen dürfen Sie im übrigen nicht vergessen, daß der sinnbelebte Ausdruck nur eines der Phänomene ist, die zeigen, daß „gerade die reine Funktion des Geistigen selbst im Sinnlichen ihre konkrete Erfüllung suchen muß und daß es sie hier zuletzt allein zu finden vermag" (CASSIRER). Andere Phänomene, die uns dies vor Augen führen, sind die Kunst und der Mythos. Ferner müssen Sie im Auge behalten, daß die Sprache keineswegs an die Lautsprache gebunden ist. Ich erinnere Sie nur an das Tastalphabet und die Sprache der Taubstummblinden, von denen Helen KELLER das leuchtendste und eindruckvollste Beispiel ist. Sinnbelebter Ausdruck bleibt sinnbelebter Ausdruck, ganz unabhängig davon, an welches physische Medium er sich knüpft, ob die sinnverleihenden Akte sich also mit lautlichem oder taktilem Material und dessen Artikulierungen vollziehen.

4. Diskursives und intuitives Denken

Wir sind nun in den Stand gesetzt, das, was früher über Denken als Gespräch sowie über Denken, Sprache und Welt gesagt wurde, noch näher zu präzisieren. Der Unterschied zwischen dem dialogischen und dem monologischen Gespräch trifft insofern das Wesen des sinnbelebten Ausdrucks und damit des Denkens *nicht*, als das Wesen des sinnbelebten Ausdrucks keineswegs in der Kundgabe liegt, sondern in der Bedeutung. Wenn es nun auch unsinnig wäre, zu behaupten, daß ich mir selbst etwas kundgeben könnte, so ist es doch keineswegs unsinnig, sondern auf der Hand liegend, zu behaupten, daß ich mich mit mir selbst über Bedeutungen, Begriffe, Gedanken verständigen, mich mit mir selbst vergewissern kann, ob ich richtig denke im oben erwähnten Sinne. Auch muß ich dabei nicht laut oder leise vor mich hinsprechen, was einen Ausnahmefall bedeutet; auch wenn ich keine Laute von mir gebe, so vollziehe ich im sogenannten „innerlichen Sprechen" doch sinnverleihende Akte mit Wort- oder Satz*vorstellungen* und beantworte ich das Gedachte, die Bedeutungen, dementsprechend. Als klassisches Beispiel hiefür erwähne ich jenes berühmte Selbstgespräch, nicht von ungefähr *Medidationes* benannt, das einen Wendepunkt im europäischen Denken bedeutet, am Anfang der neuzeitlichen Philosophie, Naturwissenschaft und analytischen Geometrie steht und einen der unerbittlichsten Denker zum Autor hat, René DESCARTES. Lesen Sie dieses Selbstgespräch und urteilen Sie selbst, ob ich es mit Recht so bezeichne oder nicht. Dasselbe Selbstgespräch kann uns nun aber weiterhin den Unterschied verdeutlichen zwischen dem Leben in der Welt der Bedeutsamkeiten und in der Welt bloßer Bedeutungen, den Unterschied also zwischen nichtdenkendem oder nichtverstandesmäßigem und denkendem oder verstandesmäßigem Leben. Wunderbar klar zeigt Ihnen eine Stelle der zweiten Meditation den Umschlag von der einen Welt in die andere. Sie betrifft das seither berühmt gewordene Stück Wachs: „nehmen wir irgendeinen Körper im besonderen, z. B. dieses Stück Wachs. Vor kurzem erst hat man es aus der Wachsscheibe gewonnen, noch verlor es nicht ganz den Geschmack des Honigs, noch blieb ein wenig zurück von dem Dufte der Blumen, aus denen es gesammelt worden; seine Farbe, Gestalt, Größe liegen offen zutage, es ist hart, auch kalt, man kann es leicht anfassen, und schlägt man mit dem Knöchel darauf, so gibt es einen Ton von sich, kurz – es besitzt alles, was erforderlich erscheint, um irgendeinen Körper aufs deutlichste erkennbar zu machen. Doch seht! Während ich noch so rede, nähert man es dem Feuer – was an Geschmack da war, geht verloren, der Geruch entschwindet, die Farbe ändert sich, seine Gestalt wird vernichtet, die Größe wächst, es wird flüssig, wird warm, es läßt sich kaum mehr anfassen, und wenn man darauf klopft, so wird es keinen Ton mehr von sich geben. Bleibt es dann noch dasselbe Wachs? Man muß zugestehen – es bleibt, keiner leugnet es, niemand ist darüber anderer Meinung! Was also war es an ihm, was man so deutlich erkannte? Sicherlich nichts von dem, was im Bereiche der Sinne lag; denn alles, was unter den Geschmack, den Geruch, das Gesicht, das Gefühl oder das Gehör fiel, ist ja jetzt geändert, und doch bleibt es – das Wachs. Vielleicht war es das, was ich mir jetzt denke, nämlich daß das Wachs selbst nicht jene Süßigkeit des Honigs, nicht der Duft der Blumen, nicht die weiße Farbe, nicht die Gestalt oder der Ton war, sondern ein Körper, der sich kurz zuvor in diesen Weisen meinem Blick darbot, jetzt in anderen?

Was ist aber genau das, was ich hierbei so in der Einbildung habe? Betrachten wir es aufmerksam, entfernen wir alles, was nicht dem Wachse zugehört, und sehen wir zu, was übrigbleibt! Nun – nichts anderes als etwas Ausgedehntes, Biegsames und Veränderliches.

Was ist denn aber dieses Wachs, das sich nur im Denken erfassen läßt? Offenbar dasselbe, welches ich sehe, welches ich betaste, welches ich in der Einbildung habe, kurz, dasselbe, welches ich von Anfang an gemeint habe; aber – wohlgemerkt – seine Erkenntnis (perceptio) ist nicht ein Sehen, ein Berühren, ein Einbilden und ist es auch nie gewesen, wenngleich es früher so schien, sondern sie ist eine Einsicht einzig und allein des Verstandes (solius mentis inspectio), die entweder wie früher, unvollkommen und verworren, oder wie jetzt, klar und deutlich sein kann".

Verfolgen Sie die Denkleistung, die DESCARTES hier vollbringt: alles, was uns an diesem Stück Wachs bedeutsam ist, die Süßigkeit des Honigs, der L)uft der Blumen, seine handliche Gestalt, seine Verwandlung beim Schmelzen, seine Wärme und Flüssigkeit, all das faßt er auf als ein Etwas, das trotz aller sinnenfälligen Verwandlungen als dasselbe durchhält, nun aber nur noch als Denkgegenstand „existiert", als comprehensio, Begriff, Bedeutung, benannt „Körper". Zugleich ist dieser Begriff aber für DESCARTES die einzige *Gewähr* dafür, was jenes Stück Wachs tatsächlich ist. Sie sehen, wie auch hier der Begriff oder die Bedeutung den wirklichen Gegenstand meint, aber keineswegs er selber ist. Wenn DESCARTES von diesem Stück Wachs spricht, so meint er mit diesem Wort einen lediglich raum-zeitlich bestimmten Spezialfall der Ausdehnung, Biegsamkeit und Veränderlichkeit. Nur dies und ineins damit die raumzeitlichen Relationen zu andern solchen Spezialfällen enthält der DESCARTESsche Begriff des Körpers. Was hier also „definiert" wird, ist, wie bei jeder echten Definition, nicht der Name und nicht die Sache, sondern einzig die Bedeutung, der Begriff. Sie sehen also, Denken heißt etwas ganz anderes als Sich-etwas-Vorstellen, heißt auch nicht nur, einzelne Merkmale zu einem Begriff zusammenfassen und Begriffe miteinander verbinden, sondern es heißt, wofür DESCARTES' Denken das markanteste Beispiel ist: *entschlossen* denken, sich zum Urteilen *entscheiden*, zum Urteilen überhaupt, wie zu jedem einzelnen Urteilsschritt, heißt seine Gedanken streng *methodisch* dirigieren, mit sich selbst dialogisch über sie ins reine kommen, immer beherrscht vom Zweifel an allem, was nicht der Methode des Denkens, der Forderung nach Klarheit und Deutlichkeit der Begriffe und nach der Evidenz des Urteils entspricht. Auch dieses Denken ist eine Weise des Weltentwerfens, und zwar diejenige, die den Anspruch erhebt, daß nur gedacht wird, was sein kann, und nur ist, was gedacht werden kann. Die Welt dieses Entwurfs ist die Welt des Gedankens, und zwar eines bestimmten Gedankens, nämlich des Gedankens der Welt als Gegenstand einer an der Mathematik orientierten Wissenschaft von der *„Natur"*.

Worauf es mir ankam, war, Ihnen zu zeigen, wie diese Welt des Gedankens „aussieht", wie sie aus der Welt sinnenfälliger, aber bereits worthafter Bedeutsamkeiten herauswächst und sich in eine Welt gedanklicher Bedeutungen und ihnen entsprechender Ausdrücke wandelt. Vor allem aber wollte ich Ihnen zeigen, daß diese Welt nicht *die* Welt bedeutet, sondern *eine* der Weltansichten oder Weltentwürfe ist, in denen das menschliche Dasein sich das Seiende im Ganzen zugänglich zu machen imstande ist, nämlich die Welt der naturwissenschaftlichen Erkenntnis und der technischen Beherrschung.

Zum Schluß noch ein Problem, das gerade von hier aus in Angriff genommen werden kann und das Sie, wie ich höre, auch beschäftigt hat. Es betrifft das sogenannte *intuitive* Denken im Gegensatz zu dem bisher erörterten *diskursiven*. Auch hier kommt zunächst alles darauf an, sich über die sprachlichen Ausdrücke intuitio, intuitiv zu verständigen. Mit diesen Ausdrücken bezeichnen wir ganz Heterogenes, nämlich einerseits etwa den plötzlichen „intuitiven" Einfall oder Gedanken, andererseits die intuitiven Denk*methoden* etwa eines GOETHE, eines HEGEL, eines BERGSON, eines HUSSERL. (Eine dritte Bedeutung von intuitivem Denken, die ich aber aus Zeitgründen übergehen muß, ist diejenige, die dann gemeint ist, wenn wir z. B. das weibliche Denken dem männlichen als „vorwiegend intuitiv" gegenüberstellen.) Bleiben wir zunächst beim intuitiven Einfall oder Gedanken. Beispiele: plötzlich sich einstellende Lösung eines schwierigen mathematischen Problems, plötzliches Auftauchen der Idee einer neuen wissenschaftlichen Methode (vgl. DESCARTES' „Erleuchtung" vom 10. November 1619) oder plötzliche Einsicht in einen verwickelten Seinszusammenhang; als konkretes Beispiel für das zuletzt genannte Phänomen erwähne ich die „Offenbarung", die ROUSSEAU zuteil wurde, als ihm auf einem Spaziergang nach Vincennes im Mercure de France die Preisaufgabe der Akademie zu Dijon in die Hände fiel, ob das Wiederaufleben der Wissenschaften und Künste zur Reinigung der Sitten beigetragen habe. ROUSSEAU hat selber bekannt, mit welch strahlender Helligkeit und überwältigender Wucht ihn in diesem Augenblick „ganze Massen der lebhaftesten Ideen" überfielen, aus denen sofort der Grundgedanke seiner Beantwortung der Preisschrift heraussprang. Frage: Dürfen wir hier überhaupt von Denken sprechen? Sicherlich! Die „breiten Massen der lebhaftesten Ideen" sind hier ja nur die sprachliche Bezeichnung für ein lebhaftes Denken. Ein solches Denken ist aber nur möglich, wo schon viel über dasselbe Thema gedacht oder wo zum mindesten das Thema schon vordem eine große Bedeutung im Leben und Denken des Menschen gehabt hat, so daß es, wie hier, nur eines äußeren Anlasses bedarf, um es, gleich dem Funken im Pulverfaß, zur gedanklich-sprachlichen Entladung zu bringen. Es mußte ein ROUSSEAU sein, dieser Mensch, mit dieser Lebensgeschichte, damit dieser Anlaß diese Wirkung hervorbringen konnte. (Gerade dieses Beispiel zeigt Ihnen, daß sich im Gedanken, und zwar in *jedem* wirklichen Gedanken um mit NIETZSCHE zu reden, „etwas von unserem Gesamtzustande... ausdrückt".) Als intuitiv bezeichnen wir ein solches Denken, weil uns die Schnelligkeit imponiert, mit der der Grundgedanke der Lösung der Preisaufgabe auftauchte. Ganz abgesehen davon, daß seelisches Erleben überhaupt nicht der Zeitmessung unterworfen sein kann, was näher auszuführen hier viel zu weit führen würde, kann Schnelligkeit hier nichts anderes bedeuten als Vollzug eines hoch*komplexen* Denkaktes – ich sage ausdrücklich *eines*! Statt, wie beim diskursiven Denken, systematisch einen Denkschritt nach dem andern zu vollziehen, wobei jeder Denkschritt den adäquaten sprachlichen Ausdruck finden muß, scheint der Gedanke hier über weite, ausdrucksunerfüllte Erlebnisstrecken oder „*Zustände*" hinwegzugleiten. Das beweist aber noch lange nicht, daß jene Erlebnisstrecken auch ausdrucksunbezogen sind. Bedenken Sie nur, daß ROUSSEAU innerhalb ihrer prinzipiell jederzeit hatte haltmachen können und daß er tatsächlich zum mindesten auch in Wortrudimenten gedacht haben muß. Es gibt keine Ideen, und seien sie noch so lebhaft, denen die Ausdrucksbezogenheit abgesprochen werden könnte. Wo das der Fall wäre, handelte es sich nicht um Ideen, um Ansätze zu einer gedanklichen Bewältigung des Seienden, sondern um bloße Gefühle oder Stimmungen, also um das Angeweht- oder Beeindrucktsein von Bedeutsamkeiten, von Lebensmächten irgendwelcher Art. Aus solchen Gefühlen oder Stimmungen vermögen nur Ideen emporzusteigen, sofern sich Bedeutsamkeiten wandeln in Bedeutungen; das aber ist nur möglich durch den sprachlichen Ausdruck.

Eine ganz andere, nicht aktspezifische, sondern *gegenstands*spezifische Art des Denkens ist z. B. das intuitive Denken GOETHEs, mit dem wir unsere Untersuchung beschließen wollen. Ich knüpfe an an den Brief SCHILLERs an GOETHE vom 23. August 1794, der die schönste und tiefste Wesensdeutung enthält, die je ein Mensch von einem Menschen entworfen hat. Ich greife nur die eine Bemerkung heraus: „denn so wie Sie von der Anschauung zur Abstraktion übergingen, so mußten Sie nun rückwärts Begriffe wieder in Intuitionen umsetzen und Gedanken in Gefühle verwandeln, weil nur durch diese das Genie hervordringen kann". Begriffe in Intuitionen umsetzen, Gedanken in Gefühle verwandeln, heißt den Rückweg antreten alls der Welt der Bedeutungen, des Verstandes, in die Welt der Bedeutsamkeiten. Denn anschauen läßt sich nur, was uns „in die Augen fällt", uns sinnenhaft bedeutsam wird, uns zur Hand geht, uns gefühlsmäßig stimmt oder verstimmt. Der Bereich solchen Gestimmt-, Angemutet-, Angesprochen-, Angegangen-, ja Angefallenwerdens, dieser ganze Bereich wortlosen Daseins, ist, wie Sie wissen, ungleich reicher, lebendiger, produktiver, wenn Sie wollen gestaltenträchtiger als der Bereich der Worte des Verstandes. „Durch Worte", so hat es GOETHE selbst ausgedrückt, „sprechen wir weder die Gegenstände noch uns selbst völlig aus." Die Eigenart des GOETHEschen Denkens liegt gerade darin, daß ihm in diametralem Gegensatz zu dem Denken eines DESCARTES – denken Sie an das Stück Wachs – der „Gegenstand" überhaupt nicht ein Denkgegenstand ist, sondern ein Anschauungsgegenstand – denken Sie an die Metamorphose der Pflanzen! Die angeschauten Phänomene und ihre Verwandlungen sind ihm ungleich wichtiger als die gedachten Gegenstände und ihre Zusammenhänge. Insofern ist sein *ganzes* Denken als intuitives, als anschauendes, zu bezeichnen. Ein Denken bleibt es aber doch, insofern die Bedeutungen der sprachlichen Ausdrücke auch hier sich auf Gegenstände beziehen oder Gegenstände meinen, und zwar mit dem Anspruch, daß dieses Meinen sich auf wirkliche Gegenstände beziehe. Infolgedessen sieht die Wirklichkeit eines DESCARTES aber auch sehr anders aus als diejenige GOETHEs: dort Wirklichkeit als denkgegenständlich verarbeitete und umgewandelte Art der Bedeutsamkeiten, als in festen Bedeutungen und Bedeutungszusammenhängen aufgelöste und in ihnen begrifflich nach*konstruierte* „Natur", hier Wirklichkeit als anschauungsgegenständlich festgehaltene Welt der Bedeutsamkeiten, der Urphänomene allen Erlebens, als „lebendig angeschaute" und in durchaus beweglichen Gesichten oder „Ideen" anschauenden Denkens bildsam nach*gebildete* „Natur". An dem *prinzipiellen* Verhältnis von Sprache und Denken ändern diese Unterschiede natürlich nichts.

Es muß aber klar sein, daß, wo die Wirklichkeit so anders aussieht wie bei DESCARTES und GOETHE, wo m. a. W. der Denkstil ein so verschiedener ist, auch Sprache und Sprach*stil* verschieden sein müssen. Das hat seinen Grund aber nicht nur in der innigen Wechselbeziehung beider Stile aufeinander, sondern vor allem darin, daß Stil überhaupt als „unzerteilbare Einheit des höheren Menschen", in *allen* Weisen des Seins und der Betätigung des Menschen gleicherweise „zum Ausdruck kommen" muß.

5. Praktische Schlußfolgerungen

Ich bin am Schlusse meiner natürlich nur höchst lückenhaften und summarischen theoretischen Ausführungen über das unerschöpfliche Thema von Sprache und Denken. Ich nehme an, daß Sie aber noch einige praktische Schlußfolgerungen aus dem Gesagten für den Pädagogen von mir erwarten . Erlauben Sie mir, mich einen Augenblick an Ihre Stelle 7.u versetzen und mir vorzustellen, ich stünde vor einem einzelnen Jüngling oder einer ganzen Klasse. Dann würde ich meinen Rat in folgenden sechs Forderungen zusammenfassen:

1. Wenn du denken lernen willst, dann übe dich im Gespräch mit andern oder mit dir selbst; denn Denken ist mehr und anderes als bloße Gedankenassoziation, ist aber auch mehr und anderes als bloßes Aneinanderreihen von Gedanken nach logischen Formen und Normen. Der Syllogismus z. B. ist keine Weise denkender Erkenntnis, sondern nur eine Weise logischer Darstellung. Denken im prägnanten Sinne ist eine Kunst, und wie jede Kunst ein Abenteuer des Geistes. In diesem Abenteuer verirrt sich und irrt nur derjenige nicht, der in eisernem Fleiß die Erfordernisse und Regeln seiner Kunst gelernt und in unablässiger Übung seinen eigenen Kunststil gefunden hat.

2. Gerade die Grundregeln des Denkens lernst du am raschesten und leichtesten im Gespräch. Da der Gedanke erst vollendet ist, wenn er seinen adäquaten sprachlichen Ausdruck gefunden hat, und da du dich selber nur verstehst und von andern verstanden wirst, wenn Wort und Gedanke

eins geworden sind und eins bleiben, können die Grundregeln der Kunst des Denkens nur so lauten: „Gebrauche die Worte in absolut identischer 13edeutung; schließe alles Schwanken der Bedeutungen aus. Unterscheide die Bedeutungen und sorge für die Erhaltung ihrer Unterschiedenheit im Laufe des Gesprächs durch sprachlich scharf unterschiedene Zeichen."

Um diese Regeln befolgen zu können, mußt du in erster Linie deiner Muttersprache mächtig werden. Das aber wirst du nur, wenn du sie nicht nur als Schriftsprache, sondern auch als gesprochene Sprache, als Dialekt, *ehrst*, wenn du ehrfürchtig sowohl auf ihre gewordenen festen Formen und Gesetze achtest, als auch den Geheimnissen ihres Werdens und Wandelns lauschst. Je mehr deine Gewandtheit im sprachlichen Ausdruck wächst, zu desto größerer Klarheit und Deutlichkeit werden deine Gedanken gelangen. Andererseits: Je klarer und lebendiger deine Gedanken sind, um so leichter werden sie sich aussprechen in der Sprache; denn beide Erfordernisse befördern sich gegenseitig.

3. Glaube aber nicht, daß es genügt, daß du dich verständlich ausdrückst; du mußt auch lernen, dir oder andern *zuhören* zu können; denn „Redenkönnen und Zuhörenkönnen sind gleich ursprünglich". Das Zuhören, das beredte Schweigen im Aufnehmen und Nachvollziehen der Gedanken des Gesprächspartners ist schon eine Art des Antwortens, eine Art und Weise des Entgegenkommens im Wort. Im Zuhörenkönnen verrät sich nicht nur die Bildung im Sprechen und Denken, sondern Bildung überhaupt, verrät sich der Mut, die Ausdauer und die Rücksicht im Ertragen des Widerspruchs.

4. Vergiß nicht, daß das Gespräch nur *eine* der unübersehbar vielen Formen des Mitseins mit andern oder mit dir selbst ist. Gespräch ist ein Mitsein in einer nicht nur stimmungsmäßig gemeinsam erlebten oder handelnd geteilten Welt, sondern in einer mitteilbaren, d. h. bedeutungsmäßig gegliederten, bedeutungsmäßig artikulierten Welt, im koinos Kosmos des Verstandes und der Vernunft. „Sprache", so drückte es schon HERDER aus, „ist der Charakter unserer Vernunft, durch welche sie allein Gestalt gewinnt und sich fortpflanzt."

5. Das Achten auf die Bedeutung deiner Worte und ihren adäquaten Ausdruck, das Zuhörenkönnen, das Wissen um die Verantwortlichkeit des Lebens im koinos Kosmos der Vernunft, all das wird dich wappnen gegen den schrecklichsten und doch verbreitetsten Mißbrauch VON Sprache und Denken, gegen das Wüten des lieblosen, leichtfertigen Urteilens und des vorschnellen Schließens. Beherzige, was ich dir durch den Mund zweier Dichter und Denker sage, die wie wenige sich der ungeheuren Last der Verantwortung gegenüber Sprache und Denken bewußt waren, durch den Mund VALÉRYs und FLAUBERTs: „Toutes les fois que nous accusons ou que nous jugeons – le fond n'est pas atteint", und: „La rage de vouloir conclure

est une des manies les plus funestes et les plus stériles qui appartiennent a l'humanité."

6. Und nun die Letzte Forderung, die ich an dich stelle, wenn du die Kunst des Denkens lernen willst. Sie knüpft unmittelbar an die vorhergehende Forderung an und lautet: Lerne selbständig denken! „Durchdenken", sagte SCHOPENHAUER, „ kann man (zwar) nur, was man weiß; daher man etwas lernen soll: aber man weiß auch nur, was man durchdacht hat." Laß es also nicht bewenden beim bloßen Wissen, bei der Aneignung und dem Nachvollziehen bereits gedachter Gedanken, prüfe vielmehr jeden Gedanken auf seinen Wahrheitsgehalt, nimm Stellung zu ihm. Vergiß dabei aber wieder nicht, daß die Bedeutungen, die Begriffe, die Gedanken und Gedankensysteme nicht in der Luft hängen, sondern aus den *ursprünglichen* Bedeutsamkeiten oder Wesenheiten, in denen uns das Seiende zugänglich wird, als ihrer Grundlage, ihrem „fond", herauswachsen. Vergiß also nicht, daß das Denken nicht vom Leben getrennt werden darf. Derselbe HERDER, der gelehrt hat, daß Sprache der Charakter unserer Vernunft ist, hat auch gelehrt, daß durch Sprache „eine Geschichte der Menschheit in herabgeerbten Formen des Herzens und der Seele möglich ward". Bedenke, daß selbst der große DESCARTES, bevor er „mit seinem Winterrocke angetan am Kamin saß", sein Stück Wachs in der Hand hielt und „von allen Sorgen befreit", in „sicherer Muße und einsamer Zurückgezogenheit" sein weltbewegendes Selbstgespräch hielt, wie er uns selber berichtet, „in die Poesie verliebt" war, die alten Schriftsteller studiert hatte und viele Jahre „in dem großen Buch des Lebens zu studieren" für notwendig erachtet hat, „pour voir clair en mes actions et marcher avec assurance en cette vie". Mit einem Wort: Wisse, daß das Denken sich nicht allein vom Denken nährt, sondern daß „aus einer Wolke alter Ideen der Blitz einer neuen, nur dann zu springen vermag, wenn Sprachstil und Denkstil sich nicht nur gegenseitig fördern, sondern herauswachsen aus dem Stil einer Persönlichkeit, aus der „unzerteilbaren Einheit des höheren Menschen". Denn wo Stil ist, da ist Liebe zur Form; Stil der Persönlichkeit ist Liebe zur Einheit von Herz, Seele und Vernunft, von Ich und Du, von Ich und Gott, von Ich und Welt, von Zeit und Ewigkeit. Daß dieses Ziel aller Bildung erstrebt werden kann, verdanken wir der Sprache des Volks, dem Sprechen der Dichter und Denker und dem über die Jahrtausende hinweg fragenden und antwortenden Gespräch der Menschheit mit sich selbst.

Anhang

Besuch bei Prof. Heidegger auf dem Rötebuck am 28. 1. 1955.

[Sign. 443/15, Masch.schr., gez. Dr. L. B.]

Frage meinerseits, ob H. sich darüber aussprechen könne, inwieweit er über den Bezug von Menschenwesen und Sein, wie er in dem Aufsatz „Was heisst denken" formuliert ist, hinausgekommen sei. (H. hatte Ref. gegenüber bei seinem Besuch in Konstanz geäussert, dass er schon nicht mehr an jener Formulierung festhielte.) H. erklärt jedoch, er könne sich noch nicht darüber äussern.

Zweite Frage: Inwieweit ist auch der Geisteskranke offen für das Sein und im Sein gehalten. Es sei für mich einerseits selbstverständlich, dass empirische Unterschiede nichts an einem ontologischen Verhältnis zu ändern vermöchten, was H. natürlich bejaht. Seine erste Antwort lautete „ja", deswegen, weil der Geisteskranke ja auch Sprache habe. Im Uebrigen habe er beim Lesen von psychiatrischen Krankengeschichten oft den Eindruck gehabt, dass auch bei Geisteskranken eine *Besinnung auf des Sein* vorkäme. – Aber selbst wenn die Geisteskranken gegenüber dem Sein verschlossen seien, so sei ja auch die Verschlossenheit der Modus eines Bezugs der genannten Art. Er selbst erinnere sich nicht, dass er je die Negationen nicht offen für das Sein und nicht im Sein Gehaltensein verwendet habe.

Ref. berichtet dann noch über das Buch von *Sonnemann* [Existence and Therapy. An Introduction to Phenomenological Psychology and Existential Analysis. New York 1954.]. Die englische Ueberschrift von Sich-entwerfen durch to trend leuchtet ihm bis zu einem gewissen Grad ein, nachdem er das englische Lexikon darüber konsultiert hat. H. bittet um einen neuen Sonderabdruck meines Referates über Straus' „Vom sinn der Sinne", da es ihm sehr wichtig sei. Da er heute noch nicht gegangen sei, möchte er Ref. ans Tram begleiten. Unterwegs Gespräch über *Jaspers*: H. habe J. einen sehr langen Bericht über dessen Psychologie der Weltanschauung geschrieben, die J. dann weidlich für seine eigene Philosophie ausgenützt habe.

Über „Schicksals-Logik"

[Sign. 442/303, Masch.schr. 1965/66?]

Ich entnehme diesen Ausdruck der Selbstschilderung *August Strindberg's* in Inferno-Legenden vom Jahre (...), die wir in unseren daseinsanalytischen und phänomenologisch Beiträgen zur Erforschung des Wahns (Günter Neske, Pfullingen 1965 [Aufgenommen in Bd. 4 vorl. Ausgabe]) unter der Rubrik „Der Fall August Strindberg" (S. 133-211 [in Bd. 4 vorl. Ausgabe, S. 495-539]) im Auszug wiedergegeben haben. Entsprechend den völlig verschiedenen und sich widersprechenden Bedeutungen des Wortes Schicksal gebraucht Strindberg das Wort Schicksal in der Zusammensetzung mit Logik in einem Sinne, den man am besten mit „Lauf der Welt" wiedergeben kann, denn er schreibt (S. 138[1] [in Bd. 4 vorl. Ausgabe, S. 498]) „Es ist nämlich nicht logisch, dass Schornsteinbrand ausbricht oder sonst nicht vorhandene Gestalten vortreten, wenn ich Absinth trinke, gewöhnliche Schicksalslogik wäre es, dass ich krank würde". Wir sehen, an dieser einzigen Stelle, wo der Kranke den Ausdruck Schicksalslogik gebraucht, müssen wir das Wort Schicksal umschreiben wie folgt: Nach dem „Lauf der Welt" wäre es logisch, wenn ich krank würde (denn der Genuss von Absinth vermag (mich?) *erfahrungsgemäss* krank zu machen). Wir sehen, dass wir Strindberg auch in der Psychose der „Infernokrise" eine gewisse Logik in unserem Sinne nicht absprechen können.

Daneben gebraucht Strindberg das Wort Schicksal aber in der Regel in einem ganz anderen Sinne, in welchem Sinne auch wir die Zusammensetzung mit dem Wort Logik in unseren „Beiträgen" gebraucht haben und auch hier gebrauchen werden. Der Ausdruck Schicksalslogik erweist sich dann, wie wir im Schlussabschnitt C der „Beiträge" gesehen haben, als ein Ausdruck für eine besondere Form der Wahn-„Logik" oder des Wahn-„Denkens".

---

[1] Die Seitenzahlen beziehen sich durchwegs, wo nichts Anderes vermerkt, auf die erwähnten „Beiträge".

Nach *Kluge* hat sich das Wort Schicksal in der hochdeutschen Sprache relativ spät eingebürgert. Schicksal ist die niederdeutsche Entsprechung zum hochdeutschen Geschick. Und zwar ist diese Entsprechung erst seit dem Anfang des 18. Jahrhunderts allgemein üblich und gebraucht. Geschick hängt zusammen mit schicken, das im Mitteldeutschen nicht nur bedeutet, „bereiten", „anordnen", „einrichten", „ins Werk setzen", sondern auch „abordnen", „senden". Geschick und Schicksal weisen also ihrer Wortbedeutung nach auf das dem Menschen Zubereitete, für ihn Angeordnete, Ins-Werk-gesetzte, ihm („von aussen") Zugesandte, aber auch auf die „von ihm" Abgeordneten. Alle diese (sachlichen und „persönlichen") Bedeutungen finden wir, und zwar in wahnhafter Form, bei *Strindberg* wieder. Und zwar bedient er sich für all diese wahnhaften Schicksalsbedeutungen der allgemein gebräuchlichen sprachlichen Wendungen im Sinne des In-der-Hand-seins (vgl. die Überschrift des ersten Kapitels des Inferno: „In der Hand des Unsichtbaren") oder des „Drückens einer schweren Hand" *auf* seinem Schicksal oder schliesslich des *„Eingreifens"* höherer Mächte in sein Schicksal. In all diesen sprachlichen Wendungen können wir die „Prämissen" erblicken, aus denen Strindberg seine wahnhafte Schicksalslogik, im Gegensatz zur Logik des Schicksals im Sinne der „natürlichen" Logik, der Logik im Sinne des „natürlichen Laufs der Welt", seine wahnhaften Folgerungen logisch ableitet („deduziert"). Neben dieser Wahndeduktion kennt er freilich auch eine, immerhin schon in den Hintergrund tretende Wahninduktion im Sinne einer seine wahnhaften Prämissen stützen sollenden „Sammlung" von Wahnereignissen.

Wenden wir uns von hier aus den Wahnbegriffen Strindberg' zu, eine Aufgabe, die wir in unseren erwähnten „Beiträgen" noch nicht in Angriff genommen hatten, so sehen wir, dass es sich hier durchweg um Schicksalsbegriffe handelt, d. h. erstens um solche Begriffe oder solches begriffliches Denken, dem – im Gegensatz zu der *Aristotelischen* und *Kantischen* Grundanschauung von der Erfahrung – jegliche „sinnliche" Grundlage fehlt und sie schon deswegen keine Erfahrungsbegriffe sind, d. h. solche, die eine begriffliche und denkende Orientierung in der Natur erlauben, sondern solche, bei denen es sich um rein erzieherische oder pädagogische Massnahmen oder Einwirkungen handelt, sei es um Förderungen oder Hemmungen, Belohnungen oder Strafen, Ermunterungen oder Warnungen oder Zustimmungen. Anstelle des Erfahrungsbewusstseins und des auf ihm aufbauenden und sich an ihm und mit ihm orientierenden Denkens tritt hier das Sendungsbewusstsein oder, wie Strindberg selber sagt, das Bewusstsein von einer bestimmten (wissenschaftlichen oder religiösen) *Mission* oder Bestimmung und das Bewusstsein von Förderung, Hemmung oder gar Züchtigung auf dem Wege zur Erreichung dieser Sendung, Mission oder Bestimmung.

Dass Strindberg in der Hand des Unsichtbaren ist, dass eine „unsichtbare *Hand* auf seinem Schicksal liegt", dass höhere Mächte in sein Schicksal „mit der Hand" eingreifen, all das bedeutet den Verlust der „persönlichen Freiheit" oder der eigenen „Bewegungsfreiheit". Wer in der Hand eines Anderen ist, kann keine Sprünge mehr machen, er bleibt in seiner „Bewegungsfreiheit" gehemmt oder gebremst. Bald aber wird die Hand als das erkannt, was sie ist, als pars pro toto, als „Ausführungsorgan" für einen Willen oder eine Absicht. „Es scheint mir sicher zu sein, dass ein Unsichtbarer Hand an meine Erziehung gelegt hat" (137 Wahn [in Bd. 4 vorl. Ausgabe, S. 497 f.], Inf. 423). Dieser Unbekannte, sehr bald auch als unbekannte Mächte anerkannt, sind teils solche, die ihn jahrelang verfolgen, teils auch Mächte, „die verbessern wollen". Der Unbekannte ist ihm eine persönliche Bekanntschaft geworden, er spricht mit ihm, er dankt ihm, das Bewusstsein, vom Unbekannten unterstützt zu werden, gibt ihm „eine Energie und eine Sicherheit, dass er eine Kraft zeigt, die er sich nie zugetraut hätte" (S. 26, Inferno, S. 142 Wahn [in Bd. 4 vorl. Ausgabe, S. 500]). Ein andermal, von Halluzinationen geplagt (162 Inf., Wahn 154 [in Bd. 4 vorl. Ausgabe, S. 508]) schreibt er: „Der Zweifel, die Ungewissheit, das Geheimnis, das ist meine Hölle". „Mag er sich enthüllen, dass ich ihm Trotz biete".

Leitfaden zum Übergang zur eidos-Bildung.

[Sign. 443/26, Masch.schr. 1963(?)]

1) Der normale Mensch bildet ständig eidos-se aus den Wahrnehmungs- und Anschauungs-Inhalten. (Dabei verstehen wir schon mit den beiden letzteren die Fülle der aistesis-phantasia-mneme Struktur). Eidos ist noch nicht Begriff. Zur Eidos-Bildung gehört auch keine Absicht. Was sich in der Wahrnehmung zeigt, zeigt es ipso „ein irgendetwas" nach seinem Aussehen.

2) Der normale Mensch steht vor dem Citroen und sagt: so sieht ein Auto aus, aber es ist normal, in diesem Präsenten zu sehen, wie ein Citroen überhaupt aussieht, wie das Auto überhaupt aussieht.

3) Das Besagt: das Vernehmen des einen Ausschauung-Bildes ist mit einem Vermögen der Bildbildung verbunden, das in diesem einen Ausschauen auch die Regel des verschiedentlich Ausschauen-könnens (unexplizit) darbietet. Denn der obige Beobachter wird auch vor einem alten Ford sagen: „das ist ein Auto, so muss ein Auto aussehen".

4) Wir sagen auch von einem Apfelbaum: „so sieht ein Baum aus", obwohl ein Kirschbaum ganz anders aussieht. Wir haben schon in dem Bildvernehmen die möglichen Bildabwandlungen mitvernommen.

> a) Es ist klar, dass wenn das Material der ästhetischen Wahrnehmung – wie bei den Anormalen – anders ist, wird das eidos eines Präsenten selbst verwandelt sein, ein Wahneidos sein.
>
> b) Es ist möglich, dass dieses eine Wahnbild (von *einem* Baum, *einer* Maschine, *einem* Menschen) nicht mit Regeln von Bildvariationen verbunden ist, also nicht einmal ein echtes eidos ist [...], sofern es nicht eine Variationsbreite in sich schliesst, sondern bloss ein festgefrorenes Bild ist. Man ist versucht zu sa-

gen: ein *zufälliges* Bild der Variationsreihe ist „festgefroren". Aber gerade dieses „zufällige" ist *lebensgeschichtlich* motiviert. Z. B. der für den Normalen „zufällig" „hämisch Lächelnde" ist ein eidos, das sich ständig abwandelt bzw. abwandeln kann, (zum ernsten, schweigsamen, indifferenten, sitzenden, reisenden, am Meerliegenden-Bild) aber für den Kranken ewig unverändert bleibt und keine Variationsmöglichkeit zulässt. Der Kranke kann diesen Menschen oft treffen, und wenn er auch schon graue Haare hat, wird er für ihn noch immer der „hämisch Lächelnde" sein. Sein eidos bleibt das einzige unter allen Lebensumständen.

c) Oder ist es möglich, dass die Einsilbigkeit der eidetischen Bildung mit anderen Wahnregeln der eidetischen Metamorphosen einhergeht, ganz streng Wahn geregelt? Das ist zu untersuchen (z. B. Strindberg). Keinesfalls handelt es sich um normale eidetische Variationsbereiche, die für den Gesunden selbstverständlich sind.

d) Wir können sagen, dass diese Wahn-eidosse = Wahnideen (im strengen Sinne) keinen Sachbezug haben. Irgendeinen Einheitsbezug haben sie jedenfalls. Die Frage bleibt, wie sind dann Wahnbegriffe möglich, die sich auf die Wahneidosse (Wahngebilde) aufbauen. Selbstverständlich sind nicht nur die Wahn-eidosse von den normalen verschieden (eingefroren, einsilbig, im extremen Fall von einem eigenen Variationshof umgeben), sondern die Ausbildung der Eidosse zum Begriff verläuft in einer anderen, sehr verarmten Weise: ablesbar an den „Wahnbegriffen".

Zusammenfassend:
1) Veränderte Wahrnehmung, weil aistesis-phantasia-mneme Verbindung modifiziert ist,

2) Verändertes Vernehmen des Präsenten motiviert die veränderte eidos-Bildung. Für diese ist die Starrheit, Einsilbigkeit charakteristisch: [v]erarmter Variationsbereich,

3) Bei einem so eingeschränkten Variationsbereich oder sogar beim Einfrieren *eines* eidos, wird der Wahnbegriff (der die Variationsbreite umgrenzen sollte, wie Begriffe überhaupt) eigentümlich modifiziert. Z. B. der Mensch nicht zoon logon echon, sondern die „b[ö]sartige Fratze".

Briefe und Briefstellen

[Brief von Erich Rothacker an Ludwig Binswanger; Sign. 443/50]

Bonn 8. 4. 47

Sehr geehrter Herr Binswanger!
Die Kopie meines Briefes vom Herbst ist bisher unauffindbar gewesen, und so muß ich endlich nochmals versuchen, Ihnen einiges über den starken Eindruck zu sagen, den mir Ihr Werk [die „Grundformen"] gemacht hat. Es ist aber eine komische psychologische Situation. Das was ich Ihnen damals schrieb, war doch schließlich das, was mir das Wesentlichste zu sein schien. Und jetzt habe ich das Gefühl wie jemand, der im Kolleg in zweiter Lesung dieselben Witze einflicht, wie das erste Mal. Eine Hemmung, die für mich recht fruchtbar war im Lauf meines akademischen Lebens. Ich habe, fast von Semester zu Semester, völlig neue Kollegs gemacht, um mich nicht zu wiederholen. Nun aber zu Ihnen, wobei ich zunächst nur schwer Komplimente unterdrücken kann.

Ihr Buch ist wahrlich grundlegend. Es bleibt eigentlich ein Rätsel, daß die Weltliteratur dieses doch immerhin reichlich „aktuelle" Thema bis dahin nie mit dieser zugleich umfassenden Tiefe eingepackt hat. Wer selbst das unverdiente Glück genoß, sein Leben in diesem Überschwang des Wir-Gefühls zu verbringen, weiß die Treffsicherheit Ihrer Analyse besonders zu würdigen. Denn dieses ist es ja, was bleibt bei philosophischen Bemühungen: Entdeckung und Entfaltung von Phänomenen. Die jeweilige Methode dabei möchte ich um einige Grade mehr als Sie und gar Heidegger nur als ein Mittel dazu betrachten. Was diese (die Methode) anbelangt – und es ist interessant in dieser Hinsicht Ihre literarische Entwicklung zu verfolgen – so sprechen Sie perfekter heideggerisch als ich. Ich habe seit je große Mühe mit ihm gehabt. Weshalb, läßt sich nicht in drei Worten sagen, wäre aber wohl aufzuklären. Aber jedenfalls liefert Ihr Werk, gerade weil es diese Methode so frei beherrscht und so souverän erweitert, ja im Grundgefüge umbaut den sichersten Beweis für ihre Leistungsfähigkeit. Und jedenfalls erfolgt diese Verlagerung vom Ich ins Wir in einer notwendigen und deshalb überaus fruchtbaren Richtung. Dazu diese so gewinnreiche weltliterarische Belesenheit. Schon allein Ihre Zitate machen das Buch unentbehrlich. Ich habe jahrzehntelang an einem historisch-systematischen Wörterbuch der kulturphilosophischen Grundbegriffe gesammelt. Es ist mir wieder so recht klar geworden, weshalb ich vorerst damit scheiterte. Jedem Artikel müßten eben Monographien vom Umfang des Ihren vorausgehen, ehe man ihn schreiben kann. Und auch jetzt könnten höchstens Sie das leisten. (Hätten Sie übrigens – dies nebenbei – Interesse an einer solchen Aufgabe?)

Wenn ich einige „prinzipielle" Einwände machen dürfte, so lägen diese in zwei Richtungen: 1. sehe ich auch die „Urphänomene" in einem großen geistesgeschichtlicher Fluß. Denn nicht nur die Ideen „über" eine Sache sind in Bewegung, sondern dank dieser Ideen und anderen Momenten auch die Erlebnisse und damit die Sachaspekte (im objektiven Sinn) selbst. Ich sehe eben doch viel säkularisierte Gottesmystik in Ihrem Erfahrungsmaterial. Ohne das Christentum wären die von Ihnen aufgedeckten Phänomene (ungeachtet ihrer immanenten Gesetzlichkeit) doch nicht Wirklichkeit geworden. Sodann stehe ich 2. der objektivierenden (und nicht nur sinnentfaltenden – ich nenne das in meiner Logik der Geisteswissenschaften dogmatische Methode und werde das in einem Buch über „Anschauung" bzw. einer Theorie des „aspektivischen Realismus" noch ausführen –) Einzelwissenschaft nicht so kühl ablehnend gegenüber wie Sie und erst recht Heidegger. *Philosophisch* ist allerdings die Daseins-Analyse das Primäre. Das kann mich aber nicht davon überzeugen, daß daneben die gesicherten Resultate der einzelwissenschaftlichen Forschung an *ihrem* systematischen Ort nicht voll bestehen bleiben sollen. Wenn Heideggers Radikalismus und seine diktatorischen Neigungen wirklich einmal juristisch maßgebend geworden wären in der praktischen wissenschaftlichen Arbeit, so wären womöglich Forschungen wie die Hans Spemanns in Gefahr geraten, unterbunden zu werden. Gewiß kann man phänomenologisch und daseinsanalytisch zu tieferen Konzeptionen „des" Lebens gelangen. Aber werden diese großartigen experimentellen Gewinne der Einzelwissenschaft dadurch erschüttert? Es fragt sich sogar, was im Gange der Geschichte länger leben wird. In diesem Sinne möchte ich auch eine Lanze für die „Psychologie" brechen. Gewiß ist das ein äußerst vorläufiges, ganz in den Anfängen steckendes wissenschaftliches Bemühen. Und es bedarf dauernd der philosophischen Kontrolle und Ausrichtung. Die ganze bisherige Leistung wäre ja ohne philosophische „Gesichtspunkte" gar nicht in Gang gekommen. Aber ist es Schuld nur der Psychologen, daß die Philosophie ihnen jahrzehntelang nichts Besseres zu bieten hatte als das naturalistische Assoziationsschema? Wurde es mit der Aufarbeitung der „Logischen Untersuchungen" nicht schon besser? Und wird die Aufarbeitung der Daseins-Analyse nicht weiterführen, soweit die systematischen Berührungspunkte hantierbar gemacht sein werden? Aber weshalb soll eine streng einzelwissenschaftliche Theorie wie etwa meine Schichtenlehre nicht fest auf ihrer empirischen (behavioristischen) Basis stehen bleiben, obwohl die philosophische Unterbauung, oder besser ihr systematischer Einbau, außerdem noch eine zweite Aufgabe bleibt. Lesen Sie einmal Oskar Beckers sehr bedeutsamen Aufsatz über Paraontologie (Blätter für Deutsche Philosophie 17, 1943). Da haben Sie gleich ein Beispiel dafür. Hier liegt eine methodisch interessante Parallele zu Ihrer oben gerühmten freien Verwendung der Heideggerschen Methode vor, die dennoch Schritt für Schritt an meine einzelwissenschaftlichen Feststellungen anknüpft. Wie gerne würde ich Ihnen auch meine „Vier Dichterworte zum Wesen des Menschen" schicken (Deutsche Vierteljahresschrift 21, 1943 und nochmals gedruckt in meiner Aufsatzwahl „Mensch und Geschichte", die versandbereit in 5000 Exemplaren mitsamt den Druckstöcken in Leipzig verbrannt ist). Das ist auch ein *philosophischer* Versuch, der aber dennoch in keiner Weise in Spannung steht zu meinen einzelwissenschaftlichen Resultaten, im Gegenteil mit diesen nur in richtiger Weise in Einklang gebracht werden muß. Verzeihen

Sie, das ich an eigenen Arbeiten etwas an sich ganz Generelles zu exemplifizieren suche. Sie urteilen etwas hart über die psychologische Einzelwissenschaft. Es steckt vielleicht auch etwas Selbstkritik dabei drin und dann natürlich Auseinandersetzung mit den naturalistischen Eierschalen der Psychoanalyse, die ich auch nicht so ganz dammen würde. Jedenfalls nicht in der Jungschen Form – obwohl wir von Jung nicht mehr gerne hören in Deutschland. Seine Äußerungen nach dem Krieg waren eine ungeheure Fehlleistung gegenüber einem psychologisch viel komplizierteren und darum nicht weniger interessanten Problem, über das mit Humanität und Selbstkritik nachzudenken wohl der Mühe wert ist. Ich hoffe ja, daß man es auf dem Feld der Humanität, die man uns Deutschen nun ohne Unterschied der Person mit Hunger und Kälte einbläuen will, doch noch so weit bringen wird, daß ich mich mit Ihnen einmal über manche dieser Fragen auch aus*sprechen* kann. Noch lieber allerdings über Ihre rein philosophischen Resultate. Ihre groß angelegten Forschungen, mit denen sich auch meine Schüler – unter ihnen mein Assistent, der Kiergekaard-Monograph Perpeet (Niemeyer 1940) mit besonderer Leidenschaft auseinandersetzen. Und wann endlich wird es die „Humanität" so weit bringen, daß auch meine anderen Schüler Ihr Buch besitzen werden? Ich habe unter meinen vielen Hundert Hören, die im eiskalten Hörsaal bis ins Treppenhaus standen, mehrere Dutzend hochbegabter und weit für alles Bedeutende aufgeschlossener junger Menschen. Es ist eine der schönsten Überraschungen in dieser trostlosen Zeit, was für nette Kerle aus dem Felde kamen. Von 22 Habilitationsanmeldungen alter Schüler (meist noch aus meiner historischen Periode) will ich vier hoffentlich noch in diesem Jahr zum Zug kommen lassen. Mein Schüler Funke, der lange an der Sorbonne doziert hat, hat ein großes Main deBiran Werk geschrieben, und kommt hoffentlich noch in diesem Sommer zum Lesen, wenn die Bonner Ausschüsse seine schon in der Amerikanischen Zone erfolgte „Purification" rasch genug anerkennen werden. Es geht alles herrlich langsam und umständlich bei uns. Jedenfalls sehen wir uns sehr nach Kontakt mit dem Ausland. Wir wollen wissen,

was dort inzwischen geschah. Umso schönen war es, daß ich das Glück hatte, Ihr Buch zu erhalten. Vielleicht gelingt es in absehbarer Zeit, auch einmal den großen Häberlin über die Grenzen zu bringen. Vor Jahren habe ich mich einmal sehr bemüht, ihn nach Bonn berufen zu lassen. Er scheint es jetzt aber vergessen zu haben.
[...]

[Brief von Ludwig Binswanger an Erich Rothacker; Sign. 443/50]

30. April 1947.

Sehr verehrter Herr Professor!

[...]

Es ist sehr freundlich von Ihnen, dass Sie sich noch einmal der Mühe unterzogen haben, auf mein Buch einzugehen. Die Aufnahme meines sicherlich sehr unvollkommenen Buches durch Sie hat mich natürlich sehr gefreut. Ich entnehme aus Ihrem Widerhall eine gewisse Seelenverwandtschaft.

Was Ihr Wörterbuch betrifft, so bin ich ganz Ihrer Ansicht. Ihre Anfrage ehrt mich. Da ich aber in meinem Hauptberuf ein vielbeschäftigter Arzt bin, muss ich allen systematischen Arbeiten ausweichen und mich ganz auf meine eigenen Untersuchungen beschränken. Ich hoffe auf Ihr Verständnis.

Dass Sie viele säkularisierte Gottesmystik in meinem Erfahrungsmaterial sehen, darin kann ich Ihnen nur recht geben. Ich habe ja selber betont, dass die Religion der Liebe das Tiefste über die Liebe zu sagen gewusst hat. Desgleichen habe ich im Vorwort den Weg zu Gott offen gelassen, mich selbst aber bewußt von allem Theologisieren der Liebe freihaltend. Ich bin ganz mit Ihnen darin einig, dass wir auch die Urphänomene in einem geistesgeschichtlichen Fluss sehen müssen, habe mich aber absichtlich auf die geistige Situation des letzten und dieses Jahrhunderts beschränkt. Sie gehen aber fehl in der Annahme, dass ich die empirische Forschung an ihrem Ort nicht auch gelten liesse; dazu bin ich schon viel zu sehr Arzt. Auch Heidegger würde sicherlich niemals gegen Forschungen wie die von Spemann Sturm laufen. Wir wissen ja doch alle, dass die empirische Forschung auch mit ungeklärten Begriffen, ja vielleicht gerade mit ihnen, Grosses leisten kann. In meinen psychopathologischen Analysen halte ich diese Dinge immer scharf auseinander. Es gibt für mich kein Entweder-Oder, sondern nur ein Sowohl-als-auch, jedoch auf dem Grunde einer klaren Einsicht in den Wahrheits- und Wirklichkeitsgehalt der beiden „Aspekte". Wie sehr bedaure ich, dass Ihre Aufsatzauswahl vernichtet ist.

[...]

Ihr

[Brief von Erich Rothacker an Ludwig Binswanger; Sign. 443/58]

Bonn 4. Juni 54

Sehr geehrter Herr Binswanger!

Ich habe eben wieder Ihre Ausgewählten Vorträge I durchgearbeitet und unterdrücke meine Komplimente, obwohl sie sich wahrlich über meine Lippen drängen. Im Prinzipiellen habe ich mich Ihnen in den letzten Jahren weitgehend angenähert, was aber heute nicht erörtert werden kann. Natürlich wäre philosophisch noch manches zu bereinigen. Den unmittelbaren Anlass zu diesem Brief geben mir einige konkrete *medizinische* Fragen, die aber nicht ohne anthropologischen Hintergrund sind. Ich habe mich übrigens eben emeritieren lassen, um in größerer Ruhe meine Anthropologie fertigstellen zu können.

Nun zur Sache. Es ist mir aufgefallen, daß Ihre Behebung des Singultus S. 137 [i. d. Band, S. 208] de facto *nicht* „psycho"therapeutisch sondern mechanistisch war. Das kombiniert sich bei mir mit der Erfahrung, daß ein Keuchhusten, den ich 1935 d. h. als bereits 47 jähriger Mann hatte, noch jahrelang die Art des Hüsteln, das eine kalte Dusche bei mir fast immer erregt, modifiziert hat. Das heißt, daß hier ein „falscher", jedenfalls nicht normaler *Mechanismus* des Hustens sich einspielte und lange erhielt. Allerdings handelte es sich um eine schließlich sehr feine Nuance.

Ist es nun prinzipiell voll einleuchtend, daß seelische Erschütterungen ins Leibliche irradiieren (auch aus Heyers „Organismus der Seele" sind mir einige besonders anschauliche Beispiele, wie Erbrechen abdankender Fürsten u. ä. in Erinnerung geblieben).

Es ist weiter einleuchtend, daß eine durch den Psychotherapeuten herbeigeführte seelische Regulation (Gewinn einer neuen Zukunft, eines neuen Kommunikationsdranges usw.) ein neu hergestelltes seelisches Gleichgewicht, Selbstvertrauen usw., die „Entelechie" des Leibes d. h. seine altgewohnte und zugleich symbiotische Herrschaft über die „Glieder" weitgehend *un-*

terstützen kann. Mir scheint (!) aber, daß eine *Heilung* trotzdem nur in dem Maße wird eintreten können, in welchem sich die Erkrankung *innerhalb* des Machtbereichs der seelisch-leiblichen „Hierarchie" hält. Während die Emanzipation eines *Mechanismus* gar kein leiblicher, sondern ein körperlicher Vorgang ist. Was Sie nach meinem Gefühl nicht scharf genug ins Auge fassen. Der *Körper* hat sich in zahlreichen Fällen emanzipiert; nicht eigentlich revoltierend, denn ein Mechanismus kann gar nicht revoltieren. Er ist völlig tumb in eine falsche Funktionsform „geraten", die nun einen mechanischen Widerstand darstellt, der mit dem psychotherapeutisch angreifbaren Widerstand des *Leibes* nicht verwechselt werden darf. Alles das Ausgezeichnete, was Sie S. 147 ff. [i. d. Bd., S. 219 ff.] sagen über das „Sich in Schlupfwinkel Zurückziehen", „Detachement", „Festgefahrensein", „Gefangensein" usw. scheint sich mir ausdrücklich auf die Revolte und Derangierung der *Seele* plus der „Schlappheit" (was vielleicht hier ein besserer Ausdruck als „Machtlosigkeit" ist) des *Leibes* zu beziehen. *Nicht* aber auf den körperlich *mechanischen* Defekt. (Sie erinnern sich an die anschauliche Rolle, die Bergsons Theorie des Komischen diese Mechanismen spielen läßt.)

Das plastische Bild des *körperlichen* Defektes scheint mir etwa dies zu sein: daß ein Glied „aus dem Gelenk sprang" und nun der mechanischen Schwerkraft statt den Impulsen der leiblichen Entelechie ausgeliefert ist.

Die Leistung des Psychotherapeuten scheint mir aber in formaler Richtung sich darauf zu beschränken, die Entelechie des Leibes in intensiver Beeinflussung der Seele zu unterstützen, seine Herrschaft neu herzustellen. *Kann* die Entelechie des Leibes, auch wenn wir sie in einem fiktiven Idealzustand denken, aber ein „Glied einrenken"? Gehört dazu nicht notwendig physische Nachhilfe?

Auch die „innere Lebensgeschichte" bekommt dadurch einen neuen Zug: so wie Sie sie schildern, ist sie eine Geschichte des geistig-seelisch-leiblichen Derangements, das aber nur bis an die Zonengrenze des Leibes reichen kann, denn was unterhalb und ausschließlich der leiblichen Entelechialmacht geschieht, liegt auf einem rein körperlichen Feld. Daß der Leib ins Verderben „gerissen" werden kann, ist klar. Ebenso kann er wieder in die Höhe gerissen werden. Was aber den Körper angeht, so scheint er mir vom Leib aus zwar ins Verderben gerissen werden zu können. Nur aber innerhalb enger Grenzen wieder zurück. Denn er ist ja der Seele bzw. dem Leib „entglitten". Hier scheint mir das eigentliche Rätsel zu liegen.

Es dürfte also zur Lebensgeschichte dazu zu gehören, daß im Falle Singultus S. 140 [i. d. Bd., S. 213] (Erdbeben) wie im Falle Schuhabsatz S. 204 ff. [i. d. Bd., S. 245] *auch* physisch und vielleicht „zufällig" ein „Glied" „aus dem Gelenk sprang", ein falscher Mechanismus sich bildete *neben* der von Ihnen so anschaulich und einleuchtend geschilderten Bildung eines falschen „Psychismus" (wenn ich diese analoge Wortbildung wagen darf).

Also *neben* dem psychischen Defekt muß unterhalb desselben ein echter physischer „Knacks" ein biographisches Ereignis geworden sein. „Neben" und „zufällig" braucht natürlich nicht zu heißen: ganz außerhalb weiterer innerer Zusammenhänge.

Es ist also zu unterscheiden: 1.) Macht der Seele inklusive einem regulären Lebens- und Weltentwurf. 2.) Macht derselben über die Entelechie des Leibes. 3.) Macht des Leibes über die ihm unterstellten Mechanismen. Weitgehend unterstützbar von seelischer Seite. 4.) Möglichkeit einer unglücklichen physischen Fehlfunktion. Das Problem lautet also: Abgrenzung dieser Machtverhältnisse. Könnten Sie mir darüber etwas sagen?

Nebenbei frage ich mich übrigens, ob die von Ihnen wie so vielen anderen Psychotherapeuten abgelehnte Hypnose, in der sich so erstaunliche mechanische Phänomene zeigen, nicht gerade ein Feld sein könnte, innerhalb dessen der Hypnotiseur und Suggesteur eine Macht installiert, die noch einige *Grade* weiter ins rein Physische hineinreicht, als der normale entelechliale Machtbereich. Ich verstehe nicht genug davon, aber das Problem taucht auf. Daß Arbeitstherapie in den von mir angedeuteten Zusammenhängen besonders einleuchtend nützlich sein kann, brauche ich kaum zu erwähnen. Gelingt es, *physisch* an das entglittene Glied heranzukommen, dann ist der Weg für die Psychotherapie wieder offen. Natürlich wollte ich jetzt die rein *physische* Seite des Gesamtvorgangs möglichst ins Licht rücken, dann daß z.B. die Ritualisierung der Würgmaßnahmen (140) [i. d. Bd., S. 214] *auch* psychisch entelechiale Nebenwirkungen hat, ist kaum zu bezweifeln. Nur ist die Frage, ob das ausreicht.

Hoffentlich stört Sie mein Brief nicht in wichtigen Arbeiten. Eine Nebenbemerkung möchte ich mir aber noch erlauben: Sie scheinen mir Klages weit zu unterschätzen. Er ist nicht nur „Prophet" (im Jugendstil), sondern auch Aporetiker und Denker. Weit mehr als die geradezu legendäre Mißdeutung seiner Gesamtleistung anerkennt. Z.B. kommt das S. 75 [i. d. Bd., S. 96] Löwith zugerechnete Verdienst um die Heranziehung des vorwissenschaftlichen Sprachgebrauchs durchaus auf Klages' Konto. Zuzugeben aber ist, daß das traditionelle Mißverständis selbst seiner Ausdruckslehre von ihm selbst verschuldet ist, denn das berühmte Zitat (bei Ihnen S. 75 unten [i. d. Bd., S. 96]) beruht auf einer Fehlinterpretation dieser Ausdruckslehre seitens des eigenen Autors.

In alter Verehrung bin ich mit freundlichen Grüßen

Ihr ergebener

[Brief von Ludwig Binswanger an Erich Rothacker; Sign. 443/58]

14. Juni 1954.

Sehr verehrter Herr Professor!

Ich danke Ihnen sehr für Ihren so freundlichen und ausführlichen Brief vom 4. Juni und das so warme Interesse, das Sie an meinen Arbeiten nehmen. Ich bin gerade in den Vorbereitungen für den *zweiten* Band meiner Ausgewählten Vorträge und Aufsätze (19 Nummern und etwa 370 Seiten umfassend), daneben immer noch Chefarzt unserer Anstalt, so dass ich mich mit meiner Antwort leider kurz fassen muss. Zunächst aber möchte ich Ihnen sagen, dass es mich riesig interessiert hat zu hören, dass Sie sich emeritieren liessen, um Ihre Anthropologie fertigstellen zu können. Ein solches Unternehmen zeugt gerade in unserer Zeit von einem durchaus jugendlichen Mut! Ich gratuliere Ihnen im voraus.

In Kürze möchte ich Ihnen nur sagen, dass mir an Ihren Ausführungen besonders deutlich wurde, dass ich im Grunde eben doch Psychiater bin und daher „die Seele" und „den Leib" noch weniger trennen kann als Sie, da ich immer den einen „ungeteilten" lebendigen Menschen vor mir habe. So wäre ich auch nie auf die Idee gekommen, dass meine Behebung des Singultus nicht psychotherapeutisch, sondern mechanistisch war. Es handelte sich in jenem Moment um nichts anderes als darum, der Patientin „den Meister zu zeigen", ganz gleich wo und wie; eine Sekunde vorher wusste ich selber noch nicht, was ich tun würde. Der „mechanistische Erfolg" war für mich ebenso unbeabsichtigt, wie unerwartet, und auch als solcher war er nur möglich aus der gesamten Situation der Kommunikation von Patientin und Arzt. – Wir scheinen uns darüber einig zu sein, dass „der Leib" in der Anthropologie noch mehr berücksichtigt werden muss. Als Psychiater handle, rede und denke ich aber nicht von „dem Leib", sondern von mir, dir, ihm „als Leib" oder in meiner etc. „Leibhaftigkeit). – Wer so durch die Psychoanalyse hindurchgegangen ist wie ich, kann die Hypnose natürlich nur da anwenden, wo eine Erziehung zur Analyse mit ihrer absoluten Aufrichtigkeit und gerade der Ausschaltung jeder Macht *nicht* möglich ist. – Klages wird in der Tat unterschätzt und in seiner grossen Pioniertätigkeit zu wenig gewürdigt. Das, was phänomenologisch an seinen Errungenschaften haltbar ist, ist viel, und das schätze ich sehr.

Mit nochmaligem herzlichem Dank und den freundlichsten Grüssen bin ich, sehr verehrter Herr Professor,

Ihr

[Brief von Richard Hönigswald an Ludwig Binswanger; Sign. 443/50]

New York, 18. Januar 1947

Hochgeehrter Herr Doktor, verehrter Freund!

Dankbarst melde ich Ihnen, daß ich nunmehr die zweimalige aufmerksame Lektüre Ihres großen Werkes [die „Grundformen"] angeregt abgeschlossen habe. Ich staune über den Umfang des in ihm bewältigten Stoffes, noch mehr über die Einheitlichkeit des Gesichtspunktes, diesen Stoff zu meistern, über die allenthalben gewahrte Selbständigkeit des wissenschaftlichen Urteils, die ungeheure Belesenheit auch in der schönen Literatur, die besonnene Verteilung von Licht und Schatten in aller Kritik und schließlich die bis ans Ende ungeschwächt wirksame Frische der Darstellung, als Folge einer vorbildlichen und unbezwingbaren – „Liebe" zur Sache. Ihr Werk wird sich allezeit als Fundgrube in stofflicher, wie in methodischer Hinsicht erweisen, wo immer sich die Grundprobleme der philosophischen Diskussion unserer Zeit zur Erörterung stellen möchten.

Wollte ich den Versuch wagen, auch nur den leitenden Gesichtspunkten Ihrer Analysen gerecht zu werden, so käme abermals ein Buch zustande. Vieles von dem, was ich mir im Verlauf der Lektüre dankbar, aber kritisch angemerkt habe, ist in den vielen Manuskripten verarbeitet, die als bescheidene Frucht meiner amerikanischen Jahre möglicherweise irgendwann einmal das trübe Licht dieser Welt erblicken werden. Die Grundabsicht Ihrer Untersuchung glaube ich durchaus erfaßt zu haben, auch die Einwände, die Sie in vornehmer Würdigung des Vorhandenen erheben. Meine entscheidende kritische Frage bleibt dabei die, ob denn wohl und weshalb prinzipienwissenschaftliche Erörterungen angesichts ontologischer Betrachtungen verschiedener Grade und verschiedener Färbung sich als vermeidbar erweisen. Es ist die, wie ich meine, nicht restlos geklärte „Sorge" um die Autonomie der ontologischen Problemstellung. Sie aber schließt viele andere Fragen in sich, z. B. die vom Verhältnis zwischen Ontologie und dem Begriff der Psychologie. Demgemäß habe ich vor, mir – u. zw. *nur* für mich – noch einmal kritische Rechenschaft darüber zu geben, in welchem Umfang ontologische Einheitsinstanzen einer methodisch angebbaren Gliederung entbehren sollten, die sie, von anderem abgesehen, zu dem immerhin geschichtlich und sachlich respektablen Problem der Erkenntnis und des Gegenstandes in eindeutige Beziehungen brächten. Nur Gliederung vermag, so meine ich, wahre Einheitlichkeit zu zeitigen, deren Analyse so derjenigen der Gliederung selbst gleichkommt. In diesem Sinne und nicht in dem eines „polaren" Gegensatzes habe ich versucht, im kritisch verstandenen und terminologisch fixierten Begriff der „Bedeutung" Ich-und Ist-Funktion (S. 574 [in Bd. 2 vorl. Ausgabe, S. 520.]) zur Einheit *eines* Problems zu bringen. Wäre diese Absicht erreicht, so erschiene der Ansatzpunkt für die Würdigung *jedes* Faktors gewonnen, der den Anspruch auf „Daseinsbeherrschung" erhebt.

Bei Ihrer feinsinnigen Hellhörigkeit für die Nuancen der in Frage stehenden Situation brauche ich wohl kaum mehr zu diesem Punkt zu sagen, mag ich auch noch so versucht sein, die Gedanken, entsprechend dem enormen Reichtum und der fruchtbaren Vielseitigkeit Ihrer Ausführungen nach allen Richtungen hin weiterzuspinnen. So müssen denn diese wenigen und, gemessen am Maßstab Ihres Werkes, dürftigen Andeutungen genügen, um den warmen Dank zu symbolisieren, den ich Ihnen für Ihr Buch als Ganzes schulde, dann aber auch und ganz besonders für die verständnis – um nicht zu sagen: liebevolle Versenkung in meine wissenschaftliche Position und den Geist meiner Lebensarbeit.

Ich hoffe, es geht bei Ihnen alles nach Wunsch. Wir alle sind wohlauf und fleißig. Dankbar und mit herzlichen Wünschen gedenken wir Ihrer und Ihrer verehrten, lieben Familie. Treu und aufrichtig stets

Ihr

[Brief von Ludwig Binswanger an Richard Hönigswald; Sign. 443/50]

6. Februar 1947

Lieber Herr Professor und Freund:

Ich muß Ihnen heute für zwei Briefe danken, vom 26. Oktober und vom 18. Januar. Lassen Sie mich mit dem letzteren beginnen, denn es drängt mich Ihnen zu sagen, wie sehr mich Ihre Anerkennung meiner Arbeit als solcher erfreut und gestärkt hat. Was Ihre kritischen Bemerkungen betrifft, so verstehe ich sie durchaus. Ich glaube nicht, daß es sich um unvereinbare Standpunkte handelt, im Gegenteil. Um das zu begründen und zu entwickeln, bedürfte es aber eines mündlichen Gesprächs, auf das ich die Hoffnung keineswegs aufgebe. Bei der langen Arbeit an dem Buch hat es mich doch sehr überrascht, wie sehr das Problem der Liebe von den Philosophen vernachlässigt worden ist, mit wenigen Ausnahmen. Ich habe den Eindruck, daß die platonische Lösung des Problems als so zwingend und eindeutig hingenommen wurde, daß man sich die Mühe ersparen zu können glaubte, es von neuem anzupacken. F. v. Baader hat hier wirklich ein großes Verdienst in meinen Augen. Auch die dogmatische Trennung von Bios und Agape scheint hier hemmend gewirkt zu haben. Für mich ist Bios ohne Agape „blind", Agape ohne Bios „leer". Sie werden mich verstehen.

[...]

Anhang

[Brief von Ludwig Binswanger an Karl Jaspers; Sign. 443/17]

Konstanz, den 4. August 1913.

Sehr verehrter Herr Kollege,

Mein Freund Dr. Häberlin teilte mir kürzlich mit, dass Sie um die Übersendung meines Referates über Ihre Schizophreniearbeit [Binsw. 1913] baten.

Indem ich mir erlaube, Ihnen ein Separatum zu übersenden, möchte ich noch der Hoffnung Ausdruck geben, dass Sie den aus meinen Zeilen vielleicht hervorgehenden Affekt nicht missverstehen mögen. Als Psychologe wird Ihnen leicht klar werden, woher er stammt, nämlich aus dem Bedauern, dass gerade Sie mit dem Ihnen zu Gebote stehenden Rüstzeug und Ihrem grossen Bestreben nach Objektivität vor einigen Problemen Halt machen, die man gerade von Ihnen gerne noch näher beleuchtet und gewürdigt gesehen hätte. Abgesehen von dem Problem der Sexualität, dessen Lösung für die Psychologie und Psychopathologie auch ich durchaus noch nicht absehe, denke ich dabei besonders an Ihre methodologische Stellungnahme hinsichtlich der Wissenschaftsmöglichkeit der empirischen Psychologie, gerade weil ich mich mit Ihnen so durchaus einig fühle im Kampfe um die wissenschaftliche Existenzberechtigung und methodologischen Ausarbeitung der empirischen Psychologie bedaure ich, dass Sie dieser Wissenschaft so enge Grenzen stecken.

Mit vorzüglicher kollegialer Hochachtung bin ich, sehr verehrter Kollege,

Ihr ergebener

[Brief von Ludwig Binswanger an Karl Jaspers; Sign. 443/17]

Konstanz, den 8. August 1913.

Sehr geehrter Herr Kollege,

Ich habe mich sehr gefreut, dass Sie mir meine Kritik nicht übel genommen haben, zumal sie schärfer klang als sie gemeint war. Ihr Vorschlag, einmal zur Analyse Ihrer Träume hierher zu kommen, begrüsse ich ausserordentlich: wenn auch die Aufgabe keine leichte sein wird, so werden wir doch beide sicher etwas davon profitieren. Ich bin überzeugt, dass Sie durch die direkte Orientierung manches anders ansehen werden als aus den Büchern. Bei dieser Gelegenheit könnten wir auch auf die übrigen Divergenzpunkte mündlich eingehen. Wenn ich Ihren Fall 2 nicht selber näher gedeutet habe, so liegt es daran, dass ich doch nur Vermutungen per analogiam hätte aussprechen können, da mir ja das Hauptmaterial, nämlich die Kindheitsgeschichte, fehlte. Worauf sich die Vermutungen bezogen, darüber Ihnen mündlich Auskunft zu geben, bin ich gerne bereit. Wenn Sie sich dagegen wehren, dass ich Sie an einem Punkte psychologisch erkläre, statt sachlich zu erörtern, so muss ich Ihnen in gewissem Sinne recht geben. Ich bekenne mich hier eines Fehlers für schuldig, den ich gerade bei anderen Freudianern perhorresziere. Das Fatale ist aber, dass m. E. in Sachen der individualpsychologischen Forschung die sachliche Erörterung eigentlich ohne feste Grenzen in die psychologische Erklärung des Forschers selbst hinüberfliesst. Ich bin daher geneigt, den Fehler von meiner persönlichen Verantwortung z. T. auf diejenige der individualpsychologischen Forschungsrichtung abzuwälzen. Hier wird der Punkt sein, wo wir uns am schwersten einigen werden.

Auf die Studie über die Methode in der Psychologie bin ich sehr gespannt. Ich selbst bin schon seit langem an einer Studie über die Beziehungen der psychoanalytischen Forschungsrichtung zur klinischen Psychiatrie beschäftigt, wobei ich mich genötigt sah, auch die psychoanalytische Forschungsrichtung gegenüber der „akademischen" Psychologie in ihrer Eigenart hervorzuheben. Ich habe mich dabei namentlich bemüht, den Vorgang der analytischen „Deutung" etwas näher zu analysieren und seine Wissenschaftsmöglichkeit darzulegen. Es würde mir ebenfalls grosse Freude machen, wenn wir uns dann über diesen Punkt unterhalten könnten. Sie sehen also, sehr verehrter Herr Kollege, dass Sie schon einige Tage oder eine Woche opfern müssten, wen wir uns über die uns beide interessierenden Fragen aussprechen und etwa an praktischen Beispielen erörtern wollen.

Indem ich Ihnen gute Ferien wünsche, bin ich mit freundlichen kollegialen Grüssen

Ihr sehr ergebener

[Brief von Ludwig Binswanger an Hans Kunz; Sign. 443/21]

25. November 1920

Lieber Herr Kunz!

[...]

Das W. A. [Widerstandsargument] bedeutet für das *Deutungsverfahren* absolut kein Dogma, sondern eine heuristische Regel, von der es aber nicht seltene Ausnahmen gibt: Wenn Sie einen geistig wertvollen und dabei sehr intelligenten Menschen analysieren, so können Sie es erleben, dass ein solcher Mensch Ihnen, dem Analytiker, im Selbstverständnis sachlich und zeitlich stets voran ist und dass er mit seinem Widerstand gegen Ihre Deutung fast immer recht behält, sodass sein Widerstand Sie veranlassen wird, von Ihrer Deutung abzugehen. Die Analytiker haben es wenig mit solchen Menschen zu tun gehabt, da diese sich aus Überlegenheit über die Psychoanalyse, wenn sie nicht gerade ausgesprochen krank waren, keiner Analyse und vorallem keinem Analytiker unterwerfen wollten. Aber selbst bei ausgesprochenen Neurotikern „von Geist" kann man das Gesagte erleben. Damit wird aber die Lehre vom Widerstand überhaupt durchlöchert, d. h. der Geist kann auch über den „Trieben" stehen, um es populär auszudrücken. Doch darüber könnten wir einmal mündlich sprechen. Ich glaube, wir sprachen früher schon einmal davon, dass Sie mich einmal besuchen möchten.

[...]

Für heute bin ich mit freundlichem Gruss

Ihr

Anhang

[Brief von Hans Kunz an Ludwig Binswanger; Sig. 443/21]

Binningen-Basel, den 26. 11. 30

Lieber Herr Doktor,

es geht natürlich gar nicht anders als dass ich auf Ihren sehr liebenswürdigen Brief und auf die Sonderdrucke sofort reagiere. Von den letzeren sende ich Ihnen den zurückgewünschten sogleich wieder, da ich ihn sowohl in der Imago wie im Almanach besitze – und ihn unlängst wieder einmal durchgelesen habe, mit viel Gewinn und einigem Schrecken über die Unterlassungssünde, von der ich Ihnen bereits berichtete. Zur Sache selbst – Hermeneutik usw. – muss ich zunächst gestehen, dass ich zumal die jetzt zugänglichen Fragmente Diltheys nur erst durchgeblättert, aber nicht mit der unbedingt notwendigen systematischen Liebe durchackert habe. Seine theoretischen Schriften kenne ich freilich aus sehr früher Lektüre – ich werde mich also sicher noch bei guter Gelegenheit dahinter machen. Und dann werde ich Ihnen auch präzis sagen können, was mir bereits im Ansatz bei Dilthey (und seinen Schülern Misch, Spranger, Rothacker u.a.) unzulänglich erscheint. Einstweilen nur den vagen Eindruck: dass bei D. das menschliche Sein zu wenig umfassend und vor allem zu wenig fragwürdig, zu wenig zwei- und mehrdeutig gesehen wird. Es fehlte dafür D. wohl der rücksichtslos und beinah fanatisch zugreifende Zug des „Entlarvens", des Scheidens von „Echt" und „Unecht" (ein freilich selbst höchst fragwürdiges Unternehmen!). Wenn dieser Eindruck stimmen sollte – aber ich kann mich irren – dann wäre doch bei Freud in dieser Richtung etwas „Neues" – obzwar schon bei Nietzsche auftretendes – zu sehen, allerdings mit der Einschränkung, dass Freuds theoretische Fassung der faktisch geübten Methode vollkommen verfehlt ist. Im übrigen muss ich Ihnen offen gestehen, dass ich den Aufbau einer anthropologisch-psychologischen Erkenntnistheorie und Hermeneutik nur auf dem Boden Heideggers für durchführbar halte – auch hier mit der Einschränkung, dass dieser Boden aber zuerst noch „durchlöchert" und unsicher gemacht werden muss.

Sehr dankbar bin ich Ihnen nun für das, was Sie über den Widerstand sagen – und zwar deshalb, weil Sie mir damit aus Ihrer reichen praktischen Erfahrung heraus eine Vermutung bestätigen, die ich schon immer hegte, die ich aber deshalb nicht zu äussern wagte, weil ich damit die zur Genüge bekannte Abwehr der Analytiker allzu sehr mobil gemacht hätte. Ich habe den bestimmten Eindruck, dass das W. A. von den Dogmatikern tatsächlich weit mehr zur Durchsetzung des Dogmas, d. h. des eigenen Machtbedürfnisses missbraucht wird als es der Sache nach gerechtfertigt ist. Aber sagen Sie das einem strengen Freud-Schüler – flugs sieht er darin den Widerstand gegen die Lehre! Andererseits haben die Analytiker eben doch nur allzu häufig recht. Nun, wir werden ja sehen, wie sich die Dinge weiter entfalten.

[...]

Mit besten Grüssen
Ihr

[Brief von Ludwig Binswanger an Hans Kunz; Sign. 443/21]

7. April 1942.

Lieber Hans Kunz!

Ich habe Ihre Arbeit nunmehr eingehend studiert und hatte anfangs die Absicht, mir besonders wichtig erscheinende Stellen brieflich mit Ihnen zu besprechen, sah dann aber bald, dass aus diesem Unternehmen fast eine neue Arbeit würde, und vor allem, dass ich dauernd auf mein neues Buch [die „Grundformen"] Bezug nehmen würde, das Sie noch nicht kennen, und ohne dessen Kenntnis Sie mich noch nicht verstehen könnten. Andererseits ist die in diesem Buche gewonnene Position für mich so entscheidend, dass ich nicht mehr hinter sie zurückgehen und in der Diskussion von ihr Abstand nehmen kann. Ich schlage Ihnen daher vor, dass wir, wenn Sie das Buch einmal gelesen haben, uns wieder einmal zu einem Privatkongress zusammenfinden, ähnlich wie damals mit Staiger; dann könnten wir Punkt für Punkt mündlich vornehmen.

Heute schon möchte ich Ihnen aber sagen, dass ich die Widmung Ihrer Arbeit [Kunz widmete seine Arbeit „Zur Theorie der Perversion" (Ms. f. Psychiatrie u. Neurologie 105, 1942, S. 1-101) Binswanger zu dessen 60. Geburtstag.] nicht nur dankbar empfinde, sondern auch in jeder Hinsicht als sinnerfüllt betrachte, auch ohne dass ich mich gerade mit den Perversionen eingehend beschäftigt habe; entspricht doch die ganze Art und Weise, wie Sie die Psychoanalyse „kritisieren", auch der meinigen, wenn Sie hier auch mehr ins Detail gehen, und ich mehr die Grundposition, d. h. die Überbewertung der Bedeutung der „Lust" für das Dasein, bekämpfe. In hohem Grade sinnerfüllt scheint mir die Widmung aber auch deswegen, weil Sie mit dieser Arbeit nicht nur bis an die Pforte gelangen, sondern auch die Pforte schon öffnen, die zu meinem Buche führt, welche Pforte ich bezeichnen möchte als die Einsicht in die Notwendigkeit einer anthropologischen Analyse der Liebe. Dass Sie an Gebsattel, Schwarz und Straus anknüpfen und besonders an den Ersteren, verbindet Sie wiederum mit mir. Und wenn Sie schreiben, dass Gebsattel den entscheidenden Ruck vorwärts gemacht hat auf dem Gebiet der Perversionen, so glaube ich gerade bei Ihnen das Verständnis dafür zu finden, dass ich denselben entscheidenden Ruck hinsichtlich der Interpretation des Menschseins überhaupt gemacht habe, der sich auf die Psychopathologie überhaupt auf *allen* Gebieten auswirken kann. Dazu gehört insbesondere auch die Unterscheidung von „blosser" Phantasie und eigentlicher Imagination, ohne welche Unterscheidung ich nicht an das Gebiet der Perversionen herantreten könnte. Deswegen genügt mir die Unterscheidung zwischen Genitalität und Zärtlichkeit heute nicht mehr. Auch Gebsattel ist ja bereits schon hierüber hinaus. Meine eigene Konzeption reicht noch in die 20er Jahre zurück und hat sich aus ganz anderen, viel weiteren Problemen heraus entwickelt als die seinige; trotzdem fühle auch ich mich mit ihm am nächsten verwandt; gerade weil er intuitiv an einem Einzelproblem erschaut und erkannt hat, was ich in ausgedehnten Einzelanalysen herausgearbeitet habe, und zwar für das Menschsein als ganzes, verehre ich ihn als einen Meister der Psychopathologie.

Zu Ihren eigenen Ausführungen möchte ich Ihnen kurz und bündig sagen, dass sie die erste Kritik der Freud'schen Sexualtheorie bedeuten, die mir Eindruck gemacht hat. Auch deswegen empfinde ich ihre Widmung als sinnvoll. Ihre Beweisführung hat für mich etwas Überzeugendes und erscheint mir dem Problem durchaus angemessen. Wenn Freud selbst sich von Ihrer Kritik ebensowenig getroffen fühlen würde wie von der meinigen, so rührt dies m. E. daher, dass er die phänomenalen Unterschiede, die Sie und ich machen, zwar bis zu einem gewissen Grade anerkennen, nicht aber zugeben würde, dass seine eigentliche Intention damit getroffen wäre, und zwar deswegen, weil er m. E. die Trennung, sagen wir zwischen Vitalität und Geistigkeit prinzipiell nicht gelten liesse, insofern er ein Drittes im Auge hat, das jenseits jener Trennung steht, so sehr er auch in seiner Ausdrucksweise und Begriffsbildung die vitale Sphäre bevorzugt, ja einseitig verabsolutiert. Vergessen wir nicht, dass für ihn die Triebe „mythologische" Gebilde sind – eine gelegent-

liche Bemerkung, die mir grossen Eindruck gemacht hat –, d.
h. im Grunde solche, die sich unserer, nämlich Ihrer und meiner, begrifflichen Analyse entziehen. Ich möchte unsere Stellung
gegenüber Freud vergleichen mit derjenigen der Nachsokratiker
zu den Vorsokratikern, wobei ich bemerke, dass man sich heute
leider eine solche Vorsokratik in der Wissenschaft nicht mehr
erlauben darf. Ich denke hier auch an Bleuler, der mir immer
entgegenhielt, dass sein Begriff der Assoziation durchaus schon
all das enthielte, was wir unter Intentionalität verstehen, eine
Entgegnung, die in begrifflicher Beziehung einen Unsinn bedeutet und nur eine „mythologische" Geltung beanspruchen kann.
An sich wäre ja nichts gegen solche mythologische Einheiten
oder Ganzheiten wie Trieb und Assoziation einzuwenden, wenn
sie nicht zu dem Berg von Scheinproblemen und Scheinlösungen geführt hätten, bei dessen Abtragung Sie und ich Schulter
an Schulter stehen. Ganz besonders gratulieren möchte ich Ihnen bei dieser Gelegenheit zu S. 93 Anm. 1, deren Formulierung
Ihnen sehr gut gelungen ist[2] und die mir durchaus stichhaltig erscheint, wenn ich auch hier von meiner neuen Position aus
gerade im Anschluss an Schwarz noch einiges zu sagen hätte.
Im übrigen erkenne ich in Ihrer Arbeit alle Vorzüge des Botanikers. Ich verstehe Sie entschieden besser, seit Sie mir Ihre botanischen Arbeiten geschickt haben, und wenn ich anfangs den
Botaniker und Psychopathologen Kunz getrennt habe, so sehe
ich beide jedoch als Einheit gerade nach dieser Arbeit. Zu Beiden gehört die minutiöse Gründlichkeit und Gewissenhaftigkeit,
die scharfe Beobachtung „unter der Lupe", die Begabung zur
Differenzierung und Spezifikation und dazu noch die gründliche
Beherrschung der Literatur. Von Einzelheiten möchte ich heute
schon herausheben Ihre vorsichtige Stellungnahme zum Problem
der methodischen Wechselwirkung zwischen der Betrachtung des

---

[2] Kunz schreibt hier u. a. „ Der grundsätzliche Fehler der Psychoanalyse war es (...),
die generellen Charaktere und Prinzipien aus ihren erstmalig erlebten Konkretionen ableiten zu wollen (z. B. das Wesen des Unheimlichen aus dem erlebten Eindruck des
‚kastrierten' weiblichen Genitales, bei dessen Anblick das Kind zum erstenmal das Unheimliche erfahren haben mag), was in gewissem Sinne auf eine Psychologisierung der
Allgemeinebegriffe hinausläuft."

Pathologischen und des Gesunden und der klugen Einsicht in die Wechselbeziehungen zwischen Chaos und Kosmos überhaupt (S. 89). Infolgedessen sind mir auch Ihre Ausführungen über das Problem der Norm sehr interessant und beherzigenswert. Was ich noch nicht ganz mitmachen kann oder was ich noch nicht ganz verstehe, ist Ihre Interpretation der Aggression; auch das wäre ein Thema für den „Kongress". Ein weiterer Diskussionsgegenstand wäre also wie gesagt Ihre Auffassung der Zärtlichkeit. Überhaupt scheinen Sie mir die „solipsistische Anthropologie" noch nicht radikal genug zu überwinden. Sehr wichtig ist, was Sie über die genetische Relation (S. 20) sagen. Ich selbst halte es hier mit Goethe, wenn er sagt, dass uns der Begriff der Entstehung gänzlich versagt ist. Weitere Diskussionspunkte, keineswegs nebensächlicher, sondern höchst wichtiger Art, schon im Interesse gegenseitiger Verständigung, wären die Ausdrücke „Theorie" und „Phänomen". Ihr einleitender Satz, so konditional er auch gemeint ist, scheint mir doch die Theorie im philosophischen oder besser phänomenologischen Sinne und die Theorie im Sinne der Wissenschaft nicht genügend auseinanderzuhalten, desgleichen nicht das Phänomen im phänomenologischen und im wissenschaftlichen Sinne. Bei Freuds Sexualtheorie handelt es sich sicherlich schon um mehr als um eine Zusammenfassung der Erscheinungen unter einheitlichen Gesichtspunkten und bei dem, was sie zusammenfasst, schon *nicht* mehr um Phänomene, sondern um *wissenschaftliche* Tatsachen = theoretische Konstruktionen. Das werden Sie ohne weiteres zugeben. Ich erwähne es nur behufs besserer Verständigung bei der Diskussion.

Mögen Sie diese dürftigen Bemerkungen immerhin als Zeichen meines Interesses für Ihre Arbeit und meiner Dankbarkeit für deren Widmung auffassen. Ich weiss nicht, ob die NZZ Ihnen mein Buch zur Besprechung übergeben wird oder nicht. Wenn nicht, werden Sie ein Exemplar direkt von mir erhalten.

Mit freundlichen Grüssen

Ihr

[Brief von Ludwig Binswanger an Hans Kunz; Sign. 443/21]

2. Nov. 1945.

Lieber Hans Kunz!

[...]

Ich bin gespannt auf Ihre neue Arbeit. Psychologie gibt es tatsächlich noch und wird es immer geben. Hoffentlich nehmen Sie, als hervorragender Botaniker, es mir gerade *nicht* übel, wenn ich die übliche Psychologie als eine Art Seelenbotanik bezeichne. Dabei hat die wirkliche Botanik den Vorteil, dass sie wenigstens genau weiss, was sie zu beschreiben hat und wie. Psychologie wird für mich erst dann eine Wissenschaft sein, wenn sie eine feste ontologische Grundlage bekommen hat, und wenn einer das für sie geleistet hat, was Kant für die Naturwissenschaft geleistet hat mit der Kritik der reinen Vernunft. Wenn einer, wie noch Jung, Psychologie als Wissenschaft von der Seele oder von den seelischen Vorgängen bezeichnet, so kommt mir das vor, wie wenn einer die Botanik als eine Botanik der Pflanzen bezeichnet. Im übrigen habe ich nichts dagegen, wenn einer die Daseinsanalyse dann als Psychologie bezeichnet, wenn er Psychologie als eine nicht gegenständlich verfahrende Wissenschaft auffasst und sich erinnert, was wir von Natorp, Dilthey, Husserl etc. über eine solche Wissenschaft gehört haben.

[...]

[Brief von Hans Kunz an Ludwig Binswanger; Sign. 443/21]

Riehen, den 15. März 1951

Lieber Herr Binswanger,

[...]

Mir will scheinen, dass sich die Dinge seit dem Berner Referat 1945 [Binsw. 1946a; i. d. Bd., S. 231 ff.] doch sehr geklärt haben, insbesondere was das Verhältnis zwischen Ihrer Daseinsanalyse und Heideggers Analytik betrifft. Sie wissen, dass ich der letzteren *in der Idee* das Recht, apriorische Auslegung des Seinscharakters des Daseins zu sein, durchaus zugestehe, dass sich aber die faktische Durchführung der Idee der vergegenständlichenden Erfahrung nicht entziehen kann. Erst recht gilt dies, würde ich glauben, für Ihre Daseinsanalyse, die doch an Äusserungen, also an gegenständlichen Daten der psychotischen Menschen anknüpft und von ihnen aus die zugrundeliegenden ungegenständlichen Weisen des Daseins („Subjektivität" im vorgegenständlichen Sinne) und In-der-Welt-seins erschliesst. Anders formuliert: Ausgangspunkt Ihrer daseinsanalytischen Interpretationen bleibt die gegenständliche psychologische und psychopathologische Forschung (nicht die schiefe Theorie darüber). Daher glaube ich nicht, dass die Psychologie und Psychopathologie durch Daseinsanalyse und Daseinsanalytik ersetzt werden kann; vielmehr stehen die letzteren zu jenen für das beidseitige Erkennen in einem sich wechselseitig befruchtenden, weitertreibenden Verhältnis.

[...]

Mit herzlichen Grüssen

Ihr

Anhang

[Brief von Freiherr v. Gebsattel an Ludwig Binswanger; Sign. 43/43]

Fürstenberg i. Meckl., den 15. April 1935

Lieber Herr Doktor Binswanger,

es ist mir ein Bedürfnis, nach meiner Rückkehr hierher, vor dem Eingehen in eine „andere Welt", noch einmal unserer Begegnung in einer gemeinsam gehabten zu gedenken; allerdings begleitet mich bei dieser Rückschau die Hoffnung, es möchte gerade dieses Auseinandergehen, dadurch, daß es im Dienst steht eines beiderseitigen Willens auf jeweils vorgezeichnetem Weg in neu zu erobernde Gebiete vorzustoßen, uns schließlich auf überraschende Weise zusammenführen, ohne das Mißgeschick, das die „conquérants de l'or" Hernando Soto und Coronados seinerzeit am Méschacébé um eine Tagesreise aneinander vorbeiführte.

Verzeihen Sie, wenn Ihr Psychotherapie-Aufsatz noch nicht in Ihren händen ist. Bitte lassen Sie ihn mir noch kurze Zeit. Ihr Heraklit [Binsw. 1935a] stand so sehr im Vordergrund des Interesses, daß ich, von ihm verführt, meiner ferienmässigen Abwendung von allen therapeutischen Gedanken mich, trotz Ihres Zurufs, erst recht überließ. Es ist ein schöner und im höheren Sinn humaner Gedanke, daß die Beschäftigung mit Geistern der Vorzeit, Ausdruck sei des Verlangens, sie „zum Sprechen zu bringen". Eine neue Unmittelbarkeit der Begegnung wird so Gebot, aber nur darum, weil sie unter Führung des Eros bereits Ereignis wurde. Ist nicht, sich ansprechen zu lassen, schon der Anfang eines produktiven Verhaltens und besteht dieses nicht gleichsam in einer posthumen Produktivität des Toten, der durch Umstimmung unserer Existenz mit der seinen in uns Fuß faßt, so daß man von einer Parousie Heraklits sprechen kann, von einer Wiedergeburt seiner Daseins, von seiner Verleiblichung im Wort des Angesprochenen. Nur ein im Existenziellen verankertes Werk vermag diese posthume Wirksamkeit zu entfalten, und der „unsterblich" ruhm einer Gestalt besteht genau gesehen in dieser Art des Fortlebens, darin, daß sie Fuß fassen kann in der

Lebensgeschichte der Nachgeborenen, wohingegen die substantielle Neuschöpfung Geister noch höheren Ranges vorbehalten bleibt.
[...]
Erlauben Sie, daß ich aus meiner Isolierung in Fürstenberg heraus mich in eigenen Absichten mit Ihnen bespreche. Es drängt mich eine Reihe von inneren und äußeren Erfahrungen und Erfahrungsmöglichkeiten zusammenzufassen in einer psychiatrischen Arbeit. Und zwar handelt es sich darum im Anschluß an einen Fall von „atypischer Melancholie" das Problem der Leere zu diskutieren. Es wird Ihnen in der nächsten Zeit ein Aufsatz von mir zugehen, – über die „psychasthenische Phobie", in der die existentielle Bedeutung der Fülle, der Weite, des Lichtes, der Bewegung angegangen wird. Ich möchte diese Themen zusammenfassen und dabei vom sentiment du vide ausgehen. Ich wäre Ihnen sehr dankbar, wenn Sie mir mit einem Wort sagen würden, ob Sie es für statthaft halten, daß man die zentrale „Störung des Ichbewußtseins" (im Sinne Jaspers) die in solchen Psychosen vorhanden ist, unter dem Begriff der Depersonalisation zusammenfasse, oder ob Sie das rein literarisch für bedenklich haben, weil dieser Begriff ja im allgemeinen mehr für die Schizophrenien in Anspruch genommen wird. Darüber vor allem sind wir uns klar, dass *die Leere* als physiologisch-konstitutionell oder durch Krankheit ausgelöster *Zustand* nur darum auftreten kann, weil *Leere* möglich ist; – als Zustand und Erlebnis, kann sie nur verwirklicht werden, weil eine Teilhabe an diesem Modus des Daseins möglich ist, ja sogar mehr: weil Leere als Möglichkeit zum Wesen des Daseins gehört. Man muss unterscheiden: Die Leere als Möglichkeit und die Leere als wirklicher Zustand. Wenn man als Psychiater sich mit dem Problem der Leere ärztlich beschäftigt, so geschieht das, weil man durch *Vermittlung des Kranken* von der Tatsache der Leere angesprochen wird, weil man von ihrer Präsenz im anderen, von seiner Bestimmtheit durch sie, von seiner Befindlichkeit in ihr, ergriffen wird. In der Situation Arzt – Kranker, in der Sprechstunden- oder Krankenzimmer-Situation befindet man sich dem Kranken

gegenüber, mit ihm verbunden durch eine räumliche Nähe, von ihm getrennt durch die unendliche (wirklich unendliche!) Geschiedenheit des ontologischen Ortes, insofern man in der Fülle, und er in der Leere west. Die Brücke zwischen diesen metaphysisch gesonderten Orten baut der Drang in beiden die Sonderung aufzuheben. Bedeutet doch das unendliche Auseinander in der mitmenschlichen Befindlichkeit ein Leiden der Sympathie; ein Leiden dem der Kranke ohnmächtig ausgeliefert ist; während im Arzt zur Ohnmacht seines Nicht-wirklich-hinüberkönnens und der Ohnmacht den anderen nicht zu sich herüberziehen zu können noch ein aktiver Versuch kommt, ihm die Fülle, den Gegenstand seines elementarsten Verlangens, wenigstens phantasiemässig und zugleich mit dem Pathos gültiger Voraussage zu vermitteln. Wie der Kranke uns die Leere vermittelt, so vermitteln wir ihm die Fülle. Diese Vermittlung ist aber in beiden unendlich (wirklich ∞ !!) eingeschränkt.

Weder kann für uns die Leere wirklich werden, noch für ihn die Fülle. Eine adäquate Realisierung des Zustandes in dem der Kranke sich befindet, ist für den Arzt ebensowenig möglich, wie für den Kranken der Zustand des Arztes vollzogen werden kann – denn wäre eine solche Realisierung möglich, so wäre die Sonderung aufgehoben, es würde ein wirklicher Ortswechsel stattfinden, während die Unmöglichkeit dieses Ortswechsels doch konstitutiv ist für die psychiatrische Situation. Der Drang, den Ort der Befindlichkeit des Kranken zu erkennen, ist die unmittelbare Folge der Unmöglichkeit für den Arzt jenen Ort zu betreten, in ihn hinüberzuwandern, sich in ihn zu verwandeln. Der psychiatrische Erkenntnisdrang wird also gespeist von einem Leiden der Sympathie und zwar von der Unüberwindlichkeit dieses Mit-Leidens. Was wir existentiell nicht vermögen, nämlich die Leere adäquat zu vollziehen, sie uns zu erspielen, oder sie zu tätigen, das versuchen wir auf dem Weg der Erkenntnis, der psychiatrischen Analyse zu erreichen, wobei dieser Versuch in der Approximation stecken bleibt und zwar notwendigerweise. Wie also der Kranke in der Absolutheit seines Eingesenktseins in die Leere und ihre Qual ohne Ausweg und Ausblick, also „unendlich" verharrt, so wird der Arzt, von seiner Sympathie getrieben, diese Absolutheit und Unendlichkeit des fremden Sich-Befindens mittels einer analogen Absolutheit des Erkennenwollens (u. müssens!) sich anzueignen versuchen.

Es ergibt sich dabei, dass der Kranke eine Möglichkeit des Menschseins realisiert, die für sein eigenes Bewusstsein die Aufhebung des Menschseins bedeutet. Er drückt das so aus, dass er sagt: „ich bin nicht Ich". Oder, „Ich bin nicht da", „Ich bin kein Mensch mehr", wobei da-sein oder Ich=Ich-Sein zum Wesen des Menschen gehört. Das Paradoxe seiner Situation, die unendliche Antinomie seiner Lage ist, dass er existiert ohne zu existieren. Seine Existenz besteht in der Aufhebung seiner Existenz. Das Aufgehobensein der eigenen Existenz ist aber selbst eines Existenzweise – nur insofern ist die Kommunikation mit ihm für den Arzt noch möglich, entsprechend dem weiteren Umstand, dass das Nicht-Dasein, noch eine Form des In-der-Weltseins darstellt. Seine Welt ist eine Welt, die nicht da ist, die Leere greift aus seinem eigenen Inneren über und erfüllt die Welt, indem sie völlig entleert. Paradoxer Weise könnte man einer Fülle der Leere sprechen, jedenfalls von einer Allgegenwart der Leere. Die Leerform des Daseins scheint also doch noch Da-Sein zu sein, das Nicht-mehr-Mensch-sein eine besondere Art des Menschseins. Alle einzelnen Symptome einer solchen Psychose, die verschiedenen Dimensionen der Leere, die zeitliche, räumliche, qualititative, dingliche, leibliche, mitmenschliche, ästhetische, religiöse Leere usw.; ferner die Gespaltenheit des Selbst, die Befindlichkeit im Abgrund, das Stürzen, das Entsetzen, die Unruhe, die Empörung, das Träumen müssten sich als die Struktur-Konsequenzen der fundamentalen Existenz im Leeren ableiten lassen, ungefähr im Sinn Ihrer existentialen Anthropologie.

Dabei neige ich doch dazu, die Leere als eine *Gestalt* des Nichts aufzufassen, also nicht als eine rein ontologische Tatsache wie das Nichts, sondern als eine Lebenstatsache. Die Leere ist vom Standpunkt einer „Schichtenleere" daseinsrelativ auf das Lebewesen in uns während das Nichts daseinsrelativ ist auf den geistigen Menschen, weswegen in der Leere befindliches Sein noch mit der Welt kommuniziert.

[...]

[Brief von Ludwig Binswanger an Freiherr v. Gebsattel; Sign. 443/43]

Kreuzlingen, den 25. April 1935

Lieber Herr Kollege:

Ich danke Ihnen herzlich für Ihren so freundlichen und interessanten Brief vom 15., der mir eine willkommene Fortsetzung unserer mündlichen Gespräche war. Obwohl erst vor 2 Tagen zurückgekehrt, möchte ich Ihnen doch gleich antworten, wenn ich es auch nicht mit der Musse tun kann, wie es der Brief verdiente. Vor allem aber möchte ich Ihnen noch für Ihren lieben Besuch danken. Sie haben meiner Frau und mir eine grosse Freude damit gemacht, und wir hoffen, dass die geistige Nähe über die geographischen und zeitlichen Fernen den Sieg behalten werde. Ich glaube, dass ich durch meine eigene Entwicklung in den letzten Jahren mich Ihnen immer mehr angenähert habe, weswegen unser Verstehen auch so reibungslos und fruchtbar war. Den Psychotherapieaufsatz können Sie ruhig behalten, wenn Sie wollen, weil die Separata jetzt erschienen sind. Ich kann Ihnen aber auch ein anständiges Separatum schicken und tue es nur nicht zum vornherein, weil Sie ja den „Nervenarzt" halten. Dass mein Heraklit [Binsw. 1935a] Ihnen Freude macht, tat mir natürlich sehr gut zu hören. Gerade Sie sind ja der Mann, um den Eros zu spüren, der in dieser Arbeit liegt.

Ihre Ausführungen über Psychiater und Kranker haben mich sehr lebhaft berührt, da ich gerade in meinen Ferien am Schreiben darüber war. Ich bin nur der Meinung, dass vor der Bestimmung des Ortes der Befindlichkeit die Bestimmung des Ortes des Verstehens kommt; jedenfalls fange ich damit an und zäume die Psychiatrie überhaupt von hier aus auf. Ich fühle täglich, was für eine schwere Last ich mir da aufgeladen habe, aber so eine Aufgabe kann man ja nicht wählen, sie wählt uns. Hätte ich einmal ein halbes Jahr Zeit und keine Anstalt auf dem Buckel, so wäre es etwas anderes, aber gerade heutzutage ist die Vereinigung von Anstaltstätigkeit und wissenschaftlicher Arbeit besonders zermürbend. Alles was Sie mir über Ihre Arbeit an der existenziellen Leere sagen, geht mir natürlich sehr nahe. Ich halte es nicht nur nicht für unerlaubt, sondern für geboten, dass man die Störung des Ichbewusstseins unter den Begriff der Depersonalisation bringt. Meiner Ansicht nach ist eine Störung des Ichbewusstseins schon ontologisch-apriorisch eine Störung des Personseins, da das Personsein dem Ichsein vorangeht. Selbstverständlich ist die existenzielle Leere nicht nichts, sondern eine positive Gestalt des Nichts, insofern muss sie aber auch mit der Angst irgendwie in Zusammenhang gebracht werden, überhaupt mit dem Abgrund des Menschseins, von dem ich Ihnen sprach. Klinisch wird natürlich viel darauf ankommen, die schizophrene, die depressive und die rein psychopathische Leere, sowie die reaktive Leere nach schweren existenziellen Erschütterungen auseinander zu halten, ebenso vielleicht phaenomenologisch, was natürlich nicht leicht ist. Schilder's Depersonalisationsbuch enthält noch manches Wichtige darüber. Vor allem wichtig scheint mir, dass Sie die Leere nicht nur vom Ich, sondern auch von der Welt aus erfassen, wie es in meinem Raumreferat ja für alle „Gefühle" gefordert habe. Wir brauchen ja nur an Jean Paul zu denken; wie voll kann dort die kleinste Welt und das Ich „in ihr" sein, wie leer die „weite Welt" und das Ich in ihr und ebenso umgekehrt. Als Modus des In-der-Welt-seins muss das Leersein ja unbedingt immer den Wer dieses Seins, dieses Sein selbst und die Welt betreffen.

[...]

[Brief von Freiherr v. Gebsattel an Ludwig Binswanger; Sign. 443/43]

Fürstenberg i. Meckl., den 10. Mai 1935

Lieber Herr Binswanger,

nur einige Worte, um Ihnen zu sagen, dass ich zwischen zwei Gerichtsterminen, einer in Ulm am 14. und einer in Berlin am 16., nach Überlingen komme, also nur zu einer Verhandlung mit dem Gemeinderat und ganz kurz. Erwin [Straus], der nicht nach Kreuzlingen konnte, wäre es sehr angenehm, wenn wir Gelegenheit fänden zu einer Rücksprache in seinen Angelegenheiten, mir auch wäre es eine Freude Sie zu sehen, und da die Zeit eine Fahrt über den See unmöglich macht, wäre es schön, wenn Sie herüberkönnten. Gleich nach meiner Ankunft werde ich jedenfalls versuchen Sie telefonisch zu erreichen. Ich wohne wieder im Hotel Seegarten.

Durch die Fortführung unseres mündlichen Gespräches in Ihrem Brief ist eine schöne, raumentbundene Gegenwart, sind gedankliche Horizonte freigeworden, vor denen es sich umsichtiger und freizügiger leben lässt als vorher. Es ist angenehm in diese zunehmende Geräumigkeit der psychiatrischen Welt den engeren Tag der täglichen Praxis einzugliedern. Mir ist in Kreuzlingen zum Bewusstsein gekommen, welchen Vorsprung auch in den Gebieten der „Wissenschaft" die ahnenmässige Vorbereitetheit dem Einzelnen sichert. Mit memminisse können Sie beginnen, wo andere kaum zum videre gelangen. Und kommen mit vorgebildetem Instrumentarium an Ihre Welt heran, gleicherweise geschützt vor den gang und gäben Überschätzungen des homo novus, wie vor den Proteusgelüsten aller derer, die mit Columbusinstinkten eine Welt betreten, in der Sie als Eingeborener wurzeln. Diese Eingewurzeltheit, Bodenständigkeit, Traditionsgetragenheit unterstützt Ihre natürliche Fähigkeit geistig aufgenommenes nicht nur zu assimilieren, sondern umzusetzen, während weniger gut vorbereitete und weniger eigengesetzlich funktionierende Forscher sich entweder gegen die Fülle der kulturellen Güter abschliessen müssen, oder sich an sie verlieren. Erst allmählich ist diese Ihre Umsetzungsenergie deutlich in Erscheinung getreten und wird uns noch die schönsten Überraschungen bereiten. Sind Sie doch mehr als andere vor der Grundgefahr des Psychiaters geschützt, in der Bannung durch das Phänomen des Pathologischen zu erstarren. Je mehr man sich dazu erzieht das Krankhafte nur als eine Abwandlung normgemässer Strukturen des Daseinsaktes zu begreifen, desto mehr wird man befähigt werden es herauszulösen aus seiner unbegreiflichen Isolierung gegen das allgemein menschliche Wesen, was dann einer Rettung und Erlösung, einer Katharsis des Phänomens gleichkommt. So wird es dem Psychiater möglich sein, das, was er in der Therapie am kranken Menschen nicht zu leisten vermag, wenigstens theoretisch zu leisten, und so gedanklich den Menschen wiederherzustellen, dessen Integrität die krankhafte Abart in Frage stellt.

Ihren Aufsatz über Psychotherapie habe ich mit Genugtuung und ohne kritische Impulse gelesen. Es ist sehr erfreulich, dass der leichtfertige Aufsatz unseres Freundes Zutt so ohne Erwähnung, durch das blosse Aufschliessen neuer Perspektiven, ohne Polemik zum Veschwinden gebracht wird. Ohne es zu unterstreichen, ist Ihr Aufsatz doch um das Verhältnis des Existentiellen zum Physiognomischen bemüht, wobei die mühelose Selbstverständlichkeit auffällt, mit der Sie diese beiden Aspekte des psychopathologischen Phänomens verknüpfen. Meist gelingt diese Verknüpfung der Forschung nicht. Entweder bleibt sie in der Analyse des Symptomatischen stecken, die, weil der Hinblick auf den ganzen Menschen und seine jeweiligen Existenzverhältnisse ungetätigt bleibt, die Ebene der physiognomischen Bezüge nicht zu erreichen vermag. Oder man strebt nach einer Klärung des Existentiellen, verzichtet aber auf Entzifferung der Hieroglyphe, der leiblich-seelischen Bildersprache und muss darum mechanistisch oder dialektisch an der Existenz vorbei konstruieren. Sehr schön ist die Sicherheit, mit der Sie immer wieder Peripherie und Centrum zusammenschliessen. Übrigens liegt ja auch sicher darin die Schwäche der Lehre Jungs vom kollektiven Unbewusstsein, dass er Ausdrucksmöglichkeiten der Psyche schildert, ohne um den Sinn dieser vielen Ausdrucksweisen sich hinlänglich zu bemühen. Man schreibt Kompendien des Physiognomischen ohne Physiognomik zu treiben, – so liesse sich der Leerlauf dieser Beschäftigung kennzeichnen.

Was Ihre Auffassung von der Leere betrifft, so stimme ich mit Ihnen völlig überein. Zum Motto meiner Untersuchungen möchte ich den Ausspruch einer Kranken machen, die sagt: „Wie kommt es zu dieser Leere? Es muss sich wohl um das Aufbrechen einer eigenen Hohlheit handeln". Das Bild vom „Abgrund" vom „Sturz in den Abgrund", von einer besonderen Persönlichkeitsspaltung beherrscht das Thema der depressiven Leere. Der „Abgrund" tut sich immer dann auf, wenn eine Überwölbung oder Ausfüllung durch die Aufhebung der Selbsttätigkeit versagt. Alles Leben, alles Tun nimmt im Leeren seinen Ausgang, entsprechend der religiösen Wahrheit, dass der Mensch eine Schöpfung aus dem Nichts ist. Ja es gibt Persönlichkeiten von hoher Produktivität, die bei Evocation und Herausstellen ihrer Gedankenfülle doch alle Inhalte nur im Leeren besitzen, die also befähigt sind die Leere zu bevölkern, die aber trotzdem in der Leere bleiben. Ich denke an Beaudelaires Gedicht: „Pascal avait un gouffre avec lui se mouvant..."

Aber Schluss für heute. Ich hoffe Sie vielleicht doch in den nächsten Tagen sprechen zu können.

Mit besten Grüssen

Ihr

[Brief von Martin Heidegger an Ludwig Binswanger;
Sign. 443/13]

Freiburg, den 24. Februar 1947
Zähringen Rötebuck 47

Sehr geehrter Herr Binswanger!

Von Herrn Beringer höre ich, dass er plant, Sie nach Freiburg einzuladen zu Vortrag und Aussprache. Kürzlich versuchten wir im kleinen Kreis einige Fragen zu klären über Ihr Werk und die von Ihnen angebahnte Forschungsrichtung. Bei dieser Gelegenheit konnte ich für kurze Zeit auch Ihren Vortrag aus dem Herbst 1945 [„Über die daseinsanalytische Forschungsrichtung in der Psychiatrie", i. d. Bd.] und den „Fall E. W." studieren [Ellen West; Bd. 4 dieser Ausg.]. Inzwischen ist auch die Neuauflage der Allgemeinen Psychopathologie von Jaspers erschienen. Weil Sie selbst durch Ihr grosses Werk über die Fundamente und die Perspektiven und durch Ihre konkreten Untersuchungen seit der „Ideenflucht" über die Grundphänomene der Psychopathologie sich ausgesprochen haben, scheint mir der Augenblick günstig, eine Besinnung und Klärung zu versuchen. Ihr Hauptwerk [die „Grundformen"] ist so weit gedacht und so reich an Phänomenen, dass man denken sollte, jeder der Augen hat, müsse sehen, wohin Sie das Ganze der Psychopathologie stellen. Aber weil es sich dabei um etwas Einfaches handelt, haben die meisten auch schon darüber hinweggesehen, bevor sie zu lesen beginnen. Das Gefüge und der Aufwand der bisherigen Wissenschaft beherrscht das Vorstellen. Die Jagd nach technischen Möglichkeiten der Untersuchung bestimmt die Ansprüche. Vor dem Glanz des wissenschaftlichen Betriebs verblasst das Unscheinbare, aber Entscheidende, dass die Nerven-, Geistes- und seelisch Kranken Menschen sind und dass der Forscher und der Arzt in einer menschlichen Begegnung zu diesen Menschen steht. Warum soll endlich nicht und vor allem anderen dieser Bereich der menschlichen Begegnung und dieses ständige Medium aller Exploration in die strenge Besinnung genommen, der zufälligen Meinung und der Beliebigkeit des Standpunktes entzogen werden? Doch bis der Schritt, den Sie getan, nicht in Programmen, sondern im Zeigen und Aussprechen, begriffen und d. h. ursprünglich mitvollzogen wird, braucht es Zeit. Trotzdem Sie Ihren Weg klar abgrenzen gegen den Versuch, der einmal Fundamentalontologie hiess, trotzdem Sie innerhalb dieser Abgrenzung über S. und Z. hinaus in einen höheren Bereich des Menschlichen vordringen, wird man bei der üblichen Art, die mit Namen, Titeln und Richtungen rechnet, zunächst an der törichten Vorstellung hängen bleiben, dass Sie die abgewandelte Begriffssprache von S. u. Z. in die Psychopathologie übertragen und durch Philosophie die Wissenschaft gefährden. Die tatsachensüchtige Wissenschaft sieht weder die Sache (den unscheinbaren Bereich des nächsten und eigentlichen menschlichen Begegnens), noch die Tat, dass Sie den Schritt aus der Subjekt-Objekt-Beziehung zum In-der-Welt-sein getan haben. Weder bei jener noch bei diesem handelt es sich um eine Theorie, sondern um ein Ereignis in der Geschichte des Seins, welche Geschichte der Mensch erfährt und achtet oder übergeht und vergisst. Der Übergang von einem zum anderen ist kein Wechsel von Methoden und Standpunkten, sondern eine Wende im Sein, bei der das Wesen und die Herrschaft der Technik und damit das Wesen der neuzeitlichen Wissenschaft auf dem Spiel stehen.

Doch die Haupttugend alles wesentlichen Denkens, die Geduld (austragen und warten), lernen wir schwer und spät. Dabei hilft es doch unserer Schwäche zu wissen, dass dort und hier einer als Wanderer seinen Weg geht, aber nicht als Anhänger einer Sekte, eine Meinung zur Geltung bringt. Darum danke ich Ihnen, dass Ihr grosses Werk da ist und dafür, dass Sie es mir geschenkt haben. Ich wünsche nur, Ihr Vortrag von 1945 könnte gesondert zugänglich gemacht werden; denn er ist besonders erleuchtend in der souveränen Art, mit der er die anderen Richtungen in das Ganze der Psychopathologie aufhebt. Demgegenüber bleibt Jaspers in einer Registratur von methodischen Möglichkeiten hängen, ohne dass er sich darüber klar wird, dass die Methoden in etwas anderem gründen, was nicht nur Methode ist. Aber für jeden von uns gibt es eine Stelle, wo er nicht mehr zu erfahren und zu sagen vermag, was ihn selber denkt. Es wäre schön, wenn Sie kämen.

Einen herzlichen Gruss

Ihr

[Brief von Ludwig Binswanger an Martin Heidegger;
Sign. 443/13]

6. März 1947.

Lieber Herr Professor!

[...]

Dass ich mir darüber klar geworden bin, dass die Methoden in etwas anderem gründen, das nicht nur Methode ist, verdanke ich Ihnen, Ihnen ganz allein. Nachdem mir Husserl den naturalistischen „Star" gestochen und mir eine Methode in die Hand gegeben, mit der ich überhaupt erst anfangen konnte zu arbeiten, haben Sie mir den „idealistischen Star" gestochen und gezeigt, worin jede anthropologische Methode gründen muss.

[...]

Ihr dankbarer

[Brief von Martin Heidegger an Ludwig Binswanger;
Sign. 443/13]

Freiburg, 6. Mai 47.

Sehr verehrter, lieber Herr Binswanger!

Ich danke Ihnen herzlich für Ihren Brief und die wertvollen Separata. ... Beim Studium Ihrer Arbeiten kommt mir immer wieder der Gedanke, sie müssten jetzt aus der Fülle der Erfahrung und der Klarheit der Besinnung eine *Hermeneutik der Exploration* schreiben; dazu gehörte auch eine Hermeneutik der Art und Weise, wie Psychiater und Neurologen sich unterhalten. Diese Hermeneutik wäre nicht eine nachhinkende „Theorie" = „Grundlegung" zu einem schon in sich beruhenden Erfahren und Wissen. Sie wäre eine vorangehende Versammlung des Erfahrens und Wissens auf ihre wesentlichen Grundzüge. Sie wäre eine Gesetzgebung, die das Gesetz aus dem Verhalten und dem Geschick des Daseins erst werden liesse und – *im* Werden liesse.

Es scheint, dass auch weltgeschichtlich für den Menschen der Augenblick gekommen ist, den Schritt zurück ins Einfache zu tun. Aber das verlangt viel Vorbereitung und wirkliche Vorgänger. Ihre Vorliebe für die Dichter ist ein echtes Zeichen eines guten Geleits auf Ihrem Weg. Wenn erst einmal die Dichtung und mit ihr alle Kunst aus der Umklammerung durch die Subjektivität befreit ist, d. h. von aller Ästhetik, wenn der Mensch wieder geeignet wird, den Anspruch der Dichtung in das Wesen des Da-seins einschlagen zu lassen, so dass alle „moralische" *Anwendung* sich erübrigt, dann werden wir erst vermögen, im Wesen der Sprache als der Behausung des Menschen auf der Erde zu wohnen. Weil man immer noch aus weither wirkenden metaphysischen Gründen die Sprache als „Zeichen" und „Ausdruck" und damit instrumental nimmt, sehen wir noch nicht, inwiefern die Sprache geschichtlich in sich und Menschen schon das Sein voraussagt, das Wesen des Seins vorausschweigt. Deshalb, wegen der Verblendung gegenüber diesem Ereignis, sieht man alles Denken *in* der Sprache an als eine Vergötzung der „Sprachlichkeit". Man meint, das Denken spreche vom Sprechen statt von der Sache, während doch die Sache selbst gerade das im Wort vorgesprochene, aber im Wesen verborgene – und *darum* nicht zu denkende Sein selbst ist.

Wenn wir angesichts einer Sache und eines Sachverhalts eine Aussage zurücknehmen und mit dem Sagen an uns halten, dann bleibt nicht eine wortlose „Sache" übrig, sondern die Sache ist unterdessen – ohne unser Zutun – in ein anderes Wort über- und eingegangen. Für dieses Ereignis finde ich auch heute noch keine gemässere Nennung als die in der Wendung: es weltet. Wir fangen damit erst an, uns dem Rätsel der „Welt" zu nähern. Sonst meinen sie immer noch, „In-der-Welt-sein" bedeute: innerhalb des Seienden im Ganzen als Seiendes der gleichen Art eine Stelle einnehmen. Allerdings ist in jenem Nennen noch etwas Fatales, an dem ich mich schon lange herummühe, was aber, *weil* es sich um das Wort handelt, tief in der Sache selbst schwierig ist: das „In-der-Welt-*sein*" soll das Wesen des Mensch*seins* nennen und antwortet mit einem Sagen, das wieder das zu Nennende („-sein") wiederholt. Hier verbirgt sich anderes als ein nur ungenügend bedachter „Zirkel".

Diesen Fall erwähne ich nur, um anzudeuten, dass es im Denken gut ist, öfters wie neu ankommend dahin zurückzukehren, wohin der Weg schon einmal gelangte.

[...]

Ich grüsse Sie herzlich in der Hoffnung, dass wir uns bald wieder einmal sehen.

Ihr

Anhang

[Brief von Ludwig Binswanger an Martin Heidegger;
Sign. 443/13]

17. Juni 1954.

Sehr verehrter Herr Heidegger!

Ich wäre sehr froh, wenn ich Sie vor oder nach dem 29. hier oder in Konstanz sehen könnte, natürlich am liebsten hier bei mir. Nach dem Vortrag wäre die Gelegenheit zu einem persönlichen Gespräch wohl gering, und ausserdem gehe ich abends nicht mehr spät aus. Wenn ich zeitig weiss, ob und wann Sie zu mir kommen, könnte ich auch Emil Staiger und Roland Kuhn benachrichtigen. Ich hätte auch ein bestimmtes, wie Sie wissen für mich ganz besonders brennendes Dilemma, das Sie schon in einem Brief an mich vom 6. Mai 1947 sehr klar formuliert haben. Ich wüsste gerne, wie Sie heute über dieses Thema denken. Ich selber habe jenen „Zirkel" sicherlich nicht gelöst, sondern nur wie einen gordischen Knoten zerhauen. Und doch liegt er am „Grunde" meines ganzen psychiatrischen Schaffens. Sie schrieben damals: „Allerdings ist in jenem Namen (dem In-der-Welt-Sein) noch etwas Fatales, an dem ich mich schon lange herummühe, was aber, weil es sich um das Wort handelt, tief in der Sache selbst schwierig ist. Das In-der-Welt-*Sein* soll das Wesen des Mensch sei*end* nennen und antwortet mit einem Sagen, das wieder das zu nennende – ‚Sein' – wiederholt. Hier verbirgt sich Anderes als ein nur ungenügend bedachter Zirkel." Sie werden verstehen, dass mir diese Sache seither nicht aus dem Sinn gekommen ist, ohne dass ich selber aber eine philosophische Lösung des Dilemmas gefunden hätte. Eine solche Lösung kann aber nur der Philosoph suchen; ich selbst habe mich nie für einen Philosophen gehalten.

Mit freundlichsten Grüssen und in der Hoffnung auf ein Wiedersehen

Ihr

P.S. Nachdem ich diesen Brief diktiert, las ich auf S. 73 f. in „Was heisst Denken?" den Passus, dass jede Lehre vom Sein *in sich schon* Lehre vom Wesen des Menschen ist und dass in dieser Frage eine abgründige Schwierigkeit liegt. Sie ist wohl auf's Engste mit Ihrer damaligen Briefstelle in Zusammenhang. Bei der Lektüre von „Was heisst Denken?", die ich erst in diesen Tagen in Angriff genommen habe, ergreift mich ein philosophischer Thambos.

[Brief von Ludwig Binswanger an Martin Heidegger;
Sign. 443/13]

10. November 1962.

Sehr verehrter, lieber Herr Heidegger,

[...]

Ich scheine dazu verurteilt zu sein oder besser, mich dazu zu verurteilen, mich Ihnen gegenüber in ein schlechtes Licht zu setzen. Das sehen Sie wieder aus der Beilage (folgt separat), dem Vorwort zur dritten Auflage der „Grundformen" [vgl. Vorwort zu Bd. 2 vorl. Ausg.], das ich Ihnen lieber selber schicke, als zu riskieren, als dass Sie von dritter Seite davon erfahren. Ich musste zu meinem eigenen Erstaunen feststellen, dass ich auf das Eingeständnis meiner früheren Naivität gleich zwei neue Naivitäten folgen liess. Ich bin mir nachträglich völlig klar darüber und bitte Sie, es mir auch zu glauben, dass ich Ihnen immer nur von meinem in bezug auf Sie jeweils beschränkten Standpunkt aus Opposition mache, aber keineswegs Ihre Lehre als Ganzes angreife.

Ich habe jetzt vor, mich noch an die Crux der Psychiatrie, das Verständnis des Wahns, zu machen, falls mein Alter mir noch Zeit und Kräfte dazu lässt. Nachdem man aber von einer „phänomenologischen Wendung" von mir gesprochen hat [so z. B. Kisker], möchte ich, wenn möglich noch zeigen, dass Daseinsanalyse und Phänomenologie im Hinblick auf die Psychiatrie sich keineswegs ausschliessen, dass es sich also keineswegs um ein Entweder-Oder handelt, sondern um ein Sowohl-als-Auch. Mein Forschungsgebiet und Forschungsziel ist und bleibt ja die Psychiatrie, und alles, was ich forschend unternehme, dient nur dem *einen* Ziel, ihre Problematik zu vertiefen und zu erhellen und damit ihren wissenschaftliche Rang zu erhöhen.

[...]

Ihr

[Brief von Ludwig Binswager an Medard Boss; Sign. 443/55]

7. Januar 1952.

Lieber Herr Kollege!

Ich würde raten, schon im Titel [3] statt Daseins*analyse* Daseins*analytik* zu sagen, da es sich im Hauptteil doch um Heidegger's Grosstat, den neuen *philosophischen* Entwurf des menschlichen Daseins handelt. Dabei kommt mir das Positive dieses Entwurfs in Abhebung vom technischen Denken immer noch etwas zu kurz.

[...]

Vielleicht schauen Sie doch noch einmal mein Badenweiler Referat [4] an. – Ich wiederhole, dass in einer so wissenschaftlich gehaltenen Sendung der Hinweis auf die Phänomenologie und Husserl nicht fehlen darf, wodurch Heidegger's Grosstat ja keineswegs geschmälert, sondern im Gegenteil erst ins rechte Licht gesetzt wird.

Mit allen guten Wünschen für's neue Jahr für Sie und Ihre Familie

stehts Ihr

---

[3] Boss änderte dann den Titel seines Buches in „Psychoanalyse und Daseinsanalytik" (2. Aufl. München 1980).

[4] Binsw. 1950b; Binswanger antwortet darin auf die Rundfrage von Mitscherlich über eine von Boss vorgenommene operative Geschlechtsumwandlung. Binswanger betont, dass die von Boss vorgenommene Operation mit der *Daseinsanalyse* nichts zu tun hat (a. a. O., S 456).

Anhang

[Brief von Ludwig Binswanger an Medard Boss; Sign. 443/55]

16. Januar 1952.

Lieber Herr Kollege!

Anbei die Seite mit bestem Dank zurück. Satz 1 und 2 von S. 2 [5] sind nun sehr richtig, treffen aber doch nur für die Daseins*analyse* als empirisch-phänomenologische Forschungsrichtung zu, jedoch *nicht* auf die Daseins*analytik* im Sinne Heidegger's, die doch durchaus ein philosophisches Unternehmen ist und sicherlich keine empirische Forschungsmethode. Sie sehen also, dass ich um den strengen Unterschied von beidem nicht herumkomme, wie es in meinem Badenweiler Referat durchgeführt wurde. Sonst habe ich jetzt keine Bemerkungen mehr zu machen.

Mit herzlichem Gruss

Ihr

---

[5] Vgl. Fn. zu vorhergehendem Brief.

[Brief von Medard Boss an Ludwig Binswanger; Sign. 443/55]

Lenzerheide, den 6. 1. 57

Lieber Herr Doktor,

[...]

Die grosse Schwierigkeit liegt beim Begriff des „Weltentwurfes". Ich habe mit der Zeit bei Heidegger gelernt, dass er ihn ziemlich anders, viel weniger subjektiv, oder vielleicht besser, viel weniger aus der Subjektivität heraus versteht als Sie, und dass das „Inbezugsein zu den Dingen und Mitmenschen", das je gestimmte, das Primäre und den Weltentwurf begründende ist. Aber das lässt sich natürlich nicht so in zwei Worten sagen. Der Titel Daseinsanalyse ist mir vorgeschrieben. Ich meine aber, dass das, was von der Daseinsanalytik aus gesehen philosophisch wichtig ist, auch im daseinsanalytischen, empirischen Denken gelten muss, weil sich ja die philosophisch, ontologisch gedachten Strukturen gar nirgends anders als in den faktischen Erscheinungen und „Symptomen" zeigen können.

[...]

Mit herzlichen Grüssen

stets Ihr

[Brief von Ludwig Binswanger an Hans Kunz; Sign. 443/21]

19. Juli 1956.

Lieber Hans Kunz!

Ich danke Ihnen herzlich für Ihren mich sehr erfreuenden Brief vom 5. Juli. Inzwischen war ich in Tübingen zu zwei Vorträgen. Ich habe mich noch nirgends so bestätigt, gefördert und „gefeiert" gefühlt.

Dass Sie im Frühjahr zu Kolle nach München gehen wollen, freut mich sehr, Ihr Thema ist gerade jetzt von grösster Wichtigkeit. Behauptet doch Boss, dass es nur ein In-der-Welt-sein und somit nur eine Welt gebe, und dass, von Abwandlungen oder Weisen des In-der-Welt-seins zu sprechen, von einer völligen Verkennung von Heidegger zeuge. Da Sie so prompt sind im Zurückschicken, schicke ich Ihnen nochmals einen Brief von B. mit Antwort von mir. Ich hoffe, dass diese Korrespondenz hiermit abgeschlossen ist. In der Diskussion über meinen Vortrag „Der Mensch in der Psychiatrie" [Binsw. 1956c und Bd. 4 vorl. Ausg.], den ich Ihnen hoffentlich bald schicken kann, hat einer der Professoren den schönen Satz geprägt: „Ich habe noch nie jemanden gesehen, der sich Heidegger mit Haut und Haar verschrieben hat und zugleich in der Wissenschaft etwas geleistet hätte".

In Ihren Sonderabdruck habe ich erst hineingesehen, werde ihn aber noch genau studieren. Wenn Sie einmal meinen Vortrag über „Mein Weg zu Freud" gelesen haben werden, werden Sie sehen, dass ich selbst noch Kritik an meiner Auffassung des homo natura bei Freud [in d. Bd., S. 28] geübt habe. Wir sind uns hier wie sonst durchaus nahe.

Mit herzlichem Gruss

Ihr

[Brief von Rudolf Boehm, Husserl-Archiv Löwen, an Ludwig Binswanger; Sign. 443/64]

Löwen, den 7. Dezember 1958

Sehr geehrter Herr Dr. Binswanger,

[...]

Sie berichten einerseits über Ihr Gespräch mit Husserl im August 1923 in Kreuzlingen. Andererseits weisen Sie auf den Bezug hin, den der Begriff der Schizophrenie zu Husserls Theorie der Präsumptivität der mundanen Erfahrung hat. Meine erste Frage wäre: Ist gerade dieser Bezug auch schon Gegenstand Ihres Gesprächs mit Husserl in Kreuzlingen im Jahre 1923 gewesen?

[...]

Eine zweite Frage schließt sich an. Für Sie selbst war und ist Husserls Theorie der beständigen Präsumptivität der Welterfahrung und Weltgewißheit von positiver Bedeutung für die Begründung eines phänomenologischen Begriffs – oder vielleicht besser: die phänomenologische Begründung eines Begriffs – der Schizophrenie. Für Husserl hingegen nahmen Ihre Bemerkungen hierfür – wenn ich mit Recht annehme, daß Sie es bereits damals 1923 in Gegenwart Husserls machten – die Bedeutung eines Einwandes an. Verständlicherweise: Er stellte Husserls Schlüsse von der Präsumptivität der mundanen Erfahrung auf die Möglichkeit der Nichtexistenz der Welt in Frage – und damit die Begründetheit der Behauptung der „absoluten Gegebenheit" und des „absoluten Seins" des transzendentalen Bewußtseins. (Genauer wäre hinzuzufügen: unter Umständen. Alles hängt hier vom Begriff des „Absoluten" selbst ab. Übrigens erscheint in Kürze eine Studie von mir „Zum Begriff des ‚Absoluten' bei Husserl", die Ihnen zuzusenden ich mir die Freiheit nehmen werde.) Nun weisen Sie in Ihrem Beitrag zu dem Gedenkbuch selbst darauf hin, daß Sie schon 1922 in Ihrem Züricher Referat „Über Phänomenologie" [in d. Bd., S. 35 ff.] (das mir aus Husserls Sonderdrucksammlung bekannt ist) gegen die Behauptung einer „absoluten Gegebenheit des reinen Bewußtseins" und damit „den absoluten Intuitionscharakter der phänomenologischen Einsicht" Stellung genommen hatten. Es wäre nun wichtig zu wissen, ob Sie diese Stellungnahme auch damals Husserl gegenüber ausgesprochen haben, wenn Sie vielleicht auch Ihre (von mir vermuteten) Bemerkungen über die Schizophrenie selbst gar nicht als „Einwand" gemeint haben sollten, wie ich es eigentlich annehmen möchte. Die Äußerung jener Stellungnahme Ihrerseits würde aber Husserls unmittelbare Auffassung Ihrer Bemerkungen über die Schizophrenie als einen „Einwand der Verrücktheit" erklären.

Hiermit begönnen dann natürlich erst die „eigentlichen" Fragen, die ich *Ihnen* nicht darlegen muß. (Gehörte zu ihnen auch die, ob Husserls Denken nun eher dem „‚ideenflüchtigen' Erkenntnisoptimismus" oder eher der „‚schwarzseherischen' Melancholie mit ihrer Angst und ihrem Zweifel an dem beständigen Fortlaufen der Erfahrung ‚im gleichen konstitutiven Stil'" nahestand?)

[...]

Ihr

[Brief von Ludwig Binswanger an Rudolf Boehm; Sign. 443/64]

24. Dezember 1958.

Sehr geehrter Herr Böhm!

Ich danke Ihnen für Ihren mich sehr interessierenden Brief vom 7. Dezember. Infolge einer leichten Grippe kommt meine Antwort leider etwas verspätet.

1) Ihre Frage, ob schon bei meiner Begegnung mit Husserl im Jahre 1923 von Beziehungen zwischen Schizophrenie und der Lehre Husserls die Rede war, muss ich mit „nein" beantworten. Erstens war Husserl, wie Sie wohl wissen, wenn er über seine Lehre sprach, nicht zu unterbrechen, zweitens habe ich mich damals noch nicht systematisch mit dem Problem der Schizophrenie beschäftigt. Den Satz von der Präsumptivität der mundanen Erfahrung habe ich zwar schon 1932 zitiert, aber in meiner Schrift „Über Ideenflucht" [diese Ausgabe Bd. 1]. Damit fallen alle Schlussfolgerungen aus unserer damaligen Begegnung für Husserl's Lehre von der Verrücktheit weg.

2) Auf meine Stellungnahme gegen den absoluten Intuitionscharakter der phänomenologischen Einsicht bin ich bei Husserl's Besuch *nicht* eingegangen. Es handelte sich damals durchaus um einen *Vortrag* von seiner Seite, ohne irgendwelche Diskussion.

3) Was den Satz von der *Präsumptivität* der mundanen oder, wie ich mit Szilasi lieber sage, der natürlichen Erfahrung betrifft, so fasse ich ihn, wie Sie doch wohl auch, im rein transzendentalen Sinne auf, m. a. W. als transzendentalen Leitfaden dieser Erfahrung, aber keineswegs im Sinne des Vertrauens als eines psychologischen Faktors.

Als transzendentaler Leitfaden lässt sich jener Satz natürlich auch nicht aus der Gestimmtheit im psychologischen Sinne ableiten oder auf sie zurückführen, vielmehr ist er nur aus dem *Sachverhalt* der philosophischen *Lehre* Husserl's zu verstehen. Ich nehme an, dass wir uns hier durchaus einig sind.

Was nun aber Ihre „eigentliche" Frage betrifft, ob Husserl's Denken überhaupt eher dem ideenflüchtigen sorglosen Selbstvertrauen des Manischen oder eher dem des Melancholikers mit seinem Zweifel an dem beständigen Fortlaufen der Erfahrung im gleichem konstitutiven Sinne entspringt, so setzt ihre Beantwortung mich in mehrfacher Hinsicht in Verlegenheit. Erstens steht jener „Zweifel" des Melancholikers für mich noch gar nicht fest, zweitens bedürfte es zur Beantwortung dieser Frage ausgedehnter, stilkritischer, phonetischer, psychologischer und empirisch-phänomenologischer Untersuchungen und drittens sehe ich nicht recht ein, was mit der Beantwortung dieser Frage, auch wenn sie möglich wäre, gewonnen wäre. Auf alle Fälle sicherlich nichts für das Verständnis der Husserl'schen Philosophie, handelt es sich hier doch um eine Frage hinsichtlich des faktischen Denkvollzugs, also um eine psychologische Frage. Ihre Frage läuft im Grunde darauf hinaus, ob Husserl eher dem submanischen oder dem depressiven menschlichen Konstitutionstypus „näherstehe" und ob dies aus der Art seines Denkvollzugs zu diagnostizieren sei. Sie ist also im Grunde eine diagnostische Frage und gehört insofern auch in das Gebiet der Psychopathologie. Auch in dieser Hinsicht wäre ihre Beantwortung ohne Bedeutung für das Verständnis der Husserl'schen Philosophie, worin wir ja sicher einig sind.

Ich fasse zusammen: Die daseinsanalytische Interpretation hat es auf die Konstitution der natürlichen Erfahrung und auf die Feststellung und Interpretation versagender Momente innerhalb dieser Konstitution abgesehen, aber nicht auf die Feststellung, Beschreibung und Erklärung qualitativer oder quantitativer Verschiedenheiten im Vollzug der natürlichen Erfahrung selbst. Die letztere Aufgabe überlässt sie den empirischen Wissenschaften.

4) Der Satz von der Präsumptivität und die Schizophrenie: Als transzendentaler Leitfaden der natürlichen Erfahrung überhaupt ist dieser Satz nicht nur für das daseinsanalytische Verständnis der Schizophrenie, sondern *alles* psychotischen Geschehens von Bedeutung. (So habe ich ihn wie erwähnt erstmals schon in meinen Studien „Über Ideenflucht" zitiert). Anderseits darf aber auch nicht von ihm allein ausgegangen wer-

den, sondern muss immer das gesamte Universum konstituierter Transzendenzen oder besser, müssen immer möglichst alle transzendental konstituierenden Momente im Auge behalten werden. Hinsichtlich der Schizophrenie ist das, wie Sie zu meiner Freude bemerkt haben, bereits bis zu einem gewissen Grade geschehen, wenn auch noch viel zu tun übrig bleibt. Jedenfalls konnten wir bisher zeigen, inwiefern jener transzendentale Leitfaden in der Schizophrenie „abzubiegen" oder „abzureissen" vermag und in welcher Weise dann die Erfahrung „versagt".

Ich hoffe, Ihnen, sehr geehrter Herr Böhm, mit meinen, wenn auch vielfach negativen, Beantwortungen Ihrer Fragen einen Dienst erwiesen zu haben und danke Ihnen im voraus für die mir freundlichst in Aussicht gestellte Studie: „Zum Begriff des Absoluten bei Husserl".

Mit freundlichen Grüssen und nochmaligem Dank für Ihr Interesse an meiner Arbeit, sowie meinen besten Wünschen für das kommende Jahr, bin ich

Ihr

Zur Druckgeschichte

Erfahren, Verstehen, Deuten in der Psychoanalyse. Aufsatz, erschienen in: Imago 12, S. 223-237 und im Imago-Almanach 1927. Aufgenommen in Band II der ausgewählten Vorträge und Aufsätze, S. 67-80.

Mein Weg zu Freud. Vortrag gehalten anläßlich der Feier des 100. Geburtstags von Freud an den Universitäten Heidelberg, Frankfurt a. M. und Freiburg i. Br. sowie im Psychologischen Institut der Universität Tübingen; erschien im Sammelband der Heidelberger und Frankfurter Freud-Vorträge vom Jahre 1957: Freud in der Gegenwart. Ein Vortragszyklus der Universitäten Frankfurt und Heidelberg zum hundertsten Geburtstag Freuds. Frankfurt: Europ. Verlagsanstalt (Frankfurter Beiträge zur Soziologie. Bd. 6), 1957, S. 207-227. Aufgenommen in: der Mensch in der Psychiatrie (Binsw. 1957a).

Über Phänomenologie. Referat, erstattet an der 63. Versammlung des Schweiz. Vereins für Psychiatrie in Zürich am 25. November 1922. In: Zschr. f. d. ges. Neurol. u. Psychiatrie 82, 1923, S.10-45. Aufgenommen in Bd. I der ausgewählten Vorträge und Aufsätze, S. 13-49.

Lebensfunktion und innere Lebensgeschichte. Nach einem am 6. XII. 1927 in der Gesellschaft „Die Hirnrinde" im Physiologischen Institut zu Berlin gehaltenen Vortrag. In: Mschr. f. Psychiatrie u. Neurol. 68, 1928, S. 52-79. Aufgenommen in Bd. I der ausgewählten Vorträge und Aufsätze, S. 50-73.

Traum und Existenz. Aufsatz in: Neue Schweiz. Rdsch., 1930, S. 673-685, 766-779. Auch als Broschüre: Zürich: H. Girsberger & Co. Aufgenommen in Bd. I der ausgewählten Vorträge und Aufsätze, S. 74-97; auch in Binsw. 1992c

Wandlungen in der Auffassung und Deutung des Traums (Von den Griechen bis zur Gegenwart.). Autoreferat von vier Vorträgen im Rahmen der von der Stiftung Lucerna in Luzern vom 18. bis 22. Juli 1927 durchgeführten Kurse für Psychologie.

Das Raumproblem in der Psychopathologie. Erweiterte Fassung eines am 12. November 1932 an der Herbstversammlung des Schweiz. Vereins für Psychiatrie in Zürich gehaltenen Vortrags. In: Zschr. f. d. ges. Neurol. u. Psychiatrie 145, 1933, S. 598-647. Aufgenommen in Bd. II der ausgewählten Vorträge und Aufsätze, S. 174-225.

Geschehnis und Erlebnis. Zur gleichnamigem Schrift von Erwin Straus. Aufsatz, erschienen in: Mschr. f. Psychiatrie u. Neurol. 80, 1931,

S. 243-273. Aufgenommen in Bd. II der ausgewählten Vorträge und Aufsätze, S. 147-173.

Über Psychotherapie. (Möglichkeit und Tatsächlichkeit psychotherapeutischer Wirkung.) Vortrag gehalten 1934 vor Medizinstudenten in Amsterdam und Groningen. In: Der Nervenarzt 8, 1935, S. 113-121, 180-189. Aufgenommen in Bd. I der ausgewählten Vorträge und Aufsätze, S. 132-158.

Über die daseinsanalytische Forschungsrichtung in der Psychiatrie. In Bern vor der Schweiz. Gesellschaft für Psychiatrie im Oktober 1945 gehaltenes Referat. In: Schweiz. Arch. f. Neurol. u. Psychiatrie 57, 1946, S. 209-235. Aufgenommen in Bd. I der ausgewählten Vorträge und Aufsätze, S. 190-217.

Daseinsanalyse und Psychotherapie. Vortrag, gehalten im Sanatorium Bellevue, Kreuzlingen, am 25. August 1954, im Rahmen des 2. Internat. Kongresses für Psychotherapie, Zürich. In: Zschr. f. Psychother. u. med. Psychologie 4, 1954, S. 241-245. Aufgenommen in Bd. II der ausgewählten Vorträge und Aufsätze, S. 303-307.

Über den Satz von Hofmannsthal: „Was Geist ist, erfaßt nur der Bedrängte". Beitrag zur (ungedruckten) Festschrift zum 70. Geburtstag (26. 1. 1948) von Rudolf Alexander Schröder. In: Studia philosophica 8, 1948, S. 1-11. Aufgenommen in Bd. II der ausgewählten Vorträge und Aufsätze, S. 243-251.

Über Sprache und Denken. Vortrag, gehalten am 5. Juni 1946 vor der Gymnasiallehrer-Vereinigung des Kantons Bern in Münchenbuchsee. In: Studia philosophica 6, 1946, S. 30-50. Aufgenommen in Bd. II der ausgewählten Vorträge und Aufsätze, S. 346-362.

Die Texte in vorliegendem Band folgen immer der letzten von Binswanger selbst vorbereiteten Publikation.

Bibliographie

Diese Bibliographie der Werke Ludwig Binswangers beruht weitgehend auf den Materialien des Binswanger-Archivs. Nicht aufgenommen wurden Übersetzungen, die u. a. in französischer, italienischer, englischer, spanischer, portugiesischer und japanischer Sprache vorliegen.
Eine Zusammenstellung der von Binswanger benützten Literatur und ein Verzeichnis der umfangreichen Sekundärliteratur zu Binswanger enthält die Monographie des Herausgebers über Ludwig Binswanger: M. Herzog, Weltentwürfe. Die phänomenologische Psychologie Ludwig Binswangers. Berlin: de Gruyter 1994.

1907 Diagnostische Assoziationsstudien. XI. Beitrag: Über das Verhalten des psychogalvanischen Phänomens beim Assoziationsexperiment. In: Journ. f. Psychol. u. Neurol. 10, S. 1-85. (Zugl. Diss. med. Zürich.).

1909 Versuch einer Hysterie-Analyse. In: Jb. f. psychoanalytische u. psychopathol. Forsch. 1,1 S. 174-318; 1,2. S. 319-356.

1910 Über Entstehung und Verhütung geistiger Störungen. Nach einem in der Ortskrankenkasse Konstanz am 1. März 1910 gehalt. Vortrag. Romanshorn: Koch.

1911a Analyse einer hysterischen Phobie. In: Jb. f. psychoanalytische u. psychopathol. Forsch. 3, S. 229-308.

1911b [Rezension:] Bertschinger, H.: Heilungsvorgänge bei Schizophrenen. In: Zbl. Psychoanal. Psychother. 1 (1911b), S. 503-506.

1913 Bemerkungen zu der Arbeit Jaspers': Kausale und „verständliche" Zusammenhänge zwischen Schicksal und Psychose bei der Dementia praecox (Schizophrenie). In: Internat. Zschr. f. ärztl. Psychoanalyse 1, S. 383-390.

1914a (Pseudonym: Buchner, Lothar) Klinischer Beitrag zur Lehre vom Verhältnisblödsinn (Bleuler). In: Zschr. f. Psychiatrie u. psychisch-gerichtliche Medizin 71, S. 587-639.

1914b Psychologische Tagesfragen innerhalb der klinischen Psychiatrie. In: Zschr. f. d. ges. Neurol. u. Psychiatrie 26, S. 574-599.

1918 Über zeichnerische Darstellung seelischer Zustände in einem Fall von Zwangsneurose [Fall Witia Schwarze. Anläßlich der 55. Versammlung des Vereins Schweiz. Irrenärzte gehalten im „Burghölzli", Zürich.] Autoreferat. In: Schweiz. Arch. Neurol. Psychiat. 4, S. 381f.

1919a Über Kommotionspsychosen und Verwandtes. In: Corr.-Bl. Schweizer Ärzte (1917), Nr. 42, S. 1-12. Und in: Les suites tardives des blessures de guerre. Leur diagnostic et leur traitement. Communications de l'établissement sanitaire de l'armée pour internés à Lucerne (Suisse). Éd. par Hans Brun, Otto Veraguth, Hans Hössly. 4. livraison, Zurich: Rascher & Cie., S. 315-327 (1919).

1919b Wie erkennen wir Geisteskrankheiten? Vortrag gehalten an der 50. Versammlung des thurgauischen Hülfsvereins für Gemütskranke in Weinfelden am 28. August 1919. In: Fünfzehnter Bericht des Thurgauischen Hülfsvereins für Gemütskranke über die Jahre 1914-1917. Frauenfeld: Huber & Co., S. 3-24.

1920 Psychoanalyse und klinische Psychiatrie. Referat, erstattet am sechsten Internationalen Psychoanalytischen Kongreß im Haag (8. bis 11. September 1920). In: Internat. Zschr. f. ärztl.Psychoanal. 7, S. 137-165. (Auch in: 1955a)

1921 Die drei Grundelemente des wissenschaftlichen Denkens bei Freud. [59. Versammlung des Schweizerischen Vereins für Psychiatrie, 27./28. Nov. 1920 in Zürich.] Autoreferat. In: Schweiz. Arch. Neurol. Psychiat. 8, S. 305f.

1922 Einführung in die Probleme der allgemeinen Psychologie. Berlin: Springer. (Unveränd. Lizenz-Nachdruck 1965, Amsterdam: Bonset.)

1923a Über Phänomenologie. Referat, erstattet an der 63. Versammlung des schweiz. Vereins für Psychiatrie in Zürich am 25. November 1922. In: Zschr. f. d. ges. Neurol. u. Psychiatrie 82, S.10-45. (Auch in: 1947a und 1994a)

1923b Bemerkungen zu Hermann Rorschachs „Psychodiagnostik". In: Internat. Zschr. ärztl. Psychoanal. 9, S. 512-523.

1924a Welche Aufgaben ergeben sich für die Psychiatrie aus den Fortschritten der neueren Psychologie? In: Zschr. f. d. ges. Neurol. u. Psychiatrie 91, S. 402-436. (Auch in: 1955a)

1924b Einführung in die Psychoanalyse. In: Siglo med. 73, S. 388, 417-418, 447-448.

1924c [Rezension:] Hoop, J. H. van der: Character and the Unconscious. A critical Exposition of Freud and Jung. London, New York 1923. In: Schweiz. Arch. Neurol. Psychiat. 14, S. 143.

1925a Psicología moderna y psiquiatría. [Übers. aus dem Italienischen (nach einem in Rom gehaltenen Vortrag) von Gonzalo R. Lafora.] In: Arch. Neurobiol. (Madrid) 5, S. 85-100.

1925b La psicoterapia en el sanatorio psiquiatrico mixto o „combinado". (Übers. v. E. Mira). In: Revista médica de Barcelona, Februar 1925, S. 1-11.

1926a Erfahren, Verstehen, Deuten in der Psychoanalyse. In: Imago 12, S. 223-237. (Auch in: 1955a und 1994a)

1926b Zum Problem von Sprache und Denken. In: Schweiz. Arch. f. Neurol. u. Psychiatrie 18, S. 247-283. (Auch in: 1955a)

1926c Eröffnungsrede des Präsidenten. [69. Versammlung des Schweiz. Vereins für Psychiatrie in Bern, 27. Februar 1926.] In: Schweiz. Arch. Neurol. Psychiat. 18, S. 323-324.

1926d Eröffnungsrede des Präsidenten. [70. Versammlung des Schweiz. Vereins für Psychiatrie in Bern, 27. November 1926.] In: Schweiz. Arch. Neurol. Psychiat. 20, S. 173-175.

1926e [Rezension:] Straus, Erwin: Wesen und Vorgang der Suggestion. 1925 (Abhandlungen aus der Neurologie, Psychiatrie, Psychologie und ihren Grenzgebieten. H. 28). In: Schweiz. Arch. Neurol. Psychiat. 18, S. 149-153.

1926f [Rezension:] Muralt, Alex von: Zur gegenwärtigen Krisis der Wissenschaft. Gedanken eines Arztes. Zürich 1926. In: Schweiz. Arch. Neurol. Psychiat. 20, S. 340-342.

1926g [Rezension:] Brentano, Franz: Psychologie vom emprischen Standpunkt. Hrsg. von Oskar Kraus. Bd. 2: Von der Klassifikation der psychischen Phänomene. Mit neuen Abhandlungen aus dem Nachlass. Leipzig 1925 (Phil. Bibl. Bd. 193). In: Schweiz. Arch. Neurol. Psychiat., Bd. 17. S. 173f.

1926h Verstehen und Erklären in der Psychologie. Vortrag, gehalten an der psychiatrischen Vereinigung Reichenau-Kreuzlingen, Münsterlingen am 17. Juli 1926 [Masch.schr., publ. als 1927b].

1927a Psychotherapie als Beruf. In: Der Nervenarzt 1, S. 138-145, 206-215.

1927b Verstehen und Erklären in der Psychologie. In: Zschr. f. d. ges. Neurol. u. Psychiatrie 107, S. 655-683. [Schriftl. einger. Thesen und mündliche Erläuterungen zu einem gemeinsam mit Erismann, Ewald und Spranger am IX. Internationalen Psychologenkongress in Groningen (September 1926) erstatteten Referat.]

1927c Verstehen und Erklären in der Psychologie. Thesen für das dem Internationalen Psychologenkongress in Groningen zu erstattende Referat. In: VIIIth International Congress of Psycholoy. Held at Groningen from 6 to 11 September 1926 under the Presidency of Dr. G. Heymans. Proceedings and Papers, S. 117-123. Groningen: Noordhoff.

1927d Eröffnungsrede des Präsidenten. [71. Versammlung des Schweiz. Vereins für Psychiatrie in Neuchâtel und Préfargier, 28. Mai 1927.] In: Schweiz. Arch. Neurol. Psychiat. 21, S. 143-144.

1927e Eröffnungsrede des Präsidenten. [72. Versammlung des Schweiz. Vereins für Psychiatrie in Bern, 26. November 1927.] In: Schweiz. Arch. Neurol. Psychiat. 23, S. 137-138.

1927f Conrad Brunner. [Nachruf.] In: Thurg. Volksfreund 11. Juni 1927.

1928a Lebensfunktion und innere Lebensgeschichte. Nach einem am 6. XII. 1927 in der Gesellschaft „Die Hirnrinde" im Physiologischen Institut zu Berlin gehaltenen Vortrag. In: Mschr. f. Psychiatrie u. Neurol. 68, S. 52-79. (Auch in: 1947a und 1994a)

1928b Wandlungen in der Auffassung und Deutung des Traumes von den Griechen bis zur Gegenwart. Berlin: Springer.

1928c Wandlungen in der Auffassung und Deutung des Traums. (Von den Griechen bis Gegenwart.) [Autoreferat.] In: Gedenkschrift der Stiftung Lucerna über die von ihr in Luzern vom 18. bis 22. Juli 1927 durchgeführten Kurse für Psychologie. Zürich, S. 71-74.

1928d Alkoholismus. (Alkoholsucht und Alkoholvergiftung.) In: Neue Deutsche Klinik, Bd. 1, S. 257-271.

1928e [Rezension:] Minkowski, E[ugène]: La Schizophrénie. Psychopathologie des schizoïdes et des schizophrènes. Paris 1927. In: Schweiz. Arch. Neurol. Psychiat. 22, S. 158-163.

1929 [Rezension]: Jung, C. G.: Die Beziehungen zwischen dem Ich und dem Unbewußten. Darmstadt 1928. In: Schweiz. med. Wschr. 10, S. 1143.

1930a Traum und Existenz. In: Neue Schweiz. Rdsch., S.673-685, 766-779. Auch als Broschüre: Zürich: H. Girsberger & Co. (Auch in: 1947a, 1992c und 1994a)

1930b [zus. mit Wenger M. & Wenger E.] Gutachten Anneli L. (Kindliche Anschuldigung gegen den Vater wegen Sexualdelikts). In: Der Nervenarzt 3, S. 598-607.

1931a Geschehnis und Erlebnis. Zur gleichnamigem Schrift von Erwin Straus. In: Mschr. f. Psychiatrie u. Neurol. 80, S. 243-273. (Auch in: 1955a und 1994a)

1931b Stellungnahme zum Morphiumgesetz. In: Med. Welt 5, S. 205.

1932a Zur Geschichte der Heilanstalt Bellevue. 1857-1932. Zürich 1932.

1932b Ansprache gehalten von ... bei der Feier zum 75jährigen Jubiläum der Kuranstalt Bellevue in Kreuzlingen am 28. XII. 1932. [Ungedrucktes Manuskript.]

1932c Ernest Wenger . 4. Nov. 1888 - 18. Februar 1932. In: Schweiz. Arch. Neurol. Psychiat. 29, S. 356-360.

1932d [Grabrede Ernest Wenger.] In: Ernest Wenger, 4. XII. 1888 – 18. II. 1932. Privatdruck Bernrain, S. 1-12.

1933a Über Ideenflucht. Zürich: Orell Füssli. (Unveränd. Lizenz-Nachdruck 1980, New York & London: Garland; auch in: 1992b)

1933b Das Raumproblem in der Psychopathologie. In: Zschr. f. d. ges. Neurol. u. Psychiatrie 145, S. 598-647. (Auch in: 1955a und 1994a)

1933c [Rezension]: Benda, Clemens Ernst: Der Wille zum Geist. Über die Freiheit des Willens und den Aufbau der geistigen Welt. Berlin: Nornen-Verlag 1932. In: Schweiz. Arch. Neurol. Psychiat. 31, S. 169-172.

1934a Wandlungen in der psychologischen Auffassung und Erkenntnis des Menschen. Stark gekürzte Wiedergabe der am VIII. Sommerkurs für Psychologie der Stiftung Lucerna vom 23. bis 27. Juli 1934 in Luzern gehaltenen Vorträge. In: VIII. Sommerkurs für Psychologie in Luzern vom 23. bis 27. Juli 1934. Luzern (Stiftung Lucerna. H. 2).

1934b Franz Fink. [Grabrede, masch.schr. vervielf.].

1935a Heraklits Auffassung des Menschen. In: Die Antike 11,1, S. 1-38. (Auch in: 1947a)

1935b Über Psychotherapie. (Möglichkeit und Tatsächlichkeit psychotherapeutischer Wirkung.) In: Der Nervenarzt 8, S. 113-121, 180-189. (Auch in: 1947a und 1994a)

1935c Zum gegenwärtigen Stand der Lehre von den Wortfindungsstörungen. In: Schweiz. Arch. f. Neurol. u. Psychiatrie 36, S. 52-57.

1935d [Rezension:] Bemerkungen zu „Das Wesen der Philosophie. Eine Einführung." Von P. Häberlin. In: Der Nervenarzt 8, S. 17-22.

1935e Entmündigungsgutachten. In: Der Nervenarzt 8, S. 470-478.

1935f Notizen für die Neurologenversammlung in Aarau. [Masch.schr.]

1936a Anthropologie, Psychologie, Psychopathologie. In: Schweiz. Medizinische Wschr. 66, S. 679-684.

1936b Freud und die Verfassung der klinischen Psychiatrie. In: Schweiz. Arch. f. Neurol. u. Psychiatrie 37, S. 177-199. (Auch in: 1955a)

1936c Freuds Auffassung des Menschen im Lichte der Anthropologie. (Erweiterter) Festvortrag, gehalten zur Feier des 80. Geburtstags von Sigmund Freud im Akadem. Verein für medizin. Psychologie in Wien am 7. Mai 1936. In: Nederl. Tijdschr. v. Psychol.4, Nr. 5/6, S. 266-301. (Auch in: 1947a)

1936d Vom Sinn der Sinne. Zum gleichnamigen Buch von Erwin Straus. In: Schweiz. Arch. f. Neurol. u. Psychiatrie 38, S. 1-24.

1936e Eine Basler Nietzsche-Reminiszenz. In: Neue Zürcher Zeitung 1. März 1936, Nr. 363, Bl. 3.

1936f Vom Sinn der Arbeit des Psychiaters. [Lucerna.] [Masch.schr. 1936?].

1936g Josef Rünzi. [Grabrede, masch.schr.].

1936h [Rezension]: Mira y López, Emilio: Manual de Psiquiatría (Handbuch der Psychiatrie). Barcelona 1935. In: Schweiz. Arch. Neurol. Psychiat. 37, S. 358-359.

1937 Tischrede zur Konfirmation von Dietz von Holst, gehalten Konstanz, den 21. III. 37. [Masch.schr. 1937.]

1938 Das manisch-depressive Irresein. In: Zurukzoglu, Stavros: Verhütung erbkranken Nachwuchses. Eine kritische Betrachtung und Würdigung. Basel, S. 127-136.

1940a [Rezension]: Staiger, Emil: „Die Zeit als Einbildungskraft des Dichters." In: Neue Zürcher Zeitung 4. Febr. 1940, Nr. 168/3, Bücherbeilage, Bl. 3.

1940b [Rezension]: Bovet, Th[eodore]: „Die Ganzheit der Person in der ärztlichen Praxis." Gutachten für die Med. Fakultät Zürich. Ungedruckt.

1941a Bleulers geistige Gestalt. In: Schweiz. Arch. f. Neurol. u. Psychiatrie 46, S. 24-29. (Auch in: 1955a)

1941b [Rezension]:Dr. H. Plessner, Lachen und Weinen. Eine Untersuchung nach den Grenzen menschlichen Verhaltens. In: Schweiz. Arch. f. Neurol. u. Psychiatrie 48, S. 159-164.

1941c On the relationship between Husserl's Phaenomenology and psychological insight. In: Philos. and Phaenomenol. Research 2, S. 199-210.

1941d Vom Sinn im Wahnsinn. [Vortrag vor der Philosophischen Gesellschaft Basel.] In: Praxis 30, S. 502.

1941e Sprache und Bildung. Vorträge beim XV. Sommerkurs für Psychologie der Stiftung Lucerna, Juli 1941 in Luzern. [Unveröffentlicht, außer 3. - 1. Sprache, Geschichte und Bildung. 2. Sprache, Welt und Bildung. 3. Sprache, Liebe und Bildung.]

1941f Braun, Friedrich. Gutachten für die Med. Fakultät Zürich. Ungedruckt.

1941g [Rezension]: Harpe, Jean de la: „Genèse et mesure de temps." Referat für die „Lucerna" [masch.schr.].

1941h [Rezension]: Montet, Ch. de: Polyphonie. Neuchâtel. In: Schweiz. Arch. Neurol. Psychiat. 47, S. 323-324.

1942a Grundformen und Erkenntnis menschlichen Daseins.Zürich: Max Niehans. (2. Aufl. 1953: Niehans; 3. Aufl. 1962: Reinhardt, München/Basel; 4. Aufl.1964: Reinhardt; 5. Aufl. 1973: Reinhardt; auch in: 1993)

1942b Auguste Forel. In: Atlantis, H. 5, S. 237-240.

1942c Über Daseinserkenntnis. [Vortrag am 23. 10. 1942 im Psychologischen Verein Bern. Masch.schr.]

1943a Karl Jaspers und die Psychiatrie. In: Schweiz. Arch. f. Neurol. u. Psychiatrie 51, S. 1-13.

1943b [Rezension:] Staiger, Emil: Kurs an der Volkshochschule Kreuzlingen über „Große Erzähler des 19. Jahrhunderts" (Gotthelf, Stifter, Keller, C. F. Meyer). In: Thurgauer Volksfreund 22. März 1943.

1944 Alfred Erich Hoche (1865-1943). In: Schweiz. Arch. Neurol. Psychiat. 53, S. 138-143.

1944/45 Der Fall Ellen West. Eine anthropologisch-klinische Studie. In: Schweiz. Arch. f. Neurol. u.Psychiatrie 53 (1944), S. 255-277; 54 (1944), S. 69-117; S. 330-360;55 (1945), S. 16-40. (Auch in: 1957c, Zweite Studie und in: 1994b)

1945a Über die manische Lebensform. In: Schweiz. Medizinische Wschr. 75, S. 49-52. (Auch in: 1955a)

1945b Wahnsinn als lebensgeschichtliches Phänomen und als Geisteskrankheit. (Der Fall Ilse.) In: Mschr. f. Psychiatrie u. Neurol. 110, S. 129-160. (Auch in: 1957c, Erste Studie)

1945c Zur Frage der Häufigkeit der Schizophrenie im Kindesalter. In: Zschr. Kinderpsychiat. 12, S. 33-50.

1945d Histoire, Structure et Mission du „Reichs-Tuberkulose-Ausschusses". [Masch.schr. 1945(?)]

1946a Über die daseinsanalytische Forschungsrichtung in der Psychiatrie. In: Schweiz. Arch. f. Neurol. u. Psychiatrie 57, S. 209-235. (Auch in: 1947a und 1994a)

1946b Über Sprache und Denken. In: Studia philosophica 6, S. 30-50. (Auch in: 1955a und 1994a)

1946c Psychiatrie und Lebensgeschichte. [Vortrag. Bern.]

1946d [Rezension]: Wille, Hermann: Hundert Jahre Heil- und Pflegeanstalt Münsterlingen (1840-1940). (Sonderabdruck aus Heft 80 der Thurgauischen Beiträge zur vaterländischen Geschichte.) In: Schweiz. Arch. Neurol. Psychiat. 56, S. 157-158.

1946/47 Studien zum Schizophrenieproblem. Der Fall Jürg Zünd. In: Schweiz. Arch. f. Neurol. u. Psychiatrie 56 (1946), S. 191-220; 58 (1947), S. 1-43; 59 (1947), S.21-36. (Auch in: 1957c, Dritte Studie)

1947a Ausgewählte Vorträge und Aufsätze. Band 1: Zur phänomenologischen Anthropologie. Bern: Francke 1947 (2. unveränd. Aufl. 1961).

1947b Prof. Aschaffenburg (1866-1944). In: Schweiz. Arch. Neurol. Psychiat. 58, S. 385-387.

1947c [Rezension]: Révész, G.: Ursprung und Vorgeschichte der Sprache. In: Schweiz. Arch. Neurol. Psychiat. 60, S. 424-432.

1947/48 Bemerkungen zu zwei wenig beachteten „Gedanken" Pascals über Symmetrie. In: Zschr. f. Kinderpsychiatrie 14, S. 19-27. (Auch in: 1955a)

1948 Über den Satz von Hofmannsthal: „Was Geist ist, erfaßt nur der Bedrängte". Aus der (ungedruckten) Festschrift zum 70. Geburtstag (26. I. 1948) von Rudolf Alexander Schröder. In: Studia philosophica 8, S. 1-11. (Auch in: 1955a und 1994a)

1949a Die Bedeutung der Daseinsanalytik Martin Heideggers für das Selbstverständnis der Psychiatrie. In: Martin Heideggers Einfluß auf die Wissenschaften. Bern: Francke, S. 58-72. (Auch in: 1955a)

1949b Henrik Ibsen und das Problem der Selbstrealisation in der Kunst. Heidelberg: Lambert Schneider.

1949c Studien zum Schizophrenieproblem. Der Fall Lola Voß. In: Schweiz. Arch. f. Neurol. u. Psychiatrie 63, S. 29-97. (Auch in: 1957c, Vierte Studie)

1949d Vom anthropologischen Sinn der Verstiegenheit. In: Der Nervenarzt 20, S. 8-11. (Auch in: 1955a, 1956a, 1980, 1992b)

1949e Über Wesen, Möglichkeit und Grenzen der Gemeinschaft. [Nach einem Vortrag, gehalten am 22. Juli 1949 in der Bernhard-Jäggi-Stiftung des Genossenschaftl. Seminars in Freidorf-Basel.] In: Schweiz. Lehrerztg. 94, S. 809-816.

1949f Wesen, Möglichkeiten und Grenzen menschlicher Gemeinschaft. Résumé. [Kurs für Lehrer und Erzieher zur Besprechung des Themas: „Das Problem der Gemeinschaft in der Schule" vom 22. und 23. Juli 1949. Genossenschaftliches Seminar (Stiftung von Bernhard Jaeggi). Masch.schr. vervielf.]

1950a Daseinsanalyse. [Vortrag auf der 66. Wanderversammlung der südwestdeutschen Psychiater und Neurologen, Badenweiler, 2. Juni 1950. Eingearbeitet in 1951a]

1950b Rundfrage über ein Referat auf der 66. Wanderversammlung der südwestdeutschen Psychiater und Neurologen in Badenweiler. [Antwort an Dr. Mitscherlich über Dr. M. Boss.] In: Psyche 4, S. 455-457.

1950c Eine Rezension. [Boss, M.: Sinn und Gehalt der sexuellen Perversionen. Bern 1947.] In: Psyche 3, S. 881-909.

1950d Henrik Ibsen und das Problem der Selbstrealisation in der Kunst. [Rundfunkvortrag, 5. Juli 1950. Unveröff. Manuskript.]

1950e Zum Verständnis des Verfolgungswahns. [Masch.schr.]

1951a Daseinsanalytik und Psychiatrie. In: Der Nervenarzt 22, S. 1-10. (Auch in: 1955a)

1951b La „Daseinsanalyse" en psychiatrie. [Extrait de l'introduction au Symposium sur l'„Analyse existentielle", rec. par M. M. Raclot, Secrétaire de Séance, et M. Gourevitch, traducteur. Texte revu avec l'Auteur par G. et J. Verdeaux.] In: Encéphale 1, S. 108-113.

1951c Symptom und Zeit. Ein kasuistischer Beitrag. (Avery) In: Schweiz. Med. Wschr. 81, S. 510-512.

1951d Vorspruch. In: Internat. Bodensee-Zeitschrift 1, Nr. 1, S. 1.

1951e Prof. Dr. Karl Bonhoeffer (1868-1948). [Nachruf.] In: Schweiz. Arch. Neurol. Psychiat. 67, S. 192f.

1951f Prof. Dr. Otto Kauders (1893-1949). [Nachruf.] In: Schweiz. Arch. Neurol. Psychiat. 67, S. 193f.

1951g Franziska Minkowska. Gedenkrede gehalten im „Burghölzli" am 26. Februar 1951, [masch.schr.].

1952 Studien zum Schizophrenieproblem. Der Fall Susanne Urban. In: Schweiz. Arch. Neurol. Psychiat. 69, S. 36-77; 70, S. 1-32; 71, S. 57-96. (Auch in: 1957c, Fünfte Studie und in: 1965, S. 107 ff. und in 1994b)

1952-54 Verschrobenheit. In: Mschr. f. Psychiatrie u. Neurol. 124 (1952), S. 195-210; 125 (1953), S. 281-299; 127 (1954), S. 127-151; 128 (1954), S. 327-353. (Auch in: 1956a und 1992b)

1954a Daseinsanalyse und Psychotherapie (Vortrag, gehalten im Sanatorium Bellevue, Kreuzlingen, am 25. August 1954, im Rahmen des Internat. Kongresses für Psychotherapie, Zürich). In: Zschr. f. Psychother. u. med. Psychologie 4, S. 241-245. (Auch in: 1955a und 1994a)

1954b Erinnerungen an Simon Frank. In: Jb. Psychol. Psychother. 2, S. 229-242.

1954c Professor Robert Gaupp, Stuttgart (1870-1953). [Nachruf.] In: Schweiz. Arch. Neurol. Psychiat. 73, S. 461-463.

1954d Dr. Fritz Rutishauser, Ermatingen (1875-1953). [Nachruf.] In: Schweiz. Arch. Neurol. Psychiat. 73, S. 454-461.

1955a Ausgewählte Vorträge und Aufsätze. Bd. 2: Zur Problematik der psychiatrischen Forschung und zum Problem der Psychiatrie. Bern: Francke.

1955b Über Martin Heidegger und die Psychiatrie. In: Festschrift zur 350. Jahresfeier des Heinrich-Suso-Gymnasiums in Konstanz, S. 19-21. Konstanz: Merk. (Auch in: 1957a)

1955c [Rezension]: Keller, Wilh[elm]: „Psychologie und Philosophie des Wollens." In: Neue Zürcher Zeitung 20. Juli 1955, Nr. 1929.

1956a Drei Formen mißglückten Daseins: Verstiegenheit, Verschrobenheit, Manieriertheit. Tübingen: Max Niemeyer. (Auch in: 1992b)

1956b Erinnerungen an Sigmund Freud. Bern: Francke.

1956c Der Mensch in der Psychiatrie. In: Schweiz. Arch.f. Neurol. u. Psychiatrie 77, S. 123-138. (Auch in: 1957a und 1994b)

1956d Lettre à Eugène Minkowski. Réflexions sur le temps et l'éthique. (A propos de l'œuvre de Marcel Proust.) [Zum 70. Geburtstag.] In: L'évolution psychiatrique 1, S. 37-44.

1956e Dr. Martha Wenger, Zürich (1890-1955). [Nachruf.] In: Schweiz. Arch. Neurol. Psychiat. 78, S. 386-387.

1957a Der Mensch in der Psychiatrie. (Enthält: Der Mensch in der Psychiatrie; Mein Weg zu Freud; Über Martin Heidegger und die Psychiatrie) Pfullingen: Neske.

1957b Mein Weg zu Freud. In: Freud in der Gegenwart. Ein Vortragszyklus der Universitäten Frankfurt und Heidelberg zum hundertsten Geburtstag. Frankfurt: Europ. Verlagsanstalt (Frankfurter Beiträge zur Soziologie. Bd. 6), S. 207-227. (Auch in: 1957a und 1994a)

1957c Schizophrenie. Pfullingen: Neske. (Einleitung auch in: 1994b)

1957d Zur Geschichte der Heilanstalt Bellevue. 1857-1957. Kreuzlingen. (Auch in 1994c)

1957e Intraduccion a la psicoanalysis medica. In: Actas Luso-Españolas de Neurologia y Psiquiatria, Vol. XVI, Nr. 1, S. 88-102.

1957f Wege des Verstehens. In: Eduard Spranger. Bildnis eines geistigen Menschen unserer Zeit. [Festschrift zum 75. Geburtstag.] Heidelberg: Quelle & Meyer, S. 142-148.

1957g Erinnerungen an Eugen Bleuler. [Zum 100. Geburtstag.] In: Schweiz. Med. Wschr. 87, S. 1112-1113.

1957h Nachruf. In: Werner Binswanger zum Gedächtnis. Kreuzlingen, S. 4.

1957i Empfang 5. September 1957. [Masch.schr.]

1958a Daseinsanalyse, Psychiatrie, Schizophrenie. In: Schweiz. Arch. f. Neurol. u. Psychiatrie 81, S. 1-8. (Auch in: 1979)

1958b Daseinsanalyse und Psychotherapie II. In: Aktuelle Psychotherapie. (Die Vorträge der 7. Lindauer Psychotherapiewoche 1957, hrsg. von Ernst Speer.) München: Lehmann, S. 7-10. (Auch in: 1960c)

1958c Lieber Freund! [Brief an Paul Häberlin.] In: Im Dienste der Wahrheit. Paul Häberlin zum 80. Geburtstag. Bern: Francke, S. 9-12.

1959a Dank an Edmund Husserl. In: Edmund Husserl, 1859-1959. Recueil commémoratif publié à l'occasion du centenaire de la naissance du philosophe. Den Haag: Nijhoff, S. 64-72.

1959b Sprache, Liebe und Bildung. In: Confinia Psychiatrica 2, S. 133-148.

1959c Sprache, Welt und Bildung. Eine sprachphilosophische Untersuchung. (Vortrag, gehalten am 14. Nov. 1958 im Berner Zweigverein des Deutsch-schweizerischen Sprachvereins.) In: Sprachspiegel 15, S. 65-71, 97-106.

1959d Psychiatrisches Denken der Gegenwart in der Schweiz. Einleitung zu einem in französischer Sprache erscheinenden Sammelband psychiatrischer Arbeiten schweizerischer Autoren. In: Jb. Psychol. Psychother. 6, S. 175-192.

1959e Martin Heidegger und die Psychiatrie. In: Neue Zürcher Zeitung 27. Sept. 1959, Beil. Literatur und Kunst, Bl. 5.

1959f Victor von Gebsattel. [Rede gehalten zur Feier seines 75. Geburtstages am 6. Juni 1958.] In: Jb. Psychol. Psychother. 6, S. 305-316.

1959g Mensaje para el IV Congreso Internacional de Psicoterapia. In: Rev. Psiquiat. Psicol. méd. 4, S. 17-19.

1959h Ansprache [...] gehalten anlässlich der Leopold Ziegler-Feier im Kurhaus Bellevue, Kreuzlingen, am 4. Dez. 1959. [Masch.schr]

1959-60 Binswanger, L[udwig] A.: Weisen der sprachlichen Kommunikation und ihre Einschränkung auf die „symbolische Ausdrucksweise", dargestellt an einem siebzehnjährigen Zwangskranken. In: Psyche 13, S. 686-709.

1960a Melancholie und Manie. Phänomenologische Studien. Pfullingen: Neske. (Auch in: 1994b)

1960b Die Philosophie Wilhelm Szilasis und die psychiatrische Forschung. In: Beiträge zu Philosophie und Wissenschaft. Wilhelm Szilasi zum 70. Geburtstag. München: Francke, S. 29-39.

1960c Daseinsanalyse und Psychotherapie II. (Vortrag gehalten am Internationalen Psychotherapie-Kongress, Barcelona 1958). In: Acta Psychotherapeutica et Psychosomatica, S. 251-260. (Enthält ausser 1958b auch Binswangers „Bericht über den Gang meiner Arbeiten".)

1961a Geleitwort. In: Häfner, Hans: Psychopathen. Berlin: Springer (Monographien aus dem Gesamtgebiet der Neurologie und Psychiatrie. H. 94), S. 1-8.

1961b Einleitungsworte zum Symposion über das Wahnproblem in rein phaenomenologischer Sicht, gesprochen in Münsterlingen am 14. 5. 1961. [Masch.schr.]

1962a Der musische Mensch. [Vorwort zu:] Musische Erziehung. Amriswil: Amriswiler Bücherei, S. 9-13.

1962b Jakob Wyrsch. Zum 70. Geburtstag am 12. Juni 1962. In: Psychiatria et Neurologia 143, S. 369-374.

1963a Über das Wahnproblem in rein phänomenologischer Sicht. In: Schweiz. Arch. f. Neurol. Neurochirurgie u. Psychiatrie 91, S. 85-86. (Auch in: 1994b)

1963b Über die Liebe und die Intuition. In: Werden und Handeln. (Hrsg. von E. Wiesenhütter zum 80. Geb. v. V. E. Frh. v. Gebsattel.) Stuttgart: Hippokrates, S. 19-25.

1963c Briefe an Leopold Ziegler. In: Ziegler, Leopold: Briefe 1901-1958. München 1963.

1964 Robert Binswanger, geboren am 5. Januar 1891. In: Begegnung 1, H. 2, S. 11-13.

1965 Wahn. Beiträge zu seiner phaenomenologischen und daseinsanalytischen Erforschung. Pfullingen: Neske. (Auch in: 1994b)

1966a Mein lieber Erwin. [Brief an Erwin Straus.]. In: Conditio Humana. Erwin W. Straus on his 75th birthday. Berlin, Heidelberg, New York: Springer, S. 1-4.

1966b Ueber „Schicksals-Logik". [Masch. schr. 1965/66(?)]

o. J. Symposion über das Thema: Die Freudsche Auffassung der psychotherapeutischen Kommunikation (Übertragung) und ihr Einfluss auf die Beziehung des Psychiaters zu den Geisteskranken (nicht „zu den Kranken", wie es im Programm heisst). [Masch.schr.]

1973 Briefe an Martin Buber. In: Buber, Martin: Briefwechsel aus sieben Jahrzehnten. Hrsg. u. eingel. v. G. Schaeder, Bd. II, 1918-1938. Heidelberg: Schneider.

1975 Briefe an Martin Buber. In: Buber, Martin: Briefwechsel aus sieben Jahrzehnten. Hrsg. u. eingel. v. G. Schaeder, Bd. III, 1938-1965. Heidelberg: Schneider.

1979 Daseinsanalyse, Psychiatrie, Schizophrenie. In: A. Sborowitz (Hrsg.), Der leidende Mensch, S. 367-375. Darmstadt: WB, S. 367-375. (1949d)

1980 Vom anthropologischen Sinn der Verstiegenheit. In: W. Bräutigam (Hrsg.), Medizinisch-psychologische Anthropologie, S. 20-213. Darmstadt: WB, S. 204-213. (1958a)

1990 Briefe an F. J. J. Buytendijk. In: Boudier, H. S. (Hrsg.): Ontmoeting. Correspondentie v. F. J. J. Buytendijk met Ludwig Binswanger. Vertaald en teogelicht door Henk Struyker Boudier Kerckebosch: BV-Zeist (Carolingia Impressa 13).

1992a Briefwechsel mit Sigmund Freud. In: Fichtner G. (Hrsg.), Sigmund Freud Ludwig Binswanger Briefwechsel 1908-1938. Frankfurt/M.: Fischer.

1992b Ludwig Binswanger. Ausgew. Werke in vier Bänden. Bd 1: Formen mißglückten Daseins. M. Herzog (Hrsg.), Heidelberg: Asanger. (Enthält 1933a und 1956a)

Anhang

1992c Traum und Existenz. Einleitung von Michel Foucault. Übersetzung und Nachwort von Walter Seitter. Bern, Berlin: Gachnang & Springer.

1993 Ludwig Binswanger. Ausgew. Werke in vier Bänden. Bd. 2: Grundformen und Erkenntnis menschlichen Daseins. M. Herzog & H.-J. Braun (Hrsg.), Heidelberg: Asanger. (Enthält 1942a)

1994a Vorl. Band.

1994b Ludwig Binswanger. Ausgew. Werke in vier Bänden. Bd. 4: Der Mensch in der Psychiatrie. A. Holzhey-Kunz (Hrsg.), Heidelberg: Asanger. (Enthält 1944/45, 1956c, 1957c (Einleitung), 1952, 1960a, 1963a, 1965)

1994c Zur Geschichte der Heilanstalt Bellevue. (1957d) In: Ludwig Binswanger und die Chronik der Klinik „Bellevue" in Kreuzlingen. Eine Psychiatrie in Lebensbildern. M. Herzog (Hrsg.), Berlin-München: Quintessenz.

Personenindex (für Vorträge und Aufsätze)

ARISTOTELES, 28, 29, 33, 78–80, 82, 90, 114
AUGUSTIN, 3, 4, 82–84, 112, 145, 146, 225, 282

BAADER, 145–147
BACHELARD, 255, 256
BECKER, 125–127, 164
BERGSON, 22, 65, 68, 124, 143, 165, 286
BIRNBAUM, 38, 64, 68, 168
BLEULER, 19, 40, 44, 54, 55, 59–61, 63, 86, 155, 197, 219
BONHOEFFER, 71–75, 83
BÖCKH, 3, 5, 10, 11, 14
BRENTANO, 47, 48, 66, 159
BREUER, 26
BUBER, 207, 208, 261
BUMKE, 52
BUYTENDIJK, 5, 217

CASSIRER, 80, 124, 133, 145, 163, 177, 180, 283
CONRAD-MARTIUS, 48, 61, 148

DARWIN, 30
DESCARTES, 80, 136, 284–288, 290
DILTHEY, 3, 7, 12, 14, 22, 25, 26, 82, 84, 146, 180, 181, 183, 195
DOSTOJEWSKI, 21
DRIESCH, 79
DROYSEN, 3, 10, 11, 14, 25

ELSENHANS, 12

FECHNER, 26, 83, 147, 226
FICHTE, 83

FISCHER, 153, 165, 166, 253
FLAUBERT, 36, 38, 43
FRANK, 79
FREUD, 4, 5, 7, 9–13, 16–33, 72, 78, 83, 87, 91, 93, 103, 112, 116, 121, 139, 153, 197, 198, 200, 209, 223, 226, 259, 261

GEBSATTEL, 167, 201, 252, 253
GELB, 88, 126, 129, 130, 132, 136, 144, 241
GOETHE, 3, 29, 41, 82, 90, 94, 104, 115, 147, 150–152, 158, 161, 170–172, 232, 242, 254, 286–288
GOLDSTEIN, 74, 86, 88, 91, 126, 129, 130, 132, 133, 136, 144, 241, 242
GOTTHELF, 21
GRAUMANN, 9, 14, 15, 82
GRIESINGER, 21, 26, 72
GRISEBACH, 207

HAMANN, 145, 279
HARTMANN, 127, 182
HÄBERLIN, 3, 7, 12, 84, 88, 90–93, 112, 157, 166, 172, 227, 232
HEAD, 133, 241
HEGEL, 79, 92, 112–116, 149, 184, 188, 286
HEIDEGGER, 18, 25, 27, 28, 32, 33, 96, 112, 118, 124, 125, 148, 158, 166, 180, 181, 187, 189, 191, 192, 199, 200, 207, 231, 233–236, 259, 260, 262, 267, 270, 275, 279

HERAKLIT, 108, 110, 112–116,
    196, 238, 276
HERBART, 22, 26, 226
HERDER, 82, 145, 240, 279, 289,
    290
HERING, 26
HILDEBRAND, 42, 153, 160, 171
HINRICHSEN, 168
HOBBES, 80
HOCHE, 193
HOFMANNSTHAL, 159, 265, 268–
    272, 277, 279
HÖLDERLIN, 63, 170
HÖNIGSWALD, 75, 76, 81, 144,
    181, 188, 282
HUMBOLDT, 82, 276, 279
HUSSERL, 5, 20, 27, 38–41, 48–
    50, 52, 53, 58, 61, 63, 67,
    68, 75, 82, 96, 112, 148,
    181, 183, 233, 235, 236,
    281, 286

JACKSON, 26, 72, 74
JAEGER, 107
JAENSCH, 41
JAMES, 185, 221, 225
JANET, 169, 170
JASPERS, 3, 7, 9, 14, 15, 35, 38,
    48, 59, 63–65, 68, 69, 76,
    77, 82, 87, 172, 184, 207
JUNG, 60, 112, 117, 228, 259, 261

KANT, 39–41, 80, 118, 124, 193,
    233, 247, 260, 282
KELLER, 25, 101, 103, 105, 152,
    255, 283
KIERKEGAARD, 3, 112, 116, 146,
    247, 267
KLAGES, 89, 96, 127, 134, 147,
    148, 185, 200, 217
KLEIST, 72, 137–141, 161
KOLLE, 193

KÖHLER, 88
KRAEPELIN, 59
KRAUS, 73, 92
KRETSCHMER, 249
KRONFELD, 35, 53, 59, 65, 69,
    89, 92, 166
KRUEGER, 153
KUHN, 31, 231, 232, 243, 244, 253,
    255, 257, 261, 262
KUNZ, 166

LEIBNIZ, 20, 21, 29, 33, 80, 125,
    177, 226
LESSING, 116
LEWIN, 65, 88
LICHTENBERG, 21
LIEPMANN, 35, 71, 131, 137–139
LIPPS, 22, 49, 148
LOCKE, 226
LOTZE, 124, 226
LÖWITH, 96, 185, 202, 207, 279
LUDWIG, 41

MAIER, 168
MARC, 36, 37, 43, 51
MAYER, 169
MAYER-GROSS, 164, 169
MINKOWSKI, 123, 143, 144, 155,
    156, 158, 162, 164–167,
    252, 255
MISCH, 81, 84
MOHR, 83
MONTAIGNE, 3, 9, 28, 82
MUSCHG, 30
MÜLLER, 41, 279

NATORP, 52, 53, 65, 67, 68
NEWTON, 125, 128, 147, 186, 190–
    192, 232
NIETZSCHE, 3, 21, 83, 180, 181,
    185, 187, 200, 275, 286

PASCAL, 146

PFÄNDER, 14, 50, 58, 62, 82, 84, 88, 94, 148, 149
PLATON, 28, 38, 40, 200
PLESSNER, 5, 217
PLOTIN, 110, 146
POPPELREUTER, 126, 145
PRINZHORN, 172

REITZENSTEIN, 84
RICKERT, 3
ROTHACKER, 148

SCHAPP, 148, 153
SCHELER, 3, 5, 7, 42, 55, 73, 75, 79, 86, 90, 123, 146, 148, 152, 185, 217
SCHELLING, 21, 94, 217
SCHERNER, 21
SCHILDER, 52, 131, 133, 143
SCHLEIERMACHER, 3, 4, 9, 13–15, 25, 82, 117, 282
SCHNEIDER, 65, 164–166, 168, 173
SCHOPENHAUER, 21, 94, 290
SCHRÖDER, 273
SIGWART, 20
SIMMEL, 3, 6, 8, 82
SOKRATES, 114
SPINOZA, 115
SPRANGER, 3, 8, 12, 14, 75, 91
SSCHLEIERMACHER, 112
STEIN, 3, 5, 142, 148, 164
STERN, 144, 153
STIERLIN, 71
STRAUS, 77, 79, 90–92, 127, 131, 149, 151, 153–160, 162, 167, 171, 173, 174, 179–189, 191–201, 217, 227, 252, 253
STRAUSS, 140, 141
STRINDBERG, 64
SZILASI, 33, 248

THIELE, 72

UEXKÜLL, 236–240, 244, 277
URBANTSCHITSCH, 41

VAN GOGH, 37, 39, 43, 63, 64

WAGNER, 135, 136, 145
WEBER, 3
WEIZSÄCKER, 129, 130, 142, 195, 196, 210, 217, 240
WERNER, 217
WERNICKE, 35, 71, 72, 137, 166, 249
WERTHEIMER, 88, 130
WUNDT, 38, 96, 278